KB240898

법인세법상 부당행위계산 부인제도 연구

황남석 저

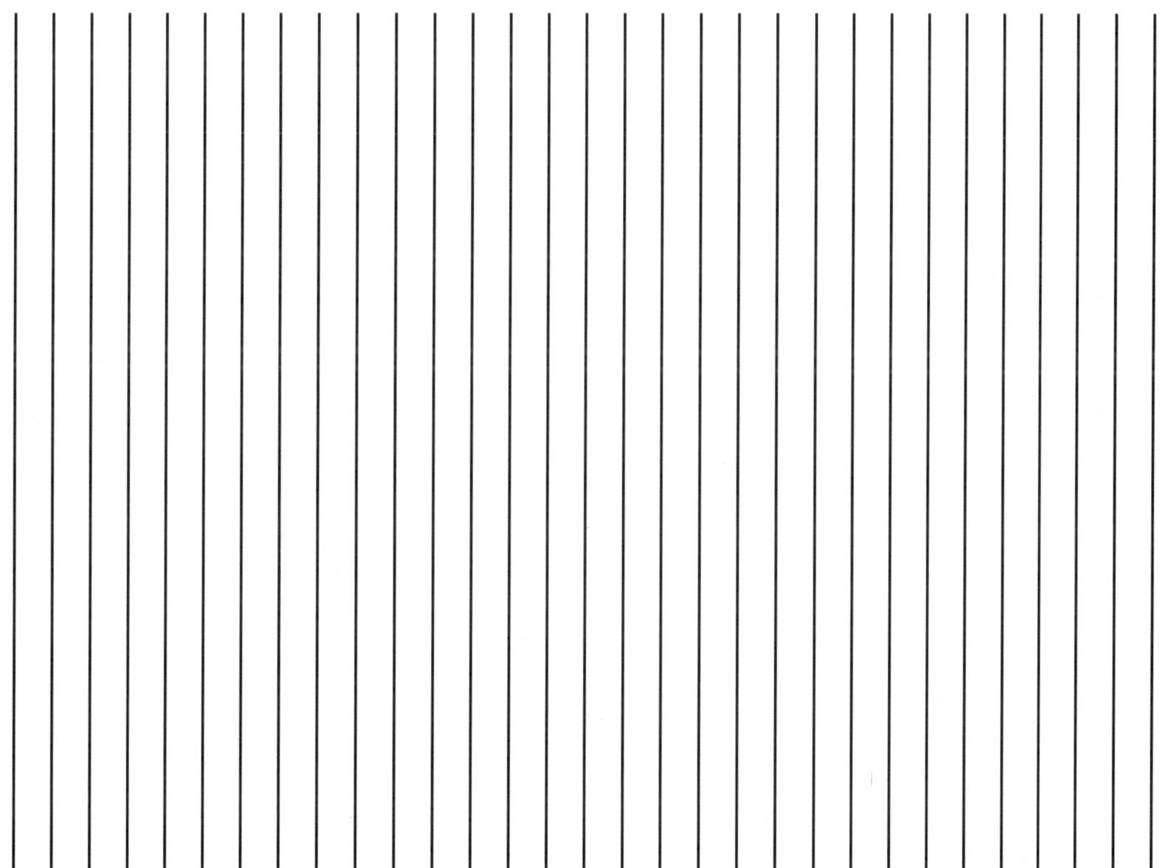

SAMIL | 삼일인포마인

이 저서는 2020년 대한민국 교육부와 한국연구재단의 저술출판지원사업의 지원을 받아 수행된 연구임 (NRF-2020S1A6A4045628)

머리말

저자는 2020년 한국연구재단의 저술출판지원사업에 선정되어 이 책의 집필을 시작하였다. 드디어 5년이 흘러 머리말을 적게 되니 감회가 깊다. 5년의 기간 동안 다른 여러 일을 진행하기도 하였으나 이 책이 저자의 머리를 떠난 적은 없다. 저자는 이 책을 쓰기에 앞서 「우리 법인세법의 성립과정 연구」(2017)라는 책을 통해서 서구의 소득세제가 일본을 거쳐서 한국의 법인세제로 수용되는 과정을 탐구한 바 있다. 그때 법인세법상 부당행위계산 부인규정이 독일세법의 산물일 수도 있겠다는 생각을 하였지만-연구결과는 뜻밖에도 독일세법과 직접 관련이 없다는 쪽이다-구체적인 단서를 찾지 못한 채 시간이 허락하지 않아 후일의 연구과제로 미루어 두었다. 이 책은 그 후속 작업의 결과물이라고 할 수 있다.

다른 여러 제도와 마찬가지로 법인세법상 부당행위계산 부인규정도 직접적으로는 일본법을 계수한 결과이다. 특히 1949년에 제정된 우리 법인세법은 부당행위계산 부인규정의 전신으로 동족회사행위계산 부인규정을 두고 있는데 그 규정은 당시 시행되던 일본법인세법의 같은 규정을 거의 번역한 것이라고 보아도 무방하다. 저자는 일본법인세법상 동족회사행위계산 부인규정도 결국은 독일법인세법의 계수물일 것으로 추측하고 작업에 착수하였으나 연구결과 일본법인세법상 동족회사행위계산 부인규정은 일본이 독자적으로 고안한 세제라는 점을 알게 되었다. 비록 우리 법인세법상 부당행위계산 부인규정이 일본법인세법상 동족회사행위계산 부인규정에서 출발하였지만 어느 순간에 탯줄을 끊고 독자적인 제도로 발달하였다는 점도 명확해졌다. 오히려 어느 순간 우리 부당행위계산 부인규정은 미국세법 제482조의 이전가격세제와 구조적으로 더 닮게 되었다. 이러한 발전 경과가 의식적인 수용의 결과로 보이지는 않지만 현 단계에서 미국의 이전가격세제에 관한 비교법적 연구와 검토가 보다 심도있게 이루어져야 할 것이라는 생각을 하게 되었다. 이에 관하여는 다시 훗날을 기약한다.

이 책은 당초에는 순수하게 이론서로 구상하였지만 현실은 순수한 이론서보다는 실무서에 대한 수요가 더 크다는 점을 고려하지 않을 수 없었다. 따라서 전반부 특히 제3장은 기존에 국내연구가 활발하지 않았던 비교법적인 검토에 치중하였지만 제4장, 제5항은 현행법의 해석론과 입법론을 상세하게 다루고자 하였다. 저자의 능력이 미치는 범위 내에서는 국내외의 거의 모든 자료를 참조하였다.

앞서 언급한 것처럼 이미 우리 세제가 독자적인 측면이 강해져서 외국의 입법례가 해석에 직접 도움이 될 부분이 많지는 않다. 하지만 새로 등장하는 쟁점을 해결하는 과정에 외국세제의 여러 아이디어가 문제 해결의 돌파구가 될 수 있겠다는 생각이 자주 들었다. 저자는 이 책에서 일부 쟁점에 관하여는 그와 같은 시도를 해 보았지만 충분한 것은 아니다. 이 책을 읽게 될 독자들이 미해결의 쟁점을 마주하게 되었을 때 외국세제로부터 문제 해결의 실마리를 찾을 수 있게 된다면 저자로서 큰 보람일 것이다.

마지막으로 부당행위계산 부인제도의 핵심은 시가평가라는 점을 강조하고 싶다. 우리 세제는 시가평가에 관한 규정이 합리적이지 않아 여러 영역에서 분쟁이 빈번한 데 그 주요한 분야 중 하나가 부당행위계산 부인이다. 시가평가제도를 전면적으로 개선하지 않으면 이 제도가 매끄럽게 운영되기를 기대하기는 어려울 것이라는 생각을 하게 된다. 관계 당국이 적극적으로 시가평가제도의 개선에 나서 주시기를 희망한다.

저자는 이 책을 박사학위 논문을 다시 쓰는 심정으로 썼다. 아쉬움이 없을 수는 없지만 홀가분한 마음이 더 크다. 이 책을 쓸 수 있는 기회를 주신 한국연구재단에 고개숙여 감사드린다.

마지막으로 저자에게 세법을 가르쳐 주신 김완석 교수님, 어려운 출판 상황 아래에서 출판을 결심하여 주신 삼일피더블유씨솔루션 이희태 대표이사님과 편집을 담당하여 주신 여러 선생님들께 감사드린다.

2025년 4월
저자 識

〈 약어표 〉

국제조세조정법: 국제조세조정에 관한 법률
독일법인세집행기준: Körperschaftsteuer-Hinweise, KStH
독일법인세통칙: Körperschaftsteuer-Richtlinien, KStR
독일소득세통칙: Einkommensteuer-Richtlinien, EStR
독일상증법: Erbschaftsteuer- und Schenkungsteuergesetz, ErbStG
독일상증세통칙: Erbschaftsteuer-Richtlinien, ErbStR
독일근로소득세통칙: Lohnsteuer-Richtlinien, LStR
미국세법: Internal Revenue Code, IRC
상증법: 상속세 및 증여세법

목 차

제1장 서론

제1절 의의

법인세법 제52조는 '부당행위계산의 부인'이라는 표제 하에 부당행위계산 부인제도를 규정하고 있다. 그에 따르면 법인세법상 부당행위계산 부인제도는 '내국법인의 행위 또는 소득금액의 계산이 특수관계인과의 거래로 인하여 그 법인의 법인세를 부당하게 감소시킨 것으로 인정되는 경우 그 행위 또는 소득금액 계산을 부인하는 것'을 말한다.

납세자들은 정당한 납세의무를 회피하기 위하여 다양한 조세회피행위를 시도하는 것이 일반적이다. 과세관청이 이에 대하여 적절하게 대응하지 않는다면 조세공평의 원칙이라는 관점에서 심각한 불균형이 발생하고 궁극적으로 납세자 일반의 조세저항으로 이어질 우려가 있다. 따라서 조세회피행위에 대한 적정한 대응은 현대 세법의 중요한 관심사이다.

우리 세법의 규율체계를 보면 조세회피행위에 일반적으로 대응하기 위하여 국세기본법 제14조가 실질과세원칙을 규정하고 있고, 개별 세법은 다양한 개별적 조세회피방지규정을 두고 있다. 대법원은 2012년 이후 실질과세원칙의 적용에 관하여 경제적 실질설의 입장으로 전환하였지만 그 이전 시기의 판례는 실질과세원칙의 적용에 소극적이었기 때문에 개별적 조세회피방지규정들이 중요한 기능을 담당하고 있었다.

그리고 그 개별적 조세회피방지규정 중에서 가장 널리 활용되어 온 것이 부당행위계산 부인규정들이다. 개별 세법은 각기 부당행위계산 부인규정을 두고 있지만, 본 연구에서는 그 중에 가장 널리 쓰이고 쟁점이 많은 법인세법상 부당행위계산 부인제도를 연구의 대상으로 한다.

제2절 연구의 목적

법인세법상 부당행위계산 부인제도는 마치 한국의 독자적인 제도인 것처럼 다루어지는 경향이 있지만 본래 1949년 우리 법인세법 제정시에 일본법인세법상의 동족회사행위계산 부인규정을 그대로 계수한 것을 출발점으로 한다.

1940년 제정된 일본법인세법은 제33조에서 "동족회사의 행위 또는 계산으로서 그 소득이거나 주주, 사원 또는 이와 친족, 사용인 기타 대통령령의 정하는 출자관계있는 법인 등 특수의 관계있는 자의 소득에 대하여 소득포탈의 목적이 있다고 인정되는 경우에는 그 행위 또는 계산에 불구하고 정부는 그 인정하는 바에 의하여 당해 법인의 소득금액을 계산할 수 있다."라고 규정하고 있었다. 1949년 제정된 우리 법인세법도 "동족회사의 행위 또는 계산에 있어서 법인세 포탈의 목적이 있다고 인정되는 경우에 대하여는 그 행위 또는 계산에 관계없이 정부는 그 인정하는 바에 의하여 소득금액 및 자본금액을 계산할 수 있다."라고 규정하여 거의 일대일 대응이 가능한 규정을 두고 있다(같은 법 제28조).

그러나 일본세법에서 부당행위계산 부인규정을 처음 둔 것은 1940년보다 앞선 시기였다. 즉, 법인세가 소득세로부터 분화되기 이전인 1923년 일본소득세법 개정시에 동족행위계산 부인규정이 도입되었고(같은 법 제73조의3) 다시 1926년 개정시에는 위 1940년 일본법인세법의 규정과 거의 동일한 규정으로 개정이 되었다. 일본 학계의 일각에서는 위 규정이 구 독일 조제조정법(Steueranpassungsgesetz) 제6조 및 독일법인세법상 숨은 이익처분(verdeckte Gewinnausschüttung)을 계수한 것이라고 보기도 하지만[1] 시간 순서상 그렇게 보기 어렵다(後述).

본 연구에서는 법인세법상 부당행위계산 부인제도의 비교법적·법제사적 고찰을 통해 그 제도적 의미를 살펴보고(제1장부터 제3장), 그를 바탕으로 현행법에 관한 해석론과 입법론을 망라적으로 고찰하고자 한다(제4장 이하).

---

1) 대표적으로 清永敬次, "税法における同族会社の行為計算の否認規定(1) － 大正12年所得税法及び大正15年所得税法 －", 「法学論叢」 72巻 1号, 1962, 45면, 66~67면.

제2장
현행 법인세법상 부당행위계산 부인제도

본 장에서는 현행 법인세법상 부당행위계산 부인제도를 전체적으로 개관하고 법적 성질을 고찰하기로 한다. 세부적인 쟁점은 제4장 이후에서 다룬다.

제1절 법인세법상 부당행위계산 부인제도의 법적 성격

Ⅰ. 의의

부당행위계산 부인제도의 적용대상이 되는 부당행위 또는 계산을 통칭하여 부당행위계산이라고 부른다. 법인세법상의 부당행위계산은 법인세의 회피행위에 해당한다.

이와 같은 부당행위계산에 대하여는 법인의 행위 또는 소득금액의 계산에 불구하고 납세지 관할 세무서장 또는 관할 지방국세청장이 그 법인의 각 사업연도의 소득금액을 계산하게 된다. 이를 법인세법상 부당행위계산의 부인이라고 한다.

부당행위계산은 법률상으로 적법·유효한 행위 또는 기업회계기준이나 회계관행에 적합한 소득금액의 계산이기는 하나 그와 같은 행위 또는 소득금액의 계산이 그 법인의 법인세를 부당하게 감소시키는 경우에 해당하기 때문에 이를 부인하고 합리적인 경제인의 행위 또는 계산으로 바꾸어 각 사업연도의 소득금액을 다시 계산하는 것이다.

Ⅱ. 제도적 취지

법인세법상 부당행위계산 부인에 관한 규정은 법인세의 회피에 대응하여 조세부담의 공평을 실현하기 위한 제도이다. 즉 납세의무자가 거래를 할 때 경제인의 합리적 거래형식에 의하지 않고 이상성(Ungewönlichkeit)이 있는 행위나 형식을 선택함으로써 정상적인 행위나 형식을 선택하였을 경우와 동일하거나 거의 유사한 경제적 효과를 달성하면서도 법인세가 경감되거나 배제되는 효과를 얻은 경우에 해당 조세회피행위를 부인하여 조세부담의 공평을 실현하기 위한 법적 장치이다.[2]

부당행위계산 부인을 규정한 법인세법 제52조는 일정한 법인세의 회피행위를 부인하기 위한 개별적 조세회피방지규정의 성격을 갖고 있지만 동시에 법인세법상의 다른 개별적 조세회피방지규정(예: 법인세법 제45조의 합병에 따른 이월결손금의 승계)보다는 그 적용범위가 광범위하고 일반적이라는 특징이 있다.

Ⅲ. 법적 성격

1. 개별적 조세회피방지규정

법인세법상 부당행위계산 부인제도는 법인세 회피행위를 부인하기 위한 개별적 조세회피방지제도이다. 일반적으로 조세회피행위란 납세자가 일정한 경제활동을 할 때 통상적인 거래형식을 선택하지 않고 우회행위, 다단계행위, 그 밖의 이상한 거래형식을 취함으로써 결과적으로는 의도한 경제적 목적이나 경제적 성과를 실현하면서 통상적인 거래형식을 선택하였을 경우에 생기는 조세부담을 경감하거나 배제하는 행위를 말한다. 조세회피행위는 사법상으로는 유효한 행위로 시인된다. 이와 같이 사법상 유효한 행위로 평가되는 조세회피행위를 조세법상으로도 그대로 용인하고 그에 따라 과세하여야 할 것인지 아니면 사법상 유효한 것을 전제로 하면서도 조세법상으로 그 행위를 무시하고 일반적으로 이용되는 거래형식에 대응하는 과세요건이 충족된 것으로 보아 과세하여야 할 것인지가 문제가 된다. 조세회피가 있는 경우 당사자가 이용한 거래형식을 조세법상으로 무시하고 일반적으로 이용되는 거래형식에 대응하는 과세요건이 충족된 것으로 취급하는 것을 조세회피행위의 부인이라 한다.

조세회피행위를 부인하기 위하여 실정법상의 근거가 필요한지에 관하여는 크게 긍정설과 부정설이 대립하고 있다. 이는 실정법에서 조세회피행위를 부인하는 규정을 두고 있는 경우에 그 규정이 창설적 규정인지 또는 확인적 규정인지에 관한 논의와 직결된다. 조세회피행위를 부인하기 위해서는 실정법상의 부인규정이 필요하다는 긍정설이 과거 우리나라의 통설이었다.[3] 조세법률주의 아래에서 법률의 근거 없이 당사자가 선택한 법형식을 부인하고 통상적이라고 여겨지는 법형식으로 고쳐 인정하여 과세하는 것은 국민의 법적 안정성 및 예측가능성을 현저히 침해한다는 것을 그 논거로 한다.

판례도 후술하는 대법원 2012. 1. 19. 선고 2008두8499 전원합의체 판결 이전에는 대체로 긍정설을 취하여 "납세자의 해당 거래에 대하여 이를 조세회피행위라고 하여 그 법형식에

---

2) 대법원 1997. 5. 28. 선고 95누18697 판결.
3) 대표적으로, 전정구, 「한국조세법의 제문제」, 조세통람사, 1989, 224면. 윤병각, "실질과세의 원칙과 조세회피행위의 부인", 「법과 정의(이회창선생화갑기념)」, 박영사, 1992, 378면.

도 불구하고 경제적 관찰방법 또는 실질과세의 원칙에 따라 그 행위계산의 효력을 부인할 수 있으려면 조세법률주의의 원칙상 법률에 개별적이고 구체적인 부인규정이 마련되어 있어야 한다"는 입장을 고수하여 왔다.[4]

그러나 대법원 2012. 1. 19. 선고 2008두8499 전원합의체 판결이 경제적 실질설을 취한 이후 판례는 개별적이고 구체적인 부인규정이 없어도 일반규정으로서의 실질과세원칙(국세기본법 제14조)에 의하여 조세회피행위를 부인하는 경향이 두드러지고 있다.

위 전원합의체 판결 및 그 이후의 판례에 따르면 국세기본법 제14조는 조세회피행위를 부인하기 위한 일반적 조세회피방지규정의 성격을 갖게 되는데, 조세회피행위를 부인하기 위한 일반규정을 두는 것이 과세요건명확주의에 위반되는 것이 아닌가에 관하여는 견해가 대립한다. 일반적 조세회피방지규정은 개별적 조세회피방지규정에 비하여 법문의 구체성·명확성이 떨어지고, 따라서 그 규정의 의미나 내용이 명확하지 않은 경우가 있을 수 있기 때문이다.

생각건대 조세회피행위를 부인하기 위한 일반규정이라고 하더라도 법관의 법보충작용으로서의 해석을 통하여 그 의미·내용이 구체화·명확화될 수 있다면 이를 두고 과세요건명확주의에 위반된다고 비난할 수는 없다.[5] 현재 독일을 비롯하여 영국, 오스트리아, 스웨덴, 프랑스, 스페인, 네덜란드, 벨기에, 캐나다, 이탈리아, 호주, 뉴질랜드, 이스라엘 등 대부분의 국가들이 조세회피행위를 부인하기 위한 일반규정을 두고 있다. 미국에서는 판례법상 확립된 경제적 실질(economic substance) 원칙, 사업목적(business purpose) 원칙, 단계거래(step transaction)의 원칙 등에 의하여 조세회피행위를 부인해 왔는데 2010년에 미국연방세법 제7701조(o)를 입법하여 위 경제적 실질 원칙을 성문화하였다. 위 조문은 일반적 조세회피방지규정의 성격을 갖는다고 할 수 있다.[6]

2. 일반적 조세회피부인규정과의 관계

가. 문제의 소재

이처럼 일반적 조세회피방지규정인 국세기본법 제14조에 대비하여 법인세법 제52조는 법인세에 관한 일정한 회피행위를 부인하기 위한 개별적 조세회피방지규정의 성격을 갖는

---

4) 대법원 1999. 11. 9. 선고 98두14082 판결; 대법원 1996. 5. 10. 선고 95누5301 판결; 대법원 1992. 9. 22. 선고 91누13571 판결 등.
5) 헌법재판소 2002. 12. 18. 선고 2002헌바27 결정; 헌법재판소 1996. 8. 29. 선고 95헌바41 결정; 헌법재판소 1995. 11. 30. 선고 94헌바40 결정; 헌법재판소 1995. 2. 23. 선고 93헌바24 결정 등.
6) 상세는 최정희/황남석, "미국의 경제적 실질원칙의 발전과정에 관한 연구-그레고리 판결부터 제7701조(o)까지-", 「조세학술논집」 제36집 제4호, 2020, 1~42면.

다.[7] 이 경우 국세기본법 제14조와 법인세법 제52조 상호 간의 관계가 문제이다. 일반적 법원리로서의 특별법 우선의 원칙, 국세기본법과 개별세법과의 관계를 정하고 있는 국세기본법 제3조 제1항의 규정 등에 비추어 볼 때 하나의 법인세 회피행위가 국세기본법 제14조에 따른 부인요건과 법인세법 제52조에 따른 부인요건을 동시에 충족하는 경우에는 개별적 조세회피방지규정에 해당하는 법인세법 제52조에 따라 그 법인세 회피행위를 부인하여야 한다. 국세기본법 제14조는 조세회피행위를 부인하기 위한 개별적 조세회피방지규정이 없는 경우에 적용하여야 한다.[8]

문제는 과세관청에 의해 법인세법상 부당행위계산 부인규정의 적용대상으로 판단되어 적용대상이 된 거래가 구체적인 요건 흠결로 포섭이 되지 않은 경우 다시 일반적 조세회피방지규정인 국세기본법 제14조를 적용하여 과세할 수 있는지 여부이다.[9]

나. 판례

현재 판례의 입장은 통일되어 있지 않다.

(1) 개별적 조세회피방지규정의 규율영역 내에서는 실질과세원칙이 적용되지 않는다고 본 사안[10]

대구고등법원 2015. 10. 23. 선고 2014누6877 판결(대법원 2016. 2. 18. 자 2015두56847 판결로 심리불속행 종결)은 자회사가 유상증자를 하여 모회사로부터 출자를 받은 후에 그 유상증자 대금으로 자회사 자신의 채무를 변제한 사안에 관한 것이다.[11] 과세관청은 자회사가 채무 변제액 상당액의 이익을 분여받은 것으로 보아야 한다는 이유로 법인세법 시행령 제88조 제1항 제8호의2에 해당한다고 주장하였다. 그러나 법원은 위 규정이 '증자를 한 법인'을 이익분여의 주체로서 규율하고 있기 때문에 위 사안에는 적용될 수 없다고 판시하였다. 나아

---

7) 한만수, 「조세법강의」, 신정15판, 박영사, 2023, 601면. 흥미롭게도 일본의 경우 동족회사행위계산 부인규정을 일반적 조세회피방지규정으로 이해한다. 추측건대, 국세기본법 제14조에 대응하는 규정이 부재하기 때문일 것으로 생각된다(後述).
8) 일본의 학설도 대체로 같은 입장이다(渡辺徹也, 「スタンダード 法人税法」 第2版, 弘文堂, 2019, 301면).
9) 이하의 내용은 황남석, "실질과세원칙의 적용과 관련된 최근 판례의 동향 및 쟁점", 「조세법연구」 제23집 제1호, 2017, 91면 이하에 크게 의지하였다.
10) 대구고등법원 2015. 10. 23. 선고 2014누6877 판결(대법원 2016. 2. 18. 자 2015두56847 판결로 심리불속행으로 종결). 대법원 2017. 3. 30. 선고 2016두55926 판결도 이 부류에 속한다고 볼 여지가 있으나 그보다는 증여세 완전포괄주의의 적용범위 문제에 가깝다고 여겨져서 여기에서 다루지는 않았다. 대법원 2015. 10. 29. 선고 2014두1864 판결; 대법원 2015. 10. 15. 선고 2014두47945 판결; 대법원 2015. 10. 15. 선고 2013두13266 판결도 같다. 이에 관하여는 백제흠, 「세법의 논점」, 박영사, 2016, 248면 이하.
11) 위 사건의 경우 모회사는 자회사의 채무에 관하여 보증계약을 체결하고 있었으므로 만일 모회사가 자신의 보증채무를 직접 상환하였다면 그로 인하여 발생하는 자회사에 대한 구상채권을 손금에 산입할 수 없었던 사정이 있었다(법인세법 제19조의2 제2항 제1호).

가 법원은 부당행위계산 부인규정은 실질과세원칙을 구체화하여 공평과세를 실현하고자 하는 데 그 입법취지가 있다고 전제한 후에 이처럼 실질과세의 원칙을 구체화한 부당행위 계산 부인의 행위유형에 해당하지 않을 경우 달리 위 행위의 효력을 부인할 개별적이고 구 체적인 법률 규정이 없다면 실질과세의 원칙을 들어 위 사안에서의 유상증자를 실질적인 채무변제행위로 보아 그 주식처분손실을 손금불산입할 수는 없다고 판시하였다.[12]

대법원 2015. 12. 23. 선고 2015두50085 판결도 법인세법 시행령 제88조 제1항 각 호에 규정되어 있는 부당행위계산 부인의 구체적인 행위유형에 해당하지 않는다고 본 후에 더 나아가 실질과세원칙의 적용 여부는 검토하고 있지 않다.

(2) 개별적 조세회피방지규정의 규율영역 내에서도 실질과세원칙이 적용된다고 본 사안

대법원 2022. 8. 25. 선고 2017두41313 판결을 살펴본다. 甲 법인은 2008년 8월, 乙 법인에 부동산을 390억원에 매도하기로 하고 乙 법인으로부터 계약금과 중도금 합계 270억원을 지급받았다. 甲 법인의 주주 구성은 A와 그 자녀인 B, C, D가 각각 30퍼센트, 30퍼센트, 20퍼센트, 20퍼센트의 지분을 갖고 있다.

甲 법인은 2008년 8월, 사업부분 중에 대부업을 인적분할하여 丙 법인을 설립한 다음 자산 280억원은 丙 법인에 귀속시키고 나머지 자산 50억원과 기존 부채는 甲 법인에 남겼다(丙 법인의 지분구조는 甲 법인과 같다). 甲 법인은 위 분할로 인해 자본금잠식 상태에 빠졌다.

A는 같은 달, F로부터 경영컨설팅을 영위하는 丁 법인(원고)의 발행주식총수 10,000주를 기존 지분비율에 따라 합계 4,000만원에 인수하였다. 그 후 丁 법인이 甲 법인을 흡수합병하였다. 丁 법인은 위 부동산 매매계약을 승계한 후 乙 법인에게 위 부동산을 양도하고 나머지 잔금 121억원을 지급받았다.

과세관청은 甲 법인의 분할 및 합병을, 甲 법인이 乙 법인에 부동산을 바로 양도할 경우 납부하여야 할 거액의 법인세를 회피하고자 행한 조세회피행위로 보고 분할 전 甲 법인이 부동산을 바로 양도할 경우 예상되는 법인세를 경정고지하였다. 과세관청은 과세 근거 규

---

12) 이 판결은 그 전제로 과거 법적 실질설을 취할 때의 판시를 반복하고 있다. 즉, "납세의무자가 경제활동을 함에 있어서는 동일한 경제적 목적을 달성하기 위하여서도 여러 가지의 법률관계 중 하나를 선택할 수 있는 것이고, 과세관청으로서는 특별한 사정이 없는 한 당사자들이 선택한 법률관계를 존중하여야 할 것이되(대법원 2001. 8. 21. 선고 2000두963 판결 참조), 실질과세의 원칙에 의하여 당사자의 거래행위를 그 형식에도 불구하고, 조세회피행위라고 하여 그 행위의 효력을 부인할 수 있으려면 조세법률주의 원칙상 법률에 개별적이고 구체적인 부인규정이 마련되어야 하고(대법원 1999. 11. 9. 선고 98두14082 판결, 대법원 2009. 4 9. 선고 2007두26629 판결 등 참조), 부당행위계산 부인규정은 실질과세원칙을 구체화하여 공평과세를 실현하고자 하는 데에 그 입법 취지가 있다고 할 것이다(대법원 2001. 6. 15. 선고 99두1731 판결 등 참조)."

정으로 법인세법 시행령 제88조 제1항 제6호, 제8호의2, 국세기본법 제14조 제3항을 제시하였으나 법원은 법인세법 시행령 제88조 제1항 제6호는 손익거래에만 적용되는 규정이므로 분할 및 합병에는 적용될 수 없고, 같은 항 제8호의2는 법인의 이익을 주주에게 분여하는 경우에 적용되는 규정이어서 역시 위 사실관계에는 적용될 수 없다고 보았다. 그러나 위 합병 및 분할은 사업목적 없이 오로지 조세회피의 목적에 따라 이루어진 것으로 국세기본법 제14조 제3항에 따라서 과세할 수 있다고 판단하였다.

다. 비교법적 검토

비교법적으로 독일의 조세기본법 제42조 제1항 제2문, 제3문은 이 문제를 입법적으로 해결하고 있다. 과거 독일의 판례는 특별법 우선(*lex specialis*)의 원칙에 따라서 입법자가 특별한 영역에 관하여 가치판단을 내린 이상 해당 영역에 대하여는 일반적 조세회피방지규정이 적용되지 않는다는 입장이었던 반면[13] 과세관청은 그와 반대입장이었다.[14] 2001년에 조세기본법 제42조 제1항을 개정하여 과세관청의 입장이 입법적으로 채택되었다. 개정된 조세기본법 제42조 제1항 제2문은 조세회피를 방지하기 위한 개별 세법의 과세요건이 완전히 충족되면 개별적 조세회피방지규정에 따라 세법적 효과가 부여된다고 정하면서 제3문에서 그 이외의 경우에는 같은 조 제2항에서 규정한 남용이 존재할 경우 적정한 법률관계 형성 시에 발생하는 경제적 효과에 따라 조세채권이 발생한다고 규정하고 있다. 입법이유서에 따르면 개별적 조세회피방지규정의 적용범위가 협소한 경우에는 일반적 조세회피규정이 적용되도록 하기 위하여 위 개정이 이루어진 것이라고 한다.[15] 그러나 조세기본법 제42조 제1항 제2문, 제3문의 신설로 인해 이러한 입장은 입법적으로 수정되었고 개별적 조세회피방지규정은 더 이상의 차폐효과(Abschirmwikrung)를 갖지 못하게 되었다고 한다.[16] 위 개정법 시행 이후의 판례도 입법자의 입법의도에 따르고 있다.[17] 그러나 현재도 학설상으로는 차폐효과가 존재한다는 주장이 유지되고 있다. 그 이유는 개별적 조세회피방지규정에 포섭이 되지 않는다는 것은 곧 해당 행위가 조세회피행위에 해당하지 않는다는 것이 입법자의 의도라는 것이므로 다시 일반적 조세회피방지규정이 적용될 여지가 없다는 것이다.[18]

---

13) BFH v. 15. 12. 1999, BStBl II 2000, 257. 이런 판례의 입장은 법적 안정성과 거래형성의 자유를 고려한 것이라고 할 수 있다.

14) BMF v. 19. 3. 2001, IStR 2001, 228.

15) BT-Drucks 16/7036, S. 6, 24; *Ratschow* in Klein, Abgabenordnung Kommentar, 12 Aufl., 2014, § 42 AO Rn 90f; *Fischer* in Hübschmann/Hepp/Spitaler, AO · FGO Kommentar, 2005, § 42 AO Rn. 291.

16) *Fischer* in Hübschmann/Hepp/Spitaler, 앞의 책, § 42 AO Rn. 11.

17) BFH v. 17. 11. 2020, BStBl II 2021, 580.

18) 독일의 가장 대표적인 교과서인 *Birk/Desens/Tappe*, Steuerrecht, 26.Aufl., 2023, Rn. 337이 이 입장을 취하

라. 소결론

생각건대, 개별적 조세회피방지규정은 입법자가 납세자의 행위를 조세회피행위에 해당한다고 판단하고 유형화하여 입법한 규율이라고 할 수 있는데 그 규율의 범위에 벗어나는 행위를 다시 일반적 조세회피방지규정을 적용하여 과세하려면 조세법률주의의 원칙에 비추어 볼 때 별도의 입법적 조치가 필요할 것으로 생각된다. 따라서 독일과 같은 입법적 조치가 없는 이상 현행법의 해석론으로는 부정적으로 해석하는 것이 타당하다.

3. 다른 개별적 조세회피방지규정과의 관계

우리 법인세법상 부당행위계산 부인규정은 개별적 조세회피방지규정이지만 다른 개별적 조세회피방지규정과 경합할 수 있다. 예를 들어 과다한 인건비는 법인세법 시행령 제88조 제1항 제7호의 고가 용역에 해당할 수 있다. 이처럼 다른 개별적 조세회피방지규정과 경합할 경우에는 다른 개별적 조세회피방지규정이 특별법으로서 우선 적용되어야 할 것이다. 위 인건비의 경우 법인세법 제26조, 같은 법 시행령 제43조, 제44조, 제44조의2가 우선 적용되어야 한다. 그 이유는 법인세법상 부당행위계산 부인규정은 그 내용이 포괄적이라서 일반규정의 성격도 갖고 있기 때문이다. 후술하는 바와 같이 일본의 지배적 견해는 동족회사 행위계산 부인규정을 일반적 조세회피방지규정으로 이해하기도 한다. 그러므로 다른 개별적 조세회피방지규정의 적용 대상이지만 구체적인 요건을 충족하지 못하는 경우에는 앞서 본 논리와 같이 부당행위계산 부인규정을 적용할 수 없다고 해석함이 타당하다.

4. 창설적 규정

법인세법상 부당행위계산 부인제도를 규정하고 있는 법인세법 제52조는 창설적 규정이라는 데 별다른 이견이 없다.[19] 법인세법 제52조가 개별적 조세회피방지규정에 해당한다는 것은 곧 그 규정이 창설적 규정이라는 의미라고 할 수 있다.

고 있다.

19) 과거에는 확인적 규정이라는 견해도 있었다. 이태로/안경봉, 「조세법강의」, 신정4판, 박영사, 2001, 377면.

제2절 부당행위계산 부인제도의 연혁

부당행위계산 부인제도는 1949년 제정된 법인세법 이후 계속 수정되면서 유지되어 온 제도이다.[20] 이하에서는 주요한 개정 내용을 개관하기로 한다.[21]

Ⅰ. 1949년 법인세법

1949. 11. 7. 제정된 우리 법인세법 제33조는 다음과 같은 규정을 두고 있다.

"동족회사의 행위 또는 계산으로서 그 소득이거나 주주, 사원 또는 이와 친족, 사용인 기타 대통령령의 정하는 출자관계있는 법인 등 특수의 관계있는 자의 소득에 대하여 소득포탈의 목적이 있다고 인정되는 경우에는 그 행위 또는 계산에 불구하고 정부는 그 인정하는 바에 의하여 당해 법인의 소득금액을 계산할 수 있다."

같은 법 제17조 제2항은 동족회사를 다음과 같이 정의하고 있다.

"본법에서 동족회사라 함은 주주 또는 사원의 1인과 이와 친족, 사용인 기타 대통령령으로 규정하는 출자관계 있는 법인등 특수의 관계있는 자의 주식금액 또는 출자금액의 합계가 그 법인의 주식금액 또는 출자금액의 2분의 1 이상에 상당하는 법인을 말한다."

위 규정은 일본의 동족회사행위계산 부인제도를 그대로 계수한 것으로서 조세포탈목적을 요건으로 하고 있는 점이 특징이다.[22] 주의할 점은 규율 대상이 동족회사와 특수관계인 간의 거래로 제한되지 않는다는 점이다. 이 점도 일본법과 같다.

이 법은 1952. 12. 14. 법률 제263호로 개정되면서 동족회사 정의 규정을 제33조 제2항으로 옮겼다. 또한 1954. 3. 31. 법률 제320호로 개정될 때 적용대상을 동족회사에서 비공개법인으로 확대하였다.

Ⅱ. 1962년 법인세법

1961. 12. 8. 전면 개정된 법인세법 제18조는 '법인의 부당행위계산 부인'이라는 표제 하에 다음과 같이 규정하고 있다.

---

20) 연혁에 관한 고찰로 오윤, "부당행위계산 부인규정상 '부당성' 판단에 관한 소고", 「조세법연구」 제22집 제1호, 2016, 107면.
21) 김중곤, "세법상 부당행위계산 부인의 요건과 효과(상)", 「법조」 통권 제587호, 2005, 61~65면.
22) 그러나 일본에서의 법제사를 고찰하여 보면 이때의 조세포탈이 현재 이해하는 조세포탈과 동일한 것인지에 관하여는 의문이 있다. 이에 관하여는 일본법에 관한 부분에서 다룬다.

"법인의 행위 또는 계산이 각령의 정하는 바에 의하여 소득포탈의 목적이 있다고 인정되는 경우에는 그 행위 또는 계산에 불구하고 정부는 그 소득금액을 계산할 수 있다."

개정법은 적용대상을 공개법인으로 확대하였다. 이 법은 1965. 12. 20. 법률 제1720호로 개정되면서 제18조에서 주관적 요건 중 '소득포탈의 목적'을 삭제하였다. 조세포탈의 목적을 요구하지 않는 것은 이미 일본법인세법이 1947년 개정시에 변경된 것과 동일하다.

Ⅲ. 1968년 법인세법

1967. 11. 29. 전면 개정된 법인세법 제20조는 다음과 같이 규정하고 있다.
"① 정부는 대통령령이 정하는 바에 의하여 내국법인의 행위 또는 소득금액의 계산이 그 법인이나 그 법인의 주주 사원 또는 출자자와 특수관계 있는 자와의 거래에 있어서 그 법인의 소득에 대한 조세의 부담을 부당히 감소시킨 것으로 인정되는 경우에는 그 내국법인의 행위 또는 계산에 불구하고 그 법인의 각 사업연도의 소득금액을 계산할 수 있다.
② 전항에서 그 법인이나 그 법인의 주주·사원 또는 출자자와 특수관계 있는 자라 함은 대통령령으로 정하는 관계에 있는 자를 말한다.
③ 제1항의 규정은 제22조 제3항에서 규정하는 공개법인에 대하여는 이를 적용하지 아니한다."

전면 개정 전과 비교하면 적용대상을 비공개법인으로 다시 좁히고, 거래상대방이 특수관계인일 것을 요구하여 적용범위가 한정된 것 등이 큰 차이라고 할 수 있다.[23] 특수관계인 간의 거래로 제한을 둔 것은 일본법인세법과 다르고 미국세법과 동일하다.[24] 현재 입법자료 부족으로 입법자가 그와 같은 차이를 의식하고 입법을 한 것인지는 알 수 없다. 이 법은 1974. 12. 21. 법률 제2686호로 개정되면서 제18조 제3항을 삭제하여 공개법인도 적용되는 것으로 다시 변경하였다.

Ⅳ. 1999년 법인세법

1998. 12. 28. 전면 개정된 법인세법 제52조는 현행 규정과 거의 동일한 내용의 부당행위

---

23) 법인세법이 전면 개정되면서 부당행위계산 부인제도의 내용이 변경된 이유는 자료 부족으로 확인하기 어렵다. 정부의 법률안(의안번호 070029)에도 별다른 설명이 없고 위 전면 개정 직후에 출간된 문헌의 대표적인 예인 권태호, 「개정 법인세법 해설」, 반도출판사, 1968, 245면 이하에도 개정 이유가 소개되어 있지 않다.
24) 독일은 법인-주주 관계를 요구한다.

계산 부인규정을 두고 있다. 적어도 법인세법 단계에서는 그 이후에 큰 변동이 없었고 다만 법인세법 시행령 제88조 단계에서 크고 작은 개정이 있었다.

제3절 부당행위계산 부인의 적용요건

부당행위계산 부인의 적용요건은 '내국법인의 행위 또는 소득금액의 계산이 특수관계인 과의 거래에서 그 법인의 소득에 대한 조세의 부담을 부당하게 감소시킨 것으로 인정되는 때'이다. 이하 개괄적으로만 살펴본다.

Ⅰ. 대상법인

부당행위계산의 부인에 관한 규정은 모든 법인에게 적용된다. 그 법인이 내국법인이든 또는 외국법인이든, 영리법인이든 또는 비영리법인이든, 계속법인이든 청산 중에 있는 법 인이든 불문한다(법인세법 제52조 제1항, 제92조 제1항).

Ⅱ. 행위 또는 계산

1. 행위 및 계산의 개념

행위 또는 소득금액의 계산이 부당하여야 한다. 즉, 이상성이 존재하여야 한다. 여기서 '행위'는 법인의 대외적 관계에 있어서 법률효과를 발생하는 법률행위(Rechtsgeschäft)를 가리킨다. 소득금액의 '계산'이란 대내적 관계에서의 회계처리를 의미한다.[25]

행위의 부인은 소득금액 계산의 부인을 수반하는 것이 일반적이므로 행위의 부인과 소득 금액 계산의 부인을 따로 보는 것은 무의미하다. 왜냐하면 행위의 부인이라고 하더라도 결 국은 소득금액의 계산의 부인이라는 과정을 통하여 각 사업연도의 소득금액을 조정하는 것 이므로 행위 또는 소득금액의 계산의 부인은 모두 소득금액의 계산의 부인으로 귀착되기 때문이다. 다만, 부인할 행위가 존재하지 않기 때문에 소득금액의 계산만을 부인하여야 할 경우가 있다.[26]

---

25) 김완석/황남석, 「법인세법론」, 제24판, 삼일인포마인, 2024, 678면; 広瀬正, 「判例からみた税法上の諸問題」, 新日本法規出版, 1972, 123면.
26) 志達定太郎, 「会社所得税及営業収益税」, 第一書房, 1939, 240면.

행위 또는 계산은 반드시 그 행위 또는 계산이 있었던 시점에 법인의 손익에 영향을 미쳤을 필요는 없으며 사후적으로 영향을 미치는 경우도 포함한다.[27]

2. 실재하는 유효한 행위·계산

부당행위계산 부인의 대상이 되는 기초적 사실행위는 실제로 존재하는 것이어야 한다.[28] 또한 부당행위계산 부인의 대상이 되는 행위 또는 소득금액의 계산은 법률상으로 적법·유효한 행위이어야 한다. 기업회계기준이나 회계관행에 적합한 계산에 해당하더라도 부인의 대상이 될 수 있다.

실재하지 않는 행위나 무효인 행위 등은 부당행위계산의 부인에 의해서가 아니고 사실인정의 과정을 통하여, 또는 실질과세원칙의 적용을 통하여 진실한 사실관계 또는 실질내용에 따라 소득금액을 산정하면 된다. 즉 실재하지 않거나 사실관계에 부합하지 않는 행위의 부인이나, 무효인 법률행위 등의 세법적 평가는 부당행위계산 부인의 대상이 아니다.[29]

Ⅲ. 부당성

부당행위계산은 납세의무자가 정상적이라고 생각되는 행위나 형식을 선택하지 않고 이상성(異常性)을 띤 행위나 형식을 취하는 경우에 성립한다. 법인세법 제52조 제1항은 '부당하게'라는 표지를 사용한다. 여기서 어떤 행위 또는 형식이 정상적인 것인가 또는 이상적인 것인가를 판정하여야 하는 문제가 생긴다.

법인세법 제52조 제2항은 부당성 판단의 기준으로 건전한 사회 통념 및 상거래 관행과 특수관계인 아닌 자 간의 정상적인 거래에서 적용되거나 적용될 것으로 판단되는 가격, 즉 시가를 기준으로 하도록 규정하고 있다. 따라서 특정 행위 및 계산이 시가와 다르게 행해지면 일단 부당성의 요건을 충족한 것으로 볼 수 있다. 나아가 판례는 경제적 합리성이 결여될 것을 요구한다.[30]

---

27) 삼일회계법인, 「2025년 신고대비 법인세 조정과 신고 실무」, 제19판, 삼일인포마인, 2024, 844면.
28) 대법원 1985. 4. 23. 선고 84누622 판결; 대법원 1982. 11. 23. 선고 80누466 판결.
29) 서울행정법원 2014. 3. 21. 선고 2013구합57266 판결: "…실재하지 아니하거나 사실관계에 부합하지 아니하는 행위 또는 소득금액계산이 무효인 법률행위 등은 부당행위계산 부인의 대상이 아니다. 그러나 위와 같은 사실인정 또는 실질과세원칙을 적용한 사실관계 내지 실질내용이 다시 부당행위계산 부인 대상에 해당하는 경우에는 부당행위계산 부인을 한 후 과세할 수 있다…"
30) 대법원 2010. 1. 14. 선고 2009두12822 판결 등.

Ⅳ. 특수관계인과의 거래

법인의 행위 또는 소득금액의 계산이 이상성을 띤 경우라 하더라도 특수관계인과의 거래에 해당하는 경우에 한하여 해당 행위 또는 소득금액의 계산을 부인한다.[31] 법인세의 부담을 회피하기 위한 이상성을 띤 거래는 주로 특수관계인 간에 이루어지기 때문이다.

Ⅴ. 법인의 소득에 관한 조세부담의 감소

법인의 소득에 관한 조세, 즉 법인세의 부담이 감소되어야 한다.[32] 법인세 부담이 감소하는 경우란 법인이 선택한 이상성(異常性)을 띤 행위 등을 기준으로 하여 산정한 법인세의 크기가 그 행위 등을 부인하고 경제적 합리성을 띤 정상적인 행위 등으로 바꾸어 산정한 법인세의 크기에 미치지 못하는 경우를 가리킨다.

Ⅵ. 부당행위계산의 유형

법인세법 시행령 제88조 제1항은 법인의 소득에 대한 조세의 부담을 부당히 감소시킨 것으로 인정되는 유형, 즉 부당행위계산의 유형을 열거하고 있는바, 그 내용은 다음과 같다.

> 1. 자산을 시가보다 높은 가액으로 매입 또는 현물출자받았거나 그 자산을 과대상각한 경우
> 2. 무수익 자산을 매입 또는 현물출자받았거나 그 자산에 대한 비용을 부담한 경우
> 3. 자산을 무상 또는 시가보다 낮은 가액으로 양도 또는 현물출자한 경우. 다만, 제19조 제19호의2 각 목 외의 부분에 해당하는 주식매수선택권등의 행사 또는 지급에 따라 주식을 양도하는 경우는 제외한다.
> 3의2. 특수관계인인 법인 간 합병(분할합병을 포함한다)·분할에 있어서 불공정한 비율로 합병·분할하여 합병·분할에 따른 양도손익을 감소시킨 경우. 다만, 「자본시장과 금융투자업에 관한 법률」 제165조의4에 따라 합병(분할합병을 포함한다)·분할하는 경우는

---

31) 상장주식의 매매거래가 거래소의 장내 경쟁매매방식으로 이루어진 경우 결과적으로 특수관계인 간에 매매가 체결되었다고 하더라도 제도의 취지상 특수관계인 간의 거래로 볼 수 없다. 대법원 2021. 6. 24. 선고 2021도436 판결.

32) 대법원 1992. 11. 24. 선고 91부13 결정: 대법원은 소득세의 부당행위계산 부인에 관한 소득세법 제55조 제1항 및 동법 시행령 제111조 제2항에 대한 위헌제청신청사건에서 "…소득세법의 위 부당행위계산 부인규정도 그 부당한 행위의 전형적인 것을 대통령령에 위임하여 규정하고 있는 것이고, 그 부당성의 판단기준을 위와 같이 경제적 합리성에 두고 있는 한 위 규정이 '조세의 부담을 부당하게 감소시킨 것으로 인정되는 때'라고 규정하였다 하여 이를 가지고 과세요건명확주의 원칙을 규정한 헌법에 위배되는 무효의 규정이라 할 수는 없다…"라고 판시하였다.

제외한다.

4. 불량자산을 차환하거나 불량채권을 양수한 경우

5. 출연금을 대신 부담한 경우

6. 금전, 그 밖의 자산 또는 용역을 무상 또는 시가보다 낮은 이율·요율이나 임대료로 대부하거나 제공한 경우. 다만, 다음 각 목의 어느 하나에 해당하는 경우는 제외한다.

　가. 제19조 제19호의2 각 목 외의 부분에 해당하는 주식매수선택권등의 행사 또는 지급에 따라 금전을 제공하는 경우

　나. 주주등이나 출연자가 아닌 임원(소액주주등인 임원을 포함한다) 및 직원에게 사택(기획재정부령으로 정하는 임차사택을 포함한다)을 제공하는 경우

　다. 법 제76조의8에 따른 연결납세방식을 적용받는 연결법인 간에 연결법인세액의 변동이 없는 등 기획재정부령으로 정하는 요건을 갖추어 용역을 제공하는 경우

7. 금전, 그 밖의 자산 또는 용역을 시가보다 높은 이율·요율이나 임차료로 차용하거나 제공받은 경우. 다만, 법 제76조의8에 따른 연결납세방식을 적용받는 연결법인 간에 연결법인세액의 변동이 없는 등 기획재정부령으로 정하는 요건을 갖추어 용역을 제공받은 경우는 제외한다.

7의2. 기획재정부령으로 정하는 파생상품에 근거한 권리를 행사하지 아니하거나 그 행사기간을 조정하는 등의 방법으로 이익을 분여하는 경우

8. 다음 각 목의 어느 하나에 해당하는 자본거래로 인하여 주주등(소액주주등은 제외한다. 이하 이 조에서 같다)인 법인이 특수관계인인 다른 주주등에게 이익을 분여한 경우

　가. 특수관계인인 법인간의 합병(분할합병을 포함한다)에 있어서 주식등을 시가보다 높거나 낮게 평가하여 불공정한 비율로 합병한 경우. 다만, 「자본시장과 금융투자업에 관한 법률」 제165조의4에 따라 합병(분할합병을 포함한다)하는 경우는 제외한다.

　나. 법인의 자본(출자액을 포함한다)을 증가시키는 거래에 있어서 신주(전환사채·신주인수권부사채 또는 교환사채 등을 포함한다. 이하 이 목에서 같다)를 배정·인수받을 수 있는 권리의 전부 또는 일부를 포기(그 포기한 신주가 「자본시장과 금융투자업에 관한 법률」 제9조 제7항에 따른 모집방법으로 배정되는 경우를 제외한다)하거나 신주를 시가보다 높은 가액으로 인수하는 경우

　다. 법인의 감자에 있어서 주주등의 소유주식등의 비율에 의하지 아니하고 일부 주주등의 주식등을 소각하는 경우

8의2. 제8호 외의 경우로서 증자·감자, 합병(분할합병을 포함한다)·분할, 「상속세 및 증여세법」 제40조 제1항에 따른 전환사채등에 의한 주식의 전환·인수·교환 등 자본거래를 통해 법인의 이익을 분여하였다고 인정되는 경우. 다만, 제19조 제19호의2 각 목 외의 부분에 해당하는 주식매수선택권등 중 주식매수선택권의 행사에 따라 주식을 발행하는 경우는 제외한다.

9. 그 밖에 제1호부터 제3호까지, 제3호의2, 제4호부터 제7호까지, 제7호의2, 제8호 및 제8
   호의2에 준하는 행위 또는 계산 및 그 외에 법인의 이익을 분여하였다고 인정되는 경우

제4절 부당행위계산 부인의 효과

부당행위계산에 해당하여 과세관청에 의하여 부인되면 다음의 효과가 발생한다.

Ⅰ. 익금산입 또는 손금불산입

납세지 관할 세무서장 또는 관할 지방국세청장은 내국법인의 행위 또는 소득금액의 계산
이 부당행위계산으로 인정되는 경우에는 그 법인의 행위 또는 소득금액의 계산에 관계없이
그 법인의 각 사업연도의 소득금액을 계산한다(법인세법 제52조 제1항). 위 규정은 강행규정이
므로 납세지 관할 세무서장 또는 관할 지방국세청장은 법인의 행위 또는 소득금액의 계산
이 부당행위계산으로 인정되는 때에는 그 법인의 행위 또는 소득금액의 계산에 관계없이
그 법인의 각 사업연도의 소득금액을 계산하여야 한다.

Ⅱ. 다른 세목과의 관계

부당행위계산 부인의 결과 사법상의 법률효과에 영향을 미치지 않을 뿐만 아니라 소득세
등 다른 세목에도 원칙적으로 영향을 미치지 않는다.[33] 그 결과 다음에 설명하는 바와 같이
대응조정이 인정되지 않는다고 설명한다.

Ⅲ. 대응조정의 인정 여부

국제조세의 경우 이전가격과세에 따라 야기되는 이중과세를 시정하기 위하여 대응조정
(corresponding adjustment) 장치가 마련되어 있다(국제조세조정법 제12조). 그러나 내국법인간
의 거래가 부당행위계산에 해당하여 이를 부인하는 경우에는 대응조정을 허용하지 않는다.
예를 들어 제조업을 영위하는 甲 법인이 그와 특수관계인이고 판매업을 영위하는 乙 법

---

33) 이는 조세회피부인의 결과에 일반적으로 수반되는 효과라고 한다. 渡辺徹也, 앞의 책, 302면.

인에게 시가 1,000원인 제품을 600원에 판매하고 乙 법인은 해당 상품을 1,200원에 매출한다고 가정한다.

먼저 甲법인의 저가판매에 대하여는 부당행위계산 부인규정을 적용하여 매출액을 1,000원으로 보고 그 차액 400원을 익금에 산입한다.

다음으로 乙 법인에 대하여는 대응조정을 허용하지 않고 해당 법인이 계상하고 있는 매출액 1,200원과 매입가액 600원을 그대로 용인한다.

결국 하나의 거래에서 甲 법인의 거래가액(매출액)은 1,000원으로, 그의 상대방인 乙 법인의 거래가액(매입액)은 600원으로 달리 취급하여 각각 과세소득금액을 산정하도록 하고 있는 것이다. 따라서 과세관청의 입장에서 보면 시가와 거래가액과의 차액 400원에 대하여는 甲 법인의 과세소득금액에 포함함과 동시에 다시 乙 법인의 과세소득금액에도 이중적으로 포함하여 과세를 행하는 결과가 된다.

Ⅳ. 조세포탈범의 구성요건과의 관계

조세회피(tax avoidance, Steuerumgehung)는 범죄가 아닌 방법으로 조세부담을 최소화하거나 회피하는 것을 가리킨다. 즉 조세회피행위는 범죄(조세포탈범)를 구성하지 않는다.

따라서 부당행위계산 부인에 의하여 익금에 산입하거나 손금에 불산입하는 금액은 사기나 그 밖의 부정한 행위로 법인세를 포탈한 경우에 해당하지 않는다고 해석한다.[34]

---

34) 대법원 2013. 12. 12. 선고 2013두7667 판결: "법인세법상 부당행위계산 부인으로 인한 세무조정금액 등 세무회계와 기업회계의 차이로 생긴 금액은 특별한 사정이 없는 한 舊 국세기본법 제26조의2 제1항 제1호 소정의 사기 기타 부정한 행위로 얻은 소득금액으로 볼 수 없으나, 법인세법상 부당행위계산에 해당하는 거래임을 은폐하여 세무조정금액이 발생하지 않게 하기 위하여 부당행위계산의 대상이 되지 않는 자의 명의로 거래를 하고 나아가 그 사실이 발각되지 않도록 허위 매매계약서의 작성과 대금의 허위지급 등과 같이 적극적으로 서류를 조작하고 장부상 허위기재를 하는 경우에는 그것이 세무회계와 기업회계의 차이로 생긴 금액이라 하더라도 이는 사기 기타 부정한 행위로써 국세를 포탈한 경우에 해당하여 그에 관한 법인세의 부과제척기간은 10년이 된다."

제3장 입법례

법인세법상 부당행위계산 부인과 유사한 기능을 하는 입법례를 독일, 미국, 일본을 중심으로 검토한다.

제1절 독일법

Ⅰ. 개관[35)]

독일법상 부당행위계산 부인규정에 대응하는 제도로는 숨은 이익처분(verdeckte Ausschüttung)을 들 수 있다.

법인은 이익을 얻어서 이를 원칙적으로 그 사원에게 배당하여야 할 경제적 책무를 부담한다. 독일법인세법 제8조 제3항은 이익(Einkünfte)의 배당이 과세소득에 영향을 주지 않는다고 규정한다. 개인사업자의 경우에도 사업목적 이외의 목적을 위한 이익처분(출자환급)은 과세소득을 감소시키지 않는다. 법인은 이익을 회사법적 규정에 따라 배당할 수도 있고 은폐된 형식으로 배당할 수도 있다. 독일법인세법 제8조 제3항 제1문은 법인이 회사법적 규정에 따라 배당할 경우 법인의 과세소득에 영향이 없다고 규정하고 있는데, 제2문은 법인이 은폐된 형식으로 배당을 할 경우에도 동일한 효력을 주고 있다. 이를 숨은 이익처분이라고 한다.[36)]

숨은 이익처분은 주주에게 이익을 분여(예컨대, 과도한 보수)하여 부당하게 손금으로 처리하거나 주주를 위하여 수익을 포기(예컨대, 주주에 대한 무이자부 금전소비대차, 자산을 주주에게 저가양도)하여 법인의 소득금액을 감소시킨다. 그 경우 감소한 법인의 소득금액은 가산되어야 한다. 이 제도는 회사관계로 촉발된 법인의 과세소득 감소를 막으려는 제도로서 법인세법상 허용되지 않는 이익처분을 규율한다.[37)]

---

35) 독일의 경우 소규모회사조직은 유한회사가 압도적인 비중을 점하고 있으며 숨은 이익처분은 주로 소규모회사에서 이루어지기 때문에 독일의 문헌은 유한회사를 중심으로 숨은 이익처분을 고찰하는 경우가 많다. 그러나 한국의 경우 본래 소규모회사조직에 사용될 것을 예정한 유한회사제도나 유한책임회사제도가 거의 사용되지 않고 주식회사가 사용되기 때문에 비교의 편의를 위하여 원칙적으로 독일의 문헌에 사용된 유한회사를 주식회사로 고쳐서 적었다. 다만 유한회사 특유의 제도를 전제로 하는 경우에는 유한회사를 그대로 사용하였다. 숨은 이익처분은 물적회사를 전제로 하는 제도이기 때문에 단순히 법인이라고 표현한 경우에도 물적회사를 의미한다.

36) *Jäger/Lang/Raible/Ott*, Körperschaftsteuer, 20.Aufl., 2022, S. 211; *Tipke/Lang*, Steuerrecht, 24.Aufl., 2021, Rn. 11.70.

　예를 들어 甲 법인이 시가 60만유로인 토지를 주주인 A에게 40만유로에 매도하였다면 이 매도는 숨은 이익처분에 해당한다. 甲 법인이 제3자와 거래를 했다면 60만유로를 지급받았을 것이고 그로 인한 이익 20만유로를 배당하였다면 과세소득에는 영향이 없었을 것이다. 따라서 甲 법인의 과세소득 계산시에 20만유로를 가산한다. 이를 통해서 그 동안 미실현상태였던 소득(Ertrag)이 甲 법인에서 실현된다. 주주 A에 대하여는 숨은 이익처분으로 인한 수익을 자본소득으로 보아 과세한다.[38]

Ⅱ. 연혁 및 근거 규정

　연혁적으로 숨은 이익처분이 제일 처음 등장한 것은 1934년 독일법인세법 제6조 제1항이지만 그 이전에 이미 라이히(Reich) 재정법원은 경제적 관찰방법을 규정한 1919년 독일 조세기본법 제4조를 근거로 여러 판결에서 숨은 이익처분을 인정해 왔다.[39] 현행법상 근거 규정은 독일법인세법 제8조 제3항 제2문이며 그 밖에 독일법인세법 제8조에 관한 현행 독일법인세통칙(Körperschaftsteuer－Richtlinie: KStR) R 8.5는 숨은 이익처분을 다음과 같이 규정한다.

숨은 이익처분(Verdeckte Gewinnausschüttungen)

(1) ¹독일법인세법 제8조 제3항 제2문에 규정된 숨은 이익처분은 회사관계를 원인으로 하여 독일소득세법 제4조 제1항 제1문에 규정된 차액에 영향을 미치고 독일회사법의 규정에 따른 이익분배결의에 의하지 않은 재산감소 또는 억제된 재산증가이다. ²장부 작성 의무가 없는 법인에 대하여는 소득(Einkünfte)에 초점이 맞춰진다. ³법인의 재산감소 또는 억제된 재산증가가 특수관계인을 위하여 행해진 경우에도 회사관계를 통하여 촉발된 것으로 본다.

(2) ¹민사법적으로 유효하고, 명확하며 일의적이고 사전에 체결된 합의가 결여되었을 때, 또는 명확한 합의에 따라 행해지지 않은 경우에도 회사와 지배주주의 관계에서 회사관계에 의해 촉발되었다고 본다. ²지배주주의 지위는 합의시 또는 재산감소 또는 억제된 재산증가의 실행시에 존재하여야 한다.

---

37) *Tipke/Lang*, 앞의 책, Rn. 11.70.

38) 이 경우 주주에 대하여는 부분소득법이 적용되어 40%가 비과세되든가 혹은 25%의 원천징수비례세로 과세된다. *Jäger/Lang/Raible/Ott*, 앞의 책, S. 211.

39) 상세는 *Bender*, Körperschaftsteuergesetz vom 16. Oktober 1934, 1935, S. 277 ff.

Ⅲ. 개념 및 법적 성격

1. 공연한 이익처분과의 구별

숨은 이익처분에 대응하는 공연한 이익처분(offene Gewinnausschüttung)도 손익에 영향을 미치지 않는다.[40] 숨은 이익처분은 회사법적 이익처분 절차 밖에서 일어나기 때문에 재산감소나 재산증가의 억제는 공연한 이익처분과는 양립할 수 없다.[41]

2. 숨은 출자와의 구별

숨은 출자는 체계적으로 숨은 이익처분의 반대상(反對像)이다. 숨은 출자가 있더라도 법인의 소득금액은 증액되지 않는다(독일법인세법 제8조 제3항 제3문). 2007년 세법 개정시에 독일법인세법 제8조 제3항 제3문부터 제6문까지 처음으로 숨은 출자의 법적 효과가 규정되었지만 여전히 요건은 규정되지 않았다. 위 규정에 따르면 주주나 그 특수관계인이 법인에 대하여 재산적 이익을 제공하고 그 제공이 회사관계에서 촉발되었다면 숨은 출자로 인정된다. 회사관계에서 촉발되었는지 여부는 제3자 비교를 통해서 판단한다. 즉, 주주가 아니었다면 통상의 상인으로서의 주의의무를 적용하였을 때 법인에게 재산상 이익을 부여하지 않았을 것인지 여부를 판단한다.[42] 숨은 출자를 통해 높게 계상되어 있는 법인의 이익(Gewinn)은 수정되어야 하므로 소득금액(Einkommen)을 계산하기 위하여 재무상태표 외에서[43] 감액되어야 한다(독일법인세법 제8조 제3항). 숨은 출자는 소득에는 영향이 없고 세무상 출자계정에 영향을 준다(독일법인세법 제27조).[44]

3. 숨은 이익처분의 의의 및 본질

독일법인세법이나 독일소득세법은 숨은 이익처분을 정의하고 있지 않으며 이 개념은 판례에 의해 발달하였다.[45] 1989년 이후 독일연방재정법원 제1부는 숨은 이익처분을 다음과

---

40) 상세는 *Falterbaum/Bolk/Reiß/Kirchner*, Buchführung und Bilanz, 22. Aufl., 2015, Rn. 34.3.5. 공연한 소득처분은 이익처분계정(Gewinnverwendungskonto)에 계상한다. *Jäger/Lang/Raible/Ott*, 앞의 책, S. 217.
41) BFH v. 22. 10. 2003, BStBl. II 2004, 307; 독일법인세통칙(Körperschaftsteuer-Richtlinie: KStR, 이하 독일법인세통칙) R. 8.5 (1); *Jäger/Lang/Raible/Ott*, 앞의 책, S. 217.
42) BFH v. 15. 10. 1997, BFH/NV 1998, 624.
43) '재무상태표 외에서(außer der Bilanz)'라는 말은 재무상태표에 영향을 주지 않고 그 이외의 서식을 통해서 반영된다는 의미이다.
44) 상세는 *Tipke/Lang*, 앞의 책, Rn. 11.92~93.
45) 초기의 판결로 RFH v. 15. 1. 1930, RStBl. 1930, 548.

같이 정의한다.

"법인세법 제8조 제3항 제2문에서의 숨은 이익처분은 회사관계에서 촉발되고 총소득금액(Einkommen)에 영향을 미치며 공연한 이익처분이 아닌 재산감소(억제된 재산증가)를 말한다."[46] 위 정의는 숨은 이익처분을 '재산증가의 억제'로 확대하였는데 그 결과 의제된 총소득금액이 과세대상이 될 수 있게 되었다.[47] 1989년 이전까지는 독일연방재정법원 판례가 법인에 대한 숨은 이익처분을 주주에 대한 재산의 유출과 결부시켰었는데 독일연방재정법원 제1부는 위와 같은 정의를 통하여 기존의 '통일적 정의(Einheitsdefinition)'[48]를 포기하고 법인 단계의 숨은 이익처분 요건을 주주 단계와 절연시켰다.[49] 1989년 이후 독일연방재정법원은 다시 법인 단계와 주주 단계의 결부를 부분적으로 회복하였다. 즉, 법인 단계에서의 재산감소는 객관적으로 어떤 시점에서이건 독일소득세법 제20조 제1항 제1호 제2문의 수입금액을 주주에게 발생하도록 할 수 있어야 한다.[50] 독일연방재정법원은 숨은 이익처분 규정을 과세소득계산규정이 아닌 과세소득경정규정으로 보고 있다.[51]

4. 숨은 이익처분의 법리적 근거

가. 회사법적 분리원칙

법 체계적으로 숨은 이익처분은 회사법적 분리원칙(gesellschaftsrechtliches Trennungsprinzip)에서 근거를 찾을 수 있다. 즉, 법인과 사원 간의 분리원칙(Trennungsprinzip)이 근거가 된다.[52] 분리원칙에 따르면 법인과 사원 간의 재산이전은 특정한 형태(배당, 감자, 청산, 출자환급)로만 행해질 수 있다.[53] 다만 위 원칙의 역할은 회사법과 법인세법의 영역에서 각각 차이가 있다. 위 원칙이 회사법에서는 법인의 자본금을 유지하는 역할을 하는 반면, 세법에서는 경제적 급부능력의 표지로서의 '정확한' 소득을 파악하는 역할을 한다.[54] 위와 같은 차이는 후술하는 세법상 소급효금지(Rückwirkungsverbot)

---

46) BFH v.14. 3. 1989, BStBl. II 1989, 633; BFH v. 28. 6. 1989, BStBl. II 1989, 854; BFH v. 2. 12. 1992, BStBl. II 1993, 311; BFH v. 2. 2. 1994, BStBl. II 1994, 479; BFH v. 19. 3. 1997, BStBl. II 1997, 577.

47) BFH v. 12. 6. 2013, BStBl. II 2013, 1024.

48) 상세는 *Kohlhepp*, Verdeckte Gewinnausschüttung im Körperschaft- und Einkommensteuerrecht, Diss., 2006, S. 89f.; 92ff.; 102ff.

49) BFH v. 16. 3. 1967, BStBl. III 1967, 626.

50) BFH v. 7. 8. 2002, BStBl. II 2004, 131. 이를 이익적합성(Vorteilsgeneigtheit)이라고 부른다.

51) *Köllen/Reichert/Vogl/Wagner*, Körperschaftsteuer und Gewerbesteuer, 7. Aufl., Rn 319. 판례의 상세는 *Gosch* in Gosch, KStG, 4.Aufl., 2020, § 8 KStG Rn. 177.

52) *Köllen/Reichert/Vogl/Wagner*, 앞의 책, Rn. 307.

53) 독일주식법 제57조, 제60조.

54) *Frotscher* in Frotscher/Drüen, Kommentar zum Körperschaft-, Gewerbe- und Umwandlungssteuergesetz,

에서 명확하게 드러난다. 회사법에는 위와 같은 원칙이 존재하지 않는다. 세법상 소급효금
지는 지배주주에 대한 특별 요건으로 표현되는데 회사법상으로는 숨은 이익처분을 수취한
자가 이를 다시 환급하여 효과를 되돌리는 것이 가능하지만, 세법은 그러한 취소를 인정하
지 않으며 출자로 다룰 뿐이다.[55]

나. 의제설

과거에는 실제와 다른 의제적 사실관계를 기초로 세법상 독자적인 제도로서 과세가 가능
하다고 이해하였다.[56] 그러나 의제설은 전제부터 잘못된 것이다. 숨은 이익처분은 관련된
거래에 의하여 실제로 재산감소가 일어난 경우로서 그 재산감소가 '숨겨져' 있을 뿐이다.[57]

5. 일반적 조세회피방지규정과의 관계

숨은 이익처분과 일반적 조세회피방지규정(조세기본법 제42조)과의 관계는 명확하지 않다.
독일연방재정법원은 1991. 8. 14. 자 결정에서 조세기본법 제42조가 적용될 수 있음을 별론
으로 하면서 숨은 이익처분을 적용하였다.[58] 그 이후에 이어지는 판결들도 두 제도의 관계
를 분명하게 밝히고 있지 않다.[59] 1999. 11. 3. 쾰른 재정법원은 명시적으로 두 제도의 적용
관계를 밝혔다. 그 사건에서는 법원은 우선 조세기본법 제42조 제1항 제3문을 적용하여 사
실관계를 재구성하였고, 그 바탕 위에 숨은 이익처분을 적용하였다.[60] 앞서 본 바와 같이
2001년 조세기본법 제14조 제1항 제2문, 제3문의 개정으로 인해 숨은 이익처분이 적용되는
영역에서 다시 조세기본법 제42조가 적용될 여지가 생겼다.

Ⅳ. 요건

1. 개관

숨은 이익처분의 개념은 독일연방재정법원의 판례에 의해 발전하였다.[61] 독일법인세법

2024, Anhang zu § 8 Rn. 17f.

55) *Gosch* in Gosch, 앞의 책, § 8 KStG Rn. 158.
56) *Frotscher* in Frotscher/Drüen, 앞의 책, Anhang zu § 8 Rn. 206 ff.
57) *Gosch* in Gosch, 앞의 책, § 8 KStG Rn. 158.
58) BFH v. 14. 8. 1991, BStBl. II 1991, 935.
59) BFH v. 30. 1. 2002, BFH/NV 2002, 1172; BFH v. 1. 2. 2001, BStBl. II 2001, 520.
60) FG Köln v. 11. 3. 1999, EFG 1999, 922 (다만 이 판결은 독일연방재정법원에서 파기되었다. BFH v. 20. 3. 2002, BStBl. II 2003, 50).
61) 이미 1930년 판례에 등장한다. RFH v. 15. 1. 1930, RStBl. 1930, 548.

제8조 제3항 제2문은 숨은 이익처분의 효과만을 규정하고 있으며 정의나 요건을 규정하고 있지 않다. 숨은 이익처분이 인정되는 전형적인 경우는 회사법적 관계로 인하여 법인이 그 주주에게 재산상 이익을 분여하고, 그 이익이 선관주의 의무를 준수하는 경영자라면 주주 아닌 자에게는 부여하지 않았을 성격을 가진 때이다.[62] 판례에 따르면 숨은 이익처분(독일 법인세법 제8조 제3항 제2문)의 요건은 다음과 같다.[63]

2. 재산감소 또는 억제된 재산증가

가. 의의

법인의 재산(자기자본)이 감소하거나 일반적으로 증가하여야 하는 경우임에도 증가하지 않은 경우에 숨은 이익처분이 존재한다. 이 경우 재산의 감소는 독일법인세법 제8조 제3항 제2문의 법률효과를 고려하지 않고 기준성원칙을 적용하여 작성하는 세무재무상태표 (Steuerbilanz)에 의해 계산한다.[64]

예를 들어, 법인의 주주가 법인 재산 중 중고승용차(시가 10,000유로)를 대가없이 임의로 반출하면서 비용으로 회계처리하였다고 하자. 세무회계상으로 법인의 순자산은 10,000유로 만큼 감소하였는데, 독일연방재정법원이 정의한 바에 따른 재산감소가 있는 경우이다.[65]

한편, 억제된 재산증가 여부를 판단할 때에도 세무재무상태표에 따라 수입으로 계상되었 어야 할 재산증가가 억제되었는지 여부를 파악한다.

예를 들어, 정원관리업을 영위하는 법인이 그 주주에게 무상으로 정원관리용역을 제공하 였는데 제3자에게 동일한 용역을 제공하였다면 2,000유로를 청구할 가치가 있는 것이었다 면 법인은 2,000유로 상당의 수입과 재산증가를 포기한 것이다. 재산증가의 억제액을 산정 할 때에는 그 금액만큼 더 많은 세무상 이익(Steuerbilanzgewinn)이 산출되었을 것이라고 인정되는 금액을 인식한다.[66]

주주의 사적인 목적을 위한 지출의 경우 그 금액이 처음부터 가지급금 계정에 계상되고 주주의 변제의무가 명시적으로 표현되었다면 원칙적으로 숨은 이익처분에 해당하지 않는

---

62) BFH v. 16. 3. 1967, BStBl. III 1967, 626; BFH v. 10. 4. 2013, BStBl. II 2013, 771; BFH v. 11. 10. 2012, BStBl. II 2013, 1046; BFH v. 26. 6. 2013, BFHE 242, 305.

63) BFH v. 22. 2. 1989, BStBl. II 1989, 631; BFH v. 26. 4. 1989, BStBl. II 1989, 673; BFH v. 5. 10. 1994, BStBl. II 1995, 549; BFH v. 30. 7. 1997, BStBl. II 1998, 402.

64) BFH v. 14. 9. 1994, BStBl. II 1997, 89; BFH v. 18. 12. 1996, BFH/NV 1997, 237; BFH v. 24. 3. 1998, BFH/NV 1998, 1374.

65) *Jäger/Lang/Raible/Ott*, 앞의 책, S. 213.

66) *Jäger/Lang/Raible/Ott*, 앞의 책, S. 213.

다.[67] 이 경우 법인의 입장에서는 자산 감소에 상응하는 채권을 주주에 대하여 갖게 되었기 때문에 재산의 감소는 없다(대여금적 성격). 다만, 주주가 경제적으로 변제능력이 없어서 가지급금 채권의 가치가 없다면 다르게 평가할 여지가 있다.[68]

나. 법인의 행위

재산의 감소 또는 억제된 재산증가는 법인의 행위로 귀속될 수 있거나 다른 법인세 주체로부터 비롯된 것이어야 한다.[69] 이를 나누어 보면, ① 자연인의 ② 객관적 행위(Handlung)가 ③ 법인에게 법적으로 구속력 있는 방식으로 귀속되어야 한다. 행위는 법률행위뿐만 아니라 사실행위도 포함된다.[70] 적극적 작위, 중지, 수인(受忍) 모두 여기에 해당할 수 있다. 다만, 그 행위는 법인을 위하여 행위할 수 있는 자연인에게 귀속됨으로써 종국적으로 법인에게 귀속될 수 있어야 한다. 이와 같이 행위할 수 있는 자연인은 법인의 기관(대표이사, 대표사원)이다.[71] 기관이 아닌 주주의 행위는 기관의 동의 하에 행해진 경우(기관의 인식이 없는 경우 최소한 추정적 동의가 있는 경우)에 그 결과가 법인에 귀속될 수 있다. 그러나 기관이 알지 못한 주주의 가벌적 행위로서 기관이 형사적 책임을 지거나 법인에 대하여 손해배상책임을 지지 않는 이상 승인할 수 없는 경우에는 법인에게 귀속시킬 수 없다.[72] 다만 이 경우에도 법인이 주주에 대하여 손해배상청구를 하지 않는다면 숨은 이익처분이 인정될 수 있다.[73]

다. 회사관계를 통하여 촉발되었을 것

법인 재산의 감소 또는 재산증가의 억제는 회사관계, 즉 법인-주주 관계를 통하여 촉발(Veranlassung)된 경우에만 숨은 이익처분이 된다.[74] 그 판단 기준은 주주가 아닌 자와의 거래에서도 동일한 거래가 이루어졌을 것인지 여부, 즉 제3자비교(Fremdvergleich)이다.

---

67) BFH v. 23. 6. 1981, BStBl. II 1982, 245.

68) *Jäger/Lang/Raible/Ott*, 앞의 책, S. 213~214.

69) BFH v. 14. 10. 1992, BStBl. II 1993, 351 (352); BFH v. 29. 4. 2008, BStBl. II 2011, 55; *Tipke/Lang*, 앞의 책, Rn. 11.77.

70) 독일법인세집행기준(Körperschaftsteuer-Hinweise: KStH) H 8.5 I. Tatschliche Handlungen; BFH v. 14. 10. 1992, BStBl. II 1993, 352.

71) BFH v. 14. 10. 1992, BStBl. II 1993, 351 (352); BFH v. 29. 4. 2008, BStBl. II 2011, 55.

72) *Tipke/Lang*, 앞의 책, Rn. 11.77. 지배주주의 행위는 법인에게 귀속된다는 견해로 *Gosch* in Gosch, 앞의 책, § 8 KStG Rn. 276.

73) *Tipke/Lang*, 앞의 책, Rn. 11.77.

74) *Gosch* in Gosch, 앞의 책, § 8 KStG Rn. 245. 단순히 회사법적 관계에서 '기인(Verursachung)'한 것만으로는 부족하다고 표현하기도 한다. *Gosch* in Gosch, 앞의 책, § 8 KStG Rn. 285.

따라서 통상적이고 성실한 임원의 주의의무를 다하였을 경우 주주가 아니었다면 얻을 수 없었을 재산상 이익을 주주가 얻은 경우에는 숨은 이익처분이 인정된다.[75] 통상적이고 성실한 임원이 행했을 법한 행위인지 여부를 판단할 때에는 오로지 물적회사의 관점에서만 제3자비교를 행한다는 점이 특징이다. 통상적이고 성실한 임원은 원칙적으로 물적회사에 대하여 이익이 되는 모든 합의에 동의할 것이다. 구체적으로 법인과 주주와의 거래조건이 법인과 독립된 제3자와의 거래조건과 차이가 있다면 그 거래가 회사관계로부터 촉발되었음을 시사한다.[76] 그러나 '통상적이고 성실한 임원의 주의의무'는 실체법적 구성요건표지로서 기능하는 것이 아니고 개별적인 지표를 제3자비교의 관점에서 평가하는 데 도움을 줄 뿐이다.[77] 구체적인 사안에서 제3자비교는 관계기업 간의 이전가격문제로 돌아간다.[78]

예외적인 경우에는 통상적이고 성실한 임원의 행위를 판단기준으로 적용할 수 없다. 예를 들어 법인과 주주 간에만 체결될 수 있는 거래는 제3자와의 행위와 비교하기 쉽지 않다. 특히 물적회사를 처음으로 설립할 때의 법률관계가 대표적인 예이다.[79] 예를 들어, 신설법인의 주주 A는 그 설립 직후에 법인과 임원임용계약을 체결한 경우를 생각해 보자. 이 경우에는 통상적이고 성실한 가상의 임원을 기준으로 하여 위 임원임용계약을 검증할 수 없다. 그럼에도 불구하고 제3자비교를 실행해야 한다. 제3자비교는 외부의 임원에게라면 얼마만큼의 보수를 부여하였을 것인지를 기준으로 행할 수밖에 없다.[80] 제3자비교를 할 때 독일연방재정법원은 통상성(Üblichkeit)에 초점을 맞춘다. 따라서 합의 및 그 이행의 결과가 주주가 아니라 법인에게 경제적으로 이익이 되더라도 제3자비교의 결과 제3자인 계약상 대방이 자신에게 불리한 (이상성이 인정되는) 합의에 이르지 않았을 것이라고 인정되면 숨은 이익처분을 인정한다.[81] 이상성(Unüblichkeit)이 인정되면 나아가 진지성(Ernstlichkeit)이 결여된 것으로 보아야 할 경우도 있다.[82] 어떤 합의에 진지성이 결여된 것으로 인정된다면 그 합의는 가장행위(독일민법 제117조, 조세기본법 제41조 제2항)로 보아야 한다. 가장행위는 세법을 적용할 때에는 없는 것으로 취급하므로 숨은 이익처분에 따른 효과

---

75) BFH v. 16. 3. 1967, BStBl. III 1967, 626; BFH v. 2. 12. 1992, BStBl. II 1993, 311; BFH v. 16. 5. 2013, BStBl. II 2013, 771; BFH v. 21. 3. 2013, BStBl. II 2013, 1046; BFH v. 27. 8. 2013, BStBl. II 2014, 174; 독일법인세집행기준 H 8.5 III. Allgemeines; *Jäger/Lang/Raible/Ott*, 앞의 책, S. 215; *Köllen/Reichert/Vogl/Wagner*, 앞의 책, Rn 355.
76) BFH v. 19. 3. 1997, BStBl. II 1997, 577 (578).
77) *Tipke/Lang*, 앞의 책, Rn. 11.73.
78) *Köllen/Reichert/Vogl/Wagner*, 앞의 책, Rn 357.
79) BFH v. 17. 10. 1984, BStBl. II 1985, 69; BFH v. 23. 5. 1984, BStBl II 1984, 673; BFH v. 2. 2. 1994, BStBl. 1994, 479; 독일법인세집행기준 H 8.5 V. Erstausstattung der Kapitalgesellschaft.
80) *Jäger/Lang/Raible/Ott*, 앞의 책, S. 215.
81) BFH v. 17. 5. 1995, BStBl. II 1996, 204; BFH v. 25. 10. 1995, BStBl. II 1997, 703.
82) BFH v. 6. 12. 1995, BStBl. II 1996, 383.

도 부여되지 않는다. 이상성이 인정되는 합의의 결과가 주주에게 불리한 경우에는 실제로 계약이 이행되더라도 이를 경정할 필요는 없다. 독일법인세법 제8조 제3항 제2문은 법인과 주주 간의 급부관계를 평균 수준으로 맞춰주는 것을 의도한 규정이 아니기 때문이다.[83] 단 순한 부기 및 회계처리의 오류는 회사관계로부터 촉발된 것이라고 볼 수 없으므로 숨은 이 익처분에 해당할 수 없다.[84] 판단의 기준시점은 합의시점이므로[85] 그 이후의 사정변경은 영향을 주지 않는다. 합의 이후에 지배주주가 되는 경우에도 마찬가지이다.[86]

3. 숨은 이익처분의 상대방(수혜자)

가. 의의

숨은 이익처분은 회사관계에서 촉발된 것이어야 하므로 수혜자는 주주일 것이 전제가 된 다.[87] 자연인이나 법인 모두 숨은 이익처분의 상대방이 될 수 있는데,[88] 주로 수혜자로 문 제되는 것은 자연인과 인적회사이다. 수혜자는 회사법 또는 조합법적 지위를 가진 자(사원, 조합원)로서 민사법적 기준에 의하되 세법상 경제적 소유권(조세기본법 제39조)에 따라 수정 될 수 있다. 다만 예외적으로 사원이나 조합원이 아니더라도 그 특수관계인(nahe stehende Person)은 수혜자가 될 수 있다.[89] 그러나 특수관계인의 범위는 법령에 의해 한정되지 않 는다. 이 점에서 한국법과 차이가 있다. 수혜자에 해당하기 위하여 해당 법인의 지배주주이 거나 일정한 지분율 이상을 보유하여야 하는 것은 아니다.[90] 또한 문서화되거나 문서화되 지 않은 향익권[91]에 기한 이익처분도 포함된다.[92] 수혜자가 얻는 이익은 간접적인 경제적 이익으로도 충분하다.[93]

---

83) *Tipke/Lange*, 앞의 책, Rn. 11.74.
84) BFH v. 9. 8. 2000, DStRE 2000, 1201f. 다만 BFH v. 22. 10. 2003, GmbHR 2004, 430과 구별하여야 한다.
85) BFH v. 18. 12. 1996, BStBl. II 1997, 301; BFH v. 8. 11. 2000, BStBl. II 2005, 653.
86) BFH v. 29. 5. 1996, BStBl. II 1997, 65. 그러나 이 판결은 적절한 급부의 대가를 사후적으로 포기하면 회사관 계에서 촉발된 것이라는 취지의 판결[BFH v. 30. 3. 1994, BFH/NV 1995, 164; BFH v. 27. 3. 2001, BStBl. II 2002, 111 (113)]과 모순된다.
87) *Tipke/Lang*, 앞의 책, Rn. 11.75.
88) *Lang/Seite* in Bott/Walter, Körperschaftsteuergesetz Kommentar, 2019, § 8 Rn. 501.
89) *Gosch* in Gosch, 앞의 책, § KStG Rn. 211.
90) *Gosch* in Gosch, 앞의 책, § KStG Rn. 212; BFH v. 18. 7. 1985, BStBl II 1985, 635.
91) 향익권에는 이익 및 청산이익(Liquidationserlös)에 관한 지분이 결부되어 있다.
92) *Jäger/Lang/Raible/Ott*, 앞의 책, S. 211.
93) *Tipke/Lang*, 앞의 책, Rn. 11.75.

나. 지배주주의 경우

숨은 이익처분은 원칙적으로 법인에 대한 주주의 지분율과 무관하게 적용될 수 있지만 주로 지배주주가 관련되는 경우에 문제가 된다.

(1) 지배주주의 특수성

주로 문제되는 사례는 지배주주가 관련된 경우이다. 독일연방재정법원은 지배주주가 수혜자인 경우 특별한 법리를 확립하였다. 법인이 지배주주 및 그 특수관계인에게 급부를 행하는 경우에는 급부의 적절성(Angemessenheit)과 관계없이 숨은 이익처분이 성립한다고 한다. 여기서 벗어나려면, 사전에 명확하고 일의적이며 민사적으로 유효한 합의가 있어야 한다. 이 문제를 소급효금지라고 부른다. 이 합의는 반드시 서면에 의한 것일 필요는 없다.[94] 누가 지배주주인지는 회사의 자본금에 관한 지분비율로 결정된다. 주주가 50퍼센트를 초과하는 지분을 가진 경우 그 주주는 자신의 의사를 관철하고 법인으로 하여금 관련된 행위를 하도록 강제할 수 있다. 그 이외의 지분비율의 경우 주주가 자신의 의사를 다른 방식으로 관철할 수 있는지 여부가 결정적이다. 단순한 사실상(faktische)의 지배(채권채무관계, 인간적 관계, 경험)만으로는 충분하지 않지만 간접적인 지배로도 충분하다.[95]

(2) 소급효금지

(가) 의의

독일연방재정법원은 숨은 이익처분에 해당하려면 회사관계로부터 촉발된 거래이어야 한다는 '촉발도그마(Veranlassungsdogmatik)'를 고수하면서도 지배주주에 대한 숨은 이익처분에 관하여는 특별한 판례이론을 확립하고 있다. 즉, 독일연방재정법원은 물적회사가 지배주주 또는 그 특수관계인에게 급부를 행하는 경우 그 급부가 사전에 체결된, 명확하고 일의적이며, 민사법적으로 유효한 합의[96]에 근거한 것이 아니라면 급부의 적정성(Angemessenheit)을 따지지 않고 숨은 이익처분을 인정한다.[97] 이를 소급효금지(Rückwirkungsverbot) 또는 사후지급금지(Nachzahlungsverbot)라고 한다.[98] 비지배주주에 대하여는 소급효금지가 적용되지

---

94) BFH v. 22. 2. 1989. BStBl. II 1989, 631 ; BFH v. 14. 3. 1990, BStBl. II 1990, 795 ; BFH v. 2. 12. 1992, BStBl. II 1993, 311 ; BFH v. 19. 3. 1997, BStBl. II 1997, 577 ; BFH v. 26. 10. 2011, BFH/NV 2012, 612.
95) *Gosch* in Gosch, 앞의 책, § 8 KStG Rn. 220.
96) BFH v. 23. 10. 1996, BStBl. II 1999, 35.
97) BFH v. 22. 2. 1989, BStBl. II 1989, 631 ; BFH v. 14. 3. 1990, BStBl. II 1990, 795 ; BFH v. 2. 12. 1992, BStBl. II 1993, 311 ; BFH v. 24. 3. 1999, BStBl. II 2001, 612 ; BFH v. 19. 3. 2007, BStBl. II 1997, 577 ; BFH v. 26. 10. 2011, BFH/NV 2012, 612 ; BFH v. 25. 1. 2012, BFH/NV 2012, 1003. 합의가 서면으로 작성될 필요는 없다. *Gosch* in Gosch, 앞의 책, § 8 KStG Rn. 324.
98) *Tipke/Lang*, 앞의 책, Rn. 11.78.

않는다.[99]

(나) 취지

판례가 소급효금지 법리를 발전시킨 것은 ① 지배주주와 법인 간에는 진정한 이해관계 상충(echter Interessengegensatz)이 존재하지 않고, 지배권을 행사할 수 있는 가능성이 열려있으므로 지배주주가 법인의 이익을 임의로 결정함과 동시에 그 자신에게 유리하게 그러나 법인에게는 불리하게 영향을 미칠 위험성이 있다는 점, ② 지배주주가 이익을 임의로 배당과 보수 간에 배분할 기회가 많다는 점 등을 고려한 것으로 보인다.[100]

독일연방재정법원은 원칙적으로 물적회사와 그 주주 간의 채권법적 계약관계(임대차계약, 용역계약, 금전소비대차계약 등)가 존재하더라도 숨은 이익처분의 대상으로 삼지 않는다. 그러나 법인과 지배주주 간의 계약에 관하여는 보다 높은 수준의 요건이 충족되어야지만 숨은 이익처분의 대상에서 제외한다. 즉, 지배주주는 법인에 대하여 회사법적인 관계에서 대가를 추구하는지[101] 또는 채권법적인 관계에서 대가를 추구하는지에 관하여 민사법적으로 사전에 유효하게, 그리고 명확하고 일의적으로 합의를 할 필요가 있다.[102]

예를 들어 甲 법인의 경영진은 2004년 1월에 2003 사업연도의 경영성과를 고려하여 2003년도분 특별보수로서 근로자 1인당 1,000유로를 사후에 추가지급하기로 결의하였다고 가정한다. A는 지배주주이자 이사로서 특별보수를 받았으나 A와 甲 법인 간의 임용계약에는 특별보수에 관한 규정이 없었다. 모든 근로자가 2003 사업연도에 관하여 소급보수를 수령하더라도 A에 대한 소급보수는 소급효금지에 위반되므로 숨은 이익처분에 해당한다. 기업 내부의 제3자비교, 즉 동일한 지위에 있는 다른 자가 특별보수를 받았는지 여부도 고려하지 않는다. 중요한 것은 A에 대한 보수가 사전에, 즉 2003 사업연도 초에 분명하고 일의적으로 합의되어 있었는지 여부이다.[103]

(다) 적용범위

조세조약상 일방체약국의 법인과 타방체결국에 거주하는 주주와 사이의 국제적 거래관계의 경우에는 독일법에 따를 때 소급효금지가 적용되는 경우라도 조세조약에 의하여 소급효금지의 적용이 배제될 수 있다.

---

99) 독일법인세통칙 R 8.5 (1).
100) *Tipke/Lang*, 앞의 책, Rn. 11.78. 독일연방재정법원은 자신의 판례에 대한 비판을 헌법적으로 이유가 없다고 배척하였다. BFH v. 21. 7. 1982, BStBl. II 1982, 761.
101) 회사법적인 관계에서 대가를 수취하는 것이 곧 배당이다. *Jäger/Lang/Raible/Ott*, 앞의 책, S. 222.
102) *Jäger/Lang/Raible/Ott*, 앞의 책, S. 222.
103) *Jäger/Lang/Raible/Ott*, 앞의 책, S. 223.

독일연방재정법원에서 다루어진 판례의 사실관계를 보자.[104] 甲 법인은 운송업을 영위하고 있으며 그 1인 주주는 네덜란드의 물적회사인 乙 법인이다. 乙 법인은 2003년 12월 31일에 甲 법인에 대하여 콘체른 내 용역공급 대가로 2003 사업연도 비용분담금 70,000유로를 계상하였다. 모회사인 乙 법인은 실제로 용역을 공급하였고 계상된 대가가 적정하다는 점에 관하여는 다툼이 없다. 그에 관한 계약상의 합의는 2003년 12월에 처음 체결되었다. 과세관청은 소급효금지에 위반된다고 판단하였다. 그러나 독일연방재정법원은 조세조약상 정상가격원칙(OECD 모델조약 제9조 제1항; 네덜란드 - 독일 조세조약 제6조 제1항)이 적용되므로 독일법인세법 제8조 제3항 제2문에 따른 숨은 이익처분의 적용이 차단되는 차단효과(Sperrwirkung)가 발생한다고 한다. 결과적으로 숨은 이익처분은 없는 것으로 본다. 국제적 사실관계는 소급효금지와 관련하여서는 국내의 사실관계보다 유리하게 취급되는 셈이다. 다만 독일연방재정법원은 2019. 2. 27. 판결[105]에서 OECD 모델조약 제9조 제1항('제3자 비교')의 차단효과를 제한하였다.[106]

그러나 국제적 사실관계에 관하여도 보수의 적정성이 심사되어야 한다. 그 범위에서는 OECD 모델조약 제9조와 상충하지 않는다.[107]

(라) 지배주주의 범위

소급효금지는 지배주주에 관하여만 적용된다. 지배적 지위는 합의시점 또는 재산감소 또는 재산증가의 억제시점에 존재해야 한다.[108] 어떤 주주가 문제가 되는 법률행위의 체결을 강제할 수 있다면 그는 그 법인을 지배한다고 할 수 있다.[109] 따라서 법인을 지배하려면 원칙적으로 의결권의 과반수가 필요하다.[110] 자본금에 관한 지분(Kapitalbeteiligung)과 의결권의 크기가 다를 경우에는 의결권을 기준으로 지배력을 판단한다.[111]

주주는 의결권의 과반수를 행사할 수 없더라도 지배주주로 취급될 수 있다. 즉, 동일한 이해관계를 가진 다수의 주주가 그 이해관계에 부합하는 통일적 의사형성을 위하여 협력하는 관계라면 그 전부를 지배주주로 볼 수 있다. 따라서 주주의 이해관계가 특정 법률행위에

---

104) BFH v. 11. 10. 2012, BStBl. II 2013, 1046.
105) BFH v. 27. 2. 2019, BStBl. II 2019, 394.
106) 위 판결에서는 대외조세법(AStG) 제1조의 부분가액상각이 문제가 되었다. 독일연방재정법원이 숨은 이익처분에 관한 견해를 제시할 것인지 제시한다면 어떻게 제시할 것인지는 더 두고 보아야 한다. *Jäger/Lang/Raible/Ott*, 앞의 책, S. 224.
107) *Jäger/Lang/Raible/Ott*, 앞의 책, S. 223.
108) *Jäger/Lang/Raible/Ott*, 앞의 책, S. 224.
109) BFH v. 21. 7. 1976, BStBl. II 1976, 734.
110) 독일법인세집행기준 H 8.5 III. Beherrschender Gesellschafter/Begriff.
111) *Jäger/Lang/Raible/Ott*, 앞의 책, S. 225.

관하여 합치하여 해당 법률행위를 동일한 이해관계의 표현으로 볼 수 있는 경우에는 주주
들 간에 특수관계가 없더라도[112] 다수의 주주 지분을 합산하여 지배력을 판단할 수 있
다.[113] 법인의 주주 겸 이사들 간에 지분의 차이가 매우 큰 경우 사후적으로 동등하게 높은
보수가 지급되었더라도 이해관계의 합치를 인정할 수 없다는 것이 판례이다.[114] 주주들끼
리 가까운 친족관계라는 사실만으로는 이해관계가 일치한다고 보기에 부족하며 추가적인
근거가 필요하다. 물론 부부의 경우에는 추가적인 근거 없이 지분을 합산할 수 있다.

(마) 명확하고 일의적인 합의

제3자의 입장에서 어떤 급부가 법인과 주주 간의 대가 관계 있는 합의에 기하여 제공된
다는 점과 얼마의 대가 – 계속적이건 일회적이건 – 가 지급되어야 하는지에 관하여 의문 없
이 인식할 수 있다면 법인과 주주 간의 합의를 '명확하고 일의적'이라고 평가할 수 있다.[115]
일반적으로 문서에 의한 합의가 목적에 부합하지만 구두에 의한 합의도 명확하고 일의적일
수 있다.[116] 동시에 두 개의 상충되는 합의가 체결되었으나 어떤 것인 기준이 되어야 하는
지 인식할 수 없다면 명확한 합의가 없다고 본다.[117] 명확하고 일의적인 합의에 해당하려면
최소한 어떤 계산기초(퍼센트, 가산금 등)를 바탕으로 보수의 크기가 결정되는지에 관한
규칙을 인식할 수 있어야 한다. 또한 그 규칙에 따라 보수를 결정할 때 재량이 개입할 여지
가 없어야 한다. 즉, 계산기초가 특정이 되어 있어서 기계적인 계산과정만 거치면 보수의
금액이 결정될 수 있어야 하고 임원 또는 주주총회의 재량권 행사가 요구되어서는 안 된
다.[118]

예를 들어 甲 법인은 지배주주 겸 이사인 A와 사이에 상여금 및 소득 관련 조세를 공제
하기 전의 당기순이익의 10%에 해당하는 이익상여금(Gewinntantieme)을 지급하기로 합
의하였다. 그 합의와 관련된 임용계약에는 유동성에 문제가 생길 경우 주주총회가 보수를
삭감할 수 있다는 유보조항이 포함되어 있다. 이 경우에는 명확하고 일의적인 합의가 없다
고 본다. 상여금의 금액이 기계적인 계산과정에 의해 결정될 수 없기 때문이다. 따라서 여

---

112) BFH v. 27. 10. 1998, BFH/NV 1999, 671.
113) BFH v. 28. 4. 1987, BStBl. II 1987, 797; BFH v. 1. 2. 1989, BStBl. II 1989, 522; BFH v. 29. 4. 1992,
　　　BStBl. II 1992, 851; BFH v. 25. 10. 1995, BStBl. II 1997, 703.
114) BFH v. 26. 7. 1978, BStBl. II 1978, 659.
115) BFH v. 24. 1. 1990, BStBl. II 1990, 645; BFH v. 4. 12. 1991, BStBl. II 1992, 362; BFH v. 1. 7. 1992,
　　　BStBl. II 1992, 975.
116) BFH v. 24. 1. 1990, BStBl. II 1990, 645.
117) BFH v. 24. 5. 1989, BStBl. II 1989, 800.
118) BFH v. 17. 12. 1997, BStBl. II 1998, 545; 독일법인세집행기준 H 8.5 III. Beherrschender
　　　Gesellschafter/Klare und eindeutige Vereinbarung도 참조. 우리 대법원 판결과 유사한 입장으로 보인다.
　　　대법원 2017. 4. 27. 선고 2014두6562 판결.

기서의 상여금은 소급효금지에 위반되기 때문에 숨은 이익처분으로 취급된다.[119]

대가 관계 있는 합의가 결여된 경우에는 해당 사업부문의 관행으로 이를 대체할 수 없다. 그러한 관행은 상호 간에 무상의 급부를 행할 이유가 없는 당사자 간의 법률관계에 관한 것이기 때문이다.[120] 명확하고 일의적인 합의는 주주의 보수청구권이 법령에 의해 부여되는 경우(성과, 영업상의 급부)에도 필요하다.[121] 물론 독일연방재정법원 판결로 확정된 청구권으로서 법률에 의하여 존재하는 청구권은 명확하거나 일의적이지 않아도 무방하다. 독일연방재정법원의 견해에 따르면 소급효금지는 법인이, 법률에 따라 주주가 갖는 청구권을 빼앗는 것을 목적으로 하지 않는다.[122]

예를 들어 甲 법인은 주주 A로부터 나대지를 임차한 후 3백만유로를 들여 그 지상에 공장건물을 건축한 사안을 생각해 보자. 민사법적으로 그 공장건물의 소유권은 주주 A에게 귀속된다. 그러나 甲 법인은 독일민법 제951조, 제812조 이하에 따른 보상청구권을 가진다. 따라서 甲 법인에 대하여 재산감소가 발생하지 않는다. 이 보상청구권은 법률에 기한 것이므로 별도로 합의할 필요가 없고 숨은 이익처분은 존재하지 않는다.[123]

마찬가지로 개별 사안의 특별한 사정을 이유로 합의가 사전에 있었다고 확정하는 것이 불가능하거나 허용될 수 없다고는 단정할 수는 없다.[124] 명확하고 일의적인 합의안에 계약상의 부수적인 급부에 관한 세부 합의가 없는 데 불과하다면 전체적으로 대가 없는 급부의 교환으로 취급할 수 없다. 숨은 이익처분은 의무 없이 급부가 이행된 경우에만 존재한다고 보아야 한다.[125]

일반적으로 최근 독일연방재정법원 판례는 소급효금지 여부를 판단할 때 형식적으로 관찰하기보다는 합의를 계약당사자의 의사에 따라 해석하여야 한다는 점을 강조하는 경향이다.[126] 당초부터 객관적으로 존재하던 불명확성은 추후에 보완될 수 있지만 세법상의 효력은 보완된 시점 이후에만 미친다.[127] 진지하게 의도되지 않은 계약은 비지배사원에 대하여도 숨은 이익처분이 인정되는 결과를 촉발할 수 있다.[128]

---

119) *Jäger/Lang/Raible/Ott*, 앞의 책, S. 226.
120) BFH v. 14. 3. 1989, BStBl. II 1989, 633.
121) BFH v. 2. 3. 1988, BStBl. II 1988, 590.
122) BFH v. 30. 7. 1997, BStBl. II 1998, 402.
123) *Jäger/Lang/Raible/Ott*, 앞의 책, S. 227.
124) BFH v. 21. 7. 1982, BStBl. II 1982, 761.
125) BFH v. 28. 10. 1987, BStBl. II 1988, 301.
126) 예를 들어, BFH v. 11. 2. 1997, GmbHR 1997, 909; BFH v. 22. 10. 1998, GmbHR 1999, 487; BFH v. 24. 3. 1999, BStBl. II 2001, 612.
127) BFH v. 25. 10. 1995, BStBl. II 1997, 703.
128) BFH v. 6. 12. 1995, BStBl. II 1996, 383.

명확하고 일의적인 합의가 존재한다는 사실에 관한 입증책임은 법인 또는 그 지배주주가 진다.[129] 독일연방재정법원은 명확한 합의의 결여는 그 자체로서는 독일법인세법 제8조 제3항 제2문에 따른 숨은 이익처분의 구성요건도 아니고, 반증을 허용할 수 없는 추정(unwider legbare Vermutung)의 근거가 되는 것도 아니며[130] 불명확성은 필요한 경우 사실관계 해명에 의해 제거되어야 한다고 판단하였다.[131] 이 경우 반증(Gegenbeweis)에 관련된 요구사항이 지나치게 엄격해져서는 안 된다.

(바) 민사법적 유효성

1) 일반론

민사법적인 유효성은 별개의 독립된 요건이다.[132] 따라서 지배주주 겸 이사가 민사법적으로 효력이 없는 합의를 체결한 후에 사후적으로 — 즉 이해관계에 따라 — 합의의 존재를 주장하거나 또는 선택적으로 민사법적 무효를 주장할 수 없다.[133]

민사법적 법률 상황이 분명하지 않아 지배사원이 그 문제에 관하여 법적 자문을 얻어 그 자문에 따라 체결된 합의는 문제된 합의에 관하여 진지성(Ernsthaftigkeit)이 결여되었다는 등의 사정이 없는 이상 세법상 인정되어야 한다.[134]

2) 형식요건

채권법적 계약을 체결하고 변경할 때에는 특정한 형식이 강제되지 않는다. 구두로 체결된 합의도 유효하다. 구두로 체결된 합의의 경우 세법상 인정받기 위하여는 그 내용을 입증할 수 있는지 여부가 중요하다. 구두상의 계약의 존재를 주장하지만 그에 관한 증거를 제시할 수 없는 자는 그로 인한 불이익을 부담하여야 한다.[135]

3) 자기계약금지(Selbstkontrahierungsverbot)

법인과 그 지배주주 간의 합의가 세법상 인정받기 위해서는 독일민법 제181조(자기계약금지)에 위반하여서는 안 된다. 독일민법 제181조에 따르면 타인을 대리하는 자는, 달리 허

---

129) 독일법인세집행기준 H 8.6 Beweislast bei beherrschendem Gesellschafter.
130) BFH v. 11. 2. 1997, BFH/NV 1997, 806; BFH v. 4. 12. 1991, BStBl. II 1992, 362; BFH v. 31. 5. 1995, BStBl. II 1996, 246; BFH v. 25. 10. 1995, BStBl. II 1997, 703.
131) BFH v. 24. 3. 1999, BStBl. II 2001, 612.
132) 독일법인세집행기준 H 8.5 I. Zivilrechtliche Wirksamkeit.
133) *Jäger/Lang/Raible/Ott*, 앞의 책, S. 227~228.
134) BFH v. 31. 5. 1995, BStBl. II 1996, 246.
135) *Jäger/Lang/Raible/Ott*, 앞의 책, S. 228.

용되지 않는 한, 타인을 대리하여 자신과 법률행위를 할 수 없다(자기대리 In-sich-Geschäfte).[136] 자기계약금지에 위반하여 체결된 계약은 유동적 무효의 상태에 있게 된다.[137]

4) 주주총회의 권한

유한회사의 사원총회는 회사계약(Gesellschaftsvertrag)에서 달리 정하지 않는 한, 임원과의 임용계약 체결 및 종료 이외에도 그 변경의 권한을 가진다.[138] 권한이 있는 기관이 행하지 않은 계약변경은 민사법적으로 효력이 없다.[139]

(사) 비소급효(Keine Rückwirkung)

'사전에' 체결된 합의에 해당하려면 그 합의는 계약상 급부의 이행 이전에 체결되어야 한다. 급부에 대한 보수 지급 이전에 합의가 체결되는 것으로는 부족하다.[140] 외부의 근로자가 그와 유사한 수준의 보수를 지급받았는지 여부(제3자 비교)는 중요하지 않다.

예를 들어 甲 법인은 2005 사업연도의 경영성과가 우수하였기 때문에 근로자들 모두에게 일회성으로 특별지급금 1,500유로를 지급하였다. 甲 법인의 지배주주 A도 동일한 금액을 지급받았다. 특별지급금은 2005 사업연도 전체에 제공된 급부에 대한 보상에 해당하므로 소급효금지에 위반한다. A에 대한 지급은 숨은 이익처분에 해당하며 다른 근로자에게 동등한 보수를 지급하였다는 사실은 고려의 대상이 되지 않는다.[141]

(아) 실제의 이행

법인과 지배주주 간에 명확하고 일의적인 사전 합의가 있더라도 실제로 그렇게 이행되지 않았을 때 숨은 이익처분이 있을 수 있다. 이 원칙은 사전에 체결된 합의가 단순히 주주에 대한 무상이라는 사실을 은닉하기 위한 것이라서 실제로는 합의대로 이행되지 않았다는 점이 추론될 수 있는 경우에만 적용될 수 있다.[142] 계약이 실행되어야만 비로소 합의가 진지하게 의도되었다는 사실이 분명해진다.[143] 다만 법인이 계약을 실제로 이행하지 못했더라

---

136) 독일유한회사법 제35조 제4항 제1문은 유한회사가 1인 사원 밖에 없으며 그 1인 사원이 1인 업무집행사원인 경우에 위 원칙이 적용되도록 규정하고 있다.
137) *Jäger/Lang/Raible/Ott*, 앞의 책, S. 230.
138) BGH v. 25. 3. 1991, GmbHR 1991, 363.
139) *Jäger/Lang/Raible/Ott*, 앞의 책, S. 230~231.
140) BFH v. 11. 12. 1991, BStBl. II 1992, 434.
141) *Jäger/Lang/Raible/Ott*, 앞의 책, S. 232.
142) BFH v. 28. 10. 1987, BStBl. II 1988, 301; BFH v. 13. 11. 1996, BFH/NV 1997, 622.
143) 독일법인세집행기준 H 8.5 I. Tatsächliche Durchführung von Vereinbarungen.

도 그것이 법인의 상황에서 불가피한 사유 때문이었다면 숨은 이익처분에 해당하지 않는다.[144]

　계속적 계약관계에서는 계약이 수시로 실제 이행되는 것으로 볼 수 있다.[145] 지배주주 겸 임원이 법인의 이익 상황이 악화됨에 따라 합의된 월급을 일시적으로 포기한 경우에는 보수합의에 진지성이 결여되어 있다고 볼 수 있다.[146] 지배주주는 명확하고 일의적인 합의에 따라서 실제로 이행이 되었는지에 관하여 입증책임이 있다.[147]

다. 특수관계인(Nahestehende Personen)

(1) 특수관계인에 대한 재산상 이익의 귀속

　특수관계인 문제는 귀속의 문제이다. 숨은 이익처분을 적용할 때에는 주주에게 직접적인 재산상 이익이 귀속될 것을 전제로 하지 않는다.[148] 주주의 특수관계인에게 이익을 제공하여 주주에게 간접적으로 이익을 제공하는 것으로도 충분하다.[149] 특수관계인에게 이익을 분여하는 경우에도 숨은 이익처분은 특수관계인이 아닌 주주에게 귀속한다.[150] 예를 들어, A는 甲 법인의 1인 주주로서 A의 배우자 B는 甲 법인의 임원이고 매달 10,000유로의 보수를 지급받으며 적절한 수준의 보수는 매달 7,000유로라고 가정한다. B는 甲 법인의 주주는 아니지만 A의 특수관계인이므로 B에 대하여 제3자비교원칙[151]이 적용되어 매달 3,000유로의 숨은 이익처분이 확정된다. 이 이익처분은 주주인 A에게 귀속되며 B에게 귀속되지 않는다.[152]

　지배주주의 특수관계인의 경우 지배주주와 동일한 방식으로 소급효금지가 적용된다.[153]

(2) 특수관계인의 범위

　특수관계인의 개념은 법률상 정의되어 있지 않다. 독일연방재정법원은 특수관계인의 범위를 넓게 잡고 있다.[154] 자연인뿐만 아니라 법인도 특수관계인이 될 수 있다. 다음의 각

---

144) BFH v. 20. 7. 1988, BFH/NV 1990, 64; *Jäger/Lang/Raible/Ott*, 앞의 책, S. 233.
145) BFH v. 28. 11. 2001, BFH/NV 2002, 543.
146) BFH v. 30. 3. 1994, BFH/NV 1995, 164.
147) 독일법인세집행기준 H 8.6 Beweislast bei beherrschenden Gesellschaftern.
148) 이 점은 법률적으로는 독일법인세법 제8b조 제1항 제4호에 의해 뒷받침된다.
149) BFH v. 6. 12. 2005, BFH/NV 2006, 722.
150) 독일법인세집행기준 H 8.5 III.
151) 독일법인세통칙 R 8.5 (1).
152) *Jäger/Lang/Raible/Ott*, 앞의 책, S. 234~235.
153) *Jäger/Lang/Raible/Ott*, 앞의 책, S. 235.
154) BFH v. 29. 11. 2000, BStBl. II 2001, 204; BFH I R 63/08, BFH/NV 2009, 1841.

경우에 특수관계가 인정될 수 있다.

(가) 인적 관련성

주주와 배우자, 친족,[155] 친구 등의 관계가 있는 자를 말한다. 예를 들어 법인이 주주 겸 임원에게 생계를 의지하는 그 모(母)에게 보수를 지급하였으나 그 모는 법인을 위해서 일하지 않는 경우를 생각해 보자. 지급된 보수는 숨은 이익처분으로서 주주 겸 임원의 자본소득으로 과세되어야 한다. 모에게 지급하는 보수가 주주 그 자신의 이익(이를테면 그로 인해 주주의 부양의무가 감소되는지 여부)과 결부되어 있는지 여부는 따지지 않는다.[156]

(나) 회사법적 관련성

주주의 법인과 자매회사, 콘체른 관계에 있는 법인이 이에 해당한다. 자연인 A는 甲 법인과 乙 법인의 전부를 각각 보유하고 있는데, 甲 법인이 乙 법인에 대한 채권 100,000유로를 포기하였다고 가정하여 보자. 이 경우 甲 법인이 A에게 숨은 이익처분을 한 것이다. 乙 법인의 입장에서는 甲 법인이 채권을 포기한 행위는 A의 숨은 출자에 해당한다. 숨은 출자의 경우 과세소득이 증가하지 않는다.[157] A의 입장에서는 숨은 출자의 결과 사후적으로 지분의 취득가액이 증가한다.[158] 이런 사례를 '삼각관계의 숨은 이익처분(vGA-im-Dreieck)'이라고 한다(後述).

(다) 물적 · 실질적 관련성

예컨대, 주주와 장기간에 걸친 거래관계에 있는 자가 이에 해당한다.

(3) 입증책임

특수관계인 해당 여부에 관한 입증책임은 과세관청에게 있다. 회사법적 관계나 친족관계에 의한 특수관계인의 입증에는 어려움이 없지만 '사실관계에 의한(faktisch)' 특수관계인 입증은 쉽지 않다.[159]

---

155) 친족 개념은 조세기본법 제15조에 따라 해석되어야 한다. *Jäger/Lang/Raible/Ott*, 앞의 책, S. 235.

156) *Jäger/Lang/Raible/Ott*, 앞의 책, S. 235.

157) 회사법적 재산증가에 해당하고 세무상 출자계정(독일법인세법 제27조)의 증가로 처리한다.

158) *Jäger/Lang/Raible/Ott*, 앞의 책, S. 235.

159) *Gosch* in Gosch, 앞의 책, § 8 KStG Rn. 233.

4. 차액의 존재

가. 일반론

독일법인세법 제8조 제3항에 따른 가산은 숨은 이익처분의 결과가 소득을 감소시키는 방향으로 작용할 때에만 적용된다(독일소득세법 제4조 제1항 제1문). 이 규정은 소득을 감소하게 하였거나 아니면 감소하게 할 수 있었던 사안을 조정하기 위한 것이다. 주주에게 귀속된 금액이 있더라도 법인의 이익(Gewinn)(독일소득세법 제4조 제1항 제1문)에 영향을 주지 않았다면 독일법인세법 제8조 제3항 제2문에 규정된 숨은 이익처분은 없었던 것으로 취급한다. 그러나 법인의 주주에 대하여는 독일소득세법 제20조 제1항 제1호 제2문이 적용될 수 있다.[160)]

다음의 사례를 보자. 甲 유한회사의 사원 겸 이사인 A는 乙 유한회사의 승용차를 출자환급받아서 비사업용재산에 귀속시킨 후에 사적으로 사용하고 있다. A는 그 과정을 자본적립금의 감소로 처리하였다. 승용차에 관하여는 비밀적립금이 없었다(즉, 장부가액이 시가와 같았다). 유한회사의 경우 세무상의 출자환급(독일법인세법 제27조 제1항 제3문)은 불가능하다. 오히려 회사법적 규정에 위배되는 배당이 있었다고 보아야 할 것이다. 따라서 유한회사의 세무상 소득에는 아무런 영향이 없었으므로 숨은 이익처분에 따른 소득가산(독일소득세법 제8조 제3항 제2문)을 할 수는 없다. 그러나 A에 대한 배당은 독일소득세법 제20조 제1항 제1호 제2문에 따라 A에 대한 소득세 납세의무를 발생시킨다(원칙적으로 25%의 원천징수세가 적용되고 그 이외의 경우 부분소득법이 적용된다).[161)]

나. 이익통산(Vorteilsausgleich)

주식회사가 그 주주에게 회사관계에서 촉발된 이익을 부여하는 경우에 동시에 그 주주로 재산적 가치가 있는 이익을 받기도 하는데 이 경우 특정한 요건 하에서 서로 주고 받은 이익을 통산할 수 있다. 이를 이익통산(Vorteilsausgleich)이라고 한다.[162)]

이익통산은 급부와 반대급부가 모두 채권법적 기초 하에서 행해질 것을 전제로 한다.[163)] 예를 들어 甲 법인은 주주 A에게 무이자로 200,000유로를 대여하여 주었다. 적정한 이자율은 연 4%였다. 한편 주주 A는 토지를 甲 법인에게 무상으로 사용대차하여 주었다. 그 지역

---

160) *Jäger/Lang/Raible/Ott*, 앞의 책, S. 216.
161) *Jäger/Lang/Raible/Ott*, 앞의 책, S. 217.
162) *Gosch* in Gosch, 앞의 책, § 8 KStG Rn. 260; *Jäger/Lang/Raible/Ott*, 앞의 책, S. 236.
163) BFH v. 8. 6. 1977, BStBl. II 1977, 704; BFH v. 28. 2. 1990, BStBl. II 1990, 649; BFH v. 23. 10. 1996, BStBl. II 1999, 35.

의 차임은 대체로 연간 8,000유로였다. 이자 없는 금전소비대차는 원칙적으로 숨은 이익처분에 해당한다. 그러나 이자 없는 금전소비대차와 토지의 사용대차로 인한 이익 상호 간에 이익통산이 가능하다면 숨은 이익처분이 없는 것으로 볼 수 있다.[164]

경우에 따라서는 이익통산 대신 주식회사에 대하여는 숨은 이익처분이, 주주에 대하여는 숨은 출자 또는 무효인 주주출연(verlorener Gesellschafterzuschuss)이 인정될 수 있다.[165]

세법의 관점에서 이익통산이 인정될 수 있는지 여부의 판단은 그 이유와 금액의 크기를 기준으로 한다. 이익통산을 하더라도 물적회사의 급부가 더 비중이 크다면 숨은 이익처분이 존재하는 것이다. 반대로 주주의 급부가 더 비중이 큰 경우에도 숨은 이익처분이 존재할 수 있다.[166] 즉, 결합된 급부와 반대급부를 통산한 결과가 적정하여야 숨은 이익처분에 해당하지 않을 수 있다.[167]

이익통산은 주식회사와 그 주식회사로부터 이익을 얻는 주주 간의 관계에서 적용되어야 한다. 따라서 예를 들어 기관회사의 숨은 이익처분은 제3자인 주주가 기관주체에게 행한 급부로 통산할 수 없다.[168] 쌍무계약에서 발생하는 급부와 그 반대급부는 언제나 통산할 수 있다.[169]

앞서 본 바와 같이 주식회사와 지배주주 간의 이익통산은 소급효금지 때문에 사전에 명확하고 일의적으로 합의가 된 경우에만 세법상으로 승인되므로[170] 그 합의에서는 특히 밀접한 관련이 있는 반대급부가 상세하게 규정되어야 한다. 주주가 사용을 허락하였다(무이자 혹은 저이자 금전소비대차, 시세에 따른 임대차)는 사실만으로는 이익통산을 정당화할 수 없다. 즉, 그런 급부는 이익통산으로서 부여될 수도 있지만 주주보조금(성과금)에 갈음하는 것일 수도 있다.[171]

5. 이익분여의도(Gewinnverteilungsabsicht)

숨은 이익처분이 인정되기 위해서 반드시 물적회사가 이익을 분여할 의도가 있었다거나 또는 주주관계를 고려하여 재산을 교부한다는 의사의 합치가 거래당사자 간에 있어야 하는

---

164) *Jäger/Lang/Raible/Ott*, 앞의 책, S. 236.
165) *Gosch* in Gosch, 앞의 책, § 8 KStG Rn. 260.
166) *Jäger/Lang/Raible/Ott*, 앞의 책, S. 236.
167) *Gosch* in Gosch, 앞의 책, § 8 KStG Rn. 266. 구체적인 판례에 관하여는 *Gosch* in Gosch, 앞의 책, § 8 KStG Rn. 268.
168) BFH v. 1. 8. 1984, BStBl. II 1985, 18; BFH v. 22. 8. 2007, BStBl. II 2007, 961.
169) BFH v. 8. 6. 1977, BStBl. II 1977, 704; *Jäger/Lang/Raible/Ott*, 앞의 책, S. 236.
170) BFH v. 28. 2. 1990, BStBl. II 1990, 649; BFH v. 30. 7. 1997, BStBl. II 1998, 402; 독일법인세집행기준 H 8.5 II. Vorteilsausgleich.
171) BFH v. 22. 2. 1989, BStBl. II 1989, 475.

것은 아니다. 즉, 주주에 의한 통일적인 의사형성이나 이익을 분여한다는 인식이 요구되지는 않는다.[172)]

물론 독일법인세법 제8조 제3항 제2문의 효과를 촉발하는 사실관계는 주주에 대하여도 숨은 이익처분(독일소득세법 제20조 제1항 제1호 제2문)으로 귀결되기에 적합한 것이어야 하고, 그 반대도 마찬가지이다. 요컨대 법인에 대하여만 독일법인세법 제8조 제3항 제2문의 법률효과를 일으키면서 주주에 대하여는 독일소득세법 제20조 제1항 제1호 제2문의 효과가 발생하지 않는 경우나 그 반대의 경우에는 원칙적으로 숨은 이익처분이 있다고 할 수 없다.[173)]

따라서 법인이 선물거래와 같은 위험거래(Risikogeschäfte)를 영위하여 손실을 입더라도 그 거래행위의 방법과 범위가 이례적이어서 경영진의 투기적 의도에 따른 것으로 설명될 수 있는 경우 해당 거래가 주주의 사적 이익을 위한 것이라고 추정할 수는 없다는 것이 판례이다.[174)] 독일연방재정법원의 입장은 그러한 거래 및 거래와 결부된 기회와 손실위험을 이용하는 것은 원칙적으로 물적회사의 자유이며 법인이 위와 같은 선물거래를 행하더라도 주주에게 독일소득세법 제20조 제1항 제1호 제2문을 구성하는 재산의 유출이 일어나는 것은 아니라는 것이다. 또한 주주에게는 아무런 경제적 이익이 없다. 그러나 주주에게 지속적인 손실상황이 구체화된 이후에 법인이 주주로부터 그 거래를 인수한다면 숨은 이익처분에 해당할 수 있다.[175)]

예를 들어 甲 법인은 주주 겸 이사인 A에게 연금확약을 하였고 연금확약은 연금보험을 통해 보장되었다고 가정한다. 甲 법인에 대한 감사결과 연금확약은 전액 숨은 이익처분으로 평가되었다. 이때 연금보험료는 전액 숨은 이익처분에 해당하는지 다툼이 있다. 이에 관하여 독일연방재정법원은 연금보험에 따른 급부는 법인에 귀속되므로 순수하게 기업적 재무수단에 관련된 문제라고 판단하였다.[176)] 주주 자신은 아무런 급부를 받지 않는다. 연금보험의 대상이 되는 연금확약이 숨은 이익처분으로 평가되더라도 마찬가지이다. 결국 甲 법인은 연금보험료를 손금에 산입할 수 있다.

---

172) BFH v. 10. 1. 1973, BStBl. II 1973, 322; BFH v. 28. 1. 1992, BStBl. II 1992, 605.

173) *Wassermeyer*, Verdeckte Gewinnausschüttung: Veranlassung, Fremdvergleich und Beweisrisikoverteilung, DB 2001, 2465.

174) BFH v. 8. 8. 2001, BStBl. II 2003, 487. 위 판결을 수용한 행정해석은 BMF v. 20. 5. 2003, BStBl. I 2003, 333; BFH v. 31. 3. 2004, DB 2004, 1968도 참조.

175) *Jäger/Lang/Raible/Ott*, 앞의 책, S. 218.

176) BFH v. 7. 8. 2002, BStBl. II 2004, 131; 독일법인세집행기준 H. 8.5 Zuflusseignun.

V. 적용범위

1. 인적 적용범위

독일법인세법 제8조 제3항 제2문은 인적으로는 모든 납세자(Steuerpflichtiger), 모든 물적회사, 모든 비물적회사로서 소득이 독일법인세법 제8조 제1항에 따라 계산되는 것에 대하여 적용된다.

2. 물적 적용범위

독일연방재정법원 판례 및 통설에 따르면 독일법인세법 제8조 제3항 제2문은 소득경정규정이므로 사업소득(Gewinneinkünfte)[177]에 적용된다. 독일연방재정법원 판례에 따르면 물적회사는 사업부문만을 영위하고 영업소득(Einkünfte aus Gewerbebetrieb)만을 얻기 때문이다. 예외적으로 독일원천소득에 관하여 제한적 납세의무만을 지는 외국물적회사 또는 재산관리조합은 잉여소득(독일소득세법 제2조 제2항 제2호)을 얻으므로 동일하게 독일법인세법 제8조 제3항 제2문에 따라 숨은 이익처분의 적용을 받을 수 있다.[178]

VI. 유형

1. 개관

숨은 이익처분의 유형은 크게 다음 셋으로 나눌 수 있다.[179]

가. 법인이 주주가 공급한 급부에 관하여 과도하게 높은 대가를 지급하는 경우

이 유형에 속하는 예로 다음을 들 수 있다.

① 주주가 법인에게 토지를 비정상적으로 높은 가격에 매도한 경우

② 주주가 법인에게 목적물(토지, 기계, 자동차 등)을 임대하여 주고 비정상적으로 높은 대가를 받은 경우

---

177) 독일소득세법상 소득은 사업소득(Gewinneinkünfte)과 잉여소득(Überschusseinkünfte)으로 나누어지고 사업소득에 해당하는 것은 농림업소득(Einkünfte aus Land- und Forstwirtschaft), 영업소득(Einkünfte aus Gewerbebetrieb) 그리고 자유직업소득(Einkünfte aus selbständiger Arbeit)이고 잉여소득에 해당하는 것은 근로소득(Einkünfte aus nichtselbständiger Arbeit), 자본소득(Einfünfte aus Kapitalvermögen), 임대소득(Einkünfte aus Vermietung und Verpachtung)과 기타소득(sonstige Einkünfte)이다.
178) *Gosch* in Gosch, 앞의 책, § 8 KStG Rn. 177.
179) *Jäger/Lang/Raible/Ott*, 앞의 책, S. 221.

③ 주주가 유한회사에 익명사원으로 참여하고 그에 대하여 비정상적으로 높은 이익배당
을 받는 경우

④ 주주가 업무집행에 관하여 비정상적으로 높은 보수를 받은 경우

⑤ 주주가 법인에게 금전소비대차를 해 주고 과도하게 많은 이자를 받은 경우

⑥ 주주가 법인에게 상품을 비정상적으로 고가에 매도한 경우

나. 법인의 급부에 대하여 주주가 과도하게 낮은 대가를 지급하는 경우

① 법인이 주주에게 시장 이자율 이하로 금전을 대여한 경우

② 법인이 주주에게 토지, 자동차, 상품 등의 경제재(Wirtschaftsgut)[180]를 비정상적으로
낮은 가격에 매도한 경우

다. 그 밖의 경우

① 주주가 사적 목적에서 10,000유로를 법인의 은행계좌로부터 인출한 후에 그 거래를
기타 비용으로 회계처리한 경우

② 거래처가 지급하는 금원을 법인의 소득으로 계상하지 않고 주주가 직접 수취하는 경우

③ 법인이 주주의 사적 여행 경비를 부담하는 경우

④ 법인의 세무사가 주주의 사적인 세무사건도 법인과 함께 자문해 주고 전체 자문료를
법인의 경비로 처리한 경우

⑤ 법인이 주주에게 금전을 대여할 당시에 회수 가능성이 불확실하다는 점을 인지하였으
면서도 대여를 한 경우

⑥ 법인이 주주에 대한 권리를 포기하는 경우(근로계약상 의무불이행으로 인한 손해배
상청구권 등의 포기)

⑦ 법인이 주주의 제3자에 대한 채무(대여금채무, 보증의 인수)를 정당한 대가 없이 인
수한 경우

2. 주요 사례군

주주에 대한 이익은 어떤 형태를 취하여도 무방하다. 실무상으로는 법인의 대가가 주주
의 반대급부를 초과하는 교환계약의 유형이 지배적이다. 이에 관하여는 상당수의 판례법이

---

180) 독일세법상 경제재는 적극적 경제재(aktives Wirtschaftsgut)인 자산과 소극적 경제재(passives Wirt
schaftsgut)인 부채를 포괄하는 개념으로서 부채를 포함한다는 점에서 독일상법상의 자산(Vermögen
sgegenstände)과 구별된다.

집적되어 있다.[181] 독일법인세통칙 H 8.5 V에 규정되어 있는 예는 예시적인 것으로서 중요한 사례군을 살펴보면 다음과 같다.

가. 주주와의 임용계약

(1) 의의

법인의 기관은 소송상 그리고 소송 외에서 법인을 대표한다(독일주식법 제78조, 독일유한회사법 제35조). 기관은 경영상의 책임을 진다.[182]

유한회사의 사원 겸 경영이사에 대한 보수는 민사법에 따른 유효한 임용계약이 존재하고 실제로 계약이 이행되었으며 보수가 전체적으로 적정하다면 손금에 해당한다.[183] 이러한 원칙은 지배사원이 아닌 주주 겸 이사에게도 적용되어야 한다. 왜냐하면 일반적인 정의에 따르면 숨은 이익처분의 요건은 주주가 일정한 최소지분을 보유하고 있을 것을 조건으로 하지 않기 때문이다.[184] 따라서 숨은 이익처분에 해당되지 않으려면 법인에서 일어나는 자산의 감소가 그 원인뿐만 아니라 크기의 측면에서도 채권법적 원인에 기인한 것이어야 하고 회사관계에서 촉발된 것이어서는 안 된다. 독일연방재정법원은 회사가 보수를 지급할 능력을 갖추게 되면 즉시 보수를 지급하기로 비지배주주 겸 이사와 합의한 것은 회사관계에서 촉발된 것이라고 보았는데[185] 이는 앞서 본 원칙에 따른 것이다. 실제로 그 계약은 회사에게 유리하였지만 제3자라면 그러한 근로(임용)계약을 체결하지 않았을 것이므로 독일연방재정법원은 보수를 숨은 이익처분으로 판단하였다.[186]

(2) 근로계약의 민법상 효과

유한회사의 경우 근로계약의 체결(및 해지)은 법률이나 정관에 달리 규정되어 있지 않는 이상 사원총회의 권한이다(독일유한회사법 제46조 제4항의 유추적용).[187] 독일연방대법원 1991. 3. 25. 판결에 따르면 기관의 지위 설정·종료와 관련이 없는 변경(보수의 증가, 연금의 합의)에 관하여도 마찬가지이다. 서면 계약은 요구되지 않는다.[188][189]

---

181) *Tipke/Lang*, 앞의 책, Rn. 11.79.
182) *Jäger/Lang/Raible/Ott*, 앞의 책, S. 261.
183) *Jäger/Lang/Raible/Ott*, 앞의 책, S. 262.
184) BFH v. 18. 7. 1985, BStBl. II 1990, 635.
185) BFH v. 13. 12. 1989, BStBl. II 1990, 454.
186) *Jäger/Lang/Raible/Ott*, 앞의 책, S. 262.
187) *Baumbach/Hueck*, GmbHG, 22.Aufl., 2019, § 46 Rn. 34ff.
188) BFH v. 18. 5. 1972, BStBl. II 1972, 721.
189) *Jäger/Lang/Raible/Ott*, 앞의 책, S. 263.

(3) 근로계약의 실질적 이행, 합의의 진실성

법인과 사원 겸 이사 사이에 채권법적 계약이 체결된 경우 그 계약은 실제로 실행되어야한다. 그렇지 않으면 그 계약은 진지하게 의도된 것이 아니고 회사관계에서 촉발된 급부를 은닉하려는 것으로 취급된다.[190] 따라서 직무보수(Tätigkeitsvergütungen)는 원칙적으로합의된 (통상의) 시기에 지급되어야 한다. 이 경우에도 이 원칙은 이사가 지배주주이건 그렇지 않건 관계없이 동일하게 적용된다는 것이 독일연방대법원 1989. 12. 13. 판결[191]의 취지이다. 보수를 매달 지급하기로 합의한 경우 법인은 실제로 매달 보수를 지급하여야 한다.보수 지급이 지연되거나 불규칙적인 경우에는 보수의 지급으로 인정되기 어렵다. 실제로보수가 지급되었는지의 판단은 모든 결과를 종합하여 판단하는데 특히 근로소득세 및 사회보장기여금(Sozialversicherungsbeiträge)을 납부하였는지 여부가 중요하다.[192] 주주 겸 이사가 지급받은 금액을 전부 또는 일부 다시 법인에 지급하였다고 하더라도 보수를 실제로지급하였다는 사실과 모순되는 것은 아니다. 그러한 사실은 공연한·숨은 출자 또는 금전대여로 볼 수 있다. 보수를 다시 법인에게 지급하는 행위는 주주 겸 이사의 관점에서 소득의 처분에 해당하고 그와 법인 간에 행해진 거래에 관한 세무상 평가에 고려될 수 없다.[193]

그러나 지배주주 겸 이사에 대하여 이익상여금(Gewinntantieme)을 지급하는 대신에 금전대여계약 없이 법인이 그 지배주주 겸 이사에게 금전을 대여하였다면 그 금액만큼의 숨은 이익처분이 있었던 것으로 본다.[194]

근로계약은 해당 금액이 사원 겸 이사의 결제계정(Verrechnungskonto)에 실제로 계상된 경우에 실행된 것으로 된다. 그 전제는 그 수취인이 해당 금액에 관하여 처분권을 가져야 한다는 것이다.[195] 예외적으로 보수가 전액이 지급되지 않은 경우에도 임용계약의 미이행이 법인의 상황에서 불가피한 사유에 따른 것이라면 세무상으로 임용관계를 인정하는 데방해가 되지 않는다. 특히 법인의 유동성에 문제가 있었던 경우에 그렇다.[196] 그 경우에도법적인 채권은 임용계약에 근거를 두어야 하고 미지급된 금액은 '보수채무'로 재무상태표에 계상되어야 한다. 독일연방재정법원의 1994. 3. 30. 결정[197]은 주주 겸 이사가 법인의유동성 위기시에 쉽게 보수를 포기하면 문제가 될 수 있다는 점을 확인한 것이다. 이 경우

---

190) BFH v. 28. 10. 1987, BStBl. II 1988, 301.
191) BFH v. 13. 12. 1989, BStBl. II 1990, 454.
192) *Jäger/Lang/Raible/Ott*, 앞의 책, S. 264.
193) BFH v. 1. 2. 1989, BStBl. II 1989, 473.
194) BFH v. 29. 7. 1992, BStBl. II 1993, 247.
195) 독일소득세집행기준 H 11, H 27; BFH v. 18. 10. 1989, BStBl. II 1990, 68.
196) BFH v. 12. 12. 1973, BStBl. II 1974, 179.
197) BFH v. 30. 3. 1994, BFH/NV 1995, 164.

에는 진지성(Ernsthaftigkeit)이 인정되지 않고 따라서 임용계약이 세무상으로는 인정될 수 없다. 그 결과 사후적으로 보수를 지급하면 숨은 이익처분에 해당하게 된다.[198] 법인의 유동성 곤란으로 인하여 지배주주에 대한 적정한 이사보수의 지급을 무이자로 연기한 경우에는 보수합의의 진정성이 결여되어 있다고 평가하여 각각의 사업연도말에 이사보수 전액에 관하여 숨은 이익처분을 인정한다. 독일연방재정법원은 이 경우에 가상의 이사를 기준으로 제3자비교를 행한다.[199]

(4) 임용계약시의 소급효금지(Rückwirkungsverbot)

독일연방재정법원의 표준적인 판례에 따르면 지배주주 겸 이사는 임용계약과 관련하여 소급효금지를 준수하여야 한다. 이에 따르면 물적회사는 지배주주 겸 이사의 보수를 계약상 사전에 명확하고 일의적으로 약정한 경우에만 손금에 산입할 수 있다. 물론 그 금액은 적정하여야 한다. 지나간 기간에 관하여 보수는 합의될 수도 없고, 금액을 결정할 수도 없고, 이미 합의한 보수를 증액할 수도 없다. 이 법리는 경상적인 인건비뿐만 아니라 비경상적인 인건비에도 적용된다.[200] 지배주주 겸 이사가 법인에 대하여 민사법적인 청구권을 갖는 경우(예를 들어, 직무여행 경비에 관한 전보청구, 독일민법 제675조, 제670조)에도 사전에 명확하게 체결된 합의가 있어야 한다. 법인의 주주에 대한 채권법적 관계와 회사법적 관계는 일의적으로 확정되어야 하기 때문이다.[201] 환언하면 근로계약(Dienstvetrag)에서 발생하는 보수청구권(독일민법 제611조, 제612조)을 근거로 한다는 사실만으로는 법인이 지급하는 보수를 채권법적인 성격의 것으로만 보기 어렵다는 뜻이다.[202]

특별보수(Sondervergütung, 예컨대, 상여금)를 포함하는 보수를 합의할 때 물적회사와 그 지배주주가 단순계산 과정에 의해 보수액을 산정할 수 있을 정도로 구체적으로 확정하지 않았다면 일반적으로 숨은 이익처분이 있는 것으로 보게 된다.[203]

즉, 경영진 또는 주주(사원)총회의 재량권행사(예컨대, 상여금이 배당금의 일정비율에 달려있는 경우 등)는 배제되어야 한다.[204] 또한 지배주주가 주주총회가 상여금을 높이거나 낮출 수 있도록 계약상 유보조항을 두는 경우에도 숨은 이익처분에 해당한다. 그 유보조항

---

198) BFH v. 29. 6. 1994, BStBl. 1994, 952.
199) BFH v. 13. 11. 1996, GmbHR 1997, 414.
200) *Jäger/Lang/Raible/Ott*, 앞의 책, S. 266.
201) BFH v. 3. 11. 1976, BStBl. II 1977, 172; BFH v. 2. 3. 1988, BStBl. II 1988, 590(법정 이자 청구에 관한 사안).
202) *Jäger/Lang/Raible/Ott*, 앞의 책, S. 266.
203) 독일법인세집행기준 H 8.5 III. Beherrschender Gesellschafter/Klare und eindeutige Vereinbarung.
204) BFH v. 30. 1. 1985, BStBl. II 1985, 345.

때문에 상여금청구권의 종국적인 존부에 관하여 불확실성과 불분명함이 존재하기 때문이다.[205]

(허용되는 모든 수단을 고려한) 통상의 부기원칙에 따른 이익 또는 세무재산상태표의 결산에 의해 지배주주 겸 이사에 대한 계약상 상여금을 계산하더라도 법인세 과세소득상의 상여금에 관한 명백한 법적 근거는 될 수 없다. 계산근거가 과대하게 평가되어 늘어난 상여금은 숨은 이익처분을 구성한다는 것이 판례이다.[206]

독일연방재정법원 판례에 따르면 법인과 지배주주 간의 합의에 따라 주주가 적정한 보수를 받아야 하고 그 적정한 보수액의 결정이 법인과 지배주주의 공통 세무사에게 위임되어 있다면 그 경우의 보수는 숨은 이익처분에 해당한다고 한다.[207]

사업연도 종료 전에 특별보수에 관하여 합의가 되었더라도 그 특별보수가 이미 경과한 사업연도에 관한 부분과 관련된다면 숨은 이익처분에 해당한다.[208]

독일연방재정법원 1997. 12. 17. 판결은[209] 사업연도 중에 법인과 지배주주 겸 이사 간에 합의된 특별보수를 기간에 비례하여 구별하여야 한다는 원칙을 채택하였다. 상여금은 당기 사업연도에 관한 이사의 역무제공 대가로서 평가되어야 하므로 사업연도 개시 전에 명확하고 일의적으로 합의되어야만 전액이 지급될 수 있다. 이 구분은 상여금이 사업연도 종료 직전에 합의된 경우에는 고려될 수 없다.[210] 그 경우에는 전액이 숨은 이익처분에 해당하게 된다.[211]

반면 사후적으로 결정된 이익 종속 상여금이라고 하더라도 지배관계가 반영된 것이 아니라면 소급효금지의 적용 대상이 아니다(예컨대, 지분율이 다른 주주 겸 이사에게 동일한 상여금을 지급하는 경우).[212]

또한 법인이 지배주주의 특수관계인에게 행하는 급부도 사전에 명확하게 행해진 합의에 따라 이행되어야 한다.[213] 즉, 이익분야가 지배주주에게 행해지거나 지배주주의 특수관계인에게 행해지거나 차이가 없다. 두 경우 모두 중요한 요소는 지배주주이다. 특히 부부 중

---

205) BFH v. 29. 4. 1992, BStBl. II 1992, 651.
206) BFH v. 1. 7. 1992, BStBl. II 1992, 975.
207) BFH v. 17. 12. 1997, BStBl. II 1998, 545. 이 사안에서 세무사는 두 당사자 모두에게 조언을 제공하여야 하는 의무를 부담하기 때문에 객관적인 지위에 있지 않았다는 점을 고려하여야 한다. *Jäger/Lang/Raible/Ott*, 앞의 책, S. 267.
208) *Jäger/Lang/Raible/Ott*, 앞의 책, S. 267.
209) BFH v. 17. 12. 1997, BStBl. II 1998, 545.
210) BFH v. 3. 11. 1976, BStBl. II 1977, 172.
211) *Jäger/Lang/Raible/Ott*, 앞의 책, S. 268.
212) BFH v. 26. 7. 1978, BStBl. II 1978, 659; BFH v. 11. 12. 1985, BStBl. II 1986, 469.
213) BFH v. 22. 2. 1989, BStBl. II 1989, 631.

한 명은 지배주주이고 다른 한 명은 이사인 경우에 문제가 된다.[214]

예를 들어 A는 甲 유한회사의 1인 사원이고, A의 배우자인 B는 甲 유한회사의 대표이사이며 2005년 1월에 甲 유한회사는 B와 합의하여 B에게 2004년의 경영실적에 관하여 20,000 유로의 상여금을 지급하기로 하였다. B의 인건비 총액은 상여금을 더한 이후에도 여전히 적정하다. 이 경우 독일법인세법 제8조 제3항 제2문에 따른 숨은 이익처분이 2005년 또는 2004년에 있게 된다(비용을 계상한 사업연도가 언제인지에 따라 달라진다). 소급효금지는 지배사원의 특수관계인에 관하여도 적용되기 때문이다. 상여금을 지출한 사업연도인 2005년에는 그 법적 결과를 독일법인세법 제27조에 따라 검토하여야 한다. 숨은 이익처분은 A에게 귀속되어야 한다.[215]

(5) 금액의 적정성

사전에 유효한 임용계약이 존재하고 그 임용계약이 실제로 이행된 경우 주주 겸 임원에 대한 보수의 총액이 적정하다면 숨은 이익처분에 해당하지 않는다. 만일 적정한 수준을 초과할 경우에는 그 초과 부분은 회사관계에서 촉발된 재산감소로 보아 숨은 이익처분으로 규율한다.[216] 적정한 금액 이하로 보수를 합의하는 것도 허용된다. 판단의 대상은 보수를 구성하는 총액으로서 가변적 부분을 포함한다.[217]

적정성의 판단기준에 관하여는 확립된 규칙이 없다. 적정한 보수의 상한은 감정(Schätzung)에 의해 결정된다. 적정한 영역은 금액의 대역으로 확장될 수 있다는 점을 주의하여야 한다. 이 대역을 초과하는 금액 부분만이 적정하지 않은 것으로 취급된다. 독일연방재정법원은 감정이라는 법적 개념이 정확하게 적용되었는지 여부와 감정에 관하여 중요한 요소가 평가과정에 포함되었는지 여부만을 검증할 수 있다.[218] 평가의 기준은 활동의 유형과 범위, 법인의 소득전망, 법인의 규모, 임원진과 부서 규모, 임원보수의 총이익에 대한 비율 및 임원보수의 잔존 자본수익에 대한 비율, 동종 기업이 동종의 급부를 제공하는 임원에 대하여 지급하는 보수의 종류와 액수 등이다.[219] 개별 사안에서는 특정한 기준이 다른 기준보다 우선하여 적용될 수도 있다.[220]

적정한 보수금액을 결정하는 수학적 공식은 존재하지 않는다. 독일연방재정법원의 1991.

---

214) *Jäger/Lang/Raible/Ott*, 앞의 책, S. 268.
215) *Jäger/Lang/Raible/Ott*, 앞의 책, S. 268.
216) BMF v. 14. 10. 2002, BStBl. I 2002, 972.
217) *Tipke/Lang*, 앞의 책, Rn. 11.80.
218) BFH v. 27. 2. 2003, BStBl. II 2004, 132; *Jäger/Lang/Raible/Ott*, 앞의 책, S. 269.
219) BMF v. 14. 10. 2002, BStBl. I 2002, 972, Rn. 10f.
220) BFH v. 28. 6. 1989, BStBl. II 1989, 854.

12. 11. 판결은 일반적으로 임원 보수의 적정성을 순이익의 일정비율 기준으로 결정하는 것은 불가능하다고 판시하였다. 그 결정에 필요한 확실한 비교정보가 없기 때문이다.[221]

법인의 외형비교(äußerer Betriebsvergleich) 시에는 다수의 기업을 비교하는 것이 용이하지 않다는 점을 고려하여야 한다. 따라서, 통계적 조사는 체계적으로 적용될 수 없으며 법인의 외부적 특성이 감정을 위한 단서를 제공할 수 있을 뿐이다.[222] 독일연방재정법원은 원칙적으로 보수구조연구(Gehaltsstrukturuntersuchung)를 이용하여 보수의 적정성을 판단하는데 반대하지 않는다.[223]

적정성평가는 주주 겸 이사의 근로관계에 따른 모든 이익과 반대급부를 고려하여 행해야 한다. 이에 속하는 것으로는 우선 보수, 휴가 및 크리스마스 상여, 일반상여, 연금확약, 승용차 및 주거 제공 등을 들 수 있다. 증빙이 있는 여행경비 변상은 포함되지 않는다.[224] 인건비의 적정성은 일반적으로 법인과의 계약이 체결된 시점의 상황에 따라서 판단되어야 한다.[225]

법인에 손실이 발생할 우려가 있다면 선관주의의무를 다하는 이사는 그 손실을 최소한으로 해야 할 의무가 있다. 그렇다고 하더라도 최소한의 필요한 보수 지급을 배제하는 것은 아니지만 주주 겸 이사의 보수를 상당하게 증액하는 것은 허용되기 어렵다.[226]

법인이 설정한 인건비가 과세관청이 적정하다고 평가하는 금액을 본질적으로 상회하지 않는다면 법인의 평가가 기준이 된다.[227] 그러나 그 차이가 20% 이상을 초과하는 경우에는 극단적인 불균형이 있다고 보아야 한다.[228] 주주 겸 이사로서 법인에 대한 지분이 25% 미만인 자의 경우 일반적으로 인건비의 적정성에 관한 우려는 없다고 보아도 무방할 것이다. 다만 이는 다른 주주가 특수관계인이 아니고 동일한 이해관계를 가지지 않은 경우에 한하여 그렇다.[229]

과세관청의 행정해석은 거액의 이익을 거두는 법인의 경우 일반적으로 법인세 차감 전 당기순이익에서 이사의 보수를 공제한 금액이 이사의 보수 이상이라면 대체로 이사의 보수를 적정한 것으로 볼 수 있다는 입장이다. 이사의 숫자가 다수라면 그들의 보수를 합산하여 판단하여야 한다.[230]

---

221) BFH v. 11. 12. 1991, BStBl. II 1992, 690.
222) *Jäger/Lang/Raible/Ott*, 앞의 책, S. 270.
223) BFH v. 14. 7. 1999, BFH/NV 1999, 1645; BFH v. 18. 12. 2002, GmbHR 2003, 549.
224) BFH v. 10. 6. 1987, BStBl. II 1988, 25.
225) BFH v. 4. 6. 2003, BStBl. II 2004, 136.
226) BFH v. 28. 6. 1989, BFH/NV 1990, 130.
227) *Jäger/Lang/Raible/Ott*, 앞의 책, S. 270.
228) BMF v. 14. 10. 2002, BStBl. I 2002, 972, Rn. 23.
229) *Jäger/Lang/Raible/Ott*, 앞의 책, S. 270.

다음의 예를 보자. A는 甲 법인의 주주 겸 이사이다. 甲 법인이 임용계약에 따라 A에게 지급하기로 합의한 보수총액은 300,000유로이다. 법인세를 차감하기 전, 이사 보수를 공제한 후의 甲 법인 당기순이익은 400,000유로이다. 행정해석에 따르면 이 경우 이사 보수는 적정한 것으로 볼 수 있다.[231] 이를 반분원칙(Halbteilungsgrundsatz)이라고 하는데 독일연방재정법원은 2003. 2. 27. 판결[232]에서 반분원칙을 수용하였다. 반분원칙은 법인이 언제나 소득의 절반 이상을 남겨야 한다는 취지로 이해할 것이 아니라 일반적으로 법인이 법인세 차감 전 당기순이익의 절반을 남겼다면 이사의 보수는 적정한 수준으로 평가할 수 있다는 취지로 이해하여야 할 것이다.[233]

2001년에 바덴 뷔르템베르크주의 과세당국은 적정성 평가에 관하여 포괄적인 처분명령을 발령하였다.[234] 이 처분명령은 산업별, 규모별 기준에 따른 적정성 평가기준표를 포함하고 있다. 위 처분명령의 문언은 대체로 2002. 10. 14. 자 재무부 훈령에 승계되었으나 적정성 평가기준표는 포함되지 않았다. 이 평가기준표에는 구속력이 없지만 그 내용은 다수의 보수구조연구로부터 도출된 것이라서 다른 란트[州]에도 적용되기에 충분하다.[235] 평가기준표의 값은 주주 겸 이사의 총보수가 적정한지를 평가하는 출발점의 역할을 한다. 그러나 (구체적인 보수구조연구로 뒷받침되는) 특수한 상황 하에서의 개별 사안에 관한 조사를 대체할 수 없다. 보수의 합계가 평가기준표상 수치보다 20% 이상 높다면 합의된 보수와 비교 가능한 제3자 이사의 보수 간에는 극단적인 불균형이 있다고 의심할 수 있다.[236]

(6) 부수급부(Nebenleistung zum Gehalt)

사택의 제공, 무이자 혹은 저이자 자금대여, 법인 소유 승용차 제공 및 그 밖의 이용허락 (Gebrauchsüberlassung)은 경제적 이익으로서 사전에 지배주주의 인건비에 포함하기로 합의되지 않았다면 원칙적으로 독일법인세법 제8조 제3항에 규정된 숨은 이익처분에 해당한다.[237] 이러한 부수급부를 사후적으로 주주 겸 이사의 과세대상 근로소득으로 보아 법인이 손금산입하는 것은 허용되지 않는다.[238]

---

230) BMF v. 14. 10. 2002, BStBl. I 2002, 972, Rn. 16.
231) *Jäger/Lang/Raible/Ott*, 앞의 책, S. 272.
232) BFH v. 27. 2. 2003, GmbHR 2003, 1071.
233) *Jäger/Lang/Raible/Ott*, 앞의 책, S. 272.
234) OFD Karlsruhe, Vfg. v. 17. 4. 2001, DB 2001, 1009.
235) 같은 취지로 FG Berlin-Brandenburg v. 16. 1. 2008, EFG 2008, 717; *Prokscha*, "Das FG gibt klare und praxistaugliche Hinweise zur Anwendbarkeit und Anwendung der Karlsruher Tabelle" BB 2008, 1493 참조. 2017년에 평가기준표가 개정되었다. 그 요약이 *Jäger/Lang/Raible/Ott*, 앞의 책, S. 273에 실려 있다.
236) *Jäger/Lang/Raible/Ott*, 앞의 책, S. 274.
237) BFH v. 3. 11. 1976, BStBl. II 1977, 172.

법인 소유 승용차를 지배주주 겸 이사가 사적으로 사용하더라도 사전에 명확한 합의가 있다면 숨은 이익처분에 해당하지 않는다. 이 경우 금전적 가액으로 평가하여 해당 임원의 근로소득으로 과세하여야 한다.[239] 사전에 합의가 없더라도 법인 소유 승용차를 임차한 것으로 근로소득세처리가 되어 왔다거나 주주의 청산계정에 승용차 사용 비용이 계상되어 왔다면 예외적으로 숨은 이익처분에 해당하지 않을 수 있다.[240]

법인의 측면에서 숨은 이익처분은 1% 규칙을 적용하지 않고 제3자비교기준(Fremd vergleichsmaßstab)을 적용하여 용역가치의 이전에 적정한 이윤을 가산하여 평가한다. 하지만 실제로 그 가치의 평가가 실무상 쉽지 않기 때문에 과세관청은 1% 규칙에 의한 평가를 허용한다.[241]

임용계약에 따라서 지배주주 겸 이사에게 부여되는 무이자 또는 저이자 대여금은 인건비 총액이 적정하다면 숨은 이익처분에 해당하지 않는다. 다른 근로자는 현물로 이익을 수취하지 않더라도 마찬가지이다.[242]

독일연방재정법원은 임원에 대한 공휴일 근로수당, 야간근로수당, 초과근로수당 등을 인정하지 않으며 그러한 명목으로 지급된 돈을 숨은 이익처분으로 본다. 그와 같은 성격의 급부는 임원의 임무와는 어울리지 않는다는 점을 이유로 든다.[243] 임원은 일반적으로 자신의 임무를 스스로 결정하고 임무를 근로자에게 배분하며 근로자와 비교하여 고도의 인적 관여(persönlicher Einsatz)가 기대되기 때문이다. 그 밖에도 실제로 정규 근로시간 이외의 근로시간에 근무하였는지 여부를 감시할 수 있는 자도 없다.[244] 독일연방재정법원은 위와 같은 명목으로 유한회사 이사에게 보수를 지급하여 온 것이 관행이었는지 여부도 중요하지 않다고 한다.[245]

물적회사에 다수의 주주 겸 이사가 존재하고(이들 상호 간에 통제가 가능한 경우도 있을 수 있다) 상여금에 관하여 합의가 없는 경우에도 숨은 이익처분을 인정할 수 있다.[246] 물론 독일연방재정법원은 그러한 추가 수당이 언제나 숨은 이익처분으로 귀결되는 것은 아니라고 한다.[247] 고속도로 주유소의 주주 겸 이사가 야근 등에 관하여 같은 유한회사에 지분이

---

238) *Jäger/Lang/Raible/Ott*, 앞의 책, S. 275.
239) 이 경우 근로소득세에 관한 규정이 적용된다. 독일근로소득세통칙(LStR) R 8.1 (9).
240) BFH v. 24. 1. 1990, BStBl. II 1990, 645.
241) BMF v. 3. 4. 2012, BStBl. 2012, 478.
242) OFD Hannover v. 2. 11. 1998, DStR 1998, 1964; OFD Kiel v. 9. 6. 1999, BB 1999, 1476.
243) BFH v. 11. 11. 2015, BStBl. II 2016, 489; BFH v. 27. 3. 2012, BFH/NV 2012, 1127; BFH v. 13. 12. 2006, BStBl. II 2007, 393; BFH v. 19. 3. 1997, BStBl II 1997, 577.
244) *Jäger/Lang/Raible/Ott*, 앞의 책, S. 276~277.
245) BFH v. 19. 3. 1997, BStBl. II 1997, 577.
246) BFH v. 27. 3. 2001, BStBl. II 2001, 655.

없는 시프트 매니저(Schichtführer)와 동일한 추가 수당을 받았고 그 밖의 인건비는 동일한
사안에서 독일연방재정법원은 기업내부의 제3자비교를 근거로 하여 숨은 이익처분을 부인
하였다.[248]

유한회사가 사원 겸 이사의 생일을 맞아 파티를 개최한 경우 그 파티에 참석한 자들이
대부분 사업과 관련된 자들이었다고 하더라도 그 비용은 숨은 이익처분의 대상이 된다는
것이 독일연방재정법원의 판례이다.[249]

유한회사의 사원 겸 이사 또는 그 특수관계인에 대한 연가보상지급(Abgeltungszahlung)
은 설령 사전에 보상지급조건에 관한 합의가 없고 연방휴가법(Bundesurlaubsgesetz) 제7
조 제4항이 연가보상을 지급하고 있더라도 경영상의 이유로 인하여 휴가를 가지 못하였다
는 사실이 인정된다면 숨은 이익처분에 해당하지 않는다.[250]

나. 법인과 주주 겸 이사와의 상여금 합의

(1) 의의

주주 겸 이사와의 임용계약의 내용으로서 고정보수 이외에도 성과연동 상여 합의
(Tantiemevereinbarung)가 허용된다. 어떤 경우이건 이사보수의 총액은 적정성의 한계를
초과하여서는 안 된다.[251]

(2) 매출상여금

매출상여금(Umsatzantiemen)은 일반적으로 숨은 이익처분에 해당한다. 특별한 경우에
만 매출과 이익 사이에 일정한 비례관계가 인정될 수 있기 때문이다. 해당 업계에 매출상여
금의 관행이 있다고 하더라도 숨은 이익처분에 해당할 수 있다는 것이 독일연방재정법원의
판례이다.[252] 행정해석은 법인의 개인적 관계로 인하여 매출상여금이 정당한 인건비의 형
태로 보여질 수 있는 경우에는 숨은 이익처분에 해당하지 않는다고 본다.[253] 만일 제3자비
교를 행할 경우 제3자인 이사라도 그와 같은 상여금을 받을 것으로 인정된다면 숨은 이익
처분을 인정할 수 없다. 소수 주주 겸 이사가 매출상여금을 지급받을 경우에도 그 매출상여
금에 시간적·금액적 상한이 정해져 있지 않다면 일반적으로 숨은 이익처분으로 인정된다.

---

247) BFH v. 14. 7. 2004, BStBl. II 2005, 307.
248) BFH v. 14. 7. 2004, BStBl. II 2005, 307.
249) BFH v. 14. 7. 2004, BStBl. II 2011, 285; BFH v. 28.11.1991, BStBl. II 1992, 359.
250) BFH v. 28. 1. 2004, BStBl. II 2005, 524; BFH v. 6. 10. 2006, BFH/NV 2007, 275.
251) *Jäger/Lang/Raible/Ott*, 앞의 책, S. 274.
252) BFH v. 30. 8. 1995, BFH/NV 1996, 265.
253) 독일법인세집행기준 H. 8.8 Umsatzantiemen.

손실이 발생할 경우에는 매출상여금을 제한한다는 합의만으로는 충분하지 않다.[254]

(3) 이익상여금

(가) 손금산입범위

이익상여금(Gewinntantiemen)은 인건비총액 중에서 적정성이 인정되는 범위 내에서 손금산입된다.[255] 독일연방재정법원 결정[256] 및 2002. 2. 1. 자 재무부훈령[257]에 따르면 이익상여금의 손금산입은 다음과 같이 판단하여야 한다.

다수의 주주 겸 이사에 대한 상여금 약정의 총액이 연간 당기순이익의 50%를 초과하는 경우에는 설사 그들이 회사 지분의 본질적인 부분을 보유하고 있지 않더라도 숨은 이익처분에 해당하는 것으로 일응의 추정(Beweis des ersten Anscheins)을 한다. 위 50% 상한은 상법에 따라 결산한 당기순이익으로서 상여금과 법인세 및 그 부대세를 공제하기 이전의 금액을 기준으로 계산한다. 원칙적으로 이 기준은 주주 겸 이사의 인건비 총액이 적정한지 여부와 무관하게 적용된다.[258]

당기순이익의 50%를 초과하는 이익상여금은 그 이익상여금 청구권이 법인의 설립초기단계에 제한된다면 인정될 수도 있다(즉, 숨은 이익처분이 아닌 것으로 취급될 수 있다). 하지만 구체적, 개별적인 사안에서 설립초기단계라는 점이 중요하게 고려되어 외부의 제3자에게도 그에 상응하는 상여금약정을 체결하였을 것이라는 점이 인정될 경우에만 그렇다.[259]

따라서 법인이 현재의 지배주주 겸 이사와 50%보다 더 높은 비율의 이익상여금을 약정하였는데 그 약정은 지배주주 겸 이사가 지배주주가 아니었던 시기에 체결되었다면 예외적으로 용인될 수 있다.[260] 그 이외의 경우 과세관청이나 독일연방재정법원 모두 50% 상한을 엄격하게 적용한다. 또한 연간 인건비총액 중에서 이익상여금이 차지하는 비중은 25% 이하이어야 하고 고정금액이 75% 이상이어야 한다. 이를 '75%/25% 규칙'이라고 한다.[261]

만일 비율이 위와 다를 경우에는 그에 대한 해명이 요구될 수 있는데 그 이유가 회사관계 이외의 원인에서 비롯된 것이어야 손금산입할 수 있다. 구체적으로 고려될 수 있는 원인으로는 ① 설립초기(대체로 설립 후 3년 이내), ② 일시적인 경제적 어려움, ③ 고위험 사업부

---

254) BFH v. 19. 2. 1999, BStBl. II 1999, 321.

255) *Jäger/Lang/Raible/Ott*, 앞의 책, S. 279.

256) BFH v. 2. 12. 2003, BStBl. II 2004, 525; BFH v. 15. 3. 2000, BStBl. II 2000, 547; BFH v. 5. 10. 1994, BStBl. II 1995, 549; BFH v. 2. 12. 1992, BStBl. II 1993 II, 311.

257) BMF v. 1. 2. 2002, BStBl. I 2002, 219.

258) *Jäger/Lang/Raible/Ott*, 앞의 책, S. 279.

259) BFH v. 17. 12. 2003, BFH/NV 2004, 817.

260) BFH v. 9. 7. 2003, BFH/NV 2004, 88.

261) BFH v. 5. 10. 1994, BStBl. II 1995, 549; BFH v. 26. 1. 1999, BStBl. II 1999, 241.

문, ④ 법인의 이익변동성이 크다는 점 등을 들 수 있다.[262]

가변적 상여금부분(최대 25%)은 기대 예상 이익에 대한 비율로 표시되어야 한다. 상여금계약은 인건비 조정시마다 적정성을 검사하여야 하는데 그 검사는 적어도 3년마다 행해져야 한다.[263] 이해를 돕기 위해 사례를 살펴본다.

사 례

甲 유한회사의 지배사원 겸 이사에 대한 적정한 이사 인건비 총액은 연간 400,000유로이고 그 내역은 다음과 같다.

고정보수	150,000유로
이익상여금	250,000유로

이익상여금과 법인세 및 그 부대세를 공제하기 이전의 평균 당기순이익은 160만유로이다. 2002. 2. 1. 자 재무부훈령에 따라 이익상여금은 당기순이익의 50%를 초과할 수 없다. 또한 인건비총액은 일반적으로 75% 이상의 고정부분과 25% 이하의 성과연동 부분으로 구성되어야 한다.

가변적 부분의 절대값은 예상 평균 당기순이익에 대한 관계에서 정해져야 한다. 양자의 비율이 적정한 상여금비율이 된다. 적정한 이익상여금은 400,000유로의 25%이므로 100,000유로 이하가 되어야 한다. 그러므로 이익상여금 250,000유로 중 100,000유로를 초과하는 150,000유로는 숨은 이익처분에 해당한다.

100,000유로라고 하는 이익상여금의 절대값은 평균 가득 기준 당기순이익(여기서는 160만유로)에 대한 비율로 표시되어야 한다.

$$\frac{100,000 \times 100}{1,600,000} = 6.25\%$$

이와 같은 적정한 상여금비율 6.25%는 다음 번 적정성 검사 시에 기준이 된다.[264]

그러나 예상인건비총액이 예상당기순이익에서 차지하는 비율은 특정한 사원 겸 이사의 연간인건비총액이 적정한지 여부를 검토하는 판단기준 중 하나에 불과하다. 그러므로 상여금약정은 그 체결시점에서 예상가능한 시점 이후에 개별 사업연도에서는 인건비총액의 25%를 초과하더라도 평균적으로 예상되는 상여금의 인건비총액에 대한 비율이 25%를 초과하지 않는다면 세무상으로는 숨은 이익처분에 해당하지 않을 수 있다.[265]

---

262) *Jäger/Lang/Raible/Ott*, 앞의 책, S. 280.
263) *Jäger/Lang/Raible/Ott*, 앞의 책, S. 280.
264) *Jäger/Lang/Raible/Ott*, 앞의 책, S. 275~276.
265) BFH v. 19. 2. 1999, BFH/NV 1999, 974.

최근 독일연방재정법원은 75%/25% 규칙을 고수하지 않고 이익상여금이 일정한 범위 내에 있는지 여부를 고려한다.[266] 즉, 최근의 판결들에 따르면 인건비총액은 단순히 그 중 25% 이상이 상여금이라는 이유만으로는 그 일부를 숨은 이익처분으로 볼 수 없다. 오히려 독일연방재정법원의 견해에 따르면 상여금이 높은 비중을 차지하는 이유가 회사관계에서 촉발된 것인지 여부를 검토해 보아야 한다는 것이다. 따라서 75%/25% 규칙을 기계적으로 적용하여서는 안 된다. 독일연방재정법원은 이익상여금의 비율이 거의 90%인 사안에서 해당 법인의 소득상황이 급격한 변동에 취약하다는 점을 이유로 숨은 이익처분을 부인하였다.[267]

매출총이익상여금(Rohgewinntantiemen)의 경우에도 원칙적으로 앞에서 본 원칙이 적용되고[268] 따라서 위에서 본 75:25 비율을 준수하여야 한다.

인건비 전액을 이익상여금으로만 지급받는 경우에는 예외적으로만 숨은 이익처분에 해당하지 않을 수 있다(설립초기, 일시적인 경제적 위기, 위험성이 높은 사업부문 등). 지배주주 겸 이사의 경우 상여금 지급은 소급효금지 원칙에 따라 사전에 명확하게 합의가 되어야 한다.[269] 지배주주 겸 이사와의 인건비 합의는 노무의 급부 이행 이전에 행해져야 하며 인건비 지출 직전에 행해지는 것으로는 부족하다.[270]

물적회사가 과세기간(Veranlanungszeitraum) 중에 비로소 지배주주와 이익상여금 약정을 체결한 경우 숨은 이익처분에 해당하지 않으려면 과세기간에 비례하여 이익상여금을 감액하여야 한다.[271]

(나) 상여금 약정에 관한 요건

상여금 약정은 상세하게 규정되어서 상여금의 크기가 단순 계산으로 결정될 수 있어야 한다. 즉, 상여금의 금액은 사후적으로 사원총회나 이사회의 재량적 결정에 좌우되어서는 안 된다.[272]

상여금의 계산기초는 재무상태표상의 이월공제를 반영하여야 하고 그렇게 하지 않으면 숨은 이익처분이 있는 것으로 처리된다.[273] 이 점은 유한회사가 손실이 발생한 사업연도에

---

266) BFH v. 4. 6. 2003, BStBl. II 2004, 136; BFH v. 4. 6. 2003, BStBl. II 2004, 139; BFH v. 27. 2. 2003, BStBl. II 2004, 132.
267) OFD Düsseldorf, Vfg. v. 17. 6. 2004, DB 2004, 1396.
268) BFH v. 26. 1. 1999, BStBl. II 1999, 241.
269) BFH v. 30. 1. 1985, BStBl. II 1985, 345.
270) BFH v. 11. 12. 1991, BStBl. II 1992, 434.
271) BFH v. 17. 12. 1997, BStBl. II 1998, 545.
272) *Jäger/Lang/Raible/Ott*, 앞의 책, S. 282.
273) 독일법인세집행기준 H 8.8 Verlustvorträge.

여전히 전체적으로는 자본이 양수로 계상되어 있어도 마찬가지이다.[274] 독일연방재정법원이 인정하는 예외는 주주 겸 이사가 과거에 발생한 손실에 관하여 책임이 없는 경우이다(예를 들어 그가 이사가 되기 전에 발생한 손실). 예를 들어 甲 유한회사의 2001. 12. 31. 현재 이익처분 후 순이익(Bilanzgewinn)은 100,000유로이다. 2002년에 당기순손실 50,000유로가 발생하였다. 甲 유한회사는 2003년에 50,000유로의 당기순이익을 거두었다. 임용계약에 따르면 사원 겸 이사는 당기순이익에서 이월결손금을 공제한 금액의 20%에 해당하는 상여금을 지급받을 권리가 있다. 2002. 12. 31. 현재 재무회계상 이월결손금이 존재하지 않고 이익처분 후 순이익 50,000유로가 존재한다(= 100,000 − 50,000). 그럼에도 불구하고 독일연방재정법원은 2003년의 상여금 계산기초에서 2002년의 당기순손실을 공제할 것을 요구한다. 따라서 2003년에는 상여금을 지급할 수 없다(= 50,000 − 50,000).[275]

(다) 선급상여금의 이자포기

지급조건과 시기가 분명하고 명확하게 사전에 합의되어 있다면 지배주주 겸 이사에게 선급상여금(Tantiemevorschuss)을 지급하고 손금산입할 수 있다. 주주 겸 이사에게 적정한 선급금을 요구할 권리를 부여하는 것으로는 충분하지 않다. 사전에 지급조건과 시기에 관하여 분명하고 명확한 사전 합의를 하지 않은 경우 법인이 선급상여금에 관하여 적정한 이자를 포기하면 그 상당액이 숨은 이익처분에 해당한다.[276] 숨은 이익처분을 계산할 때 법인과 주주 간에 적용할 이자율에 의문이 있는 경우 통상의 은행거래에서 채권자와 채무자 간에 결정되는 이자율을 적용한다.[277]

다. 주주 겸 이사에 대한 연금확약

(1) 의의

독일기업이 세무계획 목적으로 선호하는 도구는 충당금이다. 중소 물적회사는 지배주주 겸 이사에 대하여 연금충당금을 주로 세무상 목적으로 설정한다. 따라서, 과세관청은 연금충당금의 기초가 되는 세법상 연금확약(Pensionszusage)[278]을 부인하려고 한다. 그러나 조

---

274) BFH v. 18. 9. 2007, BStBl. II 2008, 314.
275) *Jäger/Lang/Raible/Ott*, 앞의 책, S. 282.
276) 독일법인세집행기준 H 8.8 Zinslose Vorschüsse auf Tantieme.
277) BFH v. 22. 10. 2003, BStBl. II 2004, 307.
278) 연금확약은 연금 또는 일시금의 형식으로 노후연금, 장애인연금 또는 유가족연금의 지급을 하겠다는, 법률적으로 구속력이 있는 약속이다. 연금확약이 법인의 노후부조(Altersversorgung)에 해당하는 경우 일차적으로 법인의 근로자를 그 수취인으로 본다[기업의 노령연금의 개선을 위한 법률(Betriebsrentengesetz: BetrAVG) 제1조]. *Jäger/Lang/Raible/Ott*, 앞의 책, S. 278.

세를 절감하려는 의도는 내심의 의사이므로 과세관청과 독일연방재정법원은 연금확약에 관한 연금충당금에 관하여 다수의 추정과 강화된 요건을 설정해 왔다.[279]

(2) 연금확약에 관한 회사관계촉발 요건의 특수성

연금확약이 회사관계에서 비롯된 것이면 손금불산입된다.[280] 판례는 연금확약이 회사관계에서 비롯된 것인지 여부를 판단하기 위하여 몇 가지 경험규칙을 발전시켜 왔다. 그 경험규칙에 해당하는 사실관계가 존재하면 회사관계로부터 촉발된 것으로 보아 숨은 이익처분에 해당하게 된다. 그러나 주주는 그 사실관계에 관하여 반대사실을 입증할 수 있다. [281]

(가) 대기기간(Wartezeit)

판례와 행정해석은 주주가 임원으로서의 임무를 개시한 직후에 연금확약을 받으면 회사관계에서 촉발된 것으로 보기 때문에 통상 숨은 이익처분이 존재하는 것으로 취급한다.[282] 주주가 아닌 제3자였다면 우선 대기기간 또는 수습기간을 거쳤어야 했을 것이기 때문이다.[283] 예를 들어 유한회사 설립 이후 11개월에 부여한 연금확약은 세법상 인정받을 수 없다. 이 시점에서 이사의 적합성(Eignung), 적격성(Befähigung), 실적(fachliche Leistung)을 신뢰성 있게 평가하기 어렵기 때문이다.[284]

판례[285]에 따르면 5년의 기간은 이사의 적합성, 적격성, 실적을 평가하여 연금확약을 부여하기에 충분한 기간이라고 한다. 판례는 이사가 그 기간 중에 입증하는 자질에 초점을 맞춘다. 다만 해당 이사가 비교 가능한 기업에서 적격이 있는 활동을 하였다면 대기기간은 일부 또는 전부 면제될 수 있다.[286] 해당 이사가 근무하였던 기업이 물적회사였는지 여부는 중요하지 않다.[287]

연방재무부의 2012. 12. 14. 자 훈령[288]에 따르면 수습기간이 2년부터 3년 사이이면 연금확약을 세법상 충분하다고 평가한다.

---

279) *Kohlhepp*, Verdeckte Gewinnausschüttung, 2008, Rn. 46.
280) 독일법인세통칙 R. 8.7 제5문 이하.
281) *Kohlhepp*, Verdeckte Gewinnausschüttung, Rn. 50.
282) 판례: BFH v. 4. 5. 1998, BFH/NV 1998, 1530; BFH v. 29. 10. 1997, BStBl. II 1999, 318; BFH v. 15. 10. 1997, BStBl. II 1999, 316; BFH v. 16. 12. 1992, BStBl. II 1993, 455. 행정해석은 BMF v. 14. 5. 1999, BStBl. I 1999, 512.
283) *Kohlhepp*, Verdeckte Gewinnausschüttung, Rn. 51.
284) BFH v. 30. 9. 1992, BFH/NV 1993, 330.
285) BFH v. 15. 10. 1997, BStBl. II 1999, 316.
286) BFH v. 29. 10. 1997, BStBl. II 1999, 318.
287) *Jäger/Lang/Raible/Ott*, 앞의 책, S. 298.
288) BMF v. 14. 12. 2012, BStBl. I 2013, 58.

독일연방재정법원 판례는 사원 겸 이사가 기존 물적회사에 합류한 사안에서 2년 3개월의 수습기간이면 충분하다고 판단하였다.[289]

신설 물적회사에서 선량한 관리자의 주의의무를 지는 이사는 회사의 장래의 경제적 성장과 그에 따른 경제적 급부능력을 신뢰성 있게 평가할 수 있는 경우에만 연금확약을 할 수 있다. 그리고 그렇게 하는 데에는 일반적으로 5년의 기간이 필요하다. 하지만 미래의 경제적 성장이 기존의 기업활동을 토대로 충분히 분명하게 평가될 수 있는 경우(예컨대, 기업분할, 법인전환의 경우)에는 그렇지 않다.[290]

(나) 진지성(Ernsthaltigkeit) 및 재정적 능력(Finanzierbarkeit)

주주 겸 이사에 대한 연금확약은 진지성이 인정되어야 한다. 즉, 재무적·세무적 근거에서 비롯된 것이 아니어야 한다. 과세관청은 연금확약 당시의 재정적 능력을 기준으로 진지성을 판단한다.[291] 재정적 능력을 검토할 때에는 해당 법인이 연금확약을 통해서 경제적으로 부담할 수 있는 위험을 인수하였는지 여부가 중요하다. 만일 법인이 연금확약 당시의 상황에 비추어 연금확약을 이행할 경제적 능력이 없었다면 숨은 이익처분이 있다고 보아야 할 것이다.[292]

독일연방재정법원은 법인의 재정적 능력이 결여된 경우 사원 겸 이사에게 부여한 연금확약에 관하여 숨은 이익처분이 인정될 수 있는 요건을 반복적으로 판시해 오고 있다. 그에 따르면 도산법적 의미에서 연금확약이 채무초과를 촉발하면 연금확약에 관하여 법인의 재정적 능력은 부인되어야 한다.[293] 이러한 판례는 선량한 관리자의 주의의무를 기울이는 이사라면 제3자에게 연금확약을 함으로써 도산의 위험을 감수하지는 않을 것이라는 생각에 기초하고 있다.[294]

(다) 연금개시연령

판례는 연금개시연령이 정상범위에 있어야 한다고 하고,[295] 지배주주가 연금개시연령을

---

289) BFH v. 20. 8. 2003, DStRE 2004, 273.
290) 독일법인세집행기준 H 8.7 Warte-/Probezeit; *Jäger/Lang/Raible/Ott*, 앞의 책, S. 298.
291) BFH v. 8. 11. 2000, BStBl. II 2005, 653; *Kohlhepp*, Verdeckte Gewinnausschüttung, Rn. 53. 따라서 연금확약 당시에 재정적 능력이 없었다면 사후에 법인이 발전하여 재정적 능력이 생기더라도 숨은 이익처분임에는 변동이 없다. BFH v. 30. 9. 1992, BFH/NV 1993, 330.
292) 인수한 부조의무에 관한 확약의 진정성에 대한 의문은 부조사고(죽음, 장애) 위험에 관하여 재보험 (Rückdeckungsversicherung)을 체결함으로써 제거할 수 있다. *Jäger/Lang/Raible/Ott*, 앞의 책, S. 290.
293) BFH v. 8. 11. 2000, BStBl. II 2005, 653; BFH v. 20. 12. 2000, BStBl. II 2005, 657; BFH v. 7. 11. 2001, BStBl. II 2005, 659; BFH v. 4. 9. 2002, BStBl. II 2005, 662; BFH v. 31. 3. 2004, BStBl. II 2005, 664.
294) 만일 사원 겸 이사가 그런 상황에서 연금확약을 받았다면 이는 회사법적 관계에서 비롯된 것이므로 과세관청은 독일연방재정법원의 판례를 적용한다. 이상, *Jäger/Lang/Raible/Ott*, 앞의 책, S. 290.

60세에서 65세 사이로 합의하였더라도 연금청구권은 65세 이후부터 개시되는 것으로 계산하여야 한다고 해석한다.[296] 행정해석은 연금개시연령이 67세 이상이어야 한다는 입장이다.[297]

연금개시연령이 되기 전에 법인을 퇴직하는 경우 연금청구권을 비례적으로 감액하여야 한다. 그렇게 하지 않으면 연금확약 전체가 제3자 간 거래조건에 부합하지 않는 것으로 취급될 것이다.[298]

(라) 가득성(Erdienbarkeit)

연금확약은 주주의 근로능력에 의하여 가득될 수 있어야 한다. 기본적 발상은 제3자에게는 그 제3자가 공급한 노동급부와 비교하여 적절하지 않은 확약을 하지 않았으리라는 점에 있다. 가득성의 본질적인 기준은 연금확약 시점에서의 이사의 나이와 근로제공의 기간이다(가득기간).[299] 임원이 확약을 한 시점에서 60세를 초과하였다면 연금의 가득성에 관하여는 소극적으로 추정을 한다.[300]

소급효금지(추가지급금지)에 위반하지 않기 위하여 지배사원과의 연금확약은 재직기간 중에 합의되어야 한다. 그렇게 함으로써 합의 이후 잔여 기대 재직기간 동안 부조금액을 가득할 수 있다.[301]

판례에 따르면 비지배사원은 그 자가 연금개시시점에 해당 법인에 12년 이상 속해 있었다면 연금확약 후 3년이 경과하더라도 연금을 가득할 수 있다.[302] 연금확약 시에 지배·비지배사원 겸 이사가 60세를 이상이라면 연금충당금 적립은 회사관계에 의해 촉발된 것이므로 언제나 숨은 이익처분에 해당하게 된다. 연금은 더 이상 가득될 수 없기 때문이다. 가득기간이 10년 이상인 경우에도 동일하다. 즉, 연금확약을 62세에 체결하였고 75세까지 근무하는 경우에도 마찬가지이다. 경험칙상 60세가 넘어가면 근무가능한 기간은 제한되고 특히 조기연금청구의 가능성이 예측하기 어려운 수준으로 증가하기 때문이다.[303]

이와 같은 가득기간에 미치지 못하는 경우 연금충당금 전입액은 숨은 이익처분으로 과세

---

295) BFH v. 11. 9. 2013, BStBl II 2016, 1008; BFH v. 26. 11. 2014, BFH/NV 2015, 500.

296) BFH v. 23. 1. 1991, BStBl. II 1991, 379.

297) BMF v. 9. 12. 2016, BStBl. I 2016, 1427, Rn. 9.

298) Hessisches FG v. 27. 3. 1998, GmbHR 1999, 724.

299) *Jäger/Lang/Raible/Ott*, 앞의 책, S. 292.

300) BFH v. 23. 7. 2003, BStBl. II 2003, 926.

301) *Jäger/Lang/Raible/Ott*, 앞의 책, S. 292.

302) BFH v. 24. 1. 1996, BStBl. II 1997, 440.

303) BFH v. 20. 5. 1992, BFH/NV 1993, 52; BFH v. 10. 3. 1993, BFH/NV 1994, 827; BFH v. 5. 4. 1995, BStBl. II 1995, 478.

된다. 그러나 독일연방재정법원은 사후적으로 근로제공기간을 연장함으로써 가득기간을 조정하는 것도 인정한다.[304] 그 시점 이후의 연금충당금 전입액은 숨은 이익처분에서 제외된다.

(마) 비상실성(Unverfallbarkeit)

주주 겸 이사가 이사의 지위를 조기에 잃는 경우, 그럼에도 불구하고 부여받은 연금확약에 따른 권리를 갖게 되는지 여부가 문제될 수 있다. 예를 들어 2005년 주주 겸 이사인 A에게 67세부터 개시되는 연금확약이 부여되었으며 그 당시 A는 51세였다고 가정한다. 계약에 따르면 A가 법인을 조기퇴진할 때 계약 당시에 예정하였던 근무기간(16년)을 기준으로 비례적으로 연금을 지급받는다. A는 2007년 법인 지분을 매도하고 이사직에서 사임하였다. 「기업의 노후부조의 개선에 관한 법률(Gesetz zur Verbesserung der betrieblichen Altersversorgung): BetrAVG」 제1b조 제1항에 따른 최소근무기간은 충족되지 않았지만 비례적으로 연금을 지급받을 수 있다. 따라서 A는 67세가 끝나는 시점에 당초 합의한 연금의 2/16을 지급받는다. 만일 위와 같은 경우에도 A가 연금 전액을 지급받기로 계약하였다면 연금충당금 적립액(독일소득세법 제6a조)이 연금 일시금 전액을 초과하는 범위에서 숨은 이익처분이 존재한다.

(3) 독일소득세법 제6a조의 요건

독일소득세법 제6a조가 주주 겸 이사 및 그 특수관계인(예, 배우자)을 위한 연금확약 및 연금충당금(Pensionsrückstellung)에 관하여 적용된다.[305] 독일소득세법 제6a조의 요건을 충족하지 못하면 연금확약에 관하여 설정한 연금충당금을 환입하여야 한다.[306] 위 요건은 구체적으로 다음과 같다.

① 과도한 부조(Überversorgung)가 아니어야 한다. 이 요건은 과도한 부조기대권(Versorgungsanwartschaft)을 통해 법인의 미래 소득성장을 선취할 수 없도록 하기 위한 것이다. 과도한 부조의 판단 기준은 독일연방재정법원 판결들과 연방재무부의 훈령[307]으로 정립되어 있다. 독일연방재정법원 판결들에 따르면 고정금액확정의 경

---

304) BFH v. 19. 5. 1998, BStBl. II 1998, 689. 위 사안에서는 지배주주 겸 이사가 59세에 연금개시시점을 65세로 하여 연금확약을 하였으나 3년 후에 이를 70세로 연장하기로 진지하게 합의를 변경하였다.
305) 독일법인세통칙 R. 8.7 제3문 이하.
306) 독일법인세통칙 R. 8.7 제3문; *Jäger/Lang/Raible/Ott*, 앞의 책, S. 286; *Kohlhepp*, Verdeckte Gewinnausschüttung, Rn. 47.
307) BMF v. 3. 11. 2004, BStBl. I 2004, 1045. 과도한 부조는 독일소득세법 제6a조의 해석상 순수하게 세무재무상태표의 문제이므로 위 훈령은 사원 겸 이사에 대한 연금확약 및 그에 관한 숨은 이익처분의 문제에 관하여 직접적인 입장은 밝히고 있지 않다. *Jäger/Lang/Raible/Ott*, 앞의 책, S. 286~287.

우 부조기대권과 법정연금보험에서의 연금기대권을 더한 금액이 재무상태표기준일 현재 관련 차변항목의 75%를 초과하여서는 안 된다.[308] 판례에 따르면 보수 없이 연금만 지급하는 형태의 연금확약(이를 'Nur－Pension'이라고 한다)에 관하여는 원칙적으로 연금충당금을 설정할 수 없다.[309] 적정성 평가 결과 총인건비가 과다한 것으로 판단되는 경우 법인 및 주주의 소득을 계산할 때 인건비를 적정한 금액으로 감액하고 부인되는 차액 상당액은 숨은 이익처분으로 처리한다. 연금확약이 과다하여 감액될 경우 독일법인세법 제8조 제3항 제2문에 따라 법인의 과세소득을 증가시켜야 한다. 하지만 법인으로부터의 유출과 주주로의 유입이 없으므로 주주에 대하여는 과세할 수 없다.[310]

② 연금확약은 서면으로 작성되어야 한다.[311] 연금확약은 유형, 형식, 요건, 금액에 관하여 분명한 정보를 담고 있어야 한다.[312]

서면이 정해진 금액에 관한 구속력 있는 확약을 포함한 것인지에 관한 입증책임은 납세의무자가 부담한다.[313]

③ 원칙적으로 연금확약은 연금기대권(Pensionsanwartschaft) 또는 연금급부가 감소되거나 소멸할 수 있다는 유보를 포함하지 않아야 한다(철회불가능).[314]

④ 연금급부는 미래의 이익결부금액(예를 들어 이익상여금)에 결부되어서는 안 된다.[315]

⑤ 연금충당금을 연금부채의 부분가액(Teilwert)으로 평가할 경우 적정성을 유지하고 증액의 한도를 준수하여야 한다.[316]

(4) 지배주주에 대한 특별요건

판례는 지배주주의 경우에는 보다 긴 기간 동안의 가득성(Erdienbarkeit)을 요구한다.[317]

---

308) BFH v. 20. 12. 2016, BStBl. II 2017, 678; BFH v. 27. 3. 2012, BStBl. II 2012, 665; BFH v. 20. 12. 2006, BFH/NV 2007, 1350; BFH v. 15. 9. 2004, BStBl. II 2005, 176; BFH v. 31. 3. 2004, BStBl II 2004, 940; BFH v. 17. 5. 1995, BStBl. II 1996, 423.

309) BFH v. 9. 11. 2005, DB 2006, 20.

310) 이미 지급된 인건비 부분은 주주 단계에서 추가적인 부담을 발생시킨다. 만일 주주가 수취한 금액 중 적정하지 않은 부분이 감액된다면 사원은 근로소득 대신 자본소득을 인식하여야 한다. 그 경우 25%의 원천비례세율이 적용된다. 이상, *Jäger/Lang/Raible/Ott*, 앞의 책, S. 301.

311) 독일소득세법 제6a조 제1항 제3호.

312) BMF v. 28. 8. 2001, BStBl. I 2001, 594.

313) BFH v. 22. 10. 2003, BStBl. II 2004, 121.

314) 독일소득세법 제6a조 제1항 제2호. 일반적 법원칙에 따르면 정당한 고려하에서만 그런 유보가 허용될 수 있다[독일소득세통칙 R 6 a (4)～(6)의 예].

315) *Kohlhepp*, Verdeckte Gewinnausschüttung, Rn. 47.

316) 독일소득세법 제6a조 제3항, 제4항.

317) 독일법인세집행기준 H 8.7 Erdienbarkeit; *Jäger/Lang/Raible/Ott*, 앞의 책, S. 279, 292.

판례에 따르면 지배주주 겸 이사와의 연금확약에 따른 연금충당금이 손금산입되려면 이사는 연금확약 시에 60세 미만이어야 하고 가득기간은 확약의 승낙시점으로부터 10년 이후이어야 한다.[318] 또한 소급효금지를 준수하여야 하고[319] 합의의 내용은 명확·일의적이어서 실제로 합의된 바대로 이행할 수 있어야 한다.

(5) 세무재무상태표 외에서의 조정

연금충당금이 독일소득세법 제6a조의 요건을 충족하지 못할 경우 세무재무상태표상으로는 계상될 수 없다. 적립된 연금충당금이 전부 또는 일부 숨은 이익처분에 해당할 경우(독일법인세법 제8조 제3항 제2문), 그 조정은 세무재무상태표 외에서 행해져야 한다.[320] 그 이외에 숨은 이익처분에 해당하는 연금충당금 적립의 세무상 효과에 관하여는 2002. 5. 28. 자 연방재무부 훈령[321]이 규정하고 있다.[322]

(6) 적극보수(Aktivgehalt) 외의 연금지급

독일연방재정법원의 판례에 따르면 퇴직연금 개시 이후에도 계속 근무하는 주주 겸 이사에게 연금을 지급하면 숨은 이익처분에 해당한다.[323] 이러한 취급은 주주 겸 이사가 계속 근무하는 사유를 불문한다. 독일연방재정법원의 판례는 당기의 인건비를 연금에서 공제하여야 한다는 입장이다. 연금에서 인건비를 공제하지 않으면 연금지급액은 숨은 이익처분으로 취급되어야 한다.[324]

독일연방재정법원의 판례에 따르면 선량한 관리주의의무를 지는 이사는 숨은 이익처분을 회피하려면 퇴직연금 개시 이후에 받는 근로소득을 연금급부에서 공제하거나 합의된 연금개시시점을 그 수익자가 이사로의 직무를 종국적으로 그만둘 때까지 연기하여야 한다.

---

318) BFH v. 21. 12. 1994, BStBl. II 1995, 419.

319) 즉, 합의 이전에 연금충당금에 전입하여서는 안 된다. 판례에 따르면 지배주주 겸 이사에 대하여 10년의 가득기간을 계산할 때 연금확약 전의 근무기간은 고려하지 않는다. BFH v. 25. 5. 1988, BFN/NV 1989, 195. 연금금액을 물가상승률에 따라서 조정하는 것은 법인이 지분이 없는 근로자의 연금도 동일하게 조정하거나 부조확약(Versorgungszusage)에 이른바 가치유지조항이 포함되어 있다면 세법상으로 허용된다. BFH v. 6. 4. 1979, BStBl II 1979, 687; BFH v. 28. 4. 1982, BStBl II 1982, 612. 가치유지조항이 없다면 법인의 지분이 없는 근로자의 연금이 물가상승률에 따라서 조정되는 경우에만 숨은 이익처분에 해당하지 않는다. BFH v. 27. 7. 1988, BStBl II 1989, 57.

320) BMF v. 28. 5. 2002, BStBl. I 2002, 603, Rn. 3.

321) BMF v. 28. 5. 2002, BStBl. I 2002, 603, Rn. 3.

322) *Jäger/Lang/Raible/Ott*, 앞의 책, S. 303.

323) BFH v. 5. 3. 2008, BStBl. II 2015, 409; BFH v. 23. 10. 2013, BStBl. II 2015, 413. 판례에 관한 비판은 *Otto*, "Aktuelle Urteile des BFH zu Direktzusagen an beherrschende Gesellschafter-Geschäftsführer", GmbHR 2014, 617, 620.

324) *Jäger/Lang/Raible/Ott*, 앞의 책, S. 304.

그러나 독일연방재정법원은 연금 개시 시점 이후에는 회사와의 근로관계를 종결하고 프리랜서나 수당 지급조건으로 근무하는 것을 용인한다. 물론 이 경우 업무의 성질과 범위가 이사에 상응하는 것이어서는 안 된다.[325]

독일연방재정법원은 숨은 이익처분이 있는 경우의 효과로 당기 연금지급금액을 모두 독일법인세법 제8조 제3항 제2문의 숨은 이익처분으로 하여 재무상태표 외에서 가산하여야 한다는 입장이다.

(7) 연금확약에 따른 보상

물적회사의 지분이 양도되면 지분의 양수인은 지분과 함께 법인의 기존 사원 겸 이사를 위한 연금의무를 양수하기를 꺼리는 것이 일반적이다. 즉, 지분의 잠재적 양수인은 이른바 '장수가능성위험(Langlebigkeitsrisiki)'을 감내하고자 하지 않는다. 따라서 지분의 양도인은 일반적으로 지분을 양도하기 전에 연금의무를 제거한다. 과거 독일의 과세관청은 경제적 이유가 있다면 기존 연금확약을 기대가치(Anwartschaftsbarwert)로 평가하여 보상하는 것을 허용하였다. 여기서의 경제적 이유에 해당하는 것은 예정된 지분의 매도, 청산, 조직재편 등이 있다.[326] 연금확약 당시에 보상을 예정하고 있었을 필요는 없다. 보험수리적 예상가액을 지출하기 전에 보상에 관하여 합의하는 것으로 충분하였다. 사원 겸 이사의 입장에서 보상금은 근로소득으로 과세된다.[327] 그러나 독일연방재정법원은 위와 같은 과세실무를 번복하여 사원 겸 이사가 적극적 근로제공기간 중에 연금보상을 지급받으면 숨은 이익처분으로 취급하였다.[328]

(8) 대체적 기업 노후부조

독일소득세법 제6a조에 따른 고전적인 직접부조(Direktzusage) 이외에 다양한 대체적 방식의 노후부조(공제기금, 연금기금)가 가능하다. 이와 관련하여 직접부조에 관하여 발전하여 온 독일연방재정법원의 숨은 이익처분 판정기준이 어떤 범위에서 대체적 노후부조에 적용될 수 있을 것인지 문제가 된다. 독일연방재정법원은 2016. 7. 20. 판결[329]과 2018. 3. 7. 판결[330]에서 자신의 입장을 밝혔다. 두 판결 모두 공제기금에 관한 노후부조를 다룬 것이

---

325) *Gosch*, Entscheidungen des Bundesfinanzhofs für die Praxis der Steuerberatung 2008, S. 312.
326) *Jäger/Lang/Raible/Ott*, 앞의 책, S. 305~306.
327) FG Mnster v. 23. 3. 2009, EFG 2009 S. 1779도 같은 취지. 다년간의 근로소득에 해당하여 독일소득세법 제34조 제1항에 따른 특례(이른바 '제5방법')가 적용되어 유리하게 과세된다.
328) BFH v. 11. 9.2013, BStBl. II 2014, 729; BFH v. 23. 10. 2013, BStBl. II 2014, 726.
329) BFH v. 20. 7. 2016, BStBl. II 2017, 66.
330) BFH v. 7. 3. 2018, BStBl. II 2019, 70.

다. 독일연방재정법원은 두 판결에서 독일소득세법 제4d조에 의해 요구되는 '영업상 사유'를 근거로 직접부조에 관한 숨은 이익처분의 판정기준(가득성이 다투어졌다)이 이 경우들에도 원용될 수 있다고 판단하였다. 나아가 독일연방재정법원은 노후부조가 보수의 변형으로서 부여된 것이라면 가득기간이 필요하지 않다고 보았다.[331]

라. 경업금지 및 사업기회이론

주주가 법인의 영업 이외에 자신의 계산으로 거래활동을 하는 경우(경업금지) 숨은 이익처분이 인정되는지 여부에 관하여 다툼이 있다. 독일연방재정법원은 억제된 재산증가의 적용사례로서 경업금지와 사업기회이론을 발전시켰다.

(1) 경업금지(Wettbewerbsverbot)

독일연방재정법원은 주주가 법인과 함께 또는 법인을 대신하여 영업활동을 하더라도 원칙적으로 세법상으로는 문제되지 않는다고 한다.[332] 판례에 따르면 법인이 주주의 활동에 관하여 민법상 손해배상청구권을 갖고 있지만 주주를 상대로 그 권리를 주장하지 않고 있는 경우에 한하여 숨은 이익처분이 인정된다.[333]

(2) 사업기회이론(Geschäftschancenlehre)

판례가 발전시킨 사업기회이론에 따르면 주주가 법인의 사업기회를 이용하고 법인이 제3자에 대한 관계였다면 그에 관하여 대가를 요구하였을 경우에는 억제된 재산증가가 인정되어 숨은 이익처분이 인정된다. 이는 법정 또는 약정의 경업금지규정이 존재하는지 여부와는 무관하다. 법인이 자신에게 제공된 사업기회를 이용하였을 것인지 여부(예컨대, 그 사업기회의 위험성 판단)는 선관주의 의무를 준수하는 이사를 기준으로 판단하여야 한다.[334]

판례에서 문제된 사례를 보자. 甲 유한회사는 재정 및 경제자문과 재산관리를 영위하는 법인이다. A는 甲 유한회사의 1인 사원 겸 이사이다. 甲 유한회사와 A 간에 체결된 경영계약에서 A는 甲 유한회사의 이익에 영향을 미치지 않는 범위에서 부수적 활동을 영위할 수 있도록 합의하였다. 2003년 A는 乙 합자회사에 대하여 거래중개의 대가로 중개수수료를 청구하였는데 A는 중개에 필요한 정보를 甲 유한회사의 이사 지위에서 얻을 수 있었다.

---

331) *Jäger/Lang/Raible/Ott*, 앞의 책, S. 308.
332) BFH v. 30. 8. 1995, BB 1995, 2513; BFH v. 12. 10. 1995, DB 1996, 507; BFH v. 11. 6. 1996, DB 1996, 2366; BFH v. 13. 11. 1996, DB 1997, 506; BFH v. 18. 12. 1996, DB 1997, 853; BFH v. 24. 3. 1998, BB 1998, 1828. 이 판결들은 원칙적으로 숨은 이익처분의 성립을 긍정하던 기존의 판례를 변경한 것이다.
333) 前註의 판결들.
334) BFH v. 12. 6. 1997, BB 1997, 1829.

위 사안에서 독일연방재정법원은 A가 甲 유한회사의 영업부문에서 활동하고 있으므로 A가 얻은 중개수수료를 숨은 이익처분으로 보았다.[335] 그러나, 이에 대하여는 A가 1인 사원으로서 민사법상 경업금지의무를 지지 않기 때문에 경업금지의무를 위반하는 것이 불가능하고 A와 甲 유한회사 사이에 업무구분을 하지 않은 것을 이유로 숨은 이익처분이 있는 것으로 볼 수는 없다는 반대견해가 있다.[336]

개별 사안에서 구체적인 사업기회가 사원에게 이전되었는지 여부를 판단하기 위하여 다음의 사항들이 고려된다.[337]

① 법인의 영업대상과 주주의 활동 간에 상당한 업종유사성(Branchennähe)이 있는가? 임의의 업무구분은 중요한 고려요소는 아니다.

② 연방재정법원의 판례에 따르면 법인은 어떤 사업기회가 법인의 목적사항에 속하지 않더라도 이를 이용할 수 있다. 다만 그 사업기회는 일회성의 것으로서 위험성이 적은 것이어야 한다.

③ 주주가 이미 존재하는 법인 사업기회를 이용하는 경우, 법인이 그에 앞서 그 사업기회를 알게 되었고 경우에 따라서는 지출을 행하였는지 여부

④ 법인은 그 사업기회를 실제로 이용할 수 있는 충분한 인적, 물적, 조직적 능력을 갖추고 있는지 여부

독일연방재정법원의 판례에 따르면 세무자문 유한회사의 사원이 유한회사와 고객과의 계약은 무상으로 체결하면서 개인사업자의 지위에서 별도로 자문업무를 계속하는 경우,[338] 종합건설 유한회사(Generalübernehmer - GmbH)가 토지와 건축허가를 갖고 있음에도 실제 건축업무는 자매회사가 하도록 한 경우에 숨은 이익처분이 있는 것으로 본다.[339] 반면 사원에게 하도급을 주는 것은 그 자체만으로는 사업기회의 이전이라고 평가할 수 없다. 오히려 법인이 스스로의 인적·물적 자원을 이용하여 사업기회를 이용할 것인지 아니면 주주에게 하도급을 줄 것인지를 결정하는 것은 경영판단의 영역에 속한다고 할 수 있다. 법인은 일반적인 하도급업자가 받을 수 있는 통상적인 대가를 지급할 수 있다.[340]

이 이론에 관하여는 법인세를 당위소득과세(Sollertragsteuer)로 만들 위험이 있다는 비판이 따른다.[341] 추상적인 차원에서 사업기회는 법인과 주주 간에 배분될 수 없고 오히려

---

335) BFH v. 11. 6. 1996, GmbHR 1996, 942.
336) *Jäger/Lang/Raible/Ott*, 앞의 책, S. 311.
337) *Jäger/Lang/Raible/Ott*, 앞의 책, S. 311.
338) BFH v. 9. 7. 2003, GmbHR 2003, 1019; BFH v. 18. 3. 2004, GmbHR 2004, 918.
339) BFH v. 7. 8. 2002, GmbHR 2003, 183.
340) BFH v. 9. 7. 2003, GmbHR 2003, 1497.

일반적인 귀속기준에 따라 누가 소득을 발생시킨 것인지를 결정하여야 한다는 것이다. 이 때 소득이 법인에게 귀속될 수 있으려면 사업기회가 이미 법적으로 구체화되어 있어야 한 다.[342]

마. 주주에 대한 금전소비대차(Darlehensverträge)

(1) 원칙

주주와 주주 간의 금전소비대차 및 그 밖의 신용공여계약은 일반적으로 세무상 인정된 다. 다만 다음과 같은 경우에는 숨은 이익처분이 문제될 수 있다.[343]

① 법인과 주주 간의 금전소비대차 계약의 이자율이 비합리적으로 낮은 경우
② 금전소비대차 계약으로 인정할 수 없는 계약
③ 정상적인 금전소비대차 계약으로 체결되었으나 주주가 그 변제 의무를 이행하지 않는 경우

(2) 부적정한 이자율 적용

물적회사가 그 주주에게 금전을 대여하여 주면서 이자를 받지 않거나 낮은 이자율을 적 용하는 경우 숨은 이익처분에 해당한다. 실제 거래에서 적용된 이자율과 통상적인 이자율 의 차액이 숨은 이익처분이다. 그 금액만큼 법인의 당기순이익(Bilanzgewinn)이 증액되어 야 한다. 주주의 경우 그 차액만큼이 금전적 이익이고 따라서 과세소득으로 처리되어야 한 다. 소비이론(Verbrauchstheorie)[344]을 적용하면 법인은 차용자로부터 통상적인 이자율에 따른 이자를 수취한 후에 그 차액만큼을 배당으로 지급하였다고 볼 수 있다. 반면에 주주가 법인에 지급한 이자는 그 법적 성격에 따라 주주의 손금이나 필요경비로 인정될 수 있는지 여부가 결정된다.[345]

지배주주의 경우 사전에 명확하고 일의적인 이자약정이 체결되어야 한다. 법정이자채권 에 관하여도 마찬가지이다.[346]

원칙적으로 비사원과 사이에 비교가능한 금전대여 시에 합의가 될 이자율이 적정한 이자

---

341) *Schön*, "Die Verdeckte Gewinnausschüttung~eine Bestandsaufnahme", Festgabe für Werner Flume zum 90. Geburtstag, 1998, 268ff.; *Knobbe-Keuk*, Bilanz- und Unternehmenssteuerrecht, 9. Aufl., 1993, S. 656.
342) *Tipke/Lang*, 앞의 책, Rn. 11.86.
343) *Jäger/Lang/Raible/Ott*, 앞의 책, S. 314.
344) *Jäger/Lang/Raible/Ott*, 앞의 책, S. 244~245.
345) BFH v. 25. 9. 1970, BStBl. II 1971, 53.
346) BFH v. 2. 3. 1988, BStBl. II 1988, 590.

율이다. 일반적으로 적용될 수 있는 특정한 평균이자율을 제시하는 것은 불가능하다. 금전소비대차에 관한 이자율의 범위는 매우 다양하다. 이자율은 단순히 수요와 공급에 의해 정해지는 것이 아니라 기간, 변제조건, 금액, 변제가능성, 거래의 목적 등에 좌우된다. 금전소비대차계약이 체결될 당시에 변동이자율이 관행적이었는지 여부를 고려하여야 한다. 일반적인 부수적 용역(수수료 등)도 적정이자율 계산 시에 고려되어야 한다. 적정성은 각각의 사례마다 구체적인 상황을 고려하여 판단한다.[347]

독일연방재정법원 1990. 2. 28. 판결[348]은 법인이 재원을 직접 대여받아서 주주에게 무이자부 금전대차를 행한 경우 그 숨은 이익처분 금액은 법인이 재원을 직접 대여받을 때 부담한 이자비용 상당액이라고 한다. 법인이 재원을 직접 대여받지 않는 경우 통상의 예금이자가 억제된 재산증가액 하한선이고 통상의 대출이자가 억제된 재산증가액의 상한선에 해당한다. 개별 사례에서의 적정한 금액은 위에서 본 범위 내에서 평가를 통해서 결정되어야 하는데 그 과정에서 대여자가 변제를 받지 못하게 될 위험성을 고려하여야 한다.[349]

만일 법인이 대여금의 재원을 마련하기 위하여 수익성이 높은 투자나 공동사업 참여를 중단하였다면, 그로 인하여 기대가능하였던 자본이익(Kapitalerträgen)을 억제된 재산증가액으로 평가하여야 한다. 그에 상응하여 주주에게 재산증가가 없었다는 사실은 법인의 숨은 이익처분과 관련하여서는 고려사항이 아니다.[350]

저율의 이자 또는 무이자로 인한 이익이 사원의 특수관계인(nahestehende Person)에게 귀속될 경우에도 세법상으로는 주주에게 귀속된 것으로 본다. 이 경우 주주는 저리로 대출을 받아서 같은 저리로 특수관계인에게 대여하여 준 것으로 본다.[351]

주주 겸 이사에게 유리한 조건으로 금전소비대차를 한 경우 상황에 따라서는 그 금전소비대차가 근로관계에 기한 것일 수 있다. 이 경우에는 그 이자절감액에 관하여 근로소득세가 과세되어야 한다.[352] 소비대차가 근로관계에 기한 것이라는 점에 관한 입증책임은 주주 겸 이사에게 있다.[353]

반대로 주주가 법인에게 금전을 대여하면서 적정한 시중 금리를 초과하는 이자를 받은 경우 그 초과액의 범위에서 숨은 이익처분이 있게 된다. 세법상으로는 주주가 법인에 무이

---

347) *Jäger/Lang/Raible/Ott*, 앞의 책, S. 315.
348) BFH v. 28. 2. 1990, BStBl. II 1990, 649.
349) *Jäger/Lang/Raible/Ott*, 앞의 책, S. 316.
350) BFH v. 22. 2. 1989, BStBl. II 1989, 475.
351) *Jäger/Lang/Raible/Ott*, 앞의 책, S. 316. 자매회사 간의 금전대여에 관하여는 *Jäger/Lang/Raible/Ott*, 앞의 책, Rn. 3.6.10.4, 3.6.12.12 참조.
352) BMF v. 13. 6. 2007, BStBl. I 2007, 502; *Jäger/Lang/Raible/Ott*, 앞의 책, S. 316.
353) *Jäger/Lang/Raible/Ott*, 앞의 책, S. 316.

자 또는 저리로 금전을 대여하여도 문제되지 않는다. 주주가 반드시 재산을 소득이 발생하는 방식으로 투자를 하여야 하는 것은 아니기 때문이다. 독일연방재정법원은 이 경우 사원의 숨은 출자에 해당하지 않는다고 한다.[354]

(3) 법인의 주주에 대한 금전대여

법인이 주주에게 금전을 대여한 경우 다음의 각 사유가 있다면 그 대여금 전액에 관하여 숨은 이익처분이 성립할 수 있다.

① 변제가 없거나 비정상적으로 긴 대여기간으로 합의한 경우
② 대여 시에 변제가 불가능하다는 사실이 예상되는 경우[355]
③ 정황상 당초부터 변제할 의도가 없다는 사실이 추론되는 경우
④ 당기순이익과 준비금이 존재함에도 이익배당이 없고 오히려 주주에게 금전을 대여하여 주었으며 그 변제가 확실하지 않은 경우[356]
⑤ 금전대여가 동일한 조건으로 제3자에게 행해지지 않았을 것으로 판단되고 금전대여를 행한 것이 주주의 물적회사에 대한 밀접한 관계에 의하여만 설명될 수 있는 경우[357]

이자합의가 결여되었다는 사실만으로 금전대여를 부인할 수는 없다. 독일연방재정법원 1997. 10. 29. 판결[358]은 물적회사와 그 지배주주 간에 변제기에 관한 합의가 결여된 불완전한 금전대여계약이 체결된 경우에도 추가출자로 선해(善解)할 수는 없다고 판단하였다. 변제기에 관한 합의가 없다면 독일민법 제609조가 적용되어야 한다.[359]

법인이 주주의 조세나 개인적 부채를 변제하여 주고 그 금액을 주주에 대한 채권으로 계상하는 경우가 적지 않은데 독일연방재정법원은 결제계정(Verrechnungskonten)을 통한 청산을 숨은 이익처분이 아니라 신용공여로 본다.[360]

금전대여를 숨은 이익처분으로 규율하는 경우 그 세법상 효과는 지출한 사업연도에 귀속한다. 이 경우 금전대여계약 전체가 숨은 이익처분에 해당하게 된다.[361] 금전대여로 인한 지출(현금계정에 대여금채권으로 계상)은 법인의 이익에는 영향을 미치지 않으므로 숨은

---

354) 독일법인세집행기준 H. 8.9 Nutzungsvorteile. 상세는 *Jäger/Lang/Raible/Ott*, 앞의 책, S. 172.
355) BFH v. 20. 10. 2004, BFH/NV 2005, 916; BFH v. 14. 3. 1990, BStBl. II 1990, 795.
356) BFH v. 8. 10. 1985, BStBl. II 1986, 481.
357) BFH v. 16. 9. 1958, BStBl. III 1958, 451.
358) BFH v. 29. 10. 1997, BStBl. II 1998, 573.
359) *Jäger/Lang/Raible/Ott*, 앞의 책, S. 317.
360) BFH v. 23. 6. 1981, BStBl. II 1982, 245; BFH v. 8. 10. 1985, BStBl 1986 II S. 481.
361) *Jäger/Lang/Raible/Ott*, 앞의 책, S. 317.

이익처분만큼 소득을 가산하여야 할 필요는 없다.

대여금채권은 일반적으로 손상되므로 상법상으로는 부분상각(Teilwertabschreibung)을 해야 한다. 세법상으로도 부분상각의 조건이 충족된다. 대체로 가치의 영구적 손상이 인정되기 때문이다. 그러나 2009년 이후 부분상각은 더 이상 강제되지 않는다.[362] 나아가 독일 법인세법 제8조 제3항 제2문으로 인하여 재무상태표 외에서 부분상각액만큼 다시 소득을 가산하여야 하므로 결과적으로 부분상각은 손익중립적이다. 금전대여를 받은 사원의 경우 수취한 숨은 이익처분액은 자본재산으로부터의 수입으로서 과세된다(즉, 25%의 비례원천징수세가 적용된다). 세법상으로 인정될 수 없는 금전대여금에 대한 변제 및 이자의 지급은 숨은 출자로 처리된다.[363]

(4) 주주의 법인에 대한 금전대여

이론적으로 주주가 법인에 대하여 금전을 대여한 경우 법인의 관점에서 모든 사정을 고려하더라도 대여금을 부채로 보기 어렵고 지분(숨은 자본금 verdecktes Nennkapital)으로 보아야 하는 경우에는 금전소비대차계약이 인정될 수 없다.[364]

그러나 실무상 독일연방재정법원은 원칙적으로 사원이 법인에 자본을 제공할 때 부채와 자본 중에서 선택할 자유가 있다고 보기 때문에 대여금을 숨은 자본금으로 재구성하는 것은 실질적으로 불가능하다.[365] 독일연방재정법원은 자본을 대체하는 대여금도 숨은 자본금으로 보지 않는다.[366] 연방재무부도 같은 입장이다.[367] 그러나 이미 대여금을 지출할 당시에 법인이 변제하는 것이 불가능하고 따라서 그 돈은 실질적으로 돌려받기 어려운 청산교부금(Sanierungszuschuss)에 해당한다면 다르게 볼 여지가 있다.[368]

만일 금전소비대차가 인정되어야 하고 따라서 부채로 평가된다면 사원에게 지출한 적정한 수준의 이자비용은 손금에 해당하고 숨은 이익처분은 존재하지 않는다.[369]

(5) 사후적인 대여금채권 포기나 대손

법인이 주주에게 진정한 금전소비대차를 하였더라도 사후적으로 회사관계에 기하여 변제받기를 포기한다는 의사가 표명되거나 또는 시간의 경과에 따라 변제의사가 진지한 것이

---

362) BMF v. vom 12. 3. 2010, BStBl. I 2010, 239.
363) *Jäger/Lang/Raible/Ott*, 앞의 책, S. 318.
364) *Jäger/Lang/Raible/Ott*, 앞의 책, S. 318.
365) BFH v. 13. 1. 1959, BStBl. II 1959, 197; BFH v. 28. 10. 1964, BStBl. II 1965, 119.
366) BFH v. 10. 12. 1975, BStBl. II 1976, 226; BFH v. 14. 8. 1991, BStBl. II 1991, 935.
367) BMF v. 16. 9. 1992, BStBl. I 1992, 653.
368) BFH v. 17. 12. 2014, DB 2015, 465.
369) *Jäger/Lang/Raible/Ott*, 앞의 책, S. 318.

아니었다는 사실이 인식되는 경우에는 숨은 이익처분에 해당할 수 있다. 숨은 이익처분은 변제를 받는 것을 포기함으로써 인정되는 것이므로 그 포기를 인정할 수 있는 사업연도에 귀속된다.[370]

이익 또는 준비금을 사원에 대한 대여금의 변제 또는 이자지급을 위하여 사용한 경우 배당에 해당하므로 법인의 이익에는 영향을 주지 않는다.[371]

당초에 세법상 인정된 대여금채권의 상각 또는 가격조정(Wertberichtigung)은 소비대차가 행해졌을 당시 손실의 가능성이 심각하지 않았다면 숨은 이익처분으로 취급되지 않는다. 그러나 그 경우 법인이 적정한 시기 – 특히 대여시점 – 에 대여금채권의 보전을 위하여 적절한 조치를 취하였는지 여부를 검토하여야 한다.[372]

독일법인세법 제8조 제3항 제2문에 따라 소득경정이 행해져야 하는 시점(담보의 결여로 대여금이 가치를 잃은 경우 부분가액상각이 행해진 사업연도)은 법인에 대하여 숨은 이익처분의 유출(독일법인세법 제27조) 및 사원에 대한 귀속이 일어난 시점과 일치하지 않는다.[373]

독일연방재정법원의 입장에 따르면 자산의 유출은 문제가 되는 기업재산의 실질적 또는 법적 귀속이 끝나고 재산감소가 실현될 때 인정되어야 한다. 이것은 채권이 실제로 손상된 경우에만 그렇고, 민사법적으로 존속하는 경우에는 그렇지 않다. 다만 대여금을 교부한 시점에서 변제가 고려되지 않은 경우에는 대여금을 부여한 사업연도에 이미 유출과 귀속이 있다고 본다.[374]

바. 법인과 주주 간의 매매계약

법인과 주주 간의 매수계약은 합의된 가격이 적정한 경우, 즉 통상적인 시가에 따른 것이라면 세법상 인정된다. 주주가 법인에게 재화, 자동차 그 밖의 경제재를 고가로 공급하면 숨은 이익처분에 해당한다. 법인의 경우 – 감가상각을 논외로 하면 – 취득한 경제재는 고가 그대로 계상이 되므로 숨은 이익처분이 있더라도 소득변화는 없다. 취득가액을 감액하여야 하는데 재무상태표 외에서 행해지는 소득의 가산으로 상쇄된다. 그럼에도 불구하고, 그 밖의 숨은 이익처분의 효과는 발생한다. 따라서 법인 단계에서는 세무상 출자계정의 처분(독일법인세법 제27조)이 필요한지 여부를 검토하여야 한다. 주주 단계에서 매매대금 중 고가 부

---

370) *Jäger/Lang/Raible/Ott*, 앞의 책, S. 318.
371) *Jäger/Lang/Raible/Ott*, 앞의 책, S. 319.
372) BFH v. 14. 3. 1990, BStBl. II 1990, 795.
373) BFH v. 14. 7. 2004, BStBl. II 2004, 1010.
374) *Jäger/Lang/Raible/Ott*, 앞의 책, S. 320.

분은 자본소득으로서 과세된다.[375]

법인이 주주에게 특별히 저가로 공급하거나 또는 비정상적인 할인을 해 주거나 그 밖의 이익을 준 경우에는 숨은 이익처분으로 처리한다. 주주에게 부여한 이익은 재무상태표 외에서('außerhalb der Bilanz') 가산되어야 한다.[376]

숨은 이익처분은 비정상적인 가격설정 이외에도 지배주주가 소급효금지에 위반한 경우에도 행해질 수 있다. 시가 초과금액 및 가격상의 이익은 숨은 이익처분으로서 지분이 비사업용 재산이라면 주주의 자본소득에 해당하고 지분이 사업용 재산이라면 지분으로부터의 사업소득에 해당한다. 이 문제는 공급한 경제재가 비사업용 재산에 귀속되는지 혹은 사업용 재산에 귀속되는지의 문제와는 관계가 없다.

법인이 주주로부터 감가상각 경제재를 고가로 매수한 경우 법인은 그 경제재를 제3자와의 일반적 취득가액으로 계상하여야 한다.[377] 실제로 지급한 금액과 일반적 취득가액 간의 차액은 회사관계에서 촉발된 지출에 해당하므로 숨은 이익처분으로 처리한다.[378] 개념적으로 여기서는 즉시의 일부가액상각(Teilwertabschreibung)이 문제된다(체계적으로는 취득가액의 수정이 문제된다). 주주에 대한 유출은 주주가 청구권을 일반적인 이익 및 소득계산 규정에 따라 인식하여야 하는 시점에 일어난다.

사. 법인과 주주 간의 용역계약

주주가 법인에 용역을 시가와 다른 가격으로 공급하거나 공급받은 경우에도 숨은 이익처분이 인정된다.[379] 그 대표적인 예는 임대차(Miet – und Pachtverträge) 계약관계이다. 법인과 주주 간에 체결된 사용임대차계약(독일민법 제535조) 및 용익임대차계약(독일민법 제581조)은 민사법적·세법적으로 원칙적으로 인정된다. 그러나 다음의 각 경우에는 숨은 이익처분이 문제될 수 있다.[380]

(1) 적정성 한계를 준수하지 못한 경우

다음의 두 가지 경우에는 적정성 한계를 준수하지 못한 것이다.

① 법인이 주주에게 지나치게 낮은 임대료를 받고 경제재를 사용임대 또는 용익임대한

---

375) *Jäger/Lang/Raible/Ott*, 앞의 책, S. 320.
376) *Jäger/Lang/Raible/Ott*, 앞의 책, S. 320.
377) BFH v. 13. 3. 1985, BFH/NV 1986, 113; BMF v. 28. 5. 2002, BStBl. I 2002, 603, Rn.42.
378) *Jäger/Lang/Raible/Ott*, 앞의 책, S. 315.
379) *Tipke/Lang*, 앞의 책, Rn. 11.85.
380) *Jäger/Lang/Raible/Ott*, 앞의 책, S. 325.

경우

② 주주가 법인에게 지나치게 높은 임대료를 받고 경제재를 사용임대 또는 용익임대한
경우

(2) 지배주주의 경우 사전에 명확한 사용임대차 또는 용익임대차의 합의가 존재하지 않았음
에도 소급효금지에 위반한 경우

법인이 주주에게 경제재를 사용임대 또는 용익임대한 경우 실제의 차임이 적정한 대가
미만일 경우에 숨은 이익처분이 있는 것으로 본다.[381]

법인이 임대료 수준의 변화가 있었음에도 지배사원을 상대로 임대료를 증액하는 통지를
하지 못한 경우 재산가치에 부합하는 법적 지위를 포기한 것이다. 여기서 사원에 대한 숨은
이익처분이 인정된다.[382]

주주는 소비이론(Verbrauchstheorie)에 입각하여 사용임대차인지 혹은 용익임대차인지
에 따라 숨은 이익처분 상당액(적정한 임대료와 실제의 저가 임대료의 차액)의 간주 임대
료를 고려하여야 한다.[383]

주주가 법인에게 경제재를 부적절하게 높은 가격에 임대한 경우에는 그 임대료가 적절한
한계 이상이라면 숨은 이익처분이 인정된다. 주주는 임대차수입금액을 이미 수입으로 계상
하였기 때문에 숨은 이익처분이 확인되더라도 소득의 분류가 바뀌는 것에 그친다(임대차
로부터의 수입이 아닌 자본재산으로부터의 수입).[384]

소급효금지 원칙에 위반된 경우 분명한 사전의 임대차합의가 존재하지 않는다면 지배주
주가 법인에게 임대를 한 경우 숨은 이익처분이 있게 된다.[385]

아. 주주를 위한 채무인수

물적회사가 주주를 위하여 주주의 채무를 인수하는 경우에도 숨은 이익처분이 인정된다.
특히 법인이 주주의 채무를 실질적으로 이행하는 경우도 이에 해당할 수 있다(이행인수).[386]

법인이 사원의 채무를 인수(독일민법 제414조)하면 인수한 채무는 법인의 재무상태표에 부
채로 계상된다. 법적으로 유효한 채무인수는 세무재무상태표에 반영되어야 하고 승인되어
야 한다.[387] 그러나 그 채무인수는 숨은 이익처분에 해당하므로 법인의 과세소득을 줄일

---

381) *Jäger/Lang/Raible/Ott*, 앞의 책, S. 325.
382) BFH v. 7. 12. 1988, BStBl. II 1989, 248.
383) *Jäger/Lang/Raible/Ott*, 앞의 책, S. 325.
384) *Jäger/Lang/Raible/Ott*, 앞의 책, S. 326.
385) *Jäger/Lang/Raible/Ott*, 앞의 책, S. 326.
386) *Jäger/Lang/Raible/Ott*, 앞의 책, S. 328.

수 없고 사원의 소득은 증가시킨다. 인수한 채무에 관한 이자는 숨은 이익처분은 아니고 법인의 손금으로 처리한다.[388] 사원을 위한 이행인수의 경우에도 채무인수와 마찬가지로 숨은 이익처분으로 처리한다. 사원을 위한 병존적 채무인수와 연대보증(selbstschuldnerischen Bürgschaft)의 인수는 다르게 평가되어야 한다. 적법한 병존적 채무인수에 의하여 채권자는 두 채무자(사원 또는 법인) 중 누구를 상대로 하여서건 급부 전부를 청구할 수 있다. 만일 법인이 채무를 이행하면 채권자의 채권은 법인에게 이전된다. 인수한 채무를 대변에 계상하는 것은 사원에 대한 채권을 차변에 계상하는 것에 대응한다.[389]

연대보증채무의 경우에도 동일하다. 따라서 법인이 주주를 위하여 병존적 채무인수와 연대보증을 하는 것은 법인의 세무재무상태표에 계상될 수 없다. 법인이 병존적 채무인수와 연대보증에 따라 실제로 이행을 하는 것은 경우에 따라서 이행인수로서 숨은 이익처분에 해당할 수 있다.[390] 위험을 인수하면서 보증수수료(Bürgschaftsprovision)를 포기하는 행위도 숨은 이익처분에 해당할 수 있다.[391]

일단 숨은 이익처분이 있은 후에는 반환청구권을 계상하더라도 숨은 이익처분을 번복할 수는 없다.[392] 그러나 독일연방재정법원은 법인의 과세소득이 인수한 채무에 관한 발생이자만큼 감소하지 않았기 때문에 숨은 이익처분은 완료되지 않는다는 입장이다.[393] 법인이 사원에게 채무인수를 통하여 용역 등을 제공하고 그 신용제공의 변제가 채무법적으로 합의되면 변제청구권은 회사법적 관계에서 촉발된 것이라고 할 수 없다. 신용제공의 변제가 진정한 의사에 기한 것이라면 이 점은 언제나 유효하다. 그러나 법인이 책임위험을 인수한 데 대하여 적정한 대가를 지급받지 않는다면 그 범위에서는 숨은 이익처분이 있다.[394]

자. 법인 간에 체결된 그 밖의 계약 등

법인에 이익이 발생하지 않는 상태에서 주주에게 용역을 무상으로 혹은 현저히 저가로 제공하기 위하여 계속 운영된다면 숨은 이익처분이 있는 것으로 보아야 한다. 숨은 이익처분의 금액을 결정하기 위하여 선관주의의무를 준수하는 이사라면 제3자에게 동일한 용역을 제공하였을 때 반대급부로 얼마를 요구하였을 것인지를 검토해 보아야 한다.[395] 법인이

---

387) *Jäger/Lang/Raible/Ott*, 앞의 책, S. 328.
388) *Jäger/Lang/Raible/Ott*, 앞의 책, S. 328.
389) *Jäger/Lang/Raible/Ott*, 앞의 책, S. 328.
390) BFH v. 19. 3. 1975, BStBl. II 1975, 614.
391) BFH v. 19. 5. 1982, BStBl. II 1982, 631.
392) *Jäger/Lang/Raible/Ott*, 앞의 책, S. 329, 346.
393) BFH v. 26. 2. 1992, BStBl. II 1992, 846.
394) BFH v. 26. 2. 1992, BStBl. II 1992, 846.

주주에게 주주총회 참석 경비를 보전해 줄 경우 숨은 이익처분이 있는 것으로 본다.[396]

차. 자매회사 간의 숨은 이익처분과 숨은 출자(삼각관계: Dreiecksfälle)

동일한 주주가 두 회사를 지배할 경우 그 두 회사는 자매회사(Schwestergesellschaft)관계에 있다. 물적회사가 자매회사에게 경제재를 무상 또는 현저한 저가로 양도한 경우 그 물적회사는 적정한 가액과 실제 거래 가액의 차액에 관하여 숨은 이익처분을 한 것으로 본다. 자매회사가 부여받은 이익은 주주에게 귀속된 것으로 보고 숨은 이익처분으로서 과세한다.[397] 그 과정은 주주가 얻은 이익을 다른 자매회사에게 숨은 출자의 형식으로 이전시키는 것으로 볼 수 있다. 주주의 경우 자매회사에 대한 지분이 사업용재산에 속한다면 주식의 장부가액을 출자금액만큼 증액시키고 비사업용재산에 속한다면 그 취득가액을 증액시킨다.[398] 이 원칙은 주주가 비거주자인 경우에도 마찬가지로 적용된다.[399]

예를 들어, 甲 법인은 부동산을 乙 법인에 장부가액인 100,000유로에 매도하였으나 시가는 300,000유로라고 가정한다. 개인 주주 A는 두 법인 모두에 대하여 동일한 지분을 보유하고 있으며 그 지분은 A의 사업용재산에 속한다. 위 거래과정은 세법상 甲 법인이 부동산을 주주 A에게 시가 300,000유로에 매도된 것으로 평가된다. 즉, 주주 A는 시가 300,000유로를 A법인에게 지급한 후에 다시 200,000유로를 숨은 이익처분으로서 돌려받은 것으로 보는 것이다. 甲 법인의 소득은 숨은 이익처분(200,000유로)만큼 증가한다. 주주 A의 경우 甲 법인에 대한 지분이 비례한 숨은 이익처분 금액은 주주의 사업소득을 증가시킨다. 숨은 이익처분은 재무상태표 외에서 독일소득세법 제3조 제40호에 따라 부분적으로(40%) 소득세가 비과세된다. 다시 주주 A는 그 부동산을 乙 법인에 300,000유로에 매도한 것으로 보고 乙 법인으로부터 지급받은 300,000유로 중 200,000유로는 乙 법인에 숨은 출자를 한 것으로 본다. 乙 법인은 그 부동산을 시가인 300,000유로로 계상한다. 주주 A의 경우 200,000유로만큼 증액된 출자된 乙 법인에 관한 지분의 장부가액을 같은 금액만큼 증액시킨다.[400]

Ⅶ. 효과

숨은 이익처분의 세법상 효과는 독일법인세법 제8조 제3항 제2문에 의해 부분적으로만

---

395) BFH v. 3. 7. 1968, BStBl. Ⅱ 1969, 14.
396) BMF v. 26. 11. 1984, BStBl. Ⅰ 1984, 591.
397) BFH v. 6. 4. 1977, BStBl. Ⅱ 1977, 571; BFH v. 28. 1. 1981, BStBl. Ⅱ 1981, 612.
398) *Jäger/Lang/Raible/Ott*, 앞의 책, S. 333.
399) BFH v. 6. 4. 1977, BStBl. Ⅱ 1977, 571; BFH v. 28. 1. 1981, BStBl. Ⅱ 1981, 612.
400) *Jäger/Lang/Raible/Ott*, 앞의 책, S. 334~335.

규정되어 있다. 그 효과는 법인 단계와 주주 단계를 구분하여야 한다.[401]

1. 숨은 이익처분의 범위와 평가

독일법인세법 제8조 제3항에 따른 숨은 이익처분의 금액은 물적회사에 효과가 발생하는, (독일소득세법 제4조 제1항 제1문에 따른 과세소득의 크기에 영향을 주는 범위 내에서) 재산의 감소 또는 재산증가의 억제에 상응하는 금액이다. 숨은 이익처분을 함에 따라 발생하는 비용도 여기에 속한다. 주주에게 귀속된 이익의 크기는 고려하지 않는다.[402]

숨은 이익처분은 금전뿐만 아니라 금전적 가치로 존재할 수 있다. 따라서 유형 및 무형의 경제재(예컨대, 영업권)도 문제될 수 있다. 숨은 이익처분이 순수한 금전지출의 형태가 아니라면 반드시 평가를 하여야 한다. 그러나 독일법인세법에는 숨은 이익처분에 관한 명시적인 평가 규정이 없다. 따라서 평가법(Bewertungsgesetz: BewG) 제9조에 따른 통상가격(gemeiner Wert) 평가에 의하는 것이 원칙이다. 즉, 통상적이고 성실한 경영자가 주주가 아닌 자에게 요구하여 법인이 얻을 수 있었을 수익이 기준이 된다.[403] 통상적이고 성실한 경영자가 비(非) 주주와 거래하였다면 고려하였을 '비통상적이고 사적인 관계'도 고려하여야 한다.[404]

저가양도의 경우 숨은 이익처분의 금액은 실제 합의된 가격과 정상가격의 차액으로 계산한다.[405]

사용대차의 경우 숨은 이익처분은 받을 수 있었던 대가로 평가하고 원가로 평가하지 않는다.[406] 부동산 임대의 경우에는 얻을 수 있는 임대료가 기준이 된다. 계산의 기준은 비교할 만한 시가가 없는 경우 임대료원가(Kostenmiete)가 기준이 된다.[407] 그러나 부동산을 해당 지역의 통상 임대료로 임대하고 있더라도 그 금액이 임대료원가보다 낮은 가격이라면 숨은 이익처분으로 보는 것이 판례이다. 법인이 영리를 추구한다는 점을 고려한다면 회사 관계에서 촉발된 것으로 보아야 할 것이기 때문이다.[408]

독일연방재정법원의 판례에서 문제된 사안을 보자. 甲 법인은 주택을 취득하여 주주 겸 임원 A에게 월 2,000유로(해당 지역 통상 임대료)에 임대하였다. 甲 법인은 리노베이션,

---

401) *Tipke/Lang*, 앞의 책, Rn. 11.88.
402) BFH v. 22. 2. 1989, BStBl. II 1989, 475.
403) 독일법인세집행기준 H 8.6 Hingabe von Wirtschaftsgütern.
404) BFH v. 27. 11. 1974, BStBl. II 1975, 306.
405) BFH v. 17. 10. 2001, DB 2001, 2474.
406) 독일법인세집행기준 H 8.6 Nutzungsüberlassungen.
407) BFH v. 19. 4. 1972, BStBl. II 1972, 594; BFH v. 6. 4. 1977, BStBl. II 1977, 569.
408) BFH v. 22. 12. 2010, BFH/NV 2011, 1019; BFH v. 27. 7. 2016, BStBl. II 2017, 214.

유지비용, 감가상각 등으로 인하여 위 주택에 관하여 매년 3,000유로의 비용을 지출한다. 독일연방재정법원의 판례에 따르면 위 경우 A에 대한 숨은 이익처분이 인정된다. 위 경우 甲 법인이 통상 임대료로 임대를 하고 있다는 점은 의미가 없다. 오히려 통상 임대료를 받고 있음에도 불구하고 甲 법인에 손실이 발생한다는 점이 중요하다. 위 경우 임대료원가방법에 따라 숨은 이익처분 금액을 계산하여야 한다. 즉, 최소한 甲 법인에 발생하는 임대료원가에 이익률을 가산한 금액을 기준으로 하여야 한다.[409] 법인의 숨은 이익처분 금액을 계산할 때 주주가 과세되는 지분소득(Beteiligungsertrag)의 크기는 중요하지 않다. 지분이 사업용 재산에 속하면 통상가액으로 평가하여야 하고 지분이 비사업용재산에 속하면 독일소득세법 제8조 제2항의 평가규정이 적용되는데 그에 따르면 금전이 아닌 수입은 소비되는 장소의 통상적 평균가격으로 평가한다. 예외적으로 그 가격은 통상가격과 다를 수 있다.[410]

2. 법인에 대한 효과

숨은 이익처분은 법인의 소득을 감소시킬 수 없다(독일법인세법 제8조 제3항 제2문). 숨은 이익처분은 자본거래이기 때문이다.[411] 확정된 숨은 이익처분으로 인한 첫 번째 효과는 법인의 과세소득을 숨은 이익처분으로 인해 감소한 과세소득 또는 증가가 억제된 과세소득만큼 증액하는 것이다. 이런 가산은 '세무재무상태표 외에서(außerhalb der Steuerbilanz)' 행해진다. 재무회계법(Bilanzrecht)이나 기준성원칙(Maßgeblichkeit)이 적용되지 않기 때문이다.[412] 세무재무상태표의 조정은 숨은 이익처분으로 인해 법인세, 영업세, 부가가치세가 증가하고 그로 인하여 충당금을 적립하여야 하거나 증액하여야 하는 범위 내에서만 행해진다.

언제 그리고 얼마만큼의 재산이 주주에게 유출되었는지와 관련하여 독일법인세법 제8조 제3항 제2문에 따른 과세소득경정(Einkommenskorrektur)은 아무런 역할을 하지 못한다. 가산할 금액은 법인에 대하여 발생한 재산감소 또는 억제된 재산증가의 크기에 의해 정해진다. 법인에 대하여 발생한 재산감소 또는 재산증가의 억제는 법인의 당기순이익을 감소시키기 때문이다.[413] 회사관계에서 촉발된 재산감소 또는 억제된 재산증가가 법인의 당기순이익을 감소시키지 않았다면 과세소득을 증가시키지도 않는다.[414] 물론 세무재무상태표

---

409) *Jäger/Lang/Raible/Ott*, 앞의 책, S. 238.
410) *Jäger/Lang/Raible/Ott*, 앞의 책, S. 239.
411) *Gosch* in Gosch, 앞의 책, § 8 KStG Rn. 156.
412) BFH v. 29. 6. 1994, BStBl. II 2002, 366; BFH v. 12. 10. 1995, BStBl. II 2002, 367; BFH v. 28. 1. 2004, BStBl. II 2005, 841; BMF v. 28. 5. 2002, BStBl. I 2002, 603.
413) *Jäger/Lang/Raible/Ott*, 앞의 책, S. 240.
414) *Jäger/Lang/Raible/Ott*, 앞의 책, S. 240.

상 차변항목의 평가를 시가에 의한 것으로 바로잡아야 할 경우도 있다. 이에 따른 감액도 재무상태표 외에서의 수정(독일법인세법 제8조 제3항 제2문)에 해당한다.[415]

3. 주주(사원)에 대한 효과

가. 일반론

주주의 입장에서 숨은 이익처분이 귀속되면(독일소득세법 제11조) 자본소득(Einnahmen aus Kapitalvermögen, 독일소득세법 제20조 제1항 제1호 제2문)에 해당한다. 독일연방재정법원의 정의에 따르면 법인이 그 주주에게 회사법적 이익처분 이외의 방법으로 재산적 이익을 귀속시켰고 그 귀속이 회사관계에서 촉발된 것이라면 숨은 이익처분에 해당한다.[416] 법인에 대한 지분이 비사업용재산에 속할 경우에는 숨은 이익처분을 자본소득(독일소득세법 제20조 제1항 제1호 제2문)으로 처리하고 지분이 사업용재산에 속하는 경우 사업소득(Gewinneinkünfte)[417]으로 처리한다.[418] 비사업용재산에 속하는 지분의 경우 25%의 세율로 원천징수비례세(Abgeltungsteuer)를 과세한다(독일소득세법 제32d조). 사업용재산에 속하는 지분의 경우 또는 비사업용재산에 속하는 지분이라도 독일소득세법 제32d조 제2항 제3호에 따른 선택권을 행사한 경우 부분소득법(Teileinkünftverfahren)이 적용된다. 그에 따르면 배당소득의 60%가 과세된다(독일소득세법 제3조 제40호). 이는 공연한 이익처분뿐만 아니라 숨은 이익처분에도 적용된다.[419]

숨은 이익처분의 개념은 주주의 관점에서는 독일법인세법 제8조 제3항 제2문에 관한 판례에 의하여 발전하여 온 개념과 완전히 일치하지는 않는다. 이를테면 숨은 이익처분을 행하는 법인의 경우 그 소득의 감소가 숨은 이익처분액을 가산하는 전제가 되지만 주주의 경우 소득이 증가하여야만 숨은 이익처분액을 가산할 수 있다. 구체적으로 주주의 지분이 비사업용재산에 속하는 경우라면 유입(독일소득세법 제11조 제1항 제1문)이, 주주의 지분이 사업용재산에 속한다면 기업재산의 증가(독일소득세법 제4조 제1항 제2문)가 있어야 한다. 주주의 관점에서 숨은 이익처분은 회사와 관련된 이유로 부여받은 이익으로서 공연한 이익처분과 관련이 없는 것으로 정의된다.[420]

---

415) *Köllen/Reichert/Vogl/Wagner*, 앞의 책, Rn. 322.

416) 독일연방재정법원 제8부의 해석이다. BFH v. 14. 7. 1998, BFHE 186, 379.

417) 사업, 농업·임업 또는 독립적 노동(Arbeit)에서 얻은 소득을 말한다. 독일소득세법 제20조 제1항 제1호, 제20조 제8항.

418) 보충성 원칙(Subsidiaritätsprinzip)에 따른 것이다. 독일소득세법 제20조 제8항. *Jäger/Lang/Raible/Ott*, 앞의 책, S. 242.

419) *Jäger/Lang/Raible/Ott*, 앞의 책, S. 211.

이익분여 법인 단계에서 숨은 이익처분이 (경우에 따라서는 구성요건적 효력이 발생하면서) 확정되었다고 하여도 반드시 같은 이유와 같은 금액의 숨은 이익처분이 주주 단계에서도 동일하게 인정되는 것은 아니다. 그 범위 내에서는 실체법적 구속효는 없다. 특히 법인세의 부과처분이 주주의 과세를 위한 기초과세처분(Grundlagenbescheid)으로 기능하는 것도 아니다. 주주에 대하여 숨은 이익처분이 존재하는지 여부와 그 시기는 별도로 검토하여야 한다.[421]

나. 소비이론(Verbrauchstheorie)

초기의 판례는 숨은 이익처분의 경우 법인과 주주 간의 거래가 적정한 조건으로 행해지고 동시에 그에 따른 숨은 이익처분이 발생한 것처럼 법인과 주주를 본질적으로 '의제적'으로 과세하려고 하였다.[422] 이를 의제이론(Fiktionstheorie)이라고 한다. 그러나 현재에는 더 이상 의제적 사실관계에 따라 과세하는 것으로 이해하지 않는다.

현재의 소비이론은 1987. 10. 26. 독일연방재정법원 확대부 결정[423]에서 확립된 것으로 과세소득은 사실상 또는 법률상 사건에 의해 실현될 수 있을 뿐이고 의제적 사건에 의해서는 실현될 수 없다고 본다.[424] 즉, 의제에는 명시적인 법적 근거가 필요하다.[425] 다만 의제이론은 거래대가의 합의가 없거나 지나치게 낮은 경우의 숨은 이익처분에 관하여 사고도구(Denkhilfe)로서 이용된다. 현재의 판례는 의제적 사실관계를 사용하지 않고 숨은 이익처분이 금전 또는 사용이익의 형식으로 주주에게 시가로 발생하였고 주주가 그 이익을 사적 목적 또는 소득창출을 위하여 사용하는 것을 고려한다(숨은 이익처분의 소비). 예를 들어 甲 법인이 그 주주에게 금전을 대여하면서 이자로 100을 받기로 하였는데 적정한 이자는 200이라면 숨은 이익처분은 100이다(법인의 억제된 재산증가). 경우를 나누어 주주가 그 대여금을 사업목적에 사용하였다면 200을 필요경비로 계상할 수 있다. 반면 주주가 그 대여금을 사적 주택구입에 사용하였다면 200을 필요경비로 계상할 수 없다. 숨은 이익처분이 부적절한 보수로 행해진 경우 주주는 실제 보수에 관하여는 독일소득세법 제19조에 따른 소득을, 과다한 부분에 관하여는 독일소득세법 제20조 제2항 제1호 제2문에 따른 소득을 얻는다. 즉, 주주는 전액을 가상의 배당금으로서 과세되는 것이 아니라 실제 사실관계에 따

---

420) *Jäger/Lang/Raible/Ott*, 앞의 책, S. 242.
421) *Jäger/Lang/Raible/Ott*, 앞의 책, S. 242.
422) BFH v. 14. 8. 1975, BStBl. II 1976, 88.
423) BFH v. 26. 10. 1987, BStBl. II 1988, 348.
424) 예컨대, *Döllerer*, Verdeckte Gewinnausschuttungen und verdeckte Einlagen bei Kapitalgesellschaften, 2. Aufl. 1990, S. 138.
425) *Oppenländer*, Verdeckte Gewinnausschüttungen, Diss., 2004, S. 259.

라 과세된다.[426]

다. 원천징수비례세의 적용영역에서의 효과

공연한 이익처분뿐만 아니라 숨은 이익처분의 경우에도 원칙적으로 25%의 원천징수비례세가 적용된다(독일소득세법 제43조 제1항 제1호, 제20조 제1항 제1호). 이 경우 자본소득의 채권자가 조세채무자이고(같은 법 제44조 제1항 제1문), 조세채무자는 자본소득에 관하여 독일소득세법 제44조 제5항의 기준에 따른 책임을 진다. 자본소득세는 숨은 이익처분이 주주에게 실제로 귀속될 때 성립한다. 독일법인세법 제8조 제3항에 따라 숨은 이익처분이 있다고 판단되더라도 당연히 숨은 이익처분이 주주에게 유입된 것으로 볼 수는 없다.[427] 자본소득세(Kapitalertragsteuer) 원천징수도 숨은 이익처분에 관한 원천징수의 효력을 가진다(독일소득세법 제43조 제5항).

주주는 숨은 이익처분을 의식하지 않거나 의식하지 않으려 하는 경우가 많기 때문에 일반적으로 자본소득세의 원천징수는 행해지지 않는다. 만일 숨은 이익처분이 주주에 대한 부과처분 과정에 이미 파악되어 있다면 법인은 책임채무자로서의 권리행사(자본소득세의 사후원천징수)가 면제된다. 이런 측면에서 부과처분절차(Veranlagungsverfahren)가 원천징수절차(Steuerabzugsverfahren)보다 우선한다.[428]

독일소득세법 제32d조 제3항은 납세자에 대하여 자본소득세로 원천징수되지 않은 자본소득을 소득세조세신고에 포함시키도록 규정하고 있다. 그렇게 하면 과세관청의 부과처분 시에 숨은 이익처분액이 사후적으로 과세되는 결과가 된다. 이 자본소득으로 인하여 산출세액(tarifliche Einkommensteuer)이 자본소득의 25%만큼 증가한다. 행정해석에 따르면 이 규정은 사후적으로 드러난 숨은 이익처분에도 적용된다.[429] 독일소득세법 제32d조 제2항 제4호에 따르면 숨은 이익처분에 관하여 25%의 원천징수세를 적용하는 유리한 과세는 숨은 이익처분을 한 법인에 대하여 과세소득의 가산을 행한 경우에만 가능하다(이른바, 대응원칙 Korrespondenzprinzip). 2014년 이후부터 모든 종류의 배당(숨은 이익처분 이외의 금액에 대하여도)에 대하여 그 규율이 적용된다.[430]

---

426) *Herlinghaus u.a* in Rödder/Herlinghaus/Neumann, Körperschaftsteuergesetz, 2.Aufl., 2023, § 8 KStG Rn. 338~339.

427) BFH v. 28. 1. 1981, BStBl. II 1981, 612. 이를테면 증액된 연금의 확약(연금충당금의 증액)을 통해서 숨은 이익처분이 행해지는 경우에는 유입이 인정되지 않는다는 점은 이미 살펴본 바와 같다. *Jäger/Lang/Raible/Ott*, 앞의 책, S. 258.

428) *Jäger/Lang/Raible/Ott*, 앞의 책, S. 258.

429) BMF v. 9. 10. 2012, BStBl. I 2012, 953, Rn. 144.

430) *Jäger/Lang/Raible/Ott*, 앞의 책, S. 242.

다음에 열거하는 경우에는 법인이 자본소득세를 사후징수하여야 한다.[431]

① 제한적 납세의무를 지는 주주의 경우: 이 경우 소득세 또는 법인세는 자본소득세를
　통해 원천징수된다(독일소득세법 제50조 제5항, 독일법인세법 제32조 제1항 제2호).

② 독일법인세법 제5조 제1항에 따라 비과세되는 법인의 경우(독일법인세법 제5조 제2항 제1
　호): 이 경우 자본소득세의 원천징수효과가 발생한다(독일법인세법 제32조 제1항 제1호).

③ 자본소득세가 유보되어 있으나 납부되지 않은 경우

④ 다수의 주주와 관련된 경우

독일연방재정법원은 자본소득의 채무자로서 물적회사가 지는 책임은 고유한 조세채무일
뿐만 아니라 독립된 형태의 권리행사라고 판시하였다.[432] 또한, 부과처분절차가 우선한다
고 하여 조세채권이 부과처분절차에서 실현되지 않은 경우에도 물적회사에 의한 책임권리
행사가 배제된다는 의미는 아니다.[433] 법인은 원칙적으로 자본소득세를 숨은 이익처분의
수취인, 즉 주주로부터 사후적으로 구상하여야 한다. 실무상으로는 주주에 대한 결제계정
(Verrechnungskonto)에 계상하여 정산한다. 만일 그렇게 하지 않으면 발생한 자본소득세
비용의 인수에 해당하게 되어 재무제표 외에서 다시 한번 숨은 이익처분으로 가산되어야
한다. 동시에 비용의 인수는 주주에 대한 급부에 해당하게 되는데 또다시 독일소득세법 제
20조 제1항 제1호 제2문에 규정된 숨은 이익처분의 유입에 해당한다. 그렇게 되면 다시 자
본소득세 납세의무가 발생하고 법인이 그 납세의무를 인수하면 다시 새로운 숨은 이익처분
이 생기게 되는 식으로 무한반복되는 문제가 발생할 수 있다.[434]

라. 부분소득법의 효과

지분이 사업용재산에 속하거나(독일소득세법 제43조 제5항, 제20조 제8항) 독일소득세법 제32d
조 제2항 제3호에 따라 신청이 있는 경우 원천징수비례세로 과세되지 않는다. 수취한 배당
은 독일소득세법 제3조 제40호에 따라서 40%가 비과세된다(부분소득법). 물적회사가 보유하
는 지분의 경우 독일법인세법 제8b조가 적용된다.[435]

예를 들어본다. 사원 A는 2001 사업연도에 甲 유한회사에 대한 지분을 사업용(자유업)
재산으로 보유하고 있다. 같은 해에 사원 A는 토지를 시가보다 10,000유로 더 비싸게 甲

---

431) *Jäger/Lang/Raible/Ott*, 앞의 책, S. 258~259.
432) BFH v. 26. 2. 2003, GmbHR 2003, 1080.
433) *Jäger/Lang/Raible/Ott*, 앞의 책, S. 259.
434) *Jäger/Lang/Raible/Ott*, 앞의 책, S. 259.
435) *Jäger/Lang/Raible/Ott*, 앞의 책, S. 243.

유한회사에 임대하였다. 사원 A는 독일소득세법 제4조 제3항에 따라 자유업에서 얻은 소득을 계산하였다. 시가보다 비싼 임대료는 숨은 이익처분에 해당하는데, 독일소득세법 제3조 제40호 제1문 d에 따라 그 숨은 이익처분액의 40%가 비과세된다. 따라서 6,000유로만 사업소득으로 계상된다.[436]

독일소득세법 제3조 제40호 제1문 d)의 제2문에 따르면 수취배당금의 비과세는 이익분여 법인의 소득을 감소시키지 않는 경우에 한하여 적용된다. 따라서 사원의 측면에서의 비과세는 독일법인세법 제8조 제3항 제2문에 따라서 이익분여 법인의 소득계산 시에 숨은 이익처분을 가산하는 것을 전제로 한다. 2014년부터 대응원칙(Korrespondenzprinzip)이 모든 종류의 이익처분으로 확대되었다. 따라서 절차법적 이유로 인하여 이익분여 법인의 소득에 가산을 할 수 없다면, 수취한 숨은 이익처분액에 대하여 비과세할 수도 없다.[437]

마. 특수관계인에 대한 급부의 효과

주주와 특수관계인인 제3자에게 급부를 행한 경우 주주에 대하여만 자본소득(독일소득세법 제20조 제1항 제1호 제2문)이 있는 것으로 본다. 제3자에 대한 과세문제는 주주와 해당 제3자 간의 관계에 따라 달라진다.[438]

바. 숨은 이익처분의 평가

숨은 이익처분의 크기는 시가로 평가한다.[439] 주주의 평가와 무관하게 독일법인세법 제8조 제3항 제2문을 적용할 때 사적 승용차 사용은 독일소득세법 제6조 제1항 제4호에 따른 인출가액(Entnahmewert)으로 평가하지 않는다.

사. 수취인이 법인인 경우의 효과

숨은 이익처분의 수취인이 법인인 경우 독일법인세법 제8b조 제1항, 제5항 또는 제8b조 제4항이 적용된다. 숨은 이익처분은 지분의 비율과 무관하게 비과세되거나 과세된다. 이익을 분여한 법인이 숨은 이익처분을 조정하지 않는다면 독일법인세법 제8b조 제1항 제2문은 앞서 본 규정과 마찬가지의 대응원칙을 규정하고 있다.[440]

---

436) *Jäger/Lang/Raible/Ott*, 앞의 책, S. 240.
437) *Jäger/Lang/Raible/Ott*, 앞의 책, S. 243~244.
438) 그 경우 상속세 및 증여세 문제가 발생할 수 있다. 독일상증법 제7조 제8항 제2문; 제15조 제4항. 상세는 *Tipke/Lang*, 앞의 책, Rn. 15.31.
439) BFH v. 14. 7. 1998, BFHE 186, 379.
440) *Jäger/Lang/Raible/Ott*, 앞의 책, S. 244.

예를 들어 독일법인 甲 주식회사는 자회사인 乙 유한회사에게 100만유로를 대여하여 주고 그에 대하여 연 10%의 이자를 수취하였다. 시중금리는 6%였다. 乙 유한회사의 2008 사업연도에 관한 과세처분은 구성요건적 효력이 발생하였고 조세기본법의 규정에 따라서 더 이상 변경할 수 없게 되었다. 甲 주식회사의 2008 사업연도에 관한 과세처분은 사후조사를 유보하고 행해졌다. 甲 주식회사는 40,000유로의 숨은 이익처분 수취액에 관하여 독일법인세법 제8b조 제1항에 따른 비과세를 신청하였다. 甲 주식회사는 40,000유로의 숨은 이익처분을 귀속시켰으나 수취한 이익처분액은 독일법인세법 제8b조 제1항 제2문에 따라서 비과세를 적용받을 수 없다. 숨은 이익처분에 의하여 乙 유한회사의 소득이 감소하였고 그것이 절차법적으로 더 이상 수정될 수 없기 때문이다. 甲 주식회사에 대하여는 절차법적으로 정정이 가능하더라도 마찬가지이다(조세기본법 제164조).[441]

아. 주주(사원)에 대한 추가적 효과

경우에 따라서 숨은 이익처분은 사원 측에서 이미 다른 종류의 소득으로서 소득세 과세대상이 되었을 수 있다는 점을 유의하여야 한다. 여러 경우로 구분할 수 있다.[442]

(1) 유형1

숨은 이익처분이 자본소득 또는 사업소득의 수입금액을 증가시켰지만 아직 주주의 수입금액으로 인식되지 않고 있었던 경우이다.

예를 들어 주주 A는 법인으로부터 시가 100,000유로의 토지를 50,000유로에 매수하여 사적인 용도로 사용하였다. 법인의 과세소득은 50,000유로만큼 증액되어야 하고 주주 A는 50,000유로의 자본소득을 인식하여야 한다(독일소득세법 제20조 제1항 제1호 제2문). 토지의 취득가액은 이제 100,000유로가 된다.

(2) 유형2

숨은 이익처분이 이미 다른 종류의 소득으로 인식되어 있는 경우이다. 이때에는 수입금액이 자본소득 또는 사업소득으로 재분류된다.

예를 들어 주주 A는 2005 사업연도에 그 법인으로부터 100,000유로 증액된 임원보수를 받았다. 이 사실은 2007 사업연도 감사에서 확인되었다. 임원보수는 2005 사업연도에 전액이 근로소득세 원천징수 대상이 되었고 소득세 과세 시에 근로소득으로 분류되었다. 근로

---

441) *Jäger/Lang/Raible/Ott*, 앞의 책, S. 244~245.
442) *Jäger/Lang/Raible/Ott*, 앞의 책, S. 245.

소득이 숨은 이익처분으로 재분류되면서 100,000유로로만큼 근로소득이 감액된다. 반대로 숨은 이익처분(독일소득세법 제20조 제1항 제1호 제2문의 자본소득)은 100,000유로로만큼 증액되었다. 이 숨은 이익처분은 전액 원천징수비례세율 25%로 과세된다. 따라서 100,000유로로의 25%인 25,000유로로에 사회연대세 5.5% 및 경우에 따라서 교회세를 가산한다. 이 경우 주주의 측면에서는 일반적으로 소득세의 환급이 문제가 된다. 지분이 사업용재산에 속한 경우 부분소득법이 적용되어 숨은 이익처분의 60%가 과세되므로 주주의 조세부담이 감소하기 때문이다.

(3) 유형3

숨은 이익처분은 다른 종류의 소득에 간접적인 영향을 미칠 수 있다. 숨은 이익처분을 통해 본래 손금에 산입되었을 손비가 줄어들면 그 경과는 당장은 주주의 소득에 영향을 미치지 않는다. 주주는 숨은 이익처분이 밝혀진 이후 소비이론을 통해서, 숨은 이익처분에 대응하는, 손금산입될 수 있는 비용을 계상할 수 있다.

주주 A가 부당하게 낮은 이자율로 甲 법인으로부터 금전을 대여받은 후에 그 대여금으로 다세대주택을 지어서 임대료수입을 얻는다고 가정하여 보자. 낮은 이자로 인한 이익은 매년 10,000유로이다. 주주 A는 이자율이 낮기 때문에 임대료수입과 관련하여서는 정상적인 이자율을 적용할 때보다 낮은 이자비용을 계상한다. 이 경우 숨은 이익처분은 자본소득에 해당하고 25%의 원천징수비례세가 적용되든가 아니면 부분소득법으로 과세된다. 하지만 임대로부터의 소득을 계산하는 과정에서는 그와 반대로, 적정한 추가 이자 연 10,000유로가 필요경비로 추가 계상된다.[443]

위 예에서 원천징수비례세 또는 부분소득법이라는 우대조치에도 불구하고 이자비용은 10,000유로 전액이 공제된다. 거래가 정상적으로 행해졌다면 공연한 이익처분이 낮은 세율로 과세되거나 부분소득법이 적용되었더라도 적정이자는 전액이 필요경비로 공제되었을 것이기 때문이다.[444]

4. 개별 효과 간의 시간적 차이

앞서 말한 숨은 이익처분의 효과는 시간적으로 동일한 과세연도에 일어나지 않을 수 있다. 숨은 이익처분에 따른 개별적 결과의 시간적 평가에 관하여는 다음의 원칙이 적용된다.[445]

---

443) *Jäger/Lang/Raible/Ott*, 앞의 책, S. 246.
444) *Jäger/Lang/Raible/Ott*, 앞의 책, S. 246.
445) *Jäger/Lang/Raible/Ott*, 앞의 책, S. 246.

가. 법인 단계에서의 소득경정(Einkommenskorrektur)

이 경우에는 숨은 이익처분에서 법인의 회계상 결과가 감소하거나 증가하지 않았던 시점이 중요하다(지출이 일어난 사업연도 또는 소득계상을 누락한 사업연도)[446]

나. 독일법인세법 제27조에 따른 출자의 환급

숨은 이익처분의 유출시점이 중요하다. 세무상 자본계정(독일법인세법 제27조 제1항)의 처분은 급부가 행해진 사업연도에 검사되거나 실행되어야 한다. 이 시점은 지출을 계상한 사업연도와 다를 수 있다.[447]

다음의 예를 보자. 58세의 주주 A는 2001년에 甲 법인으로부터 연금확약을 받았으나 아직 가득성이 없어서 인식할 수 없었다. 연금은 주주 A가 65세가 되는 2008년도부터 지급이 시작되었다. 따라서 甲 법인은 2007년에는 연금의 지출이 없었다. 그러나 그와 무관하게 연금충당금 적립은 숨은 이익처분으로서 가산되어야 한다.

주주에 대하여 숨은 이익처분을 과세하는 것은 2008년의 지출 시점에서 비로소 가능하다. 숨은 이익처분과 관련하여 주주 A에 대하여 원칙적으로 25%의 원천징수비례세가 과세된다. 甲 법인의 지분이 사업용재산에 속하거나 A가 비사업용재산에 속하는 지분에 관하여 독일소득세법 제32d조 제2항 제3호에 따라 부분소득법을 선택하였다면 부분소득법이 적용될 수 있다.[448]

다. 주주 단계의 과세

주주 단계의 과세는 독일소득세법 제11조에 규정된 유입원칙(Zuflussprinzip)에 따른다. 주주에 대한 유입의 시기는 대체로 법인의 유출시기에 대응한다. 숨은 이익처분이 있는 경우 개별적 효과 간에 발생하는 시간차의 가장 좋은 예는 과세관청이 인정하지 않는 연금확약을 들 수 있다.[449]

예를 들어 甲 유한회사가 2001년 62세인 1인 사원 겸 임원 A에게 연금확약을 하였다. 연금확약은 가득가능성(Erdienbarkeit)이 없었기 때문에 세무상으로 인정될 수 없었다. 연금충당금을 위한 지출은 독일법인세법 제8조 제3항 제2문에 따라 2001 사업연도부터 숨은 이익처분으로서 유한회사의 소득에 다시 가산된다. 독일법인세법 제27조 제1항에 따른 세

---

446) *Jäger/Lang/Raible/Ott*, 앞의 책, S. 246.
447) *Jäger/Lang/Raible/Ott*, 앞의 책, S. 246.
448) *Jäger/Lang/Raible/Ott*, 앞의 책, S. 246.
449) *Jäger/Lang/Raible/Ott*, 앞의 책, S. 247.

무상 자본계정의 처분은 2004 사업연도 이후에 사원에게 지출되는 시점에 비로소 고려의 대상이 된다. 마찬가지로 A에 대한 과세도 2004 사업연도 이후에 비로소 가능하게 된다.

5. 주주 단계와 법인 단계의 과세효과 조정

가. 개관

독일연방재정법원이 '통일적 정의(Einheitsdefinition)'을 포기한 이후[450] 숨은 이익처분은 법인 단계와 주주 단계를 구분하여 고찰하였다. 즉, 양자가 일치할 필요는 없다. 그러나 그렇다고 하여 법인 단계와 주주 단계와 완전히 절연된다는 의미는 아니다. 양자를 잇는 가교가 바로 '회사관계로부터의 촉발'이라는 요건이다. 따라서 독일연방재정법원의 판례[451]에도 불구하고 법인 단계와 주주 단계의 가액평가를 일치시켜야 한다.[452] 그러나, 법효과는 두 단계에서 시간적으로 간격이 있을 수 있다. 예를 들어 법인이 주주에게 한 연금확약이 부적정하여 그에 따른 연금충당금이 독일법인세법 제8조 제3항 제2문에 의해 법인의 각 사업연도 소득금액에 가산되더라도 실제로 주주에게 지급되기 전까지는 주주 단계에서 자본소득(독일소득세법 제20조 제1항 제1호 제2문)이 발생하지 않는다.[453] 입법자는 법인 단계와 주주 단계의 과세효과가 불일치하는 것을 막기 위하여 2008년에 형식적 대응원칙과 실체적 대응원칙을 입법하였다.[454] 독일법은 숨은 이익처분을 배당의 관점에서 접근하고 배당을 수취한 주주에 대한 과세부담이 적기 때문에 법인 단계에서 배당으로 파악이 되면 그 배당을 수취한 주주에 대하여도 배당으로 취급해 주기 위한 원칙이다.

나. 형식적 대응원칙(Formelles Korrespondenzprinzip)

주주의 입장에서는 절차법적 문제, 즉 세무조사(Betriebsprüfung) 과정에서 숨은 이익처분이 사후적으로 발견되는 문제가 있을 수 있다. 예를 들어 甲 법인은 2009년 1월에 2004부터 2007 사업연도까지의 기간에 관한 세무조사를 받았다. 甲 법인에 대한 기존의 과세처분(Steuerbescheide)은 사후 세무조사를 유보하여 행해졌다(조세기본법 제164조 제1항). 세무조사의 결과 2005 사업연도에 숨은 이익처분이 임원 A에 대하여 증액된 임원보수의 형식으

---

450) BFH v. 1. 2. 1989, BStBl. II 1989, 522.
451) BFH v. 23. 2. 2005, BStBl. II 2005, 882.
452) *Briese*, Unterstellte Privatnutzung eines Betriebs~Pkw durch den Gesellschafter-Geschäftsführer: Lohn oder verdeckte Gewinnausschüttung?, GmbHR 2005, 1271 ; *Oppenlander*, Verdeckte Gewinnausschuttung, Diss., 2004, 232.
453) *Köllen/Reichert/Vogl/Wagner*, 앞의 책, Rn. 325; *Tipke/Lang*, 앞의 책, Rn. 11.89.
454) JStG 2007, BStBl. I 2007, 2878.

로 행해졌음을 확인하였다. 임원 A에 대한 소득세과세처분은 사후 세무조사에 관한 유보가 없이 행해졌다. 임원 A에게 지출된 임원보수는 임원 A에 대한 소득세과세처분에서 근로소득으로 과세되었다. 세무조사를 통해 숨은 이익처분이 확정되면 甲 법인은 법인세와 영업세가 증액된다. 甲 법인에 대하여는 사후 세무조사를 유보하였으므로 甲 법인에 대한 과세처분에는 별다른 문제가 없다(조세기본법 제164조 제2항).

반면, A에 대하여는 숨은 이익처분이 확정되면 과오납금반환(Steuererstattung)이 행해진다. 기존의 근로소득에 관하여는 전액 납세의무가 있었지만 숨은 이익처분은 부분 납세의무를[455] 지기 때문이다. 이 경우 숨은 이익처분이 귀속하는 주주에 대하여 과세처분 또는 확인처분을 행하거나 포기하거나 변경할 수 있도록 하기 위한 규정이 독일법인세법 제32a조로서 이를 절차법적 경정규범(verfahrensrechtliche Korrekturnorm)이라고 부른다. 이는 주주가 자연인인지 법인인지 여부와 관계없이 적용된다.[456]

다. 실체적 대응원칙(Materielles Korrespondenzprinzip)

앞서 본 독일법인세법 제32a조가 언제나 주주에게 적용될 수 있는 것은 아니고 주주 단계에서 유리하게 작용하려면 숨은 이익처분에 의해 법인의 소득이 감소하는 효과가 발생하지 않았어야 한다.[457] 즉, 법인 단계에서 절차법적인 이유로 인하여 소득이 가산될 수 없다면 주주는 수취한 이익처분에 관하여 조세상의 혜택을 누리는 것은 불가능하다.[458] 2014년 이후에는 공연한 이익처분 및 숨은 이익처분 모두, 즉 모든 배당에 관하여 이와 같은 규율이 적용된다.[459]

독일법인세법 제8b조 제1항 제2문 이하는 법인이 숨은 이익처분의 수취인인 경우에 유사한 제한을 규정하고 있다. 이 규정은 외국법인에 대한 지분에도 적용된다.

예를 들어 독일법인 甲 유한회사는 프랑스자법인 乙 유한회사에게 1,000,000유로를 대여하여 주고 그 이자로 2009 사업연도에 80,000유로를 수취하였다(적정한 이자는 연 50,000유로). 프랑스 과세관청은 그 사실관계를 아직 인지하지 못하였으므로 이자비용은 전액 乙 유한회사의 손금에 산입되었다.

객관적으로 보면 금전소비대차 계약을 통해서 甲 유한회사에게 전액 과세대상인 50,000

---

455) 25%의 원천징수비례세 또는 부분소득법을 적용한다.
456) *Jäger/Lang/Raible/Ott*, 앞의 책, S. 249.
457) 독일소득세법 제3조 제40호 제1문 d), 제2문, 제3문, 제32d조 제2항 제4호, 독일법인세법 제8b조 제1항 제2문에서 제4문까지.
458) 이를 이중자격결부(Doppelte Qualifikationsverkettung)라고 한다.
459) *Jäger/Lang/Raible/Ott*, 앞의 책, S. 249.

유로가 귀속된다. 동시에 甲 유한회사는 30,000유로의 숨은 이익처분을 수취한 것으로 인정되는데, 이는 본래부터 독일법인세법 제8b조 제1항 제1문에 따라 비과세 대상이다. 그러나 이러한 비과세는 독일법인세법 제8b조 제1항 제2문, 제3문에 의해 배제된다. 입법자는 수취한 숨은 이익처분에 관하여 상호성의 원칙(Gegenseitigkeitsprinzip)을 도입하였다. 이런 경우 독일 국내의 비과세는 외국자회사의 지출이 해당 국가에서 손금불산입될 경우에만 허용된다. 이를 통해서 이른바,「백소득(weiße Einkünfte)」을 배제하기 위한 것이다. 2014년부터는 대응원칙이 모든 종류의 이익처분 수취로 확대되었다(독일소득세법 제3조 제40호 제1문 d, 제32d조 제2항 제4호, 독일법인세법 제8b조 제1항). 특히 지분과 유사한 향익권(Genussrecht)이 관련된 거래에 초점이 맞춰졌다. 향익권은 혼성금융의 일종으로서 부채와 자본의 중간에 위치한다. 과거에는 혼성금융이 주로 서로 다른 국가의 과세체계를 이용하여 기업집단 내에서 백소득을 창출하려는 목적으로 이용되었다. 그러나 대응조정원칙의 적용범위를 모든 종류의 이익처분 수취로 확대함으로써 입법적으로 그런 결과를 방지할 수 있게 되었다.[460]

라. 숨은 출자에 관한 규율

독일법인세법 제32a조 제2항에 따르면 법인에 대한 숨은 출자를 비과세하는 것은 법인에 대한 과세처분에 관하여 이미 구성요건적 효력이 발생하였거나 확정시효가 완성되고 주주에 대하여 사후적으로 숨은 출자의 요건이 확인되는 경우에도 가능하다. 그 결과 법인에 대한 숨은 출자는 재무상태표 외에서 비과세된다.[461]

예를 들어 甲 유한회사는 모회사인 乙 주식회사에 대하여 1,000,000유로를 이자부로 대여하였다. 시중의 금리는 6%였는데 甲 유한회사는 10%의 이자를 수취하였다. 甲 유한회사는 이자수익을 익금으로, 乙 주식회사는 같은 금액을 손금으로 계상하였다. 甲 유한회사에 대한 과세처분은 사후조사 유보 없이 행해졌다. 乙 주식회사에 대한 과세처분은 절차법적으로 여전히 변경될 수 있다. 세무조사결과 乙 주식회사의 과다한 이자지출은 甲 유한회사에 대한 숨은 출자로 취급되었고 이자지출은 적정한 금액인 60,000유로까지만 손금으로 허용되었다. 60,000유로를 초과하는 40,000유로는 甲 유한회사의 지분에 관한 취득가액에 가산되고 즉시 손금산입될 수 없다(나중에 지분을 처분할 때 지분의 양도차익을 줄이는 방향으로 작용할 수 있을 뿐이다). 甲 유한회사의 경우 수취하고 익금으로 계상된 40,000유로가 재무상태표 외에서 비과세로 취급된다. 이에 관하여 독일법인세법 제32a조 제2항은 절차법적 수정규정을 두고 있다.[462] 숨은 출자를 받은 법인의 비과세는 출자자가 숨은 출자로 인

---

460) *Jäger/Lang/Raible/Ott*, 앞의 책, S. 251.
461) *Jäger/Lang/Raible/Ott*, 앞의 책, S. 251.

해 소득이 감소하지 않는 경우에만 적용된다(독일법인세법 제8조 제3항 제4문). 국가의 조세일실을 막기 위한 것이다.[463]

마. 삼각관계의 효과

독일법인세법 제8조 제3항 제5문에 따르면 같은 항 제4문(숨은 출자에 관한 비과세 배제)은 주주의 특수관계인(아래 예에서 甲 법인)이 행한 숨은 이익처분에서 초래된 숨은 출자에 관하여도 적용되고 숨은 이익처분의 결과 이익분여법인(아래 예에서 甲 법인)의 과세소득이 감소한 경우에는 주주에 대하여 적용된다.[464] 즉, 숨은 이익처분의 결과 이익분여법인의 과세소득이 감소하였다면 독일법인세법 제8조 제3항 제4문이 적용되어 숨은 출자를 받은 법인의 과세소득이 증가한다. 이 경우에는 주식의 취득가액을 증가시키지 않는다. 이를 삼각관계의 문제라고 부른다.[465]

예를 들어 본다. A가 甲 법인 및 乙 법인 모두의 1인 주주라고 가정한다. 乙 법인이 甲 법인에게 토지를 연간 임대료 150,000유로에 임대하여 주었으나 적정 임대료는 100,000유로이다. 乙 법인의 세무재무상태표상 임대료수익은 150,000유로로 계상되었다. 甲 법인과 1인 주주에 관한 조세확정은 구성요건적 효력이 있어 변경될 수 없다. 위 거래는 다음과 같은 삼각관계로 분해할 수 있다.

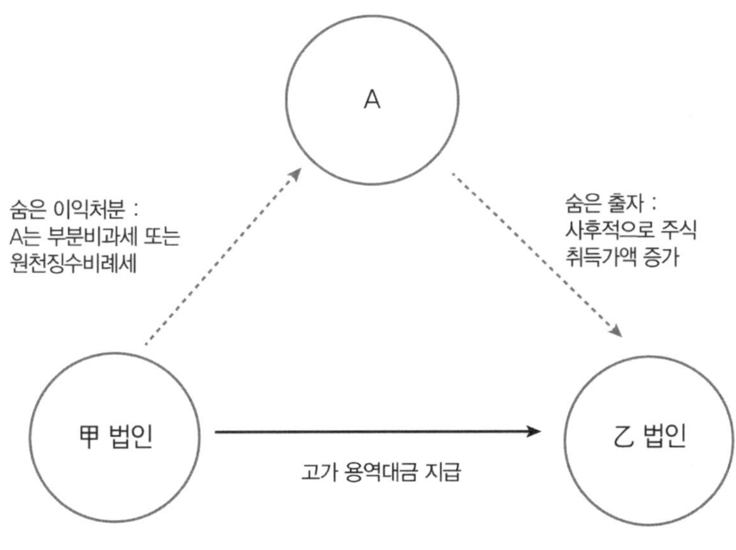

---

462) *Jäger/Lang/Raible/Ott*, 앞의 책, S. 252.

463) *Köllen/Reichert/Vogl/Wagner*, 앞의 책, Rn. 334.

464) 동일한 주주가 두 회사를 지배할 경우 그 두 회사는 자매회사(Schwestergesellschaft) 관계에 있다고 하는데, 삼각관계는 전형적으로 자매회사 관계에서 문제가 된다.

465) *Jäger/Lang/Raible/Ott*, 앞의 책, S. 252.

위 사례에서 실체법적으로는 甲 법인은 독일법인세법 제8조 제3항 제2문에 따라 재무상
태표 외에서의 소득수정으로 과세소득을 50,000유로 증가시키고 A는 甲 법인으로부터 수
취한 숨은 이익처분에 관하여 부분소득법 또는 원천징수비례세로 과세되어야 한다. 즉, 甲
법인은 재무상태표 외에서 과세소득을 50,000유로 증가시켜야 하고(독일법인세법 제8조 제3항
제2문), A는 수취한 숨은 이익처분에 관하여 부분소득법 또는 원천징수비례세에 의하여 과
세된 후 乙 법인에 대한 숨은 출자로 인하여 주식 취득가액을 50,000유로 증가시켜야 한다.
乙 법인은 50,000유로에 관하여 재무상태표 외의 비과세로 처리되고 그 금액만큼 세무상
자본계정을 증가시킨다. 그러나, 문제는 절차법적으로 甲 법인과 A에 대하여 더 이상의 과
세가 불가능하다는 점이다. 따라서 乙 법인에 대하여는 여전히 과세가 가능하더라도 乙 법
인은 차액 50,000원을 그대로 과세소득에 포함시켜야 하고 A는 乙 법인 주식에 관한 취득
가액을 증가시킬 수도 없다.[466]

6. 숨은 이익처분액의 회수

숨은 이익처분액의 회수에 관하여는 민사법과 세법의 입장이 다르다.

가. 민사법

민사법에서는 주식회사의 경우 독일주식법 제62조 제1항, 제57조 제1항에 따른 법정배상
청구권이 존재한다.[467] 그 밖의 법인은 정관 규정에 법인의 배상청구권을 두는 경우가 많
다.[468] 예외적으로 회사법상의 충실의무를 근거로 청구권이 인정될 수도 있다.

나. 세법

숨은 이익처분에 따른 세법상 효과는 법인이 숨은 이익처분액을 회수하더라도 취소되지
않는다고 본다. 판례는 일관되게 일단 숨은 이익처분의 요건이 충족되면 사후적으로 다시
없던 것으로 되지 않는다. 이에 따라 법인 소득금액의 증액과 주주에 대한 과세는 그대로
유지된다. 독일연방재정법원은 주주가 숨은 이익처분액을 법인으로 반환하면 그 금액은 출
자로 취급하고 주주는 주식의 취득가액을 그만큼 증액시킨다.[469] 독일에서는 세법상 효과

---

466) *Jäger/Lang/Raible/Ott*, 앞의 책, S. 252~253.
467) BGH v. 23. 6. 1997, BGHZ 136, 125.
468) 그러나 판례는 소극적이다. BFH v. 23. 5. 1984, BStBl. II 1984, 723.
469) BFH v. 29. 4. 1987, BStBl. II 1987, 733; BFH v. 13. 9. 1989, BStBl. II 1989, 1029; BFH v. 29. 5. 1996,
    BStBl. II 1997, 92; BFH v. 31. 5. 2005, BStBl. II 2006, 132.

를 되돌릴 수 있다면 숨은 이익처분으로 인한 문제가 완화될 수 있을 것이라는 지적도 있다.[470]

Ⅷ. 입증책임

숨은 이익처분의 확정은 조세를 증가시키는 사실관계이다. 따라서 숨은 이익처분의 존재에 관한 객관적 입증책임은 과세관청에게 있다.[471] 하지만 모든 중요한 증거가 주주에 대한 재산의 유출이 회사법적 관계에 바탕을 둔 것이라는 사실을 가리킨다면 불확실성에 관한 나머지 부분에 관한 입증책임은 법인의 부담으로 돌아간다. 그 경우 법인은 다른 판단이 내려질 수 있는 정황을 제시하여야 한다.[472]

<h2 style="text-align:center">제2절 미국법[473]</h2>

Ⅰ. 개관

공통의 지배관계 하에 있는 법인들 간에는 상호 간에 재화나 용역을 고가 또는 저가로 공급함으로써 익금과 손금을 조작할 가능성이 있다. 이와 같은 동기는 국가별로 서로 다른 세율의 적용을 받는 다국적 기업에서 특히 두드러지게 나타날 수 있다. 미국에서는 이 문제가 주로 미국세법 제482조가 규율하는 국제조세법상의 이전가격세제의 문제로 다루어지고 있지만 국내거래에서의 이전가격도 같은 조문의 적용을 받는다. 다만, 국내거래는 국제거래와 차이가 있다는 점에 관한 인식이 자리잡고 있다. 미국세법 제482조는 비거주자나 외국법인까지 적용되므로 위 규정은 이전가격세제의 기본 규정으로 기능하고 위 규정이 적용된 유명한 사례들 중 상당수가 국제거래에 관한 것이지만 수적으로 대다수의 판결은 국내거래에 관한 것들이다.[474] 구체적으로 살펴보면 지난 90년간 미국세법 제482조에 관하여 선고

---

470) *Tipke/Lang*, 앞의 책, Rn. 11.91.

471) 독일법인세집행기준 H 8.6 Beweislast; BFH v. 27. 10. 1992, BStBl. II 1993, 569.

472) *Jäger/Lang/Raible/Ott*, 앞의 책, S. 220~221. 우리 판례도 법인세 부과처분 취소소송에서 납세의무자가 손금으로 신고한 금액이 손비의 요건을 갖추지 못하였다는 사정이 과세관청에 의하여 상당한 정도로 증명된 경우에는 증명의 난이라든가 공평의 관념 등에 비추어 다른 사정에 의하여 손비의 요건을 충족된다는 점에 관한 증명의 필요는 납세의무자에게 돌아간다(대법원 2014. 8. 20. 선고 2012두23341 판결 등)는 입장이다.

473) 이하 제2절의 내용은 황남석, "미국세법상 특수관계인 간 거래의 과세문제", 「조세법연구」 제29집 제2호, 2023, 127면 이하를 수정·보완한 것이다.

된 판결 중 국내거래에 관한 것은 250건 이상으로서 다시 그 중 대부분이 20세기 후반, 21세기 초반에 선고되었다.[475] 여기서는 우리 부당행위계산 부인제도와의 비교를 목적으로 하므로 국내거래에 관한 규율만을 검토한다.

2022년 8월 현재 미국세법 제482조의 법문은 다음과 같다.[476]

> 재무부장관(Secretary)[477]은 동일한 지분에 의하여 직접적 또는 간접적으로 소유 또는 통제되고 있는 2개 이상의 조직, 거래, 사업(법인화되어 있는지 여부, 미국에서 조직되었는지 여부, 특수관계 여부를 묻지 않는다)의 경우, 탈세를 방지하기 위하여 또는 그 수입을 명확하게 반영하기 위하여 그 분배(distribute), 배분(apportion), 할당(allocate)이 필요하다고 판단하면 그와 같은 조직, 거래, 사업 간에 총수입, 손금, 공제 등을 분배, 배분, 할당할 수 있다.
>
> 제367조(d)(4)에 규정된 바에 따른 무형자산의 양도(또는 사용허락)의 경우 그런 양도 또는 사용허락에 관한 소득은 해당 무형자산에 귀속되는 소득에 대응하여야 한다.
>
> 본조의 목적상 재무부장관은 무형자산(다른 재산 또는 용역과 함께 양도되는 것을 포함한다)의 양도를 총액기준 또는 그러한 양도의 현실적 대체기준에 따라 평가하여야 가장 신뢰성 있게 평가할 수 있다고 판단할 경우 그렇게 평가하도록 요구할 수 있다.

---

474) 대표적인 것으로 B. Forman Company, Inc. v. CIR, 453 F.2d 1144 (2d Cir. 1972); Achiro v. CIR, 77 T.C. 881 (1981). 위 두 판결에 관한 상세는 Lederman/Kwon, *Understanding Corporate Taxation*, 4th ed., 2020, pp. 415~416.

475) Lepard, *Section 482 Allocations: General Principles in the Code and Regulations(551-2nd, T.M.)*, 2021 (이하, '551-2nd, T.M.으로 인용), I. D.

476) 원문은 다음과 같다.
"In any case of two or more organizations, trades, or businesses (whether or not incorporated, whether or not organized in the United States, and whether or not affiliated) owned or controlled directly or indirectly by the same interests, the Secretary may distribute, apportion, or allocate gross income, deductions, credits, or allowances between or among such organizations, trades, or businesses, if he determines that such distribution, apportionment, or allocation is necessary in order to prevent evasion of taxes or clearly to reflect the income of any of such organizations, trades, or businesses. In the case of any transfer (or license) of intangible property (within the meaning of section 367(d)(4)), the income with respect to such transfer or license shall be commensurate with the income attributable to the intangible. For purposes of this section, the Secretary shall require the valuation of transfers of intangible property (including intangible property transferred with other property or services) on an aggregate basis or the valuation of such a transfer on the basis of the realistic alternatives to such a transfer, if the Secretary determines that such basis is the most reliable means of valuation of such transfers."

477) 원문 Secretary는 재무부장관 및 그 수탁자를 말한다. 미국세법 제7701조(a)(11)(B).

Ⅱ. 입법취지

미국세법 제482조는 오랜 역사를 가진 규정으로서, 미국의회가 미국세법 제482조를 입법한 목적은 ① 동일인이 지배하는 사업체(business entities) 간의 거래 조작에 의해 조세를 회피하는 행위를 방지하고 ② 조세회피의 의도가 없는 경우에도 각 지배관계 있는 사업체가 진정한 과세소득(true taxable income)[478]에 따른 납세의무를 부담하도록 하기 위한 데 있다. 의회는 특수관계에 있는(related) 납세의무자들이 낮은 한계세율이 적용되는 사업체의 익금을 부풀리거나 높은 한계세율이 적용되는 사업체의 손금 또는 공제액을 증가시킬 수 있도록 거래의 가격[이를 '이전가격(transfer prices)'이라고 한다]을 설정할 유인이 있다고 보았기 때문에 위 규정을 입법하게 된 것이다.[479]

미국세법 제482조에 관한 「1994년 시행령(Treasury Regulation)」은 미국세법 제482조의 목적을, 납세의무자가 지배관계 있는 거래에 귀속되는 소득을 명확하게 반영할 수 있도록 하고 그 거래와 관련된 조세회피를 방지하며, 지배관계 있는 납세의무자에 대하여 진정한 과세소득을 결정함으로써 지배 없는 납세의무자와의 과세형평을 도모하기 위한 것이라고 설명한다.[480]

Ⅲ. 연혁

1. 최초의 형태: 1917년 미국세법에 관한 재무부 시행령

미국세법 제482조의 원형은 1917년 미국세법에 관하여 채택된 재무부 시행령[481]이다. 이 시행령은 제1차 세계대전 시기에 적용된 것으로서 일반적인 소득세에 더하여 초과이익을 과세하는 것이었다. 1917년 미국세법은 명시적으로 연결납세신고를 규정하지 않았으나 1918년 채택된 재무부 시행령 제41호[482]의 제77조, 제78조는 출자와 과세소득을 보다 형평에 맞게 결정하기 위해 필요하다면 국세청장이 특수관계법인에 대하여 연결납세신고를 요구할 수 있도록 규정하였다. 위 시행령 제77조는 두 법인이 공통의 지분 관계로 얽혀 있는 경우가 아니더라도 '인위적인 이익의 배분(artificial distribution of profits)' 또는 소득이 '비

---

478) 미국세법 제482조에 관한 1994년 재무부 시행령(Treasury Regulation, 이하 '시행령' 또는 'Regs'으로 인용)은 진정한 소득을 '지배관계 있는 납세의무자가 피지배 집단의 다른 구성원과 정상가격거래를 하였다면 발생하였을 과세소득'으로 정의하고 있다. Regs. §1.482-1(i)(9).

479) Lepard, 앞의 책(551-2nd, T.M.), I. A. 2.

480) Regs. §1.482-1(a)(1).

481) T.D. 2694, 20 Trea. Dec. 294 (1919).

482) T.D. 2694, 20 Trea. Dec. 294 (1919).

례적이지 않게 배분되면(disproportionate share)' 특수관계가 있는 것으로 규정하여 과세관청이 강제로 연결납세방식을 적용할 수 있도록 한 것이다.[483]

1918년에 내려진 별개의 재무부 결정 T.D. 2662는 재무부 시행령 제41호 제77조를 해석할 때 두 법인 간에 인위적으로 소득을 이전하기만 한다면 두 법인을 특수관계인으로 취급할 수 있는 것처럼 읽히지만 재무부는 두 법인 중 어느 하나가 다른 법인의 지분 95% 이상을 보유하거나 공통의 주주가 두 법인의 지분 각각을 95% 이상 보유할 때에 한하여 두 법인 간에 특수관계가 있는 것으로 취급하겠다는 입장을 밝혔다.[484] 의회는 1921년에 재무부 시행령 제41호 제77조를 수용하여 미국세법 제1331조를 두었다. 위 규정은 특수관계의 당사자로 파트너십을 포함하고 ① 법인 또는 파트너십이 다른 법인 또는 파트너십의 지분의 실질적인 전부를 직접적으로 보유하거나 또는 밀접한 지분 관계 또는 수탁자를 통하여 지배하는 경우 또는 ② 둘 이상의 지분의 실질적인 전부 또는 둘 이상의 파트너십의 사업이 동일한 지분관계에 의하여 보유되는 경우에 한하여 특수관계가 존재할 수 있다고 규정하였다.[485] 위와 같은 법률 개정에 따라 1922년 재무부는 재무부 시행령 제41호의 제77조와 제78조를 개정하여 모든 경우에 공통의 지분 소유를 요구하였다.[486] 특히 제77조는 특수관계 법인 또는 파트너십을 정의하기 위하여 다음과 같이 개정되었다.[487]

> 본 시행령의 목적상, 일방 법인 또는 파트너십은 다음 각 경우에 타방 법인 또는 파트너십과 특수관계에 있다.
> (1) 일방 법인 또는 파트너십이 타방 법인 또는 파트너십의 지분의 실질적인 전부를 직접적으로 보유하거나 또는 밀접한 지분 관계 또는 수탁자를 통하여 지배하는 경우 또는
> (2) 둘 이상의 지분의 실질적인 전부 또는 둘 이상의 파트너십의 사업이 동일한 지분관계에 의하여 보유되는 경우
> (1), (2)의 경우 모두 (a) 그러한 법인 또는 파트너십은 동일하거나 밀접하게 관련된 사업을 영위하거나, (b) 일방 법인 또는 파트너십은 타방 법인 또는 파트너십으로부터 재화 또는 용역을 시가보다 높게 또는 낮게 거래하여 이익배분에 인위적인 영향을 미치거나, (c) 일방 법인 또는 파트너십은 타방 법인 또는 파트너십과 사이에 순소득 또는 투자자본을 비례적이지 않게 할당하도록 재무적 관계를 설정하는 경우

위 규정은 쌍방 법인이 단순히 상호 간에 거래를 한다는 사실만으로는 특수관계가 있는

---

483) Lepard, 앞의 책(551-2nd, T.M.), II. A.
484) ¶D, 20 Trea. Dec. 41, 42 (1918).
485) Rev. Act of 1921, ch. 136, § 1331(b), 42 Stat. 319 (1921).
486) T.D. 3389, Aug. 24, 1922, 24 Treas. Dec. 1126 (1922).
487) Regs. 41, art. 77[T.D. 3389, Aug. 24, 1922, 24 Treas. Dec. 1126 (1922)로 개정된 것].

것으로 취급하지 않는다는 점을 분명하게 하고 있다. 대신 일방 법인 또는 파트너십은 타방 법인 또는 파트너십 지분의 실질적인 전부를 보유·지배하거나 공통의 지분관계가 쌍방 법인 또는 파트너십의 지분 또는 사업의 실질적인 전부를 보유하여야 한다.[488] 나아가 개정된 시행령은 과세연도의 기초 및 기중에 의결권이 있는 발행유통주식(자기주식 제외)의 95% 이상을 보유하거나 지배하면 법령상의 특수관계를 충족하는 것으로 간주하도록 하고 있다. 다만 이 경우 쌍방 법인 또는 파트너십은 동일하거나 밀접하게 관련이 있는 사업을 영위하거나 위 규정 (b), (c)에 규정된 거래를 영위하여야 한다.[489]

2. 1918년 미국세법

의회는 1918년 미국세법을 개정하면서 1918 사업연도 이후에 적용되는 통상의 소득세 및 초과이익세 과세를 위하여 특수관계법인(affiliated corporation)에 관한 규정을 두었다. 1918년 미국세법 제240조(b)는 특수관계법인으로 하여금 연결납세신고를 할 의무를 지우면서 그 조항의 적용상 "둘 이상의 내국법인은 (1) 일방 법인이 타방 법인의 지분의 전부 또는 실질적인 전부를 직접 보유하거나 또는 밀접한 지분 관계 또는 수탁자를 통하여 지배하는 경우 또는 (2) 둘 이상의 법인 지분의 실질적인 전부가 동일한 지분에 의하여 보유되거나 지배되는 경우에는 서로 특수관계가 있는 것(affilated)으로 본다"라고 규정하였다.[490]

이 정의는 재무부 시행령 제41호 제77조와 달리 일방 법인 지분의 실질적인 전부를 보유하거나 지배하고 있는지 여부에만 초점을 맞추고 쌍방 법인의 사업 내용, 쌍방 법인 간 거래의 특성, 인위적인 소득의 이전 또는 공제가 있었는지 여부는 따지지 않는다. 파트너십에 관한 언급도 없다. 위 규정은 당초 연결납세신고를 위한 것이었으므로 그에 따라 채택된 재무부 시행령 제631조는 부적절한 소득 이전을 방지하기 위한 수단으로서 연결납세제도를 채택하였다.[491]

3. 1921년 미국세법

1921년 미국세법은 1922년 1월 1일 이후의 과세연도에 관하여 특수관계법인 간의 연결납세신고를 선택사항으로 규정하였다.[492] 위 법 제240조(c)는 특수관계(affiliated)의 의미를

---

488) Lepard, 앞의 책(551-2nd, T.M.), II. A.
489) Regs. 41, art. 77[T.D. 3389, Aug. 24, 1922, 24 Treas. Dec. 1126 (1922)로 개정된 것].
490) Rev. Act of 1918, ch. 18, § 240(b), 40 Stat. 1082 (1919).
491) Lepard, 앞의 책(551-2nd, T.M.), II. A.

1918년 미국세법 제240조(b)와 동일하게 규정하고 있다.[493] 1921년 미국세법 제240조(d)가 바로 현행 미국세법 제482조의 직접적인 전신이다. 위 규정은 다음과 같다.

"본 조의 목적상 제262조[494]의 혜택을 받을 수 있는 법인(즉, 미국 속령에서 사업을 영위하여 미국원천소득에 한하여 과세되는 내국법인)은 외국법인으로 본다. 다만 둘 이상의 거래 또는 사업(법인체인지 여부와 미국에서 조직되었는지 여부는 묻지 않는다)이 동일한 지분관계에 의하여 직접·간접 소유되거나 지배되는 경우 국세청장(Commissioner)은 특수관계 있는 거래 또는 사업 간에 차익, 이익, 소득, 손비, 출자를 정확하게 분배하거나 배분하기 위하여 필요한 경우 그와 같은 특수관계 있는 거래 또는 사업의 계정을 연결(consolidate)할 수 있다.[495]"

위 규정은 미국세법 중 미국 속령 법인에 관한 부분에 속해 있고 미국 속령 법인을 외국법인으로 간주한다. 그렇게 하지 않으면 특수관계 있는 내국법인과 사이에 특수관계가 있는 것으로 취급할 수 없게 되어 소득 이전의 길을 터 주게 될 것이기 때문이었다. 그러나 입법자료에 의하면 의회는 위 조문이 단지 미국 속령 법인이 관련된 거래에 국한되어 적용되지 않고 더 넓은 범위에서 적용될 것으로 의도한 것으로 보인다.[496]

4. 1928년 미국세법

1928년 미국세법은 내국 특수관계법인들이 스스로 연결납세신고를 할 수 있도록 하는 규정을 신설하였다.[497] 또한 의회는 조세회피행위가 있으면 국세청이 과세소득의 분배 등을 할 수 있다는 취지로 같은 법 제45조를 신설하였다.[498] 그 규정은 1921년 미국세법 제240조(d)의 영향을 받았지만 더욱 상세한 것이었다. 내용은 다음과 같다.

"둘 이상의 거래 또는 사업(법인체인지 여부와 미국에서 조직되었는지 여부는 묻지 않는다)이 동일한 지분관계에 의하여 직접·간접 소유되거나 지배되는 경우 국세청장은 조세회피를 방지하거나 거래 또는 사업의 소득을 명확하게 반영하기 위하여 거래 또는 사업 간에 익금 또는 손금의 분배, 배분 또는 할당이 필요하다고 판단하면 거래 또는 사업 간에

---

492) Rev. Act of 1921, ch. 136, § 240(a), 42 Stat. 260 (1921).
493) § 240(c), 42 Stat. 260 (1921).
494) § 262, 42 Stat. 271 (1921).
495) Rev. Act of 1921, ch. 136, §240(d), 42 Stat. 260 (1921).
496) S. Rep. No. 275, 67th Cong., 1st Sess. (1921), reprinted in 1939-1(Part 2), C.B. 181, 195.
497) Rev. Act of 1928, ch. 852, §141, 45 Stat. 831 (1928).
498) Lepard, 앞의 책(551-2nd, T.M.), VI. F.

익금 또는 공제를 분배, 배분 또는 할당할 수 있다."[499]

5. 1934년 미국세법에 따른 시행령

1934년 미국세법에 따른 최초의 재무부 시행령은 1935년에 공표되었다. 이 시행령은 일반적으로 "모든 사안에 적용되어야 하는 기준은 정상가격(arm's length)으로 거래하는 지배관계 있는 납세의무자 간의 거래이다"라고 규정하여 처음으로 정상가격원칙을 입법하였다.[500] 이 시행령은 1968년까지 본질적으로 변하지 않고 유지되었다. 1968년에 공표된 시행령은 정상가격 기준을 확인하면서도 거래 유형별로 이 기준이 구체적으로 어떻게 적용되어야 하는지를 규정하였다.[501]

6. 1986년 미국세법

1928년 미국세법 제45조는 1939년 미국세법에서 제482조로 조문 번호가 변경되었으나 실질적인 내용상의 변화는 거의 없었다. 1986년 미국세법 개정시에 제482조 제2문이 추가되었다. 그 결과 "[제936조(h)(3)(B)에 규정된 바에 따른] 무형자산의 양도(또는 사용허락)의 경우 그런 양도 또는 사용허락에 관한 소득은 해당 무형자산에 귀속되는 소득에 대응하여야 한다"는 규정이 신설되었다. 이와 같은 개정은 1986년 조세개혁법(Tax Reform Act of 1986)에 따른 것이다.[502]

1986년 미국세법 이후 같은 법 제482조는 「2017년 조세절감 및 일자리법(Tax Cuts and Jobs Act in 2017)」 개정시 제3문이 추가된 것 이외에는 수정 없이 그대로 현재까지 존속하고 있으며 재무부 시행령 단계에서 여러 개정이 있었다. 그 중 중요한 것을 살펴본다.[503]

---

499) Rev. Act of 1928, ch. 852, §45, 45 Stat. 806 (1928).
500) Regs. 86, art. 45-1(b)(1935).
501) 1968 Regs. §§1.482-1, 2.
502) § 482 (1986). P.L. 99~514, Oct. 22, 1986, §1231(e)(1), 100 Stat. 2085, 2563 (1986)을 보라.
503) 이들 시행령은 미국세법 제7805조(a)의 위임에 따른 것이다. 미국법원은 그러한 시행령은 유효한 것으로 추정되고 비합리적이고 명확하게 조세법령에 위반하지 않는다면 유지되어야 한다고 본다. Commissioner v. South Texax Lumber Co., 333 U.S. 496, 501 (1948). 시행령은 해석적 시행령과 입법적 시행령으로 나뉘는데 미국 법원은 미국세법 제482조가 재무부에 대하여 명시적인 위임을 하지 않고 있다는 점을 들어 미국세법 제482조에 따른 시행령은 해석적 시행령이라고 해석한다. Latham Park Manor, Inc. v. Commissioner, 69 T.C. 199, 211-12 (1977). 상세는 Lepard, 앞의 책(551-2nd, T.M.), III. K.

7. 미국세법 제482조에 따른 시행령

가. 개관

재무부는 1968년 미국세법 제482조에 관한 시행령을 공표하였다. 그 시행령은 1966년의 제안 시행령(proposed regulation)과 대체로 동일한 것으로서 정상가격원칙을 기초로 무형자산의 양도소득을 배분하는 상세한 규정과 비교가능 제3자 가격방법(Comparable Uncontrolled Price: CUP), 재판매가격방법(Resale Price Method)과 비용가산방법(Cost Plus Method)의 내용과 적용순서를 처음으로 규정하였다.[504] 당초 법원은 지배관계 있는 거래와 비교가능한 '지배관계 없는' 거래를 찾는 것이 쉽지 않다고 판단하였기 때문에 시행령을 문언대로 적용하기를 꺼리면서 스스로 고안한 '제4방법'에 의지하는 경우가 많았다.[505] 1985년 무렵 의회와 국세청은 전통적인 정상가격방법은 특히 유형 및 무형자산의 이전에 관한 사안들 적절하게 처리할 수 없다는 점에 관하여 의견의 합치를 보게 되었다. 특히 의회는 미국세법 제482조에 따른 시행령을 상세하게 재검토하도록 연방정부에 권고하였다. 재무부는 의회의 요청에 응하여 1988년에 이전가격에 관한 백서를 발표하였다.[506] 그리고 그 이후의 시행령 개정은 위 백서에 따라 이루어졌다.

나. 1992년 제안 시행령

1992년 1월에 재무부가 공표한 제안 시행령[507]은 의회가 추가한 미국세법 제482조 제2문[508]을 시행하기 위한 것이었다.[509] 위 시행령에는 유형자산의 이전시 정상가격 결정을 위하여 비교이익구간(comparabel profit interval: CPI), 비용가산방법 및 제4방법을 도입하였다. 동시에 1968년 시행령에 규정되어 있던 평가방법의 적용순위를 완화하였다. 또한 위 제안 시행령은 비교이익구간 기준을 적용할 경우의 정상가격범위를 계산하기 위한 규정을 두었다. 무형자산 이전의 경우 제안 시행령은 대응거래방법(matching transaction method: MTM)을 우선 적용하도록 하였다. 그리고 만일 대응거래방법이 적용될 수 없다면 비교이익구간 기준에 따라 비교가능 조정가격방법(comparable adjustable transaction method: CATM)을 사용할 수 있도록 하였다. 위 제안 시행령에 관하여는 주로 비교이익

---

504) 1968 Regs. §§1.482-1, 2.
505) Lepard, 앞의 책(551-2nd, T.M.), III. E.
506) 정식명칭은 Notice 88-123, 1988-2 C.B. 458이다. 이하 '1988년 백서'로 인용한다.
507) 57 Fed. Reg. 3574 (1/30/92).
508) 1986년 조세개혁법[Tax Reform Act of 1986, P.L. 99-514, Oct. 22, 1986, §1231(e)(1), 100 Stat. 2085, 2563 (1986)]의 일환으로 이른바 '소득상응성기준(commensurate with income test)'을 입법한 것이다.
509) 57 Fed. Reg. 3571 (1/30/92). 최종안은 57 Fed. Reg. 27716 (6/22/92).

구간의 도입에 관하여 무역상대국으로부터 비판이 집중되었다.[510] 이에 따라 재무부는 제안 시행령을 철회하고 1993년 잠정 시행령을 제안하였다.

다. 1993년 잠정 시행령

재무부는 1993년 1월에 새로이 잠정 시행령(temporary regulation)을 공표하였다.[511] 이 잠정 시행령은 정상가격원칙을 재확인하고 거래의 결과가 정상가격원칙에 부합할 것을 요구하였다. 또한 이 잠정 시행령은 지배관계 있는 거래의 정상가격을 결정할 때에는 종래보다 훨씬 유연한 '최적방법규칙(best method rule)'에 따르도록 하였다.

라. 1994년/1995년 최종 시행령 및 2004년까지의 개정

재무부는 1994년 7월에 최종 시행령을 공표하였다.[512] 그 내용은 1993년 잠정 시행령과 거의 동일하다. 1994년 최종 시행령은 비교이익방법과 이익분할방법을 포함하고 있다. 비용분담약정에 관한 규정은 잠정 시행령으로 공표되었다가 1995년에 최종 시행령으로 확정되었다(이하 양자를 총칭하여 '1994년 시행령'이라고 한다). 1994년 시행령은 1993년 잠정 시행령과 비교하더라도 정상가격 결정방법을 적용할 때, 보다 높은 수준의 유연성을 추구하였다. 2002년 7월 재무부는 주식 기반 보상의 처리에 관하여 새로운 제안 시행령을 공표하였고 위 제안 시행령은 2003년 8월에 최종 시행령으로 확정되었다. 2003년 9월 재무부는 용역의 처리에 관하여 광범위한 제안 시행령을 공표하였다.

마. 2004년 이후의 개정

재무부는 2005년 8월 비용분담약정에 관한 일반적 규정을 개정하는 제안 시행령을 공표하였다. 2006년 8월에는 지배관계 없는 용역 거래에 관하여 기존의 제안 시행령을 개정하는 잠정 시행령을 공표하였다. 재무부는 2009년 1월 비용분담약정에 관한 2005년 제안 시행령을 크게 수정한 잠정·제안 시행령을 공표하였다. 2009년 8월에는 지배관계 없는 용역 거래에 관한 최종 시행령을 채택하였다. 재무부는 2011년 12월에 비용분담약정에 관한 최종 시행령을 공표하였는데 이 시행령은 2009년 잠정·제안 시행령을 수용하면서도 몇 가지 쟁점을 명확하게 하고 있다.[513]

---

510) 비판의 요지는 1993년 잠정 시행령 전문에 소개되어 있다. T.D. 8470, 58 Fed. Reg. 5263, 5265 (1/21/93).
511) T.D. 8470, 58 Fed. Reg. 5263 (1/2/93). 최종안은 58 Fed. Reg. 17775 (4/6/93).
512) T.D. 8552, 59 Fed. Reg. 34971 (7/8/94). 최종안은 60 Fed. Reg. 16381 (3/30/95).
513) 상세는 Lepard, 앞의 책(551-2nd, T.M.), III. J.

Ⅳ. 과세소득계산의 일반원칙과의 관계

미국세법 제482조의 위헌성이 법원에서 다투어졌지만 미국의 판례는 합헌으로 판단하였다.[514] 미국세법 제482조의 위헌성이 문제되는 것은 과세소득계산의 일반원칙과 충돌되는 지점이 있는 듯 보이기 때문이다. 그 구체적인 관계를 경우별로 나누어 검토한다.

1. 모든 납세의무자에게 적용되는 과세소득계산의 일반원칙과의 관계

재무부와 법원은 과세소득계산에 관한 일반원칙을 발전시켜 왔다. 미국세법 제482조는 특수한 경우를 규율하는 규정이므로 그 내용을 이해하기 위하여는 일반원칙의 내용을 먼저 살펴볼 필요가 있다.[515]

가. 법인격 분리 원칙(The Separable Taxable Entity Principle)

(1) 의의

미국세법은 원칙적으로 법인격 단위별로 독립된 납세의무자로 규율한다.[516] 따라서 독립된 법인은 원칙적으로 독립된 과세단위로 취급한다.[517] 물론 미국세법상 법인이 가장단체(sham)라면 부인될 수 있다. 판례는 법인을 독립된 납세의무자로 하여 과세하려고 하는 의회의 의도를 존중하는 입장을 취해오고 있다. 대표적인 판결인 Moline Properties 판결은 법인이 ① 조세회피 목적 이외의 적법한 상업적 목적을 위하여 설립되고, ② 실제로 그 사업을 수행하였다면 세법상 법인격을 존중하여야 한다는 취지의 것이다.[518]

(2) 예외

법인격분리원칙은 연방소득세 체계의 근간을 이루고 있지만, 의회, 재무부 및 법원은 제한된 경우 익금, 손금, 공제가 남용적으로 이전되는 것을 막기 위하여 예외를 창설하였다.[519]

---

514) Asiatic Petroleum Co. v. CIR, 79 F2d 234 (2d Cir.), *cert. denied*, 296 US 645 (1935) (미국세법 제482조는 타인의 소득을 이유로 부당하게 납세자를 과세하는 규정이 아니라는 취지); Foster v. CIR, 80 TC 34 (1983), *aff'd & rev'd on other issues*, 756 F2d 1430 (9th Cir. 1985), *cert. denied*, 474 US 1055 (1986) (미국세법 제482조는 입법권의 부당한 위임에 해당하지 않는다는 취지).

515) Lepard, 앞의 책(551-2nd, T.M.), Ⅳ. C.

516) 실정법적 근거는 미국세법 제1조이다.

517) 미국세법 제11조(a).

518) Moline Properties, Inc. v. Commissioner, 319 U.S. 436 (1943), 438~439. 위 판결을 위와 같이 이해하고 있는 대표적인 후속 판결로 ASA Investerings Partership v. Commissioner, 201 F.3d 505 (D.C. Cir. 2000), *cert. denied*, 531 U.S. 871 (2000).

(가) 법령상의 예외

입법자는 좁은 영역에서 특수관계 있는 납세의무자들이 익금, 손금, 공제를 연결할 수 있도록 허용하였다.[520] 나아가 더 예외적인 경우에는 특정한 목적을 위하여 재무부가 특수관계 있는 납세의무자들에게 익금, 손금, 공제를 연결하여 계산하도록 요구할 수 있다.[521] 국세청장은 익금, 손금, 공제를 특수관계 있는 납세의무자들 사이에 배분할 수 있는데 그 주요한 규정이 바로 미국세법 제482조이다.

(나) 판례에 의한 예외

판례는 법인격 분리원칙으로 인한 남용을 방지하기 위하여 다수의 법리를 발전시켰다. 이에 해당하는 것으로는 가장법인원칙(The Sham Entity Doctrine)[522], 가장거래원칙(The Sham Transaction Doctrine),[523] 실질우선원칙(The Substance over Form Doctrine),[524] 경제적 실질원칙(The Economic Substance Doctrine),[525] 사업목적원칙(The Business Purpose Doctrine),[526] 실질소득자원칙(The True Earner Principle),[527] 재산소득할당원칙(the Assignment of Income from Property Doctrine),[528] 단계거래원칙(The Step Transaction Doctrine)[529] 등이 있다. 판례가 위와 같은 법리들을 적용하는 것은 입법자의 의도를 존중하기 위한 것이다. 반대로 말해서 납세의무자의 행위가 입법자의 의도에 부합한다면 세법상으로도 인정하는 것이 법원의 태도이기도 하다.[530]

나. 이익극대화 가정

이익극대화 가정은 납세의무자가 다른 납세의무자와 비교하여 자신의 경제적 이익을 극대화할 동기를 가진다는 것인데 법인격 분리원칙을 보완한다. 이 가정이 유효하다면 각각의 납세의무 있는 법인은 다른 납세의무자 이상으로 지급을 받고 다른 납세의무자 이하로 지출을 하려는 경제적 동기를 갖게 된다. 모든 납세의무 있는 법인이 이렇게 행동한다면

---

519) Lepard, 앞의 책(551-2nd, T.M.), IV. C. 2. d.
520) 예를 들면 미국세법 제1501조부터 제1504조까지.
521) 예를 들면 미국세법 제1561조부터 제1563조까지.
522) 상세는 Lepard, 앞의 책(551-2nd, T.M.), IV. C. 2. d. (2)(b).
523) 상세는 Lepard, 앞의 책(551-2nd, T.M.), IV. C. 2. d. (2)(c).
524) 상세는 Lepard, 앞의 책(551-2nd, T.M.), IV. C. 2. d. (2)(d).
525) 상세는 Lepard, 앞의 책(551-2nd, T.M.), IV. C. 2. d. (2)(e).
526) 상세는 Lepard, 앞의 책(551-2nd, T.M.), IV. C. 2. d. (2)(f).
527) 상세는 Lepard, 앞의 책(551-2nd, T.M.), IV. C. 2. d. (2)(g).
528) 상세는 Lepard, 앞의 책(551-2nd, T.M.), IV. C. 2. d. (2)(h).
529) 상세는 Lepard, 앞의 책(551-2nd, T.M.), IV. C. 2. d. (2)(i).
530) Lepard, 앞의 책(551-2nd, T.M.), IV. C. 2. d. (2)(j).

공정가치로 거래가 행해지고 과세소득의 왜곡도 없을 것이다. 그러나 이 가정은 납세의무자들이 특수관계에 있는 경우, 특히 공통의 지배관계 있는 관계에 있을 때에는 유효하지 않다. 그 경우 법인격 분리원칙을 그대로 적용하면 지배관계 있는 납세의무자는 경제적 손실 없이도 결합된 납세의무 총액을 줄일 수 있다. 예를 들어 모법인이 더 낮은 과세구간에 속하는 완전자법인에게 낮은 가격으로 제품을 판매하여 전체적인 조세절감 효과를 거둔 경우에도 모법인 자산의 가치는 감소하지 않는다. 그 자회사 주식의 가치가 그에 비례하여 증가하기 때문이다.531)

즉, 일방 납세의무자가 타방 납세의무자를 지배하거나 또는 소유지분을 보유하는 경우 조세절감효과를 고려한다면 일방 납세의무자의 소득을 타방 납세의무자에게 이전하더라도 일방 납세의무자의 경제적 손실은 크게 감소하거나 혹은 전혀 없을 수 있다. 지배관계는 없지만 특수관계 있는 납세의무자 간에도 마찬가지 상황이 있을 수 있다.532)

다. 실현주의원칙(The Realization Principle)

미국세법 제482조와 관련된 소득과세의 기본 원칙 중 하나로 실현주의원칙도 포함된다.533) 이 원칙은 소득은 실현되었을 때 비로소 (익금에 산입되어) 과세될 수 있고, 납세의무자는 손실이 실현되었을 때 비로소 손금에 산입할 수 있다는 원칙이다.534) 실현주의원칙은 법인격 분리원칙과 밀접하게 관련되어 있다. 의회, 국세청, 법원은 암묵적으로 실현을, 각 과세단체를 둘러싼 보이지 않는 장막이 벗겨짐으로써 해당 과세단체가 외부의 원천으로부터 경제적 이익의 실현을 누리는 사건(event)이라고 정의하는 것으로 보인다. 그러나 의회는 이에 관한 예외를 두어 설사 손익이 실현되더라도 인식(recognition)을 할 수 없도록 하는 경우를 규정하였다.535) 이와 같은 미인식 규정은 실질적으로 손익의 인식을 이연시키는 결과를 가져온다. 미인식 규정은 미국세법 제482조와 관련된 사건에서 중요한 쟁점으로 다루어진다.536)

의회는 일반적으로 실현주의원칙을 고수하지만 동시에 금액, 성격, 손익의 실현시기는

---

531) H.P. Rep. No. 426, 9th Cong., 1st Sess., 423-24 (1985).
532) 구체적인 예에 관하여는 Lepard, 앞의 책(551-2nd, T.M.), IV. C. 2. c.
533) 실현주의원칙의 상세한 분석은 White, "Realization, Recognition, Reconciliation, Rationality and the Structure of the Federal Income Tax System", 88 *Mich. L. Rev.* 2034 (1990), 2044~2053.
534) Lepard, 앞의 책(551-2nd, T.M.), IV. C. 3.
535) 실현과 인식의 개념상 차이에 관하여는 Shaviro, "An Efficiency Analysis of Realization and Recognition Rules Under the Federal Income Tax", 48 *Tax L. Rev.* 1, 14 (1992); Regs. §1.61-6(b).
536) 판례는 실현을 소득의 중요한 요소로 본다. 판례의 입장에 관한 상세는 Lepard, 앞의 책(551-2nd, T.M.), IV. C. 3. b.

해당 거래의 유형에 따라 달라진다는 입장을 취하고 있다.[537]

라. 인식원칙(The Recognition Principle)

소득은 과세의 대상이 되려면 실현될 뿐만 아니라 인식되어야 한다. 이를 인식원칙이라고 한다. 일반적으로 실현된 소득은 인식된 것으로 취급된다.[538] 그러나 의회는 일정한 경우에는 실현된 소득이 인식될 수 없도록 하여 과세를 면제하거나 그 이후의 시점에 인식되도록 하여 과세를 이연하여 주는 규정을 두고 있다. 과세이연을 위한 비인식 규정 중 일부는 특수관계인 간의 거래에 적용된다.

마. 회계 관련 요건

미국세법은 다수의 회계 관련 규정을 두고 있는데 이 규정들은 과세소득의 결정을 좌우하며 미국세법 제482조에 내재된 원칙과 관련이 있다.

(1) 소득의 명확한 반영

미국세법 제446조(b)는 과세소득은 '소득을 명확하게 반영하는' 회계방법에 따라 계산되어야 한다고 규정하고 있다. 또한 같은 조문은 만일 납세의무자가 일정한 회계방법을 적용하지 않았거나 그 방법이 소득을 명확하게 반영할 수 없다면 과세소득의 계산은 재무부장관이 소득을 명확하게 반영한다고 판단하는 방법에 의하여야 한다고 규정한다.[539] 미국세법 제482조가 특수관계인 간의 거래에 관하여 조정을 허용하는 두 가지 근거 중에 하나가 '소득을 명확하게 반영할 수 있도록' 하기 위한 것이다.[540]

(2) 주요한 회계처리방법

미국세법은 소득을 명확하게 반영하기 위한 회계처리방법을 열거하고 있는데, 현금주의방법과 발생주의방법,[541] 공사완성기준[542]도 이 중에 포함된다.[543]

---

537) 법령의 구체적인 내용에 관하여는 Lepard, 앞의 책(551-2nd, T.M.), IV. C. 3. d. (1)~(13).

538) Regs. §1.1002-1(a).

539) 미국의 판례는 특정한 회계방법이 소득을 명확하게 반영하는지 여부를 판단할 때 국세청에게 넓은 재량을 인정한다. 439 U.S. 522 (1979); Ansley-Sheppard-Burgess Co. v. Commissioner, 104 T.C. 367 (1995).

540) Lepard, 앞의 책(551-2nd, T.M.), IV. C. 5. a.

541) 이상 미국세법 제446조(c)(1), (2).

542) 미국세법 제460조.

543) Lepard, 앞의 책(551-2nd, T.M.), IV. C. 5. b.

(3) 익금·손금의 적정한 대응

미국세법 제446조(b)의 주요 목적 중 하나는 납세의무자의 익금과 손금을 적정하게 대응시키는 데 있다.[544]

(4) 과세소득을 명확하게 반영하기 위한 해석

미국세법 제446조(b)에 규정된 '과세소득의 명확한 반영'의 의미는 매우 애매하다. 그러나 의회는 위 문구를 통하여 과세소득의 결정이 세법에 내재된 일반적 조세원칙에 부합할 것을 의도한 것으로 보인다. 즉, 다른 규정이 없으면 과세소득(익금)은 경제적으로 실현된 경우에 인식되고 손금은 경제적으로 발생할 경우에 산입될 수 있다는 것이다. 일반적 조세원칙 중 하나는 실질귀속자원칙(true earner principle)이다. 이 원칙은 실제로 소득을 창출한 납세의무자가 그 소득에 관하여 과세되는 것을 의미한다. 나아가, 과세소득은 요구되거나 승인된 방식으로 보고되거나 특정한 법령 규정 또는 법령이 허용한 회계방법에 의해 보고되면 과세소득을 명확하게 반영하는 것으로 보아야 할 것이다. 미국세법 제446조(b)는 의회가 입법한 다양한 회계방법, 익금산입, 손금산입 규정의 의도를 존중하는 방향으로 해석하여야 한다.[545]

바. 미실현익금(Imputed Income)과 미실현손금(Imputed Deduction)의 미반영 원칙

실현주의원칙으로부터, 미국세법은 미실현익금을 과세하지 않는다는 일반원칙이 도출된다.[546] 미실현익금에 관한 논의는 미국세법 제482조와 관련이 있다. 미국세법 제482조를 적용하면 미실현이익을 과세하여야 하는 상황이 발생하기 때문이다.[547] 반대로 미실현손금(Imputed Deduction)은 실제로 발생하지 않은 미실현손실을 말하는데, 역시 원칙적으로 과세소득 계산 시에 고려되지 않는다.[548]

사. 협상유연성원칙(Bargaining Flexibility Principle)

일반적으로 미국의 의회, 국세청, 법원은 협상유연성원칙을 존중한다. 이 원칙은 납세의

---

544) 미국 법원과 재무부는 특히 발생주의를 따르는 납세의무자의 경우 수익과 비용을 적절하게 대응시키고자 하는 의도를 표명해 왔다. Mooney Aircraft, Inc. v. U.S., 420 F.2d 400, 403 (5th Cir. 1969); Gunn, Matching of Costs and Revenues as a Goal of Tax Accounting, 4 *Va. Tax Rev.* 1 (1984), pp. 1~2.
545) Dana Corp. v. U.S., 174 F.3d 1344 (Cir. 1999); Ansley-Sheppard-Burgess Co. v. Commissioner, 104 T.C. 367 (1995); Lepard, 앞의 책(551-2nd, T.M.), IV. C. 5. d.
546) 귀속소득에 관한 다양한 논의는 Marsh, "The Taxation of Imputed Income", 58 *Pol. Sci. Q.* 514 (1943), 514.
547) 상세는 Lepard, 앞의 책(551-2nd, T.M.), IV. C. 6.
548) 상세는 Lepard, 앞의 책(551-2nd, T.M.), IV. C. 7.

무자에게 구체적인 거래 및 그 거래의 특정 조건과 가격에 관하여 협상할 수 있는 유연성을 인정하는 원칙이다.[549] 한국법상 사적 자치의 원칙에 대응한다고 이해할 수 있다.

이 원칙에 따라 납세의무자가 행한 거래조건 협상의 결과는 원칙적으로 세법상 존중된다. 다만 예외적으로 납세의무자인 단체가 가장단체이거나 거래가 가장행위이거나, 거래의 실질이 형식에 부합하지 않거나 거래에 경제적 실질이 없거나 거래에 주요하고 적법한 사업상 목적이 없거나, 조세회피 목적이 있거나, 실질귀속자원칙이 회피되는 경우 등에는 그렇지 않다.[550]

협상유연성원칙은 납세의무자가 이기적이고 자신의 경제적 극대화한다는 가정과 관련이 있다. 따라서 납세의무자가 거래상대방과 아무런 특수관계를 갖지 않는다면 그 거래는 제로섬 게임이라고 전제한다.[551] 법원은 다른 증거가 없다면 특수관계가 없는 거래당사자들이 합의한 가격이 시가이고 특히 거래당사자들이 교환거래를 한다면 각 재산의 시가는 거의 같을 것이라고 판시하고 있는데[552] 이 원칙을 전제로 하는 것이다.

아. 다양한 평가방법의 사용에 관한 유연성 원칙

법원은 일반적으로 특수관계 없는 매수인과 매도인 간에 시가를 찾기 위하여 다양한 평가방법을 사용하도록 허용하면서 그 결과인 가격의 합리성만을 검증하는 입장을 취하여 왔다.[553]

2. 지배관계 있는 납세의무자 간의 거래에 적용되는 과세소득계산의 일반원칙과의 관계

의회는 지배관계 있는 납세의무자 간의 거래와 특수관계 있지만 지배관계 없는 납세의무자 간의 거래를 다르게 규율할 필요가 있다고 보았다. 의회는 지배관계 있는 납세의무자 간의 거래에 적용되는 특수한 원칙을 창설하였다. 그 이유는 여러 가지가 있다.[554]

---

549) 대표적으로 Frank Lyon Co. v. U.S., 435 U.S. 561 (1978).
550) 상세는 Lepard, 앞의 책(551-2nd, T.M.), IV. C. 8.
551) 물론 협상이 정확하게 제로섬 게임으로 행해지는 것은 아니다. 거래당사자들은 각각 거래를 체결하면서 이익을 보기 때문에 거래를 한다. 그런 이익을 경제적 이익과 대비시켜 '심리적 이익(psychic benefit)' 또는 '심리적 소득(psychic income)'이라고 부른다. 그러나 미국세법, 재무부 시행령, 법원은 특정한 거래의 세법상 효과를 판단할 때, 또는 그 거래를 세법상 인정할 수 있는지 여부를 판단할 때 그러한 이익을 고려에 넣지 않는다. 납세의무자는 직접적인 경제적 이익을 극대화하도록 행동한다는 전제 위에 있기 때문이다. 심리적 이익이나 심리적 소득은 실현되지 않은 것으로 간주하고 과세의 대상이 아닌 간접적 이익으로 취급한다. Lepard, 앞의 책(551-2nd, T.M.), IV. C. 8.
552) Philadelphia Park Amusement Co. v. U.S., 130 Ct. Cl. 166, 172 (1954).
553) Lepard, 앞의 책(551-2nd, T.M.), IV. C. 9.

첫째, 지배관계 있는 납세의무자 간의 거래에는 지배관계 있는 납세의무자에게 직접적인 경제적 이익이 발생하면 그 자를 지배하는 납세의무자에게 간접적인 경제적 이익이 발생한다.

둘째, 지배 납세의무자가 피지배 납세의무자에게 영향을 행사하기 때문에 지배관계 있는 납세의무자의 경우에는 독립적으로 즉시의 경제적 이익을 극대화하기 위하여 행동한다는 전제가 성립하지 않는다.

셋째, 소득세 효과를 고려한 결과를 기준으로 지배관계 있는 납세의무자 모두, 또는 그 중 일방에게 이익이 발생하도록 의도한 담합행위가 있을 수 있다.

사 례

자법인의 지분 80%를 보유하고 있는 모법인이 시가 10,000달러인 컴퓨터 모니터를 8,000달러에 판매하였다고 가정한다. 자법인은 2,000달러의 경제적 이익을 얻고 모법인은 2,000달러의 경제적 손실은 입는데 모법인은 자법인에 대하여 80%의 지분을 보유하고 있으므로 자법인 주식의 가치증가분 2,000달러 중 80%의 이익을 모법인이 얻게 된다. 따라서 모법인이 위 거래로 입은 세전 손실은 400달러이다. 만일 모법인이 34%의 한계세율로 과세되면 모법인이 입은 2,000달러의 경제적 손실에 대응하여 680달러의 조세가 경감되므로 위 할인판매로 인한 손실도 680달러만큼 줄어든다. 모법인의 세전 경제적 손실이 400달러이므로 680달러의 조세 경감을 고려하면 모법인은 결과적으로 280달러의 경제적 이익을 보는 결과가 된다. 자법인이 얻은 경제적 이익은 이를 취득한 것만으로는 과세소득 실현의 계기가 되지 않으므로 과세되지 않고 자법인의 순자산을 증가시킨다. 자법인과 모법인 전체로 보면 조세의 경감으로 인해 거래 이후에 680달러만큼 부가 증가한다.[555] 자법인은 경제적 이익이 실현되면 2,000달러에 관하여 과세가 되겠지만 자법인의 세율 구간이 낮고 모자법인 모두 과세이연의 이익을 누리게 된다.

만일 두 법인이 특수관계가 없었다면 판매법인은 세후 경제적 손실이 1,320달러이고(= 2,000달러−680달러), 판매법인은 구매 법인이 누린 2,000달러의 경제적 이익을 공유할 수가 없다. 따라서 판매법인은 세후 경제적 손실을 볼 것이므로 자기이익에 바탕을 두고 모니터를 가급적 시가에 가까운 가격으로 판매하고자 하는 경제적 동기를 갖게 될 것이다. 이런 이유에서 법원은 일반적으로 지배관계 없는 당사자 간에 결정된 가격을 존중한다.

결국 지배관계가 있는 당사자 간의 거래는 조세회피의 위험성이 높기 때문에 미국세법은 조세회피행위를 막기 위하여 제482조 이외에도 여러 개별 규정을 두고 있다.[556]

---

554) Lepard, 앞의 책(551-2nd, T.M.), IV. D. 1.
555) 실무상 과세관청은 거래를 출자로 재구성할 가능성이 있다.
556) 미국세법 제7872조, 제162조, 제267조, 제269조, 제721조 등이 그 예이다. 상세는 Lepard, 앞의 책(551-2nd, T.M.), IV. D. 2~6.

3. 특수관계가 존재하지만 지배관계는 없는 납세의무자 간의 거래에 적용되는 과세소득계산의 일반원칙과의 관계

의회는 지배관계 있는 납세의무자 간의 거래에 적용되는 원칙을 특수관계가 존재하지만 지배관계는 없는 납세의무자 간의 거래에 적용하여 왔다. 유사한 조세회피의 가능성이 존재한다는 점을 고려하였기 때문이다. 그러나 특수관계가 존재하지만 지배관계는 없는 납세의무자 간의 거래에는 조세회피의 가능성이 줄어드는 측면도 있기 때문에 의회는 완화된 조세회피방지규정을 채택하였다.[557)

첫째, 특수관계가 존재하지만 지배관계는 없는 납세의무자 간의 거래에도 지배관계가 존재하는 납세의무자 간의 거래와 마찬가지로 일방 납세의무자에게 직접적 경제적 이익이 발생하면 그 소유지분을 갖고 있는 타방 납세의무자에게 간접적·경제적 이익이 있을 수 있다. 그러나 이런 경우 그 이익은 지배관계 있는 납세의무자 간의 거래에 비하여 작은 것이 일반적이고 세후의 이익을 고려하면 서로 상반되는 경제적 이익을 가질 수도 있다. 다음의 예를 보자.

사 례

> 甲 법인이 乙 법인의 지분 20%를 보유하고 있으며 10,000달러 상당의 컴퓨터 모니터를 乙 법인에 8,000달러로 할인하여 판매한다고 가정하여 보자. 乙 법인은 2,000달러의 경제적 이익을 보고 甲 법인은 2,000달러의 경제적 손실을 보지만 甲 법인은 乙 법인의 지분 20%를 보유하고 있으므로 乙 법인의 주식 가치가 증가함에 따라 발생하는 이익의 20%, 즉 400달러의 이익을 얻는다. 따라서 甲 법인의 경제적 순손실은 1,600달러가 된다.

둘째, 지배관계 있는 납세의무자의 경우와 마찬가지로 일방 납세의무자가 특수관계 있지만 지배관계는 없는 타방 납세의무자에게 영향을 갖고 있는 경우 타방 납세의무자는 완전하게 독립적으로, 그 직접적 경제적 이익을 극대화하기 위하여만 행위한다고 추정할 수 없다.

셋째, 특수관계 있지만 지배관계 없는 납세의무자 간에 일방 납세의무자의 세후 순 경제적 손실을 줄이고 조세부담의 합계액을 줄여서 납세의무자 각각의 경제적 가치의 합계를 높이기 위한 담합행위가 있을 수 있다.

---

557) Lepard, 앞의 책(551-2nd, T.M.), IV. E. 1.

　　위 사례에서 甲 법인은 34%의 한계세율로 과세된다고 가정한다. 甲 법인이 재산을 저가양도하여 2,000달러의 손실을 입더라도 그 경제적 손실은 한계세율 34%를 고려하면 680달러만큼 줄어든다. 따라서 세후의 순 경제적 손실은 920달러가 된다.[558] 乙 법인은 2,000달러의 경제적 이익을 얻지만 그에 관하여 과세되지 않는다. 甲 법인과 乙 법인의 이익을 더하면 甲 법인에 대한 조세절감액인 680달러가 된다.

　　만일 두 법인이 특수관계가 없다면 甲 법인은 세후 경제적 손실이 1,320달러가 될 것이고(2,000달러−680달러) 乙 법인은 2,000달러의 경제적 이익을 얻게 될 것이다. 두 납세의무자에 대한 이익은 680달러가 되겠지만 甲 법인은 乙 법인의 경제적 이익 2,000달러를 공유할 수 없다.

　　만일 甲 법인이 모니터를 시가인 10,000달러에 판매하였다면 乙 법인에게 경제적 이익이 발생하지 않았을 것이고 甲 법인도 경제적 손실 또는 조세손실을 입지 않았을 것이다. 그러나 甲 법인이 모회사인 경우와 달리, 甲 법인이 40% 지분을 보유하고 있는 경우에는 세후 순 경제적 이익을 얻을 수 없다. 甲 법인은 여전히 세후 순 경제적 손실(920달러)을 입는다. 따라서 甲 법인은 스스로의 이익을 고려하면 저가양도가 아니라 시가에 최대한 근접한 가격으로 매매계약을 체결할 동기를 갖게 된다. 그 동기는 乙 주식의 가치증가액이 甲 법인의 세후 경제적 손실보다 작은 한 계속 유효하다. 위 사례에서는 甲 법인의 乙 법인에 대한 지분율이 66% 미만이라면 그렇다.

　　특수관계 있지만 지배관계 없는 납세의무자는 정상가격기준에서 벗어난 거래에 참여하여 세후 순 경제적 손실을 줄일 수는 있으므로 의회는 지배관계에 있는 납세의무자 간의 거래와 마찬가지로 그 거래를 규제하기로 하였다. 그러나 의회는 특수관계 있지만 지배관계 없는 경우에는 지배관계 있는 경우에 비하여 경제적 이해관계가 잠재적으로 상충되는 측면이 있고 지배관계 있는 경우에 비하여 타방 납세의무자에 대한 통제력이 작다는 점을 고려하여 지배관계 있는 특수관계자 간의 거래에 비하여 완화된 규정들을 두고 있다.[559]

---

558) 세전 경제적 손실 1,600달러에서 680달러의 조세경감액을 뺀 금액이다.
559) 미국세법 제7872조, 제267조, 제302조, 제336조, 제707조 등이 그 예이다. Lepard, 앞의 책(551-2nd, T.M.), VI. E. 2~5.

Ⅴ. 적용요건

1. 조직(Organization), 거래(Trades), 사업(Business)

미국세법 제482조는 조직, 거래, 사업 간에 공통의 소유 또는 지배관계가 있다면 익금 등의 분배 등을 허용한다. 1994년 시행령은 '조직'에 (각각 내국세법 또는 그에 따른 시행령에 정의되거나 이해되는) 모든 종류의 조직, 개인 사업체, 파트너십, 신탁, 부동산, 조합 또는 법인'이 포함된다고 규정하면서 설립장소, 사업활동장소, 거래 또는 사업활동, 내국법인인지 외국법인인지, 비과세조직인지 연결납세집단에 속하는 구성원인지 등은 묻지 않는다고 한다.[560]

미국세법령은 거래와 사업에 관하여는 정의하고 있지 않으므로 다른 법령에 규정된 정의를 참조하여 해석할 수밖에 없다. 그에 따르면 거래와 사업은 제한적으로 해석할 필요는 없고 사업성이 인정되는 활동이라면 이익추구 동기를 반드시 필요로 하는 것은 아니라고 해석하여야 한다.[561]

조직, 거래, 사업은 비거주자나 외국법인까지 미치기 때문에 미국세법 제482조는 이전가격세제의 기본 규정으로 기능한다. 연결납세신고를 행하는 조직도 미국세법 제482조의 적용대상인지 문제될 수 있다. 1994년 시행령은 '조직'은 연결납세신고를 행하는 연결집단의 구성원인지 여부를 불문하고 모든 종류의 조직을 포함한다고 정의하고 있다.[562] 또한 미국세법 제482조 및 시행령[563]은 지배관계 있는 납세의무자가 연결납세신고를 행하는지 여부를 불문하고 적용된다고 규정하고 있다. 지배관계 있는 납세의무자가 개별 납세신고를 제출하면 진실한 개별 과세소득이 결정될 것이고 지배관계 있는 납세의무자가 연결납세신고의 당사자라면 연결집단의 진실한 연결과세소득과 지배관계 있는 납세의무자의 진실한 개별 과세소득이 연결납세원칙에 따라 결정되어야 한다.[564]

---

560) Regs. §1.482-1(i)(1) ; Lepard, 앞의 책(551-2nd, T.M.), Ⅳ. E. 2~5.

561) Lepard, 앞의 책(551-2nd, T.M.), Ⅵ. C. 2.

562) Regs. §1.482-1(i)(1).

563) Regs. §1.482-1(f)(1)(iv).

564) Lepard, 앞의 책(551-2nd, T.M.), Ⅷ. B. 2. 1935년 시행령 및 그 이후 1968년까지의 시행령은 국세청이 연결납세를 선택하지 않은 지배관계 있는 납세의무자에 대하여 연결납세와 동일한 효과를 갖는 배분을 행할 수 없다고 규정하고 있었다[1935 Regs. 86, art. 45-1(b)]. 1968년 시행령도 유사한 규정을 두고 있었다[1968 Regs. §1.482-1(b)(3)]. 그 규정의 목적은 미국세법 제482조에 따른 분배(allocation)는 연결납세와 명확하게 구분되어야 한다는 것을 밝히는 데 있었다. 또한 1921년 미국세법이 연결납세 규정 중에서 제482조의 전신을 분리했다는 연혁을 고려한 것이기도 했다[Lepard, 앞의 책(551-2nd, T.M.), Ⅷ. B. 3]. 한동안 일부 판례는 이 규정을 국세청이 지배관계 있는 납세의무자의 모든 순소득을 다른 납세의무자에게 배분하지 못하도록 금지하는 규정이라고 해석하였다. 반면 총수입 또는 손금은 그렇지 않다고 해석하였다. 그러나 그 이후의 판례들은 그런 해석을 배척하여 연결납세도 가능한 배분방법 중 하나로 보아 특정한 사안

2. 동일한 지분에 의한 직접적 · 간접적 소유 또는 지배
(owned or controlled directrly or indirectly by the same interests)

가. 의의

미국세법 제482조는 동일한 이해관계인(same interests)의 지배관계 하에 있는 사업, 즉 '지배관계 있는 납세의무자(controlled taxpayers)'에 관한 규정이다.[565] '지배관계 있는 납세의무자'는 다른 납세의무자에 의하여 지배되는 납세의무자와 그 납세의무자를 지배하는 납세의무자 쌍방을 포괄한다.[566] 즉, ① 일방 납세의무자가 타방 납세의무자의 소득이나 자산에 관하여 지배적 지분을 보유함에 따라 타방 납세의무자에게 귀속하는 경제적 이익이 필연적으로(그러나 간접적으로) 일방 납세의무자에게 경제적으로 이익이 되는 경우와 ② 납세의무자들 간에 충분히 강한 비경제적 관련성(가족관계, 사업관계, 그 밖의 관계)이 존재하고 있어서 일방 납세의무자가 영향을 미칠 수 있는 능력을 통하여 타방 납세의무자를 조정하여 그 소득이나 자산을 자신의 이익이 되도록 하는 경우 및 ③ 납세의무자가 위 두 가지 방식으로 두 납세의무자를 소유하거나 지배하는 경우를 포함한다. 앞서 본 관계 중 어느 하나가 존재한다면 '지배관계 있는' 납세의무자들 간에는 '특수관계가 존재한다(related)'고 할 수 있다.[567]

동일한 지분이 앞서 본 납세의무자들을 직접적 · 간접적으로 소유하거나 지배하는 경우에 요건을 충족한다.[568] 법령은 이해관계인(interests)[569]의 의미를 정의하지 않을 뿐만 아

에서는 연결납세방식이 적정하다고 판단하였고(1988년 백서, pp. 460, 461 n. 17), 국세청은 그 판례들을 수용하여 1994년 시행령에서 위 규정을 삭제하였다. Lepard, 앞의 책(551-2nd, T.M.), VIII. B. 3.

565) Regs. §1.482-1(a)(1).

566) Regs. §1.482-1(i)(5). 이에 대응하는 납세의무자의 구분으로 '특수관계 있으나 지배관계 없는(related but uncontrolled)' 납세의무자와 '특수관계 없는(unrelated)' 납세의무자를 들 수 있다. 다른 납세의무자에 대하여 지분을 보유하고 있지만 지분율이 낮아 그 납세의무자의 활동을 조종할 수 없는 경우는 지배관계를 인정하기 어려운 경우에는 '특수관계 있으나 지배관계 없는' 납세의무자가 존재할 수 있다. 이를 구체적으로 정의하자면, ① 일방 납세의무자가 타방 납세의무자의 소득이나 자산에 관하여 경제적 · 소유권적 지분을 갖고 있으나 지배지분이 아닌 경우와 ② 일방 납세의무자가 타방 납세의무자에게 소유권적 지분을 보유하고 있는지 여부를 불문하고 타방 납세의무자에게 영향을 미칠 수 있으나 지배를 할 수 없어 잠재적으로 타방 납세의무자의 이익을 자신에게 귀속시킬 수 있는 경우가 이에 해당하며, 제3의 납세의무자가 위 두 가지 방식으로 두 납세의무자와 특수관계가 있거나 영향을 미치는 경우까지 포함한다. '특수관계 없는' 납세의무자는 납세의무자 간에 아무런 특수관계가 존재하지 않고 따라서 상호 간에 지배할 수 있는 지위에 있지 않은 경우이다. 두 납세의무자 간의 접점은 개별 거래관계에 한정된다. 이상, Lepard, 앞의 책 (551-2nd, T.M.), IV. B.

567) Lepard, 앞의 책(551-2nd, T.M.), IV. B.

568) 판례는 이 요건을 넓게 해석한다. Rooney v. US, 305 F2d 681, 683 (9th Cir. 1962) (납세의무자들이 서로 거래하는 시점에서 공통의 지배 하에 있으면 제482조의 목적이 적용되고 다른 시점에서의 지배는 중요하지 않다는 취지); DHL Corp. v. CIR, 76 TCM (CCH) 1122, 1147 (1998) [지배는 거래가 발생한 시점(예: 옵션 행사)이 아니라 '당사자들이 거래에 대해 취소할 수 없게 구속되는 시점'을 기준으로 결정된다는 취

니라 '동일하다'는 것이 1인의 납세의무자만을 의미하는 것인지 여부에 관하여도 밝히고 있지 않다.[570]

나. 지배(control)

여기서 주된 논의의 대상은 지배의 의미이다. 지배관계가 인정되기 위한 특정한 지분율을 규정하고 있지 않다. 재무부 시행령은 여기서의 지배에는 모든 종류의 직접・간접 지배가 포함되고 법적으로 집행이 가능한지 여부는 묻지 않으며 복수의 납세의무자가 공통의 목적을 위하여 행위하는 결과도 포함한다고 한다.[571] 또한 지배는 실질이 중요하고 형식이나 행사방식은 중요하지 않다.[572] 임의로 익금이나 손금을 이전하면 지배가 있는 것으로 추정한다.[573]

상호 간에 지분관계가 없는 복수의 납세의무자도 공통의 목적을 위하여 행위할 수 있으므로 위 시행령 문언에 포섭될 수 있는데 그렇게 해석하면 지분관계 없는 납세의무자들이 거래관계를 형성할 자유를 침해한다는 비판이 제기될 수 있다. 따라서 복수의 납세의무자들이 조직, 거래, 사업 간의 익금 또는 손금 공제의 이전을 통해 동일한 조세상의 혜택이나 손상을 누리는 경우에만 위 문언에 포섭되는 것으로 해석하는 것이 타당하다.[574] 미국세법 제482조는 공통의 지배관계에 있는 납세의무자들이 연결납세신고를 하고 있는지 여부를 묻지 않고 적용된다.[575]

다. 소유

복수의 조직, 거래, 사업이 동일 이해관계자에 의해 소유되는 경우에도 미국세법 제482조가 적용될 수 있다. 연방의회는 소유의 개념과 관련하여 간주소유권(constructive ownership)

지], *aff'd on this point*, 285 F3d 1210, 1219 (9th Cir. 2002). 일반적으로는 Gazur, "The Forgotten Link: 'Control' in Section 482," 15 *Nw. J. Int'l L. & Bus.* 1 (1994).

569) 이 번역은 進藤直義, "所得の割当てと内国歳入法第482条: 所得の明白な反映", 「名古屋商科大学論集」, 60(1), 2015, 106면을 따른 것이다.

570) Lepard, 앞의 책(551-2nd, T.M.), VI. D. 1.

571) Regs. §1.482-1(i)(6).

572) Regs. §1.482-1(i)(4).

573) Regs. §1.482-1(i)(4).

574) 예를 들어 복수의 납세의무자들이 조직, 거래, 사업에 대하여 갖는 지분이 각각 동일하거나 실질적으로 동일한 경우가 이에 해당할 수 있다고 한다. 이상 Lepard, 앞의 책(551-2nd, T.M.), VI. D. 3.

575) 연결납세신고를 하지 않고 있는 경우 진정한 개별 과세소득을 결정하기 위하여 미국세법 제482조를 적용하고, 연결납세신고를 하고 있는 경우 연결납세원칙에 부합하는 연결집단의 진정한 연결과세소득과 피지배 납세의무자의 진정한 개별 과세소득을 결정하기 위하여 같은 조문을 적용한다. Regs. §1.482-1(f)(1)(iv).

규정을 두는 것을 거부하였다.[576] 여기서 소유의 의미는 조직, 거래, 사업에 관한 지분의 전부, 실질적 전부 또는 과반수를 소유한다는 의미로 해석한다.[577]

3. 조세회피 방지 또는 소득의 명확한 반영

미국세법 제482조에 따르면 재무부장관은 조세회피(tax avoidance)를 방지하거나 소득을 명확하게 반영하기 위해 분배 등을 행할 수 있다. 따라서 반드시 조세회피의도가 있어야 하는 것은 아니다.[578]

4. 필요성

국세청이 조세회피 방지 또는 소득의 명확한 반영을 위해 분배 등이 '필요하다(necessary)'고 판단하여야 한다. 실무상 필요하다는 의미는 '도움이 된다' 또는 '적절하다'의 의미이다. 법원은 국세청이 필요하다고 판단한 경우 그 판단이 임의적이라거나 예측하기 어려운 것이 아니라면 그 판단을 존중하는 경향이 있다.[579]

VI. 효과

1. 과세소득에 영향을 미치는 항목의 분배 등

국세청장은 지배관계 있는 납세의무자가 신고한 과세소득이 진정한 과세소득과 다르다고 판단되면, 미국세법 제482조에 따라 익금(income), 손금(deduction), 세액공제, 장부가액, 과세소득에 영향을 미치는 기타 항목 또는 요소를 피지배 집단의 구성원들 사이에 재분배할 수 있다.

2. 정상가격원칙의 적용

시행령은 과세소득에 영향을 미치는 항목을 분배 등을 할 때 피지배 납세의무자의 진정한 과세소득(true taxable income)[580]을, 납세의무자가 지배관계 없는 납세의무자와 정상

---

576) Lepard, 앞의 책(551-2nd, T.M.), VI. D. 1.
577) Lepard, 앞의 책(551-2nd, T.M.), VI. D. 4.
578) Your Host, Inc. v. CIR, 58 TC 10, 23 - 24 (1972), *aff'd*, 489 F2d 957 (2d Cir. 1973); Bittker/Lokken, *Federal Taxation of Income, Estates and Gifts*, 2023, ¶79.1.1; Lepard, 앞의 책(551-2nd, T.M.), VI. F. 1.
579) *Bittker/Lokken*, 앞의 책, ¶79.1.2.
580) 1994년 시행령은 "진정한 과세소득(true taxable income)이란 지배관계 있는 납세의무자의 경우, 집단의

가격기준(arm's length standard)으로 거래한 결과에 부합하도록 결정하도록 규정한다.[581] 이를 정상가격원칙(arm's length principle)이라고 한다.

가. 연혁

1935년 미국세법 시행령에 등장한 정상가격원칙은 국제연맹에 의한 연구결과에 기원을 두고 있다. 1920년대 국제연맹 재무위원회는 수명의 전문가를 패널로 지명하여 이중과세 문제를 해결하기 위한 연구를 위촉하였다. 그 결과가 1923년에 공간된 이중과세 보고서[582] 이다. 이 보고서는 주로 하나의 법인에서 본사와 국외 고정사업장 간의 소득 배분에 초점을 맞춘 것이다. 1925년에 공간된 이중과세 보고서는 기술전문가위원회는 국가 간의 소득 분할 원칙을 지지하고 여러 조세조약에 규정된 공식배분방법을 인정하였다.[583] 1927년에는 새로 조직되고 확대한 기술전문가위원회가 이중과세방지조약의 초안(이하 '1927년 모델조약')을 작성하였다. 1927년 모델조약은 제5조에서 소득을 법인과 그 고정사업장 간에 배분하는 원칙을 제시하였으나 구체적인 배분방법을 추천하지는 않았다. 그 대신 모델 배분규칙을 정할 상설위원회의 설립을 제안하였다.

1929년 새로 조직된 국제연맹 위원회는 소득배분의 문제를 검토하면서 그 사전작업으로 각국의 관행을 조사하기로 하였다. 조사를 맡은 애덤스 교수는 회원국으로부터 제출받은 자료를 바탕으로 보고서를 작성하였고 국제연맹 재정위원회는 다자간 조약을 기초하기 위하여 부속위원회를 구성하였다. 그 결과물이 애덤스 교수의 제자인 캐롤(Carroll)이 작성한 캐롤 보고서였다. 캐롤은 소득의 분배방법에 관하여 여러 입법례를 조사한 후 ① 독립된 인(人)을 기초로 조정하는 방법 ② 자회사를 대리인으로 보고 모회사의 소득을 산정하는 방법 ③ 모회사와 자회사의 경제적 단일성을 기초로 소득을 산정하는 방법의 세 가지로 분류하였다.[584] 이 시점에서는 아직 미국이 공식적으로 정상가격원칙을 채택하지 않았으나 캐롤은 미국이 적용하는 방식은 첫 번째 유형에 속한다고 평가하면서 이 방안을 선호한다는 점을 분명하게 하였다. 배분에 관한 국제연맹의 부속위원회는 배분방법을 구체화한 조

다른 구성원과 정상조건으로 거래하였다면 발생했을 것을 의미한다. 이는 지배관계 있는 납세의무자가 선택한 특정 계약, 거래 또는 약정으로 인하여 지배관계 있는 납세의무자에게 발생한 과세소득을 의미하지 않는다(해당 계약, 거래 또는 약정이 당사자들에게 법적으로 구속력이 있더라도 동일)"라고 규정하고 있다.

581) Regs. §1.482-1(b)(1). TD 8552, 1994-2 CB 93, 99.

582) Bruins/Einaudi/Seligman/Stamp, *Report on Double Taxation, League of Nations Doc. E.F.S.73.F.19.*, 1923.

583) Technical Experts to the Financial Committee of the League of Nations, *Double Taxation and Tax Evasion, League of Nations Doc. F.212*, 1925.

584) Carroll, *Taxation of Foreign and National Enterprises (Volume IV): Methods of Allocating Taxable Income*, 1933, ¶ 386~388.

세조약의 초안을 채택할 것을 권고하였고 전체 재정위원회는 조세조약의 초안을 승인하였다('1933년 모델조약 초안'). 1933년 모델조약 초안 제3조는 다음과 같이 법인의 고정사업장에 관한 소득 배분의 문제를 규율하고 있다.

"일반체약국에 세무상 주거를 둔 기업이 타방체약국에 고정사업장을 두고 있는 경우 고정사업장이 독립된 기업으로서 동일·유사 사업활동을 영위하였다면 기대할 수 있었을 순사업소득을 해당 고정사업장에 귀속시킨다. 원칙적으로 그러한 순소득은 그 고정사업장에 귀속되는 독립된 계정을 기초로 결정된다." 또한 1933년 모델조약 초안은 정상가격을 반영하기 위하여 계정의 조정을 요구함으로써 공식적으로 정상가격기준을 채택하고 개별 거래의 가격에 초점을 맞추었다. 같은 초안은 보충적으로 다양한 경험적 방법을 사용할 수 있도록 허용하고 있다.

그 후 1935년 미국 재무부는 미국세법 제482조의 전신인 미국세법 제45조의 시행령을 제정하면서 정상가격원칙을 규정하였다. 1968년 시행령은 1935년 시행령을 그대로 이어받았고 1994년 시행령도 정상가격원칙을 승계하였다.

나. 정상가격기준과 일반적 조세원칙과의 관계

미국세법 제482조는 일반적 조세원칙과 세법 규정이 남용되지 않도록 방지하는 것을 주된 기능으로 한다. 따라서 그에 따른 재무부 시행령은 의회가 설정한 기준보다 높은 기준을 설정하여서는 안 된다. 특히 의회가 의도적으로 지배관계 있는 납세의무자 간의 거래를 규제하는 경우, 또는 의회가 의식적으로 일정한 형태의 익금·손금 이전을 허용한 경우에는 그 의도가 존중되어야 하고 미국세법 제482조가 부여한 권한을 과도하게 행사해서는 안 된다. 즉, 국세청은 의회가 이해관계 상충관계를 전제로 하여 이미 규율하고 있는 내용을 변경하는데 신중해야 하고 특정한 사안에서 소유 또는 지배의 상대적 단계를 고려하는 단계별 접근방식(sliding scale)을 취해야 한다. 단순히 납세의무자가 임의의 소유·지배 한계(이를테면 50퍼센트)를 넘어섰다고 하여 국세청이 일반적 조세원칙의 적용을 부인할 수 있도록 하는 것은 정당화되기 어렵다.[585]

다. 지배관계 없는 납세의무자의 의미

1994년 시행령은 정상가격기준과 관련하여 '지배관계 없는 납세의무자(uncontrolled taxpayer)'가 행한 거래를 언급하고 있다.[586] 1994년 시행령은 지배관계 있는 거래는 그 거

---

585) Lepard, 앞의 책(551-2nd, T.M.), VII. C. 1.
586) Regs. §1.482-1(b)(1).

래의 결과가 지배관계 없는 납세의무자가 동일한 상황에서 동일한 거래를 했을 경우의 가정적 결과와 일치한다면 정상가격기준을 충족한다고 규정하고 있다. 그러나 일반적으로 동일한 거래를 찾기 어렵기 때문에 비교가능한 상황 하에서 비교가능한 거래의 결과를 기준으로 정상가격기준의 충족 여부를 판단한다. 위 규정과 관련하여 시행령은 '지배관계 있는 납세의무자'를 '동일한 지분에 의하여 직접·간접 소유 또는 지배되는 둘 이상의 납세의무자 중 하나'로 정의한다. 이 정의에 따르면 동일한 지분에 의해 '소유되거나 지배되지 않는' 납세의무자는 개념적으로 특수관계가 있지만 지배관계 없는 납세의무자를 포함할 수 있다.[587] 위 시행령 규정은 정상가격기준을 적용할 때 동일한 상황 하에서 지배관계 없는 납세의무자 간에 행해진 동일한 거래를 기준으로 할 것인지 아니면 동일한 상황 하에서 특수관계 없는 납세의무자 간에 행해진 동일한 거래를 기준으로 할 것인지 해석의 문제를 남긴다. 시행령은 정상가격기준을 일반적으로 정의하면서 일관되게 '지배관계 없는 납세의무자'라는 표현을 사용하는 반면 시행령의 다른 규정들은 지배관계 없는 납세의무자 대신 '특수관계 없는(unrelated)'이라는 표현을 사용하고 있다. 미국 의회는 일정한 경우 특수관계 있지만 지배관계 없는 납세의무자를 특수관계 없는 납세의무자처럼 취급한다. 따라서 '지배관계 없는 납세의무자'는 '특수관계 있지만 지배관계 없는 납세의무자'를 포함하는 것으로 해석하는 것이 의회의 의도에 부합한다.[588]

라. 정상가격기준의 해석방법

정상가격의 한계에 관한 질문은 정상가격기준을 넓게 해석하여 지배관계 없는 납세의무자 간에 합의될 수 있는 가격과 협상에 영향을 미칠 수 있는 모든 관련 요소를 가정적으로 고려하여야 할 것인지 또는 좁게 해석하여 단일한 정상가격 또는 좁은 범위의 정상가격 범위를 결정하는 데 초점을 맞출 것인가의 문제이다.[589] 전자의 입장을 취하면 협상유연성원칙이 크게 고려된다. 이 경우에는 구체적인 가격이 지배관계 없는 납세의무자가 합의를 하였을 가능성이 있고 일반적인 조세원칙과 부합하는 합리성을 갖추었는지 여부를 검토하게 된다. 반면 후자의 입장을 취하면 단일한 시가 또는 지배관계 없는 납세의무자가 행한 유사한 거래에서 실제로 결정된 가격이 정상가격이다. 미국의 법원은 전자의 입장이 주류이지만 시행령은 후자의 입장을 취하고 있는 것으로 보인다.[590]

---

587) Regs. §1,482-1(i)(5).
588) Lepard, 앞의 책(551-2nd, T.M.), VII. F. 1; 1988년 백서, p. 46.
589) Lepard, 앞의 책(551-2nd, T.M.), VII. D.
590) Lepard, 앞의 책(551-2nd, T.M.), VII. D. 주1200.

마. 정상가격기준과 다른 배분방법과의 관계

1994년 시행령은 정상가격방법(arm's length method)을 광의의 정상가격기준(arm's length standard)과 구분한다. 특히 1994년 시행령은 지배관계 있는 집단의 구성원 간의 거래가 정상가격기준을 충족하는지 여부를 판단하거나, 만일 그 기준을 충족하지 않는다면 정상가격을 결정하기 위하여 다수의 '구체적 방법(specific methods)'이 사용될 수 있다고 규정하고 있다.[591] 이 구체적 방법에는 비교가능 제3자 가격방법(Comparable Uncontrolled Price Method), 비교가능 제3자 거래방법(Comparable Uncontrolled Transaction), 재판매가격방법(Resale Price Method), 비용가산방법(Cost Plus Method), 비교가능이익방법(Comparable Profits Method), 이익분할방법(Profit Split Method) 및 그 밖의 여러 간주정상가격방법이 포함된다.[592] OECD 회원국들과 미국의 교역당사국 사이에서는 비교가능이익방법과 이익분할방법 등이 정상가격기준에 부합하는지 여부에 관하여 견해가 일치하지 않는다.

시행령에 따르면 기업집단이 연결납세제도의 적용을 받더라도 미국세법 제482조가 적용된다.[593]

바. 미실현된 익금 또는 손금의 분배 등

미국세법 제482조 및 그 전신이 규정의 해석과 관련하여 법문에 따라 국세청이 분배 등의 권한을 행사할 때, 실현된 익금 또는 손금만이 분배 등의 대상이 되는가 아니면 미실현된 익금 또는 손금도 분배 등의 대상이 되는지가 문제되었다. 1968년 시행령 입법 이전에는 대부분의 법원 판결은 법령이 실현된 익금 또는 손금만의 분배 등을 허용하고 있다고 보았다. 법원은 법령의 문언이 국세청으로 하여금 익금, 손금, 세액공제를 '분배, 배분, 할당'할 수 있는 권한을 부여하고 있는데 실현된 항목에 관하여만 분배, 배분, 할당할 수 있다고 본 것이다.[594]

반면 국세청은 의회가 미국세법 제482조를 입법하면서 익금이나 손금을 임의로 이전하는 행위를 방지하려고 하였는데 정상가격 조건이 아니라면 지배관계 있는 집단의 구성원 사이에서 익금, 손금을 임의로 이전할 수 있게 된다고 보았다. 따라서 분배 등은 미실현소득의 귀속(imputation)을 포함하도록 넓게 해석되어야 한다고 보았다. 국세청의 입장은

---

591) Regs. §1.482-1(b)(2)(i).
592) 일반적으로는 §1.482-2부터 §1.482-6까지, Regs. §1.482-7T, §1.482-9를 참조하라.
593) Regs. §1.482-1(f)(1)(iv).
594) Tennessee-Arkansas Gravel Co. v. Commissioner, 112 F.2d 508 (6th Cir. 1940).

1968년 시행령에서 강화되는데 위 규정은 특히 명시적으로 미실현된 소득의 분배 등이 허용된다고 규정하였다.[595] 보다 일반적으로 1968년 시행령은 적절한 조정은 익금의 증감의 행태로 행해질 수 있다고 규정하였다.[596] 그러나 시행령의 입법에도 불구하고 조세법원은 미국세법 제482조를 근거로 미실현소득을 귀속시킬 수는 없다고 보았다.[597] 그러나 다른 연방법원은 국세청이 위와 같은 시행령을 제정할 권한이 있다고 보았고[598] 결국 1977년에 조세법원도 시행령을 적용하여 미실현소득의 귀속을 허용하였다.[599] 1994년 시행령은 1968년 시행령의 내용을 그대로 이어받았다. 예를 들어 1차 사업연도에 지배관계 있는 관계에 있는 납세의무자가 특수관계인에게 제품을 정상가격 이하로 판매하고 2차 사업연도에 그 특수관계인이 해당 제품을 제3자에게 판매한 경우 국세청장은 1차 사업연도 중에는 아직 2차 사업연도가 개시되지 않아 익금이 실현되지 않았음에도 1차 사업연도의 거래에 관하여 적정한 배분을 행할 수 있다.[600] 이처럼 1994년 시행령은 ① 해당 사업연도에 제3자로부터 실현된 소득을 지배관계 있는 납세의무자 간에 배분하는 것과 ② 제3자로부터 소득이 실현되었는지를 묻지 않고 지배관계 있는 납세의무자들 간의 거래에 기초하여 미실현소득을 배분하는 것을 인정하였다.[601]

미국세법 제482조는 국세청이 익금 이외에 손금(세액공제 포함)도 분배 등을 할 수 있도록 규정하고 있다. 국세청은 일정한 공식에 기하여 지배관계 있는 특수관계인들 간에 손금을 배분하여 왔다.

사. 거래의 범위

미국의 판례는 적격조직재편과 같이 과세소득을 인식하지 않는 거래에 관하여도 미국세법 제482조가 적용될 수 있다고 한다.[602] 다만 판례는 미국세법 제482조가 비인식 조항

---

595) 1968 Regs. §1.482-1(d)(4).

596) 1968 Regs. §1.482-1(d)(1).

597) Huber Homes v. Commissioner, 55 T.C. 598 (1971).

598) Latham Park Manor, Inc. v. CIR, 69 TC 199, 215 - 216 (1977), *aff'd without published opinion*, 618 F2d 100 (4th Cir. 1980); Aladdin Indus., Inc. v. CIR, 41 TCM (CCH) 1515 (1981). 이 문제를 다룬 문헌으로는 King/Dinur, "Tax Court Gives In on Creation-Of-Income Issue Under 482; What Decision Means", 48 *J. Tax'n* 66 (1978).

599) Latham Park Manor, Inc. v. Commissioner, 69 T.C. 199 (1977), *aff'd in unpublished opinion*, 618 F.2d 100 (4th Cir. 1980).

600) Lepard, 앞의 책(551-2nd, T.M.), VI. E. 1.

601) Lepard, 앞의 책(551-2nd, T.M.), VI. E. 1.

602) National Sec. Corp. v. CIR, 137 F2d 600 (3d Cir.), *cert. denied*, 320 US 794 (1943); Foster v. CIR, 80 TC 34 (1983), *aff'd & rev'd on other issues*, 756 F2d 1430 (9th Cir. 1985), *cert. denied*, 474 US 1055 (1986); Townsend, "Reconciling Section 482 and the Nonrecognition Provisions", 50 *Tax Law.* 701 (1997); Regs. §1.482-1(f)(1)(iii).

(nonrecognition)보다 우선적용되려면 상당한 조세회피의 요소가 있어야 한다는 입장이다.[603]

미국세법 제482조는 부적절한 회계처리를 한 경우뿐만 아니라, 사기적·허위·가장 거래 또는 익금, 손금, 공제 등을 이전하거나 왜곡하는 도구에 적용될 수 있다.[604]

아. 권한행사의 재량성

미국세법 제482조는 국세청으로 하여금 소득, 손금 및 그 밖의 항목을 배분할 권한을 부여할 뿐이고 지배관계 있는 납세의무자가 스스로 거래의 형식을 부인하고 익금 및 손금을 위 규정에 따라 배분하는 것을 허용하는 것은 아니다. 국세청이 미국세법 제482조에 따라 재구성한 조세상의 효과에 이의를 제기하는 납세의무자는 국세청이 행한 재구성에 따른 거래관계가 착오, 부당한 영향력, 사기, 협박 또는 유사한 이유로 이행될 수 없다는 점을 입증하여야 한다.[605]

다만 1994년 시행령은 지배관계 있는 납세의무자에 대하여 정상가격을 반영하기 위하여 실제 가격과 다른 가격에 기초한 지배관계 있는 거래의 결과를 기한 내에 납세신고할 수 있도록 규정하고 있다.[606] 납세의무자는 미국세법 제482조의 적용을 스스로 신청할 수 없다는 일반 원칙에 관한 유일한 예외이다.[607]

자. 분배 등의 방법

(1) 개관

미국세법 제482조는 지배관계 있는 납세의무자들 간에 익금, 손금, 공제를 임의로 이전시키는 행위를 저지하기 위하여 국세청장이 각 납세자의 진정한 소득을 반영할 수 있도록 그 익금, 손금 또는 공제를 배분할 수 있도록 한 규정이다. 이때 구체적으로 어떤 분배방법을 적용하는 것이 적절한지와 관련하여 상당한 논란이 있었는데 미국세법 제482조는 구체적인 분배 등의 규칙을 정하지 않고 시행령이 이를 규정하였다. 그로 인하여 미국세법 제482

---

603) Ruddick Corp. v. US, 643 F2d 747, 751 (Ct. Cl. 1981).

604) Regs. §1.482-1(f)(1)(i).

605) Lepard, 앞의 책(551-2nd. T.M.), Ⅵ. G.

606) Regs. §1.482-1(a)(3).

607) 미국의 경우 국제거래에서는 이전가격 사전합의제(advance pricing agreements)가 시행되고 있지만(Rev. Proc. 91-22, 1991-1 C.B. 526; Rev. Proc. 96-53, 1996-2 C.B. 375; Rev. Proc. 2004-40, 2004-2 C.B. 50; Rev. Proc. 2006-9, 2006-1 C.B. 278; Rev. Proc. 2008-31, 2008-1 C.B. 1133; Notice 9865, 1998-2 C.B. 803) 국내거래에는 시행되지 않고 있는데 그 이유는 위 절차가 Associate Chief Counsel (International) 관할에 속하기 때문이다. Rev. Proc. 2006-9, 2006-1 C.B. 278, § 1; Rev. Proc. 2008-31; 2008-1 C.B. 1133.

조에 관한 시행령이 매우 복잡하게 되었다. 국세청은 정상가격기준(arm's length standard)에 중점을 두고 있기 때문에 정상가격방법이 우선적으로 적용되어야 한다.[608] 정상가격기준을 충족하려면 지배관계 있는 거래의 결과가 동일 상황 하에서 동일 거래를 영위한, 지배관계 없는 납세의무자에게 실현되었을 결과에 상응하여야 한다. 이하에서는 구체적인 분배 등의 방법을 설명하기 위하여 하나의 사례를 제시한다.

사 례[609]

> 모니터 제조업을 영위하는 미국모법인은 미국내에 아울렛에서 모니터 소매업을 영위하는 미국자법인 주식 100%를 보유하고 있으며 두 법인은 연결납세를 선택하지 않았다고 가정한다. 당기에 모법인은 모니터 10,000대를 자법인에게 매도하였고 자법인은 그 모니터를 소매로 아울렛에서 판매하였다. 모니터 1대의 제조원가는 500달러이고 소매가는 1,000달러이다. 따라서 모법인과 자법인은 전체적으로 수익이 10,000,000달러, 비용이 5,000,000달러이며 모니터 판매로 인한 이익은 5,000,000달러이다. 자법인은 광고선전비로 2,000,000달러를 공제할 수 있으며 그 이외의 손금은 없다고 가정한다. 따라서 모자법인집단의 과세소득은 3,000,000달러이며 34%의 법인세율이 적용되어 잠정적인 법인세는 1,020,000달러이다. 또한 자법인은 이월된 세액공제금액이 1,500,000달러이므로 모법인으로서는 과세소득을 자법인으로 이전시킬 동기가 있다고 가정한다.
>
> 위 전제사실 하에서 모법인은 모든 모니터를 자법인에 1대당 500달러에 근접한 가격으로 팔고자 할 것이다. 그렇게 되면 모법인의 과세소득은 0이 되고 모자법인 집단의 과세소득 총액 3,000,000달러는 자법인으로 이전되는데 자법인은 세액공제를 적용받음으로써 실효세율 0%로 과세받을 수 있게 될 것이다. 반면, 모법인이 각 모니터를 정상가격인 1대당 680달러에 판매한다고 가정하면 모니터 1대당 180달러의 과세소득이 발생하게 된다. 그 결과 법인세율을 34%로 가정하면 모법인은 법인세로 612,000달러, 자법인은 0달러를 납부하여야 한다. 따라서 미국세법 제482조는 위와 같은 경우에 국세청장이 모니터 판매로 인한 소득을 배분방법을 적용하여 배분할 수 있도록 한다.

(2) 전통적인 정상가격방법

비교가능 제3자 가격방법(Comparable Uncontrolled Price: CUP) 또는 비교가능 제3자 거래방법(Comparable Uncontrolled Transaction: CUT) 등은 정상가격을 찾기 위해 비교가능한 제3자 간 거래를 찾는 것인데 전통적인 정상가격방법이라고 부른다.[610] 그 외에도

---

608) Lepard, 앞의 책(551-2nd, T.M.), VII. E.
609) Lepard, 앞의 책(551-2nd, T.M.), I. B.
610) 미국세법 제482조 시행령에 따른 '비교가능 제3자 가격'은 유형자산과 관련하여, '비교가능 제3자 거래'는 무형자산과 관련하여 사용된다. Regs. §1.482-3(b), §1.482-4(c).

유형자산의 거래와 관련하여 재판매가격방법(Resale Price Method)과 비용가산방법(Cost Plus Method)이 전통적인 정상가격방법으로 인정된다. 재무부의 1994년 시행령은 비교가능이익방법과 거래이익분할방법도 정상가격방법을 구성한다는 입장이다.[611]

(가) 비교가능 제3자 가격방법(Comparable Uncontrolled Price Method)

CUP 또는 CUT 방법은 유사한 상황 하에서 그리고 동일하거나 동일한 유형의 자산에 관하여 동일하거나 거의 동일한 거래 유형을 영위하는 유사한 제3자 법인이 지급하는 가격에 기초하여 적절한 가격을 산출한다.[612] 위 사례에서 만일 유사한 컴퓨터 모니터를 제조하고 판매하는 제3자 법인 간의 '비교가능 제3자 가격'이 결정될 수 있고 그 가격이 680달러라면 1,800,000달러의 과세소득(= 6,800,000달러−5,000,000달러)이 모법인에게, 1,200,000달러(3,200,000달러−2,000,000달러)의 과세소득이 자법인에게 각 배분될 것이다. 따라서 모법인은 612,000달러의 납세의무를 지고, 자법인은 납세의무를 지지 않는다.

(나) 재판매가격방법(Resale Price Method)

재판매가격방법 하에서는 지배관계 있는 거래(controlled transaction)의 대상이 된 재산의 재판매가격으로부터 적절한 총이익을 추출하여 정상가격을 결정한다. 적절한 총이익은 재판매가격에, 동일한 판매자 또는 비교가능한 재판매자가 유사한 기능을 하고 유사한 위험을 부담하며 유사한 계약 조건 하에서 활동하고 일반적으로 동일한 일반 유형의 제품을 판매하는, 비교가능 제3자 거래에서의 총이익마진율을 곱하여 산출한다.[613] 예를 들어 위 사례에서 비교가능 제3자 거래에서 얻은 총이익마진율이 판매수익의 32%라면 모법인과 자법인 간의 이전가격은 재판매가격 1,000달러에서 1,000달러의 32%인 320달러를 뺀 680달러가 된다. 따라서 모니터의 판매에 따른 결합과세소득 중 1,800,000달러는 모법인에게, 1,200,000달러는 자법인에게 배분되며 모법인은 612,000달러의 납세의무를 지고, 자법인은 납세의무를 지지 않는다.

(다) 비용가산방법(Cost Plus Method)

비용가산방법 하에서 정상가격은 지배관계 있는 납세의무자가 지배관계 있는 거래에서 생산한 재산의 비용에 적정 총이익을 가산하여 결정한다. 적정 총이익은 비용에 총이익가산율(이 수치는 동일한 판매자 또는 비교가능한 제조자가 유사한 기능을 하고 유사한 위험

---

611) Lepard, 앞의 책(551-2nd, T.M.), I. C. 10.
612) 일반적으로는 Regs. §1.482-3(b).
613) 일반적으로 Regs. §1.482-3(c)(1)~(3).

116

을 부담하며 유사한 계약 조건 하에서 활동하고 일반적으로 동일한 제품 범주의 물품을 생산하는 비교가능 제3자 거래에서 얻는다)을 곱하여 얻는다.[614] 예를 들어 위 사례에서 비교가능 제3자 총이익가산율이 제조원가의 36%라면 모법인과 자법인 간의 이전가격은 모법인의 제조원가 500달러에 500달러의 36%를 더한 680달러가 된다. 따라서 모니터의 판매에 따른 결합과세소득 중 1,800,000달러는 모법인에게, 1,200,000달러는 자법인에게 배분되며 모법인은 612,000달러의 납세의무를 지고, 자법인은 납세의무를 지지 않는다.

(3) 대체적 배분방법(Alternative Allocation Methods)

전통적인 정상가격방법을 대체하는 대체적 배분방법으로는 다음의 것들이 있다.

(가) 연결방법(Consolidation)

지배관계 있는 납세의무자의 소득, 손금산입, 공제를 합산한다. 연대납세의무는 합계액을 기준으로 계산한다. 위 사례에서 모법인과 자법인의 익금, 손금, 공제액은 모법인이 연결납세를 적용받은 것과 동일하게 합산된다.[615]

(나) 총이익공식배분방법(Formulary Apportionment of Total Profits)

총이익공식배분방법은 연결방법과 밀접한 관련이 있다. 이 방법의 출발점은 모든 특수관계 있는 지배관계 있는 법인의 총이익을 단일한 사업에서 발생한 이익으로 취급하는 것이다. 다음 단계로서 여러 요소를 고려한 수학적 공식에 따라 개별 법인에게 총이익을 배분한다. 위 사례에서 모법인이 모니터 이외에 하드드라이브를 제조하여 스스로 판매한다고 가정한다. 모법인은 하드드라이브를 판매하여 5,000,000달러의 수익을 거두면서 동시에 매출원가로 2,000,000달러가 발생하고 광고선전비로 1,000,000달러를 추가 지출한다. 넓은 의미의 컴퓨터 하드웨어 제조업을 영위하는 두 법인의 수익과 비용은 합산되어 다시 각 법인별로 배분된다. 단순화를 위하여 인건비만을 기준으로 배분하고 모법인의 인건비는 600,000달러, 자법인의 인건비는 400,000달러라고 가정한다. 위 사례의 경우 모자법인 집단의 총 과세소득 5,000,000달러 중 60%인 3,000,000달러는 모법인에게 배분되고 40%인 2,000,000달러는 자법인에게 배분된다. 모법인에게 배분된 과세소득 중 1,800,000달러는 모니터 판매로 귀속되고, 자법인에게 배분된 과세소득 중 1,200,000달러는 모니터 판매로 귀속된다. 법인세율을 34%로 가정하면 모법인은 1,020,000달러(= 34% × 3,000,000달러)의 법인세 납세의무를 지고 자법인은 여전히 세액공제를 적용받아 법인세 납세의무를 지지 않는다. 모법인의

---

614) 일반적으로 Regs. §1.482-3(d)(1)~(3).
615) Lepard, 앞의 책(551-2nd, T.M.), I. C. 2.

총 법인세 납세의무 중에서 612,000달러는 모니터 판매로 귀속되고 나머지 408,000달러는 하드드라이브 판매로 귀속된다.

만일 모법인이 모니터 1대당 500달러의 이전가격을 적용하고 모니터만을 판매하는 경우와 비교하여 보면 모자법인 집단의 납세의무는 1,020,000달러만큼 증가하였고 그 중 모니터 판매로 인한 금액은 612,000달러가 된다.[616]

(다) 거래이익공식배분방법(Formulary Apportionment of Transactional Profits)

총이익공식배분법의 변형으로서 법인이 관련된 전체 사업이 아닌 특정한 거래 또는 일련의 거래에서의 결합이익만을 배분한다. 위 사례에서 모니터 및 하드드라이브 판매에서 발생한 과세소득이 아니라 모니터 판매에서 발생한 과세소득만을 배분하는데 공식을 사용한다. 위 사례에서 모니터 판매를 통해 모자법인 집단에 발생한 과세소득은 3,000,000달러이다. 이 경우에도 인건비만이 유일한 공식이고 모법인의 인건비는 600,000달러, 자법인의 인건비는 400,000달러라고 가정한다. 모니터 판매로 인한 과세소득의 60%인 1,800,000달러는 모법인에게, 40%인 1,200,000달러는 자법인에게 배분된다. 모법인의 하드드라이브 판매로 인한 과세소득은 배분되지 않는다. 모법인의 법인세 납세의무는 1,292,000달러이고 그 중 612,000달러가 모니터 판매로 귀속된다. 모법인이 하드드라이브 판매에 따른 과세소득을 자법인에게 배분할 수 없다는 점 때문에 총이익공식배분방법에 비하여 모법인이 부담하는 조세부담이 더 크다.[617]

(라) 개별 익금항목 공식배분방법(Formulary Apportionment of Individual Items of Gross Income)

이 방법은 관계법인 간의 특정한 수익항목만을 공식에 의하여 배분하는 것이다. 위 사례에서 모자법인이 모니터만을 판매한다고 가정할 경우 공식을 모니터 판매로 인한 영업이익이나 과세소득이 아니라 판매수익을 배분할 때에만 적용하는 것이다. 이 경우 배분은 자법인의 광고선전비를 공제하기 전 단계에 적용된다. 위 사례에서 모니터 판매수익 5,000,000달러의 60%인 3,000,000달러가 모법인에게 배분되고 나머지 2,000,000달러는 자법인에게 배분된다. 자법인은 그 수익에서 광고선전비 2,000,000달러를 공제할 것이므로 과세소득은 0달러가 된다. 모법인은 3,000,000달러의 과세소득 전액에 관하여 1,020,000달러의 납세의무를 지게 된다.[618]

---

616) Lepard, 앞의 책(551-2nd, T.M.), V. C. 3.
617) Lepard, 앞의 책(551-2nd, T.M.), V. C. 4.
618) Lepard, 앞의 책(551-2nd, T.M.), V. C. 5.

(마) 개별 손금항목 공식배분방법(Formulary Apportionment of Individual Deduction Items)

개별 공제항목 공식배분방법은 특수관계 법인 간에 특정한 공제항목만을 배분하는데 사용될 수 있다. 예를 들면, 위 사례에서 자법인의 광고선전비를 모자법인 간에 배분하기 위하여 공식을 적용할 수 있다. 모니터 판매수익은 배분되지 않는다. 그 대신 모니터 1대당 500달러의 이전가격이 모자법인의 소득을 각각 계산하는데 적용될 수 있다. 앞서 본 바와 같이 공식을 적용하면 자법인의 공제액 2,000,000달러 중 60%인 1,200,000달러는 모법인에게 배분된다. 모법인이나 자법인은 납세의무를 지지 않는다.[619]

(바) 거래이익분할방법(Transactional Profit Split Methods)

거래이익분할방법은 사업활동의 성과에 관한 각 특수관계 법인의 상대적 기여분을 기준으로 특정한 거래에서 발생한 특수관계법인의 결합영업이익을 배분한다.[620] 이 방법은 거래이익공식배분방법과 매우 유사하다. 그러나 적용되는 공식이 각 법인의 상대적 기여분에 따라 결정되고 그 기여분은 유사한 제3자 거래의 정보를 고려한다는 점에서 차이가 있다. 상대적 기여분은 수행한 기능, 인수한 위험, 사용한 자원에 좌우된다.[621] 거래이익분할방법은 다시 비교가능이익분할방법(Comparable Profit Split)과 잔여이익분할방법(Residual Profit Split)으로 나뉜다.[622]

1) 비교가능이익분할방법(Comparable Profit Split)

지배관계 있는 납세의무자 간의 관련 사업활동과 유사한 거래와 활동을 하는 특수관계 없는 납세의무자 간의 결합영업이익 배분비율을 이용하여 지배관계 있는 납세의무자들 간에 결합영업이익을 배분하는 방법이다.[623]

예를 들어 위 사례에서 결합영업이익 3,000,000달러는 유사한 거래 및 활동을 영위하는 특수관계 없는 법인 간에 적용되는 비율에 따라 배분된다. 만일 그 비율이 생산자와 유통자 간에 60:40이라면 결합영업이익 중 1,800,000달러는 모법인에게, 1,200,000달러는 자법인에게 배분된다. 그 결과는 연방 소득세의 목적상 모니터 1대의 이전가격을 680달러로 인식하는 것과 동일하다. 그 결과 모법인은 모니터 판매와 관련하여 612,000달러의 납세의무를 지게 될 것이고 자법인은 납세의무를 지지 않는다.[624]

---

619) Lepard, 앞의 책(551-2nd, T.M.), V. C. 6.
620) Regs. §1.482-6(a).
621) Regs. §1.482-6(b).
622) 상세는 Bittker/Lokken, 앞의 책, ¶ 79.11.
623) Regs. §1.482-6(c)(2)(i).
624) Lepard, 앞의 책(551-2nd, T.M.), V. C. 7.

2) 잔여이익분할방법(Residual Profit Split)

잔여이익분할방법은 두 단계로 구성되는데 ① 각각의 지배관계 있는 납세의무자에게 관련 사업활동에 관한 '일상적 기여'에 따른 시장수익(market return)을 할당하고, ② 결합영업손익의 나머지를 '비일상적 기여'에 비례하여 지배관계 있는 납세의무자별로 할당한다.[625] 이 방법은 관련된 지배관계 있는 납세의무자 모두가 가치있는 무형자산을 보유하거나 그 밖의 비일상적 기여를 한 경우에만 적용될 수 있다.[626] 일방 당사자만이 비일상적 기여를 하는 경우에는 일면적 방법(one-sided method)인 비교가능이익방법을 사용하여야 한다.

(사) 비교가능이익방법(Comparable Profit Method, CPM)

비교가능이익방법은 지배관계 있는 납세의무자의 영업이익과, 유사한 사업활동을 영위하는 지배관계 없는 납세의무자의 객관적 영업이익수준[이익수준지표(profit level indicator)]을 이용하여 계산한 영업이익을 비교하여 정상가격을 정한다.[627] 이익수준지표에는 투입자본의 수익률, 매출에 대한 영업이익의 비율, 영업비용에 대한 총수익의 비율 등이 포함된다. 지배관계 없는 납세의무자와 비교가능한지 여부는 지배관계 있는 납세자의 경우와 대비되는, 지배관계 없는 납세의무자가 영위하는 관련 사업부문, 그 기능, 자원 및 위험성과 같은 요소를 고려하여 결정한다.[628]

예를 들어서 위의 예에서 모자법인은 모니터의 제조와 판매로부터 결합영업이익 3,000,000달러를 거둔다고 가정한다. 영업이익의 매출에 대한 비율이 자법인에 관하여는 가장 적절한 이익수준지표이고 비교가능한 지배관계 없는 납세자의 해당 비율이 6%에서 18% 사이라면 자법인의 영업이익에 관한 정상가격범위는 600,000달러(6% × 10,000,000달러)에서 1,800,000달러(18% × 10,000,000달러) 사이가 될 것이다. 보고된 영업이익 3,000,000달러는 이 범위를 벗어나기 때문에 자법인이 모법인에게 지급한 것으로 간주되는 가격은 그 범위 내의 영업이익에 해당할 수 있도록, 예컨대 범위의 중간값인 1,200,000달러로 조정되어야 한다. 이 가격은 모니터 1대당 이전가격이 680달러이어야 나올 수 있다. 따라서 이번에도 모법인은 모니터의 판매로부터 612,000달러의 납세의무를 부담하게 되고 자법인은 납세의무를 지지 않는다.[629]

---

625) Regs. §1.482-6(c)(3).
626) Bittker/Lokken, 앞의 책, ¶79.11.3.
627) 상세는 Bittker/Lokken, 앞의 책, ¶79.10.
628) 일반적으로는 Regs. §1.482-5.
629) Lepard, 앞의 책(551-2nd, T.M.), V. C. 8.

(아) 간주이전가격방법(Deemed Transfer Prices)

시행령의 안전대 조항에서 채택된 가격산정방법이다. 예를 들어 제조원가에 36%의 이익 가산액(markup)을 더한 금액을 이전가격으로 하는 것이다. 앞에서 사례에서 간주이전가격을 적용하면 모니터 1대당 680달러(제조원가 500달러에 500달러의 36%인 180달러를 더한 금액)가 나오고 그 금액을 이용하여 모법인의 소득을 계산한다. 이렇게 계산한 이전가격에 따르면 모니터 판매로 인한 결합과세소득 중 1,800,000달러는 모법인에게, 1,200,000달러는 자법인에게 배분된다.[630]

차. 거래유형별 분배 등 방법

(1) 미국세법 제482조에 관한 재무부 시행령의 구조

미국세법 제482조에 관한 재무부 시행령은 다음의 구조로 이루어져 있다.

§1.482-1		지배관계 있는 거래의 정상가격을 결정하는 일반원칙[631]
§1.482-2		대여금, 차입금, 유형자산이용과 관련된, 지배관계 있는 납세의무자의 특수한 경우에 관하여 과세소득을 결정하는 규칙[632]
§1.482-3~6		자산의 양도와 관련된, 지배관계 있는 납세의무자의 진정한 과세소득 결정에 관한 규칙[633]
	§1.482-3	유형자산 양도와 관련하여 비교가능 제3자 가격방법, 재판매가격방법, 원가가산방법, 기타 방법
	§1.482-4	무형자산 양도에 적용될 수 있는 방법
	§1.482-5	비교이익방법
	§1.482-6	이익분할방법
§1.482-7		원가분담약정
§1.482-8		최적방법규칙의 적용사례
§1.482-9		특수관계 용역거래에 관한 과세소득결정방법

---

630) Lepard, 앞의 책(551-2nd, T.M.), V. C. 9.
631) Regs. §1.482-1(b)(2)(i).
632) Regs. §1.482-1(a)(1).
633) Regs. §1.482-1(a)(1).

(2) 거래 유형별 정상가격원칙의 적용

(가) 규정의 체계

재무부 시행령은 다양한 거래유형별로 가격산정방법을 제시하고 있다.[634] 즉, 유형자산의 양도에 관하여는 시행령 제1.482-3조[635], 유형자산의 사용에 관하여는 시행령 제1.482-2조(c), 용역의 제공에 관하여는 시행령 제1.482-9조, 금전소비대차에 관하여는 시행령 제1.482-2조(a), 무형자산의 양도에 관하여는 시행령 제1.482-4조, 비용분담약정에 관하여는 시행령 제1.482-7조에서 규정한다. 그 외에도 각 거래유형에 관하여 특정되지 않은 기타의 방법도 적용될 수 있다. 그리고 각각의 경우에 정상가격결과의 계산에 가장 적절한 방법을 적용하여야 한다(최적방법규칙).[636]

하나의 거래 또는 일련의 관련 거래에 복수의 방법이 분할적용될 수 있다. 즉, 상호 관련성이 있는 거래들은 서로 분리하였을 때 가장 신뢰성있게 정상가격을 평가할 수 있다면 각 거래별로 평가방법을 달리하여야 한다. 예를 들어 용역이 재화의 판매와 결부되어 제공된다면, 용역에 관한 정상가격방법과 재화의 판매에 관하여 각기 다른 정상가격방법을 적용할 수 있다.[637] 또한 용역이 재산의 양도와 관련하여 제공된다면 각 거래별로 평가방법을 달리 적용하는 것이 적절할 수 있다.[638] 반면 둘 이상의 거래를 합하여 평가방법을 적용하여야 할 수도 있다.[639] 이에 관하여는 시행령 제1.482-1조(f)(2)(i)가 규정하고 있다.

(나) 거래의 분석

1) 거래의 개념

특정한 배분방법을 적용하려면 지배관계 있는 납세의무자 간에 행해진 '거래(transaction)'와 비교가능한 지배관계 없는 거래를 식별할 필요가 있다. 시행령은 '거래'를 '모든 매매, 양도, 리스, 사용권부여, 대출, 선급금, 기부금 또는 그 밖의 모든 지분, 재산(유형·무형, 물적·인적을 불문) 또는 금전을 사용할 권리의 양도'로 정의한다. 그러한 거래의 효력발생 방법 및 조건이 문서화되어 있는지 여부는 묻지 않는다.[640] 또한 시행령은 '거

---

634) Regs. §1.482-1(b)(2)(i).

635) 상세는 Lepard, *Section 482 Allocations: Specific Allocation Methods and Rules in the Code and Regulations(552 T.M.)*, 2021.

636) Regs. §1.482-1(c). Levey/Shapiro, "OECD Transfer Pricing Avoids, 'Overpapering the Best Method'", 6 *J. International Taxation* 52 (1995). 상세는 후술한다.

637) Bittker/Lokken, 앞의 책, ¶79.3.1.

638) Regs. §1.482-1(b)(2)(ii).

639) Regs. §1.482-1(f)(2)(i).

640) 이상, Regs. §1.482-1(i)(7).

래'에 다른 납세의무자를 위하거나 다른 납세의무자를 대신하여 용역을 제공하는 것이 포함된다고 규정한다.[641] '지배관계 있는 거래(controlled transaction)' 또는 '지배관계 있는 양도(controlled transfer)'는 '동일한 지배관계 있는 납세의무자 집단에 속하는 둘 이상의 구성원 간에 행해진 거래 또는 양도'로 정의된다.[642] 반면 '지배관계 없는 거래(uncontrolled transaction)'는 '동일한 지배관계 있는 납세의무자 집단에 속하지 않는 둘 이상의 납세의무자 간의 거래'로 정의된다.[643]

2) 거래유형의 결정기준

특정한 거래가 어느 유형에 속하는지 결정할 때에는 보통법상 원칙인 '실질우선원칙(substance over form)' 및 '경제적 실질원칙(economic substance)', 미국세법상의 분류규정에 따른다.[644] 또한 시행령은 세법상의 특정규정이 어떤 거래의 성격을 재규정하는 경우 법 제482조에 따라 적용되는 방법에 영향을 미칠 수 있다고 규정한다.[645]

시행령은 지배관계 있는 납세의무자의 '진정한 과세소득'을 결정하기 위하여 일정한 경우에는 둘 이상의 거래를 압축(aggregation)하여 하나의 거래로 취급하여야 한다고 규정하고 있다. 나아가 시행령은 둘 이상의 개별 거래는 상호 간에 관련이 있어서 이들을 고려하여야만 가장 신뢰할 수 있는 지배관계 있는 거래의 정상가격을 결정할 수 있다면 그 결합효과를 고려하여야 한다고 규정하고 있다.[646] 다만 둘 이상의 거래가 관련된 재화(product)나 용역에 관한 것인 때에 한한다.[647] 위 규정은 지배관계 없는 납세의무자들이 내적 관련이 있는 복수의 거래를 행할 경우에는 내적 관련이 있는 거래가 이익이 미치는 영향을 고려하여 가격을 결정할 것이라는 점에 근거를 두고 있다. 또한 시행령은 국세청에게 하나의 거래를 여러 개의 개별 거래로 분해할 수 있는 권한을 부여하고 있지 않으나, 국세청은 거래에 관한 개념 정의 규정을 근거로 하나의 큰 거래 내에서 개별 거래를 식별할 수 있다고 보는 견해도 있다.[648]

---

641) Regs. §1.482-1(a)(1).
642) Regs. §1.482-1(i)(8).
643) Regs. §1.482-1(i)(8).
644) Lepard, 앞의 책(551-2nd, T.M.), VIII. B. 1.
645) Regs. §1.482-1(b)(2)(ii).
646) 시행령은 구체적인 예를 여러 개 들어두고 있다. Regs. §1.482-1(f)(2)(i)(B).
647) Regs. §1.482-1(f)(2)(i)(A). '관련된 재화와 용역(related products or services)'의 정의는 Regs. §1.6038A-3(c)(7)(vii).
648) Lepard, 앞의 책(551-2nd, T.M.), VIII. G. 2.

3) 제품계열과 통계적 기법의 사용

1994년 시행령은 거래들의 압축을 허용할 뿐만 아니라 필요한 경우에는 개별 거래를 기준으로 하는 대신 제품계열(product line)과 통계적 기법을 사용하여 정상가격을 결정하는 것을 허용한다. 즉, 지배관계 있는 거래는 여러 종류의 제품을 여러 번 거래하거나 동일한 제품을 여러 번 거래하는 것이 보통이므로 그런 경우에는 각각의 거래를 개별 거래로 다루기보다는 적합한 정상가격산정방법을 제품계열 등에 전반적으로 적용하는 것이 허용된다. 그 밖에도 표본추출이나 통계적 기법을 적용하여 정상가격을 산출할 수 있다고 한다.[649] 제품계열을 이용할 수 있도록 한 것은 지배관계 없는 정상가격 거래에서는 동일한 제품계열 내에서 패키지 가격을 협상하는 것이 일반적이기 때문이고 동시에 국세청의 행정비용을 절감하기 위한 것이다. 표본추출 등을 허용하는 것도 국세청의 행정비용을 줄이기 위한 방법으로 채택된 것이다.[650]

4) 지배관계 있는 납세의무자 간 거래의 재구성

1994년 시행령은 거래구조에 경제적 실질(economic substance)이 결여되어 있지 않다면 그 거래 그대로를 전제로 하여 정상가격을 산정하도록 규정한다.[651] 그러나 시행령은 동일한 거래 조건 하에 있는 지배관계 없는 납세의무자 간이었다면 해당 거래에 관하여 지배관계 있는 납세의무자 간에 행해진 거래를 하였을 가능성이 있는지 혹은 다른 대체거래를 하였을 것인지 고려하도록 규정한다. 만일 다른 대체거래를 택하였을 것으로 판단되면 그 대체거래와 지배관계 있는 거래를 조정하여 납세의무자의 소득을 재분배한다.[652] 그러나 납세의무자가 대체거래를 실제로 채택하였던 것처럼 거래를 재구성하는 것은 아니고 차이만을 조정한다.[653]

5) 복수의 사업연도 정보의 고려

일반적으로 지배관계 있는 거래의 정상가격은 문제가 되는 사업연도와 동일한 사업연도의 비교가능거래를 기준으로 산출한다. 그러나, 경우에 따라서는 조사 대상 사업연도의 전

---

649) Regs. §1.482-1(f)(2)(iv).

650) Lepard, 앞의 책(551-2nd, T.M.), VIII. F. 3.

651) Regs. §1.482-1(f)(2)(ii)(A).

652) 거래의 재구성을 부인한 판결로 In Claymont Invs., Inc. v. CIR, 90 TCM (CCH) 462 (2005). 그 평석으로 Bowen/Carden, "Claymont Investments, Inc. v. Comr.: Transfer Pricing and Economic Substance Implications", 35 *Tax Mgmt. Int'l J.* 195 (2006).

653) Regs. §1.482-1(f)(2)(ii)(A). 예를 들어 모법인이 자회사에게 제조공정의 사용허여를 하였다면 그 거래를 모법인이 직접 제조를 한 것으로 재구성하는 것이 아니라 모법인이 제조공정을 직접 실행할 수 있었다는 사실이 사용료의 정상가격에 고려되는 방식으로 적용된다. Regs. §1.482-1(f)(2)(ii)(B) Ex.

후 사업연도를 포함하여 다수의 사업연도에 관한 정보를 기초로 지배관계 있는 거래와 지배관계 없는 거래를 비교하여야 한다.[654]

(3) 거래의 유형

(가) 유형자산의 양도

시행령은 지배관계 있는 납세의무자 간의 재화의 매매 또는 그 밖의 유형자산의 양도는 미국세법 제482조의 적용 대상으로서 비교가능 제3자 가격방법, 재판매가격방법, 비용가산방법, 비교가능이익방법, 이익분할방법을 적용할 수 있다고 규정한다.[655] 위 5가지 가격산정방법 외에도 구체적인 상황 하에서 최적방법이라는 점을 입증할 수 있으면 그 방법을 적용할 수 있다.[656]

(나) 무형자산의 양도(원가분담약정[657] 제외)

무형자산의 양도에 관하여는 비교가능 제3자 거래방법을 배타적으로 적용하도록 규정하고 있다.[658] 그 외에도 유형자산 및 용역거래가 포함된 다른 유형의 거래에 관하여는 두 가지 방법이 적용될 수 있다. 즉, 일방당사자가 특별한 기여를 하는 경우에는 비교가능 제3자 가격방법을 적용할 수 있고,[659] 모든 당사자들이 특별한 기여를 하는 경우에는 이익분할방법을 적용할 수 있다.[660] 위 3가지 가격산정방법 외에도 구체적인 상황 하에서 최적방법이라는 점을 입증할 수 있으면 그 방법을 적용할 수 있다.[661]

(다) 유형자산의 이용(임대)

피지배 집단의 구성원이 다른 구성원으로부터 유형자산을 임대하여 사용하면서 임대료를 지급하지 않거나 정상가격기준에 미치지 못하는 임대료를 지급하는 경우 미국세법 제482조가 적용될 수 있다.[662]

---

654) Regs. §1.482-1(f)(2)(iii)(A).
655) Regs. §1.482-3, §1.482-6.
656) Regs. §1.482-3(e).
657) 원가분담약정(Cost Sharing Arrangements: CSAS)은 국제조세 측면에서 주로 문제가 되므로 여기서는 다루지 않는다. 원가분담약정에 관한 상세는 Bittker/Lokken, 앞의 책, ¶79.9.
658) Regs. §1.482-4. 상세는 Bittker/Lokken, 앞의 책, ¶79.8.
659) Regs. §1.482-5.
660) Regs. §§1.482-4(a)(2), 1.482-4(a)(3).
661) Regs. §1.482-4(d)(1).
662) Regs. §1.482-2(c)(1); Central Bank of the S. v. US, 834 F2d 990, 993 (11th Cir. 1987); Procacci v. CIR, 94 TC 397, 434 (1990); Cooper v. CIR, 64 TC 576 (1975); Bluefeld Caterer, Inc. v. CIR, 28 TCM (CCH) 315 (1969).

(라) 금전소비대차

1) 의의

피지배 기업집단의 구성원들 사이에 정상이자율이 아닌 이자율을 적용하여 금전소비대차(Loans or Advances)를 한 경우 미국세법 제482조가 적용될 수 있다.[663] 예를 들어 지배관계 있는 납세의무자 간의 재화의 판매, 임대라, 용역제공으로 인한 매출채권에도 정상이자율이 적용될 수 있다. 정상이자율보다 이자율이 낮은 경우가 주로 높은 경우에도 적용될 수 있다.

2) 적용기간

미국세법 제482조의 적용을 피하려면 지배관계 있는 납세의무자 간에 부채가 발생한 다음 날부터 그 부채가 소멸할 때까지 정상이자율을 적용하여야 한다.[664] 다만 '지배관계 있는 법인 간의 매출채권'[665]에 관하여는 이자면제기간(interest-free period)이 인정된다. 일반적으로 지배관계 있는 법인 간의 매출채권은 매출채권이 발생한 달로부터 세 번째 달의 초일 이전까지는 이자를 가산하지 않아도 무방하다.[666]

3) 이자율

일반적으로 지배관계 있는 납세의무자 간의 부채는 부채가 발생한 시점에서 유사한 상황하에 있는 독립된 거래 또는 특수관계 없는 당사자 간에 적용되었을 이자율이 적용되어야 정상가격기준에 부합한다.[667] 정상이자율을 결정할 때에는 원본금액, 대여기간, 보증의 유무, 채무자의 신용, 지배관계 없는 비교대상거래에 관하여 채권자 소재지에서 적용되는 통상 이자 등 모든 관련 요소를 고려하여야 한다.[668] 위 원칙에 관하여는 ① 달러화로 표시되는 지배관계 있는 법인 간 금전소비대차로서 채권자가 지배관계 없는 자에게 정기적으로 금전을 대여하는 업무를 영위하지 않는 경우에는 안전대 규정(safe harbor rule)이 적용되

---

663) Regs. §1.482-2(a)(1)(i). 수익성이 있는 자회사에 대하여만 이자를 청구하여 재분배가 된 사안으로 Aristar, Inc. v. US, 553 F2d 644 (Ct. Cl. 1977); Liberty Loan Corp. v. US, 498 F2d 225 (8th Cir. 1973), cert. denied, 419 US 1089 (1974). Pitchford's, Inc. v. CIR, 34 TCM (CCH) 384 (1975) (금원을 지급받을 수 없을 것으로 합리적으로 인정되는 경우에는 미국세법 제482조를 적용하지 않아도 된다고 국세청이 양해한 사안).

664) Regs. §1.482-2(a)(1)(iii)(A).

665) 특수관계인 간의 판매, 임대차 또는 용역제공의 통상적인 업무 과정에서 발생하는 부채로서 이자 지급을 요구하는 서면 문서에 의해 입증되지 않는 것을 말한다. Regs. §1.482-2(a)(1)(iii)(A).

666) Regs. §1.482-2(a)(1)(iii)(B). 다만 이자면제기간이 연장되는 예외적인 경우도 있다. Regs. §1.482-2(a)(1)(iii)(C), (D), (E).

667) Regs. §1.482-2(a)(1)(i).

668) Regs. §1.482-2(a)(2)(i).

고,[669] ② 납세의무자가 특수관계인인 채무자 소재지에서 특수관계 없는 자로부터 금원을 대여받아 특수관계인에게 대여하여 주는 경우 특수관계 없는 자로부터 대여받은 이자율이 정상이자율이다.[670]

4) 적용범위

정상이자율에 관한 시행령 규정은 진정한 부채에 관하여만 적용된다. 따라서 형식은 부채이지만 실질이 출자이거나 배당이라면 위 규정은 적용되지 않는다.[671]

(마) 용역의 제공

시행령은 지배관계 있는 용역거래(Controlled Services Transactions)에 관하여 정상가격 기준이 적용될 것을 요구한다.[672] 용역의 정상가격기준을 결정할 때에는 일반적인 비교가능 제3자 가격방법, 비교가능이익방법[673] 및 거래이익분할방법[674]이 적용될 수 있고, 그 외에도 용역의 제공에 관하여는 다음 중 하나의 방법이 적용될 수 있다. 이 경우에도 최적 가격방법이 적용된다.[675]

1) 용역원가방법(Services Cost Method)

이익가산액(markup) 없는 총용역원가(total services costs)를 기준으로 정상가격인지를 평가하는 방법이다.[676] 납세의무자가 용역원가방법을 적용할 수 있는 적격을 갖추고 이를 선택한다면 이 방법은 곧 최적방법(best method)에 해당하므로, 국세청은 총용역원가의 금액만을 적절하게 조정할 수 있다.[677] 용역원가방법이 적용되는 거래는 '저수익 지원용역(low margin covered services)'으로서 비교대상 중앙값기준 수익률이 7% 이하인 지배관계 있는 것이다.[678] 일정한 거래에 관하여는 이 방법을 적용할 수 없다.[679]

---

669) Regs. §1.482-2(a)(2)(iii).
670) Regs. §1.482-2(a)(2)(ii).
671) Regs. §1.482-2(a)(1)(ii)(B). Altama Delta Corp. v. CIR, 104 TC 424 (1995) 판결은 모회사가 정상가격을 초과하여 재화를 자회사에게 판매하였는데, 그 초과금액을 자회사의 모회사에 대한 대여금으로 보고 미국 세법 제482조에 따라 이자를 귀속시킨 사안이다.
672) Regs. §1.482-9(a). '지배관계 있는 용역거래(controlled services transaction)'의 정의 및 개념은 Regs. §1.482-9(l); Bittker/Lokken, 앞의 책, ¶79.5.2.
673) Regs. §1.482-9(f)(1); 상세는 Bittker/Lokken, 앞의 책, ¶79.5.7.
674) Regs. §1.482-9(g)(1); 상세는 Bittker/Lokken, 앞의 책, ¶79.11.
675) Regs. §1.482-9(a).
676) 상세는 Bittker/Lokken, 앞의 책, ¶79.5.3.
677) Regs. §1.482-9(b)(1).
678) Regs. §1.482-9(b)(3)(ii).
679) Regs. §1.482-9(b)(4).

2) 비교가능 제3자 용역가격방법[Comparable Uncontrolled Services Price(CUSP) Method]

지배관계 있는 용역거래 대가가 비교대상 제3자 용역거래 대가를 기준으로 할 때 정상가격인지 여부를 판단한다.[680] 이 방법은 일반적으로 지배관계 있는 용역거래가 제3자 간 거래와 동일하거나 상당히 유사한 경우에 적용한다.[681]

3) 총용역이익방법(Gross Services Margin Method)

이 방법은 비교가능 제3자 거래에서 실현된 총이익마진을 기준으로 정상가격을 결정한다.[682] 이 방법은 일반적으로 지배관계 있는 납세의무자가 피지배 집단의 다른 구성원과 제3자 간의 거래와 관련하여 용역이나 기능을 수행하는 적용에 적용한다. 이 방법은 지배관계 있는 납세의무자가 피지배 집단의 구성원과 제3자 간의 거래와 관련된 대리용역이나 중개기능을 피지배 집단의 다른 구성원에게 제공하는 경우에도 적용될 수 있다.[683]

4) 용역원가가산방법(Cost of Services Plus Margin Method)

용역원가가산방법은 지배관계 있는 거래의 지급대가가 비교가능 제3자 거래에서 실현된 총용역이익률(Gross Services Profit Markup)을 기준으로 볼 때 정상가격인지 여부를 판단한다.[684] 용역원가가산방법은 일반적으로 지배관계 있는 납세의무자가 지배관계 있는 상대방 및 제3자인 상대방 모두에게 동일한 혹은 비슷한 용역을 제공하는 경우에 사용된다.[685]

5) 기타 방법(unspecified method)

납세의무자는 시행령에 규정되어 있지 않더라도 구체적인 상황에서 정상가격을 결정하는데 적합한 방법임을 입증하여 그 방법을 적용할 수 있다.[686]

3. 최적방법규칙

가. 개관

정상가격기준은 지배관계 있는 납세의무자의 진정한 과세소득을 결정할 때 모든 경우에

---

680) Regs. §1.482-9(c)(1).
681) 상세는 Bittker/Lokken, 앞의 책, ¶79.5.4.
682) Regs. §1.482-9(d)(1).
683) Regs. §1.482-9(d)(1). 상세는 Bittker/Lokken, 앞의 책, ¶79.5.5.
684) Regs. §1.482-9(e)(1).
685) 상세는 Bittker/Lokken, 앞의 책, ¶79.5.6.
686) Regs. §1.482-9(h).

적용되어야 하는 기준은 지배관계 없는 납세의무자와 정상가격으로 거래하는 납세의무자를 기준으로 한다. 지배관계 있는 거래는 지배관계 없는 납세의무자가 동일한 상황에서 동일한 거래를 했을 경우에 실현되었을 결과와 일치한다면 정상가격기준을 충족한다. 그러나 동일한 거래를 찾는 것이 어렵기 때문에 정상가격기준 충족 여부는 일반적으로 비교가능한 상황 하에서의 비교가능한 거래 결과를 참고로 결정한다.[687] 재무부 시행령 제1.482-1조 (d)(2)는 비교가능성의 기준을 정의하고 있다.

지배관계 있는 거래에 따라 정상가격결과가 나오는지 여부는 최적방법규칙에 따라 평가한다.[688] 최적방법규칙은 "지배관계 있는 거래의 정상가격결과는 구체적인 사실과 정황 하에 가장 신뢰성 있게 정상가격결과를 측정할 수 있는 방법으로 결정하여야 한다"고 규정한다.[689] 따라서 방법 간에 고정된 우선순위는 없고 어떤 방법도 고정적으로 다른 방법보다 신뢰성이 높다고 간주될 수 없다.[690] 시행령은 "정상가격결과는 다른 방법을 적용할 수 없음을 입증하지 않아도 결정될 수 있다"고 규정하면서 그러나 "이후 다른 방법이 정상가격결과를 측정하는데 보다 더 신뢰성이 높다는 점이 발견되면 그 다른 방법을 적용하여야 한다"고 규정하고 있다.[691]

나. 최적방법규칙 하에서의 최적방법 결정

시행령은 최적방법규칙 하에서 어떤 방법이 최적방법인지 다수의 지침을 제시하고 있다. 특히, 시행령은 제3자 간 거래의 결과에 기초한 정보가 가장 객관적인 기준을 제공한다고 기술하고 있다. 이와 같이 최선의 방법을 결정할 때에 고려하여야 하는 두 가지 요소는 '지배관계 있는 거래와 비교가능 제3자 거래의 비교가능성[degree of comparability between the controlled transaction (or taxpayer) and any uncontrolled comparables]'과 '분석에 사용된 정보의 질과 가정(quality of the data and assumptions)'이다.[692] '비교가능 제3자 거래'는 '적용가능한 가격산정방법 하에서 지배관계 있는 거래 또는 지배관계 있는 납세의무자와 비교되는 지배관계 없는 거래 또는 지배관계 없는 납세의무자'로 정의된다. 따라서 예를 들어 비교가능이익방법 하에서 비교가능 제3자는 그 정보가 비교가능한 영업이익을 확인하는데 사용되는 제3자인 납세의무자를 가리킨다.[693]

---

687) Regs. §1.482-1(b)(1).
688) Regs. §1.482-1(b)(1).
689) Regs. §1.482-1(c)(1)
690) Regs. §1.482-1(c)(1).
691) Regs. §1.482-1(c)(1).
692) Regs. §1.482-1(c)(2).
693) Regs. §1.482-1(i)(10).

위 규정의 취지는 제3자 간 거래가 가장 객관적인 정상가격결과의 기초가 되지만 일정한 경우에는 특수관계 있지만 지배관계는 없는 당사자 간의 비교가능 거래를 기준으로 하는 것이 적절할 수 있다는 것이다. 정상가격기준은 완전한 제3자인 납세의무자 간의 거래만 고려의 대상이 된다는 취지가 아니라 그러한 거래가 가장 신뢰할 수 있는 결과를 제시한다는 취지이다.[694]

다. 경합하는 이전가격방법이 고려될 수 있는 범위

시행령은 최적방법을 선택할 때 특정한 경우에는 구체적인 분석의 결과가 다른 이전가격방법에 따른 결과와 일치하는지 여부를 고려하는 것이 적절할 수 있다고 규정한다.[695] 특히 시행령은 둘 이상의 이전가격방법이 서로 상충할 경우 정상가격 결과를 가장 신뢰성 있게 측정할 수 있는 수단을 선택하기 위하여 최적방법규칙이 적용된다고 규정한다. 최적방법규칙에 의하더라도 특정한 이전가격방법을 선택할 수 없는 경우 추가적으로 고려할 요소는 경합하는 특정한 이전가격방법이 다른 이전가격방법을 적용한 결과와 일치하는지 여부이다. 나아가, 같은 방법을 사용하여 산출된 결과가 서로 다른 경우에는 다른 방법을 사용하여 검증할 수도 있지만 동일한 방법을 달리 적용하여 산출한 결과와 비교분석할 수도 있다.[696] 즉, 시행령은 납세의무자가 정상가격결과를 결정할 때에는 다양한 방법을 사용하는 편이 신중할 것이라는 점을 시사하는 것이다.[697]

라. 최적방법규칙에 따른 비교가능성

(1) 개관

지배관계 없는 거래에 입각해서 산출된 정상가격이 특수관계 있는(related) 거래의 결과와 비교되기 위해서는 지배관계 없는 거래와 특수관계 거래 간에 비교가능성이 있어야 한다. 지배관계 있는 거래와 비교가능 거래 간의 차이에 관하여 조정이 필요할 수 있다.[698] 비교가능성이 증가하는 것이 비례하여 지배관계 없는 거래와 특수관계 거래의 차이는 감소하고 이에 따라 차이조정의 회수와 범위도 감소한다. 따라서 시행령은 분석이 비교가능한 제3자 거래에 기초한 것이라면 비교가능 제3자 가격방법(CUP)이 다른 방법에 비해서 일반적으로 신뢰도가 높을 것이라는 점을 시사한다. 비교가능 제3자 가격법은 다른 방법에

---

694) Lepard, 앞의 책(551-2nd, T.M.), VIII. C. 3.
695) Regs. §1.482-1(c)(2).
696) Regs. §1.482-1(c)(2)(iii).
697) Lepard, 앞의 책(551-2nd, T.M.), VIII. C. 4.
698) Regs. §1.482-1(c)(2)(i).

비하여 분석의 비교가능성이 보다 높고 차이점은 더 적을 것으로 예상되기 때문이다.[699] 다른 한편, 지배관계 없는 거래는 지배관계 있는 거래보다 비교가능성이 낮기 때문에 분석은 상대적으로 신뢰성이 떨어진다.[700]

일반적으로 지배관계 없고 비교가능한 납세의무자와의 거래를 찾기는 쉽지 않다. 국세청은 APA 프로그램의 일환으로 비교 대상을 찾는 데 도움을 얻기 위하여 여러 전산 데이터베이스를 참조한다.[701] 국세청은 비교가능한 국제거래뿐만 아니라 비교가능한 국내거래를 식별하기 위하여도 이러한 데이터베이스를 이용하기도 한다.[702] 잠재적 비교가능 법인의 선별과 관련하여, 국세청은 APA 프로그램 하에서 비교가능 법인의 풀(pool)을 면밀히 검토하고 사업보고서, 회사의 주주에 대한 연례보고서, 미국증권거래위원회, 법인 웹사이트, 투자분석 보고서 등에 기재된 정보 등을 종합하여 비교가능 법인을 선택한다.[703] 특히 국세청은 다른 요인들 중에서도 규모의 차이 때문에 근본적으로 다른 경제적 상황에 있을 수 있는 법인을 제거하기 위하여 다른 법인이 유사한 매출규모를 갖는지 여부를 검토한다.[704] 국세청은 불리한 감사의견, 파산, 재정적 의무 미준수, 특정 연도의 영업 손실 등에 기초하여 '재정적 어려움'을 겪고 있는 법인을 비교가능 법인의 범위에서 제외한다.[705]

APA 프로그램 하에서 국세청은 무형자산의 개발과 소유의 비교가능성에 초점을 맞추고 있다.[706]

(2) 비교가능요소(Comparability Factors)

시행령은 지배관계 있는 거래의 결과가 정상가격에 해당하는지 여부는 해당 거래의 결과를 비교가능한 상황 하에서 이루어진 지배관계 없는 비교가능거래의 결과와 비교하여 판단하도록 한다.[707] 시행령은 구체적으로 ① 당사자들이 수행하는 기능, ② 계약 조건, ③ 각 당사자가 부담하는 위험, ④ 경제적 조건, ⑤ 재산 또는 용역이 관련되었는지 여부 등을 중요한 비교가능요소로 열거한다.[708] 또한 시행령은 각 요소는 '거래 또는 당사자 간 비교가

---

699) Regs. §1.482-1(c)(2)(i).
700) Regs. §1.482-1(c)(2)(i).
701) 미국회사의 경우 미국증권거래위원회(SEC), 무디스, 스탠더드 푸어스 등이 제공하는 데이터베이스를 이용한다.
702) Announcement 2012-13, 2012-16 I.R.B. at 829.
703) Announcement 2012-13, 2012-16 I.R.B. at 830; Announcement 2000-35, 2000-16 I.R.B. at 937.
704) Announcement 2007-31, 2007-1 C.B. 769, 789.
705) Announcement 2012-13, 2012-16 I.R.B. at 830.
706) Announcement 2000-35, 2000-16 I.R.B. at 938; Announcement 2011-22, 2011-16 I.R.B. at 694; Announcement 2012-13, 2012~16 I.R.B. at 830.
707) Regs. §1.482-1(d)(1).
708) Regs. §1.482-1(d)(1). 각 요소에 관한 상세는 Lepard, 앞의 책(551-2nd, T.M.), VIII. D. 2.

능성의 정도'와 '비교가능성 조정의 필요성'을 결정할 때 고려되어야 한다고 규정한다.[709]

마. 정상가격범위와 정상가격 심사기준

(1) 개관

1994년 시행령의 가장 중요한 발상전환은 정상가격이 하나로 결정되는 것이 아니라 일정한 범위대로 정해진다는 입장을 취한 것이다. 이에 관하여는 앞서 본 일반적인 조세원칙(특히, 협상 유연성 원칙)의 발전경로에 비추어 보았을 때 상당한 성취라고 평가할 수 있다.[710] 다만 지배관계 있는 납세의무자 간의 거래에서 인정되는 정상가격범위는 특수관계 없거나 특수관계 있지만 지배관계 없는 당사자 간의 합리적으로 존중되는 경우의 정상가격 범위보다 협소할 것이다.[711]

시행령이 채택한 정상가격범위 개념은 최적가격방법 하에서의 단일가격방법(single pricing method)을 전제로 하는 것이고 둘 이상의 가격산정방법을 적용하는 것과는 무관하다. 즉, 비교가능성과 신뢰도가 유사한 둘 이상의 비교가능거래에 관하여 하나의 평가방법을 적용한 결과 둘 이상의 신뢰할 수 있는 결과가 산출된 경우 정상가격범위를 벗어나지 않는다면 미국세법 제482조에 따른 조정을 하지 않는다는 의미이다.[712]

시행령은 경우에 따라서는 가격산정방법이 단일한 정상가격을 도출하기 때문에 적정한 '범위'는 존재하지 않을 수도 있다는 입장이다.[713] 즉, 과세관청이 비교가능 제3자 방법을 적절하게 적용할 수 있다면 정상가격범위를 결정하지 않고 바로 하나의 비교가능한 지배관계 없는 거래가격을 적용하여 거래가격을 배분할 수도 있다.[714] 다만 납세의무자가 소득신고에 적용한 거래가격이 동등하게 신뢰할 수 있는 비교가능한 지배관계 없는 거래가격의 범위 내에 있음을 입증하면 과세관청이 배분을 하지 않는다.[715]

---

709) Regs. §1.482-1(d)(3).
710) Bittker/Lokken, 앞의 책, ¶ 79.3.6; Lepard, 앞의 책(551-2nd, T.M.), VIII. F. 1. 시행령의 입안자는 단일한 결과를 요구하는 것은 다양한 가격산정방법이 언제나 정상가격결과를 정확하게 측정할 수는 없다는 사실과 조화되지 않으며 복수의 정상가격이 존재할 수 있다는 경제적 사실을 무시하는 것이라고 생각하였다. 비교가능성이 높은 결과가 복수가 존재한다면 그 중에 어떤 비교가능 제3자 거래가 더 정상가격결과에 부합한다고 단정하기 어렵다는 것이다. TD 8470, 1993-CB 90, 94, 102.
711) Lepard, 앞의 책(551-2nd, T.M.), VIII. F. 1.
712) Regs. §1.482-1(e)(1), (e)(2)(ii), (e)(5) Ex. 1.
713) Regs. §1.482-1(e)(1).
714) Regs. §1.482-1(e)(4).
715) Regs. §1.482-1(e)(4).

(2) 비교대상거래의 선정

정상가격범위를 산출하는 첫 단계는 비교대상거래로 사용할 지배관계 없는 거래를 선정하는 것이다. 시행령은 지배관계 없는 비교대상거래는 비교가능성 기준에 입각하여 선택되어야 하고 정상가격 결과를 신뢰도 있게 산정할 수 있을만큼 충분히 지배관계 있는 거래와 유사하여야 한다고 규정한다. 또한 비교대상거래와 지배관계 있는 거래 사이에 중요한 차이가 존재한다면 해당 거래를 비교대상거래로 이용하기 위하여는 가격 또는 이익에 관한 차이를 어느 정도 확신을 갖고 조정할 수 있고 그 조정으로 인하여 결과에 관한 신뢰도를 제고할 수 있어야 한다.[716]

(3) 비교대상거래의 신뢰도 순위

정상가격범위를 산정할 때 취하여야 할 두 번째 단계는 비교대상거래의 신뢰도에 순위를 매기는 일이다. 유사한 수준의 신뢰도를 가진 비교대상거래는 함께 모아야 한다. 즉, 정상가격범위 산정시에는 유사한 수준의 비교가능성과 신뢰도를 갖춘 비교대상거래만이 사용될 수 있다.[717]

(4) 정상가격범위에 포함되는 비교대상거래의 제한

정상가격범위를 구성할 수 있는 지배관계 없는 비교대상거래는 다음의 요건을 충족하여야 한다. ① 지배관계 있는 거래와 지배관계 없는 거래에 관한 정보가 충분히 완전하여 중요한 차이점이 식별되어야 한다. ② 그와 같은 차이점은 가격 또는 이익에 관하여 명확하고 합리적으로 확인가능한 효과를 미쳐야 한다. ③ 조정은 그러한 차이점을 제거하기 위하여 행한다.[718] 시행령은 사분위범위(interquartile range)[719]를 설정하도록 규정하고 있다. 즉, 통계적 방법을 적용하여 결과가 범위의 하한가 이상에 속할 가능성이 75%이고 동시에 범위의 상한가 이하에 속할 확률이 75%가 되도록 범위의 한계를 설정하는 것이다. 이와 같은 사분위범위는 일반적으로 수용가능한 범위의 측정값이지만, 그와 다른 통계적 방법이 보다 신뢰도가 높다면 그 다른 방법을 적용할 수도 있다.[720]

---

716) Regs. §1.482-1(e)(2)(ii).
717) Regs. §1.482-1(e)(2)(ii).
718) Regs. §1.482-1(e)(2)(iii)(A).
719) 사분위범위는 정상가격의 하위 25%에서부터 상위 75%에 이르는 범위에 포함되는 결과들의 집합으로 정의한다. 여기서 하위 25%란 비교대상으로부터 산출한 정상가격 중 그 결과보다 같거나 작은 것이 최소한도 25% 있다는 의미이다. Regs. §1.482-1(e)(2)(iii)(C).
720) Regs. §1.482-1(e)(2)(iii)(B).

바. 최적방법규칙에 관한 비판

최적방법규칙에 관하여는 이전가격방법 적용시의 유연성을 제고하였다는 점에서 찬성하는 견해가 지배적이다. 동시에 최적방법규칙은 최선의 방법이 하나만 존재하며 하나 이상의 방법을 고려하는 것을 원칙적으로 거부한다는 점에서 일반적 조세원칙을 벗어난 것이라는 비판이 있다. 재산 또는 용역을 평가할 때에는 모든 사정과 정황을 고려하여야 한다는 원칙은 국세청이 다수의 시행령에서 채택한 일반적 조세원칙이기 때문이다.[721] 단지 신뢰도가 낮거나 비중이 낮다는 이유만으로 관련되는 사실관계나 요소가 무시될 수는 없다는 것이다.[722] 판례도 다양한 평가방법을 동시에 고려하여 왔으며 특정한 상황 하에서 신뢰도에 따라 서로 다른 가중치를 부여하였을 뿐이다. 최적방법규칙을 규정한 시행령은 하나의 특정한 평가방법만을 적용하도록 요구하는 유일한 규정이다. 이 점에서 일반적인 조세원칙과는 상충되는 측면이 있다.[723]

4. 대응조정(Correlative Adjustment)

가. 의의

시행령은 미국세법 제482조를 적용하여 분배 등을 행한 이후의 대응조정 절차를 규정하고 있다. 대응조정은 미국세법 제482조를 적용하여 동일 피지배 집단에 속하는 납세의무자의 과세소득이 증가하면(1차 조정) 같은 집단에 속하는 다른 납세의무자로서 미국에 대한 납세의무가 해당 사업연도 또는 그 이후에 영향을 받는 자의 과세소득을 그에 맞추어 조정해 주는 절차를 말한다.[724] 예를 들어 모회사가 자회사에게 대가 없이 용역을 공급한 거래에 관하여 모회사의 익금을 정상가격기준으로 늘리는 1차 조정이 있었다면, 그에 대한 대응조정은 그 대가가 손금 산입 가능한 것이라면 자회사의 세무상 배당가능이익(earnings and profits)을 같은 크기로 줄이는 것이다. 대응조정을 하는 것은 이중과세를 완화하기 위한 것이다.

미국세법 제482조는 명시적으로 대응조정을 허용하거나 요구하지 않는다. 그러나 판례는 형평에 따른 당연한 법리라고 본다.[725]

---

721) 예컨대, Regs. §20.2031-1(b).
722) Rev. Rul. 59-60, 1959-1 C.B. at 242.
723) Lepard, 앞의 책(551-2nd, T.M.), VIII. C. 6.
724) Regs. §1.482-1(g)(2)(i).
725) Bittker/Lokken, 앞의 책, ¶ 79.13.1.

나. 절차

미국세법 제482조에 따라 조정이 행해지면 국세청은 그 분배 등으로 인하여 영향을 받는 납세의무자에게 서면으로 그 금액과 성격을 통지하여야 한다.[726] 이러한 1차 조정은 그로 인하여 영향을 받는 모든 주체의 기록이 반영되어야 한다. 1차 조정은 미국세법 제482조에 따른 조정을 반영한 납세의무의 최종결정일이 행해진 것으로 본다.[727]

다. 대응조정의 방법

(1) 지급채무 및 수취채권의 계상

미국세법 제482조에 의해 재분배된 금액은 지배관계 있는 납세의무자의 지급채무 (account payable) 계정과 수취채권(account receivable) 계정에 반영하여야 한다. 이를 '지급채무 및 수취채권 절차(the accounts payable and receivable procedure)'라고 한다. 예를 들어 모회사의 과세소득을 자회사로 재분배하면, 모회사가 자회사에 대하여 지급채무를 부담하는 것으로 대응조정된다. 납세의무자는 지급채무 계정 또는 수취채권 계정을 계상하여 스스로 정상가격기준으로 거래를 신고할 수 있다.[728] 그러나 국세청이 실시하는 조정으로서 실질적 허위평가 과태료(substantial or gross valuation penalty)가 부과되는 경우 또는 부정신고(fraudulent return)의 경우에는 그렇게 할 수 없다.[729] 지급채무 및 수취채권에 관하여는 1차 조정이 행해진 사업연도의 다음 사업연도 기초부터 그 채권이 변제될 때까지 정상이자율을 가산한다.[730] 위 계정들은 국세청 조사시에는 종결합의 후, 신고납세의 경우에는 신고일 후 각 90일 이내에 지급되어야 한다.[731] 지급채무 및 수취채권 절차를 따르지 않은 납세의무자는 그로 인한 대손금을 손금산입할 수 없다.[732]

(2) 상계

납세의무자는 문제가 되는 지배관계 있는 거래 이외의 다른 지배관계 있는 거래도 정상가격기준이 아닌 경우에 그 효과를 문제가 되고 있는 거래의 재분배 효과와 상계할 것을 주장·입증할 수 있다. 이를 상계(Setoffs)라고 한다.[733] 예를 들어 모회사가 자회사에 대

---

726) Regs. §1.482-1(g)(2)(ii).
727) Regs. §1.482-1(g)(2)(iii).
728) Regs. §1.482-1(a)(3) ; Rev. Proc. 99-32, 1999-2 CB 296.
729) Rev. Proc. 99-32, 1999-2 CB 296.
730) Rev. Proc. 99-32, 1999-2 CB 296.
731) Rev. Proc. 99-32, 1999-2 CB 296, §§ 4.01(4), 5.01(4)(e), 5.02(8).
732) Cappuccilli v. CIR, 668 F2d 138 (2d Cir. 1981), *cert. denied*, 459 US 822 (1982) ; Eisenberg v. CIR, 78 TC 336 (1982).

하여 정상가격 100,000달러 상당의 용역을 제공하면서 125,000달러를 청구하였고 모회사는 자회사에게 임대료의 정상가격이 25,000달러인 설비를 아무런 대가 없이 사용할 수 있도록 하였다고 가정한다. 용역거래와 임대거래를 함께 제공하면 그 정상가격이 125,000이므로 과세소득의 왜곡이 일어나지 않으므로 미국세법 제482조를 적용할 이유는 없다.[734] 그러나 상계를 인정할 경우 과세소득의 성격이나 원천이 변경되어 미국에 대한 납세의무에 영향을 미치게 될 경우에는 그에 따른 적절한 조정을 해야 한다.[735]

Ⅶ. 입증책임

1. 입증책임의 소재

미국세법 제482조를 근거로 국세청장은 특수관계 있는 납세의무자 간에 소득의 분배 등을 행할 때 광범위한 재량권을 가진다. 미국의 판례는 국세청장이 재량권을 남용하였다는 사실의 입증이 없다면 미국세법 제482조를 적용한 결정이 유지되어야 한다는 입장이다.[736] 따라서 국세청장이 행한 분배 등이 임의적이거나 권한 남용이거나 비합리적이라는 점에 관하여는 납세의무자가 무거운 입증책임을 진다.[737] 그리고 법원은 국세청장이 취한 평가방법의 세부사항보다는 그 결과의 합리성에 초점을 맞춘다.[738] 이처럼 납세의무자가 무거운 입증책임을 지기 때문에 납세의무자는 원칙적으로 국세청장이 미국세법 제482조를 적용하려고 할 때 사전 통지를 받을 권리가 있다.[739]

납세의무자에게 송달된 부족세액징수통지서에 사용된 분배 등의 방법과 국세청의 전문

---

733) Regs. §1.482-1(g)(4)(i).

734) Regs. §1.482-1(g)(4)(iii) Ex. 1.

735) Regs. §1.482-1(g)(4)(i).

736) Yamaha Motor Corp., U.S.A. and Subsidiaries v. C.I.R., T.C. Memo. 1992-110, T.C.M. P 92110, 63 T.C.M. (CCH) 2176, 1992 WL 31192 (1992); Sheaffer in *Mertens Law of Federal Income Taxation*, 2023, § 45I:2.

737) 구체적인 판단기준에 관하여는 견해가 나뉜다. 이에 관한 참고문헌으로는 Allegra, "Section 482: Mapping the Contours of the Abuse of Discretion Standard of Judicial Review", 13 *Va. Tax Rev.* 423, 1994; Frank, "Transfer Pricing Standard of Review: Deference Still?", 172 *Tax Notes Fed.* 1257, 2021; Gaffney/Davis/Smith, "Taxpayers Face New Burdens in Overcoming 482 Reallocations by the Service", 93 *J. Tax'n* 112, 2000.

738) DHL Corp. v. CIR, 76 TCM (CCH) 1122, 1143 (1998); Liberty Loan Corp. v. US, 498 F2d 225 (8th Cir.), *cert. denied*, 419 US 1089 (1973); H Group Holding, Inc. v. CIR, 78 TCM (CCH) 533, 551 - 552 (1999); Hospital Corp. of Am. v. CIR, 81 TC 520, 594 (1983); Keller v. CIR, 77 TC 1014 (1981), *aff'd*, 723 F2d 58 (10th Cir. 1983). 미국세법상 입증책임에 관한 일반론은 Bittker/Lokken, 앞의 책, ¶118.4.2.

739) CIR v. Transport Mfg. & Equip. Co., 478 F2d 731 (8th Cir. 1973); Abatti v. CIR, 644 F2d 1385 (9th Cir. 1981).

가가 소송과정에서 원용한 분배 등의 방법이 다르다는 이유만으로 국세청의 결정이 임의적, 권한남용적, 비합리적이라고 간주되지 않는다.[740] 그러나 분배 등의 방법을 변경한 사실은 그 한 요소로 평가될 수 있다.[741]

2. 납세의무자가 부담하는 입증책임의 내용

법원은 미국세법 제482조에 따른 납세의무자의 입증책임을 다음의 두 단계로 나누어 설명한다.

첫 번째 단계에서는 납세의무자가 국세청장의 분배 등이 잘못되었음을 입증하여야 한다. 부족세액징수통지서는 정확한 것으로 추정되기 때문이다. 이 추정은 납세의무자가 분배 등이 임의적, 권한남용적, 비합리적임을 입증하여야 번복된다. 법원은 분배 등이 합리적인지 여부를 결정할 때 분배 등의 방법이 아니라 그 결과에 초점을 맞춘다.

두 번째 단계에서는 납세의무자가 스스로 적용한 분배 등의 방법이 정상가격기준에 부합한다는 사실을 입증하여야 한다. 납세의무자가 이 입증책임을 다하지 못하면 조세법원이 기록을 근거로 적정한 분배 등을 행한다.[742] 이때 법원은 광범위한 재량권을 가진다.[743]

제3절 일본법

Ⅰ. 개관

일본법에서 우리 법인세법상 부당행위계산 부인제도에 대응하는 제도는 동족회사행위계산 부인제도이다. 일본에서는 법인을 통하여 사업활동을 영위하는 현상이 현저하여 실체가 개인기업과 다르지 않은 법인이 상당히 많다. 이러한 법인을 강학상 가족회사(family company) 또는 폐쇄법인(closed corporation)이라고 한다. 본래 법인은 다수의 주주 간에 상호견제에 의하여 주주총회에서 공동의 의사가 결정되고 공동의 이익을 추구하는 것을 이상으로 한다. 그러나 위와 같은 가족회사 또는 폐쇄법인의 경우에는 주주 상호 간 이해대립

---

740) Kenco Rests., Inc. v. CIR, 206 F3d 588 (6th Cir. 2000).

741) H Group Holding, Inc. v. CIR, 78 TCM (CCH) 533, 555, 557 (1999); Perkin-Elmer Corp. v. CIR, 66 TCM (CCH) 634 (1993). 특히, Compaq Computer Corp. v. CIR, 78 TCM (CCH) 20, 29, 30 (1999) 판결 은 대부분의 경우 피고가 부족세액징수통지서에서 취한 입장을 포기하면 법원은 부족세액징수통지서에 기재된 미국세법 제482조에 따른 배분 등은 임의적이고, 권한남용적이라고 결론내린다고 판시하였다.

742) Kenco Rests., Inc. v. CIR, 206 F3d 588, 596-597 (6th Cir. 2000).

743) 대표적인 예가 Sundstrand Corp. v. CIR, 96 TC 226, 375 (1991).

이 없어 견제도 이루어지지 않고 경제적 합리성이 없는 거래가 행해지기 쉽다.[744] 이러한 법인은 가족구성원을 임원, 직원으로 하여 이들에게 보수·급여를 지급하여 소득을 분할하는 경향이 있고 이익을 내부에 유보하여 법인세율보다 높은 소득세율 적용을 회피하는 경향이 있다. 또 이런 법인들은 일반적으로 1인 또는 소수의 주주에 의하여 지배되고 소유와 경영이 결합되어 있기 때문에 소수의 주주가 임의로 거래나 경리를 쉽게 할 수 있다. 따라서 해당 회사 또는 그 특수관계인의 세부담을 부당하게 감소시키는 행위나 계산이 쉽게 행해질 수 있으므로 실제로 그런 일이 발생하면 정상적인 행위나 계산으로 돌려 경정 또는 결정을 행하는 권한을 세무서장에게 인정한 것이다.[745]

일본법인세법 제132조는 이러한 법인 중 일정한 형식적 기준에 해당하는 것을 동족회사라 하고 동족회사(외국법인인 동족회사를 포함한다)의 행위 또는 계산으로서 이를 용인하는 경우 법인세의 부담을 부당하게 감소시키는 결과로 인정될 때에는 세무서장은 그 행위 또는 계산에 관계없이 그 인정하는 바에 따라 법인세액을 계산할 수 있다는 취지로 규정하고 있다. 여기서의 동족회사는 주주 등 3인 이하 및 그 동족관계자가 동일한 종류의 의결권부주식을 50%를 초과하여 소유하고 있는 경우를 말한다(일본법인세법 제2조 제10항, 일본법인세법 시행령 제4조 제5항, 제6항).[746]

일본은 위 규정을 출발점으로 하여 조직재편에 관한 행위계산 부인제도(일본법인세법 제132조의2), 통산법인에 대한 행위계산 부인제도(같은 법 제132조의3), 외국법인의 고정사업장 귀속 소득에 관한 행위계산 부인제도(같은 법 제147조의2)를 두게 되었다.

Ⅱ. 동족회사행위계산 부인제도

1. 의의

일본의 현행 법인세법 제도 중 한국의 부당행위계산 부인제도의 연원이 된 것은 일본법인세법상 동족회사행위계산 부인제도이다. 이 제도는 1923년 일본소득세법 개정시 성립한

---

744) 山本守之, 「体系法人税法」, 33訂版, 税務経理協会, 2016, 113면.
745) 규정의 취지에 관하여는 도쿄지방재판소 1958(昭和 33). 12. 23. 판결(行裁例集 第9巻 第12号 2727면), 도쿄고등재판소 1959(昭和 34년). 11. 17. 판결(行裁例集 第10巻 第12号 2392면) 참조. 동족회사세제의 연혁 및 내용 등에 관하여는 谷口勢津夫, "同族会社税制の沿革及び現状と課題", 「税研」 192号, 2017, 34면; 清永敬次, 「租税回避の研究」, ミネルヴァ書房, 2015, 307면 이하.
746) 2006(平成 18)년 개정된 것이다. 그 밖에도 일본소득세법 제157조, 일본상속세법 제64조, 일본지방세법 제72조의43이 같은 취지의 규정을 두고 있다. 일본소득세법 제157조에 관한 판례는 今村隆, "行為計算の否認規定をめぐる紛争", 「税法学」 577号, 2017, 281~283면. 일본상속세법 제64조에 관한 판례는 같은 논문, 283~285면.

것으로 오랜 역사를 갖고 있는바, 현행 한국의 부당행위계산 부인제도의 전사(前史)로서 그 연혁을 상세하게 고찰할 필요가 있다.

우선 현행 일본법인세법의 내용을 제시하면 다음과 같다.

제132조(동족회사 등의 행위 또는 계산의 부인)

① 세무서장은 다음 각 호의 법인에 관련된 법인세에 대해 경정 또는 결정을 하는 경우에 그 법인의 행위 또는 계산으로 이를 용인한 경우에는 법인세의 부담을 부당하게 감소시키는 결과가 된다고 인정되는 것이 있는 때에는 그 행위 또는 계산에도 불구하고 세무서장이 인정하는 바에 따라 그 법인에 관한 법인세의 과세표준, 결손금액 또는 법인세액을 계산할 수 있다.

一. 내국법인인 동족회사

二. イ부터 ハ의 어느 하나에 해당하는 내국법인

イ. 셋 이상의 지점, 공장 기타 사업소를 보유하고 있을 것.

ロ. 사업소의 2분의 1 이상에 해당하는 사업소에 대해 그 사업소의 소장, 주임 그 밖의 사업소에 관한 사업의 주재자 또는 주재자의 친족 그 밖의 주재자로서 시행령에서 정하는 특수한 관계에 있는 개인(이하 본 호에서 「소장 등」이라 함)이 이전에 그 사업소에서 개인으로써 사업을 경영한 사실이 있을 것

ハ. ロ에서 규정하는 사실이 있는 사업소의 소장 등이 보유하는 그 내국법인의 주식 또는 출자의 수 또는 금액의 합계액이 내국법인의 발행주식 또는 출자(그 내국법인이 보유하는 자기 주식 또는 출자 제외)의 총수 또는 총액의 3분의 2 이상에 상당할 것.

② 전항의 경우에 내국법인이 동항 각 호의 법인에 해당하는가에 대한 판단은 동항에서 규정하는 행위 또는 계산 사실이 있었던 때의 상황에 따르도록 한다.

③ 제1항 규정은 동항에서 규정하는 경정 또는 결정을 하는 경우에 같은 항 각 호 법인의 행위 또는 계산에 대해 소득세법 제157조 제1항(동족회사 등의 행위 또는 계산의 부인 등) 혹은 상속세법 제64조 제1항(동족회사 등의 행위 또는 계산의 부인 등) 또는 지가세법(平成 3년 법률 제69호) 제32조 제1항(동족회사 등의 행위 또는 계산의 부인 등) 규정이 적용된 때에 대하여 준용한다.

2. 연혁

가. 1923(大正 12)년의 창설

(1) 제도 창설의 배경

동족회사의 행위·계산 부인을 인정하는 규정이 처음 생긴 것은 1923(大正 12)년의 소득

세법 개정이었다. 이 제도는 1923년 1월 제46회 제국의회의 소득세법 일부개정으로 법제화
되었지만 그 제도창설의 직접적인 계기는 1922(大正 11). 7. 20. 답신인 「임시재정경제조사
회 답신세제정리안(臨時財政経済調査会答申税制整理案)」이었다. 그 답신 중의 제1직접
국세정리안은 다음과 같이 기술하고 있다.[747]

　　현행 소득세법은 최근 근본적인 개정을 함으로써 대체로 개정을 필요로 하는 점은 적다
고 인정되고 2~3개의 연구를 필요로 하는 사항 외에는 없다는 것은 아래와 같다.
　　(イ) 법인과 개인 간의 과세방법이 다른 결과 근래 자산가 중 소득세의 경감을 주된 목
　　　　 적으로 하여 재산보전회사를 설립하는 것이 적지 않아 이 점을 개정하여 공평을
　　　　 기하는 방법이다.
　　(ロ)부터 (ハ)까지 생략

　　재산보전회사의 유보금에 관하여는 아래와 같이 개정할 것
　　(イ) 법인에 대하여 그 사업의 성질로부터 관찰하여 필요하다고 인정되는 정도 이상으
　　　　 로 사내유보를 한 경우 그 금액은 그 출자액에 비례하여 이를 배당한 것으로 간주
　　　　 하여 각 개인에게 종합과세할 것
　　(ロ) 전항 필요한 유보액의 정도는 대장대신이 이를 인정할 것
　　(ハ) 위 인정에 대하여 불복하는 자에 대하여는 행정소송을 허용할 것

　　일본의 행정, 경제는 제1차 세계대전에 의해 큰 영향을 받았는데 전후에는 특히 재정 수
입의 증가를 도모하여야 할 절박한 필요가 있었으므로 일본정부는 1920(大正 9)년에 소득
세법을 근본적으로 개정해 세입을 증가시키고자 하였다. 개정의 주요사항 중 하나는 법인
세제에 관하여 기존의 원천과세주의[748]를 폐지하고 독립과세주의와 원천과세주의를 병용
하는 제도를 채택한 것이다. 즉 법인의 총소득을 직접적인 과세표준으로 하지 않고 초과소
득, 유보소득, 배당소득, 청산소득으로 구분하여 과세하기로 했으며, 또한 그 배당소득금액
에 대해서는 개인의 제3종 소득에 합산(단 배당금액의 40%를 공제)하여 과세하기로 했던
것이다. 개인의 수취배당금에 관하여 소득종합과세가 실시된 것이다.[749] 이 제도의 입법취

---

747)　村上泰治, "同族会社の行為計算否認規定の沿革からの考察", 「税務大学校論叢」 第11号, 1977,
　　　 236~237면.
748)　법인세의 전신인 제1종 소득세는 1899(明治 32)년에 창설되었다. 그 해에 개정된 일본소득세법은 소득을
　　　 제1종(법인소득), 제2종(공채, 사채의 이자), 제3종(기타소득)으로 구분하여 처음으로 법인의 소득에 대해
　　　 과세하게 되었다. 당시는 제1종 소득에 대해 소득세가 부과된 법인으로부터 받는 배당 및 이익처분의 상여
　　　 금은 개인 소득세의 과세 상으로는 비과세 소득으로 여겨졌으며, 그렇게 함으로써 제1종 소득과 제3종 소
　　　 득의 이중과세를 조정하였다. 이런 방식을 원천과세방식이라고 하는데 원천과세방식은 일본소득세법이
　　　 1920(大正 9)년에 개정될 때까지 계속되었다. 武田昌輔, 「DHC コンメンタール 法人税法」, 第一法規,
　　　 1979, 5534면.

지는 '소득의 크고 작음에 따른 과세의 균형을 위한 조세이론의 요구에 따른 것'이라고 하였는데 당시로서는 획기적인 것이라고 평가되었다.[750]

이 제도를 채택하면서 소액 소득자의 조세부담이 경감되었지만, 고액 소득자의 경우 조세부담이 현저하게 증가하였기 때문에 고액 소득자 중에는 가족회사로서 재산보전회사를 설립하여 배당을 유보하는 방법으로 과세의 경감을 꾀하였다. 일본 정부의 입장에서 조세부담의 공평면에서 이를 방치할 수 없는 상태에 이르게 되자 이러한 조세회피수단을 방지하기 위한 조치로서 동족회사에 대한 유보금 과세제도를 도입하였다(제73조의2).[751] 그리고 그 과정에서 동족회사행위계산 부인규정이 함께 도입되었다(제73조의3). 동족회사행위계산 부인규정이 함께 도입된 것은 악의적으로 법인의 과세소득을 감소시켜서 법인으로 유보한 소득에 관한 과세를 회피하는 시도에 대응하기 위한 것이었다.[752] 이처럼 동족회사행위계산 부인제도는 유보금 과세제도를 보완하는 과정에서 채택되었다는 점에서 앞서 본 다른 입법례와 출발점이 다르다.

(2) 입법의 경과

일본 정부는 이러한 사정을 고려하여 1923(大正 12)년 1월 제46회 제국의회에 다른 세법 개정안과 함께 소득세법 개정안을 제출하였다. 개정안은 중의원에서 제73조의2에 관하여 일부 수정이 있었지만 제73조의3에 관하여는 정부안 원안이 그대로 양원의 협찬을 거쳐 1923. 3. 27.에 성립하였다.[753]

제도의 창설과정에서 외국법이 어느 정도 영향을 미쳤는지는 불분명하다. 입법담당자가 여러 외국세법을 참고한 것으로 추정되지만 특정 외국세제에 의존하여 규정을 창설한 것은

---

749) 그 이전에는 개인의 수취배당금에 대해서는 소득세가 부과되지 않았다.
750) 薄田岩宝/柴田辰平, 「第一種.第二種所得税法講義」, 広島財務協会, 1925, 10면.
751) 村上泰治, 앞의 논문, 237면. 일본대장성이 편찬한 문헌은 다음과 같이 기술하고 있다. 大蔵省, 「明治大正財政史 第6巻」, 経済往来社, 1957, 1159~1160면.
   "즉, 개정 소득세법의 규정에 따르면 법인이 그 주주 또는 사원에 대해 행한 이익의 배당은 모두 이를 받는 각 개인의 소득에 종합 합산하여 과세한다고 했을 때 법인이 그 이익을 배당하지 않고 사내에 유보하는 경우에는 이를 제1종 乙법인의 유보소득으로 하여 이에 대해 일정 누진율을 부과하게 되지만, 그 결과는 개인에 대한 종합과세율은, 개인의 소득액이 일정한 금액을 초과할 때에는 법인에 대한 유보소득 과세율에 비해 현저히 고율이 될 수 밖에 없으므로 세법 시행 이래 동족회사 또는 보전회사 등과 같은 가족회사를 조직하여 그 소득을 회사 내에 유보하는 것에 의하고, 주주 또는 사원에 대한 배당소득의 종합과세를 면함으로써 제3종 소득세율과 유보소득세율간의 차이를 이용하는 것이 생기고 심지어 해당 회사와 그 사원 또는 주주 사이에 여러 가지 거래를 하는 모양새를 만들어서 이에 의하여 소득세 경감을 도모하는 것과 같은 수단에 의지하는 것에 이르러서 그와 같은 합법적 탈세행위는 해를 거듭할수록 대담해지는 경향을 보인다."
752) 金子尚弘, "同族会社の行為計算否認規定と対応的調整の必要性−所得税法157条の適用に係る問題を中心として−", 「立命館法政論集」 10号, 2012, 42면; 谷口勢津夫, 앞의 논문, 34면.
753) 清永敬次, 앞의 책, 311면.

아니라고 한다. 일본세법에 큰 영향을 준 독일세법의 경우에도 법형성남용 방지규정이 라이히(Reich) 조세기본법에 규정된 것은 1919년이지만, 보다 직접적인 관련이 있는 숨은 이익처분이 독일법인세법에 규정된 것은 1934년이며 동족회사행위계산 부인과의 유사성은 인정되기 어렵다.[754]

(3) 규정의 내용

1923(大正 12)년의 세제 개정에 의한 일본소득세법의 일부 개정법(1923. 3. 27. 법률 제8호)에 따라 일본소득세법 중에 동족회사[755]에 대한 과세관계에 관하여 다음의 규정이 신설되었다.[756]

제73조의2 ① 정부는 법인의 주주 또는 사원의 1인 및 그 친족, 사용인 그 밖의 특수한 관계가 있다고 인정되는 자의 주식금액 또는 출자금액의 합계가 그 법인의 주식금액 또는 출자금액의 2분의 1 이상에 상당하는 법인에 대하여 그 유보된 소득 중 아래 각 호의 어느 하나에 해당하는 것에 한하여 이를 주주 또는 사원에게 배당한 것으로 간주할 수 있다.

1. 사업연도말의 적립금 그 밖의 사업연도 소득 중 유보된 금액의 합계액이 그 사업연도말 납입주식금액 또는 출자금액의 2분의 1에 상당한 금액을 초과하는 경우 그 초과금액에 속하는 그 사업연도의 소득 중 유보된 금액으로부터 그 사업연도 소득의 20분의 1에 상당하는 금액을 공제한 금액

2. 각 사업연도 소득 중 유보된 금액이 그 사업연도의 소득의 10분의 3에 상당하는 금액을 초과하는 경우에는 그 초과금액

② 각 사업연도의 소득 중 유보된 금액이 그 사업연도말의 납입주식금액 또는 출자금액에 관하여 30분의 1 비율을 곱하여 산출한 금액을 초과하지 않는 경우에는 전항 제2호의 규정을 적용하지 않는다.

---

754) 淸永敬次, 앞의 책, 341~342면.

755) 동족회사라는 명칭이 처음 정의되어 사용된 것은 1926(大正 15)년 개정된 일본소득세법 제21조의2이지만 그 발상은 1905(明治 38)년의 일본소득세법 개정시에 드러난다. 즉, 그 개정시에 주주(또는 사원) 20명 이하의 주식회사(또는 주식합자회사)에 대하여는 누진세율에 의하도록 규정하게 된 것이다. 村上泰治, 앞의 논문, 241면.

756) 개정안의 심의 과정에서 귀족원 특별위원회에서는 개정안에 대하여 5항목의 희망 조건을 붙이고 있는데 그 제2항에서 동족회사에 대한 이 개정 규정에 대하여 다음과 같은 희망을 기술하고 있다.
"...이번 소득세법 개정안은 현행 소득세법이 종합과세주의를 채택한 결과, 소위 합법적인 탈세를 할 목적으로 설립된 법인을 단속하는 취지로 나온 것이지만, 이것이 실시될 때에는 오히려 포탈의 목적이 없는 선의의 법인을 지나치게 압박할 우려가 있으므로 정부는 개정 법규를 적용할 때 현행 소득세법 실시 전에 설립된 법인에 대하여 특히 조세포탈을 위해 이용할 수 없는 것은 물론, 그 밖의 법인에 대하여도 그 사업의 성질을 고려하여 세무관리의 전횡을 예방하는 방법을 강구하기를 바란다..."

> 제73조의3 전조의 법인과 그 주주 또는 사원 및 그 친족, 사용인 그 밖의 특수관계가 있다
> 고 인정되는 자와의 사이에 행해진 행위에 관하여 소득세포탈의 목적이 있다고 인정되
> 는 경우에 정부는 그 행위에도 불구하고 그 인정하는 바에 따라 소득금액을 계산할 수
> 있다.
> 제73조의4 정부는 전 2조의 규정을 적용할 경우 소득심사위원회의 결의에 따라 이를 결정
> 한다.

하지만 입법 당시의 규정에서는 동족회사와 그 주주 등 간의 행위[757]에 관하여 소득세
포탈의 목적이 있다고 인정되는 경우에 정부는 그 인정에 의해 법인 등의 소득금액을 계산
할 수 있다고 규정되어 있었다. 즉, 현행의 제도와 비교하면 행위의 범위도 회사와 출자자
간의 행위에 한하고 조세포탈의 목적이 있는 경우에 한하는 등 제한적이었다. 또한 신중한
집행을 위하여 규정을 적용할 때에는 소득심사위원회의 결의를 거치도록 하였다.[758]

(4) 부인규정의 일반적 성격

법인 및 개인 모두 제3종 소득을 가지는 경우 소득금액을 정부에 신고하여야 하고 그 경
우 정부는 '신고가 없거나 신고가 상당하지 않다고 인정되면' 소득금액을 결정하는 것으로
하였다(1923년 개정 일본소득세법 제26조). 당시 일본은 신고납부제도를 채택하지 않고 있었으
므로 정부가 소득금액을 결정할 권한을 가졌는데 그 권한에 의하여 정부가 신고를 부인하
는 경우와 동족회사행위계산 규정에 의하여 부인하는 경우와 어떤 차이가 있는지가 문제였
다. 위 제26조의 경우는 일반적 부인권, 제73조의3의 경우는 특별부인권에 해당한다면 두
부인권이 미치는 범위는 어떤 관계에 있는지의 문제라고 할 수 있는데 당시 대장성 주세국
담당자였던 후지사와히로시(藤沢弘)는 동족회사행위계산 부인규정은 과세관청에게 새로
운 부인권을 부여한다는 의미에서 창설적 규정으로서 상대방과 통정허위표시를 한 경우는
제26조의 일반적 부인권에 의하여 부인할 수 있지만 법률상·경제상 효과가 인정되어 일반
적 부인권에 의하여 부인할 수 없는 합법적 탈세행위에 관하여는 새로운 부인권을 부여한
것이라고 설명하고 있다.[759]

---

757) 현행법과 같이 동족회사의 행위 일반에 미치는 것이 아니었고, 또 '행위 또는 계산'이라는 용어를 사용하지
않았다.
758) 武田昌輔, 「DHC コンメンタール 法人税法」, 5534면.
759) 淸永敬次, 앞의 책, 313~314면.

(5) 조세포탈의 목적

당시 법인의 제1종 소득세 과세소득금액(법인소득금액)은 우선 법인의 신고에 기하여 결정하는 구조로 되어 있었고 신고가 없거나 신고가 상당하지 않다고 인정되는 경우에 세무관서의 조사에 의하여 결정하는 제도였다(舊 일본소득세법 제26조 제1항).[760] 따라서 법인의 소득금액을 계산할 때 법인이 전혀 허위의 기록을 작성하거나 거짓으로 조세를 포탈하려고 한 경우에는 당연히 진실한 사실에 의해 정당한 소득금액을 계산할 수 있었다. 그러나 법인이 출자자 또는 그 특수관계인과 사이 혹은 그 법인 자체에서 적법하고 유효하게 성립한 행위에 관하여는 비록 그 동기가 소득세 포탈의 목적에서 비롯된 것이더라도 이를 부인하려면 법률상의 근거가 있어야 하는 것이 아닌가 의문이 제기되어 동족회사행위계산 부인규정을 두게 되었다고 한다.[761] 다만 이 당시에는 조세포탈과 조세회피 간에 명확한 구분이 없었다고 한다.[762]

또한 이 부인규정은 소득세법 중에 규정되어 있고, 특히 법인의 행위계산에 한정한다는 취지의 규정도 없으므로 소득세 포탈의 목적이 있다고 인정되는 행위라면 같은 법 내에 규정된 제1종 소득은 당연하고 제2종 및 제3종 소득이라도 적용되지만,[763] 다만 집행상 회사사업의 상황에서 볼 때 반드시 탈세의 의도가 있었다고 볼 수 없거나 인정해야 할 금액이 소액인 것 등에 관하여는 세법의 취지에 비추어 이 부인규정을 적용되지 않도록 한 것으로 보인다.[764]

(6) 판례

동족회사행위계산 부인제도가 창설된 1923년에 내려진 부인 사례를 살펴본다.

(가) 저가양도

1926년 소득세법 개정안 위원회 심의에서 정부위원이 그 행위를 부인하고 과세를 하여야 한다고 하는 예로서 "법인이 소유한 재산을 매우 낮은 가격으로 그 주주 또는 직원에게 매각하고, 시가와 매각 가격의 차액을 직원 쪽에 귀속시키는 일이 꽤 많이 발생하고 있다"는 점을 지적하고 있다.[765]

이와 관련하여 행정재판소 1930(昭和 5) 3. 4. 판결[766]이 있다. 이 사건은 동족회사가 그

---

760) 반면 개인이 납세의무를 지는 제3종 소득세의 과세소득금액은 소득조사위원회의 조사에 따라 결정되었다.

761) 矢部俊雄, 「会社の改正所得税営業収益税資本利子税とその実際」, 第3版, 文精社, 1927, 282~284면.

762) 清永敬次, 앞의 책, 325면.

763) 薄田岩宝/柴田辰平, 앞의 책, 310면.

764) 薄田岩宝/柴田辰平, 앞의 책, 229면.

765) 第五一回 帝国議会貴族院所得税法中改正法律案外二十一件特別委員会議事速記録 第五号 4면.

대표사원에 대하여 다른 회사의 주식 4,000주를 1주당 60엔에 매각한 것을 제73조의3에 규정하고 있는 '소득세포탈의 목적이 있다고 인정되는 경우'에 해당하는 것으로 보아 1주의 가격을 64엔 50전으로 인정하고 차액 1주당 4엔 50전을 회사의 소득에 가산하며 대표사원에게 그 금액만큼 '이익처분된 상여'가 있다고 인정하여 과세한 사안이다. 법원은 과세처분이 적법하다고 보았다. 즉, 과세관청 및 법원은 저가양도의 경우 양도행위 그 자체를 부인하여 양도행위가 없다고 보아 소득계산을 하는 것이 아니라 저가로 양도한 것을 부인하는 입장이다. 매매를 과세관청이 상당하다고 인정하는 가격(시가)으로 고쳐서 과세한 것이다. 위 사건에서 원고는 '설사 탈세의 목적이 있더라도 제73조의3은 현행 소득세법 제73조의2와 다르게 행위를 부인할 수는 있어도 계산을 부인할 수는 없는 것이므로, 피고가 세법에 따른 동족회사행위계산 부인규정에 따라 원고의 해당 주식 매매 행위를 인정하고 그 계산 (1주당 60엔)을 부인하여 이번 소득금액을 결정한 것은 부당하다'고 주장하였다. 이에 대하여 법원은 "매매 행위의 일부인 매매 가격을 인정할 때 해당 조항의 규정을 적용하는 것은 위법이 아니다"라고 판단하여 피고의 입장을 지지하였다. 양당사자는 행위 또는 계산에 관한 관념이 서로 다르다는 것이 주장으로부터 명확한데 과세관청 및 법원은 그런 경우를 행위의 부인으로 본 것이다.[767]

(나) 과대출자

행정재판소 1932(昭和 7). 11. 1. 판결에서 다루어진 사안이다.[768] 과세관청은 동족회사를 설립할 때 현물출자에 관한 재산 중 시가 이상으로 평가하여 계산한 것에 관하여 그 과대평가에 기한 감가상각비를 부인하고 평가의 과대부분에 대응하는 자본금을 부인하였다. 법원은 본건은 현물출자에 해당하는 것이 아니라, 각 사원이 모두 금전으로 출자를 하고 그 출자금의 일부로 문제의 재산을 취득한 것이므로 해당 재산의 가격은 매입금액에 의한 것이 상당하다거나 원고회사의 자본액에 결손이 있었다고는 할 수 없다고 판단하여 과세처분을 취소하였다. 즉, 일단 금전에 의하여 출자를 한 후에 그 금전으로 사원의 재산을 취득한 경우 재산의 취득가액이 시가를 초과하는 경우라도 그 매입금액에 따라 감가상각비를 계산하여야 한다는 것이다. 이에 대하여 과세관청은 법원의 입장은 형식논리로서 실질을 무시한 것이라고 강하게 반발하였다.[769] 즉, 과세관청은 과대평가에 의한 현물출자도 일단 금전에 의하여 출자를 한 후에 사원으로부터 높은 가격으로 재산을 취득하는 것과 실질이

---

766) 判決録 41輯, 337면.
767) 清永敬次, 앞의 책, 314~315면.
768) 判決録 43輯, 891면.
769) 片岡政一, 「税務会計原理」, 千倉書房, 1935, 287, 281~282면.

다르지 않다는 실질주의에 입각한 입장이었다.[770]

나. 1926(大正 15)년의 개정

(1) 개정의 이유

1923(大正 12)년에 창설된 동족회사행위계산 부인규정은, 같은 해 10월에 일어난 관동대지진을 거쳐 3년간 아무런 개정도 없이 지속되었지만, 창설 당초에 이미 규정이 미비되는 등의 이유로 그 기능을 충분히 발휘할 수 없었다. 이에 1926(大正 15)년 1월 제51회 일본소득세법을 일부 개정할 때 이 부인규정을 정비하려고 하였다.[771]

(2) 개정의 내용

대장성의 「明治大正財政史」는 개정의 내용을 다음과 같이 기술하고 있다.

"동족회사의 소득계산상 소득세 포탈의 목적이 있다고 인정하는 경우에 인정과세(認定課稅)의 범위를 확장하고, 단순히 동족회사와 그 주주·사원·연고자 간의 행위에서 탈세의 목적이 있다고 인정하는 경우에 한하지 않고, 널리 동족회사의 행위 또는 계산으로 하여 그 소득 또는 그 주주·사원·연고자의 소득에 관하여 탈세의 목적이 있다고 인정되는 자가 있는 경우에는 이러한 자의 소득금액을 인정계산(認定計算)하도록 할 것"[772]

즉, 이 개정에서는 ① '행위'에 한하지 않고 '계산'에 대해서도 부인할 수 있는 것으로 된 점, ② 구법은 동족회사와 그 주주·사원 등 일족관계자 간에 행해진 행위를 대상으로 하였으나 개정법은 동족회사의 행위라면 그 상대방을 묻지 않고 적용대상이 되도록 한 점, ③ 소득세 포탈의 목적이 있다고 인정되는 경우에는 사전에 소득심사위원회에 부의하지 않고 모두 세무관청의 인정에 의해 그 행위 또는 계산을 부인하고 소득금액을 계산할 수 있다는 것이 주요 내용이다.[773]

이 개정 이유에 관하여 사세관(司稅官)이었던 야베토시오(矢部俊雄)는 다음과 같이 설명한다.[774]

"1920(大正 9)년 배당금 종합과세법 실시 후의 실적에 비추어 보면 소득의 종합과세를

---

770) 清永敬次, 앞의 책, 317면.
771) 조문번호가 제73조의2로 바뀌었다.
772) 大蔵省, 앞의 책, 1193면.
773) 武田昌輔, 「DHC コンメンタール 法人税法」, 5536면; 清永敬次, 앞의 책, 321면.
774) 矢部俊雄, 앞의 책, 282면 이하.

146

면하기 위하여 동족회사를 통하여 다양한 합법적 수단에 의하여 부담의 경감을 도모하는 자가 점차로 증가하여 도저히 이를 방치하는 것을 용납할 수 없는 정도에 이르렀다. 따라서 1923(大正 12)년 중 소득세법을 개정하여 동족회사와 그 출자자 또는 그 연고자 간의 사이에 성립한 행위로서 탈세의 목적으로 비롯된 것이라고 인정되는 경우에는 세무관청은 소득심사위원회의 결의를 거쳐 그 행위를 부인하고 소득금액 계산을 할 수 있도록 한 것이다.

그러나 그 후의 집행과정에 비추어 볼 때 아직 그것만으로는 충분히 이런 종류의 탈세를 방지할 수 없는 아쉬움이 있었으므로 개정 세법은 나아가 그 인정과세의 범위를 확장하여 적어도 동족회사의 행위 또는 계산에서 탈세 목적으로부터 비롯되었다고 인정되는 것이 있을 경우 사전에 소득심사위원회에 부의할 필요없이 이미 세무관청의 인정에 의하여 그 행위 또는 계산을 부인하여 소득금액을 계산할 수 있게 한 것이다.

동족회사의 행위 또는 계산에서 소득세 포탈의 목적으로부터 비롯되었다고 인정되는 것은 어떠한 경우를 말하는가 하는 것은 분명히 각 개개의 경우 제반 사실 및 사정 등을 종합적으로 고려하여 판정해야 할 사실인정 문제에 속하기 때문에 여기서 일일이 들 수는 없지만, 이를테면 포탈의 목적으로 동족회사의 재산을 시가보다 낮은 가격으로 그 사원에게 매각하여 시가와 매각가격과의 차액을 사원에게 이득을 취하도록 한 경우와 같은 것은 이를 포탈의 목적에서 비롯된 행위라고 할 수 있을 것이고 또한 마찬가지로 사원 개인이 부담하여야 하는 기부금을 동족회사의 손금으로 계산한 경우와 같은 것은 포탈의 목적에서 비롯된 계산이라고 해야 할 것이다."

요컨대 1926(大正 15)년 개정은 동족회사행위계산으로 부인되는 대상의 범위를 확장한 것에 의미가 있다는 것이다.

(3) 행위와 계산의 구분

1926(大正 15)년의 개정으로 주목되는 것 중 하나는 행위의 부인과 계산의 부인을 구분하여 규정한 것이다.

제51회 귀족원 특별위원회에서, 당시의 주세국장(主稅局長)은 '행위'와 '계산'을 구분한 개정 이유에 대해 "동족회사 안에서는, 여러 가지 세공(細工)으로 조세부담의 경감을 도모하는 일도 있습니다. 그러므로 현행의 규정은 행위를 부인해 과세하도록 하고 있습니다. 그런데 단지 행위뿐만이 아니라, 회사의 계산에 있어서, 그러한 경우가 종종 일어나고 있습니다. 이것도 부인하고 적당한 부담을 명하는 것이 필요하다고 생각되어 이번 개정에서 이 규정을 추가한 것입니다."라고 설명하면서, 또한 행위와 계산의 차이와 관련하여 행위란 예를 들어 '사원에 대한 자산의 저가 양도'나 '개인 소유의 주식을 그 주식의 배당기 직전에 배당금을 포함하여 회사에 매각하고 회사가 배당금 수령 후 배당락 가액으로 개인이 되사는 경우' 등을 가리키고, 다른 한편 계산이란 '현물출자의 과대평가에 의한 해당 사업연도의 이익과 그 자산의 과대상각비와의 상쇄'등을 말한다고 하면서 구체적으로 10만엔의 자산을 100만엔으로 계상하여 법인의 이익이 발생하더라도 그것을 과대계상한 감가상각비로 상쇄시켜 소득이 나타나지 않게 하는 경우를 예로 들고 있다.[775]

과세실무가가 위 입법취지를 이해하는 태도는 세 가지로 나뉜다.

첫 번째는 입법담당자의 설명을 그대로 받아들여 부연하는 입장이다.[776]

두 번째로, 소득세포탈의 목적으로 동족회사가 행한 행위에 의하여 계산된 것(예를 들면 회사재산을 저가로 사원에게 매각하는 경우)이 행위에 해당하고 일정한 객관적 사실을 자기 계산의 기초로 하는 경우(예를 들면 사원개인이 부담하여야 하는 기부금을 동족회사의 손금으로 하는 경우)가 계산이라고 하는 견해, 또는 행위는 대외관계에서 회사 재산상태에 영향을 주는 법률적 효과가 수반되는 것을 말하고 계산은 대내관계에서 회사의 재산상태의 표현 여하에 따라 재산상 영향을 미치는 것을 말한다고 해석하는 견해도 있다.[777] 그런 설명에 따르면 행위가 미치는 효과가 그 행위를 행한 사업연도 후에 발생하는 경우에도 그 행위와는 별개로 결과인 계산을 부인하도록 하기 위하여 이와 같은 개정이 된 것이며, 행위 자체의 부인과 계산 자체의 부인을 구분한 법률적 실익은 행위 시와는 별도로 그 행위의 결과가 소득계산상 실현될 때에 부인할 수 있다는 데에서 찾을 수 있다. 그러나 행위와 계산은 통상은 표리일체가 되어 작용하는 것으로, 행위를 부인하면 그에 따라 계산도 당연히 시정되는 것이라는 반론이 있다.[778]

세 번째는 표면적 입법의도를 넘어서서 경과적 조치로 이해하는 입장도 있었다. 즉, 최초

---

775) 貴族院所得税法中改正法律案外二十一件特別委員會議事速記錄 第五號, 1926(大正 15). 3. 6. 자 4면 [대장성 주세국장 쿠로다히데오(黒田英雄) 진술부분].

776) 武田昌輔, 「会社税務精説」, 森山書店, 1962, 787면은 다음과 같이 설명한다.
"굳이 '계산'을 삽입한 것은 그 원인으로 된 행위는 부인하지 않으면서 그로부터 생기는 계산을 부인하는 것을 예정한 것으로 생각된다. 예를 들면 무이자로 동족회사가 그 사장에게 금전을 대여한 경우 그 법률효과로서 대여를 하였다는 것이고 세무관청으로서는 그 행위를 부인할 필요는 없고, 문제는 그 대출금에 발생해야 할 이자의 계산에 관한 것이다. 이 경우 이자에 관하여 통상 수취하여야 할 금액을 계산하고 이를 부인한다. 또한 동족회사가 임원에게 과대급여를 지급한 경우에는 동족회사가 임원에게 급여를 지급한 행위는 부인하지 않는다. 부인하는 것은 그 급여가 통상지급하여야 할 금액보다 얼마나 많은가라고 하는 계산에 관한 것이다. 이와 같이 행위자체(예를 들면, 임원의 무수익재산을 구입한 경우)를 부인한 경우와 행위자체는 인정하지만 계산을 부인하는 경우의 2개가 구분된다고 생각한다."

777) 今村隆, 앞의 논문, 285면; 志達定太郎, 앞의 책, 240면; 忠佐市, 「租税法要論」, 日本評論社, 1950, 200면(村上泰治, 앞의 논문, 247면에서 재인용).

778) 村上泰治, 앞의 논문, 247면.

로 제도가 창설된 1923년 이전에 행해진 행위에 관하여 그 행위 자체는 부인할 수 없더라도 그 결과인 계산은 개정법에 의해 부인할 수 있게 되었다는 것이다.[779]

(4) 부인규정의 일반적 성격

개정된 규정도 최초의 규정과 마찬가지로 조세포탈을 방지하기 위한 규정으로 인식되었다.[780] 법문에도 포탈이라는 문구가 사용되었을 뿐만 아니라 당시 조세포탈이 넓은 의미로 사용되었으며 부인규정 자체의 인식도 미약하였기 때문이다.[781] 그러나 점차로 실무가를 중심으로 조세회피방지규정으로서의 성격이 인식되기에 이른다.[782] 이와 같은 조세포탈과 조세회피의 구분은 독일세법의 영향에서 비롯된 것으로 보인다. 또한 학계 및 실무에서 개정법상의 동족회사행위계산 부인규정을 「라이히 조세기본법(Reichabgabenordnung)」 제5조(법의 형성가능성의 남용) 및 독일법인세법상 숨은 이익처분 이론으로 설명하려는 시도가 이루어지면서 동시에 여러 문제가 제기되었다.[783]

다. 1940(昭和 15)년의 개정

1940년 개정에서는 법인의 소득에 대해 법인세를 부과하기 위해 소득세법과는 별도로 법인세법이 제정되었다. 즉, 1940년에 제정된 법인세는 이제까지 소득세법에 규정되어 있던 법인에 대한 과세(제1종 소득세)와 이에 대한 부가세 및 법인자본세 등을 통합한 것이다. 법인세법을 분법한 주된 이유는 개인소득세가 분류소득세와 종합소득세의 2종으로 구분해서 과세되게 된 것을 계기로 과세주체가 다른 법인에 대한 과세제도를 별개로 규정하기로 한 점, 지금까지 수년간 증세 등을 위한 임시입법이 거듭되어 온 결과, 각종 법규가 중복되어 상당히 복잡한 조세제도가 되어버렸는데 이를 통합정리하여 평이하고 간명한 세제로 할

---

779) 志達定太郎, 앞의 책, 240~241면은 다음과 같이 설명한다.
　　"'행위 또는 계산'에 관하여, 통상 '행위'는 동족회사와 주주사원 간의 행위를 가리키고, '계산'이란 동족회사 단독의 행위를 가리키는 것이라고 설명한다. 그러나 이는 반드시 그런 뜻은 아니다. 행위 중에는 단독행위도 포함되는 것이 분명하므로 굳이 계산을 추가할 필요는 없다. 이 '계산'은 1926(大正 15)년의 개정에 의하여 삽입된 것이지만 이것을 삽입한 것은 행위의 결과 당연하게 일어나는 계산이더라도 이를 행위와는 분리하여 별도로 부인할 수 있는 점에 있다. 구체적으로 말하면 이 규정 전, 즉 1923(大正 12)년 전에 성립한 행위는 이를 부인할 수 없다. 그러나 그 행위의 결과가 현재에 미쳐 소득세의 포탈을 야기하고 있다고 하자. 이를 부인하지 않으면 과세의 공정을 유지할 수 없다. 이와 같은 경우 그 행위까지는 부인권이 미치지 않지만, 결과만큼은 그것이 당연히 발생하는 것이라 하더라도 이를 행위와는 분리하여 부인할 수 있도록 한 것이다."
780) 田中勝次郎, 「所得税法務義」, 嚴松堂書店, 1930, 477면.
781) 清永敬次, 앞의 책, 325면.
782) 清永敬次, 앞의 책, 326~327면.
783) 清永敬次, 앞의 책, 327면.

필요가 있는 점 등이었다.[784]

새로운 법인세법에서도 행위계산의 부인규정이 종전과 같은 내용으로 승계되었다. 단, 개정 전 부인의 대상은 '소득금액'으로 규정되어 있었지만 '소득금액 및 자본금액'으로 표현이 변경되었다는 점이 달랐다. 이는 1937년에 창설된 법인자본세법[785] 중에 동족회사의 행위계산 부인규정이 정해져 있던 것이[786] 1940년에 폐지되어 법인세법에 통합되었기 때문으로서 특별히 조문의 적용범위를 넓힌 것은 아니다.[787]

라. 1947(昭和 22)년의 개정

1947년에는 종전에 따른 재정처리와 세제의 민주화를 목적으로 하여 세제 전반에 걸쳐 1940년의 세제개정에 비견될 만큼의 큰 개정이 이루어졌고, 법인세에 관하여도 근본적인 개정이 이루어져 법인세법의 전문이 개정되었다. 법인세법 개정의 개요는 다음과 같다.[788]

첫째, 법인의 초과소득에 대한 세율의 인하 및 자본에 대한 세율의 인상 등을 행함으로써 부담의 적정을 도모하고 기업의 활동 촉진에 이바지하고자 하였다.

둘째, 전면적으로 신고납세제도를 도입하고, 예정납세 제도를 도입하였다.

그러나 이 전문 개정으로 동족회사에 대한 과세관계는 새로이 장이 설치되어 2개의 조문이 규정되었다. 이 새로운 부인규정을 개정 전의 것과 비교해 보면 실질적 내용은 종전과 다르지 않다. 단, 법문 중 두 가지 점을 고쳤다.

즉, 개정 전에는 '법인세 포탈의 목적' 및 '소득금액 및 자본금액'이라고 규정되고 있던 부분이, 새로운 규정에서는 '법인세를 면할 목적' 및 '과세표준'으로 개정되었다.

---

784) 大蔵財務協会, "改正税法の成立に至るまで", 「財政」 第5卷 第5号, 1940, 128면.
785) 법인자본세는 법인기업의 자본액에 담세력을 인정하고 이에 과세할 목적으로 창설되었다. 자본의 금액은 각 월말의 납입주식금액, 출자금액 또는 기금 및 적립금의 합계액에서, 각 월말의 이월결손금액을 공제한 금액의 월할평균액에, 그 사업연도의 월수를 곱해 이것을 12로 나눈 금액이다. 이 자본액에 1,000분의 1·2 (창설시 1,000분의 1)의 세율을 적용해 세액을 계산했다. 그러나, 이 산출세액이 연 10엔 미만일 때는 10엔으로 하고, 그 사업연도의 소득금액이 산출세액 또는 연 10엔 미만일 때에는, 소득금액을 초과하는 세액은 면제하였다. 武田昌輔, 「DHC コンメンタール 法人税法」, 5538면.
786) 법인자본세법 제17조는 다음과 같다. "동족회사의 행위 또는 계산에 관하여 법인세 포탈의 목적이 있다고 인정되는 경우에는 그 행위 또는 계산에도 불구하고 정부는 그 인정하는 바에 따라 자본액을 계산할 수 있다."
787) 村上泰治, 앞의 논문, 248면.
788) 村上泰治, 앞의 논문, 249~250면.

마. 1950(昭和 25)년의 개정

(1) 개정의 경위

1950년 법인세법 개정은 슈프(Shoup) 권고에 기초한 세제 개정의 일환으로서 이루어진 것이다. 특히 슈프 권고에 의한 법인과세 및 법인의 소득에서 지출되는 배당에 대한 과세방법에 관하여 철저한 개정이 이루어졌다.[789] 여기서 이 슈프 권고에 기한 일본법인세법의 개정에 따라 동족회사의 범위 및 과세관계가 큰 폭으로 개정되었다.[790]

첫째, 그 동안 동족회사에 대하여만 적용되던 초과유보에 관한 세액가산제도[791]가 폐지되었다.

둘째, 새로운 적립금에 관한 법인세 과세제도가 창설되었다. 동족회사, 비동족회사를 불문하고 '소득금액에 대한 법인세액' 외에 법인의 기말 이익적립금액에 대하여 2%의 세율에 의하여 산출한 법인세를 부과하는 취지로 규정되었다. 특히 동족회사의 적립금으로 연 50만엔을 초과하는 부분의 금액에 관하여는 7%의 세율을 적용하였다.

셋째, 동족회사의 범위가 확대되었다.

(2) 개정의 내용

동족회사행위계산 부인규정과 관련하여서는 문장의 표현이 정비되었지만 그 규정의 취지는 큰 변화가 없었다.[792]

첫째, 행위계산 부인은 정부가 「과세표준 또는 결손금 또는 법인세액의 경정 또는 결정을 하는 경우」에 적용됨을 명확하게 하였다.

둘째, 개정 전에는 '법인세를 면할 목적이 있다고 인정되는 경우'에 적용할 수 있다고 규정되어 있었으나, 개정시에 '이를 용인하면 법인세의 부담을 부당하게 감소시키는 결과가 된다고 인정되는 경우'에 적용할 수 있다고 개정되었다. 개정 전에는 동족회사에 법인세를 면할 의사가 있는 경우에 부인할 수 있다고 해석할 여지가 있었지만 개정 후의 규정에서는 법인세 부담을 면하고자 하는 내심의 의사를 묻지 않고 그 행위계산의 결과가 법인세의 부

---

789) 武田昌輔, 「DHC コンメンタール 法人税法」, 5539면.
790) 村上泰治, 앞의 논문, 251~254면.
791) 자본금액에 대한 일정비율을 초과하여 이익을 얻은 경우, 그 초과이득에 관하여 누진세율을 적용하여 과세하는 제도였다. 1920(大正 9)년에 제1종 소득세에 관하여 신설되었다. 1935(昭和 10)년에는 임시이득세가 창설되었는데 초과소득에 관한 과세는 그대로 존치되었다. 그 후 1940(昭和 15)년에는 법인의 초과소득에 대한 과세와 임시이득세가 통합되어 전시이득에 관한 과세를 강화하였다. 그러나 1946(昭和 21)년 임시이득세를 폐지하면서 다시 초과소득에 관한 과세가 법인세 중에 존치되게 되었다. 武田昌輔, 「DHC コンメンタール 法人税法」, 5540~5541면.
792) 塚田十一郎, 「解説改正税法」, 日本経済新聞社, 1950, 194면.

담을 회피하거나 부당하게 경감하게 되는 경우에는 이 규정을 적용할 수 있다고 해석된
다.[793] 그러나 위와 같은 해석의 차이를 염두에 두고 법문을 개정한 것인지 혹은 표현의
변화에도 불구하고 내용은 개정 전후가 동일한 것인지는 분명하지 않다.[794] 다만 개정 전
규정의 해설서 중에는 이 규정의 적용과 관련하여 객관적으로 법인세 회피의 목적이 인정
되면 족하고 과세당국은 그 행위계산에 관하여 법인세를 면할 의사가 있는지 여부에 관하
여 입증책임을 갖지 않는다고 설명한 것이 있는 것으로 보아[795] 개정법은 단순히 개정 전
규정의 의미를 명확하게 한 것에 그친다고 보는 것이 타당할 것이다.[796]

(3) 동족회사의 의의와 범위의 개정

그 이전 시기에는 동족회사에 해당하는지 여부의 판정은 회사의 주주 또는 사원 1인을
중심으로 하여 그 자 및 그 자의 동족관계자가 가진 주식총수(또는 출자금액. 이하 '주식총
수'라고만 한다)의 합계액이 그 회사의 주식총수의 50% 이상을 차지하고 있는지 여부에
의하였지만 슈프 권고에 기한 개정시에는 동족회사로 되는 것은 반드시 주주 또는 사원의
1인에 의하여 지배되는 경우에 한하지 않게 되었다. 이에 따라 동족회사의 범위가 확장되어
주주의 1인 및 그 동족관계자로서 30% 이상, 주주 2인 및 그러한 동족관계자로서 40% 이
상, 주주 3인 및 그러한 동족관계자로서 50% 이상, 주주 4인 및 그러한 동족관계자로서
60% 이상, 주주 5인 및 그러한 동족관계자로서 70% 이상을 각각 차지하고 있는 경우에도
그 회사를 동족회사로 보게 되었다.

결국 제1순위의 대주주로부터 제5순위의 대주주까지를 열거하고 각각의 순위에 해당하
는 주주의 동족관계자를 포함하여 위에서 본 어느 하나에 해당하면 동족회사가 되고 최후
까지 계산을 하여 어느 단계에서도 해당하지 않는 회사가 비동족회사가 되었다. 그와 같이

---

793) 大淵博義, 「法人税法解釈の検証と実践的展開 Ⅱ」, 税務経理協会, 2014, 30면.
794) '법인세를 면할 목적이 있다고 인정되는 경우'라는 법문이 '이를 용인하면 법인세의 부담을 부당하게 감소
    시키는 결과가 된다고 인정되는 경우'로 개정된 배경 중에는 문제가 되었던 판결이 있었다. 원고 회사가
    다른 주식회사의 주식 전부를 인수한 후에 이를 흡수합병한 거래에 관하여 과세관청은 동족회사 행위계산
    부인규정을 적용하여 주식인수대금을 합병교부금으로 인정하고, 이를 피합병회사의 청산소득으로 보아 합
    병회사에 대하여 과세하였다. 법원은 「동족회사의 행위계산 부인의 규정에 말하는 '법인세 포탈의 목적이
    있다고 인정되는 경'란 동족회사의 행위가 조세포탈의 목적을 빼고 생각하면 순수한 경제인이 선택한 행위
    형태로서 합리한 것으로 여겨지는 경우가 되어야 한다고 해석하여야 하므로 순수한 경제인의 행위 형태로
    서 그 자체 불합리하다고 인정되지 않는 행위 형태가 취해진 경우 에는 설사 그 결과 조세회피의 결과에
    이르더라도 그 자체로 조세포탈 목적이 있는 것으로서 이 규정을 적용하는 것은 타당하지 않다」라고 설시
    하면서 해당 과세처분을 위법하다고 판시하였던 것이다. 최고재판소 1958(昭和 33). 5. 29. 판결(民集 12巻
    8号 1254면).
795) 明里長太郎, 「税務と会社経理」, 産業経理協会出版部, 1948, 209면; 片岡政一, 「会社税法の詳解」, 第7版, 文
    精社, 1943, 435면.
796) 今村隆, 앞의 논문, 276면.

주주를 기초로 하여 지분을 순차합산하여 동족회사에 해당하는지 여부를 판정하는 것은 무리한 측면이 있지만 소수의 주주에 의하여 지배되는 회사에서는 세무관계에서는 공통의 이해관계가 있을 때가 많고 쉽게 의견 일치를 볼 수 있는 경우가 많기 때문에 위와 같은 방법을 취한 것이라고 한다.[797]

동족관계자의 범위도 개정되어 다음의 자를 동족관계자로 하였다.
① 주주 또는 사원과 아직 혼인의 신고를 하지 않았지만 사실상 혼인관계와 마찬가지의 사정이 있는 자 및 그 친족으로서 그 자와 생계를 같이 하는 자
② 주주 또는 사원인 개인의 사용인 및 사용인 이외의 자로서 해당 개인으로부터 받은 금전 그 밖의 재산에 의하여 생계를 유지하고 있는 자 및 이러한 자의 친족으로서 이러한 자와 생계를 같이 하는 자

바. 1953(昭和 28)년의 개정

1953년의 개정에서는 동족회사 외에 특수한 기업조합 등의 법인에 대한 행위계산의 부인 규정이 창설되었다. 즉 ① 3 이상의 지점, 공장, 그 밖의 사업소를 보유한 법인으로, ② 그 사업소의 2분의 1 이상에 해당하는 사업소에 관하여 해당 사업소의 소장, 주임, 그 밖에 해당 사업소에 관련된 사업의 주재자 또는 해당 주재자의 친족, 그 밖에 해당 주재자와 명령으로 정하는 특수한 관계가 있는 개인(이하 '소장 등')이 전에 해당 사업소에서 개인으로서 사업을 영위하고 있던 사실이 있고, 또한 해당 소장 등이 보유하는 주식 또는 출자금액의 합계액이 그 법인의 자본 또는 출자 금액의 3분의 2 이상인 자의 행위 또는 계산에 관하여도 동족회사행위계산의 부인과 마찬가지로 부인할 수 있게 되었다.[798]

또한, 명령으로 정하는 사업의 주재자와 특수한 관계가 있는 개인이란 ① 주재자와 친족이었던 사람, ② 주재자와 아직 혼인 신고를 하지 않지만 사실상 혼인과 같은 사정에 있거나 또는 있었던 사람 및 이들과 생계를 함께 하는 자의 친족이거나 친족이었던 자, ③ 주재자의 사용인, 사용인 이외의 자로 해당 주재자로부터 받는 금전 그 밖의 기타의 재산에 의해 생계를 유지하는 자 혹은 고용주이거나 또는 고용주였던 자 및 이들과 생계를 함께하는 자의 친족이거나 친족이었던 자를 말한다. 즉, 이러한 법인 중에는, 법인이란 이름으로 주재자가 자기의 위험과 계산으로 사업을 영위하고 있기 때문에 조세부담의 경감을 도모할 우

---

797) 松井静郎, 「新税務会計の実務」, 中央経済社, 1954, 690면.
798) 이 규정은 1949(昭和 24)년에 제정된 「중소기업등협동조합법」에 기하여 설립된 기업조합 중에는 같은 법이 예정하고 있는 완전합동이 아니라 단순히 복수의 개인기업이 공통의 명칭, 상호 하에 모여서 각기 독립적인 활동을 행하는 형식적 기업조합이나 이와 유사한 것이 다수 등장한 것 때문에 두게 되었다. 이상, 村上泰治, 앞의 논문, 256~257면.

려가 있으므로, 동족회사에 준하는 취급하기로 한 것이다.[799]

사. 1954(昭和 29)년의 개정

1954년 개정으로 인해 적립금에 관하여 과세하는 제도가 폐지되고 대신 동족회사에 대해서는 새롭게 그 유보금액에 대해 특별세율에 따른 법인세를 부과하기로 하고 동족회사의 범위를 정비하였다.

즉, 1950(昭和 25)년에 창설된 적립금 과세제도는 다음 1951(昭和 26)년의 개정시 동족회사 이외의 법인에 대해서는 적용하지 않기로 하고 동족회사의 적립금 중 연 50만엔 이하의 금액에 대해서는 2%, 연 50만엔을 넘는 금액에 대해서는 5%(개정 전 7%)로 되어 있었던 것인데 1954(昭和 29)년의 개정에서는 이 적립금 과세제도를 폐지하고 새롭게 동족회사가 각 사업연도(청산 중인 사업연도 제외)의 소득 전부 또는 일부를 유보한 경우, 해당 유보금액과 해당 사업연도 말일의 적립금(해당 사업연도의 소득에 관련된 부분 제외)과의 합계액이 같은 날의 자본금 또는 출자금의 4분의 1의 상당액 또는 100만엔 중 많은 금액을 넘을 때는, 해당 유보금에 10%의 세율을 곱해서 계산한 금액을 소득에 관한 법인세액에 가산하기로 되어 있다.

또한 1954년 개정으로 동족회사의 행위계산 부인규정을 적용하여 과세표준 또는 결손금액을 계산하는 경우 그 계산의 기초에 새롭게 '법인세액'이 추가되었다. 이것을 추가한 이유는 위 동족회사의 특별세율 제도가 창설됨에 따라 동족회사의 행위계산으로 그 결과가 과세표준 또는 결손금과는 직접 관련되지 않고 이 유보금과 관련된 법인세액에만 영향을 주는 경우가 발생할 것에 대응하기 위한 것으로 생각된다.

또한 동족회사의 범위는 종래에는 주주등의 1인으로 30% 이상, 2인으로 40% 이상, 3인으로 50% 이상, 4인으로 60% 이상, 5인으로 70% 이상의 특수비율인 회사를 동족회사라고 하였지만 그 범위를 정비하고 앞의 3가지 경우를 일괄하여 주주등 3인 이하로 50% 이상의 지분을 보유하는 회사를 동족회사로 하고 뒤의 2가지 경우는 종래와 동일하게 하였다.[800]

아. 1962(昭和 37)년의 개정

1962(昭和 37)년에는 국세통칙법이 제정되었다. 그와 함께 법인세법에 규정되어 있는 행위계산 부인규정 적용시의 '경정 또는 결정'에 관한 원칙규정이 국세통칙법으로 이전된 것에 수반하여 부인규정의 표현을 일부 고쳤다.[801]

---

799) 武田昌輔, 「DHC コンメンタール 法人税法」, 5542면.
800) 村上泰治, 앞의 논문, 258면.

자. 1965(昭和 40)년의 개정

1965(昭和 40)년에는 ① 세법에 관한 이해를 용이하게 하고 기본적 중요사항은 법률에 규정하는 취지와 함께 체계 정비를 도모하고, ② 조문의 구조 및 표현의 명확화를 도모하는 것을 주요한 목적으로 하여 법인세법의 전문개정이 행해졌다. 동족회사행위계산 부인규정도 명확하게 하려는 시도가 행해졌다.[802]

3. 법적 성격 및 적용 범위

동족회사행위계산 부인제도의 성격에 관하여는 실질과세원칙을 구체화한, 법인세의 일반적 조세회피방지규정으로 해석하는 견해가 지배적이다.[803] 이 점에서 부당행위계산 부인규정을 개별적 조세회피방지규정으로 이해하는 한국법과는 차이가 있다. 그와 같은 차이가 발생하는 것은 일본세법에 국세기본법 제14조에 대응하는 규정이 부재하기 때문이 아닌가 추측된다. 뿐만 아니라 일본법인세법에 개별적 조세회피방지규정이 신설됨에 따라 동족회사행위계산 부인규정은 잘 쓰이지 않게 되었다고 한다.[804]

동족회사행위계산 부인제도의 법적 성격과 관련하여 위 제도가 확인적 규정인지 혹은 창설적 규정인지 견해대립이 있다. 우선 확인적 규정설은 위 규정이 특히 문제가 많은 동족회사에 관하여 주의적으로 규정한 것이라고 본다.[805] 제2차 세계대전 종전 전의 견해 중에는 일본세법상 동족회사행위계산 부인규정이 일본세법에 강한 영향을 미친 독일조세조정법 제6조의 취지에 따라 법인소득을 계산할 때 인정되어 오던 것이므로 주의적 규정에 불과하다고 주장하는 것도 있다.[806] 반면, 창설적 규정설은 조세회피방지규정이라는 점과 조세법률주의를 고려하면 위 규정은 동족회사에 한하여 적용할 수 있으며 비동족회사나 회사 이외의 법인에 대하여는 적용할 수 없다고 해석한다.[807] 현재 창설적 규정설이 지배적 입장

---

801) 村上泰治, 앞의 논문, 259면.

802) 村上泰治, 앞의 논문, 259면.

803) 大淵博義, 「法人税法解釈の検証と実践的展開 II」, 217면. 이런 해석이 자리잡기까지의 경과는 谷口勢津夫, 앞의 논문, 36면. 동족회사행위계산 부인규정이 일반적 조세회피방지규정이므로 다른 과세규정이 없는 경우에 한하여 보충적으로 적용되어야 한다는 주장이 제기된다. 清永敬次, 앞의 책, 418면.

804) 日本税務研究センター 編, 「同族会社の行為計算の否認規定の再検討」, 財経詳報, 2007, 2~3면.

805) 小官保, 「法人税の原理」, 中央経済社, 1968, 158면; 村井正, "同族会社の行為計算の否認", 「租税法研究」 4号, 1977, 94면. 판례로는 도쿄지방재판소 1965(昭和 40). 12. 15. 판결(行集 第16巻 12号 1916면), 도쿄고등재판소 1968(昭和 43). 8. 9. 판결(税資 53号 303면); 히로시마고등재판소 1968(昭和 43). 3. 27. 판결(税資 52号 592면). 따라서 비동족회사에 대하여도 적용될 수 있다고 보는 입장을 취한다..

806) 田中勝次郎, 「判例を中心としたる所得税の諸問題」, 厳松堂書店, 1940, 167면.

807) 金子宏, 「租税法」, 第24版, 弘文堂, 2021, 137면, 545면; 大淵博義, 「法人税法解釈の検証と実践的展開 II」, 50면; 斉木秀憲, "同族会社等の行為計算否認規定についての一考察", 「税大ジャーナル」 25号, 2015, 3면; 村上泰治, 앞의 논문, 266~267면; 片岡政一, 「税務会計原理」, 271면(입법담당자의 입장).

이다.[808]

4. 제도의 취지

일반적으로 다수의 자본주에 의하여 구성되는 비동족회사의 경우 이해관계자 상호의 견제가 작용하므로 일부 자본주가 회사의 의사결정을 임의로 행할 가능성은 비교적 적다. 그러나, 동족회사의 경우에는 소유와 경영이 분리되지 않아 회사의 의사결정이 일부 출자자의 의사에 의하여 좌우되므로 대외적 거래의 경우에도 내부적 거래의 성격을 강하게 가진다. 따라서 조세회피행위가 쉽게 이루어질 수 있을 뿐만 아니라 이해관계가 대립하는 제3자 간의 거래와 비교하여 과세요건사실의 인정에 필요한 입증자료를 입수하기가 쉽지 않다. 따라서 이를 시정하여 과세의 공평을 기하고 조세부담을 적정하게 하기 위한 것이다.[809]

제도의 취지에 관한 판례는 크게 두 가지 부류로 나누어 볼 수 있다.

첫째 비동족회사에서는 쉽게 할 수 없는 행위, 계산을 부인할 수 있는 권한을 인정한 것[810] 또는 조세부담의 공평을 위하여 동족회사이기 때문에 조세부담을 면하게 되는 행위, 계산을 시정하는 것[811]이라고 판시한 것이 있다.

둘째, 동족회사는 그 성격상 조세회피행위가 용이하게 행해지므로 동족회사에 대한 과세를 원활하고 적절하게 행하기 위하여 둔 제도로서 이 규정을 근거로 하여 구체적인 구성요건 범위를 넘어서 사인 간의 행위·계산을 부인할 수는 없다고 판시한 것이 있다.[812]

동족회사행위계산 부인규정은 본래 조세부담의 공평을 보장하기 위한 담보적 규정으로서 운영되어야 한다고 이해되었으나 지나친 조세회피행위에 대처하기 위하여 적극적으로 적용한 사안도 있다. 예를 들면 페이퍼컴퍼니인 부동산관리법인 또는 의료관련법인을 설립하여 소득을 분산하고 급여소득공제를 적용하여 소득세의 부담경감을 도모하는 등 악질적인 조세회피가 두드러진다. 본래 이러한 행위에 대처하려면 법인격부인 법리를 적용하여야 하지만 그렇게 하려면 과세관청이 엄격한 입증책임을 지게 된다. 따라서 입증이 비교적 용이한 동족회사등의 행위계산 부인규정을 적용한다.[813]

---

808) 大淵博義, 「法人税法解釈の検証と実践的展開 II」, 53면, 216면.
809) 武田昌輔, 「DHC コンメンタール 法人税法」, 5531의3면. 도쿄고등재판소 1959(昭和 34). 11. 17. 판결(月報 5巻 12号 1740면); 斉木秀憲, 앞의 논문, 58면.
810) 히로시마지방재판소 1960(昭和 35). 5. 17. 판결(税資 33号 681면).
811) 도쿄지방재판소 1957(昭和 32). 12. 23. 판결(税資 26号 1248면).
812) 나고야지방재판소 1969(昭和 44). 4. 5. 판결(月報 15巻 9号 1072면).
813) 山本守之, 앞의 책, 122면.

5. 요건

가. 동족회사

(1) 동족회사의 개념

동족회사의 판정 기준 중 동족판정 주주의 수와 동족판정 주주 및 동족관계자[814]의 지분비율에 관하여는 1923년 개정 소득세법에서 '1주주 그룹 기준'과 '50% 이상 기준'으로 정해졌지만, 1950년 개정 법인세법 제7조의2 제1항에서 '복수 주주 그룹 기준'과 '주주 그룹 수에 따른 복수 비율 기준'으로 변경되었고, 1970년 개정 법인세법 제2조 제10호에서 '3주주 그룹 기준'과 '3주주 그룹 합계 50% 이상 기준'으로 변경되어 현재에 이르고 있다.[815] 2006년 법인세법 개정 전후로 동족회사라는 일반 개념의 범위에는 변경이 있었지만 동족회사행위계산 부인제도의 적용대상이 되는 동족회사의 범위에는 변경이 없다.[816] 일본의 법인 대부분은 동족회사이다.[817]

일본법인세법이 주식회사의 경우 3인 이내의 주주 또는 1인의 주주 및 그 동족관계자의 지분비율을 기준으로 하여 동족회사의 범위를 정하고 있는 것은 이러한 주주가 그 의결권을 통하여 회사의 배당정책이나 영업정책을 좌우할 수 있는 것에 근거한 것이므로 여기에서 말하는 주주 및 동족관계자가 소유하고 있는 주식은 기명주식의 경우 그 명의로 회사의 주주명부에 기재되어 있는 주식(일본회사법 제121조)뿐만 아니라 명의개서를 하지 않은 주식 또는 타인 명의로 소유하고 있는 주식이라 하더라도 그 소유자가 주주명부상의 주주와 특수한 관계를 가지고 그 의결권의 행사를 좌우할 수 있는 경우도 포함된다고 해석하여야 할 것이다.[818]

---

814) 동족관계자의 범위는 시행령에 의하여 정하고 있으며 개인인 동족관계자에는 주주 등의 친족·사용인 등이 해당하고(일본법인세법 시행령 제4조 제1항), 법인인 동족관계자에는 주주등의 1인이 소유하고 있는 다른 회사의 주식의 총수가 발행주식의 50%를 초과하는 경우의 해당 다른 회사 등이 해당한다(일본법인세법 시행령 제4조 제2항부터 제4항까지).

815) 谷口勢津夫, 앞의 논문, 35면.

816) 2006년 일본법인세법의 개정에 의하여 동족회사는 3종류로 나누었다. 첫째는 종전의 정의에 따른 동족회사이다. 즉 3인 이하의 주주와 그 동족관계자가 발행주식의 총수(자기주식을 제외한다)의 50%를 초과하여 소유하고 있는 회사이다. 동족회사의 행위·계산의 부인은 이 의의에 의한 동족회사에 대하여 적용된다. 둘째는 특수지배동족회사, 즉 회사의 소유주(owner)와 그 동족관계자가 발행주식총수의 90% 이상을 소유하고 있는 회사이다. 이 제도는 중소기업의 강한 반대로 인하여 2010(平成 22)년 개정시에 폐지되었다. 셋째는 유보금과세의 대상이 되는 동족회사로 3인의 주주 및 그 동족관계자가 발행주식의 50%를 초과하여 소유하고 있는 회사에서 1인의 주주 및 그 동족관계자가 발행주식의 총수의 50%를 초과하여 소유하고 있는 회사로 바뀌고 이름도 특정동족회사로 바뀌었다. 또한 동족회사의 판정기준으로서 종전의 기준에 추가하여 특정의 의결권주식만을 고려에 포함하여 동족회사에 해당하는가의 여부를 판정하는 것으로 되었다. 그 판정기준은 위의 세 종류의 동족회사의 모두에 적용된다(일본법인세법 시행령 제4조 제5항, 제6항 등).

817) 金子宏, 앞의 책, 539면.

(2) 동족회사 이외의 법인

이 규정은 특별한 행위·계산을 행할 수 있는 법인에 대하여 다른 법인과의 법인세부담의 공평을 유지하기 위한 것이므로 동족회사는 물론이고 다음 ①~③의 어느 하나에 해당하는 법인에 대하여도 적용된다(일본법인세법 제132조 제1항 제2호).

① 3 이상의 지점, 공장 그 밖의 사업소를 갖고 있는 것
② 그 사업소의 2분의 1 이상에 해당하는 사업소에 대하여 그 사업소의 소장등(주임 그 밖의 그 사업소에 관한 사업의 주재자 또는 그 주재자와 특수관계가 있는[819] 개인)이 전에 그 사업소에서 개인으로서 사업을 영위하여 온 사실이 있을 것
③ ②의 사실이 있는 사업소의 소장등이 보유한 그 내국법인의 주식수 또는 출자금액의 합계액이 그 내국법인의 발행주식 총수 또는 출자금액의 3분의 2 이상에 상당할 것

이러한 법인에 해당하는 것으로서 이전에 개인사업으로서 영위하던 점포 등이 그대로 법인으로 된 경우의 기업조합 등을 들 수 있을 것이다. 이 법인에 대하여 행위·계산 부인규정을 적용하게 된 것은 제2차 세계대전 후에 개인영업자가 합동하여 법인을 조직하고 종래의 영업자가 그대로 점포의 주재자로 되는 예가 많아 그 실태는 개인기업과 마찬가지라고 보았기 때문이다. 이러한 자는 소득을 친족등과 분할하고 급여소득공제를 받으며 나아가 과다급여, 과다임대료 약정을 하는 등 조세포탈행위가 많았기 때문이다.[820]

(3) 비동족회사에 대한 적용가능성

동족회사행위계산 부인규정을 비동족회사에 대하여도 적용할 수 있는지 여부에 관하여는 두 가지 의견이 있다.[821]

첫째, 조세법률주의를 이유로 들어 비동족회사에 대하여는 위 규정을 적용할 수 없다는 견해이다.

---

818) 도쿄고등재판소 1973(昭和 48). 3. 14. 판결(行裁判集 24卷 3号 115면) 참조.
819) 여기서의 주재자와 특수관계 있는 개인은 다음의 자와 다음의 자였던 자로 한다(일본법인세법 시행령 제173조 제1항).
   ① 그 주재자의 친족
   ② 그 주재자와 아직 혼인의 신고를 하지 않았지만 사실상 혼인관계와 마찬가지의 사정이 있는 자(내연의 배우자)
   ③ 그 주재자의 직원
   ④ ①~③에 열거한 자 이외의 자로서 그 주재자로부터 받은 금전 그 밖의 자산에 의하여 생계를 유지하는 자
   ⑤ 그 주재자의 고용주
   ⑥ ②~⑤에 열거한 자와 생계를 같이 하는 친족
820) 山本守之, 앞의 책, 115면.
821) 山本守之, 앞의 책, 120면.

둘째, 합리적 경제인인 법인이 선택한 행위로서는 부자연스럽고 불합리하므로 조세부담의 공평을 유지하기 위하여 이를 합리적인 행위 또는 계산으로 고쳐서 과세한다면 비동족회사로 하더라도 불합리한 행위를 하는 경우가 있으므로 적용의 범위 외라고 할 수는 없다는 견해이다.

결국 이런 견해의 대립은 일본법인세법 제132조를 창설적 규정으로 볼 것인가 아니면 확정적 규정으로 볼 것인가의 문제이다. 하급심 판결 중에는 긍정설을 취하는 것도 있지만[822] 최고재판소 판결은 부정설의 입장이다.[823]

(4) 위헌성 여부

동족회사에 대하여만 부인규정을 둔 입법이 일본헌법 제14조(평등원칙)에 위반하는지 여부가 다툼이 되었는데 일본의 판례는 합헌으로 판단하였다.[824]

나. 행위 · 계산

행위 · 계산 부인규정은 회사의 행위 · 계산이 적법하게 된 것을 전제로 한다. 따라서 행위 · 계산이 사실에 반하거나 법인세 관계법령에 따라 부존재하는 경우 이 규정의 적용 이전의 문제로서 경정, 결정 등이 된다. 행위 · 계산의 의미에 관하여 '계산'이 추가된 이후 여러 견해가 있었다는 점은 앞서 본 바와 같다. 다수의 견해는 '행위'를 동족회사와 그 밖의 자 간의 거래 등 외부적 행위를, '계산'을 동족회사의 내부계산으로 이해하고 있는 것으로 보인다.[825]

다. 법인세의 감소

이 규정은 '법인세를 부당하게 감소하게 할 경우'에 적용된다. 즉, 이 규정은 법인세를 부당하게 감소시키는 것이 요건이기 때문에 소득세를 감소시켜도 이 규정은 적용되지 않는다. 예를 들어 임원에게 상여금을 주는 대신에 법인이 가진 자산을 저가로 양도하고 그 차액을 잉여금 처분으로 처리하는 경우 법인에게는 별도로 법인세의 감소가 일어나지 않는다. 단지, 급여소득(근로소득)에 관한 소득세가 감소하므로 소득세를 부당하게 감소하는

---

822) 도쿄지방재판소 1965(昭和 40). 12. 15. 판결(行裁判集 16卷 12号 1916면); 히로시마고등재판소 1968(昭和 43). 3. 27. 판결(稅資 52号 592면); 도쿄고등재판소 1968(昭和 43). 8. 9. 판결(稅資 53号 303면).
823) 도쿄고등재판소 1972(昭和 47). 4. 25. 판결(稅資 65号 801면); 최고재판소 1960(昭和 35). 10. 7. 판결[稅資 33号(下) 1189면]; 오사카고등재판소 1964(昭和 39). 9. 24. 판결(稅資 38号 606면)이 있다. 金子宏, 앞의 책, 545면.
824) 도쿄고등재판소 1978(昭和 53). 11. 30. 판결(月報 25卷 4号 1145면).
825) 今村隆, 앞의 논문, 285면.

결과가 되는 경우로서 일본소득세법 제157조의 규정이 적용될지 여부가 문제가 될 뿐이다.[826]

라. 부당성

(1) 부당성의 의미

법인세를 부당하게 감소시켜야 하므로 '부당성'의 의미가 무엇인지 문제가 된다. 예를 들면, 당기의 이익이 많았기 때문에 거액의 기부금, 상여금, 광고선전비 등을 지급하는 행위에 관하여 부인규정을 적용할 수 있는지는 분명하지 않다.

이와 같은 비용은 기업의 경영방침 등에 따라 다른 것으로, 사용인을 많이 대여하는 것, 혹은 광고선전비를 많이 지출하는 것은 전적으로 해당 기업의 경영정책에 관한 것이다. 그러나 동족회사의 경우 회사가 특수관계인으로부터 무수익자산을 고가로 매입한다든가, 또는 임원에게 과대한 보수를 지급한다든가 하는 거래는 실질적으로 법인과 법인의 특수관계인인 개인(예컨대 주주)을 일체적으로 고려하여야 하기 때문에 이를 일체로 생각하면 재산감소는 수반되지 않고 법인세의 경감이라는 사실이 남게 된다. 이와 같이, 예를 들어 법인 및 개인의 이해가 일체라고 생각했을 경우에, 거기에 결과적으로 법인세의 경감이라는 사실이 존재한다면 동족회사의 부인규정이 적용되어야 한다. 그러므로 잉여금 처분에 따라 배당을 할 것인지 임원에게 상여금을 지급할 것인지는 기업의 임의에 달려 있고 그로 인하여 법인세가 부당하게 감소하지는 않을 것이기 때문에 법인세법상 동족회사의 행위계산 부인에 관한 문제는 생기지 않는다.

요약하면 동족회사행위계산 부인규정은 법인과 출자자의 경제적 실체가 동일한 까닭에 비동족회사가 통상적으로 행할 수 없는 행위를 행함으로써 법인세가 경감되는 결과가 발생하는 경우에 적용되어야 하는 것이다.[827]

이와 관련하여 '부당하게 감소시키는 것'이라고 하는 불확정개념은 과세요건명확주의에 반하지 않는다는 것이 최고재판소 판례의 입장이다.[828]

(2) 학설과 판례의 입장

법인세 부담을 부당하게 감소하게 한다고 할 때 그 부당성의 판단에 관하여 학설과 판례의 입장을 나누어 보면 다음과 같다.[829]

---

826) 武田昌輔, 「DHC コンメンタール 法人税法」, 5561면.
827) 武田昌輔, 「DHC コンメンタール 法人税法」, 5561면.
828) 최고재판소 1978(昭和 53). 4. 21. 판결(月報 24卷 8号 1694면).
829) 金子宏, 앞의 책, 542면 이하; 武田昌輔, 「DHC コンメンタール 法人税法」, 5562면 이하; 村上泰治, 앞의

(가) 비동족회사비준설(非同族会社比準説)

'비동족회사라면 일반적으로 하지 않을 행위계산'에 해당하는지 여부를 기준으로 판단하는 견해이다. 이 입장은 부당성의 일반적 기준을 오로지 비동족회사의 행위계산에만 구한다. 즉, 비동족회사에서는 행할 수 없고 동족회사이어야만 비로소 할 수 있는 행위계산의 결과로 법인세가 감소하면 이를 부인한다는 것이다.[830]

그러나 동족회사이어야만 비로소 할 수 있는 행위계산이라는 개념이 불명확하고 비동족회사도 조세회피행위를 행하기 때문에 동족회사이어야만 비로소 할 수 있는 행위계산을 발동요건으로 한정하면 위 규정의 기능이 충분히 발휘되기 어렵다는 비판이 있다.[831]

(나) 경제적 합리성설(経済的 合理性説)

부담을 부당하게 감소시키는 결과가 된다고 인정될지 여부는 전적으로 경제적, 실질적 견지에서 해당 행위계산이 순경제인의 행위로서 불합리하고 부자연스럽다고 인정될지 여부를 기준으로서 판정해야 하고, 동족회사라고 해서 이 기준을 넘어 널리 부인이 허용된다고 해석해서는 안 되며 동시에 비동족회사에 대해서도 그 기준에 해당하면 부인이 허용되는 것으로 해석하여야 한다는 입장이다.[832][833] 특히 유력한 견해는 독립·대등하게 상호 특수관계 없는 당사자 간에 통상 행해지는 거래, 즉 정상거래(arm's length transaction)와 다른 경우를 여기에 포함시키기도 하는데[834] 이런 해석의 결과 동종회사행위계산 부인규

논문, 269면 이하.

830) 도쿄지방재판소 1951(昭和 26). 4. 23. 판결(行裁例集 第2巻 6号 841면); 1960(昭和 35). 5. 17. 히로시마지방재판소(税資 33号 673면); 도쿄고등재판소 1965(昭和 40). 5. 12. 판결(税資 49号 596면); 도쿄지방재판소 1972(昭和 47). 3. 9. 판결(税資 65号 409면); 카고시마지방재판소 1975(昭和 50). 12. 26. 판결[그 항소심인 후쿠오카고등재판소 1980(昭和 55). 9. 29. 판결은 경제적 합리성설을 취하였다]. 학설 중에는 吉田二郎, 「法人税法講義」, 大蔵財務協会, 1954, 49면; 忠佐市, 앞의 책, 200면.

831) 高橋秀至, "法人税法上の行為計算否認規定に関する最高裁判決の整合性", 「長崎県立大学論集」 52巻 1号, 2018, 17면.

832) 최고재판소 2004(平成 16). 7. 20. 판결(月報 51巻 8号 2126면); 최고재판소 1978(昭和 53). 11. 30. 판결(月報 25巻 4号 1145면); 도쿄고등재판소 2015(平成 27). 3. 25. 판결(月報 61巻 11号 1995면); 도쿄고등재판소 1951(昭和 26). 12. 20. 판결(行裁例集 2巻 12号 2196면); 오사카지방재판소 1956(昭和 31). 12. 23. 판결(税資 23号 925면); 도쿄지방재판소 1965(昭和 40). 12. 15. 판결(税資 65号 409면); 도쿄고등재판소 1973(昭和 48). 3. 14. 판결(行裁例集 24巻 3号 115면); 도쿄고등재판소 1974(昭和 49). 5. 29. 판결(税資 75号 570면); 도쿄고등재판소 1974(昭和 49). 10. 29. 판결(行裁例集 25巻 10号 1310면); 삿포로고등재판소 1976(昭和 51). 1. 13. 판결(月報 22巻 3号 756면); 후쿠오카고등재판소 미야자키지부 1980(昭和 55). 9. 29. 판결(行裁例集 31巻 9号 1982면); 도쿄지방재판소 2014(平成 26). 5. 9. 판결(月報 61巻 11号 2041면).

833) 이 흐름이 조세기본법 제42조와 같은 입장이라고 평가하는 견해도 있다. 村上泰治, 앞의 논문, 270면.

834) 학설로는 적정소득산출설이라고 한다. 金子宏, 앞의 책, 542면; 水野忠恒, 「租税法」, 第2版, 有斐閣, 2005, 504면; 竹内綱敏, "所得税における同族会社の行為計算否認規定の今日的意義", 「税法学」 567号, 2012, 158면 이하. 이러한 입장을 취하는 판례로 나고야지방재판소 2008(平成 20). 12. 18. 판결(税資 258号 順号 11107); 도쿄지방재판소 1997(平成 9). 4. 25. 판결(税資 223号 順号 790). 반대하는 견해로 大淵博義, "租税判例研究 個人の同族会社に対する無利息貸付と利息収入認定の可否(中)(東京 高裁 平成 11. 5. 31 判

정은 미국연방세법 제482조의 특수관계자 거래와 유사한 내용을 갖게 되었다고 주장하기
도 한다.[835]

이 견해는 부당성의 판단을, 형식적 기준에 따라 행위계산을 행한 법인의 종류나 구 법인
세 기본통달(昭25直法 1 − 100 「355」)[836]에 정해져 있던 동족회사행위계산의 부인 유형에
해당하는지 아닌지 여부에서 구하는 것이 아니라, 법인세 경감이라는 동기를 오로지 경제
적, 실질적으로 관찰하여 결정하려는 것이다.

이 입장을 취하면 과세관청은 소송에서 거래의 비합리성을 지적하고 합리적 계산으로 고
쳐서 과세소득을 계산하면 되고 비동족회사의 거래사례를 들 필요가 없어져 입증책임의 부
담이 경감된다.[837] 최고재판소 판례가 이 입장이다.[838]

이 견해에 대하여는 경제적 합리성의 개념이 명확하지 않다는 비판이 제기된다.[839]

(3) 소결론

일본의 학설은 두 가지 입장의 대립에도 불구하고 구체적 사건의 해결에 커다란 차이는
발생하지 않을 것이라고 한다. 가장 큰 차이는 첫째 입장의 경우 구체적인 비교법인을 들어

決)", 「月刊稅務事例」 32卷 6号, 2000, 7면 이하(미국연방세법 제482조는 수익비용의 대응적 조정을 전제
　로 하는 법원리라는 점을 근거로 든다). 적정소득산출설과 후술하는 대응조정이 서로 맥락을 같이 한다고
　보는 견해로 竹内綱敏, 앞의 논문, 174면.

835) 이런 입장을 경제적 합리성설과 구별하여 별개의 입장으로 보기도 한다. 今村隆, 앞의 논문, 286면.

836) 이 통달의 내용은 후술한다.

837) 일본 판례는 소득세법상의 동족회사등의 행위계산 부인규정에 관하여는 다음과 같이 판시하였다. 「동족회
　사의 행위 또는 계산은 전형적으로는 주주 등의 수입을 감소시키거나 경비를 증가시키는 성질을 가진 것이
　라고 할 수 있다. 그리고 주주 등에 관한 위 수입의 감소 또는 경비의 증가가 동족회사 이외의 회사 사이의
　통상적인 경제활동으로서는 불합리하거나 부자연스럽고 소수의 주주 등에 의하여 지배되는 동족회사가 아
　니면 통상적으로 행해지지 않는 것이며, 이와 같은 행위 또는 계산의 결과로서 동족회사의 주주 등 특정
　개인의 소득세가 발생하지 않거나 감소하는 결과가 되는 경우에는, 특단의 사정이 없는 한 위 소득세의
　불발생 또는 감소 자체가 일반적으로 부당하다고 평가되는 것으로 해석하여야 한다. 즉, 위와 같이 경제활
　동으로서 불합리, 부자연스럽고 독립적이며 대등하며 상호 특수관계 없는 당사자 간에 통상적으로 이루어
　지는 거래와 괴리된 동족회사의 행위 또는 계산에 의하여 주주 등의 소득세가 감소하는 때에는 부당하다고
　평가되지만 소득세 감소 정도가 경미하거나 주주 등의 경제적 이익의 불발생 또는 감소로 의하여 동족회사
　의 경제적 이익을 증가시키는 것이 사회통념상 상당하다고 해석되는 경우에는 부당하다고 평가할 것까지
　는 아니라고 해석되어야 한다. 또한, 위 부당성의 판단은 행위 또는 계산의 양태에서 객관적으로 판단되는
　것으로, 해당 행위 또는 계산과 관련된 주주등이 조세회피등의 목적 또는 부당성에 관한 인식을 가질 것을
　요건으로 하는 것은 아니다. 그리고 동족회사의 행위 또는 계산이 위 요건을 충족하는 때에는 위 행위 또는
　계산은 실체법상의 효력이 부정되지 않은 채 주주 등의 소득세 계산상 정상적인 행위 또는 계산으로 고치
　게 된다.」 도쿄지방재판소 1997(平成 9). 4. 25. 판결(月報 44卷 11号 1952면).

838) 이 입장을 확립한 것으로 최고재판소 1958(昭和 33). 5. 29. 판결(民集 12卷 8号 1254면). 그 후에 같은
　입장을 취한 판례로 최고재판소 2004(平成 16). 7. 20. 판결(月報 51卷 8号 2126면) ; 최고재판소 1978(昭和
　53). 4. 21. 판결(月報 24卷 8号 1694면). 경제적 합리성설을 취하면서 경제적 합리성을 인정한 판결로 도쿄
　고등재판소 1973(昭和 48). 3. 14. 판결(行裁例集 24卷 3号 115면).

839) 高橋秀至, 앞의 논문, 18면.

입증하여야 하지만 둘째 입장의 경우 경제적 합리성이 없음을 입증하여야 한다는 점이다.[840)

비동족회사 중에는 동족회사에 상당히 가까운 것에서부터 소유와 경영이 분리된 거대회사에 이르기까지 각종 단계의 것이 있어 무엇이 동족회사이기 때문에 용이하게 할 수 있는 행위·계산에 해당하는가를 판단하는 것은 어렵기 때문에 추상적인 기준으로서는 제2의 견해를 취하여 어떤 행위 또는 계산이 경제적 합리성을 결여한 경우에 부인이 인정되는 것으로 보아야 할 것이다. 행위·계산이 경제적 합리성을 결여한 경우라는 것은 그것이 비정상 내지 변칙적으로 조세회피 이외의 정당한 이유나 사업목적이 존재하지 아니하는 것으로 인정되는 경우로서, 독립·대등한 관계로서 상호간 특수관계가 없는 당사자 간에 통상 행하여지는 거래와 다른 거래는 여기에 해당한다고 보아야 하는 경우가 많을 것이다. 이 규정의 해석·적용상 문제로 되는 주요 논점은 ① 해당의 구체적인 행위계산이 이상하거나 변칙적이라고 할 수 있는가, ② 그 행위·계산을 행하였을 때 조세회피 이외에 정당하고 합리적인 이유 내지 사업목적이 있었다고 볼 수 있는지 여부이다.[841)

한편 미국세법 제482조에 따른 정상가격기준을 부당성요건의 해석에 적용할 수 있는지 여부가 논의되는데, 미국세법 제482조는 특수관계 법인집단 내부에서의 소득 이전, 분할, 대체를 매개로 집단 전체의 조세부담을 최소화하려는 시도를 조세회피행위로 판단하고 특수관계법인 집단 내부에서 소득의 부당한 할당을 방지하는 취지이므로 일본법인세법상 동족행위계산 부인제도가 규율 대상으로 삼는 거래와는 그 대상이 다르다는 반대론이 제기되고 있다.[842) 그러나 궁극적으로 두 제도는 동일한 기능을 하기 때문에 반대론의 입장은 지나치게 경직된 것으로 생각된다.

마. 거래상대방

한국법과 달리 거래상대방이 누구인지는 묻지 않는다.[843)

바. 주관적 요건의 요부

1950(昭和 25)년 개정 전에는 '법인세를 면할 목적이 있다고 인정되는 경우'라는 요건이 있었지만 위 개정시 '법인세의 부담을 부당하게 감소하게 하는 결과로 된다고 인정되는 경

---

840) 大淵博義, 「法人税法解釈の検証と実践的展開 Ⅱ」, 233면.
841) 金子宏, 앞의 책, 542~543면.
842) 大淵博義, 「法人税法解釈の検証と実践的展開 Ⅱ」, 72면.
843) 村上泰治, 앞의 논문, 268면.

우'로 바뀌었고 1965(昭和 40)년 전문개정은 그 규정을 그대로 답습하였다. 종전의 규정을 해석할 때에도 회사의 기관 또는 그 대리인에게 포탈의 의사가 있었는지 여부를 물을 필요는 없고, 객관적으로 관찰하여 포탈의 의사가 있다고 인정되면 충분하다고 해석하였으며 '행위 또는 계산으로 법인세를 면할 목적이 있다고 인정되는 경우'라는 표현은 그런 해석을 표현한 것이라고 보았다. 즉, 법인세를 면할 목적이 있다고 인정되는 '객관적인 행위 또는 계산이 있는 경우'를 의미하는 것이다.[844] 그 면할 목적의 인정 여부는 과세관청의 객관적인 재량에 맡겨져 있었다.[845] 그러나 1950(昭和 25)년의 개정에 따라서 객관적으로 보아 법인세를 면하려는 목적이 없더라도 법인세의 부담을 부당하게 감소하게 하는 결과가 된다고 인정되면 부인할 수 있게 되었다.[846]

사. 판정의 시기

동족회사등이 행위·계산규정의 적용을 받는 대상이 되는지 여부는 그 행위·계산이 행해진 때의 현황으로 판정한다(일본법인세법 제132조 제2항).[847] 따라서 예를 들면 기말에는 동족회사에 해당하지 않더라도 행위·계산이 있었던 때에는 동족회사라면 일본법인세법 제132조의 적용을 받는다. 또한 행위와 계산이 동시에 행해지지 않은 경우 행위와 계산은 구분되는 개념이므로 舊 昭25直法 1-100 「357」은 다음과 같이 규정하였다.

"동족회사인지 여부의 판정은 행위 또는 계산의 부인을 하는 경우 그 사실이 있었던 시점의 현황에 따르는 것으로서 행위 또는 계산이 동시에 행해지는 경우에는 그 행위 또는 계산이 된 것으로 판정한다. 따라서 비동족회사이었을 때 행해진 행위에 기하여 된 계산이어도 그 계산이 된 시점이 동족회사였다면 법 제31조의3의 규정(현행법 제132조)을 적용한다."

만일 위 규정에 따라 비동족회사였던 때에 행해진 행위가, 비동족회사라서 허용되었던 경우에도 그 행위에 기하여 그 후에 행한 계산이 동족회사로서는 부인되어야 한다면 종국적으로 부인될 수 있다. 또한 사업연도의 기말에 동족회사가 아닌 경우라도 행위 또는 계산이 행해진 시점이 동족회사였던 경우 이 규정이 적용된다.[848]

---

844) 武田昌輔, 「DHC コンメンタール 法人稅法」, 5562면.
845) 이 점을 지적하여 자유재량행위가 아니라 법규재량행위에 해당한다고 보는 견해도 있었다. 明里長太郎, 앞의 책, 210면.
846) 山本守之, 앞의 책, 116면.
847) 이 규정은 1950(昭和 25)년 개정시에 신설되었다.
848) 山本守之, 앞의 책, 122면.

6. 유형

동족회사행위계산 부인의 적용대상이 되는 거래의 유형은 일반적으로 기업의 이익을 감소시키는 수단으로서는 수익을 감소시키거나 비용을 과다하게 하는 것들이다.

가. 구 법인세 기본통달의 유형

구 법인세 기본통달(昭25直法 1－100 「355」)은 동족회사에서 통상적으로 행해지는 사례로서 행위계산 부인규정의 적용 대상으로 판단되는 것을 예시적으로 규정하고 있었다. 위 동족회사 행위계산 부인의 유형은 그 후 세법 개정으로 소득계산의 원칙규정으로서 일본법인세법 제22조가 신설되고 과다급여의 손금불산입 규정(같은 법 제34조, 제36조)이 신설되어 임원 또는 직원에게 부여한 경제적 이익을 급여로 취급할 수 있게 됨에 따라 특별히 통달로서 정할 필요가 없게 되자 새로운 법인세 기본통달(昭和 44年直法 25)의 제정과 함께 폐지되었다.[849] 그렇지만 폐지된 이유는 '법령으로 규정하고 있거나 법령해석상 의문이 없거나 혹은 조리상 분명하므로 특히 통달로서 정할 필요가 없다'는 것이므로 기본적으로 현재의 법 적용에도 참고가 된다.[850] 그 당시 규정을 살펴보면 다음과 같다.

(1) 전문(前文)

구 법인세 기본통달 昭25直法 1－100 「355」 전문은 우선 일본법인세법 제132조의 규정은 다음 각 사실 또는 이와 유사한 사실이 있으며 그 행위 또는 계산이 법인세의 부담을 부당하게 감소시키는 결과를 초래한다고 인정되는 경우에 이를 적용하고, 그 행위 또는 계산을 부인하는 것으로 취급한다고 기술하고 있다. 다만, 그 행위 또는 계산의 실정에 따라서는 그 실정에 적합하도록 달리 취급할 수 있다고 한다.[851] 구체적인 유형은 다음과 같다.

(2) 과대출자

현물출자 자산의 가액을 과대하게 계산한 경우, 그 자산의 출자 당시의 시가를 출자의

---

849) 武田昌輔, 「DHC コンメンタール 法人税法」, 5562면.
850) 昭44直審(法)25. 斉木秀憲, 앞의 논문, 60면에서 재인용.
851) 武田昌輔, 「DHC コンメンタール 法人税法」, 5568～5569면은 다음의 예를 들고 있다.
　　"예를 들어 어떤 토지를 대표자 명의로 구입해 그것을 법인이 무상으로 사용하도록 하는 계약에서 그 대표자에 대해 토지 구입 대금으로서 1000만엔을 대여금으로 처리하고 무이자로 하였다고 하자. 이 경우 만일 계약의 내용 등으로 보아 단순히 법인이 명의를 대표자로 한 것에 지나지 않는다고 인정되고, 또한 그 명의를 대표자로 하는 것에 합리적인 이유가 있으면 그 실체는 토지가 법인에 속해 있는 것으로 간주하여 취급하며 대여금에 관하여 무이자라는 것에 따라 이를 대표자에 대한 인정상여 등으로 하는 것은 적당하지 않을 것이라고 할 수 있을 것이다."

가액으로 하고, 그 가액을 초과하는 부분의 금액은 자본의 납입이 없었던 것으로 한다.[852]

동족회사를 설립하거나 증자납입하는 경우 그 출자 목적에 충당한 재산가액을, 출자 당시의 시가 이상으로 평가한 경우 또는 형식적으로 금전출자를 한 후, 출자자로부터 시가 이상의 가격으로 자산을 구입한 경우에도 그 후 자산의 과대상각 또는 평가손을 행할 수 있다. 또한 그와 같은 과대출자는 세법상 자본을 과대하게 함으로써 기부금의 손금산입한도 등을 과대하게 한다. 다른 한편 자산의 측면에서는 감가상각자산은 과대상각되고 비감가상각자산은 과대평가감 또는 매각의 양도손을 과대하게 계상하게 된다. 따라서 그 시가를 초과하는 금액에 관하여는 자본의 납입이 없었던 것으로 처리하는 것이다.

과대출자방식은 여러 가지 사례가 있을 수 있다. 예를 들면, 회수불능채권, 자산가치 없는 영업권, 임차권 등을 무형자산으로 승계하는 경우 이를 부인한다. 따라서 이에 대한 감가상각액 중 통상의 상각액을 상회하는 상각도 부인된다.

2006(平成 18)년 개정시에는 현물출자에 의하여 증가하여야 하는 자본금 등의 액은 그 출자를 받은 자산의 시가로 하도록 명시하였다.

(3) 고가매입

사원(주주 또는 사원은 물론, 이들과의 친족, 사용인 등 특수한 관계가 있는 자를 포함)의 소유자산을 부당한 고가로 매입했을 경우에는 그 매입금액 중 시가를 초과하는 부분의 금액은 이를 원칙적으로 그 사원에 대한 이익처분에 의한 상여(이하 '급여')로 한다.[853]

자산을 일반 시가에 비해 부당하게 높은 가액으로 구입하는 것은 경제인으로서는 통상 있을 수 없는 일이지만, 동족회사가 그 사원의 소유자산을 부당하게 높은 가액으로 매입함으로써 회사가 본래 얻어야 할 이익을 개인에게 귀속시키는 일이 종종 행해진다. 예를 들어 개인이 보유하는 자산(시가 500만엔)을 고의로 1,000만엔에 동족회사가 구입하는 것이다. 이 경우, 물론 개인적으로는 양도소득이 부과되지만 한편 법인은 이것을 순차적으로 상각함으로써 법인의 이익을 감쇄시킬 수 있다.

현재는 개인에 대해 양도소득이 과세되지만, 양도소득 과세가 가벼운 경우도 있기 때문에 이런 거래를 행할 조세상의 이유가 있게 된다. 이 경우 시가를 초과하는 부분은 임시적인 임원급여(상여)로 한다.

비동족회사인 경우에도 이러한 사실이 행해졌다면 당연히 부인되지만, 이 경우에는 그

---

852) 이는 실질과세원칙의 적용에 따른 귀결로 볼 수 있다. 大淵博義, 「法人税法解釈の検証と実践的展開 II」, 37면.
853) 도쿄지방재판소 1970(昭和 45). 2. 20. 판결(行裁例集 21卷 2号 258면). 이는 실질과세원칙의 적용에 따른 귀결로 볼 수 있다. 또한 법기통 7-3-1(고가매입한 감가상각자산의 취득가액)에 의하여 비동족회사를 포함한 모든 법인에게 적용된다. 大淵博義, 「法人税法解釈の検証と実践的展開 II」, 37면.

자산의 시가를 초과한 금액이 급여 또는 상여에 해당하는 것으로 보아야 한다.[854] 이 경우 법인의 세무처리는 그 고가인 부분의 금액에 관하여 상각액을 손금액에 산입하는 것을 부인한다.

(4) 저가양도

(가) 의의

이 사례는 특히 동족회사에서는 종종 일어나는 문제이다. 예를 들어서 회사가 보유하는 상품을 동족회사의 대표자 등에 대하여 저가 또는 무상으로 양도하거나 사용하도록 하는 것은 흔히 일어나는 일이다. 또 회사가 불필요한 자산 등을 장부가액으로 대표자 등에게 양도하는 일도 있다. 이 경우 시가와의 차액을 법인의 익금에 가산하고 즉시 그 차액을 대표자 등에 대한 상여로 한다.[855]

(나) 주요 판례

주요 판례를 살펴본다.

① 도쿄지방재판소 2005(平成 17). 7. 28. 판결(税資 255号 210면)

위 판결은 일본법인세법 제132조 제1항을 적용하여 2개의 자산거래를 부인한 과세처분이 다투어진 사례인데 동족회사행위계산 부인규정의 적용에 관한 과세실무의 문제점이 집약되어 있다.[856]

甲 법인(원고·항소인)은 1999. 11. 4. 소유한 토지 위에 자회사 乙 법인이 게스트하우스로 사용할 건물을 완공하였으나(건물하도급대금 16억여엔, 설계비용 2억여엔, 집기비품비 3억여엔) 그 이틀 전에 甲 법인이 실질적으로 지배·운영하는 관계 회사 丙 법인에게 세 곳의 부동산 감정서의 평균값에 따른 가격으로 토지, 건물, 집기 비품을 합계 4억여엔에 매각하였다. 이에 대해 과세관청은 甲 법인이 해당 건물 설비를 乙 법인에 임대하기 직전에, 자신이 투자한 금액의 절반 이하의 저가로 관계 회사 丙 법인에 매각하였으므로, 해당 부동산 매매 계약은 영리를 목적으로 하는 기업의 거래로서 본래 성립할 수 없는 경제적으로 불합리한 계약이며, 이러한 甲 법인 및 관계 회사의 행위는 일본법인세법 제132조 제1항이 적용되어 통상 있어야 할 행위나 계산으로 되돌려 납부해야 할 세액을 계산하고, 토지에

---

854) 武田昌輔, 「DHC コンメンタール 法人税法」, 5572면.
855) 도쿄고등재판소 1971(昭和 46). 10. 29. 판결(行裁例集 22巻 10号 1692면), 후쿠오카고등재판소 미야자키지부 1980(昭和 55). 9. 29. 판결(行裁例集 31巻 9号 1982면), 武田昌輔, 「DHC コンメンタール 法人税法」, 5573면.
856) 大淵博義, 「法人税法解釈の検証と実践的展開 Ⅱ」, 166면.

관하여는 공시지가로 처리해야 하며, 계약상의 양도금액과 과세청이 인정한 금액의 차액은 원고회사에서 관계회사로 부당하게 이전된 경제적 급부로서, 일본법인세법 제37조 제7항(기부금의 손금불산입)에 따라 기부금의 금액에 포함된다고 하였다. 법원도 위 매매가 손실을 실현하기 위한 목적으로 이루어진 부당한 거래라고 인정하고, 일본법인세법 제132조 제1항의 적용을 용인하였으며, 토지의 가액은 공시지가를 고려하여 산정하고, 완공 직전의 게스트하우스 건물 및 비품은 취득가액(취득원가)으로 평가하여, 그 차액을 저가양도에 의한 수익으로 인정함으로써, 실질적으로 원고 회사(甲 법인)의 丙 법인에 대한 증여(기부금)로 인정하였다. 위 판결에 관하여는 일본법인세법 제22조 제2항의 저가양도를 인정한 후에 시가와의 차액을 실질적인 증여로 보아 기부금에 해당하는지 여부를 논의하면 충분하고 일본법인세법 제132조 제1항을 적용할 필요는 없다는 비판이 있다.[857]

② 도쿄고등재판소 2006(平成 18). 6. 29. 판결(稅資 255号 順号10440)

甲 법인이 대표자 A의 배우자인 B가 소유하는 주식투자신탁을 해당 신탁이 조기상환되기 2일 전에 매수한 사안이다. 이 행위는 신탁상환시 B에 대한 원천징수세 과세를 회피하기 위하여 甲 법인이 회사자금으로 협력하면서 동시에 甲 법인이 결손금을 쌓으려는 목적으로 행한 것이다. 그러나 투자신탁을 매수하는 甲 법인의 입장에서 상환시의 배당금 예상액 및 상환시 원천소득세, 지방세 등을 고려하면 시가보다 낮더라도 매수가격에 따라서는 조세부담의 범위 내에서의 할인이라면 결과적으로 거래가 유리할 수 있다. 따라서 1심 판결은 쌍방 당사자에게 불이익이 없는 가격에 의한 거래행위는 그 자체로 경제인의 관점에서 불합리하거나 부자연스럽다고 하기 어렵다고 보아 적정한 매수가격을 인정한 후에 그 가격을 초과하는 부분만을 부인하였다.

그러나 위 도쿄고등재판소 판결은 위 거래를 대체하여야 할 정상거래가 존재하지 않으므로 거래 전부를 부인할 수 있다고 해석하여 1심 판결을 취소하였다. 위 판결에 관하여는 법원이 거래를 하지 않아야 하는 것을 '통상 있어야 할 행위 또는 계산'으로 해석한 것이라고 본 견해도 있다.[858]

(다) 일본법인세법 제37조 제8항과의 관계

이 유형의 거래는 일본법인세법 제37조 제8항과의 관계가 문제가 된다.[859] 위 규정에 따

---

857) 大淵博義, 「法人税法解釈の検証と実践的展開 II」, 167면.
858) 谷口勢津夫, 「税法基本講義」 第7版, 弘文堂, 2021, 문단 69. 위 판결에 관한 비판은 大淵博義, 「法人税法解釈の検証と実践的展開 II」, 167면 이하.
859) 위 규정은 다음과 같이 규정하고 있다.
　　"내국법인이 자산의 양도 또는 경제적인 이익의 공여를 한 경우에 양도 또는 공여의 대가액이 그 자산의

르면 비동족회사의 경우에도 저가로 자산을 양도한 경우 그 차액이 상대방에게 증여한 것으로 인정된다면 세법상 기부금으로 인정할 수 있고[860] 이것을 받은 개인은 일시소득으로서 과세된다. 그러나 동족회사의 경우에는 그것이 대체로 대표자 등에 대한 임시적 보수라고 생각되므로 상여로 취급한다. 따라서, 이런 취지에서는 대표자, 이사 등의 경우에는 인정상여가 된다고 해석하는 것이 타당하고 실무도 그렇게 취급한다.

일본법인세법 제37조 제8항의 요건은 첫째, 낮은 가액으로 양도할 것, 둘째 그 차액은 상대방에게 증여한 것으로 인정될 것의 두 가지이다. 따라서 단순히 낮은 가격으로 양도했다고 하는 것만으로는 이 규정이 적용되지 않고 그 밖에 실질적으로 증여하였다고 인정되어야 한다. 예를 들어 토지를 현저히 낮은 가액으로 양도했다 하더라도 2층 이상의 건물은 지을 수 없다는 약정이 있는 등 그 조건 하에서는 타당한 가액이라는 것이 될 때에는 증여를 했다고는 인정되지 않는다. 마찬가지로 자기주식에 관하여도 안정적인 주주를 구하기 위하여 약간 낮은 합리적인 가격으로 양도하는 경우에도 마찬가지로 해석할 수 있다.[861]

(5) 기부금

기부금 등으로서 그 성질이 사원의 개인적 지위에 기하여 지출하였다고 인정되는 것 또는 사원의 가사 그 밖의 비용을 법인이 부담한 것으로 인정되는 것에 관하여는 그 전액을 그 사원에 대한 급여로 한다.[862]

(6) 무수익자산의 양수

사원 소유의 저택, 별장과 같은 무수익 재산을 법인에게 출자 또는 양도하고, 이러한 자산의 공과, 유지비 등을 법인에서 부담하며, 나아가 사원에게 무상으로 사용하게 할 경우에는 해당 무수익 재산이 출자의 목적물일 때에는 그 출자를, 양도의 목적물일 때에는 그 양도를 부인함과 동시에 법인이 부담한 공과, 유지비 등에 상당하는 금액을 사원에 대한 급여

양도시 가액 또는 경제적 이익의 공여시의 가액에 비하여 낮은 때에는 그 대가액과 가액과의 차액 중 실질적으로 증여 또는 무상 공여를 하였다고 인정되는 금액은 전항의 기부금에 포함되는 것으로 한다."

860) 세법상 기부금은 손금산입 한도액이 있으므로 이를 초과하는 금액은 기부금의 한도 초과액으로서 부인되게 된다.

861) 구 법인세 기본통달 昭25直法 1-100 「355(3)」에서 반드시 그와 같은 증여를 한 것으로 인정하는 것은 절대적 요건이 아니다. 일본법인세법 제37조 제8항의 규정은 그 상대방의 범위를 넓게 잡고 있는 반면 위 기본통달은 그 성질상 상대방이 대표자 등의 사원인 것이 일반적이기 때문이다. 따라서 기업과의 근무관계가 없는 자에 대한 증여는 일본법인세법 제37조 제8항에 따라 기부금으로 처리하여야 한다. 武田昌輔, 「DHC コンメンタール 法人税法」, 5573면.

862) 동족관계자 개인을 위하여 시(市)에 지출한 기부금을 해당 동족관계자에 대한 상여로 인정한 판례로 최고재판소 1968(昭和 43). 6. 25. 판결(稅資 53号 162면); 오사카고등재판소 1960(昭和 35). 12. 6. 판결(行裁例集 11巻 12号 3298면).

로 한다.

단, 실정에 따라 해당 자산의 출자 또는 양도를 인정하고 그 적정 임대료를 추정하여 법인의 이익에 가산하고 그 상당하는 금액을 그 사원에게 급여로서 지급한 것으로 인정할 수도 있다.

동족회사의 설립 또는 증자 납입시 그 현물출자에 충당한 자산(또는 일단 출자한 현금 등으로 즉시 출자자로부터 매입한 자산)이 출자자 개인용으로 제공하는 주택, 별장, 가재, 골동품과 같이 기업이 그 자산을 운용하거나 후일 시가 상승을 기대하여 전매하는 등 사업용 자산으로서 그 목적에 제공하기에 적합하지 않은 것일 때에는, 결국은 본래 대표자 등이 부담하여야 할 유지비, 수선비 등의 지출을 회사에 전가시키려는 의도와 다름없다고 인정된다. 이것은 설립, 증자의 경우에 한하지 않는다. 대표자의 주거에 관한 고정자산세, 수선비 등을 회사에 부담하도록 하기 위하여 이를 회사에게 양도하고 그대로 대표자가 임차료를 지급하여 임차하는 경우가 이에 해당한다.[863]

이들은 사업에 관계없는 개인적인 취미를 위한 용구 등의 유지비용을 법인에 부담하게 하려는 것이다. 구체적으로는 법인이 대표자가 소유하거나 소유하려고 하는 별장, 피아노, 요트, 골프용구 등 해당 법인 자체로서는 불필요한 자산을 구입하여 이를 대표자 등에게 사용하게 하고 있는 경우에도 마찬가지로 문제가 될 것이다. 舊 昭25直法 1－100「355(5)」는 '사원 소유의 저택'으로 되어 있으나, 사원의 소유자산인 것은 절대적인 요건이 아니라, 통상 이러한 사례가 많기 때문에 예시적으로 이와 같이 표현한 것이라고 해석해야 한다.[864]

따라서 이상의 행위 그 자체를 부인해야 할 경우, 만일 출자의 납입으로서 행해진 것이라면, 그 자산의 수입(受入)이 부인된다. 사후 수선비, 유지비 등을 손금으로 계상하는 경우에는 부인되고 출자자에 대한 상여로서 인정된다. 또한 단순한 양도의 경우 그 양도자체가 부인된다. 하지만, 그와 같이 취급하는 본래의 목적은 법인의 이익을 감소시키는 것을 방지하려는 데 있기 때문에 후일에 이러한 자산에서 수익이 발생한다면 그때부터는 회사계산의 당초 수입가격에 상당하는 자본의 납입이 있었던 것으로 인정하여도 무방하다고 생각된다.[865]

또한 후일 법인이 이 자산을 매각하고 그 매각대금을 수수하는 경우에는 원칙적으로 그 매각대금을 수입한 시점에 회사계산의 당초 수입가액에 달할 때까지의 금액에 관하여 자본

---

863) 武田昌輔, 「DHC コンメンタール 法人税法」, 5573~5574면.
864) 武田昌輔, 「DHC コンメンタール 法人税法」, 5574면.
865) 武田昌輔, 「DHC コンメンタール 法人税法」, 5574면.

의 납입 또는 양도가 있었던 것으로 인정하여도 무방할 것이다. 다만 매각손익이 발생할 경우에는 그 매각손익의 내용 여하에 따라서는 그 자산의 당초 매매를 부인할지 여부의 문제가 생긴다. 세법의 동족회사의 행위계산 부인규정의 취지를 고려한다면, 이 규정은 법인세를 부당하게 감소한 경우에 있어서 적용되는 것이므로 양도손이 생긴 경우에만 부인할 수 있게 될 것이다.[866]

앞서 본 바와 같이 자본의 납입 또는 양수를 받은 자산이 영리 목적에 적합하지 않은 것일 때 사후처리는 지급한 고정자산세 등에 관하여는 인정상여가 되고, 한편 그 양도에 의해 지출한 금액은 이것을 출자자에 대한 대여금으로 인정하며 따라서 그 대여금에 관한 이자는 출자자가 임원일 경우 상여로 인정된다. 또한 그 출자를 받은 자산에 관한 감가상각 또는 채권의 소각에 의한 손금을 계상하면 이를 부인하고 이익의 유보로 인정하는 것도 당연하다.[867]

(7) 과대급여

① 사원에게 지급한 보수, 급료, 수당 등이 법인과 업종, 업태, 규모 등과 유사한 다른 법인의 임원 보수 등에 비해 다액이라고 인정되는 경우에는 그 다액이라고 인정되는 금액은 사원에 대한 이익처분의 상여로 한다.[868]

② 사실상 업무에 종사하고 있지 않는 사원에 대해 지급하는 급여에 대해서는 그 전액을 이익처분의 상여로 한다.

①의 경우 과대급여의 액을 어떻게 산정할 것인지가 문제이다. 일반적으로 비동족회사의 경우 이사의 보수는 정관 또는 주주총회에서 정해지는 것이 원칙이다. 동족회사가 그 동족회사의 구성원 또는 특수관계가 있는 자에 대해서는 과대한 급료를 지급하는 것도 볼 수 있다. 예를 들어 사실상 업무에 종사하고 있지 않는 아내, 자녀, 동족관계자 등을 임원으로 선임하고 급여를 지급하고 있는 경우가 적지 않다. 또, 그 직책에서 볼 때 실제 문제로서 그 능력도 없고. 직무를 수행할 수 없는 경우도 종종 볼 수 있다.[869]

예를 들어 회계적 지식이나 법률적 지식이 없는 아내를 감사로 하여 거액의 급여를 지급

---

866) 武田昌輔, 「DHC コンメンタール 法人税法」, 5574면.
867) 武田昌輔, 「DHC コンメンタール 法人税法」, 5574면.
868) 판례로는 후쿠오카고등재판소 1965(昭和 40). 12. 21. 판결(行裁例集 16卷 12号 1942면); 도쿄고등재판소 1959(昭和 34). 11. 17. 판결(行裁例集 10卷 12号 2392면); 도쿄지방재판소 1958(昭和 33). 12. 23. 판결(行裁例集 9卷 12号 2727면); 오사카지방재판소 1956(昭和 31). 11. 24. 판결(行裁例集 7卷 12号 3109면). 타카마츠지방재판소 1957(昭和 32). 10. 11. 판결(行裁例集 8卷 10号 1823면)은 임원의 출장에 동행하는 가족에게 지급한 여비를 임원상여로 보았다.
869) 武田昌輔, 「DHC コンメンタール 法人税法」, 5575면.

하는 것과 같은 경우이다. 이런 경우 지급하는 급여는 이익처분의 상여(현행：사전신고가 없는 임시의 임원급여, 혹은 부당하게 고액인 임원급여 등)로 한다. 따라서 그 금액이 상여로 되고 법인세의 과세소득 계산상 손금에 산입되지 않게 된다.[870]

단, 이 경우에 대표자의 상여가 될지, 또는 실제로 급여를 받은 자에 대한 상여로 할 것인지는 문제이다. 본래 그 급여는 일단 대표자에게 속하는 것이고 대표자가 그 배우자 또는 자녀에게 지급한 것이라고 인정하게 되면 그것은 대표자에 대한 상여가 된다. 그러나 회사가 업무에 종사하지 않는 자에 대해 이익처분에 의한 일종의 증여를 행한 것으로 하면 그것은 법인의 손금이 되지 않는 점은 대표자의 상여로 한 경우와 같으나 소득세의 과세상으로는 일시소득이 된다. 만일 학업중인 장남을 감사역으로 하여 보수를 지급하고, 그 실제로는 학비라고 할 경우에는 그 부모인 임원의 보수 또는 상여로 보아야 한다. 이상의 경우 전혀 사업에 종사하고 있지 않은 자에 대한 급여이므로 전액 손금부인된다.[871]

이 생각의 근저에는, 법인과 개인과의 과세 부담의 균형이라고 하는 점도 포함되어 있는 것으로 보인다. 즉, 개인으로서 사업을 경영했을 경우와 법인으로서 사업을 경영했을 경우는 세제상에서는 가능한 한 불균형을 이루지 않도록 배려한다. 만일 법인에 대하여 과세소득 전액이 급여로 처리되는 경우를 가정하면 개인 기업으로서의 소득이 급여소득으로 바뀌게 되어 본세로서는 대체적으로 같은 정도라도 하여도 급여에 대한 소득세의 경우에는 사업세가 과세되지 않아 그만큼 세부담이 경감된다. 이러한 점에서 보면, 특히 소법인을 대상으로 하여 일정액 이상의 급여를 지급하는 것은 인정하지 않는다고 하는 생각, 바꾸어 말하면 이러한 과세 부담의 면으로부터 과대급여인지 아닌지를 판정하는 기준을 찾아내는 것도 고려할 필요가 있을 것이다.[872]

또한 1998년도 일본법인세법 개정시 임원인 특수관계 사용인의 과대급여에 관하여 그 과대부분의 손금불산입이 규정되었다(일본법인세법 제36조). 종래에도 과대한 급여는 본래 손금불산입한다고 해석되었으므로 위 규정에 의하여 비로소 손금부인이 가능하게 된 것은 아니지만 특히 가족 사용인에게 과대한 급여를 지급하는 경우가 빈발함에 따라 이 규정에 따라 직접적으로 부인할 수 있도록 한 것으로 해석된다. 급여와 마찬가지로 과대한 퇴직급여에 관하여. 그 과대분은 손금이 불산입하게 되었다(같은 조). 일본법인세법 제34조 제2항은 임원에 대한 과대급여의 손금불산입을 규정하고 있다. 위 두 규정은 동족회사가 아닌 경우에도 적용된다.[873]

---

870) 武田昌輔, 「DHC コンメンタール 法人税法」, 5575면.
871) 武田昌輔, 「DHC コンメンタール 法人税法」, 5575면.
872) 武田昌輔, 「DHC コンメンタール 法人税法」, 5575~5576면.
873) 武田昌輔, 「DHC コンメンタール 法人税法」, 5576면.

(8) 용익증여

동족회사의 과세경감 방식으로서 당연히 수익으로서 얻었어야 할 수입을 얻지 않는 것으로 하는 유형이다. 사원에게 금전 그 밖의 자산을 무상 또는 통상의 경우보다 저리 또는 저가의 이율 또는 임대료로 임대하였거나 사용하도록 한 경우에는 통상 취득하여야 하는 이자 또는 임대료와 실제 수입한 금액과의 차액 상당액을 사원에 대한 급여로 한다. 예를 들어 사원에게 금전 그 밖의 자산을 무상 또는 통상적인 경우의 이율이나 임대료에 비해 현저하게 저렴하다고 인정되는 이율 혹은 임대료로 대여하거나 사용하게 하는 경우에는 통상 그 법인이 취득해야 할 이자 등과 실제 수입한 금액과의 차액은 그만큼 회사의 이익을 감소하게 된다. 따라서 이러한 경우에는 그 상대방인 동족관계자에 대한 급여로 한다.

전형적인 예는 회사가 금전을 무이자 또는 현저히 낮은 이자로 빌려준 경우이다.[874] 이 경우는 이른바 '인정이자'의 문제와 관련이 있는데 원칙적으로 일반적인 이자와 차액을 급여로 인정한다. 하지만 위에서도 언급했듯이, 그 대여금에 대해서 이자를 붙이지 않는 것에 합리적인 이유가 있다면 무방하다. 예를 들어, 그 대여금이 동족회사 자체의 사업 수행의 일부로서 행해진 경우를 들 수 있다. 또는 모회사가 그 사업을 자회사로 하여금 대행시키기 위해 대여금으로 처리한 경우도 이에 해당할 수 있다.[875]

다음으로, 통상의 이율은 일률적으로 결정하기 어렵다. 회사의 동족관계자에 대한 융자를 위하여 금융회사로부터 대여받아 대여한 경우와 같이 그 대여에 관하여 이자가 밝혀져 있으면 그에 의하는 것이 타당하다.[876]

또, 은행으로부터 빌린 금전으로 대표자 개인에게 대여한 것으로서 연관성이 있다면, 그 금리에 따르는 것도 적당할 것이다. 그러나 그와 같은 점이 완전히 불명확하면 일반시장이자율에 의할 수 밖에 없다.[877]

이러한 인정이자는 동족회사등에서는 종종 보여지는 사장등에 대한 가지급금에 관하여도 문제가 된다.[878] 회사로부터 사장 등에 대한 자금 지출은, 일반적으로는, 일시적인 것이 많아, 가지급금이라는 명칭에 의해서 처리되고 있는 것이 보통이지만, 이 가지급금은 항상 일정한 잔고가 유지되는 경우가 통상적이므로, 이 경우에도, 역시 대출금과 마찬가지라고 생각할 수 있다. 세무관청에서 매출계상누락등을 발견했을 때에는 그것이 실제로 개인에게

---

874) 판례로 도쿄고등재판소 1961(昭和 36). 2. 27. 판결(稅資 35号 107면) ; 나고야지방재판소 1969(昭和 44).
　　 4. 5. 판결(行裁例集 20巻 4号 347면).
875) 武田昌輔, 「DHC コンメンタール 法人税法」, 5576면.
876) 武田昌輔, 「DHC コンメンタール 法人税法」, 5576면.
877) 武田昌輔, 「DHC コンメンタール 法人税法」, 5576면.
878) 武田昌輔, 「DHC コンメンタール 法人税法」, 5577면.

속하고 있는지 여부의 사실관계에 따라서 소위 가지급금으로 처리하는 경우도 있다. 이러한 가지급금에 관하여는 이자를 인정하여 법인의 소득에 가산한다. 다만 이 경우 다음 사업연도에 인정이자에 대하여 다시 인정이자를 계산하여야 할 것인지는 문제이다.[879]

이 점에 관하여 행정해석인 昭29年直法 1－165는 다음과 같이 규정하고 있다.

> 1. 동족회사의 대표자 등에 대한 가지급금(대여금을 포함한다. 이하 같다)에 관하여 인정이자를 계산하는 것은 당연하지만, 계산을 할 때에는 복리계산에 의하여야 하는 것은 아니고 원금인 가지급금에 관하여만 이자를 인정하는 것으로 하고 인정이자의 누적액에 관하여는 이자를 인정하지 않는 것으로 할 것. 다만, 해당 이자를 원금에 산입한 경우 또는 원금에 관하여만 반제가 있고 이자에 관하여는 미수상태로 방치되고 있는 경우 등 특별히 과세상 폐해가 있다고 인정되는 경우에는 그렇지 않다.
> 2. 대표자 등으로부터의 반환액에 관하여 원금인 가지급금 또는 미수이자 중 어느 것에 충당하는가는 회사계산에 따르는 것으로 할 것.

위 규정에 따르면 원칙적으로 인정이자의 복리계산은 행해지지 않는 것이 과세실무임을 알 수 있다.[880]

다음으로, 저가임대료의 문제가 있다. 이 문제도 일반적인 조건 하에서 타인에게 임대했을 경우에 얻을 수 있는 임대료에 비해 현저히 저가로 또는 무상인 경우에는 그 얻어야 할 이익을 대표자 등에게 증여한 것과 같고 원칙적으로 정기동액급여로 취급된다(법인세 기본통달 9－2－11).[881] 이 경우 직원에게 저가 또는 무상으로 임대했을 때는 단순히 급여의 추가지급으로 인정되므로 해당 직원에게 소득세의 문제가 생길 수 있지만 법인의 경비로서 손금에 산입될 수 있다.[882]

(9) 과다요율 임대차

사원으로부터 금전 기타 자산을 통상적인 경우의 이율 혹은 임대료에 비해 현저히 고율 또는 고액의 임대료로 임차할 경우에는 통상적으로 지급해야 할 이자 또는 임대료와 실제 지급한 금액과의 차액에 상당하는 금액은 이를 해당 사원에 대한 급여로 한다.

법인이 개인으로부터 제공된 용익에 대해서 일반에 대해서 지급하는 액수보다 과대하게 지급함으로써 이익을 감소하게 할 수 있다. 예를 들어 사원으로부터 금전, 자산을 통상의

---

879) 武田昌輔, 「DHC コンメンタール 法人税法」, 5577면.
880) 武田昌輔, 「DHC コンメンタール 法人税法」, 5577면.
881) 매일 사전에 지급이 예정되어 있기 때문이다. 武田昌輔, 「DHC コンメンタール 法人税法」, 5578면.
882) 武田昌輔, 「DHC コンメンタール 法人税法」, 5577면.

경우보다 높은 이율 또는 임대료로써 빌리는 경우인데, 이 경우에는 실제로 지급해야 하는 금액과 통상 지급해야 하는 금액의 차액을 사원에 대한 급여로 한다. 이 경우에도 보수의 범위 내에서는 보수로 볼 수 있다.[883]

나고야지방재판소 1999(平成 11). 5. 17. 판결(稅資242号 602면)은 동족회사가 임원 소유의 콘크리트 제조설비를 임차하여 지급한 임차료가 적정 임차료 액수를 대폭 상회한 금액이라고 하여 그 과다 부분의 임차료를 일본법인세법 제132조 제1항에 따라 부인하였다.[884]

(10) 부실채권의 인수

동족회사가 개인으로부터 채권을 현물출자 받거나 실질적으로 채권을 현물출자받은 경우(동족회사가 일단 현금출자를 받은 후에 그 현금으로 채권을 양수한 경우) 법인이 이를 상각하여 손금에 계상하면 그 금액은 그 개인에 대한 급여(상여)로 한다. 이는 동족회사가 자산을 과대한 금액으로 현물출자 받은 것과 같다.

이와 관련하여 종종 발생하는 사례는 개인기업을 법인으로 전환하는 경우의 경리에 관한 것이다. 일반적으로 개인기업을 법인으로 전환하는 경우 우선 현금출자에 의해 회사를 설립하고 그 금액으로써 즉시 개인기업의 자산 및 부채를 그대로 인수한다. 이 경우 외상매출금도 모두 인수하면서 순자산과 현금과의 차액은 대표자로부터의 가수금으로 처리한다. 외상매출금 중 불량채권으로 인정되는 것이 포함되어 있으면 설립 제1기에 이를 대손처리하여 손금에 계상한다. 그러나 이는 본래 개인의 소득세에서 대손처리하여야 할 것이므로 법인이 이를 대손처리하는 것은 부인되어야 한다.[885]

(11) 채무의 무상인수

동족회사가 그 사원이 주도적으로 조직하고 있는 다른 동족회사로부터 무상으로 채무를 인수한 경우에는 그 채무의 인수가 없었던 것으로 간주하여 그 채무의 변제 또는 그 채무에 대한 이자를 지급했을 때에는 이를 그 사원에 대한 급여로 한다.[886]

동족회사가 무상으로 대표자등의 채무를 인수한 경우 그 동족회사의 이익을 줄이면서 동시에 일방 동족관계자에게 이익을 부여하게 된다. 그와 같은 경우에는 그 금액은 인정상여

---

883) 武田昌輔, 「DHC コンメンタール 法人税法」, 5578면.
884) 이 판결에 관하여는 일본법인세법상 임원 급여 또는 기부금 규정에 따라 부인할 수 있으므로 동족회사행위계산 부인규정을 적용한 것을 적절하지 않다는 비판이 있다. 大淵博義, 「法人税法解釈の検証と実践的展開 II」, 172면.
885) 武田昌輔, 「DHC コンメンタール 法人税法」, 5579면.
886) 채무의 무상인수를 기부금이 아니라 이익처분(상여)에 해당하는 것으로 본 사례로 나고야지방재판소 1960(昭和 35). 4. 1. 판결(行裁例集 11巻 4号 991면).

(임시적인 임원급여)로서 법인의 손금에 산입할 수 없다. 이와 관련하여 舊 昭25直法 1 − 100 「355(11)」은 다음과 같이 규정하고 있다.

"동족회사가 그 사원을 주축으로 조직된 다른 동족회사로부터 무상으로 채무를 인수한 경우에 그 채무인수가 없었던 것으로 보아 그 채무의 변제 또는 채무에 관한 이자의 지급을 행한 경우에는 이를 그 사원에 대한 급여로 한다."

문제는 후단인데 본래 일방 동족회사가 타방 동족회사로부터 무상인수를 한 것이므로 단순히 그 타방 동족회사에 대한 증여로서 취급할 수 있지만 일방 동족회사의 사원에 대한 급여로 인정한다. 그 이론구성은 우선 일방 동족회사가 일단 그 사원에게 급여로 지급을 하고 그 사원은 다시 그 급여를 타방 동족회사로 출연한 것으로 보는 것이다. 결국 타방 동족회사의 입장에도 자산수증이익(또는 채무면제이익)이 발생한다. 또한 종종 문제가 되는 사안은 모자회사 간 또는 계열회사에 대한 외상매출금을 포기하는 경우이다. 그런 경우 모회사의 채권만을 포기하고 다른 채권자에 대하여는 변제를 하는 예가 있다. 이때에는 모회사가 그 채권을 자회사에게 증여한 것으로 취급한다.[887]

또한 자회사의 채권자집회에서 객관적 기준에 의하여 채권액에 비례하여 일률적으로 채권을 포기하는 경우라면 대손으로 손금산입이 될 여지가 있다.[888]

위 규정은 아래와 같이 1952년 독일법인세법 시행규칙(Körperschaftsteuer-Durch führungsverordnung: KStDV 1952) 제17조에 규정하고 있던 숨은 이익처분의 예시와 유사하다.[889]

---

1. 출자자가 중요 임원으로서의 사무에 종사할 때 이것에 대한 보수를 상당하지 않게 높게 지급하는 경우
2. 회사가 그 출자자에 대하여 상당한 급여를 지급하고 있으면서도 그에 더하여 특별한 매출을 기준으로 하는 수당을 지급하는 경우
3. 출자자가 회사로부터 무이자 또는 저리로 금전을 대여받는 경우
4. 출자자가 회사로부터 대여를 받았지만 출자자의 자산상태는 대여 당시 이미 대여금을 변제할 능력이 없다는 것이 분명한 경우
5. 출자자가 회사에게 비정상적으로 높은 이자로 대여한 경우

---

887) 武田昌輔, 「DHC コンメンタール 法人税法」, 5580면.
888) 武田昌輔, 「DHC コンメンタール 法人税法」, 5580면.
889) 武田昌輔, 「DHC コンメンタール 法人税法」, 5567~5568면. 원문은 https://www.bgbl.de/xaver/bgbl/start.xav?start=%2F%2F*%5B%40attr__id%3D%27bgbl152s0310.pdf%27%5D#/switch/tocPane?__ts=1744472506450 (2025. 4. 14. 최종방문)

　　6. 출자자가 회사에게 상품을 급부하거나 또는 회사로부터 급부를 받은 경우 그 대금이
　　　 상당하지 않거나 특별한 할인을 한 경우
　　7. 출자자가 회사에 대하여 주식을 시가보다 고가로 매각하거나 회사가 출자자에게 주
　　　 식을 시가보다 저가로 매각한 경우
　　8. 회사가 출자자의 이익을 위하여 채무 또는 보증채무와 같은 의무를 인수한 경우
　　9. 회사가 출자자에 대하여 갖고 있던 권리를 포기한 경우
　　10. 회사뿐만 아니라 그 출자자를 위하여도 일한 제3자가 지급받은 보수를 전부 회사의
　　　 경비로 처리한 경우

(12) 소결

위 (5), (8)은 반드시 동족회사행위계산의 부인규정에 의해서만 부인될 수 있는 것은 아니다. 즉, 개인으로서 하는 기부금을 법인이 부담할 이유는 없다. 따라서 이 경우는 조문이 없어도 당연히 부인해야 하며 동족회사행위계산 부인규정을 적용하지 않더라도 사실과 다르다는 것을 이유로 부인되어야 한다. 다만, 굳이 규정한 것은 특히 동족회사에서 빈번하게 일어나는 것이 현실이기 때문이다. 또한 (8)에 규정되어 있는, 사실상 업무에 종사하고 있지 않는 사원에 대해 지급하는 급여에 대해서는 그 금액을 그 사원에 대한 이익처분의 상여로 하도록 정해져 있는 것도 동족회사의 행위계산 부인규정을 기다릴 것도 없이 급여를 주었다는 사실은 근무 관계가 없는 자에게 이와 같이 회계처리를 한 것 자체에 잘못이 있었기 때문에 사실 위반으로서 부인해야 한다.[890]

그러나 앞서 본 바와 같이 동족회사가, 예를 들어 아내를 감사로 하여 사실상 아무런 업무에도 종사하고 있지 않음에도 불구하고, 월 10만엔을 지급하는 것은 종종 볼 수 있다. 물론 사실상 업무에 종사하고 있는 경우는 다르지만, 사실상 업무를 행하는 것이 불가능한 상태에 있는 경우에는 당연히 부인되어야 한다.[891]

나. 개별 유형

일본의 판례상 동족회사행위계산 부인이 적용된 사안을 보면 위 유형에 한정되지 않으며 다음과 같은 다양한 적용례가 있다. 특기할 만한 부분은, 1989년 이전에는 일본법인세법 제132조를 적용하여 법인에 대하여 법인세를 경정한 사례가 많은 반면, 1989년 이후에는 일본소득세법 제157조를 적용하여 동족회사와 주주 등 간의 거래에서 개인 주주에 대하여 소득

---

890) 武田昌輔, 「DHC コンメンタール 法人税法」, 5569면.
891) 武田昌輔, 「DHC コンメンタール 法人税法」, 5569면.

세를 경정한 사례가 많다는 점이다.[892]

(1) 자회사에 대한 고가출자('쓰리에스 사건')[893]

(가) 사실관계

모회사가 자회사에 고가출자를 하고 해당 주식을 관계회사에 양도하여 양도손실을 계상한 사안인데 판례는 동족회사행위계산 부인규정의 적용을 긍정하였다. 반면 한국의 판례에서는 유사한 경우 부당행위계산 부인규정의 적용이 부정되었다.[894]

원고 甲 법인은 2013. 4. 1.부터 2014. 3. 31.까지의 사업연도에 컨설팅 수입이 발생함에 따라 부실채권화되었던 자회사 乙 법인 및 丙 법인에 대한 대출채권을 처리할 목적으로 그 자회사들이 발행하는 신주를 액면가액에 비해 고액으로 인수하고, 그 후 해당 주식을 丁 법인에 저가로 양도함으로써 유가증권 매각손실을 계상하여 확정 신고를 하였다. 또한 각 자회사는 그 증자 납입금으로 원고 甲 법인에 대한 채무를 변제하였다. 과세관청은 본 건 일련의 행위 중 앞서 말한 바와 같이 원고가 乙 법인 및 丙 법인의 신주를 인수한 것에 관하여 일본법인세법 제132조의 규정을 적용하여 모든 신주를 액면가액으로 인수한 것으로 보고 납입가액과 액면가액의 차액은 기부금에 해당하는 것으로 하여 유가증권 매각손실을 계산할 때 취득가액을 액면가액으로 인정하였다. 그 결과 유가증권 매각손실 과다계상액을 부인하고 기부금에 해당하는 부분은 손금산입 및 손금불산입을 하여 경정처분 및 과소신고 가산세 부과결정 처분을 하였다. 이에 대해 원고가 위 각 처분의 취소를 구하여 소송을 제기하였다.

(나) 쟁점

본건의 쟁점은 일본법인세법 제132조를 적용하여 과도한 증자 납입 부분을 기부금으로 인정하고 과도한 유가증권 매각손실을 부인할 수 있는지 여부이다. 원고는 첫째, 일본법인세법 시행령 제119조 제2항(당시 적용되던 시행령 제38조 제1항 제1호)은 납입으로 취득한 유가증권의 취득가액을 '그 납입한 금액'으로 규정하고 있으며, 둘째, 기부금은 경제적 이익의 증여 또는 무상제공으로 정의되어 무상성과 지출성을 두 요소로 하는데 본건의 경우 증자

---

892) 竹内綱敏, 앞의 논문, 158면.

893) 도쿄고등재판소 2001(平成 13). 7. 5. 판결(月報 48卷 11号 2785면). 그 1심 판결은 도쿄지방재판소 2000(平成 12). 12. 11. 판결(稅資 251号 順号 8942). 유사하지만 보다 복잡한 사건으로서 나고야고등재판소 카나자와지부 2002(平成 14). 5. 15. 판결[稅資 252号 順号 9121, 원심 후쿠이지방재판소 2001(平成 13). 1. 17. 판결(月報 48卷 6号 1560면) 참조]. 2001(平成 13)년의 상법 개정에 따라 주식의 액면가액이 폐지됨에 따라 이런 종류의 사건에서는 신주의 적정한 가액이 얼마인지가 문제가 될 것이다.

894) 대법원 2020. 12. 10. 선고 2018두56602 판결.

납입의 결과 자회사 주식을 취득한 것이므로 무상은 아니고 증자 납입으로 지출된 금액 상당액이 다시 원고에 대한 채무 변제로 원고에게 환류하였으므로 지출성도 부정된다고 주장하였다. 반면 피고는 원고가 행한 본건 자회사 주식의 증자 납입을 통상 있어야 할 행위 또는 계산으로 바꾸면 본건 자회사 주식의 발행가액은 액면금액 상당액이고[895] 그 나머지 금액은 주식의 증자 납입이 아니라 대가성이 없는 금전 지출이므로 기부금에 해당한다고 주장하였다.

(다) 판결의 요지

위 사건의 항소심 판결이 원용한 1심 판결은 다음과 같이 판단하고 있다.

첫째, 부당성 요건의 충족 여부는 우선 본건 자회사에 대한 대여금에 상당하는 금액을 손금에 산입할 수 있는지와 관계가 있다. 그러나, 원고의 본건 자회사에 대한 대여금은 손금산입할 수 없는 것이었다. 즉, 원고는 본래 손금산입할 수 없는 것을 일련의 행위를 거쳐 유가증권 매각손실의 형태로 바꿈으로써 실질적으로 본건 자회사에 대한 대여금을 손금에 산입하였다.

둘째, 모회사인 원고는 채무초과상태인 본건 자회사의 신주발행시 액면가액보다 훨씬 큰 금액을 납입하였는데 이는 통상의 경제인을 기준으로 하면 합리성은 없고 부자연·불합리한 경제행위이다.

셋째, 원고는 자회사를 구제할 필요성, 타당성을 지적하고 위 행위의 합리성을 주장하지만 주식을 취득할 때에는 그와 같은 배경사정을 제거하고 주식 자체의 가치에 착안하여 대가를 결정하는 것이 세법이 상정하는 통상의 경제인을 기준으로 한 합리성 있는 행위이다. 그리고 본건 자회사가, 원고가 전체 주식을 보유하는 동족회사이고 또한 본건 일련의 행위에 의해 본래라면 손금으로 계상할 수 없는 본건 자회사에 대한 대출금을 유가증권 매각손실이라는 형식으로 전환하여 손금에 계상하려는 목적이 있었기 때문에 위와 같은 납입이 이루어진 것으로 보인다.

넷째, 그렇다면 본건 자회사의 신주발행시 원고가 그 대가로 액면가액보다 훨씬 큰 금액을 납입한 행위를 용인하면 법인세의 부담을 부당하게 감소시키는 결과가 되므로 세무서장은 일본법인세법 제132조에 의하여 위와 같은 행위를 부인할 수 있다.

결론적으로, 본건에서 피고는 원고의 위 행위를 부정하고 원고가 행한 본건 자회사 주식의 증자납입만을 통상 있어야 할 행위로 고쳐 본건 자회사의 주식 1주에 관하여 납입한 금액은 주식의 액면금액으로 하는 것이 상당하다. 그 나머지 금액은 주식의 증자납입으로는

---

895) 액면주식의 발행가액은 액면가액을 하회할 수 없기 때문이다.

인정할 수 없고 어떠한 대가성이 없는 금전의 지출로서 기부금에 해당한다. 본건에서는 유가증권매도손실을 만들기 위해서 신주의 객관적인 가치를 대규모로 초과하는 금액을 납입한 것이 경제적 합리성을 결여한 행위로서 일본법인세법 제132조의 부인 대상이 되므로 피고(세무서장)로서는 본건 자회사가 발행하는 신주 1주당 객관적 가치를 파악하고, 그 객관적 가치로 본건 자회사의 주식 1주에 대해 납입한 금액으로 하는 것이 타당하지만 피고는 상법상 액면주식의 발행가액은 그 권면액을 하회할 수 없다고 되어 있으므로(구 일본상법 제202조 제2항) 본건 자회사의 주식 1주에 관하여 납입한 금액은 주식의 액면가액으로 하는 것이 상당하다고 본 것으로서, 본건 자회사는 모두 채무초과상태이고 장래 성장을 확실하게 기대할 수 있는 특별한 사정도 보이지 않으므로 그 신주의 가치는 극히 낮다는 점을 고려하면 위와 같은 피고의 인정이 불합리하다고 볼 수 없다.

(라) 평가

위 판결에 관하여는 사실상 부실채권화된 대출금을 채권포기한 것이므로 이를 경제적 이익의 무상제공으로 보아 기부금으로 규율할 수는 없고 일부 대손으로 보아 손금산입을 허용하여야 한다는 지적이 있다. 또한 '상호택시 사건(相互タクシー事件)'[896]에서는 모회사가 채무초과 상태인 자회사의 신주를 인수하면서 1주당 액면가액 겸 발행가액을 초과한 금액을 납입한 행위에 관하여 동족회사행위계산 부인규정을 적용하지 않고 사실인정과정에서 실질주의를 적용하여 그 액면가액 겸 발행가액을 초과하는 금액을 기부금으로 보았는데 동일한 실질을 가진 두 사건에 관하여 적용법조를 달리하는 것도 문제라는 비판이 있다.[897]

(2) 이월결손금 통산(IBM 판결)

(가) 사실관계

미국법인 IBM은 국제적 경영전략의 일환으로서 일본법인인 일본 IBM과의 사이에 중간지주회사로서 일본법인인 甲 법인을 설립하였다. 甲 법인은 IBM의 미국 자회사 WT로부터 융자를 받아 일본 IBM의 전주식을 취득·보유하고 있었다. 甲 법인은 2002(平成 14)년, 2003(平成 15)년, 2005(平成 17)년 3회에 걸쳐 위 주식의 일부를 발행법인인 일본 IBM에 양도하고 그 결과 다액의 양도손이 발생하여 결손금을 계상하게 되었는데 2008(平成 20)년

---

896) 1심 판결은 후쿠이지방재판소 2001(平成 13). 1. 17. 판결(月報 48巻 6号 1560면), 2심 판결은 나고야고등재판소 카나자와지부 2002(平成 14). 5. 15. 판결(税資 252号 順号 9121). 상세는 大淵博義, 「法人税法解釈の検証と実践的展開 II」, 112~117면.
897) 大淵博義, 「法人税法解釈の検証と実践的展開 II」, 149면 이하.

부터 연결신고를 개시함으로써 그 결손금이 이월결손금으로서 일본 IBM의 소득과 통산되고 다액의 법인세 감소가 발생하였다. 관할세무서장은 이 일련의 행위·계산에 의하여 법인세의 부담이 부당하게 감소하도록 한 것으로 보아 일본법인세법 제132조의 규정을 적용하여 증액경정처분을 행하였다.

(나) 경과 및 판결의 요지

甲 법인은 위 증액경정처분의 취소를 구하여 도쿄지방재판소에 제소하였지만 도쿄지방재판소 2014(平成 26). 5. 9. 판결(月報 61卷 11号 2041면)은 최고재판소 1978(昭和 53). 11. 30. 판결(月報 25卷 4号 1145면)을 인용하여 "같은 항은 그 취지, 목적에 비추어보면 법인세의 부담을 부당하게 감소하게 하는 결과로 된다고 인정될 것인지 여부를 전적으로 경제적·실질적 관점에서 해당 행위 또는 계산이 순수경제인의 행위로서 불합리, 부자연스러운 것으로 인정될 것인지 여부를 기준으로 판정하고 이와 같은 객관적, 합리적 기준에 따라 동족회사의 행위 또는 계산을 부인할 권한을 세무서장에게 부여하는 것으로 해석함이 상당하다"라고 전제한 후, 甲 법인을 중간지주회사로서 설립한 사실 또는 甲 법인이 보유하던 일본 IBM 주식을 일본 IBM으로 양도한 것을 시작으로 하는 일련의 행위에는 조세회피의 의도가 있었다고 인정되지 않고 본건 각 양도는 일본법인세법 제132조 제1항에서 말하는 '부당한' 것으로 평가되어야 한다고 인정되기에는 충분하지 않은 것으로 보아 처분을 취소하였다. 이에 관하여 과세관청이 항소하였는데 도쿄고등재판소 2015(平成 27). 3. 25. 판결[898]은 일본법인세법 제132조 제2항이 동족회사와 비동족회사 간의 세부담의 공평을 유지하는 취지인 것을 고려하면 해당 행위 또는 계산이 순수경제인으로서 불합리, 부자연한 것, 즉, 경제적 합리성을 결여한 경우에는 독립적이고 대등하게 상호 특수관계가 없는 당사자가 간에 통상해지는 거래(독립당사자간의 통상의 거래)와 달라지는 경우를 포함한다고 해석하는 것이 상당하고 이와 같은 거래에 해당하는지 여부에 관하여는 개별 구체적인 사안에 따라 검토할 필요가 있다고 설시하면서 본건의 경우 경제적 합리성을 결여하였다고는 보기 어렵다고 판시하였다. 과세관청이 다시 상고하였지만 최고재판소는 불수리 결정을 하였으므로 고등재판소 판결이 확정되었다.

(3) 역합병

(가) 사실관계

甲 법인, 乙 법인 모두 A 일족이 지배하는 동족회사였는데, 1980. 10. 1.에 甲 법인을 합병

---

898) 도쿄고등재판소 2015(平成 27). 3. 25. 판결(月報 61卷 11号 1995면).

법인, 乙 법인을 피합병법인으로 하여 합병하고, 甲 법인이 청색법인으로 과거 5년간 결손금이 있었기 때문에 합병 후 이 결손금을 손금에 산입하여 신고한 사안으로서, 甲 법인의 이월결손금을 손금에 산입할 수 있는지가 문제되었다. 甲 법인은 합병 전에는 사업을 폐지하고 직원도 전원 해고하여 자산 등이 없는 휴면 회사인 반면 乙 법인은 업적이 매우 좋아서 매년 거액의 이익을 내고 있었던 전형적인 역합병 사안이다.

(나) 경과 및 판결의 요지

히로시마지방재판소는 "본건 합병에서 역합병의 방식을 채택한 것은 … 오로지 본건 이월결손금을 손금에 산입할 의도에서 나온 것으로, 위와 같은 조세부담의 회피 이외에, 예를 들어 상장 회사로서의 주식의 액면을 500엔에서 50엔으로 변경하기 위해라든지, 결손회사에 자산적 가치가 있는 상호나 영업권이 있는 경우에 이를 승계하기 위해 등의 합리적인 이유는 없었다. 영업 활동이나 경영상 문제가 없는 흑자 우량 회사인 乙 법인이 채무 정리를 하고 청산할 수밖에 없는 적자 결손 회사인 甲 법인에 흡수합병되는 것과 같은 일은 … 합리적인 이유가 인정되는 등의 특별한 사정이 없는 한 경제인의 행위로서는 불합리, 부자연스러운 것이며, 더욱이 앞서 인정한 바와 같이 합병 후 乙 법인의 사업만을 계속하고, 합병 직후에 합丙 법인인 甲 법인의 상호, 사업목적 및 본점 소재지를 피합병법인인 乙 법인과 일치하도록 변경한 사실에 비추어 보면 그 불합리, 부자연스러움이 한층 명백하다고 하지 않을 수 없다."라고 판시하여 일본법인세법 제132조를 근거로 이월결손금의 손금 산입을 부인하였다.[899]

다. 평가 및 문제점

동족회사행위계산 부인규정의 대상으로 되는 행위계산에 관하여는 조세법률주의의 안정성과 예측가능성의 견지에서 그 행위계산의 유형을 구체적으로 법령에 예시하는 것이 타당하다는 지적이 있었다.[900] 실제로 개별적 조세회피방지규정의 형태로 일본법인세법에 그와 같은 입법이 지속적으로 이루어지기도 하였다. 조세법률주의의 관점에서는 조세회피행위 부인의 대상이 되는 것을 개별적으로 법령에서 가능한 한 명확하게 규정하는 것이 바람직하지만, 그 성질상 모든 유형을 망라해서 규정하는 것은 불가능한 일이며, 만일 문제가 되는 유형[예를 들어, 일본법인세법 제34조 제2항(과대한 임원급여의 손금불산입) 등]에 대해 개별 규정을 마련했다고 해도 그것으로 모든 문제를 해결하기 어렵다. 그럼에도 불구

---

899) 히로시마지방재판소 1990(平成 2). 1. 25. 판결(行裁例集 41卷 1号 42면).
900) 武田昌輔, 「DHC コンメンタール 法人税法」, 5584면.

하고 일본세법에 여러 개별적 조세회피부인규정이 신설됨에 따라 동족회사행위계산 부인이 적용되는 사례가 상당히 적어진 것도 사실이다. 이 점에서 현재에도 부당행위계산 부인규정이 왕성하게 적용되고 있는 한국의 상황과는 대비된다.

7. 효과

가. 원칙

여기서 '세무서장이 인정하는 바에 따라'라는 것은 납세자의 조세부담경감행위가 이상하고 불합리하며, 그 행위로 얻은 경제적 성과를 얻기 위하여 행해야 하는 '일반적인 행위에 따른 합리적인 지출'은 어떤 것인지 탐구하여 그 '있어야 할' 일반적인 행위로 바꾼 후에 과세요건 규정에 적용한 과세관계를 형성한다는 의미이다.[901]

그러나 그 효과는 과세관계에 한하여 미치고 사법상 법률관계까지 부인하는 것은 아니라는 것이 판례의 입장이다.[902]

구체적으로 '행위의 부인'은 그 행위에 기하여 발생한 사실이 없는 것으로 하여 과세될 법인세등을 계산한다는 의미이고, '계산의 부인'은 행위 그 자체를 인정하지만 이에 기하여 행해진 계산의 전부 또는 일부를 부인하는 것을 말한다는 점은 앞서 본 바와 같다. 다만 세법에서 일정한 행위는 일반적으로는 계산과 통합되어 비로소 의미를 갖게 되므로 행위만을 부인하고 계산은 부인하지 않는다는 것은 무의미하다. 이런 의미에서는 계산의 부인을 별도로 규정할 필요는 없다는 지적이 있다.[903] 그 문언의 연혁에 관하여는 앞서 살펴본 바 있다.

동족회사의 경제적 합리성을 결여한 행위가 그 연도의 세부담에는 영향을 미치지 않고 후의 연도의 세부담을 감소시키는 경우에는 일련의 경과를 일체로서 취급하여 세부담이 감소한 연도의 행위·계산을 부인하고 세액을 계산할 수 있다.[904] 또한 동족회사의 행위계산 부인 권한은 경정·결정의 권한으로서 세무서장에게 부여되어 있으므로 동족회사의 조세 불복신청에 대한 재결 또는 결정에서 원처분을 유지하기 위하여 새로이 그 행위·계산을 부인하고 세액을 계산하여 수정하는 것은 새로운 처분을 하는 것과 같게 되어 허용되지 않는 것으로 보아야 할 것이다.[905]

---

901) 大淵博義, 「法人税法解釈の検証と実践的展開 Ⅱ」, 61면.
902) 최고재판소 1973(昭和 48). 12. 14. 판결(月報 20卷 6号 146면).
903) 武田昌輔, 「DHC コンメンタール 法人税法」, 5565면.
904) 최고재판소 1977(昭和 52). 7. 12. 판결(月報 23卷 8号 1523면)
905) 반대 취지로 도쿄고등재판소 1973(昭和 48). 3. 14. 판결(行裁例集 24卷 3号 115면).

나. 부인의 대상

행위계산 부인의 대상으로 되는 자는 반드시 그 동족회사의 이사 등 임원이나 주주일 필요는 없다. 본래 회사가 조세를 회피하고자 하는 경우에는 실체를 가장하는 자기가 희생되지 않는 방식을 채용하는 것이 보통이다. 따라서 일반적으로 말하면 회사가 소유한 건물을 이사 등의 임원 또는 주주에게 부당하게 저가로 양도하는 경우, 실질적으로는 기업으로서는 이른바 손실을 입지 않았다고 보아야 할 것이다. 이 경우 회사와 이사·주주는 완전히 일체로 보아야 하며 손실을 입었는지는 이들을 일체적으로 보고 판단하여야 한다. 그러나 이러한 이해가 일치하는 것은, 단지 회사의 이사, 주주만이 아니고, 예를 들면 자회사, 그 이사 및 주주의 특수관계인 등도 결국 일체로 보아야 할 것이다. 따라서 동족회사의 행위나 계산은 비록 제3자와의 거래에 관한 것이라도 그 행위에 의해 그 동족회사의 법인세 부담을 부당하게 감소시키는 결과가 된다면 당연히 부인되어야 한다고 해석한다.[906]

다. 대응조정

(1) 입법의 배경

일본에서는 진작에 동족회사행위계산 부인의 적용 결과가 이중과세를 초래할 수 있다는 지적이 있었다. 즉, 일본세무사회연합회세제심의회 1998(平成 10). 1. 19. 자 「조세회피에 관한 자문(「租税回避について」の諮問に対する答申 - 平成 9年度 諮問に対する答申 -)」(4면)은 "현행법의 적용과 관련하여 조세부담의 대응조정 문제가 있다. 예를 들어 개인이 동족회사에 지급하는 고액 관리비가 부인된 경우에도 그 동족회사의 수익은 감액되지 않고, 또한 개인이 그 동족회사로부터 받는 급여에 관하여 과세 후 감액경정이 인정되지 않고 있다. 이는 부인규정이 적용된 경우 부인 대상이 된 세목의 과세표준을 계산하는 데 그치고, 동족회사행위계산의 사법상 효과를 부인하는 것은 아니라는 해석에 근거한 것이다. 그 결과 일종의 이중과세가 발생하게 되지만, 현행법은 동족회사 등에 대한 벌칙적 규정은 아니다. 따라서 이러한 실질적인 이중과세 문제에 관하여 조세부담의 대응조정을 행할 것을 제언한다."라고 기술하고 있다. 이 문제에 관하여 2006년 개정 이전에는 견해 대립이 있었다.

판례는 예를 들어 법인의 개인에 대한 과다 임차료가 부인된 경우 법인에 대하여 손금불산입한 금액만큼 개인의 소득세를 감액 경정해 줄 수 있는지의 문제에 관하여 법인세와 소득세는 근거 법률이 다르다거나 사법상 행위·계산에는 변동이 없다거나 제도의 경고·예방적 기능을 근거로 들어 대응적 조정을 부인하여 왔다.[907] 그러나 그 중에서도 도쿄고등

---

906) 武田昌輔, 「DHC コンメンタール 法人税法」, 5566면.

재판소 1998(平成 10). 6. 2. 판결(税資 232号, 755면)은 "…행위·계산의 부인은 실질적으로 공평한 과세를 행하기 위해 소득을 적정하게 파악하려고 하는 제도이며, 또한 현실로 행해진 상호 관련되어 일단 정합성을 갖는 일련의 행위·계산을 부인하고 다른 행위·계산으로 재조정하는 것이므로, 현실로 행해진 행위·계산의 일부를 들어 부인하는 것은 반드시 타당하다고는 할 수 없으며, 이와 필연적으로 관련된 다른 부분도 부인하여 계산을 다시 하는 것이 타당한 경우가 많다고 생각된다…."라고 설시하여 대응조정을 하지 않을 경우의 문제점을 지적하였다. 학설상으로는 찬반이 대립하고 있었지만 입장이 분명하지 않았다. 일부 견해는 사법상 행위·계산에 변동이 없어서 대응조정이 어렵다는 지적에 관하여 오히려 같은 이유에서 대응조정에 문제가 없는 것이라는 점을 들어 대응조정을 긍정하기도 하고 다른 견해는 규정의 불비를 근거로 들어 부정적 입장을 취하기도 한다.[908]

(2) 입법의 경과

2006(平成 18)년 일본법인세법 개정시 제132조 제3항이 다음과 같이 신설되었다.[909]

> 제1항의 규정은 같은 항에 규정하는 경정 또는 결정을 하는 경우 같은 항 각 호에 규정한 법인의 행위 또는 계산에 관하여 소득세법 제157조 제1항(동족회사등의 행위 또는 계산의 부인등) 또는 상속세법 제64조 제1항(동족회사등의 행위 또는 계산의 부인등) 또는 지가세법 제33조 제1항(동족회사등의 행위 또는 계산의 부인등)의 규정이 적용된 경우에 준용한다.

구체적으로는 동족회사등의 행위계산의 부인제도에 관하여 일본소득세법 제157조 제1항(동족회사등의 행위 또는 계산의 부인 등) 또는 일본상속세법 제64조 제1항(동족회사등의 행위 또는 계산의 부인등) 또는 지가세법 제32조 제1항(동족회사등의 행위 또는 계산의 부인등)의 규정의 적용에 따라 각각 소득세 또는 상속세 또는 증여세 또는 지가세의 경정이

---

907) 도쿄지방재판소 2001(平成 13). 1. 30. 판결(税資 250号 順号 8828: 개인과 법인은 법인격을 달리하므로 동족행위계산 부인에 의해 개인에 대한 소득세를 증액하더라도 법인세를 감액조정할 필요가 없다); 도쿄고등재판소 1998(平成 10). 6. 2. 판결(税資 232号 755면); 후쿠오카고등재판소 1993(平成 5). 2. 10. 판결(税資 194号 314면). 그 밖에 대응조정을 부인한 여러 판례에 관한 상세한 고찰은 高木英行, "同族会社の行為計算否認に係る「対応的調整」規定の意義", 「福井大学教育地域科学部紀要 Ⅲ」 64号, 2008, 41~49면.

908) 긍정설을 주장하는 것으로 三木義一, "所得税における同族会社の行為·計算の否認をめぐる判例等の動向", 「税理」 36巻 5号, 1993, 91면; 小西砂千夫, "許容できる「二重課税」とは何か-租税原則から考える", 「税」 52巻 8号, 1997, 8면. 부정설을 주장하는 것으로 小田信秀, "所得税における同族会社の行為計算を巡る諸問題", 「税務大学校論叢」 33号, 1999, 66면. 여러 학설의 내용을 상세하게 분석한 것으로 高木英行, 앞의 논문, 53~60면.

909) 동일한 내용의 규정이 일본소득세법 제157조 제3항, 일본상속세법 제64조 제2항, 지가세법 제32조 제3항에 신설되었다.

있었던 경우에 세무서장이 법인세에 관하여도 이 제도를 준용하여 과세표준등을 계산할 수 있다는 점이 분명하게 되었다.[910] 세법입안 담당자는 위 규정의 취지에 관하여 다음과 같이 설명한다.[911]

"소득세법 제157조나 상속세법 제64조의 규정의 적용에 의한 소득세, 상속세 또는 증여세의 증액 계산이 행해졌을 때 반사적으로 법인세의 과세소득 금액을 감소시키는 계산을 행할 권한이 세무서장에게 법률상 수권되고 있는지는 반드시 명확하지 않다. 이러한 상황 하에서는 납세자의 편리성이 저해될 뿐만 아니라 예를 들어 법인의 수익의 전부를 그 주주 등의 소득으로 계산함으로써 조세회피적인 '법인 전환'에 대응할 때 그 집행에 지장을 초래할 수 있다고 생각된다. 그래서 회사법 제정을 계기로 '법인 전환'의 증가도 예상된다는 상황도 고려하여 소득세법 및 상속세법의 적용 관계에 관한 명확화 조치로서 소득세법 제157조나 상속세법 제64조의 규정의 적용에 의한 소득세, 상속세 또는 증여세의 증액 계산이 행해지는 경우에 세무서장에게 법인세에 있어서의 반사적인 계산 처리를 행할 권한이 있음을 명정하기로 하였다."

(3) 개정법의 해석론

일본법인세법 제132조 제3항의 내용이 애매하기 때문에 그 해석을 둘러싸고 여러 논란이 있다. 우선, 세법 입안 담당자의 해설에 관하여는 이해하기 어렵다는 지적이 많다.[912] 다만 학설과 실무는 경제적 이중과세를 해소하기 위하여 대응조정을 인정하기로 했다고 해석하는 견해가 지배적이다.[913]

즉, 세법개정 담당자는 적어도 입법취지가 세무서장에게 대응조정에 의한 감액경정권한을 부여한 것이라는 점을 명확하게 하고 있다.[914] 대응조정이 입법화된 배경에는 동족회사 행위계산 부인제도가 조세부담의 공평을 도모하기 위한 제도일 뿐 그 위반자에게 통상 이상의 조세부담을 가하려는 제재목적은 없다는 이해가 자리잡고 있는 것으로 보인다.[915] 한편

---

910) 山本守之, 앞의 책, 123면.
911) 青木孝徳 外, 「改正税法のすべて(平成 18年版)」, 大蔵財務協会, 2006, 374면.
912) 山本守之, "対応的調整における実務上の問題点", 「税理」 50巻 8号, 2007, 152면; 酒井克彦, "同族会社の行為計算否認に係る対応的調整規定創設の意義", 「税理」 49巻 14号, 2006, 11면 이하; 八ッ尾順一, "同族会社等の行為又は計算の否認規定の改正", 「納税月報」 59巻 9号, 2006, 7면; 村井泰人, "同族会社の行為計算否認規定に関する研究—所得税の負担を不当に減少させる結果となる行為又は計算について—", 「税務大学校論叢」 第55号, 2007, 703면.
913) 山本守之, 앞의 논문, 152면; 酒井克彦, "同族会社の行為計算否認に係る対応的調整規定創設の意義", 「税理」 49巻 14号, 2006, 17면; 八ッ尾順一, "同族会社等の行為又は計算の否認規定の改正", 「納税月報」 59巻 9号, 2006, 7면. 이에 관하여 문리해석으로 그와 같이 해석하는 것은 무리가 있으므로 명확하게 개정할 필요가 있다는 입법론으로 金子宏, 앞의 책, 546면; 大淵博義, 「法人税法解釈の検証と実践的展開 Ⅱ」, 84면.
914) 山本守之, 앞의 책, 123~124면.

입법기술의 측면에서, 법문은 준용이라는 표현을 사용하고 있는데, 동족회사행위계산 부인 규정은 증액경정처분을 위한 것이므로 감액경정처분에 준용할 수는 없다는 비판도 있다.[916]

본래 동족회사등의 행위계산 부인규정은 세부담의 공평을 목적으로 한 것이고 제재적 목적은 없다. 위 규정의 신설로 부동산관리회사에 지급한 고액관리비 중 시가 초과분을 고액이라는 이유로 부인하면서도 상대방 회사에 대하여 감액경정(대응조정)을 하지 않는 불합리가 시정되었다. 그러나 동일한 부인이어도 고액임원급여, 기부금 등에 관하여는 아직 문제가 되는 사항이 남아 있다.[917]

일본법인세법 제132조 제3항의 법적 성질이 창설적 규정이라는 점에 관하여는 대부분의 견해가 일치하고 있다.[918]

(4) 요건

대응조정을 위해서는 법인의 소득금액에 수정이 필요한 현실의 변화를 조건으로 하여야 한다는 주장이 제기되고 있다.[919]

(5) 효과

대응조정의 요건이 충족되었을 경우의 효과에 관하여는 두 가지 견해의 대립을 상정할 수 있다.[920]

(가) 의무적으로 감액경정하여야 한다는 견해(제1설)

예를 들어 주주 등 개인에게 동족회사행위계산 부인규정이 적용되면 해당 동족회사는 모든 경우에 관하여 무조건, 의무적으로 일본법인세법 제132조 제3항에 따른 감액경정을 해야 한다는 견해이다.[921] 이 견해에 관하여는 다음과 같은 비판이 가능하다.[922]

---

915) 후쿠오카지방재판소 1992(平成 4). 5. 14. 판결(税資189号 513면); 三木義一, 앞의 논문, 90면; 片岡政一, 「税務会計」, 森山書店, 1931, 89면.

916) 田中治, "同族会社の行為計算否認の見直して脚光を浴びる対応的調整規定", 「税理」50巻 8号, 2007, 145면; 村井泰人, "同族会社の行為計算否認規定に関する研究─所得税の負担を不当に減少させる結果となる行為又は計算について─", 「税務大学校論叢」 第55号, 2007, 704면.

917) 山本守之, 앞의 책, 123면.

918) 山本守之, "対応的調整における実務上の問題点", 「税理」50巻 8号, 2007, 152면; 酒井克彦, "同族会社の行為計算否認に係る対応的調整規定創設の意義", 「税理」49巻 14号, 2006, 16면; 村井泰人, "同族会社の行為計算否認規定に関する研究─所得税の負担を不当に減少させる結果となる行為又は計算について─", 「税務大学校論叢」 第55号, 2007, 706면.

919) 小関健三, "パチンコ平和事件を素材にした同族会社の行為計算否認規定の検討", 「税法学」 559号, 2008, 204면; 田中治, "同族会社の行為計算否認の見直して脚光を浴びる対応的調整規定", 「税理」50巻 8号, 2007, 145면;

920) 井出裕子, "同族会社等の課税に係る一考察─同族会社等の行為計算否認に係る対応的調整を中心に─", 「税務大学校論叢」 62号, 2009, 187면 이하.

첫째, 예를 들어 개인에 대하여 동족회사행위계산 부인규정을 적용하여 소득세를 증액경정하였다고 가정하면 법인에 유입된 경제적 이익이 반환되지 않은 경우까지 감액경정을 하면 오히려 법인세의 소득계산을 왜곡하는 결과가 된다는 반론이 있을 수 있다.

둘째, 동족회사행위계산 부인규정을 적용하더라도 사법상 유효하게 성립한 법률관계에 영향을 미치지 않으므로 세무서장에게 동족회사가 수익으로 익금에 산입한 금액을 감액경정하도록 하는 것은 타당하지 않다는 지적도 있을 수 있다.

셋째, 다른 손금부인의 경우에는 대응조정을 인정하지 않는 것과 형평이 맞지 않는다.

넷째, 부인의 대상이 된 거래의 경제적 이익이 반환되는 것을 조건으로 하지 않고 대응조정을 하면 오히려 조세회피에 이용될 수 있다.

(나) 사안별로 달리 판단하여야 한다는 견해(제2설)

이 견해는 다시 주주 등 개인으로부터 동족회사로 유입된 금원 기타의 경제적 이익을 해당 동족회사로부터 개인에게 반환하는 경우에 대응조정을 행해야 한다는 견해(제2-1설)와 주주 등 개인이 동족회사에 대하여 무상·저가 용역을 제공한 경우에 한하여 대응조정을 행해야 한다는 견해(제2-2설)로 나누어 볼 수 있다. 제2설에 관하여는 동족회사행위계산 부인규정이 본래 사법상의 효력에 구애받지 않고 과세관청이 상정한 의제적 사실관계를 과세의 기초로 삼는 것이므로 제2설을 취할 경우 과세관청의 재량권을 인정하는 결과가 될 뿐이라는 비판이 있다.[923]

1) 경제적 가치·소득의 변화 등을 고려하는 견해(제2-1설)

주주 등 개인으로부터 동족회사로 유입된 경제적 이익을 해당 동족회사에서 해당 개인에게 반환하여 법인세법상 소득이 감소했다고 인정되는 경우에 대응조정을 행하여야 한다는 주장이다.[924]

2) 주주 등 개인으로부터 동족회사에 대한 무상 또는 저가 역무제공만을 대상으로 하는 견해(제2-2설)

이 견해는 위 1)의 견해와 달리 개인이 동족회사에 지출한 과다 관리비 등과 같이 경제적 이익이 동족회사로 유입된 경우에는 대응조정을 인정하지 않는다. 이 입장은 개인주주로부

---

921) 金子尚弘, 앞의 논문, 65면; 村井泰人, 앞의 논문, 708면.
922) 井出裕子, 앞의 논문, 187~194면.
923) 金子尚弘, 앞의 논문, 66면.
924) 小田信秀, "所得税における同族会社の行為計算否認を巡る諸問題", 「税務大学校論叢」 33号, 1999, 66면.

터 동족회사로 경제적 이익이 이전되는 경우는 동족회사행위계산 부인의 대상이 아니라는 사고를 전제로 한다. 동족회사행위계산 부인제도의 당초 입법취지가 동족회사로부터 개인주주에게로 이익을 이전하는 행위를 부인하는 것이었다는 점을 근거로 하는 견해이다.[925]

3) 검토

선뜻 이해가 가지는 않지만 현재 이 문제가 일본에서 활발한 논의의 대상이 되고 있지는 않고 판례도 찾기 어렵다. 따라서 소수의 학자들이 주장하는 바를 기준으로 다수설과 소수설을 나누는 것은 의미가 없다고 생각된다. 다만 대응조정은 법적 이중과세가 아닌 경제적 이중과세를 조정하기 위한 것이므로 경제적인 관점에서 이중과세가 있다고 판단되는 경우에 한하여 대응조정을 하는 제2설, 그 중에서도 제2-1설이 타당하다고 생각된다. 제2-2설은 개인주주로부터 동족회사로 경제적 이익이 이전되는 경우는 동족회사행위계산 부인의 대상이 아니라는 점을 전제로 하는데 그 점은 동의하기 어렵기 때문이다.

제2-1설을 적용할 경우 세무서장이 감액경정을 하지 않는 경우에는 일본행정사건소송법상 의무이행청구소송(같은 법 제37조의2)에 의하여야 할 것이다.[926]

8. 개별 규정과의 관계

동족회사행위계산 부인규정은 본래 조세부담의 공평을 보장하기 위한 담보적·보충적 규정으로서 운영되어야 한다고 이해되었으나 최근 지나친 조세회피행위에 대처하기 위하여 적극적으로 적용되는 경우도 있다. 예를 들면 페이퍼컴퍼니인 부동산관리법인 또는 의료관련법인을 설립하여 소득을 분산하고 급여소득공제를 적용하여 소득세의 부담경감을 도모하는 등 악질적인 조세회피가 두드러진다. 본래 이러한 행위에 대처하려면 법인격부인 법리를 적용하여야 하지만 그렇게 하려면 과세관청이 엄격한 입증책임을 지게 된다. 따라서 입증이 비교적 용이한 동족회사행위계산 부인규정을 적용한다.[927]

9. 평가

연혁적으로 일본의 동족회사행위계산 부인제도는 배당과세제도의 도입과 함께 배당과세를 회피하려는 행위에 대응하기 위하여 창설된 것이다. 따라서 당초 제도의 창설 시점에서

---

925) 大淵博義, "法人税法評釈の判例理論の検証とその実践的展開-同族会社の行為計算の否認規定(法法132条)を巡る論点の考察(2)", 「税経通信」 63巻 13号, 2008, 74면; 井出裕子, 앞의 논문, 195~202면.
926) 이에 대하여 소구할 수 없다는 반대설도 있다. 이상, 山本守之, 앞의 책, 123~124면.
927) 山本守之, 앞의 책, 122면.

는 독일의 숨은 이익처분과 문제의식을 공유한다고 할 수 있다. 그러나, 그 이후 제도가 적용되는 과정에서 독일의 숨은 이익처분 제도와 다른 길을 걸었다. 당초부터 일본의 동족회사행위계산 부인제도에 관하여는 '부당성'을 요건을 하는 까닭에 조세법률주의에 반한다는 지적이 있었고 이를 의식한 것인지 모르지만 일본은 개별적 조세회피방지규정을 계속적으로 정비를 해 왔다.928) 현 시점에서도 동족회사행위계산 부인제도는 어떤 경우에 적용될 수 있는지 여부가 불분명하여 불안정한 측면이 있다.929) 한국과 비교하여 실무상의 쓰임이 적다고 판단되는데 그 이유는 위 제도가 '일반적 조세회피방지규정'으로 인식되고 있는바, 일본의 실무가 일반적 조세회피방지규정의 적용에 소극적인 점, 개별적 조세회피방지규정을 적극적으로 확충하여 온 점에 있다고 생각된다.

Ⅲ. 조직재편에 관한 행위계산 부인제도

1. 의의 및 입법취지

일본법인세법 제132조의2는 조직재편에 관련된 행위 또는 계산 부인규정을 두고 있다.

제132조의2(조직재편에 관련된 행위 또는 계산의 부인) 세무서장은 합병, 분할, 현물출자·사후설립[제2조 제12호의6(정의)에서 규정하는 사후설립을 말한다] 또는 주식교환·주식이전(이하 본 조에서 「합병등」이라 함)에 관련된 다음 각 호의 법인의 법인세에 대해 경정 또는 결정을 하는 경우에 그 법인의 행위 또는 계산으로서 이를 용인하는 경우에는 합병등에 의해 이전하는 자산 및 부채의 양도에 관련된 이익액의 감소 또는 손실액의 증가, 법인세액에서 공제하는 금액의 증가, 제1호 또는 제2호 법인의 주식(출자를 포함. 제2호에서 같음)의 양도에 관련된 이익액의 감소 또는 손실액의 증가, 의제배당금액[제24조 제1항(배당액 등으로 간주하는 금액) 규정에 의해 제23조 제1항 제1호(수취배당 등의 익금불산입)의 금액으로 의제되는 금액을 말한다]의 감소 그 밖의 사유로 법인세 부담을 부당하게 감소시키는 결과가 된다고 인정되는 것이 있는 때에는 그 행위 또는 계산에도 불구하고 세무서장이 인정하는 바에 따라 법인에 관한 법인세의 과세표준, 결손금액 또는 법인세액을 계산할 수 있다.
  1. 합병등을 한 일방의 법인 또는 상대방 법인
  2. 합병등에 의해 교부된 주식을 발행한 법인(제1호의 법인을 제외)
  3. 제1호 및 제2호 법인의 주식 등인 법인(제1호 및 제2호 법인을 제외)

---

928) 斉木秀憲, 앞의 논문, 56면.
929) 大淵博義, 「法人税法解釈の検証と実践的展開 Ⅱ」, 215면; 斉木秀憲, 앞의 논문, 57면.

입법취지는 합병, 분할 등의 조직재편세제를 정비할 때, 조세회피행위를 방지하는 관점에서 규정한 것으로서 세무서장은 조직재편에 관한 행위 또는 계산으로서 세부담을 부당하게 감소하게 하는 결과로 인정되는 경우 그 행위 또는 계산에 관계없이 세무서장이 인정하는 바에 따라 그 과세표준, 세액등을 계산할 수 있다는 것이다.

2. 연혁

2000(平成 12)년 일본상법 개정시에 회사분할제도가 도입되면서 일본법인세법이 개정되었는데 이때 합병, 분할, 현물출자, 사후설립 및 의제배당을 중심으로 조직재편 전반에 걸쳐서 세제 개정이 있었다. 그 일환으로 조직재편에 관한 행위계산 부인제도가 일본법인세법 제132조의2로 도입되었다.[930] 입법담당자의 설명은 다음과 같다.

"종래 합병 또는 현물출자에 관하여는 세제상 그 문제점이 다수 지적되어 왔지만 최근의 기업조직법제의 대폭적인 완화에 수반하여 조직재편의 형태 또는 방법은 상당히 다양하게 되어 왔고 조직재편을 이용한 복잡하고 교묘한 조세회피행위가 증가할 우려가 있다. 조직재편을 이용한 조세회피행위의 예로서, ① 이월결손금이나 미실현손실이 있는 회사를 매수하여 그 이월결손금이나 미실현이익을 이용하기 위해 조직재편을 행하는 것, ② 복수의 조직재편을 단계적으로 조합함으로써 과세 없이 실질적인 법인의 자산 양도나 주주의 주식양도를 행하는 것, ③ 상대방법인의 세액공제범위나 각종 실적률을 이용할 목적으로 조직재편을 행하는 것, ④ 주식의 양도 손실을 계상하거나 주식의 평가를 낮추기 위해 분할 등을 행하는 등의 방법이 생각되는 바, 그 중 이월결손금 또는 미실현손실을 이용한 조세회피행위에 관하여 개별적으로 방지규정(일본법인세법 제157조 제3항, 제6항, 제62조의7)이 있지만 이러한 조직재편을 이용한 조세회피행위는 위와 같은 것에 그치지 않고 그 행위의 형태 또는 방법이 상당히 다양하다고 생각되므로 이에 적정한 과세를 행하는 것이 가능하도록 조직재편에 관한 포괄적 조세회피방지규정을 두었다(일본법인세법 제132조의2)."[931]

이와 같은 입법취지, 목적을 고려하면 위 규정은 조직재편에 관한 포괄적 조세회피부인규정으로서 개별적 과세요건의 흠결을 보완하기 위한 것이라고 할 수 있다.[932]

---

930) 위 규정은 입법 후 몇 차례의 개정을 거쳤다. 개정 내용의 상세는 武田昌輔, 「DHC コンメンタール 法人税法 5-2」, 5602~5603면.
931) 中尾睦他, 「平成 13年版改正税法のすべて」, 大蔵財務協会, 2001, 243~244면.
932) 高橋秀至, 앞의 논문, 19면.

3. 요건

가. 적용대상법인

일본법인세법 제132조의2는 조직재편 거래와 관련하여 다음의 법인에 대하여 적용된다.

(1) 합병등을 한 법인(일본법인세법 제132조의2 제1호 전단)

피합병법인, 합병법인,[933] 분할법인, 현물출자법인, 현물분배법인, 주식교환등완전자법인, 주식이전완전자법인이 이에 해당한다.

신설합병시의 합병법인, 분할승계법인, 주식교환등완전모법인 및 주식이전등완전모법인은 일본회사법상 합병등을 행한 자에 해당하지 않는다.

(2) 합병등에 의하여 자산 및 부채의 이전을 받은 법인(일본법인세법 제132조의2 제1호 후단)

합병법인, 분할승계법인, 피현물출자법인, 피현물분배법인, 주식교환등완전모법인, 주식이전완전모법인이 이에 해당한다. 부채를 이전받지 않고 자산만 이전받은 경우도 해당한다.

(3) 합병등에 의하여 교부받은 주식을 발행한 법인(일본법인세법 제132조의2 제2호)

이 규정은 삼각합병시 합병법인의 모법인을 염두에 둔 것이지만 문언상 그에 한정되지는 않는다.[934]

(4) 위 각 법인의 주주인 법인(일본법인세법 제132조의2 제3호)

위 각 법인의 주주인 법인도 적용 대상이다.

나. 적용대상법인의 행위 또는 계산

위 적용대상법인의 행위 또는 계산이어야 한다. 최고재판소는 여기서의 행위 또는 계산은 경정처분을 받는 일방 법인의 행위 또는 계산으로 제한되지 않는다고 판시하였다.[935]

다. 법인세 부담의 부당한 감소

(1) 의의

일본법인세법 제132조의2는 법인세 부담을 부당하게 감소하게 한 행위, 즉 법인세에 관

---

933) 흡수합병에 한한다.
934) 武田昌輔, 「DHC コンメンタール 法人税法 5-2」, 5603의2면.
935) 후술하는 야후 판결. 최고재판소 2016(平成 28). 2. 29. 판결(民集 70卷 2号 242면).

한 조세회피행위에 관하여 적용된다. 조직재편을 이용한 법인세 회피행위의 예로서 위 규정에서 열거하고 있는 사항은 다음과 같다.

① 합병등에 의해 이전하는 자산 및 부채의 양도에 관련된 이익액의 감소 또는 손실액의 증가

② 법인세액에서 공제하는 금액의 증가

③ 위 가. (1), (2)에 규정된 법인의 주식등의 양도에 관련된 이익액의 감소 또는 손실액의 증가

④ 의제배당금액의 감소 그 밖의 사유로 법인세 부담을 부당하게 감소시키는 결과가 되는 경우

(2) 판례

(가) 야후(ヤフー) 판결

법인세 부담을 부당하게 감소하게 하였다는 것의 의미와 관련하여 대표적인 판결이 최고재판소의 야후(ヤフー) 판결[936]이다.

1) 사실관계

일본법인 甲은 정보처리시스템을 영위하는 주식회사이다. 甲 법인은 2009. 2. 24.에 乙 법인으로부터 丙 법인의 발행주식 전부를 양수한 후(이하 '본건 매수') 같은 해 3. 30., 자신을 합병법인, 丙 법인을 피합병법인으로 하는 흡수합병(이하 '본건 합병')을 실시하였다. 乙 법인은 2004(平成 2002)년 2월 영국기업으로부터 丙 법인의 발행주식 전부를 취득하였는데, 丙 법인은 2002년 3월부터 2006년 3월까지 결손금이 발생하여 2007년 3월 이후 그 미처리 결손금을 전부 사용하려면 丙 법인의 이익으로는 상당한 기간이 필요할 것으로 예상되었다. 본건에서는 위 미처리결손금 중 2003년 3월부터 2006년 3월까지 발생한 약 542억엔의 승계가 문제가 되었다('본건 결손금'). 본건 합병은 일본법인세법 제2조 제12호의 8イ에 따른 적격합병으로서 일본법인세법 제57조 제3항이 정하는 특정자본관계가 발생한 날로부터 5년 이내에 행해졌으므로 甲 법인이 丙 법인의 결손금을 승계받으려면 일본법인세법 시행령 제112조 제7항의 간주공동사업 요건을 충족할 필요가 있었다. 위 요건 중 사업규모요건의 충족은 불가능하였기 때문에 특정임원승계요건을 충족하도록 하기 위해 본건 합병으로부터 약 3개월 전인 2008년 12월 26일 乙 법인의 이사 겸 甲 법인의 대표이사였던 소외 A가 丙 법인의 부사장으로 취임했다. 甲 법인은 2009년 3월 확정신고서상 일본법인세법 제57조

---

936) 최고재판소 2016(平成 28). 2. 29. 판결(民集 70卷 2号 242면).

제2항에 근거하여 丙 법인의 본건 결손금을 甲 법인의 결손금으로 보아 같은 조 제1항에 따라 손금산입하였다. 이에 관하여 세무서장은 부사장 취임을 포함한 甲 법인의 일련의 행위·계산이 특정임원승계요건을 형식적으로 충족시킨 것으로서 그 행위·계산을 용인하면 '법인세의 부담을 부당하게 감소시키는 결과로 된다고 인정된다'고 하여 일본법인세법 제132조의2에 따라 丙 법인의 본건 결손금을 갑의 결손금으로 볼 수 없고 손금불산입으로 하는 경정처분등을 하였다. 甲 법인이 그 처분의 취소를 구하였지만, 제1심[937] 및 제2심[938]에서 기각되었고 甲 법인은 상고수리신청을 하였다.

2) 경과 및 판결의 요지

법원은 1심부터 최고재판소까지 모두 甲 법인의 청구를 기각하였다. 최고재판소는 일본법인세법 제132조의2는 조세부담의 공평을 유지하기 위하여 조직재편에서의 법인세 부담을 부당하게 감소하게 하는 결과로 인정되는 행위 또는 계산이 행해진 경우에 이를 정상행위 또는 계산으로 고쳐서 법인세 경정 또는 결정을 하는 권한을 세무서장에게 인정한 것으로 이해되고 조직재편에 관한 조세회피를 포괄적으로 방지하는 규정으로서 둔 것이라고 전제하였다. 최고재판소는 조문의 취지 및 목적을 보면 위 규정에서 말하는 '법인세의 부담을 부당하게 감소하게 하는 결과로 된다고 인정된다'는 것은 법인의 행위 또는 계산이 조직재편세제에 관한 각 규정을 조세회피의 수단으로 남용하여 법인세 부담을 감소하게 하는 것을 말한다고 이해하여야 할 것이므로 그 남용의 유무를 판단할 때에는 ① 해당 법인의 행위 또는 계산이 통상은 상정되지 않는 조직재편의 수단 또는 방법에 기한 것으로서 실태와는 괴리된 형식을 작출하는 등 부자연스러운 것인지 여부, ② 조세부담의 감소 이외에 그와 같은 행위 또는 계산을 행하는 것이 합리적인 이유로 되는 사업목적 기타의 사유가 존재하는지 여부 등의 사정을 고려한 후에 해당 행위 또는 계산이 조직재편을 이용하여 조세부담을 감소하게 하려는 의도한 것으로서 조직재편세제에 관한 각 규정의 본래의 취지 및 목적에서 일탈하는 태양으로 그 적용을 받거나 면하는 것으로 인정될 것인지 여부라고 하는 관점에서 판단하여야 한다고 보았다.

또한 기업그룹 내의 적격합병은 공동사업을 영위하기 위한 적격합병보다 요건이 완화되어 있으므로 그 미처리결손금의 승계를 무제한으로 인정하면, 예를 들어 대규모 법인이 미처리결손금을 가진 그룹 외의 소규모 법인을 매수하여 완전자회사로 편입한 후에 해당 법인과 적격합병을 행하여 해당 법인의 미처리결손금을 부당하게 이용할 우려가 있다. 여

---

937) 도쿄지방재판소 2014(平成 26). 3. 18. 판결(判時 2236号 25면).
938) 도쿄고등재판소 2014(平成 26). 11. 5. 판결[訟月(参) 60卷 9号 1967면].

기서, 그와 같은 조세회피행위를 방지하기 위하여 일본법인세법 제57조 제3항은 기업그룹 내의 적격합병이 행해진 사업연도 개시일로부터 5년 이내에 특정자본관계가 발생한 경우 해당 적격합병등이 공동으로 사업을 영위하기 위한 적격합병등으로서 시행령에서 정한 것(의제공동사업요건)에 해당하는 경우를 제외하고 특정자본관계가 발생한 날에 속하는 사업연도 전의 각 사업연도에 발생한 결손금을 승계할 수 없다고 규정하고 있기도 하다.

최고재판소는 본건 부사장 취임은 조직재편을 이용하여 조세부담을 감소하게 하려는 의도로 행한 것으로서 적격합병에서의 미처리결손금 승계를 정한 일본법인세법 제57조 제2항, 간주공동사업요건에 해당하지 않은 적격합병에 관한 같은 항의 예외를 정하는 같은 조 제3항 및 특정임원승계요건을 정하는 같은 법 시행령 제112조 제7항 제5호의 본래 취지 및 목적을 일탈하는 것으로서 그 적용을 받거나 면하는 것으로 인정된다고 판단하였다.

3) 평가

야후 판결은 일본법인세법 제132조의2의 적용 여부가 처음으로 다투어진 사건이다. 특히 위 사건에서는 '법인세의 부담을 부당하게 감소하도록 하는 결과가 된다고 인정되는 것'(이 하 '부당성요건')의 해당 여부가 쟁점이 되었다.

최고재판소는 일본법인세법 제132조의2에서의 부당성요건을 법인의 행위 또는 계산이 '조직재편세제에 관한 여러 규정을 조세회피수단으로 남용하는 것'이라고 판시하고 남용유무의 판단에서 고려하여야 할 사정 또는 관점을 밝혔다. 즉, 최고재판소는 일본법인세법 제132조의2에서의 부당성요건에는 경제적 합리성의 결여뿐만 아니라 '조직재편거래를 조세회피수단으로 남용하는 것'도 포함된다고 해석한 것이다(남용기준).[939]

반면 하급심 판결은 일본법인세법 제132조와 같은 경제적 합리성 기준과 납세자의 행위·계산이 조직재편세제의 개별 규정의 취지·목적에서 일탈하였는지를 기준으로 삼는 '취지목적기준'을 부당성요건에 포함하는 것으로 해석하였다. 취지목적기준을 취하면 일본법인세법 제132조의2가 적용되는 범위가 확대되고 또한 취지목적이 애매하기 때문에 조세법률주의에 위반된다는 비판이 있었다. 최고재판소의 판단은 원심과 비교하여 부당성요건을 보다 명확하고 제한적으로 좁힌 것이라고 평가된다.[940]

일본의 조직재편세제에는 이전자산 등에 관하여 과세이연이 있는 경우에는 조세속성 또는 종전의 과세관계를 유지하여야 한다는 입장에서 일본법인세법 제57조 제2항에서 미처

---

939) 高橋秀至, 앞의 논문, 28∼29면; 本庄資, "組織再編成に係る行為計算否認", 「ジュリスト」 1498号, 2016, 158면.
940) 中里実 外(編), 「租税判例百選」 第7版, 有斐閣, 2021, 127면 (酒井貴子 집필부분).

리결손금의 승계를 승계하되 법인매수 후의 적격합병에 의한 조세회피방지를 위하여 같은 조 제3항에서 미처리결손금의 승계는 특정지배관계 후에 발생한 결손금과 공동사업관계가 있는 경우로 제한한다. 본건에서는 후자의 제한을 위하여 특정임원승계요건을 충족할 필요가 있어 부사장취임을 계획하고 실행하였지만 이것이 일본법인세법 제132조의2의 부당성요건에 해당하는 것으로 판정되어 부인되었다.

특정임원승계요건에 관하여 최고재판소는 '쌍방의 법인의 경영의 중추를 계속적·실질적으로 담당하여 온 자가 공동으로 합병 후의 사업참여함으로써 경영면에서 보아 합병 후에도 공동으로 사업을 영위하는 것으로 볼 수 있다'고 평가하고 특정임원의 계속을 공동사업계속으로 본다.

최고재판소의 입장은 결손금의 발생원인인 사업이 합병 후에도 공동으로 영위되어 계속되는 한 결손금승계를 인정하는 것이 타당하지만 합병 후 소득 중 합병이 없었다면 丙 법인이 공제할 수 없었던 부분을 초과하는 丙 법인의 합병 전 미처리결손금을 이용하는 것은 사실상 결손금의 매매를 인정하는 결과가 되어 공동사업을 우대하는 것이 된다는 것이다.[941)

또한 본건 부사장취임과 같이 특정임원승계요건은 입법당시보다 쉽게 충족할 수 있다는 점이 인식되어 남용의 우려가 지적되어 왔다. 그렇다고 의제공동사업요건을 구성하는 다른 요건과 같이 숫자(취임기간, 인원수 등)를 토대로 한 규정으로 한다면 미처리결손금의 승계가 법인의 경영판단을 왜곡시킨다. 특정임원승계요건은 개별부인규정에 의해서 그 요건의 실질적 충족을 담보하기 어렵다. 따라서 일본법인세법 제132조의2가 위 요건을 보완하는 역할을 한다.[942)

(나) IDCF 판결

1) 사실관계

위 야후 사건의 사실관계 중 丙 법인을 원고로 하는 사건이다. 丙 법인은 2009. 2. 20.에 乙 법인이 분할에 의해 취득한 丙 법인 주식을 甲 법인에 115억엔에 매각하였으므로 분할 후에 乙 법인에 의한 완전지배관계가 계속될 것으로 예상되지 않았으므로 비적격분할에 해당한다고 주장하면서 乙 법인의 결손금 중 2002년 3월기 분이 실질적으로 전화(轉化)되었다고 할 수 있는 자산조정계정 100억엔을 계상하고 손금산입하였다. 이에 관할세무서장은 일본법인세법 제132조의2를 적용하여 자본조정계정 계상을 부인하고 증액경정처분을 하였다.

---

941) 中里實 外(編), 앞의 책, 127면 (酒井貴子 집필부분).
942) 中里實 外(編), 앞의 책, 127면 (酒井貴子 집필부분).

2) 경과 및 판결의 요지

丙 법인은 위 증액경정처분의 취소를 구하는 소송을 제기하였으나, 1심 법원인 도쿄지방재판소 2014(平成 26). 3. 18. 판결[943]은 일본법인세법 제132조의2의 적용을 인정하고, 이 처분이 적법하다고 판시하였다. 丙 법인은 항소하였으나 항소심인 도쿄고등재판소 2015(平成 27). 1. 15. 판결[944]은 항소를 기각하였다.

최고재판소는 항소인의 상고를 수리하였지만 야후 사건에서와 동일한 기준을 적용하여 丙 법인의 자산조정계정의 계상 및 그 손금산입은 일본법인세법 제132조의2의 '법인세의 부담을 부당하게 감소하도록 하는' 행위계산에 해당하는 것으로 판단하여 상고를 기각하였다.[945] 이와 관련하여 최고재판소는 다음과 같이 판시하였다.

"본건 계획을 전제로 하는 본건 분할은 2010년 3월기 이후에는 손금에 산입할 수 없게 되는 乙 법인의 미처리 결손금 약 100억엔을 상고인의 자산조정계정의 금액으로 전화시켜, 상고인이 이것을 이후 60개월에 걸쳐 상각할 수 있는 것으로 하기 위해, 본래 필요 없는 본건 양도를 개재시킴으로써 실질적으로는 적격분할이라고 해야 할 것을 형식적으로 비적격분할로 하고자 의도한 것이라고 하지 않을 수 없고, 본건 계획을 전제로 하는 점에서 통상은 상정되지 않는 조직재편의 순서나 방법에 기초할 뿐만 아니라, 이에 의해 실재와는 괴리된 비적격분할의 형식을 창출하는 것이어서 분명히 부자연스러운 것이며, 조세부담의 감소 이외에 그 합리적인 이유가 되는 사업목적 등을 발견할 수는 없다."

3) 평가

야후 사건은 甲 법인이 乙 법인의 이월결손금을 계상하기 위하여 간주공동사업요건을 충족하도록 함으로써 적격합병에 해당하고자 한 사안임에 반하여 IDCF 사건은 적격분할의 요건을 쉽게 충족할 수 있음에도 의도적으로 비적격분할을 함으로써 분할신설법인이 자산조정계정을 계상하고자 한 사안이다. 이처럼 고의적으로 적격조직재편을 회피하고자 하는 거래도 일본법인세법 제132조의2 입법시에 고려되었던 사안에 속한다.[946]

---

943) 도쿄지방재판소 2014(平成 26). 3. 18. 판결(判時 2236号 25면).
944) 도쿄고등재판소 2015(平成 27). 1. 15. 판결(民集 70巻 2号 671면).
945) 최고재판소 2016(平成 28). 2. 29. 판결(民集 70巻 2号 470면).
946) 위 판결을 다룬 문헌으로 水野忠恒, "組織再編と租税回避の判例(前半)", 「租税研究」 第804號, 2016, 200~209면; 太田洋, "IDCF事件控訴審判決の分析と検討", 「税務弘報」 63巻 5号, 2015, 82면 이하.

4. 유형

가. 비적격 조직재편거래

예를 들어 적격합병으로서의 요건을 갖추고 있는데 고의로 비적격합병을 행하여 손실을 발생하게 하거나, 본래 합병의 필요가 없었는데 일부러 비적격합병을 행하여 피합병법인에 손실을 발생하게 하는 경우가 있을 수 있다. 구체적으로 자법인에게 비정상적으로 큰 이익이 발생하였는데 그 자법인에 거액의 미실현손실이 존재하는 경우에 다른 자법인과 비적격합병을 하도록 함으로써 미실현손실을 실현시켜 이익을 공제하도록 할 수 있다. 이러한 비적격합병은 본래 합병의 필요성이 없음에도 단순히 손실을 창출하는 도구로서 이용된 데에 불과하므로 이 합병은 조세회피로서 부인될 수 있다고 한다.

나. 다른 세목에 영향을 미치는 경우

회사분할을 행하여 상속세평가액을 낮출 수 있다. 甲 법인이 A, B의 두 사업부문을 영위하고 乙 법인은 C 사업부문을 영위하고 있는 경우 甲 법인의 B 사업부문을 분할하여 乙 법인의 C 사업부문에 합병하는 경우 乙 법인의 상속세 주식 평가방법에 관하여 과거 중법인이었던 것이 대법인으로 바뀌어 주식가액을 낮출 수 있다. 일본 재무성의 개정 이유에 따르면 이 경우에도 일본법인세법 제132조의2에 의하여 부인될 수 있다.[947]

다. 개별적 조세회피방지규정과의 관계

실제로 문제가 된 사안을 보자. 일본법인세법 제57조 제3항은 그룹 내의 적격합병의 경우 결손금 승계를 제한하는 개별적 조세회피방지규정이다. 따라서 위 규정을 적용하더라도 결손금 승계가 가능하다면 같은 법 제132조의2를 적용할 수 없는 것이 아닌가 하는 문제가 있다. 일본의 실무와 학계가 동족회사행위계산 부인규정을 일반적 조세회피행위방지규정으로 이해하기 때문에 이 문제는 일반적 조세회피행위방지규정과 개별적 조세회피행위방지규정의 상호 관계에 관한 논의에 해당한다. 이 문제에 관하여 학설로는 개별적 조세회피행위방지규정을 해석상, 특정 거래가 개별적 조세회피방지규정에 포섭되지 않는다면 조세회피가 안 된다는 취지라면 일반적 조세회피방지규정도 적용이 배제되지만 그렇지 않다면 일반적 조세회피방지규정이 여전히 적용될 수 있다고 보기도 한다. 위 쟁점에 관하여 야후 판결의 1심 판결은 일본법인세법 제132조의2가 적용될 수 있다고 판단하였다.[948]

---

947) 武田昌輔, 「DHC コンメンタール 法人税法 5-2」, 5603의5면.
948) 도쿄지방재판소 2014(平成 26). 3. 18. 판결(判時 2236号 25면).

5. 효과

조세회피행위가 부인된 경우 어떻게 처리하여야 할 것인가의 문제이다. 예를 들면 비적격합병을 행하여 자산의 양도손실을 계상한 경우 그 양도는 없던 것으로 하고 합병법인이 장부가액으로 승계한 것으로 처리하게 될 것이다. 따라서 그 양도손실은 피합병법인에서는 발생하지 않게 되고 합병법인이 해당 자산을 양도한 경우에 그 양도손익이 실현된 것으로 취급하게 되는 것으로 해석한다.[949]

합병의 경우 피합병법인은 소멸하고 피합병법인 단계에서는 손익이 발생하지 않아 합병법인이 해당 자산을 양도한 때에 그 양도손익이 합병법인에 귀속하는 것으로 취급하는 것이 타당하다고 할 것이다. 같은 논리로 분할, 현물출자, 잔여재산 전부 분배 이외의 현물분배, 주식교환등, 주식이전은 그 자산을 양도한 법인이 소멸하지 않고 사업이 계속되고 있으므로 분할승계법인등에 실제로 양도가 행해진 시점에서 분할법인등에 손실이 실현된 것으로 취급하게 된다고 보아야 한다.[950]

앞서 본 회사분할에 의한 주식의 상속세 평가 문제는 단순히 분할에 의하여 그 주식의 가액을 낮추는 것은 타당하지 않으므로 대응조치가 필요하다. 다만, 회사분할 자체는 일어나므로 분할 후의 사업은 그대로 계속된다. 따라서 법인세의 입장에서는 그대로 분할은 유효한 것으로서 과세되는 것으로 처리하여야 할 것이다.[951]

Ⅳ. 통산법인에 대한 행위계산 부인제도

1. 의의 및 입법취지

일본법인세법 제132조의3은 다음과 같이 통산법인에 대하여 행위계산 부인제도를 규정하고 있다.

> 제132조의3 세무서장은 통산법인의 각 사업연도의 소득에 관한 법인세를 경정 또는 결정하는 경우, 해당 통산법인 또는 다른 통산법인의 행위 또는 계산으로서 이를 용인한 경우에는 해당 각 사업연도의 소득금액에서 공제하는 금액의 증가, 법인세액에서 공제하는 금액의 증가, 다른 통산법인에 대한 자산양도와 관련된 이익금액의 감소 또는 손실액

---

949) 武田昌輔, 「DHC コンメンタール 法人税法 5-2」, 5603의7면.
950) 武田昌輔, 「DHC コンメンタール 法人税法 5-2」, 5603의7면.
951) 武田昌輔, 「DHC コンメンタール 法人税法 5-2」, 5603의7면.

의 증가 그 밖의 사유로 인하여 법인세 부담을 부당하게 감소시키는 결과가 된다고 인정
되는 경우가 있는 때에는 그 행위 또는 계산에 관계없이 세무서장이 인정하는 바에 따
라, 해당 통산법인과 관련된 법인세의 과세표준이나 결손금액 또는 법인세액을 계산할
수 있다.

2. 연혁

위 규정은 본래 연결납세제도에 관한 행위계산 부인제도로서 2002(平成 14)년에 신설된
것인데 연결납세제도가 그룹통산제도로 변경된 것에 맞추어 그 범위 내에서 개정된 것이
다. 연결납세제도에 관한 행위계산 부인제도는 연결납세제도를 도입함에 따라 다양한 조세
회피행위가 예상되었으므로 그에 대응하기 위한 포괄적 조세회피방지규정으로서 창설된
것이다.[952]

3. 요건

일본법인세법 제132조의3의 요건을 나누어보면 다음과 같다.

가. 적용대상법인

일본법인세법 제132조의3이 적용되는 대상법인은 그룹통산제도가 적용되는 통산법인이다.

나. 적용대상법인의 행위 또는 계산

위 통산법인의 행위 또는 계산이 부인의 대상이다.

다. 법인세 부담의 부당한 감소

통산법인의 법인세 부담이 부당하게 감소한 경우이어야 한다. 부당성의 의미와 관련하여
조직재편에 관한 행위계산 부인규정의 해석과 관련하여 야후 사건에 관한 최고재판소 판결
과 마찬가지로 남용기준을 적용하여야 한다는 견해도 있다.[953]

---

952) 柴崎澄哉, 「平成14年版 改正税法のすべて」, 大蔵財務協会, 2002, 370~371면.
953) 今村隆, 앞의 논문, 297면.

4. 효과

관할 세무서장은 통산법인의 행위 또는 계산을 부인하고 통산법인과 관련된 법인세의 과세표준이나 결손금액 또는 법인세액을 계산할 수 있다. 아직까지 일본법인세법 제132조의3과 관련된 선례는 발견하기 어렵다.

V. 외국법인의 고정사업장 귀속 소득에 관한 행위계산 부인제도

1. 의의 및 입법취지

일본법인세법 제147조의2는 다음과 같이 외국법인의 고정사업장 귀속 소득에 관한 행위계산 부인제도를 규정하고 있다.

제147조의2　세무서장은 외국법인의 각 사업연도의 제141조 제1호 イ(과세표준)에 열거하는 국내원천소득(이하 이 조에서 '고정사업장 귀속 소득'이라고 한다)의 소득에 관한 법인세에 관하여 경정 또는 결정을 할 때 그 외국법인의 행위 또는 계산으로서 이를 용인할 경우에는 해당 각 사업연도의 고정사업장 귀속 소득에 관한 소득금액에서 공제하는 금액의 증가, 해당 각 사업연도의 고정사업장 귀속 소득에 관한 법인세액에서 공제하는 금액의 증가, 제138조 제1항 제1호(국내원천소득)에 규정하는 내부거래에 관한 이익금액의 감소 또는 손실금액의 증가 기타 사유에 의해 법인세 부담을 부당하게 감소시키는 결과가 된다고 인정될 때에는 그 행위 또는 계산에 관계없이 세무서장이 인정하는 바에 따라 그 외국법인의 해당 각 사업연도의 고정사업장 귀속 소득에 관한 법인세의 과세표준 또는 결손금액 또는 고정사업장 귀속 소득에 관한 법인세액을 계산할 수 있다.

2. 연혁

일본은 외국법인 및 비거주자[954]에 대한 과세에 관하여 고정사업장에 해당 소득이 귀속되는지 여부를 불문하고 일본에 소득원천이 있는지 여부를 기준으로 과세하는 총괄주의를 취하여 오던 중 2014년 세법 개정시에 OECD 공식접근법(Authorized OECD Approach, AOA)을 채택하였다. 이에 따라 외국법인의 본점과 일본에 소재하는 지점 등 고정사업장 간의 거래에서 ① 내부거래의 인식, ② 이전가격세제에 의한 특수관계인 거래 및 내부거래에 관한 가격의 수정을 행하게 되었다. 이와 같은 개정과 동시에, 본래 고정사업장에 귀속

---

954) 개인에 대하여는 일본소득세법 제168조의2를 두었다.

되는 소득을 고정사업장에 귀속되지 않도록 회피하는 조세회피거래가 우려되었으므로 일본법인세법 제147조의2를 신설하였다.[955] 위 규정의 입법담당자는 구체적으로 ① 외국법인의 고정사업장이 외부의 제3자를 개재시켜 본점에 대해 정상가격을 초과하는 지급을 함으로써 고정사업장 귀속 취득을 감소시키는 방법, ② 전세계를 대상으로 자산을 운용하는 외국법인이 외국세액의 부담이 발생하는 금융자산을 집중적으로 고정사업장 귀속 소득으로 함으로써 고정사업장에 귀속되는 외국납부세액공제를 증가시키는 방법 등을 들고 있다.[956]

3. 요건

일본법인세법 제147조의2에 따른 요건은 ① 외국법인의 고정사업장일 것, ② 고정사업장에 귀속하는 소득일 것, ③ 외국법인의 행위 또는 계산일 것, ④ 고정사업장 귀속 소득을 감소시킬 것, ⑤ 귀속 소득의 감소가 부당하다고 인정될 것이다. 아직 사례가 없기 때문에 문제될 수 있는 쟁점만 검토한다.

가. 부당성의 판단기준

일본의 입법과정에서 중의원 재무금융위원회에서 다음과 같은 사례가 논의되었다. 외국법인이 일본 소재 고정사업장에 귀속되는 소득을 감소시키기 위하여 본점이 일단 조세피난처의 외국은행에 19의 이자로 자금을 예치하고 해당 외국은행을 통하여 고정사업장에 20의 이자로 자금을 대여하면 내부이자 20이 외부이자로서 손금산입되고 고정사업장에 귀속하는 소득이 감소하게 된다. 이러한 경우 일본법인세법 제132조의 경제적 합리성 기준으로 판단하는 것은 어렵고, 이자율의 높고 낮음이 문제되는 것은 아니므로 독립당사자기준도 맞지 않는다는 것이다.[957]

나. 내부거래와 부인

고정사업장 귀속 소득에 관한 행위계산 부인규정에 관하여는 내부거래가 사법상의 법률관계가 아닌데도 사법상의 법형식을 부정하여 과세관계를 구성하는 조세회피부인규정을 적용하는 것은 생각하기 어렵다는 비판도 있다.[958] 반면 앞서 본 사례의 예를 들어 부정되

---

955) 今村隆, 앞의 논문, 297~298면.

956) 大蔵財務協会 編, 앞의 책, 750면.

957) 2014. 2. 25. 자 第186回 国会衆議院財務金融委員会 議録第 3号 19~20면; 今村隆, 앞의 논문, 299면.

958) 中里実, "最近の国際課税制度の流れ", 「ジュリスト」 1468号, 2014, 15면.

는 사법상의 법형식은 외국법인과 외국은행 간의 자금 예치거래와 자금 대여거래이며 이것
을 내부거래로 조정하는 것이므로 조세회피부인규정의 일종이라고 보아야 한다는 반론도
있다.[959]

다. 일본법인세법 제132조와의 관계

외국법인에 대하여도 일본법인세법 제132조가 준용되므로(같은 법 제147조), 같은 법 제147
조의2는 위 132조와 중첩적으로 적용될 수 있다.[960]

4. 효과

관할 세무서장은 자신이 인정하는 바에 따라 외국법인의 해당 각 사업연도의 고정사업장
귀속 소득에 관한 법인세의 과세표준 또는 결손금액 또는 고정사업장 귀속 소득에 관한 법인세
액을 계산할 수 있다. 아직까지 일본법인세법 제147조의2와 관련된 선례는 발견하기 어렵다.

제4절 소결론

비교법적으로 검토하여 보면 3개국의 입법례는 유사하면서도 차이점이 적지 않다는 점
을 알 수 있다. 우선, 독일법은 주주에 대한 배당이 은닉된 형태로 행해진다는 점에 주목하
여 발달한 입법례이다. 미국법은 특수관계법인 간에 소득을 임의로 배분하여 과세소득을
줄이는 행위에 대응하기 위한 것이다. 마지막으로 일본법의 경우 개인배당과세를 도입하면
서 배당과세 회피행위에 대응하기 위하여 법인의 유보소득에 관하여 과세를 하고 다시 그
유보소득을 줄이는 행위에 대응하기 위하여 발달한 세제이다. 세 입법례 모두 제도가 법인
의 소득을 임의로 줄이려는 행위에 대응한다는 점에서는 공통점이 있지만 탄생한 배경에는
차이가 있기 때문에 세부적인 내용상 차이가 적지 않다.

우선 독일법의 경우 여전히 '실질적인 이익처분'에 대응한다는 측면이 강하기 때문에 다
양한 거래형태에 적용되기에는 유연성이 부족하다. 따라서 우리 법인세법을 기준으로 바라
보면 부당행위계산 부인보다는 판례가 인정하고 있는 실질적인 이익처분에 관하여 시사점
이 있다고 생각된다.[961] 미국법의 경우 특수관계법인 간의 다양한 거래에 대응하기 위한

---

959) 今村隆, 앞의 논문, 299면.
960) 今村隆, 앞의 논문, 299면.
961) 대법원 2013. 7. 12. 선고 2013두4842 판결; 대전고등법원 2010. 10. 21. 선고 (청주)2010누956 판결(대법원
　　 2012. 9. 27. 자 2012두12617 판결로 심리불속행 종결).

것이라서 매우 유연하지만 거래당사자는 특수관계가 있을 것을 전제로 한다. 일본법의 경우 일반적 조세회피방지규정으로 인식되어 잘 사용되지 않을 뿐만 아니라 특수관계인 간의 거래를 요구하지 않는다.

그렇다면 한국의 입법례는 어느 국가의 입법례에 가깝다고 볼 것인가? 생각건대 법제사적으로 한국 법인세법상 부당행위계산 부인제도는 일본의 세제를 계수한 것이지만 일본과 다른 발달과정을 겪었고 특수관계인 간의 비정상적인 거래를 적용대상으로 하므로 적어도 현재의 모습은 미국법에 가장 가까운 것으로 보인다. 따라서 향후 미국세법 제482조에 관한 연구가 심화되어야 할 필요가 있다.

제4장 과세요건론

본 장에서는 제3장의 내용을 고려하여, 제2장에서 개관한 법인세법상 부당행위계산 부인의 과세요건의 내용 중 상세한 논의가 필요한 쟁점을 다룬다.

제1절 법인

부당행위계산의 주체가 되는 법인은 국내에서 납세의무가 있는 모든 법인을 말한다.

Ⅰ. 영리내국법인

영리내국법인은 가장 대표적인 적용대상법인이다.[962]

Ⅱ. 비영리내국법인

비영리내국법인은 수익사업에서 생기는 소득에 한하여 법인세가 과세되는데 그 소득에 관하여는 영리내국법인에 관한 규정이 동일하게 적용되므로 부당행위계산 부인의 적용대상이 된다.

Ⅲ. 외국법인

국내원천소득이 있는 외국법인에 대하여 법인세법 제52조가 준용되므로 외국법인도 적용대상이다(법인세법 제92조 제1항).

---

962) 청산소득에 관하여 납세의무가 있는 청산중인 법인도 포함된다. 법인세법 기본통칙 52-88…1. 당기순이익 과세법인(조특법 제72조)의 경우 당기순이익 과세를 포기한 경우를 제외하고는 해당 법인의 결산재무제표상 당기순이익을 과세표준으로 하여 과세하므로 적용대상에서 제외된다. 법인 46012-721, 1996. 3. 6.

법인세법 제52조의 '행위 또는 계산'은 일본세법의 영향이 분명하다고 생각된다. 일본은 1926년 소득세법 개정시에 처음으로 행위와 계산을 구분하여 규정하였는데 그 입법취지를 어떻게 이해할 것인지에 관하여는 세 가지 입장이 제기되었다. 앞에서 그에 관하여 상세하게 기술하였으므로 다시 반복하지 않으나 다분히 연혁적인 측면이 강하다고 생각되며 현재 일본의 지배적 견해는 양자를 구분한 실익은 없다고 본다.[963]

한국에서는 양자를 나누는 실익을 검토한 논의를 찾기는 어려운데 '행위'는 법인의 대외적 관계에 있어서 법률효과를 발생하는 법률행위(Rechtsgeschäft)를 가리키고[964] 소득금액의 '계산'은 대내적 관계에서의 회계처리를 의미하는 것으로 해석한다.[965]

행위 또는 계산은 원칙적으로 개별 거래를 단위로 본다.[966] 계속적 계약관계의 경우 행위 또는 계산의 단위를 어떻게 파악할 것인지의 문제가 제기될 수 있다. 이에 관하여 임대차계약에서 부당행위계산 부인의 대상이 되는 거래는 매월 단위로 적용할 수 있고 그에 따라 법령상 정기예금이자율일 기준으로 산정된 시가에 미달하는 부분에 관한 부당행위계산 부인이 가능하다는 판례가 있다.[967]

제3절 특수관계인과의 거래

I. 개관

법인의 행위 또는 계산이 특수관계인과의 거래에 해당하거나 그 거래의 결과인 경우에 한하여 해당 행위 또는 계산을 부인한다. 법인세의 부담을 회피하기 위한 이상성을 띤 거래

---

963) 상세한 논의는 본서 147면 이하 참조.

964) 따라서 회계처리가 되어 있지 않은 거래도 부인할 수 있다. 직세 1234.21 - 1262, 1970. 8. 8.

965) 김완석/황남석, 앞의 책, 678면.

966) 서울고등법원 2017. 7. 20. 선고 2017누43021 판결(대법원 2017. 12. 7. 자 2017두58168 판결로 심리불속행 종결)은 원고 회사가 2012년도에 임직원들로부터 자기주식을 매수하였다가 주주 및 임직원들에게 같은 가격으로 다시 매도한 사안에 관한 것이다. 원고들은 2012년도에 발생한 전체 매수거래와 전체 매도거래를 각기 하나의 총체적 매수거래와 매도거래로 묶어서 판단하면 일정한 가격에 주식을 매수한 후에 같은 가격으로 매도한 것이어서 이익을 분여한 바 없다고 주장하였으나 법원은 개별 거래를 기준으로 판단하여 부당행위계산 부인규정을 적용하였다.

967) 서울고등법원 2016. 1. 21. 선고 2015누53437 판결(대법원 2016. 5. 24. 자 2016두33445 판결로 심리불속행 종결).

는 주로 특수관계인과의 사이에서만 이루어지기 때문이다. 비교법적으로는 미국세법과 같은 입장이다.

특수관계인의 범위를 정하고 있는 법인세법 시행령 제2조 제5항은 특수관계인을 제한적으로 열거하고 있는 규정이다. 즉, 특수관계인의 범위를 예시한 것이라고 보아서는 안 된다. 따라서 법인세법 시행령 제2조 제5항에서 열거하는 자가 아니면 특수관계인에 포함될 여지가 없다.[968]

Ⅱ. 특수관계인의 범위

1. 의의

특수관계인이란 해당 법인과 다음 중 어느 하나의 관계에 있는 자를 말한다(법인세법 제2조 제12호, 법인세법 시행령 제2조 제8항).

가. 임원(법인세법 제40조 제1항)의 임면권의 행사·사업방침의 결정 등 해당 법인의 경영에 대하여 사실상 영향력을 행사하고 있다고 인정되는 자와 그 친족(법인세법 시행령 제2조 제8항 제1호)

해당 법인의 경영에 대하여 사실상 영향력을 행사하고 있다고 인정되는 자에는 자연인은 물론 법인도 포함되고[969] 상법 제401조의2 제1항의 규정에 의한 업무집행지시자 등을 포함한다. 친족은 국세기본법 시행령 제1조의2 제1항에 따른 자를 말한다.

나. 비소액주주등과 그 친족(법인세법 시행령 제2조 제8항 제2호)

소액주주등(법인세법 시행령 제50조 제2항)이 아닌 주주등(이하 '비소액주주등')과 그 친족이다. 주주등이란 주주명부 또는 사원명부에 기재된 주주등을 의미하나, 주주명부 또는 사원명부에 기재된 주주등이 단순한 명의인이어서 그 주주등 외의 자가 실제의 권리자라면 그 실제의 권리자를 주주등으로 본다. 주주등에는 의결권 없는 주식을 소유하고 있는 주주를 포함한다.

그러나 주주등이라 할지라도 소액주주등은 본조의 주주등의 범위에서 제외된다. 위에서 소액주주등이란 발행주식총수[970] 또는 출자총액의 1퍼센트에 미달하는 주식 또는 출자지

---

968) 대법원 1986. 3. 25. 선고 86누30 판결; 대법원 1982. 11. 23. 선고 80누466 판결.
969) 재법인 46012-13, 2002. 1. 18.
970) 발행주식총수를 계산할 때에는 자기주식 등 의결권 없는 주식을 제외한다. 재법인-249, 2007. 4. 2.

분(이하에서 '주식등'이라 한다)을 보유한 주주등(이하 '소액주주등')을 말한다. 주식등을 발행한 법인이 주권상장법인인지 또는 주권비상장법인인지의 여부와는 관계가 없다(법인세법 시행령 제50조 제2항).[971]

위 관계는 형식적으로 판단한다. 따라서 예컨대 내국법인이 사모집합투자기구의 유한책임사원이더라도 소액주주등에 해당하지 않으면 본 호에 따라 특수관계가 성립한다.[972]

다. 법인의 임원·직원·생계유지자 및 이들과 생계를 함께 하는 친족(법인세법 시행령 제2조 제8항 제3호)

(1) 법인의 임원·직원 또는 비소액주주등의 직원(비소액주주등이 영리법인인 경우에는 그 임원을, 비영리법인인 경우에는 그 이사 및 설립자를 말한다)

(2) 법인 또는 비소액주주등의 금전이나 그 밖의 자산에 의하여 생계를 유지하는 자

비소액주주등으로부터 받은 금전 그 밖의 자산이나 그 받은 금전 기타의 자산의 운용에 의하여 얻는 수입을 일상생활비의 주된 원천으로 하고 있는 자를 말하는데(법인세법 기본통칙 2-2…①), 그 주주등의 혼인 외 동거자 등이 전형적인 예이다.

(3) 위 (1), (2)에 규정된 자와 생계를 함께 하는 친족

위 (1), (2)에 규정된 자와 일상생활을 공동으로 영위하는 친족을 말한다.[973]

라. 해당 법인이 직접 또는 그와 위의 가.부터 다.까지의 관계에 있는 자를 통하여 어느 법인의 경영에 대해 지배적인 영향력(국세기본법 시행령 제1조의2 제4항)을 행사하고 있는 경우 그 법인(법인세법 시행령 제2조 제8항 제4호)

판례는 본 호와 관련하여 '해당 법인이' 어느 법인의 경영에 관하여 지배적인 영향력을 행사하여야 하고 가.부터 다.까지의 관계에 있는 자가 해당 법인과 관계없이 독자적으로 어느 법인을 지배하는 경우는 여기에 해당하지 않는다고 해석한다.[974]

---

971) 그러나 위의 소액주주등의 기준에 해당하는 주주등에 해당하더라도 해당 법인의 국가·지방자치단체 외의 지배주주등과 특수관계에 있는 자는 소액주주등으로 보지 않는다(법인세법 시행령 제50조 제2항). 여기서의 특수관계에 있는 자는 법인세법 시행령 제43조 제8항에 따라 판단한다.
972) 조세심판원 2021. 12. 23. 자 2020부8248 결정.
973) 법인세법 기본통칙 52-87…2.
974) 대법원 2024. 7. 25. 선고 2022두63386 판결(양도소득세 사안). 법인세 관련 사건에서 같은 취지의 하급심 판결로 서울고등법원 2024. 5. 29. 선고 (춘천)2022누1284 판결(대법원 2024. 10. 8. 자 2024두46255 판결로 심리불속행 종결).

마. 해당 법인이 직접 또는 그와 위의 가.부터 라.까지의 관계에 있는 자를 통하여 어느 법인의 경영에 대하여 지배적인 영향력(국세기본법 시행령 제1조의2 제4항) 을 행사하고 있는 경우 그 법인(법인세법 시행령 제2조 제8항 제5호)

바. 해당 법인에 30퍼센트 이상을 출자하고 있는 법인에 30퍼센트 이상을 출자하고 있는 법인이나 개인(법인세법 시행령 제2조 제8항 제6호)

사. 해당 법인이 공정거래법에 의한 기업집단에 속하는 법인인 경우 그 기업집단에 소속된 다른 계열회사 및 그 계열회사의 임원(법인세법 시행령 제2조 제8항 제7호)

위 내용을 도표로 정리하면 다음과 같다.

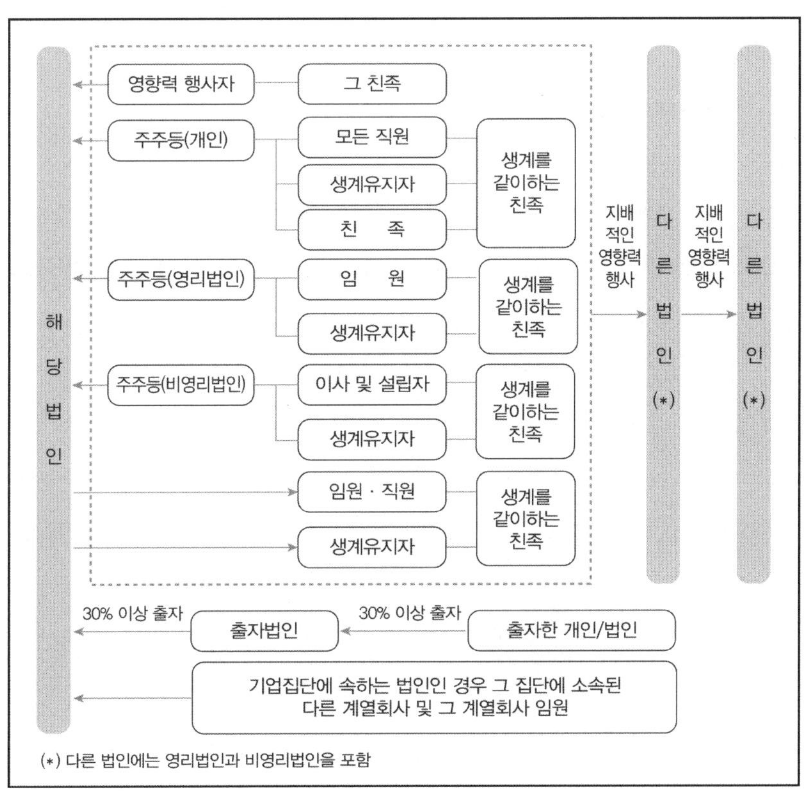

〈특수관계인 범위 개요도(법인세집행기준 57−87−1)〉

2. 특수관계인의 판단기준

특수관계인에 해당하는지의 여부를 판단할 때에는 해당 법인을 기준으로 하여 특수관계 인에 해당하는지의 여부를 판정하여야 한다는 일방관계설[975]과 해당 법인 및 거래상대방 모두를 기준으로 하여 특수관계인에 해당하는지의 여부를 판정하여야 한다는 쌍방관계설[976]이 대립한 바 있었다. 대법원은 전원합의체 판결을 통하여 舊 법인세법 시행령 제87조 제1항의 문언 해석상 쌍방관계설은 허용될 수 없다고 하면서 일방관계설을 취하였다.[977] 그러나 위 전원합의체 판결 직후 개정된 국세기본법 제2조 제20호 후단과 舊 법인세법 시행령 제87조 제1항 후단이 쌍방관계설을 명문화함에 따라 이 문제는 입법적으로 해결되었다.[978] 즉 특수관계인에 해당하는지의 여부는 해당 법인의 거래상대방이 해당 법인과 위의 가.부터 사.까지에 열거하는 관계에 있는 경우는 물론이고 해당 법인이 거래상대방과 위의 가.부터 사.까지에 열거하는 관계에 있는 경우까지 포함하여 판단하는 것이다(현행 법인세법 제2조 제12호).

예를 들면 해당 법인인 甲 법인이 乙 법인의 주주인 경우에 甲 법인을 기준으로 하면 乙 법인은 甲 법인의 주주에 해당하지 않으므로 乙 법인은 해당 법인인 甲 법인의 특수관계인이 아닌 것으로 된다. 그러나 쌍방관계를 기준으로 하게 되면 해당 법인인 甲 법인은 乙 법인의 주주로서 특수관계인에 해당하기 때문에 乙 법인도 해당 법인인 甲 법인의 특수관계인에 해당한다는 것이다.

그러나 쌍방관계설은 특정법인의 거래상대방이 법인인 경우, 즉 거래상대방이 법인으로서 특정법인의 임원 임면권의 행사 등에 있어서 사실상 영향력을 행사할 수 있다고 인정되는 자 또는 주주등인 경우(법인세법 시행령 제2조 제5항 제1호, 제2호의 경우)와 출자관계 또는 출연관계에 있는 법인에 해당하는 경우(같은 시행령 제2조 제5항 제4호부터 제7호까지의 경우)에만 그 적용이 가능하다.[979] 따라서 법인의 임원 임면권의 행사 등에 있어서 사실상 영향력을 행사할 수 있다고 인정되는 자 또는 법인의 주주등이 개인인 경우(같은 시행령 제2조 제5항 제1호, 제2호의 경우)와 법인의 임원·직원 등인 경우(같은 시행령 제2조 제5항 제3호의 경우)에는 그 성격상 쌍방관계설을 적용할 수 없다.

甲 법인과 乙 법인이 공동출자하여 개인사업자로 등록한 공동사업장이 丙 법인과 거래할 경우 특수관계의 존부는 甲 법인 또는 乙 법인과 丙 법인 간의 관계를 기준으로 판단한다.[980]

---

975) 장재식, 「조세법」, 서울대학교출판부, 1995, 388~389면.
976) 강인애, 「조세법 IV」, 조세통람사, 1993, 154면; 이종규, 「법인세법해설」, 삼일인포마인, 2001, 769면; 정인진, "부당행위계산의 부인", 「조세사건의 제문제(하)」, 법원행정처, 1993, 184면; 조달영, 「법인세법정해」, (주)영화조세통람, 2003, 1135면.
977) 대법원 2011. 7. 21. 선고 2008두150 전원합의체 판결.
978) 위 대법원 판결 및 그 이후의 개정경위에 관한 상세는 강석규, 「조세법쟁론」, 제8판, 2024, 699~700면.
979) 김완석, 「세법상 특수관계자와 관련된 문제점 및 개선방안」, 한국경제연구원, 2005, 105~106면.
980) 서면-2019-법령해석법인-4313, 2020. 8. 13.

Ⅲ. 특수관계인의 판단시점

특수관계인의 판단시점에 관하여는 후술한다.

Ⅳ. 특수관계인과 간의 거래

부당행위계산부인은 원칙적으로 특수관계인 간의 거래에 적용된다. 그 판단은 형식적으로 행한다. 따라서 두 특수관계법인이 동일한 건물 내에 각자의 공간을 사용하여 개별적으로 인테리어 공사를 시행하였는데 공익사업 대상이 되어 수용 보상금이 지급된 사안에서 보상금의 배분기준이 부당하다는 이유로 부당행위계산 부인에 따른 과세처분이 행해진 사안에서 조세심판원은 보상금은 보상심의위원회가 결정하여 시행자가 지급하는 것으로 두 특수관계법인 간에 '행위 또는 계산'이 존재하지 않음을 이유로 과세처분을 취소하였다.[981]

한편, 법인세법 시행령 제88조 제2항은 부당행위계산 부인규정은 그 행위당시를 기준으로 하여 해당 법인과 특수관계인 간의 거래뿐만 아니라 '특수관계인 외의 자를 통하여 이루어진 거래'에 대하여도 적용된다고 규정하고 있다.

판례는 甲 법인과 甲 법인의 이사들인 A 등이, 甲 법인이 보유한 乙 법인 발행주식 전부 및 乙 법인에 대한 경영권과 A 등이 보유한 乙 법인 발행주식 중 약 1/3에 해당하는 주식을 하나의 계약으로 일괄하여 특수관계인이 아닌 B에게 매도하고 위 돈을 지급받아 각자가 양도한 주식 수의 비율대로 이를 나누어 가졌는데, 과세관청이 甲 법인이 A 등에게 분여한 이익을 익금산입하여 甲 법인의 해당 사업연도 법인세 등을 증액하는 처분을 한 사안에서, A 등이 받은 돈 중 그들이 양도한 주식의 한국거래소 종가를 넘는 부분이 법인세법 제52조, 법인세법 시행령 제88조 제1항 제9호가 정한 부당행위계산 부인의 대상이 된다고 보면서 거래상대방이 특수관계인에 해당하지 않더라도 '특수관계인 외의 자를 통하여 이루어진 거래'에 해당한다고 보았다.[982]

또한 판례는 특수관계에 있는 甲 법인, 乙 법인 및 두 법인의 대표이사로서 특수관계에 있었던 A(개인)가 특수관계인이 아닌 丙 법인에게 甲, 乙, A의 각 소유토지를 일괄매매하면서 甲 법인, 乙 법인과의 매매가액은 낮게, A와의 매매가액은 높게 정한 사안에서 법인세법 시행령 제88조 제2항이 특수관계인 외의 자를 통하여 이루어진 거래에 관하여도 부당행위계산 부인규정을 적용할 수 있도록 규정하고 있음을 들어 비록 위 매매계약의 거래상대

---

981) 조세심판원 2021. 11. 1. 자 2021서1353 결정.
982) 대법원 2019. 4. 23. 선고 2016두54213 판결.

방은 특수관계인이 아니지만 부당행위계산 부인규정이 적용될 수 있다고 보았다.[983]

　한편 대법원 2018. 3. 15. 선고 2017두63887 판결은 카지노업을 영위하는 원고가 '甲 관광개발공사 정상화 유도를 통한 지역경제 활성화 기여'를 지정기탁사유로 150억원을 태백시에 기부하였고 甲 관광개발공사는 태백시로부터 위 기부금을 교부받아 운영자금으로 사용한 사안에 관한 것이다. 원고는 위 기부금을 지방자치단체에 무상으로 기증하는 금품에 해당한다고 보아 해당 사업연도의 손금에 산입한 후 법인세를 신고·납부하였는데 과세관청은 원고가 제3자인 태백시를 통하여 특수관계인의 지위에 있는 甲 관광개발공사를 우회지원하였다고 판단하고 부당행위계산 부인규정을 적용하여 기부금 전액을 손금불산입하였다. 대법원은 원고의 기부행위는 기부금품법의 규정에 따라 공익적 목적을 달성하기 위하여 태백시를 상대방 및 수혜자로 하여 이루어진 것으로서 조세회피목적이 있었다고 보기 어려우므로 최종적인 결과만을 근거로 기부행위와 태백시의 자금지원행위를 하나의 행위 또는 거래로 섣불리 단정하여 과세대상으로 삼을 수 없다고 판단하였다. 위 사안은 특수관계인 외의 자가 행위의 단계 중에 포함되어 있으나 특수관계인 외의 자를 매개로 한 것으로 보지 않은 것이라고 할 수 있다.

제4절 부당성

Ⅰ. 개관

　법인세법 제52조 제1항은 문제가 된 거래로 인하여 법인세 부담을 부당하게 감소하였을 것을 요건으로 규정하고 있다. 여기서 법인세 부담이 부당하게 감소하였는지 여부는 건전한 사회 통념 및 상거래 관행과 시가[특수관계인이 아닌 자 간의 정상적인 거래에서 적용되거나 적용될 것으로 판단되는 가격(요율·이자율·임대료 및 교환 비율과 그 밖에 이에 준하는 것을 포함)]를 기준으로 판단한다(법인세법 제52조 제2항). 결국 부당성 요건 판단의 핵심은 부당성 자체의 개념과 시가라고 할 수 있다.

---

983) 대구고등법원 2016. 1. 8. 선고 2014누6464 판결(대법원 2016. 6. 10. 자 2016두35014 판결로 심리불속행 종결).

Ⅱ. 부당성의 의미

비교법적으로 법인세법 제52조 제1항에 규정되어 있는 부당성과 유사한 것으로는 일본 법인세법 제132조 이하에 규정되어 있는 부당성 요건이 있다. 일본의 경우 판례가 비동족회사비준설과 경제적 합리성설로 나뉘고 판례와 학설의 지배적 입장은 경제적 합리성설이다. 나아가 일본법인세법 제132조의2에 규정되어 있는 조직재편에 관한 부당행위계산 부인규정의 부당성 요건에 관하여 최고재판소 판결은 경제적 합리성 이외에 남용기준도 적용하고 있다.[984]

한국의 경우 종래 학설과 판례[985]가 일치하여 경제적 합리성설을 취하고 있다. 부당성의 판단기준은 일단 시가로서 시가에 따른 거래는 부당성 요건을 조각하는 반면[986] 시가와 다른 거래는 일단 부당성을 충족한 것으로 본다. 그러나, 구체적인 거래가 시가와 다른 가격으로 행해지더라도 이상성이 없다면 본 요건을 충족하지 않는다. 학설과 판례는 문제되는 행위 또는 소득금액의 계산에서 이상성을 판단할 때 구체적인 행위나 거래가 주위의 경제적 사정 및 경제적 합리성에 비추어 적합한 것인지 또는 자연스러운 것인지의 여부를 기준으로 한다.[987] 즉 대법원은 부당을 경제적 개념으로 이해하여 '경제적 합리성을 결여한 거래'라고 지칭하면서,[988] 경제적 합리성을 판단할 때에는 경제인이 통상적으로 선택하리라고 기대되는 거래가 기준이 된다고 하였다. 그 가장 전형적인 경우가 시가와 다른 거래가격으로 거래한 경우이지만 시가와 다른 거래가격으로 거래하였더라도 언제나 경제적 합리성이 없는 것은 아니다.

일반화하기는 어렵지만 법인과 특수관계인 간의 거래가 불가피하였거나 특수관계인 이외의 제3자와의 거래도 특수관계인과의 거래와 동일한 조건으로 행하였다면 경제적 합리성을 인정하여야 할 가능성이 높다.[989]

판례는 법인이 임원에 대한 퇴직급여의 지급형태를 확정기여형 퇴직연금제도로 변경한 후 최초로 납입한 부담금 액수가 과다하다고 하여 부당성 여부가 문제된 사안에서 납입한 부담금 액수를 기준으로 조세부담을 부당하게 감소시켰는지 여부를 판단할 수는 없다고 한다. 임원에 대한 확정기여형 퇴직연금제도는 법인의 상황에 따라 사업연도별로 부담금 납입금액을 달리 할 수 있고 실제로 수급자인 임원이 퇴직하기 전에는 지급되지 않기 때문이

---

984) 상세한 논의는 본서 195면 참조.
985) 대법원 2004. 9. 23. 선고 2002두1588 판결; 대법원 1990. 5. 11. 선고 89누8095 판결.
986) 정병문, 앞의 논문, 375면.
987) 최명근, 「법인세법」, 세경사, 1998, 413면.
988) 대법원 1979. 2. 27. 선고 78누457 판결.
989) 삼일인포마인, 「법인세법 조문별 해설」, 삼일인포마인, 2025, 법 제52조 해설 항목.

다. 따라서 실제로 퇴직한 날이 속하는 사업연도에 그때까지 법인이 납입한 부담금의 합계
액을 기준으로 부당성을 판단하여야 한다(법인세법 시행령 제44조의2 제3항 단서).[990]

Ⅲ. 시가와 경제적 합리성의 관계

시가는 부당성 요건의 일부이지만 편의상 별도의 항목에서 다루기로 한다. 여기서는 시
가와 경제적 합리성 간의 관계를 정리하기로 한다. 부당행위계산 부인의 요건은 어디까지
나 법인의 행위 또는 계산으로 인한 법인세 부담의 부당한 감소이다. 즉, 부당성이 전면에
제시되어 있다. 다만 법인세법 제52조 제2항은 부당성을 판단할 때 시가를 기준으로 하도록
하고 있다. 시가와 다른 거래를 한 결과 법인의 법인세 부담이 감소한다면 그 시가와 다른
거래 자체가 부당성을 띠게 된다는 의미이다. 따라서 과세관청이 부당성 요건을 입증하려
면 우선 시가를 입증하여야 한다.[991]

통설과 판례의 입장인 경제적 합리성설은 시가와 다른 가격에 의한 거래를 일단 경제적
으로 합리성이 인정되기 어려운 이상성이 있는 거래로 본다. 그러나, 경우에 따라서는 시가
와 다르더라도 그렇게 하지 않으면 안 될 사업상 목적이 존재하는 경우도 있다. 그런 경우
에는 시가와 다른 거래에도 경제적 합리성이 인정될 수 있다.[992] 결국 시가는 부당성 요건
의 핵심이지만 전부라고 할 수 없다. 이와 관련하여 입증책임을 어떻게 볼 것인지의 문제가
제기된다(後述).

Ⅳ. 경제적 합리성에 관한 행정해석

법인세법 기본통칙은 경제적 합리성 판단에 관한 예시를 들고 있다(법인세법 기본통칙 52-
88…2, 3).

---

990) 대법원 2019. 10. 18. 선고 2016두48256 판결.
991) 의정부지방법원 2024. 11. 19. 선고 2024구합11001 판결(2025. 4. 1. 현재 서울고등법원 2024누70984로 계속
  중)은 법인세법 시행령 제88조 제1항 제9호를 적용할 경우 과세관청은 이익의 분여사실을 입증하면 되고
  시가 및 경제적 합리성을 입증할 필요는 없다고 판시하고 있는바, 상위규범인 법인세법 제52조 제2항의
  문언에 반하는 해석으로 생각된다.
992) 사안에 따라서는 시가를 따지지 않고 바로 경제적 합리성의 유무를 판단하기도 한다. 대법원 2014. 4. 10.
  선고 2013두210127 판결.

1. 경제적 합리성을 부인하는 경우

행정해석상 조세의 부담을 부당하게 감소시킨 것으로 인정되는 경우를 예시하면 다음과
같다(법인세법 기본통칙 52-88…2).

① 특수관계인으로부터 영업권을 적정대가를 초과하여 취득한 때
② 주주 등이 부담하여야 할 성질의 것을 법인이 부담한 때
③ 주주 또는 출자자인 비영리법인에게 주식비율에 따라 기부금을 지급한 때
④ 사업연도 기간 중에 가결산에 의하여 중간배당금 등의 명목으로 주주 등에게 금전을
지급한 때(상법 제462조의3에 따른 중간배당의 경우 제외)
⑤ 대표자의 친족에게 무상으로 금전을 대여한 때(이 경우에는 대표자에게 대여한 것으
로 본다)
⑥ 연임된 임원에게 퇴직금을 지급한 때

2. 경제적 합리성을 인정하는 경우

이밖에 조세의 부담을 부당하게 감소시킨 것으로 인정되지 않는 경우를 예시하면 다음
과 같다(법인세법 기본통칙 52-88…3).

① 법인의 업무를 수행하기 위하여 초청된 외국인에게 사택 등을 무상으로 제공한 때
② 채무자회생법에 따른 범위 내에서 법정관리인에게 보수를 지급한 때
③ 채무자회생법에 따른 법정관리인이 법원의 허가를 받아 통상의 이율이나 요율보다
낮게 이자나 임대료를 받은 때
④ 건설공제조합이 조합원에게 대출하는 경우의 이자율이 금융기관의 일반대출 금리보
다 낮은 경우로서 정부의 승인을 받아 이자율을 정한 때
⑤ 정부의 지시에 의하여 통상판매가격보다 낮은 가격으로 판매한 때
⑥ 특수관계인 간에 보증금 또는 선수금 등을 수수한 경우에 그 수수행위가 통상의 상
관례의 범위를 벗어나지 아니한 때
⑦ 직원(주주 등이 아닌 임원과 시행령 제50조 제2항에 따른 소액주주 등인 임원을 포
함한다. 이하 같다)에게 포상으로 지급하는 금품의 가액이 해당 직원의 근속기간, 공
적내용, 월급여액 등에 비추어 적당하다고 인정되는 때
⑧ 직원에게 자기의 제품이나 상품 등을 할인판매하는 경우로서 다음에 해당하는 때
㉠ 할인판매가격이 법인의 취득가액 이상이며 통상 일반 소비자에게 판매하는 가액
에 비하여 현저하게 낮은 가액이 아닌 것
㉡ 할인판매를 하는 제품 등의 수량은 직원이 통상 자기의 가사를 위하여 소비하는
것이라고 인정되는 정도의 것
⑨ 대리점으로부터 판매대리와 관련하여 보증금을 받고 해당 보증금에 대한 이자를 적
정이자율을 초과하지 않는 범위 내에서 지급하는 때
⑩ 특수관계인 간의 거래에서 발생된 외상매출금 등의 회수가 지연된 경우에도 사회통

념 및 상관습에 비추어 부당함이 없다고 인정되는 때

⑪ 직원이 부당유용한 공금을 보증인 등으로부터 회수하는 때

⑫ 직원이 공금을 부당유용한 경우로서 해당 직원과 그 보증인에 대하여 횡령액의 회수를 위하여 법에 의한 제반절차를 취하였음에도 무재산 등으로 회수할 수 없는 때

⑬ 특수관계인에 대한 가지급금 등의 채권액이 채무자 회생 및 파산에 관한 법률에 의하여 정리채권으로 동결된 때

⑭ 법인이 합병으로 인하여 취득하는 자기주식에 대하여 배당을 하지 않은 때

⑮ 법인이 국세기본법 제39조에 따른 의한 제2차 납세의무자로서 특수관계인의 국세를 대신 납부하고 가지급금 등으로 처리한 경우

⑯ 법인이 근로자복지기본법에 의한 우리사주조합의 조합원에게 자사주를 법인세법 시행령 제89조에 따른 시가에 미달하는 가액으로 양도하는 경우. 다만, 금융지주회사의 자회사인 비상장법인이 해당 금융지주회사의 우리사주조합원에게 양도하는 경우에는 해당 법인의 직원이 취득하는 경우에 한한다.[993]

위 법인세법 기본통칙 이외에도 다음과 같은 행정해석들은 문제된 거래의 경제적 합리성을 인정한 결과로 볼 수 있다.

◦지방자치단체로부터 현물출자 받은 자산을 유상감자를 통해 현물출자 당시의 가액으로 반환하는 거래는 부당행위계산부인 적용대상이 아니라고 본 행정해석[994]

◦합병법인의 주주와 피합병법인의 주주가 동일한 법인으로서 1인 주주이고 합병당사법인 모두 비상장법인인 경우 회사 가치평가 절차를 거치지 않고 임의로 합병비율을 산정하더라도 법인세법 시행령 제88조 제1항 제8호 가목을 적용할 수 없다고 본 행정해석[995]

위 경우 합병당사법인들은 경제적 단일체이므로 합병비율을 어떻게 산정하건 경제적으로 의미가 없기 때문이다.

Ⅴ. 경제적 합리성을 인정한 판례 및 결정례

판례는 경제적 합리성의 유무를 판단할 때 거래행위의 여러 사정을 구체적으로 고려하여

---

993) 2004. 4. 1. 법인세법 기본통칙 개정시 법인이 근로자복지기본법에 의한 우리사주조합에 출연하는 자사주의 장부가액을 손금산입하는 법인세법 시행령 제19조 제16호와 형평을 맞추기 위하여 추가한 것이다. 삼일인포마인, 앞의 책, 법 제52조 해설 항목.
994) 기획재정부 법인세제과-78, 2024. 2. 14.
995) 서면-2023-법인-0171, 2023. 8. 3.

그 거래행위가 건전한 사회통념이나 상관행에 비추어 경제적 합리성을 결여한 비정상적인 것인지 여부에 따라 판단하되, 비특수관계인 간의 거래가격[996], 거래당시의 특수사정[997]등도 고려하여야 한다고 한다. 거래당시의 특수사정으로 특수관계인인 거래처 관리의 필요성,[998] 광고선전의 효과를 높이기 위하여 특수관계인 일방이 광고선전비를 전담하기로 한 사정,[999] 정부의 정책지침이나 행정지도,[1000] 관계회사의 압력이나 거래처와의 관계[1001] 등을 들 수 있다.

경제적 합리성 판단은 결국 개별 사안별로 시가와 다르게 거래를 할만한 여러 사정을 기준으로 할 수밖에 없다. 따라서 판례가 개별 사안에서 어떻게 판단하였는지를 검토하는 것이 중요한 의미를 가진다. 시가와 다른 거래는 일단 경제적 합리성이 없는 것으로 보게 되므로 경제적 합리성이 부인될 가능성이 높다. 따라서 선례로서의 의미를 갖는 것은 시가와 다른 거래가격으로 거래가 행해졌지만 경제적 합리성이 인정되는 사안인바, 이하에서는 그런 사안들 중 경제적 합리성이 인정된 판례들을 검토한다.

1. 대법원 2023. 6. 1. 선고 2019두31633 판결

甲 법인은 관광호텔업을 영위하는 내국법인으로서 A, B 두 상표의 상표권자이다. 甲 법인의 특수관계인인 乙 법인은 A상표를 사용하였으나 상표권사용료를 지급하지 않았고 다른 특수관계인인 丙, 丁, 戊 법인은 B 상표를 사용하였으나 경영관리수수료를 지급하였을 뿐 별도로 상표권 사용료 명목의 돈을 지급하지는 않았다. 과세관청은 甲 법인이 특수관계인인 乙, 丙, 丁, 戊 법인으로부터 상표권 사용료를 받지 않은 것은 부당행위계산에 해당한다고 보아 각 법인의 순매출액에 일정한 상표사용료율을 곱한 금액을 익금산입하였다. 이에 관하여 대법원은 상표권자가 상표사용자로부터 상표권 사용료를 지급받지 않았다는 이유만으로 곧바로 그 행위가 경제적 합리성을 결여하였다고 단정할 것은 아니고, 상표권 사용의 법률상·계약상 근거 및 그 내용, 상표권자와 상표권 사용자의 관계, 양당사자가 상표

---

996) 대법원 1986. 11. 11. 선고 85누986 판결 등.
997) 대법원 1997. 2. 14. 선고 96누9966 판결; 대법원 1992. 3. 31. 선고 91누8555 판결; 대법원 1990. 5. 11. 선고 89누8095 판결 등.
998) 대법원 1990. 5. 11. 선고 89누8095 판결.
999) 대법원 1992. 3. 31. 선고 91누8555 판결.
1000) 대법원 1987. 10. 13. 선고 87누357 판결(정부의 분리경영방침에 따라 여객자동차회사가 그 분리노선과 차량을 다른 회사에 양도한 경우에는 이를 정상적인 양도양수거래라고는 볼 수 없으므로 위 회사가 장부에 계상된 자산인 차량에 관하여만 그 양도대금을 수수하고 부외자산인 노선면허에 관하여는 그 양도대금을 수수하지 않았더라도 조세부담을 부당히 감소시킨 것으로 볼 수 없다).
1001) 대법원 1990. 5. 11. 선고 89누8095 판결.

의 개발, 상표가치의 향상, 유지, 보호 및 활용과 관련하여 수행한 기능 및 그 기능을 수행하면서 투여한 자본과 노력 등의 규모, 양당사자가 수행한 기능이 상표를 통한 수익창출에 기여하였는지 여부 및 그 정도, 해당 상표에 관한 일반 수요자들의 인식, 그밖에 상표의 등록 사용을 둘러싼 제반사정 등을 종합적으로 고려하여 상표권자가 상표권 사용료를 지급받지 않은 행위가 과연 경제적 합리성을 결여한 비정상적인 것인지 여부를 판단하여야 한다는 고 전제한 후에 A상표는 乙 법인이 영업에 사용하면서 관리에 필요한 비용을 직접 지출하여 온 반면, 甲 법인은 A상표를 등록한 이후에도 이를 영업에 사용하거나 가치를 높이기 위한 노력을 하지 않아 A상표가 갖는 재산적인 가치는 대부분 乙 법인에 의하여 형성되었음을 들어 甲 법인이 乙 법인으로부터 상표권 사용료를 받지 않더라도 경제적 합리성을 결여한 비정상적인 거래행위로 볼 수 없다고 하였다. 또한 甲 법인이 丙, 丁, 戊 법인으로부터 받은 경영관리수수료에는 B상표에 대한 상표권 사용료가 포함되어 있다고 봄이 상당하다는 점을 들어 甲 법인이 B상표에 관한 사용료를 별도로 지급받지 않았더라도 경제적 합리성을 결여한 비정상적인 거래행위로 볼 수 없다고 판시하였다.

2. 대법원 2020. 12. 10. 선고 2017두35165 판결

甲 법인(원고)이 그 대표이사인 A의 주식매수의무를 대신 이행하여 금융기관인 丙 법인으로부터 乙 법인이 발행한 이 사건 주식을 1주당 23,518원에 매수(이하 '이 사건 거래'라고 한다)한 사안이다. 원심은, 甲 법인과 특수관계에 있는 대표이사 A가 이 사건 주식을 고가로 매수하여야 함에도 그러한 매수의무가 없는 甲 법인이 A 대신 이 사건 주식을 고가에 매수한 이 사건 거래는 경제적 합리성을 결여한 거래이고, 甲 법인의 위와 같은 행위는 법인세법 시행령 제88조 제1항 제1호에 준하는 행위로서 같은 항 제9호 소정의 '이익분여'에 해당하여 부당행위계산 부인의 대상이 된다고 판단하였다. 그러나 대법원은, ① 甲 법인과 乙 법인의 관계, 이 사건 거래 전후로 乙 법인과 관련된 여러 사정을 고려하면, 甲 법인이 이 사건 거래 당시 乙 법인의 미래가치를 평가하여 이 사건 주식의 1주당 시가가 23,518원보다 훨씬 높다고 판단한 것은 객관적으로 타당하다고 보이는 점, ② A는 다른 금융기관인 丁에 대해서도 동일한 조건으로 이 사건 회사 발행주식을 매수할 의무를 부담하고 있었는데, 이 사건 주식과 마찬가지로 甲 법인으로 하여금 그 주식을 매수하게 할 수 있었을 것임에도 직접 주식매수의무를 이행한 사정에 비추어, 甲 법인과 A에게 이 사건 거래를 통해 A로 하여금 이 사건 주식을 고가에 매수할 의무를 면하게 하려는 의도가 있었다고 단정하기 어려운 점 등에 비추어 보면, 甲 법인이 이 사건 거래를 통해 이 사건 주식을 시가보다 높은 가격으로 매수하였

다고 하더라도 그러한 거래가 경제적 합리성을 결여한 비정상적인 거래행위로서 부당행위계산 부인의 대상에 해당한다고 보기 어렵고, 이는 이 사건 거래로 인해 甲 법인과 특수관계에 있는 A가 이 사건 주식을 매수할 의무를 면함으로써 결과적으로 경제적인 이익을 얻었다고 하더라도 마찬가지라고 판단하여 원심 판결을 파기환송하였다.

3. 대법원 2018. 12. 28. 선고 2017두47519 판결

甲 법인의 최대주주이자 실질적인 경영자인 A가 자신이 보유한 甲 법인의 주식과 甲 법인으로부터 인수한 신주인수권부사채를 乙 법인에 양도하기로 하는 내용의 주식양수도계약을 체결하면서 甲 법인의 경영권을 양도하기로 하였고, 이와 동시에 甲 법인이 보유한 丙 법인의 지분 100%를 A가 매입하되, 매입대금의 지급은 A가 보유한 신주인수권부사채의 원금 및 이자와 상계할 수 있다는 등의 내용으로 합의를 한 후, A가 위 합의에 따라 甲 법인이 보유한 丙 법인 주식을 양수하는 내용의 주식양수도계약을 甲 법인과 체결한 사안이다. 과세관청은 甲 법인이 주식을 특수관계에 있는 A에게 부당하게 저가로 양도한 것으로 보아 상증법 제63조에 따라 산정한 주식 가액과 위 주식 양도대금과의 차액을 甲 법인의 해당 사업연도 익금에 산입하고 이를 A에 대한 배당으로 소득처분하여 A에게 종합소득세를 부과하였다. 대법원은 위 주식양수도계약은 시기, 거래의 조건 등에 비추어 이해가 상반되는 대립당사자 지위에 있는 A와 乙 법인이 경영권을 양도하는 과정에서 체결된 선행계약 및 보충합의에 기초하여 이루어진 후속계약에 해당하고, A가 아무런 실체가 없는 乙 법인과 통모하여 위 주식을 저가양수하였다고 보기 어려운 점, A가 甲 법인의 최대주주로서의 지위를 포기하려 하는 특수한 상황에서 위 주식을 양수하기로 한 점 등에 비추어 A가 甲 법인과 체결한 주식양수도계약이 건전한 사회통념이나 상관행을 기준으로 할 때 경제적 합리성이 없는 비정상적인 거래행위에 해당하지 않는다고 보았다.

4. 대법원 2018. 8. 30. 선고 2015두56458 판결

甲 법인(원고)은 민간투자법에 따라 우면산터널 사업을 시행하던 법인으로 사업 초기에 자금을 확보하기 위하여 특수관계인인 甲 법인 주주들로부터 후순위차입금을 조달하면서 연 20%의 이자율을 적용하였는데 과세관청은 적정 이자율을 11.35%[1002]로 결정하고 위 이자율을 초과하는 부분에 관하여 부당행위계산 부인규정을 적용하였다. 대법원은 ① 위 후

1002) 기준이자율 7.65%(후순위차입 당시 기존 차입금의 고정이자율), 만기프리미엄 1.26%, 후순위위험 프리미엄 1.62%, 선순위차입금과다 프리미엄 0.82%만을 인정한 것이다.

순위차입금은 담보조건 등이 선순위차입금과 차이가 있고, 원심이 채택한 시가감정 결과는 이 사건 후순위차입금과 담보조건 및 채무자의 신용등급상 채무불이행위험이 유사한 회사채 및 자산유동화증권거래를 비교대상거래로 삼아 이루어진 합리적인 것으로서, 그에 의하면 이 사건 후순위차입금 이자율의 시가는 연 19.63%로 원고가 정한 이자율 연 20%와 그다지 차이가 없다는 점, ② 복수의 회계법인은 국제조세조정법에 따라 적정 이자율을 산출하였는데, 그 결과도 이 사건 후순위차입금의 이자율 연 20%는 적정 이자율의 범위 내에 있다는 의견을 제시하고 있다는 점, ③ 민간투자사업에서 민간투자시설 완공 후 사업시행자가 신규 투자자를 유치하여 기존 출자자의 지분을 매수하게 하면서, 자본금을 감자하고 이를 대체하는 후순위차입금을 조달함으로써 자본구조를 변경하는 것은 민간투자사업기본계획에서 예정하고 있는 것인데, 원고도 이에 따라 자금재조달 절차를 진행한 점, ④ 주무관청인 서울특별시는 원고와 수차례 실무협상을 거쳐 감자할증비율 100%에 상응한 후순위차입금을 이자율 연 20%로 조달하고, 최소운영수입보장률을 2007. 10. 1.부터 소급적용하여 기존의 85%를 79%(단 2024. 1. 1.부터는 78%)로 인하하기로 합의한 뒤, 이를 바탕으로 변경협약을 체결한 점 등을 종합하여 경제적 합리성을 인정하였다. 대법원 2018. 7. 26. 선고 2016두40375 판결 및 대법원 2018. 7. 20. 선고 2015두45298 판결도 유사 사안으로 같은 취지이다.[1003]

5. 대법원 2014. 12. 11. 선고 2012두22553 판결

원고는 골프장을 개설하여 운영하고 있는 법인이고, 甲 사단법인은 원고의 1인주주로서 원고와 시설이용계약을 체결하고 원고의 골프장을 공동으로 이용하여 왔다. 과세관청은 원고가 특수관계인인 갑 사단법인에 대하여 지급받은 시설이용료가 비회원의 시설이용료보다 낮아 시가에 미치지 못한다는 이유로 법인세법 시행령 제88조 제1항 제6호를 적용하여 과세하였다. 대법원은 원고가 자신의 회원으로부터 수령한 1인당 입회비와 甲 사단법인이 원고에게 지급한 기존 회원 1인당 보증금 액수가 거의 동일하고 원고 회원과 마찬가지로 갑 사단법인 회원이 위 골프장을 지속적으로 이용할 것을 전제로 위 시설계약이 체결된 점 등을 들어 경제적 합리성이 없는 비정상적인 행위로 볼 수는 없다고 판단하였다.[1004]

1003) 이 판결들에 반대하는 입장으로 김영순, "민간투자사업에서 주주로부터의 후순위차입금에 대한 적정 이자율 연구", 「조세법연구」 제28집 제2호, 2022, 67면 이하.
1004) 위 판결에 관한 상세는 강석규, 앞의 책, 712면.

6. 대법원 2014. 4. 10. 선고 2013두20127 판결

휴대전화 부품을 판매하는 원고회사가 특수관계인인 건설시공회사가 시공하고 특수관계가 없는 시행사가 분양하는 호텔 객실을 시행사로부터 분양받고, 그 시행사는 원고회사로부터 수령한 분양대금으로 시행사의 시공사에 대한 공사미수금 채무 등을 변제한 사안이다. 대법원은 호텔 객실 매입행위가 행위 당시를 기준으로 건전한 사회통념이나 상관행에 비추어 경제적 합리성을 결여한 비정상적인 행위로 볼 수 없다고 판단하였다.

7. 대법원 2013. 4. 26. 선고 2012두28407 판결

甲 법인이 1995 사업연도부터 2005 사업연도까지의 재고자산(의류 및 생활용품)을 일괄적으로 특수관계인인 乙 법인에 매각하였는데 2002 사업연도부터 2004 사업연도까지의 의류는 장부가액의 40% 정도로 평가하고 나머지는 장부가액과 같은 금액으로 평가하였다. 과세관청은 이를 저가양도에 해당한다고 보아 부당행위계산 부인규정을 적용하였으나 대법원은 甲 법인이 기존의 특정매입 방식에서 직매입 방식으로 거래방식을 전환하면서 재고자산을 매각하게 된 점, 매각대상물의 내용 및 성질 등에 비추어 이를 상관행이나 일반적·계속적 거래에서 적용되는 가격으로 매각하기 어려웠을 것으로 보이는 점, 감정평가법인이 생산연도, 유행과 형식, 관리 및 보관상태, 매출원가, 대리점 납품가격 및 판매가격 등을 고려하여 매각대금을 평가한 점 등을 들어 위 거래에 경제적 합리성이 있다고 인정하였다.

8. 대법원 2012. 11. 29. 선고 2010두19294 판결

대법원은 甲 법인이 특수관계인인 乙 법인으로부터 국세청장이 고시한 당좌대출이자율보다 낮은 이자율로 교환사채를 인수한 사안에서 ① 교환사채는 그 사채를 발행한 법인이 소유하고 있는 주식 등과 교환을 청구할 수 있는 권리가 부여되어 있어 그 가치만큼 보통의 사채보다 이자율이 낮은 것이 일반적인 점, ② 이 사건 교환사채의 발행 당시 乙 법인과 동일한 신용평가등급(A)의 기업이 발행한 사채에 대한 채권가격평가기관의 공시수익률은 7.73%로서, 이 사건 교환사채의 이자율 8%와 그다지 차이가 없는 점, ③ 이 사건 교환사채의 이자율 8%는 경영권 분쟁과정에서 이해가 상반된 甲 법인의 실질 사주와 乙 법인의 실질 사주가 협의를 거쳐 정해진 점, ④ 교환청구권의 가치는 교환사채의 매각이나 교환청구권의 행사과정 등을 통하여 현실화되는데, 甲 법인도 이 사건 교환사채의 매각과정에서 교환청구권의 가치를 일부 실현한 점 등을 종합하여 건전한 사회통념이나 상관행에 비추어

경제적 합리성을 결여한 비정상적인 자금의 저율대여로서 부당행위계산 부인대상에 해당
한다고 단정하기는 어렵다고 판시하였다.

9. 대법원 2010. 1. 14. 선고 2009두12822 판결

甲 법인은 특수관계인 乙 법인에 대한 대여금채권을 출자전환하는 방법으로 乙 법인이
발행한 실권주를 고가인수한 사안이다. 대법원은 甲 법인이 회사의 손해를 줄이기 위하여
는 대여금채권을 그대로 보유하는 것보다는 출자전환하여 그 乙 법인의 재무구조를 개선함
으로써 신규 공사수주를 할 수 있도록 하여 계속기업으로서 존속하도록 하는 것이 낫다는
판단 하에 이루어진 것이라면 경제적 합리성을 인정할 수 있다고 판단하였다.[1005]

10. 대법원 2004. 10. 28. 선고 2004두6280 판결

대법원은 甲 법인이 주주로 있던 乙 법인 발행의 신주를 일부만 인수하고 나머지를 인수
하지 않은 사안에서 신주인수는 주주의 권리일 뿐 의무가 아니며 신주를 인수하면 인수자
금을 조달하기 위한 부담과 여러 법령상의 제한 및 경제적 불이익이 수반되는 점에 비추어
신주인수권을 포기한 것이 신주인수권을 포기한 것이 건전한 사회통념이나 상관행에 비추
어 용인할 만한 상당한 사유가 있는 경우라면 부당행위계산 부인규정을 적용할 수 없다고
판단하였다. 구체적으로 대법원은 ① 甲 법인(원고)이 乙 법인(증자회사)에 대한
130,000,000원의 대여금채권을 모두 신주인수대금으로 출자전환 하더라도 70,000,000원의
신주인수대금이 부족하여 乙 법인에게 배정된 신주를 모두 인수하기 위해서는 차입금으로
그 자금의 일부를 마련할 수밖에 없었던 점, ② 甲 법인은 증자당시 자본금에 비하여 과중
한 부채의 부담을 안고 있는 등 유동성비율 중 부채비율이 1995년에 비하여 급격히 증가하
고 산업평균비율보다도 현저히 높아 부채상환능력과 재무구조의 제고가 필요한 상태였던
점, ③ 甲 법인은 상당한 당기 순손실이 발생하여 수익성이 악화됨으로써 자금사정에 어려
움을 겪고 있었으며 乙 법인은 비상장법인으로서 1991년을 제외하고는 배당을 실시한 바
없어서 인수한 신주를 쉽게 현금화하거나 현실적인 이익배당을 기대하기도 어려운 상태였
던 점, ④ 甲 법인은 신주인수자금을 위한 차입금에 관한 지급이자마저도 손금불산입을 당
할 처지에 있었던 점, ⑤ 甲 법인은 자신이 실질적으로 설립한 丙 법인에 대한 투자의 필요
성이 있었던 점 등을 근거로 甲 법인이 乙 법인에 대한 신주인수권을 일부만 인수하고 나머
지를 포기한 것은 경영분석을 통하여 과중한 부채의 부담 및 법인세의 가중부담 등을 피하

1005) 같은 취지로 대법원 2003. 12. 12. 선고 2002두9995 판결.

고 합리적인 투자 및 경영을 하기 위하여 행한 경제적 합리성이 있는 행위로서 부당행위계산에 해당하지 않는다고 판단하였다.[1006]

11. 대법원 2007. 12. 13. 선고 2005두14257 판결

서울이동통신의 대주주이자 대표이사인 소외 1과 그 임원들이 경영권확보를 위하여 기존 주주들의 신주인수권을 보장하고 있는 상법상 제한을 잠탈하는 방법으로 원고 회사들에게 신주인수권의 일부를 무상으로 취득하게 하였다가 기존주주들이 형사고소와 민사소송을 제기함에 따라 부당하게 취득한 주식을 정당하게 귀속되었어야 할 기존주주들에게 기존 주식지분비율을 유지시켜 주는 형태로 양도하기로 합의가 이루어졌고, 이에 따라 서울이동통신의 기존주주들인 소외 2, 3, 4, 원고 3에 대하여도 기존 주식지분비율대로 주식양도가 이루어졌다. 위와 같이 양도된 주식총수는 원고 아틀라스인베스트먼트가 기존주주들에게 양도한 주식총수의 10%에도 못미치는 규모이고, 그 양도가격도 다른 기존주주들과 마찬가지로 1998. 3. 19.자 합의에 따른 금액으로 정해진 것이므로, 소외 2, 3, 4, 원고 3이 원고 아틀라스인베스트먼트의 특수관계인이라는 이유만으로 주식양도가격과 주식시장의 최종 시세가액을 산술적으로만 비교하여 원고 아틀라스인베스트먼트의 위 양도행위가 경제적 합리성을 무시한 부당행위계산에 해당한다고 할 수 없다.

12. 대법원 2006. 11. 23. 선고 2005두4731 판결

대법원은 분할신설된 회사가 채권자보호절차에서 채권자에게 개별적 최고를 하지 않아 분할 전 회사의 보증채무를 연대하여 변제할 책임을 부담하게 된 경우 그 대위변제금에 관하여 분할 전 회사에 대하여는 구상권을 행사하지 않기로 한 것은 경제적 합리성이 있다고 보았다.

13. 서울고등법원 2024. 8. 28. 선고 2023누59393 · 59409 판결
(대법원 2025. 1. 23. 자 2024두56290 판결로 심리불속행 종결)

판례는 내국법인이 상표권을 공동소유하고 있고 상표권의 가치 형성에 실질적 기여를 한 바 없으며 다른 계열사들이 그 상표권을 사용하였거나 사용료를 납부할 의무가 있는지 명확하지 않다면 내국법인이 그 다른 계열사들로부터 상표권 사용료를 지급받지 않더라도 경

1006) 같은 취지로 대법원 1997. 2. 14. 선고 96누9966 판결.

제적 합리성이 결여된 것으로는 볼 수 없다고 한다.

14. 서울고등법원 2024. 4. 5. 선고 2022누39484 판결
(대법원 2024. 8. 14. 자 2024두40578 판결로 심리불속행 종결)

법원은 상표권자인 원고가 계열회사로부터 상표권 사용료를 수취하지 않았다면 원칙적으로 경제적 합리성을 인정하기 어렵지만 원고의 업종, 취급 품목 및 거래 고객층과 동일·유사성이 인정되지 않아 해당 상표를 사용하였다고 볼 수 없거나 사용할 가능성이 희박하며 실제로 사용한 적이 없는 계열회사로부터 상표권 사용료를 수취하지 않은 것은 경제적 합리성을 갖춘 것으로서 정당하다고 평가할 수 있다고 보았다.

15. 조세심판원 2024. 11. 14. 자 2024중2603 결정

조세심판원은 내국법인이 외국자회사에 대한 대여금을 액면가액으로 출자전환하였는데 그 시가가 액면가액보다 낮은 경우 그 차액은 일단 채무의 면제에 해당한다고 보았다(법인세법 시행령 제88조 제1항 제3호 또는 제9호). 그러나 내국법인은 외국자회사의 채권자들과 사이에 외국자회사를 위한 지급보증약정을 체결하였으므로 출자전환을 통한 재무구조개선이 이루어지지 않는다면 위 채권자들이 대여금을 조기회수하거나 내국법인이 지급보증의무를 이행하여야 할 가능성이 높고 외국자회사에 대한 대여금을 회수하는 것이 곤란하게 될 수 있었다는 점을 고려하면 위와 같은 출자전환에 경제적 합리성을 인정할 수 있다고 판단하였다.

16. 조세심판원 2023. 12. 14. 자 2023서8974 결정

내국법인이 대표이사 A로부터 다른 법인 발행 주식을 취득한 거래에서 대표이사는 형식적으로 내국법인의 대표이사였지만 실질적으로 그 1인 주주였던 B와 매매가액에 관한 협상을 거쳐 매매가액이 결정되었다면 그 매매가액은 경제적 합리성을 결여한 것으로 보기 어렵다고 보았다. 특수관계인 간 거래인지 여부는 형식적으로 판단하였지만 실질적·경제적인 관점에서 특수관계인 간 거래가 아닌 경우 경제적 합리성이 있음을 이유로 과세를 취소한 사안이라고 할 수 있다.

Ⅵ. 소결론

경제적 합리성에 관한 판단은 개별 사례마다 달라질 수 밖에 없으므로 납세자의 입장에서는 사례가 집적되어야 예측가능성이 높아질 수 있다. 비교법적으로는 특히 독일세법상 지배주주에 대한 숨은 이익처분의 적용이 배제되기 위해 요구되는 소급효금지는 경제적 합리성과 맥락이 닿아있다고 생각된다. 따라서 경제적 합리성이 인정된다고 주장할 때에는 소급효금지의 요건이 충족된 것으로 보는 개별 사례들을 원용하는 것도 가능할 것으로 생각된다. 일본의 판례들도 참고할 가치가 있다.

제5절 시가

Ⅰ. 의의

시가란 정상적인 거래에 의하여 형성된 객관적인 교환가격을 의미하며[1007] 부당성 요건의 핵심이다. 법인세법은 시가를 적용할 때에는 건전한 사회통념 및 상거래 관행과 특수관계인이 아닌 자간의 정상적인 거래에서 적용되거나 적용될 것으로 판단되는 가격(요율·이자율·임대료 및 교환비율과 그 밖에 이에 준하는 것을 포함한다)을 기준으로 하도록 하고 있다(법법 §52 ②).

법인세법의 시가 평가 관련 규정은 상당 부분 상증법의 평가 규정을 준용하고 있어 이해하기 어렵고, 내용상으로도 시가를 알 수 없는 경우에 보충적 평가방법을 통해 시가를 의제하도록 하고 있어서 시가의 개념과도 모순되는 규율체계를 두고 있다. 보충적 평가방법은 시가를 알 수 없는 경우에 적용되므로 이미 그 자체로 시가를 구하는 방법이 아니기 때문이다. 이에 따라 부당행위계산 부인의 적용상 시가를 둘러싸고 납세자와 과세관청 간에 분쟁이 끊이지 않고 있는 상황이다.

1007) 대법원 1993. 2. 12. 선고 92누9913 판결.

Ⅱ. 입법례

1. 독일법

가. 개관

독일법인세법상 숨은 이익처분에 해당하려면 법인이 주주에게 주주가 아니었다면 분여하지 않았을 이익을 분여한 것으로 인정되어야 한다. 그 세법상 효과로서 숨은 이익처분의 금액은 법인에 대하여 손금불산입되는데, 독일법인세법은 그 기준이 되는 가격에 관하여 명시적으로 규정하고 있지 않다. 그러나 통상적이고 성실한 경영자라면 주주가 아닌 자를 상대로 법인이 얻을 수 있었던 이익이 기준이 되어야 하므로 시가가 기준이 될 수밖에 없다.[1008] 실무상으로는 단행법인 평가법(Bewertungsgesetz: BewG) 제9조에 규정되어 있는 통상가격(gemeiner Wert)을 기준으로 숨은 이익처분의 성립 여부 및 효과를 산정한다.[1009]

평가법은 원칙적으로 모든 세법 영역에 적용된다(평가법 제1조 제1항). 다만 개별 세법에 평가규정이 있으면 해당 규정이 우선하여 적용된다. 예를 들어 독일소득세법의 영역에서는 같은 법 제6조가 우선 적용되고 독일상증법의 영역에서는 같은 법 제12조가 평가법 중에서 적용될 규정을 구체적으로 지시한다.[1010]

따라서 이하에서는 평가법 제9조에 규정되어 있는 통상가격의 산정방법과 주요 자산의 평가방법을 검토한다.

나. 시가의 개념

평가법에 따르면 재산은 시가로 평가하는 것을 원칙으로 한다. 평가법은 시가를 통상가격(gemeiner Wert)이라고 지칭하는데 통상가격은 '일반적인 거래'에서 경제재의 성질에 따라서 양도 시에 성립하는 가격을 말한다[건설법전(Baugesetzbuch: BauGB) 제194조, 평가법 제9조 제1항, 제2항, 제11조 제1항]. 이와 관련하여 가격에 영향을 미치는 모든 상황이 고려되어야 하고 일반적이지 않거나 개인적인 관계는 고려하지 않는다(평가법 제9조 제2항 제2문). 판례에

1008) 독일법인세집행기준 H 8.6 Hingabe von Wirtschaftsgütern.
1009) *Jäger/Lang/Raible/Ott*, 앞의 책, S. 237.
1010) 독일헌법재판소는 2018. 4. 10. 판결(BVerfG v. 10. 4. 2018, DStR 2018, 8)로 구 평가법 제19조부터 제23조까지, 제27조, 제76조, 제79조 제5항, 제93조 제1항 제2문은 2002. 1. 1. 이후부터 독일기본법 제3조 제1항의 일반적 평등원칙에 부합하지 않는다고 판단하였다. 이에 따라 입법자는 2019. 12. 31.까지 평가법의 개정의무를 부담하게 되었고 그 결과 2019. 11. 26. 자로 토지세개혁법(Grundsteuer-Reformgesetz, GrStRefG)이 성립하여 평가법 제218조부터 제263조까지로 수용되었고 그 규정은 2025. 1. 1.부터 기존의 제68조 이하를 대체한다.

따르면 여기서의 '일반적인 거래'는 자유로운 경제생활 중에서 자유로이 스스로의 이익을 지키고자 하는 각 계약당사자 간에 수요와 공급에 따른 시장경제 원칙에 따라 행해지는 거래를 말한다.[1011] 또한 '일반적이지 않은 관계'는 경제재의 가치를 평가할 때 일반적으로 고려되지 않는 특별한 상황을 포함한다.[1012] 납세자 또는 그 피승계인의 인적 사유로 인한 처분제한은 '개인적인 관계'에 해당한다.

부동산에 관하여는 부동산가액계산명령(Immobilienwertermittlungsverordnung)에 의하여 유형화된 평가방식이 적용되므로 초과평가 또는 과소평가가 행해진다. 연방헌법재판소는 평가가액과 시가와의 편차가 ± 20% 이내라면 헌법에 위배되지 않는다고 본다.[1013] 또한 통상가액을 구한다고는 하지만 재산의 종류별로 서로 다른 평가방법을 정하는 것은 입법자의 재량 범위 내로 인정된다.[1014]

다. 주요 자산별 시가 평가방법

(1) 국내 소재 부동산

국내 소재 부동산(평가법 제19조 제1항)의 가액은 평가법 제151조 제1항 제1문 제1호에 따라 결정된다. 국내 소재 부동산의 가액은 실제 관계와 평가기준일의 가치관계를 고려하여 결정된다(같은 법 제157조 제1항 제1호). 경제적 단일체인[1015] 부동산과 사업용 부동산(같은 법 제99조 제1항 제1호)은 평가법 제159조, 제176조부터 제198조까지에 따라 평가한다(같은 법 제157조 제3항).

(가) 나대지(unbebaute Grundstücke)

나대지는 평가법 제178조, 제179조를 적용하여 평가한다. 즉, 나대지는 면적과 적용 시점에서의 토지기준가액(Bodenrichtwerte, 건설법전 제196조)에 따라 평가한다(독일평가법 제179조 제1문). 토지기준가액은 본질적으로 동일한 상황, 이용관계에 있는 하나의 영역에서의 토지(그 지상 건물의 유무는 불문한다)에 관한 1제곱미터의 평균가액(Lagewert)이다.[1016] 이것은 매

1011) BFH v. 28. 11. 1980, BStBl II 1981, 353, 355 등; 독일상증세통칙 R B 9.1 제2문.
1012) 독일상증세통칙 R B 9.2 (1) 제2문.
1013) BVerfG v. 7. 11. 2006, NJW 2007, 573.
1014) *Schaffner* in Kreutziger/Schaffner/Stephany, Bewertungsgesetz Kommentar, 5.Aufl., 2021, § 177 Rn. 1-3.
1015) 평가법에 따르면 모든 경제적 단일체(wirtschaftliche Einheit)는 개별적으로 평가되어야 하고(평가법 제2조 제1항) 각각의 경제적 단일체 가액은 일체로서 확정되어야 한다(평가법 제2조 제1항 제2문). 경제적 단일체는 거래의 외관을 기준으로 결정되어야 하는데 지역적 관습, 실제의 관행, 목적 및 경제적 관련성을 고려하여야 한다. *Rümelin*, Steuerliches Bewertugsrecht, 4.Aufl., 2021, S. 13.
1016) *Tipke/Lang*, 앞의 책, Rn. 15.60.

매가격집(Kaufpreissammulungen, 건설법전 제195조)에서 산출되고 감정위원회 (Gutachterausschüsse)가 각각의 게마인데(Gemeinde: 독일의 최소 행정구역 단위)에서 관계부서로부터 송부받은 매매계약을 이용하여 관리한다.[1017] 토지기준가액은 제2역년의 12월 13일까지 지역의 감정위원회에 의하여 확정된다(건설법전 제196조 제1항 제5문).[1018] 또한 매매사례가 존재하지 않고 평가시에 토지기준가액이 이용될 수 없는 경우에는 비교가능한 토지의 가액으로부터 비교가액(Vergleichswert)이 도출된다(평가법 제179조 제4문).[1019] 또한 평가시에 개별 사정을 고려하여 토지기준가액과 달리 정할 수도 있다.[1020]

(나) 개발된 토지(bebaute Grundstücke)

개발된 토지는 나대지의 반대 개념으로 평가법 제180조부터 제191조까지에 따라서 평가한다. 평가법 제180조는 지상물이 있는 토지의 의미를 정의하고 같은 법 제181조는 종류별로 나누어 규정하며 각각의 종류별 평가방법은 같은 법 제183조부터 제191조까지 규정하고 있다. 평가법 제180조 제1항 제1문에 따르면 개발된 토지는 사용가능한 건물이 있는 토지를 말한다. 건물이 사업연도 중간에 완공되면 사업연도의 전기간 중에 완공되어 실재하였던 것으로 본다(같은 법 제180조 제1항 제2문).

제3자의 토지에 건립된 건물 또는 그 밖의 경우로서 토지의 소유자 이외의 자에게 귀속하는 건물은 설사 토지의 본질적 일부가 되었다고 하더라도 개발된 토지로 본다(같은 법 제180조 제2항).

개발된 토지의 구체적인 종류는 같은 법 제181조에 규정되어 있으며, 각 종류별로 같은 법 제182조에 따라 평가를 한다.

1) 일세대 주택 및 이세대 주택(Ein-und Zweifamilienh user, 평가법 제181조 제1항 제1호, 제2항)

일세대 주택 및 이세대 주택은 원칙적으로 비교가격방법(Vergleichwertverfahren, 같은 법 제183조)에 따라서 평가한다(같은 법 제182조 제2항 제3호).

이는 유사성이 강한 부동산의 시장가격을 적용하는 것이다.[1021] 다만 그 부동산의 실제가격이 고려가 되고 그 가격에 영향을 주는 속성이 평가대상 부동산과 충분하게 일치하여야 한다(같은 법 제183조 제1항).

1017) *Tipke/Lang*, 앞의 책, Rn. 15.60.
1018) *Tipke/Lang*, 앞의 책, Rn. 15.60.
1019) *Tipke/Lang*, 앞의 책, Rn. 15.60.
1020) *Tipke/Lang*, 앞의 책, Rn. 15.61.
1021) *Tipke/Lang*, 앞의 책, Rn. 15.64.

비교가액이 존재하지 않는 경우에는 예외적으로 물적가격방법(Sachwertverfahren, 같은 법 제189조부터 제191조까지)이 적용된다(같은 법 제182조 제4항 제1호).

2) 임대차용 부동산(Mietwohngrundstücke, 평가법 제181조 제1항 제2호, 제3항)

임대차용 부동산은 주거 또는 사용 부분을 기준으로 80% 이상이 주거 목적으로 사용되는 부동산으로서 일세대, 이세대 주택이나 구분소유부동산(Wohnungseigentum)이 아닌 것을 말한다. 평가는 수익가치법(Ertragswertverfahren)에 따른다(평가법 제182조 제3항 제1호, 제184조부터 제188조까지).

3) 구분소유부동산(Wohnungseigentum) 및 부분소유부동산(Teileigentum)
(평가법 제181조 제1항 제3호, 제4항, 제5항)

구분소유부동산과 부분소유부동산의 정의는 각각 구분소유권법(Wohnungseigentumsgesetz: WEG) 제1조 제2항, 제3항에 따른다. 평가는 원칙적으로 비교가액방식(Vergleichwertverfahren, 평가법 제183조)에 의한다(같은 법 제182조 제2항 제1호, 제2호). 비교가액(Vergleichswert)이 존재하지 않으면 예외적으로 같은 법 제189조부터 제191조까지에 따라 물적가격방법으로 평가한다(같은 법 제182조 제4항 제1호).

4) 상업용 부동산(Geschäftsgrundstücke, 평가법 제181조 제1항 제4호, 제6항)

해당 지역의 부동산시장에 통상의 임대료(평가법 제186조 제2항 제2문)가 존재하면 원칙적으로 같은 법 제182조 제3항 제2호에 따른 평가는 수익가격방법(같은 법 제184조부터 제188조까지)에 의한다. 그 외의 경우에는 물적가격방법에 의한다(같은 법 제182조 제4항 제2호, 제189조부터 제191조까지).

5) 혼합 사용 부동산(Gemischt genutzte Grundstücke, 평가법 제181조 제1항 제5호, 제7항)

현지 부동산시장에서 통상의 임대료(평가법 제186조 제2항 제2문)를 산정할 수 있으면 원칙적으로 수익가격방법(Ertragswertverfahren, 같은 법 제184조부터 제188조까지)에 따라서 평가한다(같은 법 제182조 제3항 제2호). 그 외의 경우에는 물적가격방법(같은 법 제189조부터 제191조까지)이 적용된다(같은 법 제182조 제4항 제2호). 이 범위에서는 상업용 부동산의 평가와 같다.

6) 그 밖의 개발된 토지(평가법 제181조 제1항 제6호, 제8항)

그 밖의 개발된 토지는 평가법 제181조 제2항부터 제7항까지에 해당하지 않는 토지를 말한다. 이 경우의 평가는 물적가격방법에 의한다(같은 법 제182조 제4항 제3호).[1022] 클럽하우스, 보트격납고, 학생회관, 체육관, 사격장 및 사냥터 등이 여기에 해당한다[부동산평가통칙 Richtlinien für die Bewertung des Grundvermögens(BewRGr) 제15장 제6항 제2문].

(다) 그 밖의 부동산

그 밖의 부동산에 관하여는 물적가격방법(Sachwertverfahren)이 적용된다.

(라) 평가방법의 내용

앞서 본 바와 같이 부동산 별로 어떤 평가방법을 적용하는지 정해져 있는데, 각각의 평가방법은 어떤 내용으로 되어 있는지 살펴본다.

1) 비교가격방법(Vergleichswertverfahren, 평가법 제183조)

비교가격방법은 부동산의 시가를 충분히 비교가능한 다른 부동산의 실제 매매가격으로부터 도출하는 것이다. 개발된 토지를 평가할 때 비교가격방법은 대체적으로 유사하게 건설된 건물로서 부동산시장에서 비교가능가격이 형성될 수 있는 부동산에 적용된다(독일상증세통칙 R B 183.2).[1023] 따라서 비교가격방법은 일반적으로, 구분소유부동산(Wohnungseigentum), 부분소유부동산(Teileigentum), 일세대 주택 및 이세대 주택(Ein - und Zweifamilienhäuser)에 적용된다. 비교가격방법을 적용할 때 부동산의 가격은 일반적으로 실제 실현된, 충분히 비교가능한 다른 부동산의 매매가격에서 도출된다.[1024] 비교가능한 부동산은 건축연도, 공사, 구조물의 크기, 장비표준, 유지상태, 건설하자 및 구조적 손상 등의 지표를 기준으로 결정한다.

비교가액방법을 적용할 때에는 비교매수가격(Vergleichskaufpreise, 평가법 제183조 제1항) 또는 비교요소(Vergleichsfaktoren, 같은 법 제183조 제2항)를 원용할 수 있다. 비교매수가격을 적용할 때에는 가격에 영향을 미치는 표지가 평가 대상 부동산과 충분하게 일치하는 부동산(비교부동산)의 매수가격을 사용하여야 한다. 그 매수가격은 감정위원회가 통지한 비교가격을 기초로 한다.

1022) 의문이 있는 경우에는 평가법 제75조 제1항 제6호, 제7항의 구분을 원용한다. *Rümelin*, 앞의 책, S. 56.
1023) 평가법 제11조 제2항 제2문은 비상장주식의 경우 비교가격방법을 적용할 때 평가기준일로부터 1년 이내의
　　　 거래가격만 고려한다고 규정하고 있으나 위 규정이 다른 경우에까지 일반적으로 적용되는 것은 아니다.
1024) *Rümelin*, 앞의 책, S. 57-58.

> 〈비교가격방법의 적용 예시〉
>
> 대상 부동산은 구분소유부동산으로서 건설 후 10년이 경과한 것이며 면적은 70㎡이다. 감정위원회는 동일한 연수가 경과한 구분소유부동산의 제곱미터당 가격을 1,200유로로에서 1,590유로 사이로 산정하였다. 구분소유부동산은 비교가격방법으로 평가하여야 하므로 제곱미터당 1,200유로를 적용하여 84,000유로로 평가할 수 있다(평가법 제181조 제1항 제3호, 제4항, 제9항, 제182조 제1항, 제2항, 제183조 제1항).

2) 수익가격방법(Ertragswertverfahren, 평가법 제184조부터 제188조까지)

수익가격방법은 개발된 토지 중에서 부동산시장에서 지속가능한 수익에 관한 평가가 가능한 것에 적용된다. 수익가격방법은 일반적으로 해당 지역의 부동산시장에서 통상의 임대료가 산정될 수 있는 임대차용 부동산, 상업용 부동산, 혼합 사용 부동산에 관하여 적용될 수 있다.[1025] 수익가격방법에서 개발된 토지의 가액은 해당 토지에 관한 지속가능한 소득을 기초로 계산된다.

수익가격방법은 나대지에 관하여 산정되는 토지기준가격(Bodenwert, 평가법 제184조 제2항, 제179조) 및 건물수익가격(Gebäudeertragswert, 같은 법 제184조 제1항, 제185조)을 기초로 한다(같은 법 제184조 제3항). 건물수익가격이 음수인 경우에는 토지가격을 최소한으로 한다(같은 법 제184조 제3항 제2문).

그 밖의 건축관련 설비, 특히 실외 설비는 수익가치에 의해 가치가 반영되어 있다(평가법 제184조 제3항 제3문). 가격에 영향을 미치는 그 밖의 특수한 상황은 분리되어 평가되지 않는다. 납세자는 더 낮은 통상가액을 입증할 수 있다(같은 법 제198조).

> 〈수익가격방법의 적용 예시〉[1026]
>
> 건축된 후 15년이 경과한 6가구 거주용 주택은 월 임대료가 6,000유로이고 2020. 2. 15. 상속되었다. 대지면적은 600㎡로서 감정위원회는 2020. 1. 1. 현재 토지가격을 ㎡당 300유로로 평가하였다. 감정위원회는 개산(概算) 관리비용(pauschale Bewirtschaftungskosten)이나 할인이자율(Liegenschaftszinssatz)을 결정하지 않았다.
>
> 내국 부동산(평가법 제19조 제1항)은 독일상증법 제12조 제3항, 평가법 제151조 제1항 제1문 제1호, 조세기본법 제179조 제1항에 따라 분리 확정되어야 하는 부동산가격으로 평가되어야 한다. 이 경우 평가법 제157조 제1항에 따라 실제의 가격관계 및 평가기준일(평가법 제9조 제1항 제1호, 독일상증법 제11조)의 가격관계가 기준이 된다. 위 사안에서는 개발된

1025) 통상의 임대료에 관하여는 평가법 제186조 제2항 제2문, 독일상증세통칙 R B 186.5를 참조하라.

토지(평가법 제180조 제1항) 및 공동거주부동산(같은 법 제181조 제1항 제2호, 제3항, 제9항)의 평가가 문제된다. 이 경우 평가법 제182조 제1항, 제3항 제1호가 적용되어 수익가격방법이 적용된다.

별표 22에 따르면 공동거주부동산에 관하여는 70년의 수익연한이 적용되므로 위 사안에서 잔존수익연한(평가법 제185조 제3항)은 55년이 되고 그 수치는 최소잔존수익연한(평가법 제185조 제3항 제5문)인 21년 이상이다. 관리비용은 23%를 곱하여 산정한다(평가법 제187조 제2항, 별표 23). 평가위원회가 할인이자율을 정하지 않았으므로 5%를 적용한다(평가법 제188조 제2항 제1호). 위 사항들을 기초로 승수(Vervielfältiger)를 산정하면 18.63이 나온다(평가법 제185조 제3항, 별표 21).

이제 위 수치를 기초로 평가금액을 도출하면 다음과 같다.

① 토지가격: 600㎡ × 300유로/㎡ = 180,000유로
② 건물수익가격

임대료: 6,000유로 × 12개월	=		72,000유로
− 관리비용	=	−16,560유로(72,000유로 × 23%)	
− 할인이자율 적용	=	−9,000유로(180,000유로 × 5%)	
= 순건물가격	=		46,440유로
× 승수			× 18.63
= 건물수익가격	=		865,177유로

③ 부동산가격: 180,000유로 + 865,177유로 = 1,045,177유로

3) 물적가격방법

물적가격방법은 비교가능가격이 존재하지 않는 경우의 구분소유부동산(Wohnungseigentum), 부분소유부동산(Teileigentum), 일세대 주택 및 이세대 주택(Ein‒und Zweifamilienhäuser), 통상의 시장 임대료를 산정할 수 없는 경우의 상업용 부동산(Geschäftsgrundstücke), 혼합 사용 부동산(Gemischt genutzte Grundstücke) 및 그 밖의 개발된 토지를 평가할 때 적용된다(평가법 제182조 제4항). 이 경우에도 납세자는 더 낮은 통상가격을 입증할 수 있다(같은 법 제198조).

물적가격방법에 의할 때에도 건물가격과 토지기준가격을 독립적으로 산정한다(같은 법 제189조 제1항). 하나의 토지 위에 복수의 건물이 있으면 건물별로 평가한다.[1027] 독일평가법 제189조 제3항에 따른 토지기준가격과 건물물적가격(Gebäudesachwert)은 잠정적인 물적

1026) *Rümelin*, 앞의 책, S. 64-66.
1027) *Rümelin*, 앞의 책, S. 67.

가격이므로 통상가격과 명백하게 차이가 날 수 있다. 따라서, 부동산시장의 상황을 고려한 조정이 필요한데, 이를 위하여 평가법 제191조에 따른 가격지수(Wertzahle)를 적용한다. 건물물적가격(평가법 제190조 제1항, 별표 24)은 건물의 통상공사원가(Regelherstellungskosten)를 기초로 계산한다.

그 밖의 구조물, 특히 외부설비 및 기타 설비의 가격은 건설가격과 토지기준가격으로 평가한다(같은 법 제189조 제1항 제2문).

특별한 가치가 있는 외부설비 및 그 밖의 설비에 한하여 평균공사원가를 기초로 독립적으로 평가한다(독일상증세통칙 R B 190.5).[1028]

4) 기타의 경우(독일평가법 제192조부터 제197조까지)

평가법 제192조부터 제197조까지는 기타의 경우를 규정하고 있다. 이에 해당하는 것은 다음의 사항들인데 각각 조문에 평가방법이 규정되어 있다.[1029]

① 지상권(Erbbaurecht) : 평가법 제192조부터 제194조까지
② 타인 소유 토지 지상의 건물: 평가법 제195조
③ 개발 진행 중인 토지: 평가법 제196조
④ 민방위 용도의 건물: 평가법 제197조

(마) 입증책임

납세자는 과세관청의 입증에 대하여 평가기준일 현재 통상가격이 평가규정에 따른 부동산가액보다 낮다는 점을 입증할 수 있다. 보다 낮은 통상가격의 입증을 위하여 원칙적으로 건축법전 제199조 제1항에 따른 규정이 적용된다(평가법 제198조 제2항). 입증을 위하여는 통상 관할 감정위원회 또는 토지감정 전문가의 감정의견이 필요하다(독일상증세통칙 R B 198.2 제1문). 감정의견은 구속력이 없지만 과세관청의 평가대상이 된다. 과세관청은 평가방법론의 하자 또는 부적절한 가격평가가 있는 경우 감정의견을 거부할 수 있다. 평가기준일 전후 1년 이내의 기간 중에 평가대상 부동산에 관하여 통상의 상거래에서 결정된 매매가격은 증거로 사용될 수 있다(독일상증세통칙 R B 198.4).

(2) 유가증권 및 지분

유가증권, 주식, 물적회사 지분, 투자증서 등은 평가법 제11조, 제12조, 독일상증법 제12

1028) 물적가격방법은 지나치게 기술적이라서 예시를 생략한다. 상세한 예시는 *Rümelin*, 앞의 책, S. 75-77 참조.
1029) 상세는 *Rümelin*, 앞의 책, S. 78-94.

조 제1항에 따라 평가한다. 물적회사에 대한 비상장지분은 독일상증법 제12조 제2항, 평가법 제151조 제1항 제1문 제3호, 제11조 제2항에 따라 평가한다. 이하에서는 법인의 지분에 한하여 살펴본다.

(가) 상장지분(평가법 제11조 제1항)

독일상증법 제12조 제1항에 따라 평가법 제1편이 적용된다. 이에 따라 독일의 증권거래소 또는 유통시장에 상장된 유가증권 및 채무증서는 평가법 제11조 제1항에 따라 그 시장에서의 거래가격으로 평가한다(독일상증세통칙 R B 11.1.). 상장주식의 경우 원칙적으로 평가일 현재 독일 증권거래소의 최저가로 평가한다.

지배지분의 경우 경영권 프리미엄으로 인하여 통상가격이 거래소 거래가격보다 높은 경우에는 통상가액으로 평가한다(평가법 제11조 제3항). 판례는 이 문구의 의미를 거래소 시가에 경영권 프리미엄이 반영되어 있지 않은 경우에 한하여 경영권 프리미엄을 추가로 고려하여야 한다는 취지로 해석한다.[1030]

(나) 비상장지분

1) 원칙

비상장지분에 관한 평가는 2008년 이전에는 주로 독일상증세통칙에 의해 규율되어 왔지만 2008년 평가법 개정에 의하여 법률에 규정되게 되었다.

비상장 물적회사 지분은 평가법 제11조 제2항 제1문에 따라 통상가격(평가법 제9조)으로 평가되어야 한다. 그 가격은 평가법 제151조 제1항 제1문 제3호에 따라 구분확정(조세기본법 제179조 제1항)되고 경우에 따라서는 평가법 제154조 제2항 제2문에 따라서 합일확정(조세기본법 제179조 제2항 제2문)되어야 한다. 확정은 평가법 제157조 제4항의 기준에 따라 행한다. 지분의 가격은 평가법 제157조 제4항 제2문에 따라 같은 법 제11조 제2항을 적용하여 산정한다. 이와 같이 확정된 가격은 독일상증법 제12조 제2항에 따라 가격평가의 기초가 된다. 비상장지분은 평가법 제11조 제2항 제2문에 따라 다음의 순서로 평가한다.

2) 제3자 간의 매매(평가법 제11조 제2항 제2문 전단)

비상장지분의 통상가격은 우선 제3자 간의 매매사례에서 도출된다. 이에 따르면 제3자 간의 거래에서 형성된 가격만이 원용될 수 있다. 특수관계인 간의 거래는 고려할 수 없다. 통상가격은 매매의 대상이 왜소주(Zwerganteil: 그 가격이 대표성을 갖기 어려운 작은 물

1030) BFH v. 14. 11. 1980, BStBl. II 1981, 351.

량의 주식)가 아니거나 평가의 대상이 왜소주가 아니라면, 단 1회의 매매로부터도 도출될 수 있다. 또한 과세시점으로부터 1년 이내에 제3자 간에 행해진 매매만이 고려될 수 있다. 평가법 제9조 제1항, 제2항을 고려할 때 긴급매매는 배제되어야 한다. 긴급매매의 경우 통상의 상거래(평가법 제9조 제2항)에 해당하지 않기 때문이다.[1031]

따라서 과세시점으로부터 1년 이전 또는 이후의 거래는 가격산정 시에 고려될 수 없다[독일상증세통칙 R B 11.2. (1) 제2문]. 독일연방재정법원의 판례에 따르면 매매가격의 확정이 기준일 이전에 있었다면 형식적인 계약체결은 평가기준일로부터 짧은 기간 이전에 행해졌더라도 매매는 과세시점 이전에 행해진 것으로 보아야 한다.[1032]

특수관계인 간의 거래만 존재하든가 또는 과세시점 이전 1년 이내에 통상의 상거래에 의한 매매가 존재하지 않는다면 지분의 가격은 평가법 제11조 제2항 제2문 후단에 의하여 물적회사의 수익예상 또는 그 밖의 통상의 상거래에서 조세 이외의 목적으로 인정되는 방법을 고려하여 계산하여야 한다. 제3자와의 매매거래가액으로부터 통상가액을 도출할 수 있는 경우 기업의 순자산가치는 고려하지 않는다.

3) 제3자 간의 매매로부터 통상가액을 도출할 수 없는 경우(독일평가법 제11조 제2항 제2문 후단): 간이수익가격방법(vereinfachte Ertragswertverfahren)

① 의의

제3자와의 매매로부터 통상가액을 도출할 수 없는 경우에는 수익예상을 고려하여 추정할 수 있다(평가법 제11조 제2항 제2문). 이 경우 간이수익가격방식을 적용하더라도 명백하게 부적절한 결과가 도출되지 않는다면 간이수익가격방법으로 갈음할 수 있다(같은 법 제11조 제2항 제4문, 제199조 이하). 혹은 그 밖의 통상의 상거래에서 조세 이외의 목적으로 인정되는 방법을 적용할 수 있다. 다만 이 경우에는 기업의 순자산가치를 하한으로 한다(같은 법 제11조 제2항 제3문, 제99조, 제103조).

② 간이수익가격방법에 의한 구체적인 평가방법

간이수익가격방법은 장래의 지속가능한 연간이익에 자본화요소를 곱하여 구한다(평가법 제200조 제1항). 장래의 지속가능한 연간이익은 과거의 실적평균을 이용하여 산정하고(같은 법 제201조 제1항), 원칙적으로 평가기일 전 3 사업연도에서의 사업실적의 합계를 3으로 나누어서 구한다(같은 조 제2항). 이 경우 사업실적은 독일소득세법상의 이

1031) 이에 관한 판례는 독일상증세집행기준(Erbschaftsteuer-Hinweise: ErbStH) H B 11.2.

1032) BFH v. 30. 1. 1976, BStBl II 1976, 280; BFH v. 2. 11. 1988, BStBl II 1989, 80; 독일상증세집행기준 H B 11. 2.

익을 기초로 하여 일정한 가감을 가하여 산출한다(같은 법 제202조 제1항). 같은 법 제202조 제1항에는 구체적인 가감항목이 규정되어 있다.

2025년 4월 현재 자본화계수는 13.75로 정해져 있다(같은 법 제203조 제1항). 또한 재무부는 연방정부의 승인을 얻은 후에 명령에 의하여 그 자본화계수의 수치를 금리상황에 맞게 조정할 수 있다(같은 조 제2항). 현행 자본화계수 13.75를 이율로 변환하면(즉 역수로 하면) 약 7.27%가 된다.

(다) 할증평가

지배지분의 경우 경영권 프리미엄으로 인하여 통상가격이 거래소 가격(상장지분의 경우) 또는 독일평가법 제11조 제2항에 따라 산정한 통상가격보다 높을 경우에는 그 높은 통상가액으로 평가한다(평가법 제11조 제3항).

위 평가법 제11조 제3항은 결국 통상가격에 경영권 프리미엄이 반영되어 있지 않다면 반영하여야 한다는 원칙을 천명한 것으로서, 구체적인 평가기준은 규정하고 있지 않다. 이 문제는 결국 개별 사안마다 판단하여야 할 것인데, 예를 들어 간이수익가격방법으로 비상장주식을 평가할 경우에는 통상 경영권 프리미엄이 포함되지 않는다고 한다.

구체적인 할증평가에 관하여는 독일상증세통칙 R B 11.8이 규정하고 있는데 주주가 발행주식 총수의 25% 이상의 지분을 양도하는 경우에 한하여 가산되고 원칙적으로 25%까지 할증하지만 사안별로 그 이상이 될 수 있다.

2. 미국법

미국법상 시가 평가는 정상가격방법에 의한다. 이에 관하여는 앞서 미국에 관한 입법례에서 상세하게 검토하였다.

3. 일본법

가. 개관

일본법인세법은 시가에 관한 직접적인 정의규정을 두지 않고 있다. 동족회사행위계산 부인제도의 적용과 관련하여 부당성 요건의 내용으로 시가에 관한 고려가 필요하지만 위와 같이 법령에 규정이 없고, 법인세 기본통달에도 직접적인 규정은 없으며 주로 자산의 평가손과 관련하여 시가 평가 규정을 두고 있을 뿐이다. 이처럼 시가에 관한 규율이 미비되어 있음에도 별다른 문제가 발생하지 않는 것은 과세관청의 과세행정이 고권적이고 비민주적이라는 반증이 될 수 있다. 일본상속세법은 재산평가기본통달에 상속재산에 관한 평가 규정을 두고 있지만 위 규정들은 원칙적으로 일본법인세법 영역에는 적용되지 않는다는 점에 유의하여야 한다.

일본법인세법은 '시가'라는 표현을 사용하지 않는 대신 자산의 평가차익을 규정하면서 '(자산의) 가액'이라는 표현을 사용하고 있다.[1033] 일본법인세법 제33조 제2항은 '재평가를 한 날이 속하는 사업연도 종료일의 해당 자산의 가액'이라고 규정하고 있는데, 법인세 기본통달에서 '해당 자산이 사용수익되는 것으로서 그때의 양도된 경우에 통상적인 가액'이라고 정의하고 있다(법인세 기본통달 9-1-3). 즉, 자산을 재평가할 경우의 시가를 양도를 가정하는 경우의 거래가격으로 사용하고 있다. 강학상 일본법인세법은 세 가지 경우에 시가 개념을 전제로 한다고 한다.[1034] 본서에서는 그 중에서 동족회사행위계산 부인규정에 적용되는 무상양도 또는 저가양도의 기준이 되는 시가에 한하여 검토한다.[1035]

나. 시가의 개념

무상양도 또는 저가양도의 기준이 되는 시가는 그 규제의 취지에 비추어 '정상적인 상황하에서의 제3자 간의 거래가 있었다면 실현되었을 가액'이다.[1036] 그러나 일본법인세법 및 그 시행령, 기본통달 등은 평가차손과 관련하여 시가를 산정하는 규정만을 두고 있을 뿐이고 별도로 무상양도 또는 저가양도의 기준이 되는 시가의 산정방법은 규정하고 있지 않다. 이하에서는 평가차손과 관련하여 시가를 산정하는 방법을 살펴본다. 시가의 정의에 비추어 시가를 산정할 수 있는 경우가 아니라면, 재산평가기본통달 또는 그 밖의 합리적인 방법으로 시가를 산정한다.[1037] 이하에서는 주요한 자산에 관한 시가 산정방법을 본다.

다. 상장주식

거래소매매유가증권, 점주매매유가증권, 취급유가증권 및 기타 가격공표유가증권, 즉 상장유가증권의 시가는 기업지배주식등에 해당하는 경우를 제외하고, 시가법에 의한 기말평

1033) 일본법인세법 제33조 제2항, 제37조 제6항, 제50조 등. 일본법인세법상 시가 평가의 연혁에 관한 상세는 浅井光政, "租税法上の時価を巡る諸問題-法人税法、所得税法及び相続税法における時価の総合的検討", 「税務大学校論叢」 36号, 2001, 35면 이하.

1034) 그 세 가지는 ① 기부금·수증익인정의 문제, ② 평가손익과세문제, ③ 동족회사행위계산 부인규정, 기업조직재편세제, 연결납세제도에서의 포괄적 조세회피부인규정 적용 문제 등이다. 日本公認会計士協会, "税務上の時価について", 「租税調査会研究報告」 第11号, 2004, 1면.

1035) 小林裕明, "法人税法上の時価概念と公正価値会計", 「岡山大学大学院社会文化科学研究科紀要」 31巻, 2011, 5면.

1036) 小林裕明, 앞의 논문, 5면.

1037) 小林裕明, 앞의 논문, 5면.

가의 시가, 즉 재평가사실의 발생일 최종공표 가격(같은 날 최종공표가격이 없는 경우에는 같은 날 최종공표시세가격으로 하고 두 가격 모두 없는 경우에는 직전 최종공표가격 또는 최종시세가격으로 한다)에 의한다. 다만, 매매목적 외 유가증권에 관하여는 재평가 사실 발생일 전 1개월 간의 시장가격의 평균액에 의할 수 있다(법인세 기본통달 4-1-4, 9-1-8, 일본법인세법 시행령 제119조의13 제1호부터 제3호까지).[1038]

라. 비상장주식

비상장주식의 평가에 관하여는 법인세 기본통달 9-1-13~15까지가 적용된다. 이에 따라 순자산가액방식에 따라 해당 주식의 경제적 가치를 산정한다.

(1) 평가의 원칙

비상장주식에 관하여 일본법인세법 제33조 제2항(자산의 평가손의 손금불산입 등)의 규정을 적용하는 경우 해당 주식의 가액은 다음의 구분에 따른다(법인세 기본통달 9-1-13).

(가) 매매사례가 있는 것

해당 사업연도 종료일 전 6개월간에 매매가 이루어진 것 중 적정하다고 인정되는 것의 가액

(나) 공개 과정에 있는 주식(금융상품거래소가 내각총리대신에게 주식 상장 신고를 한다고 밝힌 날부터 상장일 전날까지의 주식)으로, 해당 주식 상장 시 주식 공모 또는 매출('공모 등')이 이루어지는 것[위 (가) 제외]

금융상품거래소의 내규에 의해 이루어지는 입찰에 의해 결정되는, 입찰 후의 공모 등의 가격 등을 참작하여 통상 거래된다고 인정되는 가액

(다) 매매사례가 없는 것으로 그 주식을 발행하는 법인과 사업의 종류, 규모, 수익상황 등이 유사한 다른 법인의 주식의 가액이 있는 것[위 (나) 제외]

해당 가액에 준하여 추정한 가액

(라) (가)부터 (다)까지에 해당하지 않는 것

해당 사업연도 종료일 또는 같은 날에 가장 가까운 날의 그 주식 발행법인의 사업연도 종료 시의 1주당 순자산가액 등을 참작하여 통상 거래된다고 인정되는 가액으로 평가한다.

1038) 渡辺淑夫, 「法人税法」, 令和元年度版, 中央経済社, 2019, 533면.

(2) 특례

법인이 비상장주식[위 (1)의 (가), (나) 제외]에 관하여 일본법인세법 제33조 제2항(자산의 평가손의 손금불산입 등)의 규정을 적용할 때, 과세상 폐해가 없다면 다음의 조건 하에서 재산평가기본통달 178부터 189-7까지의 비상장주식의 평가의 예에 따라 평가할 수 있다(법인세 기본통달 9-1-14).

① 해당 주식의 가액에 관하여 재산평가기본통달 179의 예에 따라 산정하는 경우[같은 통달 189-3의(1)에 관하여 같은 통달 179에 준하여 산정하는 경우를 포함], 해당 법인이 해당 주식의 발행회사에서 같은 통달 188(2)에 규정된 '중심적 동족주주'에 해당할 때는, 해당 발행회사는 항상 같은 통달 178에 정하는 '소회사'에 해당하며 그 예에 의하여 주식을 평가한다.

② 해당 주식의 발행회사가 토지(토지 위에 존재하는 권리를 포함) 또는 금융상품거래소에 상장되어 있는 유가증권을 보유하고 있는 경우 재산평가기본통달 185 본문의 '1주당 순자산가액(상속세평가액에 의해 계산한 금액)'을 계산할 때에는 해당 사업연도 종료 시의 가액에 의한다.

③ 재산평가기본통달 185의 본문에 정하는 '주당 순자산가액(상속세평가액에 의해 계산한 금액)'을 계산할 때 같은 통달 186-2에 의해 계산한 평가차액에 관한 법인세액 등에 상당하는 금액은 공제하지 않는다.

(3) 할증평가

법인이 가지는 기업지배주식등[1039]의 취득이 그 기업지배주식등을 발행한 법인의 기업지배를 하기 위한 것으로 인정되는 경우, 해당 기업지배주식등의 가액은, 해당 주식등의 통상의 가액에 기업지배에 관련된 대가의 액을 더한 금액으로 한다(법인세 기본통달 9-1-15). 기업지배권의 대가를 얼마로 할 것인지는 개개의 사정에 따라 판정한다. 예를 들면 모회사가 적자인 자회사에 대하여 증자를 하는 경우에는 그 납입금액 중 해당 자회사 주식의 실제 가치를 초과하는 부분을 일종의 기업지배권의 대가로 보지만[1040] 1979(昭和 54)년 10월에 공표된 일본국세청 통달에는 그와 같은 경우에는 증자 후 상당기간 경과할 때까지는 해당 자회사주식에 관하여 평가손을 계상할 수 없으므로 기업지배권의 대가로 볼 수 없다고 한다(법인세 기본통달 9-1-12).

1039) 그 정의는 일본법인세법 시행령 제119조의2 제2항 제2호.
1040) 1976(昭和 51). 9. 13. 센다이지방재판소 판결(月報 22卷 9号 2330면).

(4) 자산재평가에 관한 유가증권의 가액

법인이 보유한 유가증권에 대하여 일본법인세법 제33조 제4항(자산재평가에 의한 평가손의 손금산입)의 규정을 적용하는 경우 같은 시행령 제68조의2 제4항 제1호[재생계획인가의 결정 등의 사실이 발생한 경우의 평가손(評價損)의 액]가 규정하는 '해당 재생계획인가의 결정이 있었을 때의 가액'에 관하여는 법인세 기본통달 4-1-4(시장유가증권등의 가액), 4-1-5 및 4-1-6(시장유가증권등 이외의 주식의 가액) 및 4-1-7(기업지배주식등의 시가)의 취급을 준용한다. 만일 법인이 같은 통달 2-3-32(합리적인 방법에 의한 가액의 계산)의 취급의 예에 의해 계산한 가액에 의할 경우에는 이를 인정한다.

마. 감가상각자산

감가상각자산에 관하여 재평가 또는 시가평가를 하는 경우의 시가는 그 자산의 재취득가액(신품으로서의 시가)을 기초로 하여 그 취득가액으로부터 재평가 시까지 舊 정률법에 의하여 상각을 하였다고 가정한 경우에 계산된 미상각잔액에 상당하는 금액에 의할 수 있다(법인세 기본통달 4-1-8, 9-1-19).

바. 부동산

부동산에 관하여는 일본법인세법 및 시행령에 직접적인 평가규정은 없으며 일본법인세법 제61조의11, 12가 연결납세와 관련하여 자산의 시가평가손익 규정을 두고 있는데 그에 따른 평가규정 중에서 토지에 관한 것이 있다.

그에 따르면 토지의 경우 해당 토지에 관하여 그 인접 유사토지의 거래실례가격을 기초로 하여 합리적으로 산정한 가액 또는 해당 토지에 관한 인접 유사토지의 공시가격등[1041]으로부터 합리적으로 산정한 가액으로 해당 토지를 평가한다(법인세 기본통달 12의3-2-1).

4. 소결론

주요 국가의 시가 평가체계를 비교하여 보면 미국세법에 따른 정상가격방법이 우리 법인세법과 가장 정합성이 높다고 생각된다. 미국세법에 따른 정상가격방법을 부당행위계산 부인규정상 시가 평가에 적용할 수 있는 방안은 후술한다.

[1041] 지가공시법 제8조(부동산감정상의 토지에 관한 감정평가준칙)에 규정한 공시가격 또는 국토이용계획법 시행령 제9조 제1항(기준지의 표준가격)에 규정하는 표준가격을 말한다.

Ⅲ. 시가의 평가

1. 시가의 평가방법

가. 시가 평가의 의의

법인세법 제52조 제2항, 같은 시행령 제89조 제1항 본문에 따르면 시가를 적용할 때 해당 거래와 유사한 상황에서 해당 재산 또는 동종·유사 재산에 관하여 특수관계인 외의 불특정다수인과 계속적으로 거래한 가격 또는 특수관계인이 아닌 제3자 간에 일반적으로 거래된 가격이 있는 때에는 그 가격에 의하여야 한다(거래실례가격).[1042] 판례는 시가 평가의 기준인 '유사한 상황'의 의미에 관하여, 문제가 된 거래의 기초가 된 계약과 비교대상 거래의 기초가 된 계약이 그 내용상 유사하다는 의미가 아니라 각 거래 당시 당사자들이 처한 구체적 상황, 즉 당사자들이 영위하는 사업의 종류, 지배구조, 재무상태, 계약체결 및 거래의 목적, 경위 등 제반 사정이 유사하다고 평가할 수 있는 상황을 의미한다고 해석한다.[1043] 상증법 제60조 제2항은 수용가격, 공매가격도 시가에 포함시키고 있지만, 법인세법 및 같은 법 시행령 명시적으로 위 규정을 준용하고 있지 않으며 수용이나 공매는 특수한 상황에서 이루어지기 때문에 특수관계인 외의 불특정다수인과 계속적으로 행해진 거래나 특수관계인이 아닌 제3자 간에 일반적으로 행해진 거래와 동일시할 수 없다고 보아야 할 것이다.[1044]

상증법의 경우 평가기준일 전후 6개월(증여재산의 경우 평가기준일 전 6개월부터 평가기준일 후 3개월)이라는 기간의 제한이 있지만(상증법 시행령 제49조) 법인세법은 그런 제한을 두고 있지 않다.

판례는 거래실례가격을 시가로 보기 위하여는 객관적으로 보아 그 매매가액이 일반적이고도 정상적인 교환가치를 적정하게 반영하고 있다고 볼 사정이 있어야 하고,[1045] 평가기준일과 거래실례가격의 형성일 사이에 가격변동이 없어야 한다고 한다.[1046] 과세관청이 자

1042) 온실가스 배출권의 시가는 그 거래일의 한국거래소(배출권시장) 최종시세가액이다. 서면-2019-법령해석법인-4524, 2020. 9. 11.

1043) 서울고등법원 2017. 6. 20. 선고 2017누36764 판결(대법원 2017. 9. 28. 자 2017두51167 판결로 심리불속행 종결).

1044) 대법원 1997. 9. 26. 선고 97누8502 판결; 서울고등법원 2022. 2. 16. 선고 2020누55505 판결(비상장주식의 평가액을 낮출 부당한 목적으로 행해진 경매절차에서 결정된 경매가액은 시가에 해당할 수 없다는 취지. 대법원 2022. 7. 14. 선고 2022두39369 판결로 심리불속행 종결). 반대 견해로 송동진, 「법인세법」, 제2판, 삼일인포마인, 358면.

1045) 대법원 2005. 6. 23. 선고 2005두3059 판결.

1046) 대법원 1998. 7. 10. 선고 97누10765 판결.

산의 취득 당시의 시가를 평가하기 어렵다는 이유로 후술하는 보충적 평가방법을 적용하여 과세처분을 하였더라도 그 과세처분 취소소송의 사실심 변론종결시까지 자산의 취득 당시 시가가 입증되면 그 시가를 기준으로 판단하여야 한다.[1047]

이하에서는 자주 문제되는 주식의 시가평가에 관하여 살펴본다.

나. 주식의 시가평가

(1) 상장주식

위 시가 개념에 의하여 시가를 평가할 수 있는 대표적인 재산이 상장주식이다. 상장주식을 증권시장 내에서 장내거래한 경우 해당 거래가격이 시가이다. 상장주식을 증권시장 외에서 장외거래하거나(자본시장법 제8조의2 제4항 제1호) 대량매매 등의 방법[1048]으로 거래한 경우에는 그 거래일의 거래소(같은 조 제2항) 최종시세가액[1049]을 해당 주식의 시가로 한다.[1050] 2021. 2. 17. 법인세법 시행령 개정 이후부터는 상장주식이기만 하면 장내거래 여부를 묻지 않고 법인세법 시행령 제88조 제3항의 안전대 규정(safe harbor rule)이 적용되지 않는다는 점에 유의하여야 한다(後述).

(2) 비상장주식

(가) 거래실례

대법원은 시장성이 적은 비상장주식의 경우에도 그에 관한 매매사실이 있는 경우에는 그 거래가액을 시가로 보아 주식의 가액을 평가하여야 하고 상증법이 규정한 보충적 평가방법에 의하여 평가해서는 안 된다고 하면서도, 시가란 일반적이고 정상적인 거래에 의하여 형성된 객관적 교환가격을 의미하므로 거래실례가격이 시가로 인정되기 위하여는 해당 거래가 일반적이고 정상적인 방법으로 이루어져 거래일 당시의 객관적 교환가치를 적정하게 반영하고 있다고 볼 수 있는 사정이 인정되어야 한다고 한다.[1051]

1047) 조세심판원 2023. 8. 1. 자 2023광7422 결정.
1048) 자본시장법 제393조에 따른 거래소의 증권시장업무규정에서 일정 수량 또는 금액 이상의 요건을 충족하는 경우에 한정하여 매매가 성립하는 거래방법을 말한다(법인세법 시행규칙 제42조의6 제2항).
1049) 거래소 휴장 중에 거래한 경우에는 그 거래일의 직전 최종시세가액으로 한다(법인세법 시행령 제89조 제1항 각 호 외의 부분 단서).
1050) 거주자가 주권상장법인이 발행한 주식을 특수관계법인에게 장외거래 등의 방식으로 양도하는 경우 그 대가가 법인세법상 시가에 해당하여 법인세법 제52조를 적용하지 않는다면 거주자에 대하여도 소득세법 제101조(양도소득의 부당행위계산) 제1항을 적용하지 않는다는 것이 행정해석의 입장이다(서면-2021-자본거래-3441, 2021. 6. 7.). 조세심판원은 외국거래소에 상장된 외국주식의 장외거래의 경우 해당 외국거래소의 당일 최종시세가액을 시가로 볼 수는 없다고 한다. 조세심판원 2023. 8. 29. 자 2022서6216 결정.
1051) 대법원 2014. 11. 13. 선고 2012두24863 판결; 대법원 2012. 4. 26. 선고 2010두26988 판결; 대법원 1992.

1) 거래실례가격을 시가로 인정한 사례

① 대법원 2000. 7. 28. 선고 2000두1287 판결

상속재산의 시가가 문제된 사안에서 1990. 6. 21. 피상속인의 동향인인 A와 피상속인의 처남인 B 사이에 이루어진 거래의 가격이 적절한 실례가 될 수 있는지 다투어진 사안이다. 대법원은, ㉠ 당사자들의 관계(A와 B 사이에는 특수관계가 없음), ㉡ 거래의 시기(상속개시일인 1989. 12. 25.로부터 약 6개월 이후임) 및 경위, ㉢ 상속개시일에 근접한 1989. 11. 18.경 해당 회사에 대하여 채권자 금융기관들이 평가한 순자산가액 및 순손익가액 등을 기초로 산정한 주식가액과의 근접성 등에 비추어, 객관적 교환가치가 적정하게 반영된 정상적인 거래의 실례가 있는 경우의 거래가격으로 인정되므로 이를 시가로 볼 수 있다고 판단하였다.

② 대법원 1993. 7. 27. 선고 92누17174 판결

상속재산의 시가가 문제된 사안에서 1990. 9. 17. A가 B 및 원고의 숙부 C로부터 매수한 가격이 적절한 실례가 될 수 있는지 다투어진 사안이다.

대법원은, ㉠ 위 거래가 상속개시일(1990. 4. 24.)로부터 약 5개월 후에 이루어졌으나, 그 기간 동안 주식 발행회사의 경영상태에 변동이 있었다고 인정되지 않는 점, ㉡ 주식거래 당사자 간의 관계(상호 간 특수관계 없음)나 ㉢ 거래의 경위 및 가격결정 과정 등에 비추어, 주식의 객관적 교환가치를 적정하게 반영된 정상적인 거래가격이라고 보이고, 이것이 의도적인 조작거래라고 인정되지 않으므로, 불특정다수인 간의 여러 차례에 걸친 거래로 인하여 형성된 가격이 아니었다거나 대량거래를 한 것이 아니었다(전체 주식 중 1%에 못 미치는 수량)고 하여, 이러한 사정만으로 그 거래가격이 객관적 교환가치를 적정하게 반영한 시가[1052)가 아니라고 할 수 없다고 판단하였다.

③ 대법원 1989. 6. 13. 선고 88누3765 판결

신주 인수의 포기로 인한 증여의제가 문제된 사안이다. 대법원은, 문제된 회사가 소규모의 건설업체로서 주주의 구성이 복잡하고 경영상태가 부실하여 1980. 2. 25.에는 발행한 수표가 부도까지 되었으며, 이러한 사정 때문에 1982. 2.경과 5.경 여러 차례에 걸쳐 당해 회사의 주식이 그 액면가액 10,000원 이하로 매매된 실례가 있는 사실 등을

---

10. 27. 선고 92누1971 판결; 대법원 1989. 6. 13. 선고 88누3765 판결; 대법원 1997. 9. 26. 선고 97누8502 판결; 서울고등법원 2022. 2. 16. 선고 2020누55505 판결(비상장주식의 평가액을 낮출 부당한 목적으로 행해진 경매절차에서 결정된 경매가액은 시가에 해당할 수 없다는 취지. 대법원 2022. 7. 14. 선고 2022두 39369 판결로 심리불속행 종결).

1052) 보충적 평가방법에 의한 가액의 1/5 ~ 1/16에 불과한 가격이었다.

충분히 인정할 수 있으므로, 그 매매가격이 객관적인 교환가치가 반영된 가격으로 당시의 시가라고 볼 수 있다고 판단하였다.

④ 서울고등법원 2008. 5. 30. 선고 2007누32848 판결(확정)

비상장주식에 관하여 특수관계가 없는 자 간의 정상적인 거래에 의하여 형성된 객관적인 교환가격이 존재한다면 그 거래가 단 1회에 불과하더라도 위 교환가격을 해당 비상장주식의 시가로 볼 수 있다고 판단하였다.

⑤ 사전-2021-법령해석법인-0107, 2021. 2. 26.

특수관계인이 아닌 당사자 간에 비상장주식에 관하여 거래된 가격이 금융감독원의 전자공시시스템에 공시되어 있는 경우 그 거래가액을 시가로 볼 수 있다고 해석하였다.

2) 거래실례가격을 시가로 인정하지 않은 사례

① 대법원 2014. 10. 27. 선고 2014두9073 판결

법원은 비상장주식의 실제 거래가액이 시가에 해당하는지 여부가 문제된 사안에서 일방당사자가 타방당사자와 체결된 계약 관련 분쟁을 해결하기 위하여 주식을 매수하게 된 점, 주식의 구체적인 거래가액은 문제가 된 계약에서 정하고 있는 규정에 따라 산출된 금액을 기준으로 결정된 점을 들어 위 거래가액은 시가에 해당하지 않는다고 판단하였다.

② 대법원 2012. 4. 26. 선고 2010두26988 판결

저가양수에 의한 증여의제 및 저가발행 실권주의 재배정으로 인한 증여의제 등이 문제된 사안에서, 과세관청은 상증법상 보충적 평가방법에 의하여 시가를 산정하였고, 이에 대하여 원고들은 그들의 거래가격이 각각 다른 원고들에 대한 거래실례가격이 될 수 있고, 소외인들 사이의 다른 거래실례가격도 있다고 주장한 사안이다.

대법원은, 먼저 ㉠ 원고들의 이 사건 주식 및 실권주 취득 가격인 1주당 50,000원은 경영권을 수반한 것인 반면, 이 사건 주식 매수 이후 여러 차례의 유상증자가 있었음에도 매번 1주당 50,000원으로 그 인수가격이 정해졌던 점 등에 비추어, 이 사건 주식 및 실권주 취득 가격인 1주당 50,000원은 불특정 다수인 사이에 일반적이고 정상적인 거래에 의하여 형성된 객관적 교환가치가 반영된 것으로 볼 수 없고, 나아가 ㉡ 소외인들은 모두 소외 회사의 직원 등으로서 이해관계인에 해당할 뿐만 아니라 소외인들 간의 거래 하루 전에도 소외 회사에서 1주당 50,000원에 유상증자가 이루어진 점 등에 비추어 소외인들 간의 거래가격인 1주당 10,000원도 객관적 교환가치를 적정하게

반영하는 거래실례가격으로 보기 어렵다고 판단하였다.

③ 대법원 2004. 10. 27. 선고 2003두12493 판결

법인세법상 부당행위계산 중 저가양도 여부가 문제된 사안으로, 원고가 소외 회사 발행의 비상장주식 70만주를 1주당 5,000원에 취득한 후 원고의 대주주로서 특수관계인인 A에게 1주당 2,795원씩에 양도하고 투자유가증권손실로 처리한 것에 대하여, 피고는 위 주식의 시가는 1주당 5,000원(액면가액이자 장부가액)이라는 이유로 부당행위계산 부인규정을 적용하였다.[1053]

대법원은, 피고가 적절한 거래실례가격이라고 주장하는 거래가액은 그 어느 것도 이 사건 주식의 객관적 교환가치를 적정하게 반영하는 정상적인 시가라고 볼 수 없다고 판단하였다.

④ 대법원 2004. 10. 15. 선고 2003두1073 판결

고가양도로 인한 증여의제가 문제된 사안이다. 대법원은, 회사의 발행주식을 회사의 경영권과 함께 양도하는 경우 그 거래가격은 주식만을 양도하는 경우의 객관적 교환가치를 반영하는 일반적인 시가로 볼 수 없다고 판단하였다.

⑤ 대법원 2004. 5. 13. 선고 2004두2271 판결

상속재산의 평가가 문제된 사안이다. 대법원은, 원고들이 주장하는 거래실례가격에 관하여 ㉠ 그 매매계약 체결 경위가 상식적으로 납득하기 어려운 점, ㉡ 소외 회사의 주식에 대한 1998. 12. 31.의 기준시가는 51,652원으로서 이를 기준으로 한 소외 회사의 주식 4,460주의 양도가액은 230,367,920원이 되어 원고들 주장의 매매가격 8,000만 원과는 현격한 차이가 나는 점, ㉢ 소외 회사의 주식에 대한 1999. 12. 31.자 기준시가는 80,216원으로 인상되어 그 가치가 계속 상승하고 있었던 것으로 보이는 점 등에 비추어, 일반적이고 정상적인 방법에 의하여 이루어진 것이 아니어서 그 거래가격이 객관적 교환가치를 적절하게 반영하고 있다고 보기 어렵다고 판단하였다.

3) 소결론

결국 판례는 ① 거래당사자 상호 간의 관계(특수관계 유무), ② 거래의 시기(문제된 거래와의 시간적 근접성), ③ 문제된 거래와 거래실례 간의 가격변동 유무, ④ 거래의 경위, 정상성 여부, ⑤ 회사의 순손익가치 및 순자산가치 등을 기초로 산정한 주식가액과의 근사성, ⑥ 경영권 등이 함께 이전된 것인지 여부 등을 종합적으로 고려하여 비상장주식의 거래

1053) 상증법상 보충적 평가방법에 따라 주식의 가액을 산정할 경우 1주당 2,284원이다.

실례가격이 시가에 해당하는지 여부를 판단한다고 할 수 있다.

(나) 장외시장거래

특히 비상장주식이 금융투자협회가 운영하는 K-OTC 시장 등 장외시장에서 거래된 경우 그 거래실례가격도 시가로 볼 수 있는지 여부가 실무상 문제되는데, 판례는 시가로 본 사례가 적지 않다. 그러나 사설 장외거래 사이트에서 형성된 시세는 시가로 보기 어려울 경우가 많을 것이다.[1054]

1) 판례 및 결정례

중요한 사례들을 살펴보면 다음과 같다.

① 서울고등법원 2016. 12. 15. 선고 2016누57757 판결(확정)

소액주주 142명의 보유주식 122만주(총발행주식의 8.9%)가 인터넷 사이트를 통해서 활발하게 장외거래되고 있었고 평가기준일 전후 3개월 이내 기간 중에 매매사례가 총 9명, 14건에 달하는 점에 비추어 보면 평가기준일을 기준으로 일반적이고 정상적인 거래에 의하여 형성된 객관적 교환가격으로서의 시가가 형성되어 있다고 보았다.

② 서울행정법원 2014. 11. 27. 선고 2014구합63756 판결(대법원 2015. 11. 26. 선고 2015두49238 판결로 확정)

비상장주식 거래시장에서 소량의 주식거래가 이루어졌고 그 거래 이후 주식 가격이 하락한 사안에 관한 사안인데, 법원은 해당 거래는 공개된 시장에서 원고 및 그 특수관계인과 무관한 제3자 사이에 이루어진 거래이고 반드시 거래 주식수가 많아야만 시가를 반영한 거래라고 볼 만한 근거는 없다고 판단하였다. 또한 위 판결은 시가의 결정이 해당 회사의 경영실적이나 재무상태뿐만 아니라 거래당사자들이 고려하는 다른 여러 가지 요소들을 통해서 도출되는 것이라고 설시하였다.

③ 서울행정법원 2004. 11. 25. 선고 2003구합15591 판결(항소 취하로 확정)

비상장주식이 장외거래 인터넷 사이트에서 거래된 거래가격을 시가로 볼 수 있는지 여부가 문제된 사안이다. 법원은 증권거래소에 상장되지 않은 비상장주식의 장외거래라 하더라도 반드시 시가를 산정하기 어렵다고는 볼 수 없고, 객관적인 교환가치가 적정하게 반영된 정상적인 거래의 실례가 있으면 그 거래가격을 시가로 보아 주식의 가액을 평가하여야 한다는 것이 대법원의 확립된 판례이므로, 이와는 달리 비상장주

1054) 예컨대, 사전-2021-법령해석법인-0107, 2021. 2. 26.

식의 장외거래에서 형성된 거래실례가격은 언제나 정상적인 시가로 보기 어렵다는 취지의 원고들 주장은 받아들일 수 없다고 보았다.

이 사건의 쟁점은 과세대상이 된 거래가 행해진 시점에 근접하여 이루어진 이 사건 주식의 장외거래가 과연 그 거래대상인 이 사건 주식의 객관적인 교환가치를 적정하게 반영하는 일반적이고 정상적인 거래에 해당하는지 여부였는데, 법원은 어떠한 거래가 그 거래대상의 객관적인 교환가치를 적정하게 반영하는 일반적이고 정상적인 거래인지 여부는 ㉠ 거래당사자들이 각기 경제적 이익의 극대화를 추구하는 대등한 관계에 있는지, ㉡ 거래당사자들이 거래 관련 사실에 관하여 합리적인 지식을 가지고 있으며 강요에 의하지 아니하고 자유로운 상태에서 거래를 하였는지 등 거래를 둘러싼 제반 사정을 종합적으로 검토하여 결정하여야 할 것이고, 만약 가족·친지 등 특수관계에 있지 아니한 거래당사자들 사이에 다수의 거래가 이루어졌다면 이러한 거래가 일반적이고 정상적인 거래에 해당되지 않는다는 입증책임은 이를 주장하는 측에게 있다고 보아야 할 것이라고 판시하였다. 아울러, 법원은 주식가치는 그 기업의 자산가치나 수익가치는 물론 시장을 둘러싼 정치·경제상황 등이 복합적으로 반영되어 형성되는 것이므로 기업의 자산가치와 주식가격이 항상 일치하는 것은 아니라고 전제하고, 기업의 자산가치나 수익가치와 별개로 높은 시세가 형성되었고 그 등락 폭이 컸다고 하더라도 이는 주식시장의 특성에 기인한 것으로 볼 수 있을 뿐이고 이 사건 거래가격을 시가로 볼 수 없는 것은 아니라고 판단하였다.

④ 서울행정법원 2001. 12. 26. 선고 2001구29304 판결(확정)

비상장주식에 관하여 장외시장에서 불특정 다수인 사이에 거래가 계속하여 이루어진 사안인데, 법원은 해당 비상장주식에 관한 매매가액은 특별한 사정이 없는 한 주식의 시가로 볼 수 있다고 판단하였다.

⑤ 국세심판소 2004. 6. 8. 자 2003중3477 결정

공인된 시장인 제3시장에서 불특정 다수인 간에 일반적, 계속적으로 거래되고 있는 주식의 거래가액이 시가가 아니라고 보기는 어렵다고 판단하였다.

2) 행정해석

행정해석은 비상장주식의 사설 장외거래 사이트에서 형성된 시세는 시가로 볼 수 없고, 금융감독원 전자공시시스템에 의해 확인된 거래실례가격은 시가로 볼 수 있다고 한다.[1055]

1055) 사전－2020－법령해석법인－0620, 2024. 9. 24.

다. 시가 측정방법 확대

(1) 문제의 소재

법인세법 제52조 제2항, 같은 시행령 제89조 제1항에 규정된 시가 개념은 이전가격세제에서의 전통적인 정상가격방법 중에서 비교가능 제3자 가격방법(CUP)[1056]에 입각한 것이다. 그러나, 시가 개념을 위와 같이 규정한다고 하여 반드시 비교가능 제3자 가격방법만을 적용하여야 한다고 단정할 수는 없다. 실무상 비교가능 제3자 가격방법을 적용할 수 있는 경우가 많지 않기 때문에 결국 법인세법 시행령에 따른 보충적 평가규정으로 넘어가서 실제 시가와 괴리가 있는 가격으로 평가를 하게 되고 그 결과 납세자와 과세관청 간에 다수의 분쟁이 발생한다. 따라서 시가 개념에 입각하여 시가를 평가할 수 있는 다른 평가방법도 적용할 수 있어야 한다.

(2) 정상가격방법 적용

미국세법의 경우 국내거래에서도 비교가능 제3자 가격방법 이외의 정상가격방법을 적용하고 있는바, 우리의 경우에도 다른 정상가격방법을 굳이 배척할 이유는 없다. 정상가격방법이라고 하는 것은 결국 시가를 '발견'하기 위하여 인정되는 동등한 방법들이므로 국제조세조정법이 규정하고 있는 범위 내에서의 정상가격방법을 시가의 산정과정에서 원용하는 것은 해석론의 범위에서도 가능하다고 생각된다.

다만 입법론으로는 규정의 명확화를 위하여 국제조세조정법 제8조 제1항에 규정되어 있는 재판매가격방법, 원가가산방법, 거래순이익률방법, 이익분할방법을 현행 법인세법 시행령에 규정되어 있는 거래실례가격(비교가능 제3자 가격방법)과 함께 규정하는 방안을 제안한다.[1057]

나아가 「국제조세조정에 관한 법률 기본통칙」 8-15…1에서 규정하고 있는 사분위법을 법인세법에도 도입하여 시가를 특정한 값이 아니라 일정한 범위 내에서 인정한다면 시가와 관련된 소모적인 분쟁을 예방할 수 있을 것으로 생각된다. 위와 같은 입법적 개선은 국내 및 국외 거래간 정합성을 제고하는 결과가 되어 제고되어 조세중립성의 측면에서도 바람직할 것으로 본다. 이것은 앞서 본 미국세법의 입장이기도 하다.

1056) 국제조세조정법 제5조에도 동일한 규정이 있다.
1057) 이미 공정거래법 영역에서는 '특수관계인에 대한 부당한 이익제공행위 심사지침(공정거래위원회예규 제435호)'으로 수용되고 있다. 무형자산의 시가 평가에 관하여 같은 취지로 심충진/김진태/권해숙, "국내 특수관계인 간 무형자산 거래에 대한 시가평가 개선방안 연구", 「세무와 회계저널」 제22권 제6호, 2021, 29면 이하.

(3) 재무회계의 공정가치평가 이론 적용

현재 법인세법은 시가에 관한 개념 정의와 그에 따르는 시행령 규정으로 이루어져 있기는 하지만, 시행령 규정이 제한적인 내용만 규정하고 있어 다양한 경우의 시가를 평가하기에는 어려움이 있다. 그러나 법인세법 제43조는 자산·부채의 평가에 관하여 보충적으로 기업회계기준을 적용할 수 있도록 규정하고 있으며, 국제회계기준은 포괄손익개념에 입각하여 공정가치(fair value) 평가를 수용하고 있다. 한국채택 국제회계기준(이하 '국제회계기준') 제1113호 '공정가치측정'은 공정가치평가를 원칙으로 하고 그에 따른 구체적 평가방법을 기준서에 마련하고 있다. 위 공정가치가 법인세법상 시가에 대응하므로 위 국제회계기준 제1113호 공정가치측정을 적용하여 공정가치를 평가할 수 있다.

예를 들어 서울고등법원 2023. 9. 12. 선고 2023누37034 판결(대법원 2023. 12. 21. 자 2023두54006 판결로 심리불속행 종결)에서는 비상장주식의 장외거래시장(K-OTCBB[1058]) 거래가격을 시가로 볼 수 있는지 여부가 문제되었다. 이 문제에 관하여 법인세법 및 그 시행령은 아무런 지침을 주지 못한다.

그러나, 국제회계기준의 기업회계기준서 제1113호 '공정가치측정'은 공정가치를, '측정일에 시장참여자 사이의 정상거래에서 자산을 매도하면서 수취하거나 부채를 이전하면서 지급하게 될 가격'으로 정의하고 있다.[1059] 여기서 시장참여자 사이의 거래는 청산 혹은 기타 강제에 의한 비자발적 매도가 아닌 정상적인 거래를 가정한 것이고 통상적으로 자산 또는 부채에 대한 유동성이 가장 높은 시장인 주된 시장(또는 가장 유리한 시장)에서 이루어지는 거래를 가정하고 있다. 즉, 위 기준서는 거래가 이루어지는 시장에 관한 요건을 구체적으로 규정하고 있다. 공정가치를 측정하는 시장은 일차적으로 '주된 시장'이고 주된 시장이 없는 경우에는 '가장 유리한 시장'이다.[1060] '주된 시장'은 해당 자산이나 부채를 거래하는 규모가 가장 크고 빈도가 잦은 시장을 말한다.[1061] 그리고 '주된 시장'이 부재할 경우에 고려의 대상이 되는 '가장 유리한 시장'은 거래원가나 운송원가를 고려하였을 때, 자산을 매도할 때 받는 금액을 최대화하거나 부채를 이전할 때 지급하는 금액을 최소화하는 시장을 말한다. 이 경우 반증이 없으면 자산을 매도하거나 부채를 이전하기 위해 통상적으로 거래를 하는 시장을 주된 시장이나 가장 유리한 시장(주된 시장이 없는 경우)으로 보도록 되어 있다.[1062] 위 기준서는 정상적인 거래에 관한 요건도 규정하고 있는데, 정상적인 거래는 측정

1058) Korea Over-The-Counter Bulletin Board. 금융투자협회가 개설·운영하는 비상장주식 매매시장 호가 게시판이다.
1059) 기업회계기준서 제1113호 문단 9.
1060) 기업회계기준서 제1113호 문단 15.
1061) 기업회계기준서 제1113호 부록 A.

일 전의 일정 기간에 해당 자산이나 부채와 관련되는 거래를 위하여 통상적이고 관습적인 마케팅활동을 할 수 있도록 시장에 노출되는 것을 가정한 거래로 정의하고 있는데, 한마디로 말하자면 강제되지 않은 거래를 말한다. 예컨대, 강제 청산이나 재무적 어려움에 따른 매각이 아니어야 한다는 것이다.[1063] 물론 위 판례 사안에서 장외거래시장이 '주된 시장'이나 '가장 유리한 시장'에 해당하는지에 관하여는 판단이 필요할 것이다.

위에서 살펴본 것은 하나의 예시이지만 실무에서 기업회계기준을 적용하면서 일정한 과세관행이 형성되면 구체적인 예시 규정으로 법인세법 및 시행령에 편입하는 방안도 고려할 수 있다.

2. 경영권 프리미엄의 평가

주식의 시가평가와 관련하여 실무상 자주 문제되는 것이 주식의 할증평가이다. 대법원은 일반론으로 법인 발행주식을 경영권과 함께 양도하는 경우 그 프리미엄을 평가하여 주식의 가격에 반영하여야 한다고 한다.[1064] 반대로 어떤 금액이 경영권 프리미엄의 대가에 해당하려면 반드시 주식의 양수도에 수반하여 수수되어야 한다.[1065] 따라서 비상장주식을 평가할 때 해당 법인이 자산으로 보유하고 있는 상장주식의 시가는 할증평가를 하지 않으며,[1066] 감자를 위하여 모든 주주로부터 균등하게 자기주식을 취득한 경우에는 주식의 양도에 해당하지 않으므로 경영권 프리미엄을 반영하지 않는다.[1067]

법인세법은 상장주식을 증권시장 외에서 장외거래하거나(자본시장법 제8조의2 제4항 제1호) 대량매매 등의 방법으로 거래한 경우에는 그 거래일의 거래소(같은 조 제2항) 최종시세가액을 해당 주식의 시가로 하되 그 과정에서 사실상 경영권의 이전이 수반된다면 그 가액의 20퍼센트를 가산하여 할증평가하도록 한다(법인세법 시행령 제89조 제1항).

사실상 경영권의 이전이 수반되는 경우란 ① 상증법 제63조 제3항에 따른 최대주주 또는 최대출자자가 변경되는 경우 또는 ② 상증법 제63조 제3항에 따른 최대주주등 간의 거래에서 주식등의 보유비율이 1퍼센트 이상 변동되는 경우를 말한다(법인세법 시행규칙 제42조의6 제1항). 다음의 경우에는 사실상 경영권의 이전이 수반되는 경우로 보지 않는다(같은

1062) 기업회계기준서 제1113호 문단 17.
1063) 기업회계기준서 제1113호 부록 A.
1064) 대법원 2009. 10. 29. 선고 2008도11036 판결.
1065) 서울고등법원 2023. 12. 22. 선고 2023누53128 판결(대법원 2024. 5. 9. 자 2024두33419 판결로 심리불속행 종결).
1066) 서면2팀-174, 2005. 1. 25.
1067) 조세심판원 2020. 5. 20. 자 2019서2601 결정.

시행규칙 제42조의6 제1항 단서, 법인세법 시행령 제10조 제1항 제1호부터 제3호까지, 제6호).

> ① 채무자회생법 제245조에 따라 법원이 인가결정한 회생계획을 이행 중인 법인
> ② 「기업구조조정 촉진법」 제14조 제1항에 따라 기업개선계획의 이행을 위한 약정을 체결하고 기업개선계획을 이행 중인 법인
> ③ 해당 법인의 채권을 보유하고 있는 「금융실명거래 및 비밀보장에 관한 법률」 제2조 제1호에 따른 금융회사등이나 그 밖의 법률에 따라 금융업무 또는 기업 구조조정 업무를 하는 「공공기관의 운영에 관한 법률」에 따른 공공기관으로서 기획재정부령으로 정하는 기관과 경영정상화계획의 이행을 위한 협약을 체결하고 경영정상화계획을 이행 중인 법인
> ④ 「기업 활력 제고를 위한 특별법」 제10조에 따른 사업재편계획 승인을 받은 법인

다만 해당 주식이 중소기업(중소기업기본법 제2조)이 발행한 주식 등 상증법 시행령 제53조 제8항 각 호의 어느 하나에 해당하는 경우에는 사실상 경영권의 이전이 수반되는 경우에도 할증평가를 하지 않는다.

그러나, 입법론적으로 주식의 할증평가를 획일적으로 규정하는 태도는 비교법적으로도 이례적이고 바람직하지도 않다. 앞서 본 독일, 미국, 일본의 입법례 중에서 주식의 할증평가를 규정한 유일한 입법례는 독일의 평가법 제11조 제3항인데 지배지분은 지배력 때문에 실제 공정가치가 예상수익을 기초로 평가한 공정가치보다 높은 경우 그 실제 공정가치로 평가한다는 규정만 두고 있을 뿐이고 구체적인 평가방법 등은 행정해석에 맡기고 있다.[1068] 우리의 경우에도 획일적인 주식의 할증평가를 지양하는 것이 바람직하다고 본다.

3. 법인세법상 평가규정과 상증법상 평가규정의 상호 관계

법인세법은 부당행위계산 부인규정의 시가 평가 규정 중 상당 부분을 준용하고 있지만 세부적으로는 상당한 차이가 있다. 즉, 상증법상 시가에는 수용가격, 공매가격 및 감정가격 등 대통령령으로 정하는 바에 따라 시가로 인정되는 것이 포함된다(상증법 제60조 제2항). 즉, 상증법에서는 위 가격들도 거래실례가격과 동등한 지위를 가지는 반면 법인세법에서는 거래실례가격가액만이 시가이고 그 이외에는 보충적 평가방법의 지위를 가진다. 특히 수용·공매가격은 법인세법상 시가의 요건인 자유로운 거래에서 형성된 것으로 보기 어렵기 때문에 거래실례가격과 동등하게 평가할 수 없다.[1069]

1068) 구체적인 내용은 독일상증세통칙 R B 11.8 (9) 제2문에 규정되어 있다.
1069) 김중곤, "세법상 부당행위계산 부인의 요건과 효과(중)", 「법조」 통권 제588호, 2005, 77면.

감정가액의 경우에도 상증법과 법인세법의 규율에 차이가 있다. 상증법은 둘 이상의 공신력 있는 감정기관이 평가한 감정가액의 평균액을 시가로 보지만(상증법 제63조 제1항 나목), 법인세법은 하나의 감정가액도 시가로 볼 수 있다(법인세법 시행령 제89조 제2항 제1호). 또한 상증법은 일정한 범위에서 소급감정을 도입하였지만(상증법 시행령 제49조 제1항 단서), 법인세법은 소급감정의 허용 여부에 관하여 아무런 규정을 두지 않고 있다.

이러한 차이와 관련하여 일부 견해는 납세자에게 혼란만 야기할 뿐이므로 양자를 일치시켜야 한다고 주장한다.[1070) 그러나 상증법의 경우 이전된 재산의 가액을 평가하여 과세하는 것이 주된 목적이지만, 법인세법은 거래조건이 시가에 부합하는지 여부와 그로 인한 법인세 부담의 경감이 있었는지 여부를 평가하는 것이 주된 목적이므로 규범 목적이 달라서 양자를 동일하게 규율하여야 할 필요는 없다고 본다. 외국의 주요 입법례도 양자를 통일하여 규율하지는 않는다. 비교법적으로 살펴보면 일본의 경우 상증법상 재산 평가에 관한 통달은 원칙적으로 법인세법에 적용되지 않으며 독일의 경우 독일상증법 제12조가 평가법의 규정들을 선택적으로 인용하는 입장을 취하고 있다. 미국도 양자를 다르게 규율한다. 이들 국가의 경우에도 두 세법 규범의 목적상 차이를 고려한 것으로 생각된다. 따라서 법인세법상 시가 규정은 필요한 범위에서 상증법상 시가 규정을 인용하는 현행의 체계가 보다 합리적이라고 본다. 다만 예컨대, 상증법 시행규칙 제15조 제3항은 법인세법상 거래실례가격을 찾는 데에도 동일하게 적용될 수 있으므로 법인세법에서 수용하여 동일하게 규정하는 것이 바람직하다. 즉, 동일한 취지의 규정은 동일한 내용으로 규정하는 것이 바람직하다.

Ⅳ. 시가평가 규정의 법적 성격

1. 문제의 소재

법인세법 및 그 시행령은 시가의 평가에 관한 원칙 규정(법인세법 제52조 제2항) 이외에 구체적인 시가평가 규정을 두고 있다.

예를 들어 법인이 특수관계인에게 금전, 그 밖의 자산 또는 용역을 무상 또는 시가보다 낮은 이율·요율이나 임대료로 대부하거나 제공함으로써 그 법인의 소득에 대한 조세의 부담을 부당히 감소시킨 것으로 인정되는 경우의 시가는 금전 대여의 경우 법인세법 시행령 제89조 제3항에 따라, 그 밖의 자산 또는 용역 제공의 경우 같은 시행령 제89조 제1항, 제2항, 제4항에 따라 각각 달리 계산하도록 하고 있다.

1070) 문연식/이계원, "세법상 시가 평가의 문제점 및 개선방안에 관한 연구", 「세무와 회계 연구」 제11권 제3호, 2022, 198면.

이와 같은 시가평가 규정의 법적 성격이 의제규정인지 혹은 추정규정인지가 문제된다. 일반론의 차원에서는 위임근거 규정인 법인세법 제52조 제2항의 내용에 비추어 원칙적으로 추정규정으로 해석하는 것이 타당하다.[1071) 그러나 모든 시행령 규정을 일률적으로 추정규정으로 볼 것은 아니고 개별 규정의 개정 연혁 및 입법취지 등을 종합하여 판단하여야 한다.[1072)

2. 판례 및 결정례

가. 대법원 2018. 7. 26. 선고 2016두40375 판결

법인세법 시행령 제89조 제3항은 금전의 대여 또는 차용의 경우에는 시가에 관한 규정에도 불구하고 원칙적으로 기획재정부령으로 정하는 가중평균차입이자율을 '시가로 하도록' 규정하고 있다. 이 규정도 시가를 의제하는 규정으로 보아야 할 것인가 아니면 시가를 추정하는 규정으로 볼 것인가. 대법원은 위 사건에서 법인세법 시행령 제89조 제3항은, 이자율이 채무액, 채무의 만기, 채무의 보증 여부, 채무자의 신용 정도 등 여러 가지 사정에 따라 달라질 수 있으므로, 실제로 거래한 이자율이 부당행위계산에 해당하여 부인할 수 있는지 판단하기 어렵다는 점을 고려하여 마련된 것이라고 전제한 후 부당행위계산의 부인을 둔 취지나 구 법인세법 시행령 제89조 제3항의 위임근거인 법인세법 제52조 제2항 등에 의하면, 이자율의 시가 역시 일반적이고 정상적인 금전거래에서 형성될 수 있는 객관적이고 합리적인 것이어야 하므로, 법인세법 시행령 제89조 제3항에서 정한 가중평균차입이자율 등을 시가로 볼 수 없는 사정이 인정된다면 정상적인 거래에서 적용되거나 적용될 것으로 판단되는 이자율의 시가를 과세관청이 증명하여야 한다고 판시하였다. 즉, 위 판결은 법인세법 제52조 제2항의 시가 규정이 모든 시가 산정의 기준이 되고 개별적인 시가 산정 규정은 결국 예시적이라는 전제 하에 있다고 이해할 수 있다.

나. 대법원 2013. 11. 14. 선고 2011두31253 판결

대법원은 상증법 시행령에 규정되어 있는 비상장주식평가를 위한 보충적 평가방법에 따

1071) 판례도 같은 취지이다. 대법원 2018. 10. 25. 선고 2016두39573 판결; 대법원 2018. 7. 26. 선고 2016두40375 판결; 대법원 2018. 7. 20. 선고 2015두39842 판결. 정병문, "법인세법상 부당행위계산 부인 – 판례를 중심으로", 사법논집 제38집, 법원도서관, 2004, 384면; 김희철/김범준, "민간투자사업 시행자의 후순위차입금과 부당행위계산부인", 「대법원판례해설」 제118호(2018년 하), 법원도서관, 2019, 200면.
1072) 예컨대, 조심 2023. 5. 2. 자 2022서2759·2760 결정은 시행령 규정을 시가를 의제한 규정으로 해석하였다 (後述).

르더라도 그 가액을 평가할 수 없는 경우에는 상증법이 마련한 보충적 평가방법 중에서 객관적이고 합리적인 방법을 준용하여 평가할 수 있다는 입장을 취하고 있다.[1073] 이 판결은 시가 평가규정을 임의규정에 가깝게 다룬 것이라고 볼 수 있다.

다. 서울고등법원 2012. 12. 27. 선고 2012누12268 판결[1074]

한 걸음 더 나아가 평가방법이 객관적이고 합리적이라면 상증법이 마련한 보충적 평가방법의 범위를 벗어난 방법으로 평가할 수 있는지 여부가 문제된다. 위 판결은 상증법 시행령 제54조 제1항을 적용할 때 특별손익을 공제한 정상적 이익만으로 과거 손익 가중평균 방법을 적용하여 순손익가치를 구한 다음, 순손익가치와 순자산가치를 3:2의 비율로 가중평균한 방법을 객관적이고 합리적이라고 보았다.[1075]

라. 대법원 2013. 11. 14. 선고 2011두22280 판결

상증법 시행령 제56조 제4항은 비상장주식을 평가할 때 1주당 3년간 순손익가치를 산정하는 과정에서 가산·차감항목을 반영하도록 규정하고 있다. 이 경우 가산 및 차감 항목이 한정적 열거인지 예시인지 문제된 바 있다. 대법원은 가산·차감 항목을 반영하는 것은 해당 법인의 순자산을 증가시키는 수익의 성질을 가졌지만 조세정책상의 이유 등으로 각 사업연도 소득금액 계산시 익금불산입된 금액 등을 가산하고, 그와 반대로 해당 법인의 순자산을 감소시키는 손비의 성질을 가졌지만 역시 조세정책상의 이유 등으로 각 사업연도 소득금액 계산시 손금불산입된 금액 등을 차감하여 순손익액을 산정함으로써 평가기준일 현재의 주식가치를 보다 정확하게 파악하기 위한 것이라고 전제하면서 위 가산 및 차감 항목은 예시적인 성격을 가진다고 본다.[1076] 위 개별 항목 이외의 것도 가산 및 차감 항목에 해당할 수 있으며 그 해당 여부를 결정하는 기준은 개별 가감 항목이 주식의 가치에 영향을 미치는지 여부이다.[1077]

1073) 대법원 2012. 4. 26. 선고 2010두26988 판결도 같은 취지이다.

1074) 위 판결은 대법원 2013. 5. 24. 선고 2013두2853 판결로 확정되었다. 대법원에서는 쟁점이 되지 않았다.

1075) 김범준, "추정이익에 의한 비상장주식 평가의 몇 가지 문제점과 해결 방안", 343면.

1076) 대법원 2013. 11. 14. 선고 2011두22280 판결.

1077) 대법원 2013. 11. 14. 선고 2011두22280 판결; 대법원 2011. 7. 14. 선고 2008두4275 판결(퇴직급여충당금 과소계상액을 차감항목에 해당한다고 본 사안); 서울고등법원 2018. 11. 21. 선고 2018누39043 판결(대법원 2019. 4. 25. 자 2019두30546 판결로 심리불속행 종결: 과소자본세제에 따라 배당으로 처분되는 이자비용도 차감항목에 해당한다고 본 사안); 서울고등법원 2022. 8. 25. 선고 2021누39982 판결(대법원 2023. 1. 12. 자 2022두57848 판결로 심리불속행 종결: 2009년에 양도차익이 발생한 법인이 조세특례제한법 제85조의7 제1항 제1호에서 정한 과세이연방식을 적용받아 2009 사업연도 소득 계산시 위 양도차익을 손금에 산입한 후 2012, 2013, 2014 각 사업연도 소득 계산시 위 양도차익의 안분액을 익금에 산입하는 세무조

마. 조심 2023. 5. 2. 자 2022서2759 결정

구 법인세법 시행령(2021. 2. 17. 대통령령 제31443호로 개정되기 전의 것) 제89조 제1항 단서는 상장주식의 시가를 거래일의 거래소 최종시세가액으로 하며, 자본시장법 시행령 제8조의2 제4항 제1호에 따른 '증권시장 외에서 거래하는 방법' 또는 '대량매매 등 기획재정부령으로 정하는 방법'으로 거래하면서 경영권이 이전되는 경우 할증평가를 하도록 하고 있는데 위 규정은 시가를 의제하는 규정으로 보아야 할 것인가 아니면 시가를 추정하는 규정으로 보아야 할 것인가가 문제된 바 있다.

조세심판원은 관련의 입법취지와 개정 경위 등을 고려하여 위 규정은 시가를 의제하는 것으로 판단하였다.

바. 소결론

법인세법 시행령의 규정은 문언의 규정 형식상으로는 시가를 구체화하였다기보다는 시가를 의제하는 성격이 강하게 드러난다. 그러나, 위 시행령 규정들은 결국 법인세법 제52조 제2항의 시가 개념을 구체화하기 위한 것이므로 시행령 규정을 그대로 적용할 경우 시가 개념과 동떨어진 가격이 산정된다면 시행령 규정의 적용을 부정하는 것이 타당하다고 생각된다.

입법론적으로 명문의 규정을 두어 개별적 시가 산정 규정은 추정의 효력을 갖는 것으로 제한하고 납세자는 언제든지 시가를 입증하여 위 추정의 효력을 번복할 수 있도록 하는 것이 바람직하지만 그와 같은 규정이 없더라도 해석론으로도 충분히 가능한 해석이다. 비교법적으로 살펴보면, 독일의 평가법은 납세자가 평가법의 규정에 따라 산정된 가격에도 불구하고 더 낮은 시가를 입증할 수 있도록 하고 있고(같은 법 제198조), 미국세법이 수용하고 있는 최적방법규칙도 결국 시가 평가 규정에 유연성을 부여하기 위한 것으로 이해할 수 있다. 일본의 경우 행정해석으로 시가평가방법을 규율하고 있어 당부에 논란이 있지만 유연성이 있다는 점은 긍정적이라고 볼 수 있다.

V. 보충적 평가방법

시가가 불분명한 때에는 다음의 규정을 차례대로 적용하여 계산한 금액을 시가로 의제한

정을 한 경우 2012, 2013, 2014 각 사업연도의 소득금액을 계산할 때 산입한 익금 안분액은 차감항목에 해당한다고 본 사안).

다(법인세법 시행령 제89조 제2항).[1078] 이를 보충적 평가방법이라고 한다. 보충적 평가방법은 시가가 존재하지 않음이 확인된 경우에 한해 불가피하게 보충적으로 적용되어야 하며[1079] 설사 과세단계에서 보충적 평가방법을 적용하였더라도 시가의 존재가 인정된다면 보충적 평가방법에 따른 가액보다 시가가 낮더라도 시가를 우선하여 적용한다.[1080] 보충적 평가방법은 이미 그 개념 자체가 시가를 알 수 없음을 전제로 한다. 따라서 보충적 평가방법에 의해 산정된 가격은 시가로 의제되는 금액일 수 밖에 없다. 그 결과 납세자와 과세관청 간이 분쟁이 자주 발생하는 원인이 된다.

1. 감정가액

가. 개관

「감정평가 및 감정평가사에 관한 법률」에 따른 감정평가법인등이 감정한 가액이 있는 경우[1081] 그 가액(감정한 가액이 2 이상인 경우에는 그 감정한 가액의 평균액)에 의한다(법인세법 시행령 제89조 제2항 제1호). 다만 이 경우에도 감정가액은 감정 목적물의 적정한 교환가치를 반영할 것이 전제가 되고[1082] 그에 관한 입증책임은 과세관청에 있다.[1083]

나. 적용범위

주식등 및 가상자산은 감정으로 평가할 수 없다(같은 법 시행령 제89조 제2항 제1호 단서). 대법원은 특히 주식등에 관하여 감정가액을 배제하는 이유로서 감정평가방법을 달리함에 따라 다양한 감정가액이 산출됨으로써 조세공평의 원칙에 반하는 결과가 초래되는 것을 방지하기 위한 것이라고 한다.[1084] 실무상 비상장주식의 평가를 위하여 종종 사용되는 현금흐름할인방법(DCF)도 그 법적 성질은 감정에 해당하므로[1085] 원칙적으로 보충적 평가방법

1078) 시가를 산정하기 어려워 보충적인 평가방법을 택할 수밖에 없었다는 점에 관한 입증책임은 과세관청에게 있다는 것이 판례이다. 대법원 2001. 9. 14. 선고 2000두406 판결; 대법원 1995. 6. 13. 선고 95누23 판결.

1079) 조세심판원 2021. 3. 3. 자 2020서8394 결정.

1080) 대법원 1987. 5. 26. 선고 86누408 판결.

1081) 따라서 상법 제298조에 따라 법인이 선임한 검사인에 의한 감정가액은 여기서의 감정가액이 아니다(법인세법 기본통칙 52-89…1).

1082) 사전-2021-법령해석법인-1514, 2021. 11. 4.

1083) 조세심판원 2024. 11. 19. 자 2023서10027 결정.

1084) 대법원 2011. 5. 13. 선고 2008두1849 판결. 다만 대법원은 같은 판결에서 같은 취지를 규정하고 있는 상증령 제49조 제1항 제2호의 해석과 관련하여 '특별한 사정이 있다면' 비상장주식에 관한 감정가액도 시가로 인정될 수 있다는 입장을 시사한 바 있다.

1085) 대법원 2020. 4. 9. 선고 2016다32582 판결; 서울고등법원 2019. 3. 20. 선고 2018누66199 판결(대법원 2023. 5. 1. 선고 2019두38472 판결로 상고기각).

으로 사용할 수 없으며 예외적으로 상증법 시행령 제54조 제6항의 요건을 충족하는 경우에 한하여 사용이 허용된다고 보아야 할 것이다.[1086]

주식등 및 가상자산을 제외한다는 것은 주식등 및 가상자산에 관하여 감정평가법인의 감정가액이 있는 경우에도 그 가액에 의하지 않고 다음의 상증법에 따른 보충적 평가방법으로 평가한다는 뜻이다. 여기서의 '주식등'에는 상장주식이 포함된다. 상증법 시행령 제58조의3 제2항은 국외 비상장주식의 경우 감정도 허용하고 있다.[1087]

영업권은 감정평가법 시행령 제2조가 규정하는 감정평가업자의 감정평가 대상에 포함되어 있지 않지만 실무상은 「감정평가에 관한 규칙」 제23조 제3항이 영업권의 감정평가방법으로 수익환원법을 규정하고 있는 것을 근거로 감정의 대상이 되는 것으로 해석한다.[1088]

조세심판원 2024. 11. 19. 자 2023서10027 결정은 사업양도 과정에서 행해진 감정평가법인의 영업권 감정평가가 사업양도법인의 매출감소추세와 법정할인율 등을 반영한 합리적인 방식으로 이루어졌고 그 양수도당사자는 특수관계에 있지만 직접 지분관계가 없어 이익분여 동기가 없으며 양도법인과 감정평가법인 간에 통정행위가 있었음을 인정할 증거가 없음을 들어 감정평가액을 영업권의 시가로 볼 수 있다고 판단하였다.

다. 소급감정의 허용 여부

소급감정은 감정가액의 평가기준일은 평가기간 중이지만 감정평가서를 과세표준 신고기한 경과 이후에 작성하는 것을 말한다. 과세관청 및 조세심판원은 소급감정을 원칙적으로 인정하지 않는 입장을 고수하였고 대법원은 소급감정도 원칙적으로 허용된다는 입장이었다.[1089] 법령상으로는 소급감정이 허용되는 범위가 지속적으로 확대되어 왔다.

예를 들어 후술하는 상증법 시행령 제49조 제1항 제2호 단서는 1999. 12. 31. 대통령령 제16660호로 신설되었고, 같은 시행령 제49조 제1항 단서는 2019. 2. 12. 대통령령 제29533

[1086] 대법원 2023. 6. 1. 선고 2019두38472 판결[현금흐름할인방법은 기업의 미래 현금흐름에 할인율을 적용하여 현재 시점에서의 자본가치를 추정하는 가치평가방법으로서 기업가치를 평가하는 과정에서 고려하여야 할 요소(미래순현금흐름, 할인율 등)의 결정시 주관이 개입될 여지가 있고, 적절한 할인율을 결정하는 것이 어렵다는 단점이 있어, 시세가 있는 코스닥시장 상장법인의 주식으로서 경영권 프리미엄까지 고려하여야 하는 경우에는 최적의 시가 산정방법이 아니라고 본 원심 판결(서울고등법원 2019. 3. 20. 선고 2018누 66199 판결)을 인용하였다] 및 그 하급심 판결들. 그러나 서울고등법원 2023. 9. 12. 선고 2023누37034 판결은 현금흐름할인방법을 적용하여 산정한 비상장주식의 가액을 시가로 인정하고 있으며 위 판결은 대법원 2023. 12. 21.자 2023두54006 판결로 심리불속행 확정되어 대법원의 정확한 입장을 알기 어렵다.

[1087] 선순위 평가방법을 적용할 수 없는 경우에 한한다. 관련 문제에 관하여는 김범준, "해외 비상장주식 평가 규정의 문제점과 개선 방안", 「조세학술논집」 제39집 제1호, 2023, 173면 이하.

[1088] 송동진, 앞의 책, 364면.

[1089] 대법원 2008. 2. 1. 선고 2004두1834 판결; 대법원 2005. 9. 30. 선고 2004두2356 판결; 대법원 2001. 8. 21. 선고 2000두5098 판결.

호로 개정되면서 일정한 요건 하에 비거주용 부동산(이른바 '꼬마빌딩')에 관한 상증법상의 재산평가시 소급감정이 허용되었다.[1090]

그렇다면 위 두 규정은 법인세법상 부당행위계산 부인시의 시가 평가에 준용되는가?

감정에 관하여 규정하고 있는 법인세법 시행령 제89조 제2항 제1호는 위 두 규정을 준용하고 있지 않으며 달리 위 두 규정을 직접 준용하는 근거 규정은 없다. 그러나 비상장주식의 평가에 관한 법인세법 시행령 제89조 제2항 제2호는 상증법 제63조 제1항 제1호 나목을 준용하므로 다시 그 준용 규정을 순차적으로 적용하면 상증령 제54조, 제55조 제1항, 상증법 제60조 제2항, 같은 법 시행령 제49조의 순서로 준용되어 감정 관련 상증법령의 여러 규정이 준용될 수 있다. 즉, 비상장주식을 평가하면서 해당 주식을 발행한 법인의 순자산가치를 평가할 때 상증법령상의 감정 관련 규정이 준용될 수 있고 그 과정에서 위 규정이 준용될 수 있다. 이것이 대법원 판례의 입장으로 보인다.[1091] 그러나 평가 대상 자산을 직접 감정할 때에는 준용되지 않는 규정이 비상장주식을 평가하는 과정에서 준용되는 것은 법체계상 타당하다고 하기 어렵다. 본래 준용은 '성질이 허용하는 범위 내에서' 다른 규율을 적용하는 것인바, 위 두 규정은 비상장주식을 평가할 때에도 준용되지 않는 것으로 해석하여야 할 것이다.

라. 과세관청에 의한 재감정의 제한

상증법 시행령 제49조 제1항 제2호 단서는 납세자가 제시한 감정가액에 재감정사유(① 감정가액이 기준금액에 미달하는 경우, ② 평가심의위원회의 심의를 거쳐 감정평가목적상 해당 감정가액이 부적정하다고 인정되는 경우)가 인정되면 과세관청이 재감정을 할 수 있도록 규정하고 있다. 이 경우의 재감정은 동시에 소급감정에 해당할 때가 많을 것이다. 관련하여 위 재감정사유가 한정적인 열거인지 아니면 예시적인 성격의 것인지가 문제된다. 대법원 2024. 4. 12. 선고 2020두54265 판결은 위 재감정사유를 한정적인 열거로 보았다. 특히 재감정사유 중 '평가심의위원회의 심의를 거쳐 감정평가목적상 해당 감정가액이 부적정하다고 인정되는 경우'는 평가심의위원회의 자문을 거쳤는지 여부만을 기준으로 판단하여서는 안 되고 원감정가액의 감정평가목적, 납세자와 감정기관과의 관계, 통모 여부, 납세자의 조세회피 의사, 평가심의위원회의 자문내용 및 결과 등을 함께 고려하여 개별적으로 판단하여야 한다고 판시하였다.

1090) 현재 위 규정의 위헌성 및 당부에 관하여는 논란이 계속되고 있다.
1091) 대법원 2024. 4. 12. 선고 2020두54265 판결.

2. 상증법에 따른 보충적 평가방법으로 평가한 가액

가. 개관

감정가액을 구할 수 없는 경우 상증법에 따른 보충적 평가방법(상증법 38, 39, 39의2, 39의3, 61부터 66까지의 규정에 따른 평가방법)에 따라 평가한다.

이하에서는 부동산, 비상장주식, 가상자산에 관하여 상증법에 따른 보충적 평가방법을 살펴본다.

나. 부동산

(1) 토지

(가) 원칙

「부동산 가격공시에 관한 법률」에 따른 개별공시지가로 평가하는 것이 원칙이다(상증법 제61조 제1항 제1호).

(나) 개별공시지가가 없는 토지

개별공시지가가 없는 토지는 ① 「공간정보의 구축 및 관리 등에 관한 법률」에 의한 신규등록토지, ② 「공간정보의 구축 및 관리 등에 관한 법률」에 의하여 분할 또는 합병된 토지, ③ 토지의 형질변경 또는 용도변경으로 인하여 「공간정보의 구축 및 관리 등에 관한 법률」상의 지목이 변경된 토지, ④ 개별공시지가의 결정·고시가 누락된 토지(국·공유지 포함)를 말한다. 위의 각 토지는 그 토지와 지목·이용상황등 지가형성요인이 유사한 인근토지를 표준지로 보고 「부동산 가격공시에 관한 법률」 제3조 제8항에 따른 비교표에 따라 납세지 관할세무서장이 평가한다. 이 경우 납세지 관할세무서장은 지방세법 제4조 제1항 단서에 따라 시장·군수가 산정한 가액 또는 둘 이상의 감정기관에 의뢰하여 감정한 가액의 평균액을 평가가액으로 할 수 있다(상증법 제61조 제1항 제1호, 같은 법 시행령 제50조 제1항).

(다) 지정지역 내의 토지

각종 개발사업등으로 지가가 급등하거나 급등할 우려가 있는 지역으로서 국세청장이 지정한 지역('지정지역')의 토지 가액은 개별공시지가에 배율을 곱하는 배율방법으로 평가한다(상증법 제61조 제1항 제1호, 같은 법 시행령 제50조 제1항, 제2항).

(2) 건물(오피스텔, 상업용 건물, 주택 제외)

건물(오피스텔, 상업용 건물, 주택 제외)의 신축가격, 구조, 용도, 위치, 신축연도 등을 고려하여 매년 1회 이상 국세청장이 산정·고시하는 가액에 의한다(상증법 제61조 제1항 제2호).

(3) 오피스텔 및 상업용 건물

국세청장이 해당 건물의 용도·면적 및 구분소유하는 건물의 수 등을 고려하여 지정하는 지정지역에 소재하는 오피스텔 및 상업용 건물과 그 부수 토지에 관하여는 건물의 종류, 규모, 거래 상황, 위치 등을 고려하여 매년 1회 이상 국세청장이 토지와 건물에 관하여 일괄하여 산정·고시한 가액으로 평가한다(상증법 제61조 제1항 제3호, 같은 법 시행령 제50조 제3항).

(4) 주택

(가) 고시주택가격이 있는 경우

「부동산 가격공시에 관한 법률」에 따른 개별주택가격 및 공동주택가격('고시주택가격')이 있는 경우에는 그 가격으로 평가한다.

(나) 고시주택가격이 없거나 고시 후 리모델링한 경우

고시주택가격이 없거나 고시주택가격 고시 후 해당 주택을 대수선 또는 리모델링(건축법 제2조 제1항 제9호, 제10호)을 하여 고시주택가격으로 평가하는 것이 적절하지 않은 경우 납세지 관할세무서장이 인근 유사주택의 고시주택가격을 고려하여 다음과 같이 평가한다.

① 개별주택가격이 없는 단독주택의 경우 해당 주택과 구조·용도·이용 상황 등 이용가치가 유사한 인근주택을 표준주택으로 보고 주택가격 비준표(「부동산 가격공시에 관한 법률」 제16조 제6항)에 따라 납세지 관할세무서장이 평가한 가액으로 한다.
② 공동주택가격이 없는 공동주택의 경우 인근 유사 공동주택의 거래가격·임대료 및 해당 공동주택과 유사한 이용가치를 지닌다고 인정되는 공동주택의 건설에 필요한 비용 추정액 등을 종합적으로 고려하여 납세지 관할세무서장이 평가한 가액으로 한다.
③ 지방세법 제4조 제1항 단서에 따라 시장·군수가 산정한 가액이나 둘 이상의 감정평가기관에 해당 주택에 관한 감정을 의뢰하여 산정된 감정가액을 고려하여 관할세무서장이 평가한 가액으로 한다.

다. 비상장주식

(1) 개관

상증법 제63조, 같은 법 시행령 제54조에 따라 비상장주식의 평가를 산식화하면 다음과 같다. 종류주식도 위 규정에 따라 보충적 평가방법을 적용할 수 있다.[1092]

원칙		(1주당 순손익가치×3 + 1주당 순자산가치×2) ÷ 5
예외	부동산과다보유법인	(1주당 순손익가치×2 + 1주당 순자산가치×3) ÷ 5
	청산법인 등 (상증법 시행령 제54조 제4항)	1주당 순자산가치

이 경우 공통적으로 사용되는 평가요소에 관하여 살펴본다.

(가) 1주당 순손익가치

1주당 순손익가치는 다음 산식에 따라 계산한다(상증법 시행령 제54조 제1항).

> 1주당 순손익가치 = {1주당 최근 3년간의 순손익액의 가중평균액(또는 1주당 추정이익 평균가액)÷순손익가치환원율} ÷ 발행주식총수

위 산식의 계산요소와 관련하여 주의할 점은 다음과 같다.

1) 1주당 최근 3년간의 순손익액

순손익액은 법인세법 제14조에 따른 각 사업연도 소득에 가산 항목을 더하고 차감 항목을 빼서 산정한다(상증법 시행령 제56조 제4항). 이 경우 각 사업연도 소득을 계산할 때 손금에 산입된 충당금 또는 준비금이 세법의 규정에 따라 일시 환입되는 경우에는 해당 금액이 환입될 연도를 기준으로 안분한 금액을 환입될 각 사업연도소득에 더한다.

① 가산 항목

[1092] 대법원 2020. 12. 10. 선고 2018두34350 판결(우선주에 관한 판결). 행정해석도 종류주식별로 그 내용을 고려하여 적정한 가격으로 평가할 수 있다고 해석하고 있으나 구체적인 평가방법에 관하여는 언급이 없다. 서면-2023-자본거래-3987, 2024. 12. 26. 비상장 종류주식의 세법상 평가에 관한 문제점과 개선 방안에 관하여는 김범준, "비상장 종류주식의 세법상 평가에 관한 입법 방안", 「조세법연구」 제29집 제2호, 2023, 275면 이하. 그 개정 연혁에 관하여는 김수정, "상속세 및 증여세법 시행령 규정에 대한 비판적 검토", 「저스티스」 통권 제194-1호, 2023, 212~213면.

㉮ 국세 또는 지방세의 과오납금의 환급금 이자(법인세법 제18조 제4호)

㉯ 수입배당금액 중 익금불산입액(법인세법 제18조의2, 제18조의4)

㉰ 법인세법 제24조 제5항, 제27조의2 제3항 및 제4항, 조특법(2010. 12. 27. 법률 제 10406호로 개정되기 전의 것) 제73조 제4항에 따라 해당 사업연도의 손금에 산입 한 금액

㉱ 각 사업연도소득을 계산할 때 법인세법 시행령 제76조에 따른 화폐성외화자산·부채 또는 통화선도등('화폐성외화자산등')에 대하여 해당 사업연도 종료일 현재의 같은 조 제1항에 따른 매매기준율등('매매기준율등')으로 평가하지 않은 경우 해당 화폐성외화자산등에 대하여 해당 사업연도 종료일 현재의 매매기준율등으로 평가하여 발생한 이익

㉲ 그 밖에 기획재정부령으로 정하는 금액: 2025. 4. 1. 현재 기획재정부령은 제정되어 있지 않다.

② 차감 항목

㉮ 해당 사업연도의 법인세액(법인세법 제18조의4에 따른 익금불산입의 적용 대상이 되는 수입배당금액에 대하여 외국에 납부한 세액과 같은 법 제57조에 따라 세액공제를 적용하는 경우의 외국법인세액을 포함), 법인세액의 감면액 또는 과세표준에 부과되는 농어촌특별세액 및 지방소득세액

해당 사업연도의 법인세액이 '이월결손금을 공제한 후의 소득에 관한 법인세액'인 지 아니면 '이월결손금을 공제하기 전의 소득에 관한 법인세액'인지 여부가 문제된 바 있는데, 대법원은 순손익가치의 의의와 상증세법상 고유개념으로서 순손익액의 의미, 이월결손금 제도의 취지 등을 고려하여 후자로 해석하였다.[1093]

㉯ 법인세법 제21조 제3호·제4호, 제21조의2 및 제27조에 따라 손금에 산입되지 않은 금액과 각 세법에서 규정하는 징수불이행으로 인하여 납부하였거나 납부할 세액

㉰ 법인세법 제24조부터 제26조까지, 제27조의2 및 제28조에 따라 손금에 산입되지 않은 금액과 조세특례제한법(2010. 12. 27. 법률 제10406호로 개정되기 전의 것) 제73조 제3항에 따라 기부금 손금산입 한도를 넘어 손금에 산입하지 않은 금액, 같은 법 제136조의 금액, 그 밖에 기획재정부령으로 정하는 금액

㉱ 법인세법 시행령 제32조 제1항에 따른 시인부족액에서 같은 조에 따른 상각부인액

1093) 대법원 2023. 6. 29. 선고 2019두56838 판결. 상세한 논거는 원심 판결인 서울고등법원 2019. 10. 2. 선고 2019누30920 판결에 잘 제시되어 있다.

을 손금으로 추인한 금액을 뺀 금액

⑰ 각 사업연도소득을 계산할 때 화폐성외화자산등에 대하여 해당 사업연도 종료일 현재의 매매기준율등으로 평가하지 않은 경우 해당 화폐성외화자산등에 대해 해당 사업연도 종료일 현재의 매매기준율등으로 평가하여 발생한 손실

③ 가산 및 차감 항목의 예시적 성격

앞서 본 바와 같이 판례는 위 가산 및 차감 항목은 예시적 성격을 가진 것으로 본다.[1094]

④ 순손익액의 대체

예외적으로 ㉠ 일시적이고 우발적인 사건으로 해당 법인의 최근 3년간 순손익액이 증가하는 등 상증법 시행규칙 제17조의3 제1항으로 정하는 경우에 해당하고, ㉡ 상속세 과세표준 신고기한 및 증여세 신고기한까지 1주당 추정이익의 평균가액을 신고하며, ㉢ 1주당 추정이익의 산정기준일과 평가서작성일이 해당 과세표준 신고기한 이내이고, ㉣ 1주당 추정이익의 산정기준일과 상속개시일 또는 증여일이 같은 연도에 속하면 1주당 최근 3년간의 순손익액 가중평균액을 신용평가전문기관, 회계법인, 세무법인 중 둘 이상의 신용평가전문기관, 회계법인 또는 세무법인이 기획재정부령으로 정하는 기준에 따라 산출한 1주당 추정이익의 평균가액으로 할 수 있다(상증법 시행령 제56조 제2항). 상세한 내용은 후술한다.

2) 가중평균액

최근 3년간의 순손익액의 가중평균액은 다음 계산식에 따라 계산하고 그 가액이 음수이면 영으로 한다.

1094) 대법원 2013. 11. 14. 선고 2011두22280 판결; 대법원 2011. 7. 14. 선고 2008두4275 판결(퇴직급여충당금 과소계상액을 차감항목에 해당한다고 본 사안); 서울고등법원 2018. 11. 21. 선고 2018누39043 판결(대법원 2019. 4. 25. 자 2019두30546 판결로 심리불속행 종결: 과소자본세제에 따라 배당으로 처분되는 이자비용도 차감항목에 해당한다고 본 사안); 서울고등법원 2022. 8. 25. 선고 2021누39982 판결(대법원 2023. 1. 12. 자 2022두57848 판결로 심리불속행 종결: 2009년에 양도차익이 발생한 법인이 조세특례제한법 제85조의7 제1항 제1호에서 정한 과세이연방식을 적용받아 2009 사업연도 소득 계산시 위 양도차익을 손금에 산입한 후 2012, 2013, 2014 각 사업연도 소득 계산시 위 양도차익의 안분액을 익금에 산입하는 세무조정을 한 경우 2012, 2013, 2014 각 사업연도의 소득금액을 계산할 때 산입한 익금 안분액은 차감항목에 해당한다고 본 사안).

1주당 최근 3년간의 순손익액의 가중평균액
= {(평가기준일 이전 1년이 되는 사업연도의 1주당 순손익액 × 3) + (평가기준일 이전 2년
  이 되는 사업연도의 1주당 순손익액× 2) + (평가기준일 이전 3년이 되는 사업연도의 1주
  당 순손익액 × 1)} ÷ 6

3) 순손익가치환원율

순손익가치환원율은 3년 만기 회사채의 유통수익률을 고려하여 기획재정부령으로 정하는 이자율을 말하고 2025. 1. 1. 현재 연 10퍼센트이다(상증법 시행규칙 제17조).

4) 발행주식총수

발행주식총수는 각 사업연도 종료일 현재를 기준으로 하며 감자를 위하여 취득한 자기주식은 발행주식총수에서 제외하지만 보유목적으로 취득한 자기주식은 발행주식총수에 포함한다는 것이 행정해석이다.[1095]

(나) 1주당 순자산가치

1주당 순자산가치는 다음 산식에 따라 계산한다(상증법 시행령 제54조 제2항).

1주당 순자산가치 = 해당 비상장법인의 순자산가액 ÷ 발행주식총수

해당 비상장법인이 보유한 주식(주권상장법인이 발행한 주식으로 한정한다)의 평가금액은 평가기준일의 거래소 최종시세가액으로 하며, 상증법 제63조 제2항 제1호, 제2호 및 같은 법 시행령 제57조 제1항, 제2항을 준용할 때 '직전 6개월(증여세가 부과되는 주식등의 경우에는 3개월로 한다)'은 각각 '직전 6개월'로 본다(법인세법 시행령 제89조 제2항 제2호 후단).

해당 비상장법인이 주주 상환우선주를 발행한 경우 그 주주 상환우선주는 기업회계상 부채로 취급되므로 부채로 취급하여 자산에서 빼야 한다는 조세심판원 결정이 있다.[1096] 비상장주식의 평가규정은 평가기준일 현재의 주식가치를 정확하게 파악하기 위한 것이고 기업회계가 세무회계보다 주식가치를 평가하는 목적에 적합하다고 할 것이므로 타당한 결정이다.

1095) 제도 46014-10291, 2001. 3. 28.
1096) 조심 2016. 5. 12. 자 2005중5594 결정.

순자산가액에서 공제하는 부채는 채무확정주의에 입각하여 평가하여야 한다.[1097]

문제는 법인의 자산 중에 비거주용 부동산이 있다면 상증법 시행령 제49조 제1항 각 호 외의 부분 단서가 적용되어 소급감정이 허용될 것인지 여부이다. 앞서 기술한 바와 같이 위 규정 자체의 위헌성에 관하여 다툼이 있고 법문상으로도 직접 준용하고 있지 않으므로 부정적으로 보아야 할 것이다.

(2) 순손익가치와 순자산가치의 가중평균에 의하는 경우

비상장주식의 평가는 순손익가치와 순자산가치의 가중평균에 의하는 것이 원칙인데 그 비율은 원칙적으로 3:2이지만 예외적으로 2:3을 적용한다. 그러나, 위 가중치 자체가 임의적인 수치라서 이를 일률적으로 적용한 결과가 비상장주식의 가치를 제대로 반영할 수 없다는 비판이 계속되어 왔으며 비판은 현재도 유효하다.[1098]

(가) 원칙적 가중평균 비율에 의하는 경우

원칙적으로 1주당 순손익가치와 1주당 순자산가치를 3:2로 가중평균하여 평가한다.

1) 순손익액의 대체(추정이익)

1주당 순손익가치는 최근 3년간의 순손익액을 가중평균하여 계산하지만(상증법 시행령 제56조 제1항) 예외적으로 일시적이고 우발적인 사건으로 해당 법인의 최근 3년간 순손익액이 증가하는 등 후술하는 상증법 시행규칙 제17조의3 제1항 각 호에 규정된 사유가 있는 경우에는 상속세 과세표준 신고기한 및 증여세 과세표준 신고기한까지 1주당 추정이익의 평균가액을 신고하고,[1099] 1주당 추정이익의 산정기준일과 평가서작성일이 해당 과세표준 신고기한 이내이고 1주당 추정이익의 산정기준일과 상속개시일 또는 증여일이 같은 연도에 속하면 신용평가전문기관, 회계법인, 세무법인 중 둘 이상의 신용평가전문기관, 회계법인 또는 세무법인이 산출한 1주당 추정이익의 평균가액으로 갈음할 수 있다(상증법 시행령 제56조 제2항).[1100]

2) 순손익액 가중평균액 배제사유

1097) 대법원 2002. 5. 14. 선고 2000두5180 판결.
1098) 대표적으로 김수정, 앞의 논문, 218~219면.
1099) 다만 상증법과는 달리 법인세법을 적용할 때 신고가 필요한지는 의문이다. 과세실무는 통일되어 있지 않다. 상세는 김범준, "추정이익에 의한 비상장주식 평가의 몇 가지 문제점과 해결 방안", 333면 이하.
1100) 이 경우에는 과거의 수익력이 무의미하게 되는 사유가 발생하였기 때문에 미래의 수익력을 추정하여 1주당 순손익가치를 계산하려는 것이다.

최근 3년간의 순손익액의 가중평균액을 사용할 수는 없게 되는, 상증법 시행규칙 제17조의3 제1항 각 호의 사유는 다음과 같다.[1101]

① 제2호

기업회계기준의 자산수증이익, 채무면제이익, 보험차익 및 재해손실(이하 '자산수증이익 등')의 합계액에 대한 최근 3년간 가중평균액이 법인세 차감전 손익에서 자산수증이익등을 뺀 금액에 대한 최근 3년간 가중평균액의 50%를 초과하는 경우[1102]

② 제3호

평가기준일 전 3년이 되는 날이 속하는 사업연도 개시일부터 평가기준일까지의 기간 중 합병 또는 분할을 하였거나 주요 업종이 바뀐 경우

이 경우에는 합병, 분할, 업종 변경 이전의 과거 실적을 토대로 하여 합병 후 회사의 미래의 기대수익을 예측하는 것이 불합리하다고 보아 원칙적으로 주식 시가를 1주당 순손익가치에 의하여 평가하지 않도록 규정하고 있다. 여기서의 합병 또는 분할은 그 등기일을 기준으로 판단하는 것이 판례의 입장이다.[1103] 그러나 합병 또는 분할의 경제적 효과가 발생하는 합병기일 또는 분할기일을 기준으로 판단하는 것이 타당할 것으로 생각된다. 판례는 분할의 경우 분할법인과 분할신설법인 모두를 포함하는 것으로 해석하였다.[1104] 완전모회사인 비상장회사가 자회사를 청산하여 모든 자산·부채를 그대로 승계한 경우에는 실질적으로 자회사를 합병한 경우와 유사한 결과가 발생하는바, 평가기준일부터 최근 3년 이내에 이와 같은 청산이 있었다면 비상장회사의 과거 실적을 토대로 미래의 기대수익을 예측하는 것이 불합리하다는 점에서 자회사를 합병한 경우와 다름이 없다. 따라서 완전모회사인 비상장회사가 자회사를 청산하여 모든 자산·부채를 그대로 승계하는 경우도 특별한 사정이 없는 한 위 상증법 시행규칙 제17조의3 제1항 제3호가 규정한 1주당 순손익가치의 배제사유에 포함된다.[1105]

1101) 제1호는 2005. 3. 19. 삭제되었다.

1102) 제2호가 적용된 사안으로 서울고등법원 2012. 12. 27. 선고 2012누12268 판결(대법원 2013. 5. 24. 자 2013두2853 판결로 심리불속행 종결).

1103) 서울고등법원 2020. 12. 3. 선고 2019누49610 판결(대법원 2021. 4. 15. 자 2020두58236 판결로 심리불속행 종결).

1104) 대법원 2005. 2. 26. 선고 2014두39203 판결.

1105) 대법원 2017. 2. 3. 선고 2014두14228 판결. 위 판결에 관한 평석은 곽상민, "구 상속세 및 증여세법 시행규칙 제17조의3 제1항 제3호가 정한 최근 3년간 순손익액의 가중평균액 적용의 배제사유에 완전모회사인 비상장회사가 자회사를 청산하여 모든 자산·부채를 그대로 승계하는 경우가 포함되는지 여부", 「대법원판례해설 제111호」, 법원도서관, 2017, 595~610면.

③ 제4호

상증법 제38조에 의하여 증여받은 이익을 산정하기 위하여 합병당사법인의 주식가액을 산정하는 경우[1106]

④ 제5호

최근 3개 사업연도 중 1년 이상 휴업한 사실이 있는 경우

⑤ 제6호

기업회계기준상 유가증권·유형자산의 처분손익과 자산수증이익등의 합계액에 대한 최근 3년간 가중평균액이 법인세 차감전 손익에 대한 최근 3년간 가중평균액의 50퍼센트를 초과하는 경우[1107]

⑥ 제7호

주요 업종(해당 법인이 영위하는 사업 중 직접 사용하는 유형자산의 가액이 가장 큰 업종을 말한다)에 있어서 정상적인 매출발생기간이 3년 미만인 경우

판례는 주요 업종이 '변경'된 후 정상적인 매출발생기간이 3년도 채 되지 않는다면 그에 기초한 최근 3년간의 순손익액의 가중평균액은 일시우발적이거나 비정상적일 가능성이 많아 미래의 기대수익을 대신하기에 적합하지 않으므로 특별한 사정이 없는 한 제7호에 포함된다고 해석하였다.[1108]

⑦ 제8호

위 사유와 유사한 경우로서 기획재정부장관이 정하여 고시하는 사유에 해당하는 경우[1109]

3) 1주당 추정이익의 평균가액으로 갈음할 수 없는 경우

이 경우 추정이익의 평균가액 신고 등 절차적 요건을 충족하지 못하여 1주당 추정이익의 평균가액으로 갈음할 수 없게 되더라도 상증법 시행규칙 제17조의3 제1항 각 호에 규정된

1106) 제4호가 적용된 사안으로 대법원 2013. 12. 26. 선고 2011두2736 판결이 있다.
1107) 제6호가 적용된 사안으로 대법원 2012. 6. 14. 선고 2011두23306 판결; 대법원 2012. 4. 26. 선고 2011두32300 판결이 있다.
1108) 대법원 2012. 5. 24. 선고 2011두9140 판결.
1109) 2025. 1. 1. 현재 이에 해당하는 하위규정은 없다.

사유가 발생하여 최근 3년간 순손익액의 가중평균액을 기초로 하는 것이 불합리하다면, 최근 3년간의 순손익액의 가중평균액은 사용할 수 없다는 것이 판례의 태도이다.[1110]

(나) 부동산과다보유법인의 경우

부동산과다보유법인(상증법 시행령 제54조 제1항)의 경우 1주당 순손익가치와 1주당 순자산가치를 2:3으로 가중평균하여 평가한다. 순자산가치가 기업의 가치에 미치는 영향이 더 클 것으로 예상되기 때문이다.[1111] 부동산과다보유법인 여부는 소득세법 제94조 제1항 제4호 다목에 따라 판단한다.

(다) 평가의 하한

1주당 순손익가치와 1주당 순자산가치를 가중평균하여 평가하는 경우에도 그 가중평가한 가액이 1주당 순자산가치에 80%를 곱한 금액보다 낮으면 1주당 순자산가치에 80%를 곱한 금액으로 평가한다. 비상장주식의 평가 과정에서 의도적으로 순이익을 조정하는 등의 방법으로 순손익가치를 낮추는 편법이 발생하고, 순이익이 낮으나 자산이 많은 기업은 주식가치가 과소평가되는 문제가 발생하기 때문에 둔 규정이다.[1112]

(3) 1주당 순자산가치만으로 평가하는 경우

상증법 시행령 제54조 제4항에 규정된 각 경우에는 과거의 수익력이 더 이상 의미가 없고 계속기업의 가정도 합리적이지 않으므로 순자산가치만으로 평가한다.

① 상속세 및 증여세 과세표준신고기한(상증법 제67조, 제68조) 이내에 평가대상 법인의 청산절차가 진행 중이거나 사업자의 사망 등으로 인하여 사업의 계속이 곤란하다고 인정되는 법인의 주식 등

1110) 판례는 이 경우 순자산가치법 등 상증법상 보충적 평가방법 중 객관적이고 합리적인 방법에 의하여 평가하여야 한다고 한다[그러나 순자산가치법으로 평가하면 객관적이고 합리적이라고 볼 수 없는 사정이 있는 경우까지 무조건 순자산가치법으로 평가하여야 하는 것은 아니다. 대법원 2023. 5. 18. 선고 2023두32839 판결; 서울고등법원 2012. 12. 27. 선고 2012누12268 판결(대법원 2013. 5. 24. 자 2013두2853 판결로 심리불속행 종결)]. 대법원 2012. 5. 24. 선고 2011두9140 판결; 대법원 2008. 12. 11. 선고 2006두16434 판결. 다만 대법원 2012. 4. 26. 선고 2010두26988 판결은 그 경우에도 3년간 순손익액의 가중평균액을 적용하는 것이 더 객관적이고 합리적이라는 등의 특별한 사정이 있다면' 여전히 최근 3년간의 순손익액을 가중평균하여 1주당 순손익가치를 구할 수 있다고 한다. 예를 들어 사업개시 후 2년 밖에 안 되었더라도 그 기간 동안 순손익액에 큰 변화가 없고 해당 사업의 특성상 향후에도 변화가 없을 것으로 예상되는 경우가 여기서의 특별한 사정에 해당할 수 있다. 행정해석도 같은 취지이다. 즉, 법인세법 시행규칙 제17조의3의 사유에 해당하는 경우에도 3년간 순손익액의 가중평균을 사용할 수 있다고 본다. 국세청 법규과-1165(2013. 10. 24.).
1111) 박훈/채현석/허원, 「상속·증여세 실무 해설」, 2020년판, 삼일인포마인, 2020, 481면.
1112) 수원고등법원 2024. 8. 21. 선고 2023누16192 판결(대법원 2024. 12. 24. 자 2024두53697 판결로 심리불속행 종결).

② 사업개시 전의 법인, 사업개시 후 3년 미만의 법인 또는 휴업·폐업 중인 법인의 주식
　　등. 이 경우 법인세법 제46조의3, 제46조의5, 제47조의 요건을 갖춘 적격분할 또는 적
　　격물적분할로 신설된 법인의 사업기간은 분할 전 동일 사업부문의 사업개시일부터 기
　　산한다.
③ 법인의 자산총액 중 소득세법 제94조 제1항 제4호 다목 1), 2)의 합계액이 차지하는
　　비율이 80% 이상인 법인의 주식등
④ 법인의 자산총액 중 주식등의 가액의 합계액이 차지하는 비율이 80% 이상인 법인의
　　주식등
⑤ 법인의 설립시 정관에 존속기한이 확정된 법인으로서 평가기준일 현재 잔여 존속기한
　　이 3년 이내인 법인의 주식등

(4) 평가심의위원회의 평가가액 등

납세자가 유사상장법인 비교평가방법 또는 현금흐름할인방법으로 평가한 평가가액을 첨
부하여 평가심의위원회에 비상장주식등의 평가가액 및 평가방법에 관하여 심의를 신청하
는 경우 평가심의위원회가 심의하여 제시하는 평가가액에 의하거나 그 위원회가 제시하는
평가방법 등을 고려하여 계산한 평가가액에 의할 수 있다. 다만 납세자가 평가한 가액이
보충적 평가방법에 따른 주식평가액의 70퍼센트에서 130퍼센트의 범위 안이어야 한다(상증
법 시행령 제54조 제6항). 제도의 취지에도 불구하고 실무상으로는 평가심의위원회의 전문성
부족과 납세자의 과도한 입증부담 등으로 인하여 거의 활용되지 않는다.

(5) 상증법상 비상장주식평가를 위한 보충적 평가방법에 따르더라도 그 가액을 평가할 수 없는 경우

대법원은 상증법에 규정되어 있는 비상장주식평가를 위한 보충적 평가방법에 따르더라
도 그 가액을 평가할 수 없는 경우에는 상증법이 마련한 보충적 평가방법 중에서 객관적이
고 합리적인 방법을 준용하여 평가할 수 있다는 입장을 취하고 있다.[1113] 대법원은 그 근거
로서 ① 상증법에서 따로 평가방법을 규정하지 않은 재산의 평가에 대해서는 제60조부터
제64조까지 및 제65조 제1항에 규정된 평가방법을 준용하여 평가하도록 규정되어 있고(상
증법 제65조 제2항), ② 상증법이 규정하고 있는 보충적 평가방법에 의하더라도 그 가액을 평
가할 수 없는 경우에는 객관적이고 합리적인 방법으로 평가한 가액에 의할 수 밖에 없다는
점을 들고 있다.[1114]

1113) 대법원 2013. 11. 14. 선고 2011두31253 판결; 대법원 2012. 4. 26. 선고 2010두26988 판결.

판례 사안 중에는 상증법 시행령 제54조 제1항을 적용할 때 특별손익을 공제한 정상적 이익만으로 과거 손익 가중평균 방법을 적용하여 순손익가치를 구한 다음, 순손익가치와 순자산가치를 3:2의 비율로 가중평균한 방법을 객관적이고 합리적이라고 본 것이 있다.[1115]

(6) 할증평가

대통령령으로 정하는 최대주주등의 주식등에 관하여는 그 인정되는 가액에 그 가액의 20퍼센트를 가산하여 할증평가한다(상증법 제63조 제3항).

(7) 외국 비상장주식

평가대상 주식이 외국에 있는 비상장법인의 주식인 경우에는 보충적 평가방법을 그대로 적용하는 것이 부적당하지 않은 때에 한하여 보충적 평가방법을 적용할 수 있고 위 보충적 평가방법을 적용하는 것이 부적당하지 않다는 것에 관한 입증책임은 과세관청에게 있다는 것이 판례이다.[1116] 주식의 가액을 결정하는 순손익가치는 미래의 기대수익을 한국의 3년 만기 회사채의 유통수익률을 고려하여 기획재정부령으로 정하는 이자율에 의하여 현재가치로 할인한 것이기 때문이다. 판례는 위 법리가 보충적 평가방법을 적용하여 순자산가치만에 의하여 주식의 가액을 평가할 때에도 마찬가지로 적용된다고 한다. 즉, 순자산가치만에 의한 보충적 평가방법을 적용하는 것이 부적당하지 않은 경우에 한한다.[1117] 만일 보충적 평가방법을 적용할 수 없다면 상증법 시행령 제58조의3에 따라 평가하여야 할 것이다.

라. 가상자산

가상자산의 보충적 평가방법에 관하여는 상증법 제65조 제2항, 같은 법 시행령 제60조 제2항이 규정하고 있다. 이에 따르면 특정금융정보법상 가상자산사업자 중 국세청장이 고시한 사업자의 사업장에서 거래되는 가상자산은 고시된 사업장의 평가기준일 이전·이후 1개월간 공표된 일평균가격의 평균액으로 평가하고 그 이외의 가상자산은 특정금융정보법상 가상자산사업자 및 그에 준하는 사업자의 사업장의 평가기준일의 일평균가격 또는 종료기각에 공표된 시세가액 등 합리적으로 인정되는 가격으로 평가한다.

1114) 대법원 2012. 6. 14. 선고 2011두32300 판결; 대법원 2012. 6. 14. 선고 2011두23306 판결; 대법원 2012. 4. 26. 선고 2010두26988 판결; 서울고등법원 2020. 12. 3. 선고 2019누49610 판결(대법원 2021. 4. 15. 자 2020두58236 판결로 심리불속행 종결).
1115) 서울고등법원 2012. 12. 27. 선고 2012누12268 판결. 위 판결은 대법원 2013. 5. 24. 선고 2013두2853 판결로 확정되었다. 김범준, "추정이익에 의한 비상장주식 평가의 몇 가지 문제점과 해결 방안", 343면.
1116) 대법원 2010. 1. 14. 선고 2007두5646 판결.
1117) 대법원 2020. 12. 30. 선고 2017두62716 판결.

마. 조건부 권리

조건부 권리는 본래의 권리의 가액을 기초로 하여 평가기준일 현재의 조건내용을 구성하는 사실, 조건성취의 확실성, 그 밖의 모든 사정을 고려한 적정가액으로 평가한다(상증법 제65조 제1항, 같은 법 시행령 제60조 제1항 제1호).

바. 존속기간이 확정되지 않은 권리

존속기간이 확정되지 않은 권리의 가액은 평가기준일 현재의 권리의 성질, 목적물의 내용연수, 그 밖의 모든 사정을 고려한 적정가액으로 평가한다(상증법 제65조 제1항, 같은 법 시행령 제60조 제1항 제2호).

사. 소송 중인 권리의 가액

평가기준일 현재의 분쟁관계의 진상을 조사하고 소송진행의 상황을 고려한 적정가액으로 평가한다(상증법 제65조 제1항, 상증법 시행령 제60조 제1항 제3호).

아. 저당권 등이 설정된 재산

① 저당권, 「동산·채권 등의 담보에 관한 법률」에 따른 담보권 또는 질권이 설정된 재산, ② 양도담보재산, ③ 전세권이 등기된 재산(임대보증금을 받고 임대한 재산 포함), ④ 위탁자의 채무이행을 담보할 목적으로 수탁자가 위탁자로부터 자본시장법 제103조 제1항 제5호, 제6호의 재산을 수탁받아 운용하는 신탁계약(법인세법 시행령 제63조 제3항)을 체결한 재산은 상증법 제60조에 따라 평가한 가액과 다음 각 방법으로 평가한 가액 중 큰 가액으로 평가한다(상증법 제66조, 같은 법 시행령 제63조).

 ㉠ 저당권(공동저당권 및 근저당권을 제외한다)이 설정된 재산의 가액은 당해 재산이 담보하는 채권액

 ㉡ 공동저당권이 설정된 재산의 가액은 당해 재산이 담보하는 채권액을 공동저당된 재산의 평가기준일 현재의 가액으로 안분하여 계산한 가액

 ㉢ 근저당권이 설정된 재산의 가액은 평가기준일 현재 당해 재산이 담보하는 채권액

 ㉣ 질권이 설정된 재산 및 양도담보재산의 가액은 당해 재산이 담보하는 채권액

 ㉤ 전세권이 등기된 재산의 가액은 등기된 전세금(임대보증금을 받고 임대한 경우 임대보증금)

ⓑ 위 신탁계약을 체결한 재산의 가액은 신탁계약 또는 수익증권에 따른 우선수익자
인 채권자의 수익한도금액

위 각 방법으로 '저당권, 「동산·채권 등의 담보에 관한 법률」에 따른 담보권 또는 질권이
설정된 재산'을 평가할 때 해당 재산에 설정된 근저당의 채권최고액이 담보하는 채권액보다
적은 경우에는 채권최고액으로 하고, 해당 재산에 설정된 물적담보 외에 기획재정부령이 정
하는 신용보증기관의 보증이 있는 경우에는 담보하는 채권액에서 당해 신용보증기관이 보
증한 금액을 차감한 가액으로 하며, 동일한 재산이 다수의 채권(전세금채권과 임차보증금채
권 포함)의 담보로 되어 있는 경우에는 그 재산이 담보하는 채권액의 합계액으로 한다.

Ⅵ. 금전의 대여 또는 차용에 관한 특례

1. 개관

자산거래는 유사·동질적인 거래들을 비교적 쉽게 발견할 수 있지만 법인세법 시행령 제
88조 제1항 제6호, 제7호에서 규정하는 용역의 제공거래는 거래마다 개별성이 두드러지기
때문에 시가를 산정하기 어렵다. 따라서 법인세법 시행령은 그 중 금전의 대여 또는 차용에
관하여 적용될 이자에 관하여 특례를 규정하고 있다.

2. 원칙: 가중평균차입이자율

금전을 대여 또는 차용할 때에는[1118] 위의 각 평가방법에 불구하고 가중평균차입이자율
을 시가로 한다(법인세법 시행령 제89조 제3항). 위에서 가중평균차입이자율이란 자금을 대여한
법인의 대여시점 현재 각각의 차입금 잔액(특수관계인으로부터의 차입금은 제외한다)에
차입 당시의 각각의 이자율을 곱한 금액의 합계액을 해당 차입금 잔액의 총액으로 나눈 비
율을 말한다. 이 경우 해당 비율 또는 대여금리가 해당 대여시점 현재 자금을 차입한 법인
의 각각의 차입금 잔액(특수관계인으로부터의 차입금은 제외한다)에 차입 당시의 각각의
이자율을 곱한 금액의 합계액을 해당 차입금 잔액의 총액으로 나눈 비율보다 높은 때에는
해당 사업연도의 가중평균차입이자율이 없는 것으로 본다. 그리고 법인이 변동금리로 차입

[1118] 판례는 이 경우 금전 대여에 해당하는지 또는 자산·용역 제공에 해당하는지는 그 거래의 내용이나 형식,
당사자의 의사, 계약체결의 경위, 거래대금의 실질적·경제적 대가관계, 거래의 경과 등 거래의 형식과
실질을 종합적으로 고려하여 거래관념과 사회통념에 따라 합리적으로 판단하여야 한다고 한다. 대법원
2017. 8. 29. 선고 2014두43301 판결.

한 경우에는 차입당시의 이자율로 차입금을 상환하고 변동된 이자율로 같은 금액을 다시 차입한 것으로 본다(법인세법 시행규칙 제43조 제1항, 제6항). 특수관계법인 간에 금전대여계약을 변경하여 체결하는 경우 그 변경계약 체결시점을 기준으로 가중평균차입이자율을 적용한다.

가중평균차입이자율을 산정할 때 조작의 우려가 있는 채권자가 불분명한 사채와 매입자가 불분명한 채권·증권의 발행으로 조달된 차입금의 잔액은 가중평균차입이자율 계산을 위한 잔액에 포함하지 않는다(법인세법 시행규칙 제43조 제6항).

판례는, 법인세법 시행령 제89조 제3항의 이자율은 채무액, 채무의 만기, 채무의 보증 여부, 채무자의 신용 정도 등 여러 가지 사정에 따라 달라질 수 있으므로, 실제로 거래한 이자율이 부당행위계산에 해당하여 부인할 수 있는지 판단하기 어렵다는 점을 고려하여 마련된 것이라고 하면서 부당행위계산의 부인을 둔 취지나 법인세법 시행령 제89조 제3항의 위임 근거인 법인세법 제52조 제2항 등에 의하면, 이자율의 시가 역시 일반적이고 정상적인 금전 거래에서 형성될 수 있는 객관적이고 합리적인 것이어야 하므로, 법인세법 시행령 제89조 제3항에서 정한 가중평균차입이자율을 시가로 볼 수 없는 사정이 인정된다면 가중평균차입이자율을 시가로 적용할 수 없으며 정상적인 거래에서 적용되거나 적용될 것으로 판단되는 이자율의 시가를 과세관청이 증명하여야 한다고 한다.[1119]

3. 예외: 당좌대출이자율

다음의 경우에는 당좌대출이자율을 시가로 한다(법인세법 시행령 제89조 제3항 단서, 같은 법 시행규칙 제43조).

가. 가중평균차입이자율의 적용이 불가능한 경우

다음과 같은 사유로 가중평균차입이자율의 적용이 불가능한 경우에는 해당 대여금 또는 차입금에 한정하여 당좌대출이자율을 시가로 한다(법인세법 시행규칙 제43조 제3항).[1120]

① 특수관계인이 아닌 자로부터 차입한 금액이 없는 경우
② 차입금 전액이 채권자가 불분명한 사채 또는 매입자가 불분명한 채권·증권의 발행으로 조달된 경우
③ 가중평균차입이자율이 없는 것으로 보는 경우

1119) 대법원 2018. 7. 26. 선고 2016두40375 판결.
1120) 따라서 해당 사업연도의 모든 대여금 및 차입금에 대하여 당좌대출이자율을 적용하는 것은 아니다.

나. 대여한 날(계약을 갱신한 경우에는 그 갱신일을 말한다)부터 해당 사업
연도 종료일까지의 기간이 5년[1121]을 초과하는 대여금이 있는 경우(법인
세법 시행규칙 제43조 제4항)

이때에는 해당 대여금 또는 차입금에 한정하여 당좌대출이자율을 시가로 한다.

다. 해당 법인이 당좌대출이자율을 시가로 선택하는 경우

해당 법인이 법인세 과세표준 신고와 함께 기획재정부령으로 정하는 바에 따라 당좌대출
이자율을 시가로 선택하는 경우에는 당좌대출이자율을 시가로 하여 선택한 사업연도와 그
이후 2개 사업연도는 당좌대출이자율을 시가로 한다(법인세법 시행령 제89조 제3항 제2호).[1122]
또한 그 선택한 사업연도와 이후 2개 사업연도 경과 후 다시 당좌대출이자율을 시가로 선
택하는 경우에도 다시 그 사업연도와 이후 2개 사업연도는 당좌대출이자율을 시가로 적용
하여야 한다.[1123]

Ⅶ. 그 밖의 자산 또는 용역의 제공에 관한 특례

금전 외의 자산 또는 용역에 관하여는 법인세법 시행령 제89조 제1항, 제2항을 적용할
수 없는 경우 다음 방법에 의하여 계산한 금액을 시가로 한다(법인세법 시행령 제89조 제4항).

1. 유형 또는 무형의 자산을 제공하거나 제공받는 경우

유형 또는 무형의 자산을 제공하거나 제공받는 경우에는 해당 자산의 시가의 50퍼센
트[1124]에 상당하는 금액에서 그 자산의 제공과 관련하여 받은 전세금 또는 보증금을 차감
한 금액에 정기예금이자율을 곱하여 산출한 금액을 시가로 한다(법인세법 시행령 제89조 제4항
제1호).

서울고등법원 2012. 9. 27. 선고 2012누2544 판결(대법원 2013. 2. 28. 자 2012두24269 판결로 심리
불속행 종결)은 부동산 임대용역의 시가 산정이 문제된 사안이다. 甲 법인은 특수관계인인

1121) 장부 보존의무기간인 5년이 경과한 대여금 자료에 의하여 차입 이자율을 계산하는 것은 신뢰성이 떨어지
기 때문이다.
1122) 이후 2개 사업연도는 당좌대출이자율을 시가로 하도록 한 이유는 조세회피행위를 방지하기 위한 것이다.
1123) 같은 취지: 대법원 2023. 10. 26. 선고 2023두44443 판결.
1124) 50%를 기준으로 한 것은 보증금 또는 전세금 가액이 자산 시가의 50% 이상이라면 법인이 그 돈을 운용
한 결과가 과세소득에 적정하게 반영될 것으로 기대되기 때문이라고 설명하는 견해도 있다. 강석규, 앞의
책, 730면.

乙 법인에게 사무실을 임대하면서 보증금과 임대료를 받았는데 과세관청은 그 임대료가 저가라고 보아 과세하였다. 과세관청은 부가가치세법 시행령 제65조 제1항을 적용하여 甲 법인이 乙 법인으로부터 받은 보증금을 간주임대료로 환산한 후에 실제로 지급받은 월차임과 합산하여 임대단가를 산정하였다. 그리고 甲 법인이 동일한 건물에 소재한 다른 사무실을 비특수관계인들에게 임대하면서 받은 보증금도 같은 조문을 적용하여 간주임대료로 환산한 후에 월차임과 합산하여 임대단가를 산정한 후에 산술평균하여 임대용역의 시가를 구하였다. 과세관청은 위 임대용역 시가와 乙 법인이 지급한 임대단가를 비교하여 저가임대로 판단하였다. 그러나 법원은 위 부가가치세법 시행령 규정은 부당행위계산 부인의 기준이 되는 시가의 산정 규정이 아니라, 임대보증금에 관하여는 적어도 은행의 정기예금 이자율 상당의 수익을 얻을 것이라는 전제에 기초하여 부동산 임대용역에 관한 부가가치세 과세표준 산출을 위한 최소한의 기준에 불과하므로 위 규정을 근거로 산정한 시가는 甲 법인이 乙 법인에 임대한 동일 건물 일부에 관하여 객관적이고 합리적인 방법으로 평가한 적정 임대료 가액이라고 인정하기 어렵다고 보았다.[1125]

2. 건설 기타 용역을 제공하거나 제공받는 경우

해당 용역의 제공에 소요된 원가와 그 원가에 수익률을 곱하여 계산한 금액을 합한 금액으로 한다(법인세법 시행령 제89조 제4항 제2호).

$$\text{용역의 시가} = \text{용역의 제공에 소요된 원가} \times (1 + \text{수익률})$$

용역의 제공에 소요된 원가에는 직접비 및 간접비가 포함된다. 기업회계기준상의 매출원가(건설업의 경우에는 공사원가. 이하에서 '매출원가'라 한다)를 의미한다.

수익률은 기업회계기준에 의하여 계산한 매출액에서 원가를 차감한 금액을 원가로 나눈 비율이다. 수익률은 해당 사업연도 중 특수관계인 외의 자에게 제공한 유사한 용역제공거래 또는 특수관계인이 아닌 제3자 간의 일반적인 용역제공거래에서의 매출액 및 원가를 기준으로 하여 산정하여야 한다.

대법원 2012. 10. 25. 선고 2012두14255 판결에서는 용역의 제공에 소요된 원가 및 수익률 산정의 적법성이 다투어졌다. 법원은 거래상대방인 특수관계법인이 설립되기 이전에 원고가 종전 거래업체와 거래하면서 적용하였던 원가나 수익률로 산정한 용역가액은 법인세법

1125) 위 판결에 관한 상세한 해설은 강석규, 앞의 책, 731~732면 참조.

시행령 제89조 제1항, 제4항 제2호의 시가로 볼 수 없다고 판단하였다.

조세심판원 2021. 11. 30. 자 2021부1466 결정도 과세관청의 수익률 산정이 위법함을 들어 처분을 취소한 사안이다.

3. 상표권 사용료

계열회사 간에 상표권을 가진 법인이 다른 계열회사에게 상표권 사용을 허락하면서 사용료를 받지 않은 경우 부당행위계산 부인의 대상이 되는지 다투어진 사례가 적지 않다.[1126]

대법원 2023. 5. 18. 선고 2022두31570 · 31587 판결은 상표권자가 상표 사용자로부터 상표권사용료를 지급받지 않았다는 이유만으로 곧바로 그 행위가 경제적 합리성을 결여하였다고 단정할 것은 아니고, 상표권 사용의 법률상 · 계약상 근거 및 그 내용, 상표권자와 상표 사용자의 관계, 양 당사자가 상표의 개발, 상표 가치의 향상, 유지, 보호 및 활용과 관련하여 수행한 기능 및 그 기능을 수행하면서 투여한 자본과 노력 등의 규모, 양 당사자가 수행한 기능이 상표를 통한 수익 창출에 기여하였는지 여부 및 그 정도, 해당 상표에 대한 일반 수요자들의 인식, 그밖에 상표의 등록 · 사용을 둘러싼 제반 사정 등을 종합적으로 고려하여 상표권자가 상표권 사용료를 지급받지 않은 행위가 과연 경제적 합리성을 결여한 비정상적인 것인지 여부를 판단하여야 한다고 설시하고 있다.

이와 관련하여 상표권 사용료의 산정방법이 문제가 되는데, 행정해석은 공정거래법에 따른 지주회사가 기업집단에 내부거래가 제외되지 않은 총매출액에 일정 사용료율을 곱하여 산정한 상표권 사용료를 수취하는 경우 위 수수료 산정방식이 다른 제3의 지주회사들과 그 소속 기업집단 간에 일반적으로 통용되어 상당한 기간 동안 지속적으로 적용되었고 건전한 사회통념 및 상거래 관행에 위배되지 않는 등 거래행위의 제반사정을 고려하였을 때 객관적 교환가치를 적정하게 반영하였다면 그 수수료는 시가에 해당한다고 보았다.[1127]

판례는 ① 감정평가액을 시가로 인정하거나[1128] ② 회계법인이 작성한 브랜드정책 검토 보고서에 기초하여 산정한 「(순매출액[1129] − 광고선전비) × 사용료율」을 시가로 인정하는 입장[1130]을 취하고 있다.

1126) 상세한 논의는 본서 217면 이하 참조.

1127) 재법인 − 326, 2020. 3. 24.

1128) 대법원 2023. 5. 18. 선고 2018두33005 판결.

1129) 순매출액에서 계열사와의 내부거래 매출을 차감하여야 하는지 여부가 문제가 되었는데 조세심판원 2020. 12. 22. 자 2020서0338 결정은 상표가 노출될 수 있도록 부착되거나 표시되는 등의 사실행위에 의해 상표가 사용되고 반드시 매출로 이어질 필요는 없으므로 계열사와의 내부거래라 하더라도 상표가 사용되었다면 이를 배제할 수 없다는 점을 들어 계열사와의 내부거래 매출을 차감하여야 한다는 과세관청 주장을 배척하였다.

한편 판례는 내국법인이 상표권을 공동소유하고 있고 상표권의 가치 형성에 실질적 기여를 한 바 없으며 다른 계열사들이 그 상표권을 사용하였거나 사용료를 납부할 의무가 있는지 명확하지 않다면 그 다른 계열사들에게 상표권 사용료를 지급받지 않더라도 경제적 합리성이 결여된 것으로는 볼 수 없다고 한다.[1131]

Ⅷ. 시가의 판단시점

시가의 판단시점에 관하여는 후술한다.

Ⅸ. 소득세법 및 상증법에 따른 시가와의 관계

소득세법상 양도소득의 부당행위계산 규정은 시가를 산정할 때 상증법의 규정을 준용하지만(소득세법 시행령 제167조 제5항) 상장주식의 시가는 법인세법 시행령 제89조 제1항에 따른 시가로 한다(소득세법 시행령 제167조 제7항). 또한 개인과 법인 간에 재산을 양수 또는 양도하는 경우로서 그 대가가 법인세법 시행령 제89조의 규정에 의한 가액에 해당되어 해당 법인의 거래에 대하여는 법인세법상 부당행위계산 부인규정이 적용되지 않는 경우 해당 개인에 대하여도 양도소득의 부당행위계산 부인규정(소득세법 제101조 제1항)을 적용하지 않는다(소득세법 시행령 제167조 제6항).[1132]

마찬가지로 개인과 법인 간에 재산을 양수하거나 양도하는 경우로서 그 대가가 법인세법 제52조 제2항에 따른 시가에 해당하여 그 법인의 거래에 대하여 법인세법상 부당행위계산 부인규정이 적용되지 않는 경우에는 상증법 제35조 제1항, 제2항에 따라 증여세를 과세하지 않는다. 위 개인과 법인 간 거래에서 적용되는 과세가액의 산정방법은 소득세법이나 상증법에 따른 시가와 법인세법상의 시가가 차이가 날 경우에도 법인세법상의 시가를 기준으로 하도록 규정하고 있다(상증법 제35조 제3항).[1133]

1130) 대법원 2023. 5. 18. 선고 2022두31570 · 2022두31587 판결.
1131) 서울고등법원 2024. 8. 28. 선고 2023누59393 · 59409 판결(대법원 2025. 1. 23. 자 2024두56290 판결로 심리불속행 종결).
1132) 위와 같은 개정의 배경이 된 대법원 2020. 6. 18. 선고 2016두43411 전원합의체 판결에 관하여는 강석규, 앞의 책, 707~708면.
1133) 재정경제부, 「2003년 간추린 개정세법」, 재정경제부, 2004, 441면.

제6절 법인세 부담의 감소

법인세부담의 감소 여부는 법인이 선택한 이상성을 띤 행위 등을 기준으로 하여 산정한 법인세의 크기와 그 법인의 행위 또는 소득금액의 계산을 부인하여 산정한 법인세의 크기를 비교하여 판정한다. 또한 과세소득이 증가할 수 있었을 경우도 포함된다.

따라서 법인이 선택한 행위·형식이 비록 이상성이 있다고 하더라도 이와 같은 행위·형식에 의하여 법인세의 회피, 즉 법인세의 배제나 경감을 초래하지 않았거나 오히려 법인세부담의 증가를 초래하는 경우에는 부당행위계산에 해당하지 않는다. 또한 전술한 바와 같이 행위 또는 계산의 시점과 법인세 부담의 감소가 발생하는 시점 간에 차이가 있어도 무방하다.[1134]

제7절 조세회피의도

다음으로 이상성을 띤 행위 등에 의하여 법인세부담이 감소되었다고 하더라도 그 법인이 법인세부담의 회피를 의욕하지 않았다면 부당행위계산을 구성하지 않는지가 문제이다. 즉 부당행위계산을 적용할 때 법인의 법인세부담의 회피의사, 즉 법인의 주관적인 조세회피의사를 그 요건으로 하는가에 관한 것이다.

이에 관하여는 법인의 주관적인 조세회피의사를 그 요건으로 한다는 긍정설과 법인의 주관적인 조세회피의사를 요건으로 하지 않는다는 부정설이 대립하고 있다.

지배적인 견해는 부당행위계산의 요건을 판정할 때 법인의 소득에 대한 조세의 부담을 감소시킨 것으로 인정되면 충분하고 그 법인에게 법인세의 회피의사 또는 의도가 있어야 하는 것은 아니라고 해석한다.[1135]

만일 조세회피의 의사 내지 의도를 부당행위계산의 요건이라고 해석하게 되면 조세회피행위를 부인함으로써 조세부담의 공평을 실현하기 위하여 장치된 부당행위계산 부인제도가 오히려 조세의 불공평을 심화시키는 도구로 둔갑되어 해당 제도의 취지에 배치되는 결과를 초래하게 된다. 왜냐하면 동일한 경제적 이익을 향유하고 있기 때문에 동일한 조세부담을 지워야 함에도 불구하고 법인세의 부담능력과는 관계가 없는 조세회피의 의사 또는

1134) 대법원 1997. 11. 28. 선고 96누14333 판결.
1135) 김완석/황남석, 앞의 책, 702~703면; 한만수, 앞의 책, 608면.

의도의 유무에 따라 조세부담의 크기에 차이가 생기기 때문이다.

대법원도 '법인의 소득에 대한 조세의 부담을 부당히 감소시킨 것으로 인정되는 경우'라 함은 해당 법인이 행한 거래형태가 객관적으로 보아 경제적 합리성을 무시한 비정상적인 것이어서 조세법적인 측면에서 부당한 것이라고 인정되는 경우를 뜻한다고 할 것이므로, 반드시 조세부담을 회피하거나 경감시킬 의도가 있어야만 부당행위계산에 해당하는 것은 아니라고 하여 부정설의 입장을 지지하고 있다.[1136]

반대로 조세회피의도가 명백하더라도 부당행위계산부인의 각 요건을 모두 충족하지 않으면 법인세법 제52조를 근거로 부인할 수 없다.

제8절 부당행위계산 해당 여부의 판단시점

판례는 부당행위계산의 해당 여부를 판단하는 시점은 원칙적으로 행위·계산의 시점이고 그 이행시점이 아니라고 한다.[1137] 각 요건 별로 판단시점과 관련하여 문제가 되는 쟁점을 검토한다.

Ⅰ. 특수관계인 여부

1. 일반적인 경우

특수관계인의 일반적인 판단시점에 관하여는 명문의 규정이 없지만 거래 당시를 기준으로 하여 판단한다.[1138] '거래 당시'는 거래의 효력이 발생하는 시점이 아니라 거래대상·가격 등 거래의 중요한 요소나 조건이 결정된 시점이라고 해석하여야 한다.[1139] 예컨대, 부동산 등의 매매거래의 경우 거래 당시란 그 부동산 등의 매매계약일을 가리킨다고 해석한다.[1140]

1136) 대법원 1996. 7. 12 선고 95누7260 판결; 대법원 1992. 11. 24. 선고 91누6856 판결; 대법원 1989. 6. 13. 선고 88누5273 판결.

1137) 대법원 2010. 5. 27. 선고 2010두1484 판결(자산의 저가양도); 대법원 1999. 1. 29. 선고 97누15821 판결(주식매수선택권을 저가로 부여한 사안).

1138) 대법원 2009. 12. 10. 선고 2007두15872 판결(법인과 그 주주 사이에 특수관계가 있는 경우 그 중 어느 일방에 대하여 회사정리절차개시결정이나 파산선고결정이 있었다고 하여 곧 법인의 출자자인 관계까지 소멸하는 것은 아니므로 그 법인과 주주 사이의 특수관계 역시 소멸한다고 볼 수 없다).

1139) 한만수, 앞의 책, 604면.

1140) 서면법인-5278, 2016. 12. 15.; 서면2팀-1579, 2005. 10. 5.; 서이 46012-10282, 2003. 2. 7.; 법인 46012-1594,

특수관계인인 법인 간의 불공정한 합병(분할합병을 포함한다)의 경우 특수관계인인 법인의 판정은 합병등기일이 속하는 사업연도의 직전 사업연도의 개시일(그 개시일이 서로 다른 법인이 합병한 경우에는 먼저 개시한 날을 말한다)부터 합병등기일까지의 기간에 의한다(법인세법 시행령 제88조 제2항). 합병등기일이 속하는 사업연도의 직전 사업연도의 개시일부터 합병등기일까지의 기간에 의한다는 것은 그 기간 중 한 번이라도 특수관계에 해당하면 특수관계인에 관한 요건을 충족한 것으로 본다는 의미이다.

주주 간에 주식에 관하여 우선매수권을 부여하기로 하는 계약이 있고 그 계약에 따라 우선매수청구권을 행사함으로써 주식에 관한 양수도계약이 성립하는 경우에는 거래조건, 특히 가격이 결정되는 시점을 기준으로 판단하여야 할 것이다.

2. 부당행위계산이 문제되는 거래 이후에 특수관계가 성립하는 경우

예를 들어서 A는 甲 법인의 대표이사이고, B는 乙 법인의 지분을 30% 이상 보유하고 있는 주주인 경우 문제가 된 거래당시에는 아직 혼인을 하지 않았지만 문제가 된 거래 직후에 혼인을 하여 부부가 된 경우를 생각해 보자. 만일 혼인 직후에 甲 법인과 乙 법인 간에 거래가 있었다면 특수관계인 간의 거래에 해당할 것이다. 문제는 혼인 이전의 거래라면 어떻게 볼 것인지이다. 혼인 이전이라도 B의 관계가 거래가격 산정에 영향을 미쳤을 가능성이 충분히 있다. 그러나 원칙적으로 특수관계 성립 전의 거래는 부당행위계산 부인의 적용대상이 아니라고 보아야 한다. 부당행위계산 부인은 사인 간의 거래를 재구성하여 과세하는 제도로서 엄격하게 적용하여야 할 것이기 때문이다. 현행법상 규정되어 있는 특수관계인의 범위도 거래가격 산정에 영향을 미칠 수 있는 모든 경우를 망라한 것이 아니지만 그럼에도 불구하고 법령에 규정된 범위에 한정하여 적용하는 것이 판례와 실무이기도 하다.

3. 거래당시에는 특수관계가 있었지만 이행시에 소멸한 경우

거래당시에 특수관계가 있었다면 그 당시 정해진 거래조건에 따라 이행되는 것이 원칙이므로 사후적으로 특수관계가 소멸하였다고 하여 부당행위계산의 성립에 영향을 미칠 수 없다. 이를테면 특수관계가 존재하는 동안 거래계약이 행해지고 특수관계가 소멸한 후에 그 거래계약을 부분적으로 수정하거나 계약 내용대로 거래행위가 수행된 경우 그 거래계약이 특수관계 소멸 후의 후속 거래행위를 기속할 정도로 중요하고 그 조건이 이미 확정된 것이라면 특수관계인 간의 거래행위로 보아야 한다.[1141]

―――――――――――――――――――

2000. 7. 18.

다만 예외적으로 특수관계 소멸 이후에 당초의 거래조건을 변경할 수 있음에도 불구하고 변경하지 않고 당초의 거래조건대로 이행하였다면 그 변경을 하지 않은 사실 자체가 부작위로서의 행위에 해당할 수 있으므로 특수관계인 간의 거래에 해당하지 않는 것으로 평가할 수도 있다.[1142]

Ⅱ. 부당성 여부

시가는 거래 당시를 기준으로 판단하므로 거래계약 체결 시기와 양도 시기가 다르다면 부당행위계산에 해당하는지 여부는 대금을 확정짓는 거래 당시를 기준으로 판단하고 익금에 산입하여 소득처분할 금액은 특별한 사정이 없는 한 양도 시기를 기준으로 산정한다.[1143] 다만, 판례는 차용금의 변제기가 장기간인 경우에는 높은 이율을 유지하는 것이 정당하다고 인정될 수 있는 등의 특별한 사정이 없는 한 최초로 금전을 차용한 당시뿐만 아니라 그 이후 이자를 지급할 당시를 기준으로 부당행위에 해당하는지 여부를 판단할 수 있다고 한다.[1144] 나아가 거래에 앞서 거래조건을 확정하는 구속력 있는 합의가 있었다면 그 합의시를 판단시점으로 본다.[1145]

전환사채 만기상환액에 관한 조건을 만기일 전에 변경한 경우 사회통념 및 상관행에 비추어 정당한 사유가 있고 그 조건변경에 따른 가액이 변경 시점에서의 시가를 초과하지 않는다면 부당하다고 볼 수 없다는 것이 조세심판원의 결정례이다.[1146]

행정해석은 부당성 여부의 판단시점은 원칙적으로 거래당사자 간에 주요 거래조건에 관하여 구속력 있는 합의가 있었던 시점이지만, 우회거래, 다단계행위 등의 거래형식을 취하여 조세부담을 경감하거나 배제하는 경우에는 그와 다른 시점을 기준으로 할 수 있다고 본다.[1147]

1141) 국세심판소 1986. 5. 17. 자 86서286 결정; 정병문, 앞의 논문, 360면.
1142) 대법원 2014. 7. 24. 선고 2012두6247 판결; 강석규, 앞의 책, 702~703면.
1143) 대법원 2010. 5. 27. 선고 2010두1484 판결; 대법원 1999. 1. 29. 선고 97누15821 판결.
1144) 대법원 2018. 10. 25. 선고 39573 판결.
1145) 조세심판원 2017. 7. 26. 자 2016서2064 결정.
1146) 조세심판원 2022. 8. 29. 자 2021서5970 결정.
1147) 서면-2023-법규법인-0476, 2023. 8. 28.

제9절 입증책임

　　부당행위계산 부인의 요건사실에 관한 주장·입증책임은 과세관청에 있다. 따라서 부당행위계산 부인의 적용기준이 되는 시가에 대한 주장·증명책임도 과세관청에 있다.[1148] 다만 특정한 거래가 시가와 다른 가격으로 행해진 경우 경제적 합리성에 관한 입증책임이 납세자에게 있는지 여부가 문제될 수 있는데 학설상으로는 과세관청이 특수관계인 간의 거래가 시가와 다른 조건으로 이루어졌음을 입증하였다면 경제적 합리성의 존부에 관한 입증책임은 납세자에게 귀속되거나 일응의 추정이 된다는 주장이 있다.[1149] 하급심 판결은 그 반대 입장을 취하고 있다.[1150] 경제적 합리성의 존부는 요건사실인 부당성을 구성하는 핵심적인 사실이므로 과세관청이 입증책임을 진다고 해석하는 것이 타당하다. 다만 과세관청이 시가를 입증하면 부당성이 사실상 추정되는 것으로 볼 여지는 있을 것이다.[1151]

1148) 대법원 2017. 2. 3. 선고 2014두14228 판결; 대법원 2013. 9. 27. 선고 2013두10335 판결; 대법원 2012. 12. 13. 선고 2012두14712 판결; 대법원 2012. 10. 25. 선고 2012두12006 판결; 대법원 2007. 9. 20. 선고 2005두14455 판결; 대법원 2004. 9. 23. 선고 2002두1588 판결; 대법원 1987. 4. 14. 선고 86누378 판결.

1149) 강석규, 앞의 책, 709~710면; 송동진, 앞의 책, 371면; 이중교, 「조세법개론」, 제2판, 삼일인포마인, 2024, 506면.

1150) 하급심 판결인 서울고등법원 2023. 9. 12. 선고 2023누37034 판결(대법원 2023. 12. 21.자 2023두54006 판결로 심리불속행 확정)은 경제적 합리성의 유무에 관한 입증책임이 과세관청에 있다고 판단하였으나, 그 근거로 인용하고 있는 대법원 1995. 12. 26. 선고 95누3589 판결은 시가와 거래가격의 차이와 경제적 합리성을 뒤섞어서 설시하고 있기 때문에 분명한 입장이라고 단언하기는 어렵다.

1151) 조세소송에서의 입증책임 완화에 관하여는 서울행정법원 조세소송실무연구회, 「조세소송실무 2022」, 사법발전재단, 2022, 116면 이하 참조.

제5장 과세효과론

제1절 개관

법인세법은 부당행위계산 부인의 효과로 '그 법인의 행위 또는 소득금액의 계산과 관계없이 그 법인의 각 사업연도의 소득금액을 계산한다'라고만 규정하고 있어 대부분 해석에 맡겨져 있다. 구체적인 세무회계처리에 관한 규정은 기술적 규정으로서 국민의 권리의무에 직접적인 영향을 미치지 않을 뿐만 아니라 입법기술적으로도 법령에 규정하는 것이 쉽지 않으므로 법인세법 및 그 시행령은 종국적으로 과세소득에 미치는 효과만 규정하면 충분하고 구체적인 세무회계처리과정까지 법령에 규정하지 않았다고 하여 조세법률주의 위반으로 볼 수는 없다.

제2절 익금산입 또는 손금불산입

Ⅰ. 소득금액의 재계산

법인의 행위·계산이 부당행위계산에 해당하면 시가와의 차액 등을 익금에 산입하여 해당 각 사업연도 소득금액을 재계산한다(법인세법 시행령 제89조 제5항). 다만 부당행위·계산이 있었던 사업연도와 소득금액의 재계산에 따른 과세효과가 발생하는 사업연도가 다를 수 있다.

Ⅱ. 강행규정성

납세지 관할 세무서장 또는 관할 지방국세청장은 내국법인의 행위 또는 소득금액의 계산이 부당행위계산으로 인정되는 경우에는 그 법인의 행위 또는 소득금액의 계산에 관계없이 그 법인의 각 사업연도의 소득금액을 계산한다(법인세법 제52조 제1항). 위 규정은 강행규정이므로 납세지 관할 세무서장 또는 관할 지방국세청장은 법인의 행위 또는 소득금액의 계산이 부당행위계산으로 인정되는 때에는 그 법인의 행위 또는 소득금액의 계산에 관계없이 그 법인의 각 사업연도의 소득금액을 계산하여야 한다.

Ⅲ. 금액산정 기준

　　납세지 관할 세무서장 등이 법인의 소득금액을 산정할 때에는 경제인이라면 선택하였을 합리적인 행위 또는 소득금액의 계산이 그 기준이 된다.[1152] 그런데 경제인이라면 선택하였을 합리적인 행위 또는 계산의 구체적인 기준은 시가이다. 이 경우에 부당행위계산을 부인하여 소득금액을 계산할 때에 시가를 기준으로 하여 소득금액을 계산할 것인지 아니면 시가에서 3억원 또는 시가의 5%에 상당하는 금액 중 적은 금액을 뺀 금액을 기준으로 하여 소득금액을 계산할 것인지가 문제이다. 부당행위계산 부인 요건의 충족 여부는 시가에서 3억원 또는 시가의 5퍼센트에 상당하는 금액 중 적은 금액을 뺀 금액을 기준으로 하여 판정하지만, 일단 부당행위계산 부인의 요건을 충족한 경우에는 시가를 기준으로 하여 부당행위계산을 부인하여 소득금액을 산정하여야 한다. 법인세법 시행령 제89조 제5항은 이를 구체화하여 내국법인의 행위 또는 소득금액의 계산이 부당행위계산에 해당하는 경우에는 시가와의 차액 등을 익금에 산입하거나 손금불산입함으로써 해당 법인의 각 사업연도의 소득금액을 계산하도록 하고 있다.

　　내국법인의 행위 또는 소득금액의 계산이 부당행위계산에 해당하여 익금산입하거나 손금불산입하는 금액에 관하여는 그 귀속에 따라 유보·상여·배당·기타소득 및 기타사외유출로 처분한다(법인세법 시행령 제106조). 또한 자산의 고가매입 등, 자산의 무상양도 등, 자본거래를 통한 이익분여, 기타의 부당행위계산으로서 귀속자에게 상증법에 의하여 증여세가 과세되는 금액은 기타사외유출로 처분한다.

　　거래시기(계약체결 시)와 양도·취득 시기가 다르다면 그 부당행위계산에 해당하는지 여부는 그 대금을 확정짓는 거래 당시를 기준으로 판단하지만, 익금에 산입하여 소득처분할 금액은 특별한 사정이 없는 한 취득시기를 기준으로 산정한다.[1153] 따라서 거래시기에는 부당행위계산에 해당하였지만 양도·취득시기에 결과적으로 익금산입(손금불산입)액이 소멸하여 과세할 수 없게 될 수도 있다.

1152) 일본에서는 부인의 결과 어떻게 과세를 행할 것인가에 관한 규정 등이 결여되어 있어서 위헌이라는 주장이 제기된 바 있다. 그러나 최고재판소는 일본법인세법 제132조의 취지·목적에 비추어 보면 객관적이고 합리적인 기준에 따라서 행위계산을 부인할 권한을 세무서장에게 부여하고 있는 것이라고 해석할 수 있기 때문에 위헌은 아니라고 판시하였다[日本 最高裁判所 1978(昭和 53). 4. 21. 판결, 税資 101号 156면].
1153) 대법원 2010. 5. 27. 선고 2010두1484 판결; 대법원 2010. 5. 13. 선고 2007두14978 판결 등.

제3절 대응조정의 인정 여부

I. 문제의 소재

국제조세의 경우 이전가격과세에 따라 야기되는 이중과세를 시정하기 위하여 대응조정(corresponding adjustment) 장치가 마련되어 있다(국제조세조정법 제12조). 그러나 내국법인 간의 거래가 부당행위계산에 해당하여 이를 부인하는 경우에는 대응조정을 인정하고 있지 않다. 그 이유는 부당행위계산 부인이 그 행위자만을 적용대상으로 하기 때문이다.[1154] 그 결과 경제적 이중과세가 초래될 수 있다.[1155]

예를 들어 제조업을 영위하는 甲 법인이 그와 특수관계인이고 판매업을 영위하는 乙 법인에게 시가 1,000원인 제품을 600원에 판매하고 乙법인은 해당 상품을 1,200원에 매출한다고 가정한다.

먼저 甲법인의 저가판매에 대하여는 부당행위계산 부인규정을 적용하여 매출액을 1,000원으로 보고 그 차액 400원을 익금에 산입한다.

다음으로 乙법인에 대하여는 대응조정을 허용하지 않고 해당 법인이 계상하고 있는 매출액 1,200원과 매입가액 600원을 그대로 용인한다.

결국 하나의 거래에 있어서 甲법인의 거래가액(매출액)은 1,000원으로, 그의 상대방인 乙법인의 거래가액(매입액)은 600원으로 달리 취급하여 각각 과세소득금액을 산정하도록 하고 있는 것이다.

따라서 과세관청의 입장에서 보면 시가와 거래가액과의 차액 400원에 대하여는 甲법인의 과세소득금액에 포함함과 동시에 다시 乙법인의 과세소득금액에도 이중적으로 포함하여 과세를 행하는 결과가 된다. 판례는 그 근거를 행위계산 부인의 효과가 해당 법인의 과세소득금액 계산에 국한될 뿐 다른 법률관계에 영향을 미치지 않기 때문이라고 설명한다.[1156] 부당행위계산 부인으로 인하여 과세소득이 증가하는 법인의 경우 가산세를 통하여 제재를 받

1154) 강석규, 앞의 책, 718면.

1155) 예를 들어 甲 법인이 특수관계인인 개인 A로부터 시가 100인 자산을 300에 고가매입하였다고 가정하여 보자. 이 경우 甲 법인에 대하여는 위 자산을 처분할 때 시가와 거래가격의 차액 200이 과세소득에 포함된다. 개인 A에 대하여는 위 거래가 속하는 사업연도에 시가 초과액 200에 관하여 소득처분으로 종합소득세가 과세된다. 나아가 별다른 규정이 없다면 양도소득도 200이 산출되게 되어 삼중과세의 결과가 초래될 수 있다. 따라서 소득세법 제96조 제3항 제1호는 개인 A에 대하여 양도소득세를 계산할 때에는 양도당시의 시가 100을 실지양도가액으로 의제하도록 규정한다. 강석규, 앞의 책, 719면.

1156) 대법원 1998. 9. 18. 선고 97누8960 판결.

게 되므로 대응조정까지 부인하는 것은 과도한 불이익을 주는 것이라고 생각된다.

또한 대응조정을 인정하지 않는 것은 부당행위계산 부인에 관하여 정확한 세액의 계산을 위한 제도가 아니라 징벌적 제도로서의 기능을 강조하는 것으로서 비례원칙에 반하는 측면이 있다.[1157] 국제거래의 경우 국제조세조정법 제12조가 대응조정을 인정하고 있다. 이러한 점을 고려하여 외국의 입법례를 수용하여 대응조정을 도입할 필요가 있다.[1158]

Ⅱ. 입법례

1. 독일

독일의 경우 실무상 대응조정을 인정하고 있는 것으로 보인다. 甲 유한회사의 사원 A는 자신의 개인기업이 사용할 목적으로 甲 유한회사로부터 사무실을 매달 2,000유로로 임차하였으며 임대료의 시세는 매달 3,000유로라고 가정한다. 甲 유한회사는 매년 12,000유로의 숨은 이익처분을 재무상태표 외에서 과세소득에 가산하여야 한다(독일법인세법 제8조 제3항 제2문). A에게는 독일소득세법 제20조 제1항 제1호 제2문에 따라 매년 숨은 이익처분 12,000유로가 귀속되는데 그 금액에 관하여는 25%의 비례원천징수세가 적용된다(= 3,000유로). 또는 甲 유한회사의 지분이 개인기업의 사업용 재산에 속하거나 사원이 독일소득세법 제32d조 제2항 제3호에 따라 부분소득법을 선택할 경우에는 부분소득법이 적용될 수 있다. A는 숨은 이익처분 금액 12,000을 자신의 개인기업에 관하여 필요경비로 유효하게 계상할 수 있다.[1159]

2. 미국

미국의 연결납세제도는 한국 연결납세제도의 모법에 해당한다. 미국세법 제482조는 한국의 부당행위계산 부인제도에 대응하는 제도인데 1차 조정에 따른 2차 조정으로서의 대응조정이 인정된다.

1157) 한만수, 앞의 책, 629면: 竹内綱敏, 앞의 논문, 174면.
1158) 국제거래와 국내거래를 다르게 규율하는 것은 평등원칙위반이라는 지적으로 이준봉, 「법인세법강의」, 제2판, 삼일인포마인, 2024, 844면: 이창희, 「세법강의」, 제22판, 박영사, 2024, 1108면.
1159) *Jäger/Lang/Raible/Ott*, 앞의 책, S. 326.

가. 의의

미국의 입법례는 대응조정을 인정한다. 여기서의 대응조정은 미국세법 제482조를 적용
하여 동일 피지배 집단에 속하는 납세의무자의 과세소득이 증가하면(1차 조정) 같은 집단
에 속하는 다른 납세의무자로서 미국에 대한 납세의무가 해당 사업연도 또는 그 이후에 영
향을 받는 자의 과세소득을 그에 맞추어 조정해 주는 절차를 말한다.[1160] 예를 들어 모회사
가 자회사에게 대가 없이 용역을 공급한 거래에 관하여 모회사의 익금을 정상가격기준으로
늘리는 1차 조정이 있었다고 가정한다. 이 경우의 대응조정은 (그 대가가 손금산입 가능한
것이라면) 자회사의 세무상 배당가능이익(earnings and profits)을 같은 크기로 줄이는 것
이다. 대응조정을 하는 것은 이중과세를 완화하기 위한 것이다. 미국세법 제482조는 명시적
으로 대응조정을 허용하거나 요구하지 않는다. 그러나 판례는 형평에 따른 당연한 법리라
고 본다.[1161]

나. 절차

미국세법 제482조에 따라 조정이 행해지면 국세청은 그 분배 등으로 인하여 영향을 받는
납세의무자에게 서면으로 그 금액과 성격을 통지하여야 한다.[1162] 이러한 1차 조정은 그로
인하여 영향을 받는 모든 주체의 기록이 반영되어야 한다. 1차 조정은 미국세법 제482조에
따른 조정을 반영한 납세의무의 최종결정일이 행해진 것으로 본다.[1163]

다. 대응조정의 방법

(1) 지급채무 및 수취채권의 계상

미국세법 제482조에 의해 재분배된 금액은 지배관계 있는 납세의무자의 지급채무
(account payable) 계정과 수취채권(account receivable) 계정에 반영하여야 한다. 이를 '지
급채무 및 수취채권 절차(The accounts payable and receivable procedure)'라고 한다. 예를
들어 모회사의 과세소득을 자회사로 재분배하면, 모회사가 자회사에 대하여 지급채무를 부
담하는 것으로 대응조정된다. 납세의무자는 지급채무 계정 또는 수취채권 계정을 계상하여
스스로 정상가격기준으로 거래를 신고할 수 있다.[1164] 그러나 국세청이 실시하는 조정으로

1160) Regs. §1.482-1(g)(2)(i).
1161) *Bittker/Lokken*, 앞의 책, ¶79.13.1.
1162) Regs. §1.482-1(g)(2)(ii).
1163) Regs. §1.482-1(g)(2)(iii).
1164) Regs. §1.482-1(a)(3); Rev. Proc. 99-32, 1999-2 CB 296.

서 실질적 허위평가 과태료(substantial or gross valuation penalty)가 부과되는 경우 또는 부정신고(fraudulent return)의 경우에는 그렇게 할 수 없다.[1165] 지급채무 및 수취채권에 관하여는 1차 조정이 행해진 사업연도의 다음 사업연도 기초부터 그 채권이 변제될 때까지 정상이자율을 가산한다.[1166] 위 계정들은 국세청 조사시에는 종결합의 후, 신고납세의 경우에는 신고일 후 각 90일 이내에 지급되어야 한다.[1167] 지급채무 및 수취채권 절차를 따르지 않은 납세의무자는 그로 인한 대손금을 손금산입할 수 없다.[1168]

(2) 상계

납세의무자는 문제가 되는 지배관계 있는 거래 이외의 다른 지배관계 있는 거래도 정상가격기준이 아닌 경우에 그 효과를 문제가 되고 있는 거래의 재분배 효과와 상계할 것을 주장·입증할 수 있다. 이를 상계(Setoffs)라고 한다.[1169] 예를 들어 모회사가 자회사에 대하여 정상가격 100,000달러 상당의 용역을 제공하면서 125,000달러를 청구하였다고 가정한다. 동시에 모회사는 자회사에게 임대료의 정상가격이 25,000달러인 설비를 아무런 대가 없이 사용할 수 있도록 하였다. 용역거래와 임대거래를 함께 제공하면 그 정상가격이 125,000달러이므로 과세소득의 왜곡이 일어나지 않으므로 미국세법 제482조를 적용할 이유는 없다.[1170] 그러나 상계를 인정하면 과세소득의 성격이나 원천이 변경되어 미국에 대한 납세의무에 영향을 미치게 될 경우에는 그에 따른 적절한 조정을 해야 한다.[1171]

3. 일본

일본도 본래 동족회사행위계산 부인제도에서 대응조정을 인정하지 않았지만 2006(平成18)년 개정에서 관련 규정을 개정하였다.

가. 의의

일본세법상 대응조정은 한국법의 대응조정과 완전히 동일한 의미로 사용된다. 과거에는 일본에서도 우리 법인세법에서 대응조정을 부인하는 논리와 동일한 논리가 유력하였다. 즉,

---

1165) Rev. Proc. 99-32, 1999-2 CB 296.
1166) Rev. Proc. 99-32, 1999-2 CB 296.
1167) Rev. Proc. 99-32, 1999-2 CB 296, §§ 4.01(4), 5.01(4)(e), 5.02(8).
1168) Cappuccilli v. CIR, 668 F2d 138 (2d Cir. 1981), *cert. denied*, 459 US 822 (1982) : Eisenberg v. CIR, 78 TC 336 (1982).
1169) Regs. §1.482-1(g)(4)(i).
1170) Regs. §1.482-1(g)(4)(iii) Ex. 1.
1171) Regs. §1.482-1(g)(4)(i).

동족회사행위계산 부인규정을 적용하여도 그 거래사실 자체는 변하지 않으므로 조세를 부당하게 줄인 법인이 부담할 법인세가 변경될 뿐이고 거래상대방이 부담할 조세는 변하지 않는다는 논리이다. 이에 관하여 이중과세가 발생한다는 비판이 제기되었고 2006(平成 18)년에 세법을 개정하면서 대응조정이 인정되게 되었다.

나. 법 개정의 내용

구체적으로는 동족회사등의 행위 또는 계산의 부인제도에 대하여 일본소득세법 제157조 제1항(동족회사등의 행위 또는 계산의 부인 등) 또는 일본상속세법 제64조 제1항(동족회사등의 행위 또는 계산의 부인등) 또는 지가세법 제32조 제1항(동족회사등의 행위 또는 계산의 부인등)의 규정의 적용에 따라 각각 소득세 또는 상속세 또는 증여세 또는 지가세의 경정이 있었던 경우에 법인세에 대하여도 세무서장은 이 제도의 적용에 따라 과세표준등을 계산할 수 있다는 점이 분명하게 되었다(일본법인세법 제132조 제3항).[1172] 이와 같은 대응적 조치가 인정되도록 한 입법취지에 관하여 과세당국은 "법인세법 및 상속세법의 적용관계에 관한 명확화 조치로서 법인세법 제132조 또는 상속세법 제64조의 규정의 적용에 의한 법인세, 상속세 또는 증여세의 증액계산이 행해진 경우에 세무서장에게 소득세에서의 반사적인 계산처리를 행하는 권한이 있다는 점을 명정한 것이라고 설명하고 있다.[1173] 당시 세법 개정담당자는 그 이유로서 '납세자의 편리성(회사법제정에 수반한 법인 성립 등의 대응에도 지장을 초래할 우려)'을 들고 있다.[1174] 위와 같은 개정의 배경에는 동족회사등의 행위·계산 부인규정은 세부담의 공평을 목적으로 한 것으로서 제재적 목적은 없다고 보는 시각이 자리잡고 있다.[1175]

다. 대응조정 방법

관할 세무서장은 위 규정들을 근거로 하여 동족회사 등의 행위계산 부인으로 과세된 거래 상대방에 관하여 이중과세가 되지 않도록 반대되는 세무처리를 행할 수 있다. 만일 세무서장이 반대되는 세무처리에 따른 감액경정을 하지 않는다면 일본행정사건소송법상 의무이행청구소송(같은 법 제37조의2)에 의하여야 할 것이다.[1176]

1172) 山本守之, 앞의 책, 123면.
1173) 青木孝徳 外, 앞의 책, 227면(浅井要 집필부분).
1174) 山本守之, 앞의 책, 123면.
1175) 山本守之, 앞의 책, 123면.
1176) 이상, 山本守之, 앞의 책, 123~124면. 현행 일본법인세법상 대응조정의 내용에 관한 상세한 논의는 본서 184면 이하 참조.

Ⅲ. 소결론

대응조정을 부인하면 부당행위계산 부인의 결과 경제적 이중과세가 초래된다. 이에 관하여는 조세회피행위를 한 당사자에게 경제적 이중과세를 행하는 것은 부득이하다거나 자기책임의 원칙 등을 이유로 정당화하는 논거가 제시될 수 있다. 혹은 일본에서 주장되는 바와 같이 부당행위계산 부인을 하더라도 기존 사법행위의 효력에 영향이 없다는 점을 논거로 제시할 수도 있을 것이다. 그러나, 대부분의 경우 납세자에게 가산세의 불이익이 지워진다는 점, 부당행위계산 부인의 기준이 되는 시가 산정 기준이 명확하지 않은 경우가 많다는 점 등을 고려하면 적어도 거래상대방이 세법상 시가를 기준으로 거래를 원상회복하는 것을 조건으로 대응조정을 도입하는 것이 바람직하다고 생각된다.

제4절 연결납세 적용시 부당행위계산 부인규정 적용배제

Ⅰ. 개관

연결납세제도는 법률상 독립되어 있는 법인들이 출자관계를 통하여 경제적으로 결합되어 있는 경우 그 관계회사집단, 즉 연결집단을 하나의 과세단위로 하는 연결납세방식에 의하여 법인세를 과세하는 제도이다. 즉, 관계회사집단에 속하는 연결법인의 소득을 연결하여 집단 전체의 과세표준을 산정하고, 이에 대하여 법인세를 과세하는 방식이다. 연결납세제도를 도입한 이유는 기업의 조직형태에 조세중립성을 보장하여 기업경영의 효율성을 제고하고 경제적으로 동일체인 모회사와 자회사를 경제적 실질에 맞게 과세함으로써 세부담의 수평적 형평성을 높이기 위한 것이다.

연결납세제도는 네 가지 유형의 거래손익에 한하여 연결법인 간 내부거래에서 발생한 손익을 제거한다. 그 중에서 문제가 되는 것은 연결법인이 유형자산 및 무형자산 등 일정한 자산을 다른 연결법인에 양도함에 따라 발생한 연결법인의 양도손익을 제거하는 경우이다. 위 양도손익은 원칙적으로 내부적으로 제거하는데 다만 그 거래에 관하여 부당행위계산 부인제도가 적용되는 경우에는 예외적으로 그렇지 않다(법인세법 시행령 제120조의18 제2항). 예를 들어 연결법인 간의 자산의 저가양도의 경우 양도법인에 대하여는 시가와 양도가액과의 차액을 익금에 산입하고 양수법인에 대하여는 실제로 취득한 가액을 취득가액으로 계상하도록 하는 것이다.[1177]

1177) 김완석/황남석, 앞의 책, 897~898면.

연결납세제도의 본질에 관한 단일실체개념에 따르면 연결법인 간의 거래는 본래 존재할 수가 없기 때문에 연결법인 간에는 독립된 법인 간의 거래를 전제로 하는 부당행위계산제도를 적용하는 것은 연결납세제도를 도입한 취지와 상충된다.[1178] 연결집단의 조세부담을 기준으로 하면 조세부담의 감소가 있다고 보기는 어렵기 때문이다.[1179]

그렇다면 연결납세제도가 적용되는 관계회사집단에 관하여는 부당행위계산 부인제도의 적용을 배제하여야 하는 것은 아닌지 의문이 제기될 수 있다. 실제로 2021. 2. 17. 법인세법 시행령 개정시 연결법인 간 용익거래는 부당행위계산 부인대상에서 제외하였다. 연결납세제도는 모자회사를 경제적 단일체로 취급하여 과세하는 제도이므로 각 기업의 개별성을 전제로 하는 부당행위계산 부인제도를 적용하는 것이 적절하지 않기 때문이다. 다만 연결법인 간 용익거래에 관하여만 그 적용을 제외하므로 연결법인 간 금전대여거래, 자산임대거래 등에 관하여는 여전히 부당행위계산 부인규정이 적용된다.[1180]

Ⅱ. 부당행위계산 부인규정의 적용 필요성 검토

그렇다면 왜 현행법은 부당행위계산 부인규정을 둔 것일까? 그 이유로 제시되는 것은 조세회피행위의 우려이다. 예를 들어 甲 법인이 乙 법인의 발행주식을 전부 취득하여 완전지배하게 되었고 연결납세를 적용한다고 가정하여 본다. 연결납세 후 1 사업연도에 乙 법인에게 1억원의 자산처분손실이 발생하였다면 연결납세의 적용을 개시한 후 4년 내에 발생한 것이기 때문에 甲 법인의 소득과 통산할 수 없다. 법인세법은 연결법인이 연결납세를 개시한 사업연도와 그 다음 사업연도의 개시일부터 4년 이내에 끝나는 연결사업연도에 발생한 자산(연결납세방식을 적용하기 전에 취득한 자산에 한한다)의 처분손실은 해당 연결법인의 연결소득 개별귀속액을 초과하여 연결사업연도소득에서 공제될 수도 없고 다른 연결법인의 소득과 통산될 수 없도록 규정하고 있기 때문이다(법인세법 제76조의14 제2항 제2호).

만일 위 사례에서 乙 법인이 장부가액 및 시가가 100만원인 비품을 甲 법인에게 1억 100만원에 매각하고 甲 법인이 해당 비품을 외부에 100만원에 처분하면 乙 법인은 1억원의 양도차익이 발생하게 되는데 이와 같은 거래에 관하여 부당행위계산 부인규정을 적용하지 않는다면 乙 법인은 양도차익 1억원에서 자산처분손실 1억원을 공제함으로써 공제할 수 없는

1178) 이준규, 「연결납세」, 삼일인포마인, 2014, 21면, 145면; 법무법인 율촌, "연결납세제도를 이용한 절세전략", 2010, 2면.
1179) 김천웅/김원배, "연결납세제도에서 양도손익이연자산에 대한 부당행위계산 부인의 문제점과 개선방안에 대한 연구", 「회계정보연구」 제29권 제2호, 2011, 287면.
1180) 이중교, 앞의 책, 517면.

이월결손금을 사용한 것과 같은 효과를 누리게 된다. 장부가액 100만원의 비품은 양도손익 이연자산에 해당하지 않기 때문에 위와 같은 효과가 발생할 수 있다.[1181]

따라서, 연결법인 간의 모든 거래손익을 제거하는 등 별도의 조세회피방지규정을 두지 않는 이상은 부당행위계산 부인규정을 두어야 할 필요가 있다.[1182] 따라서 이 문제에 관하여 개선의 필요성이 제기된다.

Ⅲ. 입법례

현행법상 부당행위계산 부인규정은 연결납세제도가 적용되는 법인 간에도 여전히 적용된다. 그러나 연결납세제도가 적용되는 경우는 경제적 단일체로서의 경제적 실질을 세법이 인정해 주는 것이므로 부당행위계산 부인규정이 적용되는 것은 적절하지 않다. 미국 및 일본의 경우 부당행위계산 부인에 해당하는 경우에 일반적으로 대응조정을 인정하여 주고 있기 때문에 연결납세가 적용되는 때에도 당연히 대응조정이 인정된다.

Ⅳ. 입법적 개선방안

1. 연결법인 간의 모든 거래손익을 제거하는 방안

연결법인 간의 모든 거래손익, 특히 자산양도손익을 제거하여 양도손익을 이연하는 방안을 고려할 수 있다. 이 방법은 가장 직접적인 해결방법으로서, 위 방법을 채택할 경우 구태여 부당행위계산 부인규정을 둘 필요가 없다. 현행법은 조세행정의 부담을 고려하여 제한적 범위 내에서 거래손익을 조정하는 단계인데 예를 들어 미국의 경우 모든 거래손익을 제거하고 있다. 다만, 이 문제는 연결납세제도의 전반적인 운영, 특히 법인의 세무처리 부담과도 관련이 있으므로 신중하게 접근할 필요가 있다.

2. 부당행위계산 부인규정을 선택적으로 적용하는 방안

이 방안은 연결법인 간의 부당행위계산에 관하여 연결집단의 조세부담이 감소하면 부당행위계산을 부인하고 연결집단의 조세부담이 감소하지 않으면 부당행위계산을 하지 않는다는 입장이다. 즉, 위에서 본 결손금의 부당공제 사례 등의 경우에 한하여 부당행위계산을

1181) 이준규, 앞의 책, 146면.
1182) 이준규, 앞의 책, 32면, 146면.

부인하자는 견해이다.[1183]

혹은 연결납세의 적용을 개시한 후 4년이 경과한 이후에는 자산처분손실이 발생하더라도 더 이상 조세회피행위로 규율하지 않는다는 것이 입법자의 의도이므로 4년이 경과한 이후에는 부당행위계산 부인제도를 적용하지 않는 방안도 고려할 수 있다.

그러나 두 경우 모두 제도가 번잡하게 될 가능성이 있고, 4년이라는 기간은 본래 임의적인 기간인데 그 기간을 전후로 하여 규율을 전혀 달리하는 방식은 한국 법제에서 흔히 사용되는 방식이라고 보기 어렵다.

3. 대응조정의 도입방안

마지막으로 가장 간단한 대안으로 제시되는 것이 대응조정을 도입하는 방안이다.[1184] 현재 대응조정의 도입방안에 관하여는 찬반양론이 있지만 일반적으로 대응조정을 부인하는 논거는 적어도 연결집단에 대하여는 그대로 적용하기 어렵다. 즉, 부당행위계산 부인이 거래당사자 사이의 거래를 건드리지 않고 소득금액 계산에만 영향을 준다는 견해에 따르더라도 연결납세제도가 적용될 경우 연결집단 전체를 하나의 과세단위로 하여 소득금액을 계산하므로 연결법인 간의 거래에 관하여는 대응조정이 가능하다. 또한 연결집단 내에서의 양도소득이연자산거래의 경우 대응조정을 실시하는 데 별다른 어려움이 없다.[1185]

일반적으로 부당행위계산 부인이 적용되는 경우 입법정책적으로는 대응조정을 인정할 수도 있고 인정하지 않을 수도 있다. 대응조정을 인정하지 않는다면 이중과세의 결과가 초래되는데, 이미 부당행위계산 부인으로 인한 불이익은 비교법적으로도 무거운 부담이 되는 가산세가 부과되므로 이중의 불이익을 가하는 것은 형평에 부합하지 않는다. 특히 연결집단의 경우 연결법인 상호 간의 거래는 내부거래와 동일하게 규율되므로 대응조정을 인정하여야 할 필요성이 더 크다.[1186]

V. 소결론

연결납세제도는 본래 경제적 단일성이 인정되는 복수의 법인을 단일체로 취급하여 과세하는 것이므로 그 제도적 취지상 독립기업 간의 거래를 전제로 하는 부당행위계산 부인을

1183) 김천웅/김원배, 앞의 논문, 295면.
1184) 김천웅/김원배, 앞의 논문, 296면.
1185) 김천웅/김원배, 앞의 논문, 296면.
1186) 같은 취지로 김진수/이준규, 「연결납세제도의 도입에 관한 연구」, 한국조세연구원, 2002, 127면; 최인혁/이형민/이성현, 「연결납세제도에 관한 연구」, 한국조세재정연구원, 2021, 130면.

그대로 적용하는 것은 적절하지 않은 면이 있다. 그러나 현행 연결납세제도를 전제로 하면 조세회피 행위에 악용될 가능성이 있고 그 가능성을 배제하려면 부당행위계산 부인이 적용되는 경우와 그렇지 않은 경우를 나누어 규율하여야 하므로 제도가 복잡하게 될 수 있다. 따라서 궁극적인 해결방안으로 대응조정제도를 도입하는 것이 바람직하다고 판단된다.

제5절 기존행위의 효력과의 관계

부당행위계산의 부인에 따라 당사자간에 이루어진 거래의 사법상의 법률효과가 부인되거나 새로운 법률행위가 창설되는 것이 아니다. 아울러 기존의 법률행위의 내용을 변경하거나 소멸시키는 효력이 결부되어 있지도 않다. 부당행위계산의 부인의 효과는 단지 각 사업연도의 소득금액의 계산에만 국한될 뿐이다.

예를 들어, 甲 법인은 그 법인이 소유하고 있는 부동산을 적정임대료에 미달하는 임대료로 대주주인 A에게 임대하고 있다고 가정하여 보자. 과세관청은 甲 법인의 각 사업연도의 소득금액을 산정할 때 위의 부동산임대행위를 부당행위계산으로 보아 적정임대료에 미달하는 차액(예: 1억원)을 익금에 산입하여 귀속자인 A에게 배당으로 처분하게 된다. 이때에 甲 법인은 저가임대행위에 관하여 법인세법상의 부당행위계산 부인규정을 적용받았다고 하여 곧바로 A에게 정상임대료와의 차액 1억원의 추가지급을 청구할 권리를 취득하는 것은 아니다. 즉 부당행위계산 부인규정을 적용받았다고 하여 그 적용의 효과로서 甲 법인과 A 간의 임대차계약의 내용이 부당행위계산 부인의 내용과 같이 변경되지는 않는다. 다만 그와 같이 변경되는 경우에는 대응조정을 인정할 필요가 있다는 점은 앞서 기술한 바와 같다.

제6절 다른 세목과의 관계

부당행위계산 부인의 결과 사법상의 법률효과에 영향을 미치지 않을 뿐만 아니라 소득세 등 다른 세목에도 원칙적으로 영향을 미치지 않는다.[1187]

또한 영리법인이 증여받은 재산 또는 이익에 관하여 법인세가 부과되는 경우(비과세 또는 감면되는 경우 포함) 해당 법인의 주주등에 대하여는 상증법 제45조의3부터 제45조의3까지의 규정에 따른 경우를 제외하고는 증여세를 부과하지 않는다(상증법 제4조의2 제4항).

1187) 이는 조세회피부인의 결과에 일반적으로 수반되는 효과라고 한다. 渡辺徹也, 앞의 책, 302면.

제6장 거래유형별 쟁점

제1절 개관

　법인세법 시행령 제88조 제1항 각 호는 부당행위계산의 구체적인 유형을 열거하고 있다. 부당행위계산의 유형을 열거하고 있는 법인세법 시행령 제88조 제1항이 법인세법 제52조 제1항에서 정하고 있는 부당행위계산의 유형을 예시하고 있는 규정(예시규정)인지, 아니면 부당행위계산의 유형을 한정적으로 열거하고 있는 규정(제한적 열거규정)인지에 관하여는 다툼의 여지가 있을 수 있다.

　예시규정으로 보는 입장은 ① 법인의 행위 또는 소득금액의 계산이 법인세법 제52조 제1항의 부당행위계산의 요건을 충족하면 그 행위 또는 소득금액의 계산을 부인하도록 하고 있는 점, ② 법인세법 제52조 제1항이 부당행위계산의 요건에 관하여 완결적으로 규정하고 있는 점, ③ 부당행위계산의 유형을 열거하고 있는 법인세법 시행령 제88조 제1항 중 맨 마지막 호(제9호)에서 「그 밖에 제1호부터 제3호까지, 제3호의2, 제4호부터 제7호까지, 제7호의2, 제8호 및 제8호의2에 준하는 행위 '또는' 계산 및 그 외에 법인의 이익을 분여하였다고 인정되는 경우」라고 규정하여 부당행위계산의 유형으로 포괄적으로 열거하고 있는 점 등을 논거로 한다.

　반면 제한적 열거규정으로 보는 입장은 위 「그 밖에 제1호부터 제3호까지, 제3호의2, 제4호부터 제7호까지, 제7호의2, 제8호 및 제8호의2에 준하는 행위 또는 계산 및 그 외에 법인의 이익을 분여하였다고 인정되는 경우」의 문언 중에서 '그 밖에 제1호부터 제3호까지, 제3호의2, 제4호부터 제7호까지, 제7호의2, 제8호 및 제8호의2에 준하는' 부분을 중요시하는 견해라고 할 수 있다.

　판례는 종래 예시규정으로 보는 입장에 가까웠으나 제한적 열거규정으로 해석하는 판결도 선고되고 있다.[1188]

1188) 예시규정으로 본 것으로 대법원 1997. 5. 28. 선고 95누18697 판결; 대법원 1992. 10. 13. 선고 92누114 판결; 대법원 1992. 9. 22. 선고 91누13571 판결. 위 규정을 제한적 열거규정으로 해석하는 판례로는 대법원 1999. 11. 9. 선고 98두14082 판결; 대구고등법원 2015. 10. 23. 선고 2014누6877 판결(대법원 2016. 2. 18. 자 2015두56847 판결로 심리불속행 종결). 조세심판원은 고의 또는 중대한 과실에 의한 불법행위를 저지른 임원들이 법원의 형사 판결을 앞두고 사임하였는데 법인이 퇴직금 지급 제한 규정을 적용하지 않고 퇴직금을 지급한 사안에서 부당행위계산의 유형에 해당하지 않는다는 점을 들어 청구를 인용하였다. 제한적 열거규정으로 보는 입장이라고 생각된다. 조세심판원 2019. 6. 27. 자 2018서1974 결정.

사견으로는 제도의 취지 및 문언상 예시규정으로 보는 입장이 보다 합리적이라고 본다. 연혁적으로도 법인세법 시행령 제88조 제1항 각 호가 법인세 기본통달(昭25直法 1-100 「355」) 을 그대로 계수한 것인데 위 기본통달의 성격이 예시적이었던 점도 고려하여야 할 것이다.

다만 법인세법 시행령 제88조 제1항이 법인세 부당행위계산의 유형을 예시한 규정이라고 하여 모든 유형의 법인세 회피행위가 부당행위계산에 포섭될 수 있는 것은 아니고 법인세 회피행위로서 법인세법 제52조 제1항의 부당행위계산의 요건을 충족한 행위·계산만이 그 대상이 된다.

법인세법 시행령 제88조 제1항 각 호의 거래유형 중 자산의 고가매입 등(제1호), 자산의 무상 또는 저가양도 등(제3호), 금전 등의 무상 또는 저율대부 등(제6호), 자산 또는 용역의 고율이용 등(제7호), 기타의 부당행위계산(제9호)은 시가와 거래가액의 차액이 3억원 이상이거나 시가의 5퍼센트에 상당하는 금액 이상인 경우에 한정하여 적용한다(같은 조 제3항).[1189] 이를 안전대(safe-harbor) 규정이라고 하는데 시가와 거래가액의 차이가 합리적인 범위 내에 있는 경우 적용범위에서 배제함으로써 납세자의 부담과 분쟁 소지를 줄이기 위한 것이다.[1190]

제2절 자산의 고가매입 등
(법인세법 시행령 제88조 제1항 제1호)

Ⅰ. 의의

자산을 시가보다 높은 가액으로 매입 또는 현물출자받았거나 그 자산을 과대상각한 경우이다.[1191] 대법원은 특수관계인인 법인이 발행한 신주를 시가보다 높은 가액으로 인수하더라도 이를 '자산을 시가보다 높은 가격으로 매입하는 경우' 또는 '그에 준하는 경우'에 해당한다고 볼 수는 없다고 한다.[1192] 과거의 판례들은 신주의 고가 인수를 자산의 고가매입에

1189) 3억원은 상증법상 고·저가 양도시 증여규정의 기준금액을 고려한 것이고 5퍼센트는 통계학적으로 ±5퍼센트 범위 내 오차는 유의성(significance)이 없다고 보는 점을 고려한 것이다. 재정경제부, 「2006년 간추린 개정세법」, 재정경제부, 2007, 133면.

1190) 재정경제부, 앞의 책, 133면.

1191) 상법 제298조에 따라 법원이 선임한 검사인은 법인세법 시행령 제89조 제2항 제1호에 따른 감정기관에 해당하지 않으므로 현물출자자산에 관한 법원검사인의 감정가액은 같은 법 시행령 제88조 제1항 제1호 및 제3호에 따른 시가로 보지 않는다. 법인세법 기본통칙 52-89…1.

1192) 대법원 2014. 7. 24. 선고 2013두15729 판결; 대법원 2014. 6. 26. 선고 2012두23488 판결. 강석규, 앞의 책, 737~747면.

준하는 행위로 보아 법인세법 시행령 제88조 제1항 제9호를 적용하여 부당행위계산 부인의 대상으로 보았다.[1193] 현재의 판례는 그 논거로는 ① 법령규정의 내용, ② 자본거래로 인한 순자산의 증가나 감소를 익금 또는 손금에 산입하지 않도록 정하고 있는 법인세법 제15조, 제17조, 제19조, 제20조의 각 규정 내용과 취지를 들고 있다. 다만 신주의 고가 인수로 인하여 특수관계인인 다른 주주에게 이익을 분여한 경우에는 법인세법 시행령 제88조 제1항 제8호 나목이 적용될 수 있다.[1194] 현재의 판례는 실질적으로 과거의 판례들을 파기한 것으로 평가할 수 있다.[1195]

본 호 및 제4호가 정한 부당행위계산 부인은 자산의 특정승계나 현물출자를 전제로 한 규정이므로 합병에 의한 포괄승계로 자산이 이전되는 경우에는 적용되지 않는다.[1196]

Ⅱ. 고가매입의 경우

자산을 고가매입하면 그 당시에는 조세부담이 감소하지 않지만 나중에 그 자산이 처분되거나 감가상각되면서 비용화될 때 손금을 과다계상하도록 하기 때문에 조세부담을 감소시키게 된다. 따라서 자산의 고가매입에 따른 부인의 대상은 자산의 매입가액 중 시가초과액과 그 시가초과액에 관한 감가상각비이다. 위의 자산에는 매매의 목적물이 될 수 있는 일체의 자산이 포함된다고 새긴다.[1197][1198] 여러 자산을 포괄적으로 매입한 것으로 인정되는 경우에는 원칙적으로 개개의 자산별로 그 거래가격과 시가를 비교하는 것이 아니라 그 자산들의 전체 거래가격과 시가를 비교하여 포괄적 거래 전체로서 고가매입에 해당하는지 여부를 판단하여야 한다.[1199]

1193) 대법원 2004. 2. 13. 선고 2002두7005 판결; 대법원 1989. 12. 22. 선고 88누7255 판결.
1194) 대법원 2015. 9. 10. 선고 2013두6206 판결; 대법원 2014. 7. 24. 선고 2013두15729 판결.
1195) 이철송, "법인주주의 신주인수관련행위부인의 주요쟁점", 「계간 세무사」 2014년 겨울호(통권 제143호), 2015, 111면.
1196) 대법원 2015. 1. 15. 선고 2012두4111 판결.
1197) 대법원은 주식의 포괄적 교환은 기본적으로 '법인의 자본을 증가시키는 거래'의 성격을 가지는 것이지만, 그 자본의 출자가 완전자회사가 되는 회사의 주식이라는 현물에 의하여 이루어지게 되므로 그러한 한도에서 '자산의 유상 양도라는 손익거래'의 성격도 병존한다고 본다. 따라서, 주식의 포괄적 교환에 의하여 완전모회사가 되는 회사가 완전자회사가 되는 회사의 주식을 시가보다 높은 가액으로 양수한 경우에는 법인의 자산이 과대계상되므로 법인세법 시행령 제88조 제1항 제1호의 부당행위계산 부인에 의하여 그 시가 초과액을 자산의 취득가액에서 제외하는 한편 그 금액을 완전모회사인 법인의 익금에 산입하여야 한다고 한다(대법원 2014. 11. 27. 선고 2012두25248 판결).
1198) 법인이 자기주식을 취득하여 유상소각하는 경우 그 거래는 자본거래인 자본금의 환급에 해당하여 법인의 손익 또는 소득금액계산에는 영향이 없으므로 자기주식을 고가로 매수하더라도 부당행위계산 부인의 대상이 되지 않는다. 대법원 1988. 11. 8. 선고 87누174 판결.
1199) 대법원 2013. 9. 27. 선고 2013두10335 판결.

고가매입은 매입가액의 전액을 지급한 경우, 그 일부만을 지급한 경우 및 그 전액을 지급하지 않은 경우에 따라서 그 취급을 달리한다.[1200]

1. 매입가액의 전액을 지급한 경우

자산을 매입한 사업연도에 매입가액 중 시가를 초과하는 금액을 손금에 산입하여 유보(△유보)로 처분하고, 동시에 해당 손금을 부인하여 그 귀속자에 따라 상여·배당·기타사외유출 또는 기타소득으로 처분한다.[1201]

고가매입한 자산이 유형자산 및 무형자산인 때에는 시가초과액에 대한 감가상각비를 손금불산입하고 유보로 처분한다. 손금불산입할 감가상각비의 계산은 다음 계산식에 의하되, 시가초과부인액에 대한 감가상각비를 손금으로 계상하지 않은 것이 명백한 경우에는 손금불산입할 감가상각비로 보지 않는다.

$$\text{회사 계상 감가상각비} \times \frac{\text{시가초과부인액 잔액}}{\text{해당 사업연도 감가상각 전의 장부가액}}$$

고가로 매입한 자산을 평가할 때에는 매입당시의 시가에 의하여 산정한 자산의 취득가액(장부가액)을 기준으로 하여 자산의 평가이익 또는 평가손실을 산정하여야 한다.

그리고 해당 자산을 양도한 때에는 매입당시의 시가에 의하여 자산의 취득가액을 계산하고, 이를 기준으로 하여 매출원가 또는 양도차익을 산정한다. 즉 자산을 매입한 사업연도에 손금산입하여 유보(△유보)로 처분한 시가초과액(상각부인액이 있는 경우에는 시가초과액에서 그 상각부인액을 차감한 금액을 말한다)은 해당 자산을 처분한 사업연도에 손금불산입하여 유보로 처분한다. 고가매입의 경우에도 시가초과액은 자산을 취득한 날이 속하는 사업연도의 법인의 과세표준에는 아무런 영향을 미치지 않고 해당 자산을 양도하여 대금을 청산한 날이 속하는 사업연도에 비로소 귀속되어 같은 금액 상당의 과세표준을 증가시키게 되는 것이다.[1202]

1200) 법인세법 기본통칙 67-106…9.
1201) 따라서 자산을 매입한 사업연도에 있어서는 법인세의 과세표준 자체의 증감은 없다. 대법원 1989. 12. 22. 선고 88누7255 판결.
1202) 대법원 2008. 9. 25. 선고 2006두3711 판결.

2. 매입가액의 일부를 지급한 경우

자산을 매입한 사업연도에 시가를 초과하는 금액을 손금에 산입하여 유보(△유보)로 소득처분하고, 해당 손금을 부인하여 유보(지급된 매입가액 중 시가를 초과하는 금액에 대하여는 그 귀속자에 따라 상여·배당·기타사외유출 또는 기타소득, 귀속자에게 증여세가 과세되는 경우에는 기타사외유출)로 처분한다. 매입가액을 분할하여 지급하는 때에는 시가에 상당하는 금액을 먼저 지급한 것으로 본다. 미지급한 매입가액 중 시가초과액에 상당하는 금액을 지급하는 경우에는 그때에 그 귀속자에 따라 상여·배당·기타소득 또는 기타사외유출(귀속자에게 증여세가 과세되는 금액에 대하여 기타사외유출로 소득처분하는 경우를 포함한다)로 처분한다.

고가매입한 자산에 대하여 감가상각비를 계상한 때 및 해당 자산을 양도한 때의 부인례는 매입가액의 전액을 지급한 때의 부인례와 같다.

3. 대금의 전부를 미지급한 경우

시가를 초과한 금액은 손금에 산입하여 유보(△유보)로 처분함과 동시에 해당 손금을 부인하여 유보로 처분한다. 뒤에 매입가액 중 시가초과액에 상당하는 금액을 실제로 지급하는 때에 그 귀속자에 따라 상여·배당·기타소득 또는 기타사외유출(귀속자에게 증여세가 과세되는 금액에 대하여 기타사외유출로 소득처분하는 경우를 포함한다)로 처분한다.

고가매입한 자산에 대하여 감가상각비를 계상한 때 및 해당 자산을 양도한 때의 부인례는 매입가액의 전액을 지급한 때의 부인례와 같다.

Ⅲ. 고가로 현물출자받은 경우

자산을 고가현물출자 받은 경우의 부인의 대상은 현물출자로 취득한 자산의 취득가액 중 시가초과액과 그 시가초과액에 대한 감가상각비이다. 그리고 현물출자로 인한 자본금 중 시가초과액에 상당하는 금액도 부인의 대상이 된다. 여기서의 자산에는 현물출자의 목적물이 될 수 있는 일체의 자산이 포함된다.

1. 자산의 취득가액 중 시가초과액 등

자산의 현물출자는 자본거래에 속하므로 자산을 현물출자받은 해당 사업연도에는 세무조정이 필요하지 않다는 견해도 있을 수 있으나, 그 이후의 손익거래에 영향을 미치게 되므로 시가초과액을 손금산입하여 유보(△유보)로 처분하고, 해당 손금을 부인하여 그 귀속자에 따라 상여·배당·기타사외유출 또는 기타소득으로 처분하는 것이 타당하고 실무이다.

고가로 현물출자받은 자산이 유형자산 및 무형자산인 때에는 시가초과액에 대한 감가상각비를 손금불산입하고 유보로 처분한다. 손금불산입할 감가상각비의 계산은 다음 계산식에 의하되, 시가초과액에 대한 감가상각비를 손금으로 계상하지 않은 것이 명백한 경우에는 손금불산입할 감가상각비로 보지 않는다.

$$\text{회사 계상 감가상각비} \times \frac{\text{시가초과부인액 잔액}}{\text{해당 사업연도 감가상각 전의 장부가액}}$$

고가로 현물출자받은 자산을 평가할 때에는 출자 당시의 시가에 의하여 산정한 자산의 취득가액(장부가액)을 기준으로 하여 자산의 평가이익 또는 평가손실을 산정하여야 한다.

그리고 해당 자산을 양도한 때에는 출자 당시의 시가에 의하여 매출원가 또는 장부가액을 산정하고, 이를 기준으로 하여 각 사업연도의 소득금액(매출총이익 또는 자산처분손익 등)을 계산한다. 따라서 그 시가초과액(상각부인액이 있는 경우에는 시가초과액에서 그 시가초과액에 대한 상각부인액을 차감한 금액을 말한다)은 해당 자산을 처분한 사업연도에 손금불산입하여 유보로 처분한다.

2. 자본금 중 시가초과액에 상당하는 금액

자본금 중 시가초과액에 상당하는 금액은 그 납입이 없었던 것으로 본다.[1203]

제3절 무수익자산의 매입 등(법인세법 시행령 제88조 제1항 제2호)

무수익자산을 매입 또는 현물출자받았거나 그 자산에 대한 비용을 부담한 경우이다.

1203) 실무상으로는 「자본금과 적립금조정명세서(을)」에 반영하여야 할 것이다.

Ⅰ. 무수익자산의 범위

무수익자산의 범위를 둘러싸고 다음과 같은 견해의 대립이 있을 수 있다.

1. 제1설

무수익자산을 비업무용 자산과 동일한 개념으로 파악하는 견해이다. 즉 법인세법 제27조 제1호 및 같은 법 시행령 제49조에 규정되어 있는 업무와 관련없는 자산으로 이해하는 견해이다. 이와 같은 업무와 관련없는 자산에는 업무와 관련이 없는 부동산(비업무용 부동산)과 업무와 관련이 없는 동산(비업무용 동산)을 포함한다.

2. 제2설

무수익자산을 업무에 사용하지 않는 자산으로서 수익을 창출하지 않는 자산으로 이해하는 견해이다.[1204) 법문에 충실한 해석인데, 제1설보다 그 범위가 좁다. 이 견해에 따르면 법인의 비업무용 자산에 해당하는 자산이라 할지라도 해당 자산으로부터 수익이 발생하는 경우에는 수익자산으로 보아야 한다.

3. 검토

무수익자산을 비업무용 자산과 동일한 개념으로 파악하기는 어렵다고 생각한다. 법문(法文)이 업무와 관련없는 자산이라는 용어를 선택하지 않고 무수익자산이라는 용어를 사용하고 있는 점에 비추어 볼 때 무수익자산의 의미를 확장하여 비업무용 자산과 동일하게 새길 수는 없다. 제2설을 지지하고자 한다.

대법원은 무수익자산을 법인의 수익파생에 공헌하지 못하거나 법인의 수익과 관련이 없는 자산으로서 장래에도 그 자산의 운용으로 수익을 얻을 가망성이 희박한 자산을 말한다고 판시하여 제2설의 입장을 취하고 있다.[1205)

그러나 무수익자산을 제2설과 같이 해석하는 경우에도 어느 정도의 수익이 발생하여야만 수익자산으로 볼 것인지가 문제이다. 입법적으로 무수익자산의 범위를 특정하는 것이 바람직하다고 생각한다. 판례는 자기주식도 무수익자산에 해당할 수 있다는 입장이지

1204) 한만수, 앞의 책, 614면.
1205) 대법원 2020. 8. 20. 선고 2017두44084 판결; 대법원 2016. 2. 18. 선고 2015두52913 판결; 대법원 2014. 4. 10. 선고 2013두20127 판결; 대법원 2006. 1. 13. 선고 2003두13267 판결; 대법원 2000. 11. 10. 선고 98두12055 판결. 일본 학설·실무의 영향으로 보인다.

만,[1206] 자기주식은 그 본질이 미발행주식으로서 자산에 해당하지 않으므로 무수익자산에도 해당할 수 없다고 해석하는 것이 타당하다.[1207]

원고가 특수관계인으로부터 다른 회사의 주식을 매수한 후 이를 연대보증채무에 대한 담보로 제공한 사안에서 대법원은 위 주식에 관한 담보권 실행으로 원고가 연대보증채무를 면하게 되었고 위 주식의 매도인이 매도대금을 원고의 계열사들의 운영자금 및 채무변제금 등으로 사용하여 원고의 연대보증채무가 감소하는 등의 경제적 이익을 얻었으므로 무수익자산에 해당하지 않는다고 판시하였다.[1208] 법인이 직원들의 기숙사에 사용하기 위해 분양받은 아파트는 무수익자산이 아니라고 판시하였다.[1209] 또한 법인이 특수관계인인 다른 법인으로부터 매입한 토지에서 수익을 얻지 못하였더라도 토지의 매입 당시에는 토지의 운용을 통하여 수익을 얻을 가능성이 충분히 존재하였다면 무수익자산이 아니라고 판단하였다.[1210]

조세심판원 결정 중에는 사용실적이 적은 골프장 회원권이 무수익자산에 해당하는지 여부가 문제된 사안이 있는데 조세심판원은 문제된 골프장 회원권이 기존 회원권을 대체하기 위한 것이고 프리미엄 회원권으로 가치가 지속적으로 상승하고 있음을 들어 무수익자산이 아니라고 판단하였다.[1211]

Ⅱ. 부당행위계산의 부인의 범위

무수익자산을 매입 또는 현물출자받은 경우 부인대상은 무수익자산의 매입 또는 현물출자를 받은 행위와 그 자산에 관한 비용의 부담행위이다. 이와 관련하여 부인의 범위에 관하여 견해의 대립이 있다.

1206) 대법원 2020. 8. 20. 선고 2017두44084 판결. 자기주식의 취득으로 주식가치가 제고될 수 있고 법인의 영업활동과 미처분 이익잉여금의 규모에 비추어 자기주식을 처분하여 시세차익이 가능한 경우에는 자기주식 취득이 무수익 자산에 해당하지 않고 상법에 따라 적법·유효하게 자기주식을 취득하였다면 매입대금은 업무무관 가지급금에 해당하지 않는다. 대법원 2023. 4. 27. 선고 2023두31263 판결. 같은 취지: 서울고등법원 2022. 12. 16. 선고 2021누53186 판결(대법원 2023. 4. 13. 자 2023두31256 판결로 심리불속행 확정).
1207) 법인세법 시행령 제11조 제2호의2가 자기주식의 '양도가액'을 정책적인 관점에서 익금으로 규정하고 있을 뿐이다. 그러나 자기주식을 자산처럼 취급하는 것은 그 본질에 반하기 때문에 해석론의 차원에서 자기주식을 자산으로 다루는 것에는 신중할 필요가 있다.
1208) 대법원 2006. 1. 13. 선고 2003두13267 판결.
1209) 대법원 2014. 4. 10. 선고 2013두20127 판결.
1210) 대법원 2016. 2. 18. 선고 2015두52913 판결.
1211) 조세심판원 2021. 3. 23. 자 2020서2132 결정.

1. 무수익자산의 매입 또는 현물출자를 받은 행위

무수익자산의 매입 또는 현물출자를 받은 행위에 대한 부인의 범위 내지 효과를 둘러싸고 다음과 같은 견해의 대립을 상정할 수 있다.

가. 제1설

무수익자산의 매입 또는 현물출자 자체를 부인하는 견해이다.[1212] 이 견해에 따르면 무수익자산의 매입 등에 따라 금전 또는 주식이 교부된 것이므로 매입가액 또는 현물출자가액을 손금에 산입하여 유보로 처분하고, 해당 손금을 부인하여 그 귀속자에 따라 상여·배당·기타사외유출 또는 기타소득으로 처분한다. 무수익자산을 매입한 경우에는 대금의 지급 여부에 따라 소득처분의 내용이 달라진다.

그리고 해당 무수익자산은 세무계산상으로는 법인의 자산으로 보지 않으므로 그와 관련된 비용(감가상각비를 포함한다)은 전액 손금불산입하고 사내유보(감가상각비 등) 또는 그 귀속자에 따라서 상여·배당·기타사외유출 또는 기타소득으로 처분한다.

법인이 무수익자산을 처분한 때에는 그 취득가액에서 손금불산입한 상각부인액을 공제한 잔액을 손금불산입하여 유보로 처분하고 매도가액의 전액을 익금불산입하고 기타로 처분하여야 한다.

다음으로 무수익자산을 현물출자받은 경우에는 그 무수익자산에 상당하는 가액만큼은 자본의 납입이 없는 것으로 보아 자본금에서 공제하여야 할 것이다.

무수익자산을 처분하기 전에 특수관계가 소멸하더라도 취득한 무수익자산은 그대로 법인의 자산으로 존속하기 때문에 인정이자를 계속 익금에 산입하여야 한다.[1213]

나. 제2설

법인이 무수익자산을 처분하여 매도가액을 수령하기 전까지는 매입가액 또는 현물출자로 인하여 교부한 주식의 가액을 무이자부로 대여한 것으로 보는 견해이다.[1214] 그러므로 그 매입액 또는 현물출자로 인하여 교부한 주식의 가액에 대하여는 인정이자를 계산하여 익금에 산입함과 동시에 특수관계인인 매도자 등에 대한 상여·배당·기타사외유출 또는 기타소득으로 처분한다.

1212) 이창희, 앞의 책, 1111면.
1213) 강석규, 앞의 책, 720면.
1214) 강인애, 앞의 책, 533면. 절충적으로 무수익자산을 현물출자로 받은 경우에 한하여 출자 자체를 부인하는 견해로 한만수, 앞의 책, 615면.

위의 경우에 매입가액을 지급하지 않았거나 그 일부만을 지급하였다면 그 미지급액 또는 적게 지급한 금액에 대하여는 인정이자를 계산하여서는 안 된다.

그리고 무수익자산과 관련된 비용(감가상각비를 포함한다)은 전액 손금불산입하고 사내유보(감가상각비 등) 또는 그 귀속자에 따라 상여·배당·기타사외유출 또는 기타소득으로 처분한다.

다. 검토

무수익자산을 매입 또는 현물출자받은 경우에는 법인이 해당 무수익자산을 처분하여 그 매도가액을 수령하기 전까지는 매입가액 또는 현물출자로 인하여 교부한 주식의 가액을 그 자산을 매도한 특수관계인 등에게 무이자부로 대여한 것으로 보는 제2설이 타당하다고 생각한다.

대법원은 "…부당행위계산 부인의 대상인 무수익자산의 매입으로 인정되면 세법상으로는 무수익자산의 매입이 부인되고 대신 매입대금 상당을 출자자 등에게 대여한 것으로 의제하여…인정이자를 익금산입함이 타당하다…"고 판시하여 제2설을 지지하고 있다.[1215]

2. 자산에 관하여 지출한 비용

가. 유지관리비용

법인이 무수익자산에 관하여 부담한 유지관리비용(수선비, 제세공과금 등)은 본래 특수관계인이 부담할 것을 법인이 대신 부담한 것이므로 손금불산입하고 해당 특수관계인에게 소득처분한다.[1216]

나. 감가상각비

감가상각비를 손금부인 한 후에 소득처분을 어떻게 할 것인지 견해가 대립한다. 한도초과액은 유보로 처분하고 한도 내의 금액은 특수관계인에게 소득처분한다는 견해와 유보로 처분한다는 견해가 대립하고 있다. 전자는 무수익자산의 감가상각비도 유지관리비용과 동일하게 보는 입장이고 후자는 규정의 취지가 무수익자산의 취득 자체를 부인하는 것이 아니므로 취득원가의 기간배분 성격인 감가상각비는 유보로 처분하는 것이 타당하다고 한다.[1217]

1215) 대법원 2020. 8. 20. 선고 2017두44084 판결; 대법원 2000. 11. 10. 선고 98두12055 판결.
1216) 삼일회계법인, 앞의 책, 868면.

생각건대, 무수익자산이라고 하더라도 이를 처분할 경우 손금의 수익관련성 요건을 충족하므로 취득원가 전액을 손금산입하여야 할 것이다. 이 경우 전자의 견해를 취하면 세무상 감가상각비를 계상하는지 여부에 따라 법인의 과세소득계산에 차이가 발생하게 된다. 후자의 견해가 타당하다.

Ⅲ. 고가매입과의 경합

무수익자산을 시가보다 고가로 매입하는 경우 부당행위계산 부인규정을 어떻게 적용할 것인지가 문제된다. 현재는 시가와의 차액에 관하여는 고가매입으로, 시가 상당액에 관하여는 무수익자산의 매입으로 부당행위계산 부인을 하여야 한다는 견해만 주장되고 있다.[1218)]

제4절 자산의 무상 · 저가양도 등
(법인세법 시행령 제88조 제1항 제3호)

자산을 무상 또는 시가보다 낮은 가액으로 양도 또는 현물출자한 경우이다. 자산을 무상 또는 저가로 양도한 행위와 자산을 무상 또는 저가로 현물출자한 행위가 부인의 대상이 된다.

양도 또는 현물출자의 대상이 되는 자산의 종류에는 제한이 없으며 자산의 무상양도란 증여를 의미한다고 본다.[1219)] 법인 주주가 감자를 위하여 주식발행법인에게 주식을 무상양도하는 거래는 무상양도 부분만 분리하여 본 호를 적용할 수 없다.[1220)]

자산을 무상 또는 시가보다 낮은 가액으로 양도하거나 현물출자한 경우에는 시가대로 양도 또는 현물출자한 것으로 보아 그 시가에 상당하는 금액(무상양도 등의 경우) 또는 그 시가와 양도가액 또는 현물출자로 인하여 교부받은 주식가액과의 차액(저가양도 등의 경

1217) 삼일회계법인, 앞의 책, 868면.
1218) 강석규, 앞의 책, 721~722면.
1219) 유전개발사업권을 특수관계인에게 무상으로 이전하는 행위는 자산의 무상양도에 해당하며 이 경우 유전개발사업권의 시가는 현금흐름할인법(DCF법)으로 평가할 수 있다고 본 사례로 서울고등법원 2024. 1. 30. 선고 2022누66752 판결(대법원 2024. 5. 30. 자 2024두35392 판결로 심리불속행 종결). 전환사채의 사채권자가 보유하고 있는 전환사채의 일부를 취득할 수 있는 매도청구권도 여기서의 자산에 해당한다고 본 과세전적부심결정도 있다(적부-국세청-2023-0126, 2023. 12. 6.).
1220) 사전-2025-법규법인-0007, 2025. 1. 22.

우)을 익금에 산입하고 그 귀속자에 따라 상여·배당·기타사외유출 또는 기타소득으로 처분한다. 자산의 무상양도 또는 저가양도에 해당하는 금액으로서 귀속자에게 상증법에 의하여 증여세가 과세되는 금액은 기타사외유출로 처분한다.[1221)

행정해석에 따르면 물적분할법인의 자산양도차익을 계산할 때 분할사업부문의 자산 및 부채를 시가보다 낮게 평가하여 승계시키면 여기서의 저가양도에 해당한다.[1222)

제5절 불공정합병등에 따른 양도손익의 감소
(법인세법 시행령 제88조 제1항 제3호의2)

Ⅰ. 의의 및 요건

특수관계인인 법인 간 합병(분할합병을 포함한다)·분할(이하 '불공정합병등')시 불공정한 비율로 합병·분할하여 피합병법인 등의 합병·분할에 따른 양도손익을 감소시킨 경우이다. 다만, 자본시장법 제165조의4에 따라 합병(분할합병을 포함한다)·분할하는 경우는 제외한다. 법인세법 제44조, 제46조, 제47조가 합병 및 분할 거래를 피합병법인 및 분할법인의 관점에서 순자산의 양도거래, 즉 손익거래로 구성하고 있기 때문에 그에 맞추어 규정한 것으로서, 합병법인, 분할신설법인, 분할합병의 상대방법인의 관점에서는 자본거래이지만 거래상대방의 관점에서는 손익거래인 경우이므로 특별히 자본거래에 부당행위계산부인규정을 적용하도록 한 것으로 보기는 어렵다.

본 호의 적용사례는 매우 적은데 조세심판원에서 문제된 사례를 소개한다. 내국법인 甲은 일본법인 A가 100% 출자하여 설립한 법인으로 디지털카메라 수입·판매업을 영위하였고 내국법인 乙은 일본법인 A와 내국법인 B가 50% 출자하여 설립한 법인으로 복사기 등 제조·판매업을 영위하였다. A는 한국 내 조직재편 필요성을 이유로 완전자회사인 甲을 乙에 합병시키는 방식으로 매각을 추진하였다. 그 과정에서 甲과 乙은 2년에 걸쳐 합병협상을 진행한 끝에 현금흐름할인법을 기초로 합병비율을 결정하였다. 과세관청은 위 합병비율이 실질적으로는 서로 이해관계가 상반되는 A와 B 간의 합의에 의해 결정된 점을 들어

1221) 저가양도의 경우에도 고가매입과 같이 삼중과세를 배제하기 위하여 개인이 자산을 특수관계인으로부터 취득하면서 상여나 배당으로 처분되었으면 그 금액을 자산의 취득가액에 더하도록 규정하고 있다(소득세법 시행령 제163조 제10항 제2호).
1222) 법인세법 기본통칙 47-84…1.

합병비율이 공정하다고 판단하고 과세처분을 취소하였다.[1223]

Ⅱ. 적용범위

특수관계인인 법인 간 불공정합병등에 해당하지만 적격합병(분할합병)·적격분할인 경우에도 본 호를 적용할 것인지 문제될 수 있다. 생각건대 적격합병(분할합병)·적격분할에 해당하면 양도손익이 발생하지 않으므로 부당행위계산 부인규정이 적용될 여지가 없다.[1224] 다만 이 경우에도 주주 단계에서는 부당행위계산 부인규정(법인세법 시행령 제88조 제1항 제8호 가목, 제8호의2)은 적용될 수 있다.

Ⅲ. 입법론

입법론적으로 위 규정은 두 가지 문제점이 있다. 첫째, 양도차익을 감소시키는 행위는 피합병법인의 조세부담을 부당하게 감소시킬 수 있지만, 양도차손을 감소시키는 행위는 피합병법인의 조세부담을 부당하게 감소시키는 데 이용될 수 없다. 위 규정과 유사한 내용을 규정하고 있는 일본법인세법 제132조의2도 '자산 및 부채의 양도에 관한 이익의 감소 또는 손실의 증가'를 그 요건 중 하나로 규정하고 있다. 따라서 위 시행령 규정은 '양도손익의 증감'으로 개정하는 것이 타당하다.[1225]

둘째, 위 규정이 피합병법인의 관점에서 양도차익을 감소시키는 거래를 규정하는 것은 법인세법이 피합병법인의 관점에서 합병을 순자산의 매도거래로 규정하고 있으므로 저가양도에 해당하는 경우를 규정한 것으로 볼 수 있다. 그렇다면 합병법인의 관점에서 고가매입에 해당하는 경우를 어떻게 규율하여야 할 것인가? 합병법인의 관점에서 합병은 자본거래이지만 합병매수손익에 관한 부분은 손익거래로 규율되고 있다. 합병세제는 합병 직전의 미실현손익을 양도손익과 합병매수손익으로 나누어 과세하고 있으므로 합병법인의 입장에서 고가매입에 해당하는 경우는 양도손익에 미치는 영향에 비례하여 합병매수손익이 영향을 받게 된다. 따라서 고가매입에 대응하는 경우를 규율하려면 합병매수손익에 익금산입을 해야 할 경우가 있을 수 있다. 현행법은 이 부분을 공백으로 남기고 있어 균형이 맞지 않는다.

1223) 조세심판원 2024. 7. 25. 자 2023서9486 결정.
1224) 재법인-56, 2016. 1. 21.; 삼일인포마인, 앞의 책, 870면.
1225) 황남석/이준규, "개정된 합병세제의 해석·적용상의 문제점", 「조세법연구」 제16집 제3호, 2010, 77면.

제6절 불량자산의 차환 등
(법인세법 시행령 제88조 제1항 제6호)

불량자산을 차환하거나 불량채권을 양수한 경우이다. 불량자산의 차환행위 또는 불량채권의 양수행위가 부인의 대상이 된다.

Ⅰ. 불량자산의 차환

1. 의의

불량자산의 개념은 명확하지 않으나, 차환에 따라 이전하는 자산보다 자산의 유지·관리비 등이 많이 소요되어 수익력이 떨어지는 자산으로 해석하는 견해,[1226) 해당 자산보다 그 대가로 교환한 자산의 가치가 높은 경우 전자의 자산으로 해석하는 견해[1227) 등이 주장되고 있다. 불량채권도 불량자산의 범위에 포함되는 것으로 해석하는 것을 고려한다면 장부가액이 시가보다 현저하게 큰 자산으로 해석하는 것이 타당할 것으로 본다. 차환의 개념도 명확하지 않다. 사전적인 의미는 '새로 꾸어서 먼저 꾼 것을 반환하는 것'인데, 교환의 의미로 해석된다.

2. 세무조정

다음으로 본 호를 적용할 때 부인의 대상과 관련하여 견해의 대립이 있다.

제1설은 불량자산의 차환행위 자체를 부인하여야 한다는 견해이다. 이 견해는 교환한 날에 종전의 자산을 처분한 것으로 보고, 새로 취득한 자산은 그 취득 자체를 부인한다. 즉 종전 자산의 가액(시가)을 익금에 산입하여 그 귀속자에 따라 상여·배당·기타사외유출 또는 기타소득으로 처분한다. 그리고 차환으로 취득한 불량자산의 취득가액을 손금에 산입하여 유보(△유보)로 처분한다.

불량자산과 관련된 비용(감가상각비를 포함한다)은 전액 손금불산입하고 사내유보 또는 그 귀속자에 따라 상여·배당·기타사외유출 또는 기타소득으로 처분한다.

법인이 불량자산을 처분한 때에는 그 취득가액에서 손금불산입한 상각부인액을 공제한

1226) 김두천, 「법인세법의 이론과 실제」, 조세통람사, 1988, 432면; 김중곤, "세법상 부당행위계산 부인의 요건과 효과(상)", 92면; 김현채, 「현대세법의 기본문제(1)」, 한국사법행정학회, 1986, 413면.
1227) 이창희, 앞의 책, 1112면.

잔액을 손금불산입하여 유보로 처분하고 매도가액의 전액을 익금불산입하고 기타로 처분하여야 한다.

제2설은 불량자산과의 차환으로 인하여 증가된 비용과 차환한 두 자산가액의 차액은 손금불산입 및 익금산입하여야 한다는 견해이다.[1228]

생각건대 불량자산과의 차환으로 인하여 비용이 증가하거나 차환한 두 자산가액 사이에 차액이 발생하는 경우에는 그 증가한 비용 및 두 자산가액 사이의 차액을 손금불산입 및 익금산입하고 그 귀속자에 따라서 상여·배당·기타사외유출 또는 기타소득으로 처분하여야 한다. 제2설을 지지한다.

Ⅱ. 불량채권의 양수

불량채권이란 채권의 전부 또는 일부를 회수할 수 없는 부실채권·채권의 회수에 다액의 비용이 소요되는 채권 및 채권의 회수가 상당기간 지체되는 채권을 총칭한다고 해석한다. 불량채권의 양수를 부인할 때에도 불량자산의 차환에서와 같은 해석상의 다툼이 있다.

제1설은 불량채권의 양수행위를 부인하여야 한다는 견해이다. 이 견해에 의하면 불량채권의 양수가액을 손금에 산입하여 유보(△유보)로 처분하고, 해당 금액을 손금불산입하여 그 귀속자에 따라 상여·배당·기타사외유출 또는 기타소득으로 처분한다. 불량채권의 추심 등과 관련하여 지출한 비용은 전액 손금불산입하고 그 귀속자에 따라 상여·배당·기타사외유출 또는 기타소득으로 처분한다. 그리고 법인이 불량채권을 대손으로 처리한 때에는 그 금액을 손금불산입하여 유보로 처분하여야 한다.[1229]

제2설은 불량채권의 회수에 비용이 소요되거나 대손이 발생한 때에 손금불산입하여야 한다고 주장한다.[1230]

생각건대 불량채권의 양수로 인하여 추가적인 회수비용을 지출하거나 대손이 발생한 경우에는 그 증가한 회수비용 및 대손금을 손금불산입하고 그 귀속자에 따라서 상여·배당·기타사외유출 또는 기타소득으로 처분하는 것이 타당하다. 제2설을 지지한다.

1228) 김두천, 앞의 책, 432면; 김현채, 앞의 책, 413면, 1993, 228면; 삼일인포마인, 앞의 책, 법 제52조 해설 항목; 삼일회계법인, 앞의 책, 853면.
1229) 삼일회계법인, 앞의 책, 853면.
1230) 김두천, 앞의 책, 433면; 김현채, 앞의 책, 44, 67, 413면.

제7절 출연금의 대신 부담
(법인세법 시행령 제88조 제1항 제5호)

법인이 그 특수관계인의 출연금을 대신 부담한 경우이다. 출연(出捐)이라 함은 자기의 의사에 의하여 현실의 출비(出費)나 의무의 부담과 같은 재산상의 손실을 가져옴으로써 상대방의 재산을 증가시키는 것을 말한다.

그러므로 특수관계인의 출연금을 대신 부담한 경우란 특수관계인이 부담하여야 할 출연금을 법인이 대신하여 부담하고 해당 출연금을 그 법인의 손비로 계상한 경우라고 해석한다. 이 경우에는 해당 출연금을 손금불산입하고 그 귀속자에 따라 상여·배당·기타사외유출 또는 기타소득으로 처분하여야 할 것이다.

다만 법인이 국세기본법 제39조에 따른 제2차 납세의무자로서 특수관계인의 국세를 대신 납부하고 가지급금 등으로 처리한 경우에는 부당행위에서 제외된다(법인세법 기본통칙 52-88…3 XIV).

제8절 금전 등의 무상대부 등
(법인세법 시행령 제88조 제1항 제6호)

I. 개관

특수관계인에게 금전, 그 밖의 자산 또는 용역을 무상 또는 낮은 이율·요율이나 임대료로 대부하거나 제공한 경우이다. 상표권자가 특수관계인인 상표 사용자에게 상표권 사용료를 받지 않는 경우도 이 유형에 준하는 것으로 볼 수 있다.[1231]

다만, ① 주식매수선택권 등의 행사 또는 지급에 따라 금전을 제공하는 경우, ② 주주등이나 출연자가 아닌 임원(소액주주등인 임원을 포함한다) 및 직원에게 사택을 제공하는 경우, ③ 연결납세방식을 적용받는 연결법인 간에 연결법인세액의 변동이 없는 등 기획재정부령(법인세법 시행규칙 제42조의5)으로 정하는 요건을 충족하여 용역을 제공하는 경우는 적용범위에서 제외한다(법인세법 시행령 제88조 제1항 제6호 단서).

위의 경우에는 무상 또는 낮은 이율·요율이나 임대료로 대부하거나 제공한 경우에는 시

1231) 대법원 2023. 5. 18. 선고 2018두33005 판결은 법인세법 시행령 제88조 제1항 제9호도 함께 근거 규정으로 인용하였다.

가에 의하여 산정한 이자·요금 또는 임대료와 실제로 받은 대가(이자·요금 또는 임대료)
와의 차액을 익금에 산입하고, 그 귀속자에 따라 상여·배당·기타사외유출 또는 기타소득
으로 처분한다.

특수관계인에게 무상 또는 낮은 이율로 금전을 대부하는 행위를 부인하는 것을 가지급금
등의 인정이자의 계산이라고 부른다.

이하에서는 '가지급금 등의 인정이자 계산'에 관하여 구체적으로 살펴보기로 한다.

Ⅱ. 가지급금 등의 인정이자 계산

1. 대상채권

가. 가지급금 등의 범위

(1) 가지급금

① 특수관계인에게 금전을 무상으로 대부하거나 낮은 이율로 대부하는 행위가 인정이자의
계산대상이 된다.[1232] 법인세법은 금전의 무상대여액 등을 총칭하여 가지급금으로 부르
고 있다(법인세법 제28조 제1항 제6호, 같은 법 시행령 제53조 제1항, 같은 법 시행규칙 제28조 제1항).
법인세법상 금전의 무상 또는 저리대여행위의 부인을 '가지급금 등에 대한 인정이자의
계산'이라고 부른다.[1233]

이와 같은 무상대여액(가지급금)에는 계정과목의 명칭 여하를 묻지 않고 특수관계인에
게 무이자부 또는 낮은 이자율로 대여한 모든 채권이 포함된다. 단기대여금·장기대여
금 및 가지급금 등이 주된 대상이 된다. 특수관계인이 발행한 회사채를 취득하는 경우
그 취득대금도 가지급금에 해당할 수 있다.[1234]

② 회사의 설립이나 증자의 경우 일시적인 차입금으로 주금을 납입하고 회사설립 또는 증
자절차 후 곧바로 그 납입금을 인출하여 차입금을 변제하는 주금의 가장납입금이 주주
등에 대한 가지급금 등에 해당하는지의 여부가 문제된다.

회사의 설립이나 증자의 경우에 당초부터 진정한 주금의 납입으로서 회사자금을 확보

1232) 법인이 상법 제341조에 따라 주주로부터 자기주식을 취득하면서 지급한 금액은 주주에게 우회적으로 자
금을 지원할 목적이 없었다면 인정이자 계산 대상 가지급금에 해당하지 않는다는 것이 행정해석이다. 서
면법인-2316, 2016. 2. 18.
1233) 특수관계인에 대한 무이자부 대여금 및 저리대여금을 부인하여 인정이자를 계산하는 서식을 '가지급금
등의 인정이자조정명세서'(법인세법 시행규칙 별지 제19호 서식)라고 부르는 것이 그 단적인 예이다.
1234) 대법원 2010. 10. 28. 선고 2008두15541 판결.

할 의도 없이 일시적인 차입금으로 단지 주금납입의 외형을 갖추고 회사설립이나 증자 절차 후 곧바로 그 납입금을 인출하여 차입금을 변제한 경우, 즉 주금의 가장납입의 경우에도 현실적인 주금의 납입이 있은 것으로 보지 않을 수 없다. 다시 말하면 주금(株金)의 납입이 실제로 자본납입의 가장수단으로 이용된 것이라 할지라도 이는 해당 납입을 하는 발기인 또는 이사들의 주관적 의도의 문제에 불과하며, 이와 같은 발기인 내지 이사들의 내심적 사정에 의하여 회사의 설립이나 증자와 같은 집단적 절차의 일환을 이루는 주금납입의 효력이 좌우되는 것은 타당하지 않다.

결론적으로 회사의 설립 또는 증자시 주금의 납입이 일시적인 차입금에 의하여 이루어졌다고 하여도 주식 또는 신주의 인수에 따른 주금의 납입으로는 유효하기 때문에 그 납입금을 인출하여 차입금을 변제하였다면 주식 또는 신주를 인수한 주주에게 그 금액을 무상대여하였다고 보는 것이 타당하다.[1235]

③ 가지급금이라 할지라도 정상적인 이자율에 따라 이자를 수령하는 경우에는 인정이자의 계산대상이 될 수 없다.[1236]

정상적인 이자율에 따라 이자를 수령하는 경우에 그 금전의 대여행위는 부당행위계산에 해당하지 않기 때문이다. 가지급금 중에서 무이자부 대여 및 저리대여만이 인정이자의 계산대상이 된다.

④ 가지급금이 특수관계인인 채무자의 무자력으로 회수불능의 상태에 있다고 하더라도 인정이자를 당연히 익금에 산입할 수 없는 것은 아니고 인정이자도 회수불능 여부와 관계없이 익금에 산입하여야 한다.[1237]

⑤ 마찬가지로, 특수관계인에게 금전을 무상으로 대여한 후 그 특수관계인에 대하여 회사 정리절차개시결정 등이 있더라도 그 전·후를 통하여 당해 법인이 특수관계자에게 무상 대여로 인한 이익을 분여하고 있다는 사정은 변함이 없고, 인정이자는 법인이 특수관계인으로부터 그 상당액의 이자를 실제로 지급받지 않았음에도 불구하고 지급받은 것으로 보아 이를 익금에 산입하는 것이며, 따라서 인정이자를 계산할 때 그 이자채권이 존재함을 전제로 한 회수불능 여부는 고려할 필요가 없으므로, 채무자인 특수관계인에 대하여 회사정리절차개시결정 등이 있더라도 채권자인 법인이 보유하는 대여금채권에 관한 인정이자 상당액은 익금산입의 대상이 된다.[1238]

1235) 같은 취지: 대법원 2001. 3. 27. 선고 99두8039 판결; 대법원 1983. 5. 24. 선고 82누522 판결. 상법에 관한 판결로서 같은 취지의 것으로 대법원 1985. 1. 29. 선고 84다카1823·1824 판결.
1236) 이와는 달리 비업무용 자산 등에 대한 지급이자 손금불산입 규정을 적용할 때는 적정한 이자의 수령 여부를 따지지 않는다.
1237) 대법원 2003. 12. 11. 선고 2002두7227 판결.

⑥ 내국법인이 업무무관 가지급금을 대손금으로 결산서에 계상하면 손금불산입하고 기타 사외유출로 소득처분하여야 하는데 그 시점부터는 업무무관 가지급금 자체가 손금불산입되므로 업무무관 가지급금에 관한 인정이자 익금산입 및 지급이자 손금불산입 규정을 적용하지 않는다는 것이 행정해석이다.[1239]

⑦ 내국법인이 주주에게 우회적으로 자금을 지원할 목적없이 상법 제341조에 따라 주주로부터 자기주식을 취득하면서 지급한 금액은 가지급금에 해당하지 않는다.[1240]

(2) 선급금 등

법인이 현실적으로 퇴직함이 없이 근속하고 있는 임원 또는 직원에 대하여 퇴직금을 지급하는 경우 또는 사업상의 필요를 넘거나 필요없이 특수관계인에게 선급금을 지급하는 경우에 미리 지급한 퇴직금 또는 선급금[1241]도 인정이자의 계산대상이 되는 채권으로 보아야 한다.

(3) 채권의 회수지연

법인이 특수관계인에 대한 외상매출금, 미수금 등의 채권을 회수할 수 있음에도 불구하고 이를 장기간 방치하는 경우가 있다.[1242] 또는 특수관계인에게 합리적인 사유없이 통상

1238) 대법원 2009. 12. 10. 선고 2007두15872 판결.
1239) 서면-2022-법인-1074, 2023. 6. 14.
1240) 서면-2022-법인-5574, 2023. 6. 22.
1241) 대법원 1991. 1. 11. 선고 90누7432 판결.
1242) 법인이 무효인 법률행위로 지출하였으나 그 상대방으로부터 미회수중인 금원도 마찬가지로 보아야 할 것이다. 이와 관련하여 법률행위의 무효 여부가 쟁점이 된 판례를 들어둔다.
① 대법원 2021. 7. 29. 선고 2017두63337 판결
법인이 주주들에게 자기주식 취득의 통지를 하면서 이사회에서 결의한 사항의 일부(자기주식 취득의 목적, 주식 1주를 취득하는 대가로 교부할 금전의 산정 방법, 양도의 대가로 금전 등을 교부하는 시기)를 누락하였고 특정 주주로부터만 자기주식을 양수하였으며 차입금으로 자기주식을 취득한 사안에서 과세관청은 그 거래가 상법 제341조 제1항 제2호 및 상법 시행령 제10조 제1호, 제2호에 위반하여 무효라는 전제 하에 법인이 자기주식을 양도한 주주로부터 회수하지 않은 주식양도대금을 업무무관 가지급금에 해당한다고 보고 과세한 바 있다. 대법원의 위 사안에서 법인이 자기주식 취득의 통지를 하면서 양도신청기간을 명시하였고 실제로 법인이 자기주식을 취득한 특정 주주에게 주식양도대금을 지급한 날은 양도신청기간 다음 날이었으며, 주주들이 가족들로서 해당 거래를 전후하여 이의를 제기하지 않았다는 점 등을 고려하여 보면, 법인이 자기주식 취득의 통지를 하면서 이사회에서 결의한 사항의 일부를 누락하였다는 이유만으로 주주들의 공평한 주식양도의 기회가 침해되었다고 보기 어렵고, 모든 주주들에게 자기주식 취득의 통지를 한 점 등에 비추어 보면, 법인이 처음부터 특정 주주로부터만 자기주식을 취득하려고 하였다고 단정할 수 없다고 보았다. 또한 자기주식취득의 재원인 배당가능이익은 채권자의 책임재산과 회사의 존립을 위한 재산적 기초를 확보하기 위하여 직전 결산기상의 순자산액에서 자본금의 액, 법정준비금 등을 공제한 나머지로서 회사가 당기에 배당할 수 있는 한도를 의미하는 것이지 회사가 보유하고 있는 특정한 현금을 의미하는 것이 아니고. 또한 회사가 자기주식을 취득하는 경우 당기의 순자산이 그 취득가액의 총액만큼 감소하는 결과 배당가능이익도 같은 금액만큼 감소하게 되는데, 이는 회사가 자금을 차입하여 자기주식을 취득하더라도 마찬가지이다. 따라서 상법 제341조 제1항 단서는 자기주식 취득가액의 총액이 배당가능이익을 초과하여서는 안 된다는 것을 의미할 뿐 차입금으로 자기주식을 취득하는 것이 허용되지

의 거래처보다 매출채권의 결제기간(회수기간)을 장기로 정하고 있는 경우도 있을 수 있다. 판례는 위에서와 같이 회수를 게을리하여 방치하고 있는 외상매출금 및 미수금이나 정상적인 결제기간(특수관계인이 아닌 거래처와의 통상적인 결제기간을 말한다)이 경과된 외상매출금 등은 실질적으로 채권을 전부 회수한 후에 다시 가지급한 것과 같은 효과를 가져온다는 점에서 가지급금에 해당한다고 본다. 따라서 채권의 회수를 지연한 행위에 대하여 경제적 합리성을 인정할 수 없다면 법인세법 시행령 제88조 제1항 제6호에 규정되어 있는 금전의 무상대여로 부당행위계산 부인의 대상이 된다.[1243)1244)] 행정해석은 일반거래처에 대하여도 특수관계인과 동일하게 매출채권 회수를 지연하는 경우에는 부당행위계산으

않는다는 것을 의미하지는 않는다고 보아 자기주식취득이 유효하다고 보았다. 만일 자기주식취득이 무효였고 법인이 그 사실을 알면서도 회수를 지연하였다면 주식양도대금 상당액도 업무무관 가지급금으로 보아 과세할 수 있는 여지도 있을 것이다.

② 서울고등법원 2021. 4. 30. 2020누50234 판결(대법원 2021. 9. 30. 자 2021두41396 판결로 심리불속행 종결) 의약품도매업을 영위하는 원고 법인의 사업연도는 1. 1.~12. 31.로서 원고의 주주는 배우자 간인 대표이사 A(지분율 85%)와 이사 B(지분율 15%)로 구성되어 있다. 원고 법인은 2012년부터 2015년까지 사업연도 종료 후 개최되는 정기주주총회에서는 별도의 이익배당을 실시하지 않고, 사업연도 중에 임시주주총회를 개최하여 이익배당(이하 '이 사건 배당')을 결의하였다. 과세관청은 "이 사건 배당이 상법 제462조의3이 정한 중간배당의 요건인 이사회 결의, 정관의 근거규정을 갖추지 아니한 위법한 중간배당에 해당하여 무효"라고 판단한 뒤, 이를 업무무관 가지급금으로 보아 지급이자를 손금불산입하고 인정이자를 익금산입하여 2012부터 2015까지의 사업연도 법인세를 경정고지하였다.
법원은 상법상 정기배당이란 원칙적으로 사업연도 종료 후 정기주주총회에서 이루어지는 것으로 그 배당이 결산기 말 이후에 지급되는 것을 의미하는 것으로 보아야 하므로 이 사건 배당은 상법상 정기배당에 해당하지 않고 중간배당을 위해서는 정관에 근거규정이 있어야 하고, 이사회의 결의가 있어야 하는데(상법 제462조의3 제1항) 원고 법인의 정관에 중간배당에 관한 근거규정이 없고 이 사건 배당에 관하여 이사회 결의가 이루어지지 않았으므로 중간배당으로서의 요건을 갖추지 못했다고 보아 과세처분이 적법하다고 판단하였다. 그러나 위 판결의 사실관계를 보면 원고 법인의 주주는 A와 B(A의 처)로 구성되어 있고 B가 자신의 의사결정 권한을 사실상 A에게 위임하고 의결권을 행사하지 않는 관계이며, 원고 법인의 이사가 A, B 및 C(A의 자)로 구성되어 있는데 주주총회의 특별결의가 있으면 정관 개정과 동일한 효력이 있고, 판례는 회사와 이사와의 자기거래 사안에서 주주 전원의 동의로 이사회의 승인을 갈음할 수 있다는 입장을 취한 바 있다(대법원 1992. 3. 31. 선고 91다16310 판결)는 점을 고려하면 중간배당의 하자가 치유되었다고 볼 여지도 있다고 판단된다.

1243) 대법원 2010. 5. 27. 선고 2007두23309 판결: 대법원 2010. 1. 14. 선고 2007두5646 판결. 그러나 위 판결들이 선고되기 전의 대법원 1993. 2. 9. 선고 92누10869 판결 및 대법원 1990. 5. 11. 선고 89누8095 판결은 법인이 특수관계인에 대한 외상매출금 회수를 지연시킨 것을 금전의 무상대여(법인세법 시행령 제88조 제1항 제6호)로 볼 수는 없고 이익분여(같은 항 제9호)에 부당행위계산 부인의 대상으로 삼았다. 한편, 위 대법원 2010. 5. 27. 선고 2007두23309 판결 및 대법원 2010. 1. 14. 선고 2007두5646 판결 이후에 선고된 대법원 2010. 10. 28. 선고 2008두15541 판결: 대법원 2013. 11. 14. 선고 2011두25784 판결 및 대법원 2014. 8. 26. 선고 2014두4719 판결은 회수가 지연된 채권을 업무무관 가지급금으로 보아 그에 상당하는 차입금에 대한 지급이자를 손금불산입하면서도 그 회수지연이 부당행위계산에 해당할 경우에는 금전의 무상대여(같은 항 제6호)가 아니라 그에 '준하는' 이익분여(같은 항 제9호)에 해당하여 인정이자가 익금에 산입된다는 입장을 취하였다.

1244) 만약 해당 법인이 그 채권에 대한 소멸시효 중단을 위한 조치를 취하지 않아 소멸시효가 완성된 경우에는 더 이상 그 채권의 보유를 전제로 하는 인정이자 익금산입을 계속할 수 없다(대법원 2013. 10. 30. 선고 2010두4599 판결; 대법원 2009. 10. 29. 선고 2007두16561 판결).

로 부인하지 않는다.[1245]

(4) 가수금의 상계

동일인에 대한 가지급금 등과 가수금이 함께 있는 경우에는 이를 상계한 금액으로 한다. 다만, 동일인에 대한 가지급금 등과 가수금의 발생시에 각각 상환기간 및 이자율 등에 관한 약정이 있어 이를 상계할 수 없는 경우에는 상계를 하여서는 안 된다(법인세법 시행령 제53조 제3항, 같은 법 시행규칙 제28조 제2항).

나. 대상채권의 예외

다음과 같이 기획재정부령으로 정하는 일정한 금전의 대여에 관하여는 인정이자를 계산하지 않는다(법인세법 시행령 제89조 제5항 단서, 같은 법 시행규칙 제44조).

(1) 미지급소득에 대한 소득세 등

소득세법에 의하여 지급한 것으로 보는 배당소득 및 상여금(이하에서 '미지급소득'이라 한다)에 관한 소득세(지방소득세와 미지급소득으로 인한 중간예납세액 상당액을 포함하며, 다음 계산식에 의하여 계산한 금액을 한도로 한다)를 법인이 납부하고 이를 가지급금 등으로 계상한 금액에 관하여는 해당 소득을 실지로 지급할 때까지의 기간에 상당하는 금액에 한하여 인정이자의 계산대상에서 제외한다.

$$\text{미지급소득에 대한 소득세액} = \text{종합소득 총결정세액} \times \frac{\text{미지급소득}}{\text{종합소득금액}}$$

위에서 미지급소득이란 다음의 소득을 말한다(소득세법 제132조 제1항, 제135조 제3항).

① 법인이 이익 또는 잉여금의 처분에 의한 배당소득을 그 처분을 결정한 날부터 3월이 되는 날까지 지급하지 않아 그 3월이 되는 날에 지급한 것으로 의제하는 배당소득
② 법인이 이익 또는 잉여금의 처분에 의하여 지급하여야 할 상여를 그 처분을 결정한 날부터 3월이 되는 날까지 지급하지 않아 그 3월이 되는 날에 지급한 것으로 의제하는 상여. 다만, 그 처분이 11월 1일부터 12월 31일까지의 사이에 결정된 경우에는 다음 연도 1월 31일까지 지급하지 않아 1월 31일에 지급한 것으로 의제하는 상여

1245) 법인 22601-892, 1991. 5. 6.

(2) 국외투자법인에 대한 여비 등의 가지급금

정부의 허가를 받아 국외에 자본을 투자한 내국법인이 해당 국외투자법인에 종사하거나 종사할 자의 여비·급료 기타 비용을 대신하여 부담하고 이를 가지급금 등으로 계상한 금액은 그 금액을 실지로 환부받을 때까지의 기간에 상당하는 금액에 한하여 인정이자의 계산대상에서 제외한다.

(3) 우리사주조합 등에 대한 주식취득자금의 대여액

법인이 자본시장법의 규정에 의한 우리사주조합 또는 그 조합원에게 해당 법인의 주식취득(조합원간의 주식매매를 포함한다)에 소요되는 자금을 대여한 금액은 상환받을 때까지의 기간에 상당하는 금액에 한하여 인정이자를 계산하지 않는다.

(4) 퇴직금전환금

국민연금법에 의하여 근로자가 지급받은 것으로 보는 퇴직금전환금은 해당 근로자가 퇴직할 때까지의 기간에 상당하는 금액에 한하여 인정이자의 계산대상에서 제외한다.

(5) 귀속자 불분명으로 대표자에게 상여처분한 금액에 대한 소득세 등

익금산입 또는 손금불산입한 금액이 사외에 유출된 것은 분명하나, 다만 그 귀속이 불분명하여 대표자상여로 처분한 금액에 대한 소득세를 법인이 납부하고 이를 가지급금으로 계상한 금액은 특수관계가 소멸될 때까지의 기간에 상당하는 금액에 한하여 인정이자의 계산대상에서 제외한다.

(6) 직원에 대한 급료의 가불금

직원에 대한 월정급여액의 범위에서의 일시적인 급료의 가불금은 인정이자를 계산하지 않는다.

(7) 직원에 대한 경조사비 등의 대여액

직원에 대한 경조사비 또는 학자금(자녀의 학자금을 포함한다)의 대여액은 인정이자를 계산하지 않는다.

(8) 중소기업(조특법 시행령 제2조)에 근무하는 직원(지배주주 등인 직원은 제외한다)에 대한 주택구입 또는 전세자금의 대여액

중소기업에 근무하는 직원(지배주주등인 직원 제외[1246])에 대한 주택구입 또는 전세자금의 대여금에 관하여는 인정이자를 계산하지 않는다.

(9) 한국자산관리공사가 전액출자법인에게 대여한 금액

한국자산관리공사가 그가 전액 출자하여 설립한 법인에게 대여한 금액은 인정이자를 계산하지 않는다.

다. 업무관련성

업무무관 가지급금이란 해당 법인의 업무와 관련이 없는 자금의 대여금을 가리킨다. ① 법인의 업무란 해당 법인의 목적사업이나 영업내용을 기준으로 객관적으로 판단하여야 하며, 반드시 정관에 규정된 목적사업으로 한정할 것은 아니다.[1247]

예컨대, 계열회사에 대한 대여금이 법인의 매출이나 수익의 증대에 직접적이고 상당한 수준으로 기여한다면 업무와 관련성이 있다고 볼 수 있을 것이나, 대여금이 법인의 매출이나 수익 증대에는 별다른 기여를 하지 못하고 주로 자금지원을 받는 계열회사의 순수한 운전자금으로 사용되었다면 그러한 대여금은 법인의 업무와 관련 없이 지급한 가지급금으로 보아야 할 것이다.[1248] 예를 들어 종합건설업을 영위하는 내국법인이 주택건설사업의 시행사인 특수관계인에게 사업부지 매입자금 및 사업용 건물 인수자금 등으로 사용할 자금을 대여한 후 실제로 해당 사업의 시공사로 참여하였다면 업무관련성이 인정된다.[1249]

내국법인이 특수관계인인 외국자회사에게 시설 및 운영자금을 대여하였고 그 자금의 대여가 내국법인의 영업활동과 직접 관련이 있다면 업무관련성이 인정된다.[1250] 조세심판원은 내국법인이 해외거래처에 대한 매출 및 거래 관계 확대를 위하여 완전자회사를 외국법인으로 설립한 후 일반적인 모자법인 관계보다 더욱 긴밀한 관계를 유지하여 왔다면 그 외국자회사에 대한 대여금은 업무관련성이 있다고 판단하였다.[1251] 그러나 단순히 외국자회사의 경영상 어려움을 해소하기 위한 자금대여액은 업무무관 가지급금에 해당할 수 있다.[1252]

1246) 대표이사의 배우자인 직원에게 그 직원이 대표이사와 함께 거주할 용도의 주택을 마련하는 데 소요되는 전세자금을 대여한 경우에는 인정이자를 계산하지 않는다는 것이 행정해석이다. 사전-2024-법규법인-0962, 2024. 12. 27.
1247) 대법원 2007. 10. 25. 선고 2006두11125 판결; 대법원 1992. 11. 10. 선고 91누8302 판결.
1248) 대전고등법원 2013. 5. 16. 선고 2012누3086 판결(대법원 2013. 9. 12. 자 2013두11451 판결로 심리불속행 종결).
1249) 조세심판원 2023. 3. 14. 자 2021서1481 결정.
1250) 조세심판원 2018. 12. 21. 자 2018중2173 결정; 조세심판원 2014. 12. 10. 자 2013서4404 결정(외국자회사가 완전자회사인 경우); 서면-2020-법인-0384, 2020. 8. 25.
1251) 조세심판원 2024. 11. 14. 자 2024중2603 결정.

금융기관의 경우 주된 수익사업으로 볼 수 없는 자금대여도 업무와 무관하다고 보아야 한다.[1253]

② 자금을 대여한 법인이 그 자금의 대여와 관련하여 차입자로부터 적정한 이자를 수령하는지의 여부는 고려의 대상이 되지 않는다.[1254] 다만, 자금을 대여한 법인이 그 자금의 대여와 관련하여 적정한 이자를 수령하고 있는 경우에는 부당행위계산 부인에 관한 규정을 적용하지 않을 뿐이다.

③ '업무와 관련하여' 특수관계법인에게 대여하여 준 채권을 출자전환하는 경우 주식의 취득가액과 출자전환된 채권가액의 차액을 손금에 산입할 수 있는지 여부가 문제된다. 행정해석은 부당행위계산 부인의 대상이 되는지 우선 검토하고 그 대상이 되지 않는다면 정당한 사유의 유무를 기준으로 하여 정당한 사유가 없으면 기부금이나 기업업무추진비로, 정당한 사유가 있으면 그 차액을 손금에 산입할 수 있다고 본다.[1255] 부당행위계산 부인의 대상이 되지 않는 경우의 손금산입 여부에 관한 행정해석의 처리는 내용상으로는 타당하지만 법령에 규정하여야 할 것이다.

2. 인정이자의 계산

인정이자는 다음 계산식에 의하여 계산한다.

> 인정이자 = 가지급금 등의 적수 × 인정이자율 × 1 / 365(윤년인 경우 1 / 366)
> − 실제 받거나 받기로 한 이자수입

가지급금 등의 크기가 사업연도 중에 증감하는 경우에는 그 적수에 의한다. 가지급금 등의 적수란 사업연도 중의 가지급금 등의 매일 매일의 잔액을 합산한 금액을 의미한다.

그리고 인정이자율은 가중평균차입이자율로 하되 예외적으로 경우를 나누어 기획재정부령으로 정하는 당좌대출이자율을 적용한다. 이에 관하여는 시가의 개념에서 이미 설명하였다.

1252) 법인 46012-1550, 1996. 5. 30.; 법인 46012-1982, 1997. 7. 21.

1253) 이종규/최영록/조남복, 「법인세법해설」, 전면개정판, 중앙경제, 1999, 384면. 행정해석으로는 반도체소자 및 반도체소자를 이용한 부품 등을 제조·판매하는 사업을 영위하는 내국법인이 해당 사업을 영위하는 데 필요한 원천기술 확보, 시장점유율 확대 등을 목적으로 해외 경쟁사의 반도체사업부를 양수하는 계약을 체결한 후 해당 사업부를 양수하기 위하여 해외 현지법인을 설립하고 사업부 양수 등에 필요한 자금을 대여한 경우에는 업무무관 가지급금에 해당하지 않는다고 본 것이 있다. 사전−2022−법규법인−0611, 2022. 6. 28.

1254) 대법원 2003. 3. 11. 선고 2002두4068 판결; 대법원 1994. 12. 2. 선고 92누14250 판결.

1255) 서면−2017−법인−2324, 2017. 11. 14.

3. 가지급금 등에 대한 중복과세의 문제점

특수관계인에 대한 업무무관 가지급금에 대하여는 그 지급이자를 손금불산입하면서 동시에 인정이자를 계산하여 익금에 산입한다. 그리고 특수관계인에 대한 업무무관 가지급금에 대하여는 대손충당금의 설정을 허용하지 않으며, 설사 대손으로 확정되었다고 하더라도 손금산입(대손금)을 배제하고 있다.

특수관계인에 대한 업무무관 가지급금에 대하여 지급이자의 손금불산입과 부당행위계산의 부인(인정이자의 익금산입)의 규정을 동시에 적용하는 것에 대하여 동일한 소득에 대한 이중과세라는 비판이 제기되고 있다. 그러나 헌법재판소는 두 제도가 상이한 입법목적을 위해 서로 다른 적용요건을 가지고 있기 때문에 설령 어느 경우에 우연히 양자의 요건을 동시에 갖춤으로써 두 제도가 함께 적용된다 하더라도 그것이 하나의 행위에 대한 이중의 제재라든가 동일한 담세물에 대한 중복과세라고는 보기 어렵다고 판시한 바 있다.[1256]

이하에서는 업무무관 가지급금에 대한 지급이자의 손금불산입과 인정이자의 익금산입의 중복과세 여부에 관하여 검토하기로 한다.

첫째, 특수관계인에 대한 업무무관 가지급금을 취득하거나 보유하고 있는 내국법인이 각 사업연도에 지급한 차입금의 이자로서 다음 계산식에 의하여 계산한 금액은 이를 손금에 산입하지 않는다.

> 손금불산입액 = 지급이자 × 업무무관 가지급금 적수 / 차입금 적수

[1256] 헌법재판소 2007. 1. 17. 선고 2005헌바75 · 2006헌바7 · 8(병합) 전원재판부 결정: "업무무관 가지급금에 대한 지급이자 손금불산입제도의 입법목적은 차입금을 생산적인 부분에 사용하지 아니하고 계열사 등 특수관계인에게 대여하는 비정상적인 행위를 제한함으로써 타인자본에 의존한 무리한 기업확장으로 기업의 재무구조가 악화되는 것을 방지하고, 기업자금의 생산적 운용을 통한 기업의 건전한 경제활동을 유도하는 데 있으므로 이 사건 심판대상조항들의 정당성은 인정된다. 또한 이 사건 손금불산입제도는 법인세의 부담을 증가시킴으로써 이러한 입법목적 달성을 유도하기 위한 것이므로 그 방법의 적절성도 인정된다. 이 사건 손금불산입제도의 입법목적은 앞에서 본 바와 같은 반면, 부당행위계산 부인에 따른 인정이자 익금산입제도는 법인과 특수관계에 있는 자와의 거래가 경제적 합리성을 무시하여 조세법적 측면에서 부당한 것이라고 보일 때 과세권자가 객관적으로 타당하다고 인정되는 소득이 있었던 것으로 의제하여 과세함으로써, 과세의 공평을 기하고 조세회피행위를 방지하고자 하는 입법목적을 가지고 있다. 이와 같이 양 제도는 상이한 입법목적을 위해 서로 다른 적용요건을 가지고 있으므로 어느 경우에 우연히 양자의 요건을 동시에 갖춤으로써 두 제도가 함께 적용된다 하더라도 그것이 하나의 행위에 대한 이중의 제재라든가 동일한 담세물에 대한 중복과세라고는 보기 어렵고, 따라서 피해 최소성의 원칙에 반한다고 할 수 없다. 나아가 이 사건 심판대상조항들의 입법목적인 차입금 유입 억제를 통한 기업의 건전한 재무구조유도와 기업자금의 생산적 운용이라는 조세정책적 공익은 차입금에 대한 지급이자 손금불산입에 따른 법인세 증가라는 사익에 비해 결코 작다고 할 수 없으므로 법익의 균형성을 상실하였다고 볼 수도 없다. 결국 부당행위계산 부인과 함께 손금불산입 적용을 받는 것은 실질과세원칙과 과잉금지원칙에 위배되지 않는다고 할 것으로 재산권을 침해하지 않는다."

위의 규정은 차입금이 있는 법인에 한하여 적용하는데, 차입자로부터 적정한 이자를 수령하더라도 지급이자 손금불산입 규정은 적용한다.

이와 같은 지급이자 손금불산입 규정은 기업의 재무구조를 개선함과 아울러 기업자금의 생산적 운용을 유도하기 위한 법적 장치이다.

둘째, 특수관계인에 대한 업무무관 가지급금 중 무상 또는 저리대여금에 대하여는 적정이자(인정이자)를 계산하여 이를 익금에 산입한다.

위의 규정은 해당 법인의 차입금의 유무 또는 과다와 관계없이 적용한다. 다만, 해당 법인이 해당 가지급금 등에 대하여 적정이자를 수령하고 있는 경우에는 위의 규정을 적용하지 않는다.

가지급금 등에 대한 인정이자의 익금산입제도는 무상 또는 저리대부를 통한 법인세의 회피를 부인하는 법적 장치이다.

생각건대 업무무관 가지급금에 대한 지급이자 손금불산입제도와 인정이자의 익금산입제도는 각기 그 취지 및 본질을 달리하는 별개의 제도인 것만은 분명하다. 그럼에도 불구하고 차입금이 있는 법인이 특수관계인에게 해당 법인의 업무와 관계없이 금전을 무상 또는 저리대여한 경우에는 결과적으로 동일한 소득에 대하여 중복적인 과세를 행하는 측면이 있다는 것을 부인하기 어렵다.

소득과세의 본질에 비추어 볼 때 업무무관 가지급금 등에 대한 인정이자의 익금산입제도는 그 당위성을 수긍하지 않을 수 없다.

문제는 업무무관 가지급금에 대한 지급이자 손금불산입제도이다. 업무무관 가지급금에 대한 지급이자 손금불산입제도는 조세이론 또는 소득과세의 법리와는 거리가 먼 정책세제의 산물이기 때문이다. 입법적으로 그 적용범위를 축소하거나 폐지하여야 할 것이다.

Ⅲ. 적용배제

다음의 경우는 부당행위계산 부인의 적용이 배제된다.

1. 주식매수선택권등의 행사 또는 지급에 따라 금전을 제공하는 경우

법인세법 시행령 제19조 제19호의2 각 목 외의 부분에 해당하는 주식매수선택권등의 행사 또는 지급에 따라 금전을 제공하는 경우에는 부당행위계산 부인을 적용하지 않는다(같은 시행령 제88조 제1항 제6호 가목).

2. 사택 제공

주주등이나 출연자가 아닌 임원(소액주주등인 임원 포함) 및 직원에게 사택(법인세법 시행규칙 제42조의3)을 제공하는 경우에는 부당행위계산 부인을 적용하지 않는다. 법인의 업무를 수행하기 위하여 초청된 외국인에게 사택 등을 무상으로 제공하더라도 같다. 한편 법인세법 시행규칙 제42조의3은 사택을 무상으로 제공할 것을 요건으로 하므로 법인이 일정 수준의 임차료를 부담하도록 하는 경우나[1257] 주택임대차보증금을 무상으로 대여한 경우에는[1258] 부당행위계산 부인을 적용하여야 한다는 것이 행정해석이다. 그러나 이와 같은 행정해석은 지나치게 기계적인 반대해석이라고 생각되며 사안에 따라 달리 판단할 수 있다고 본다(법인세법 시행령 제88조 제1항 제6호 나목).

3. 연결납세방식을 적용받는 연결법인 간 내부 용역제공 거래

연결납세방식을 적용받는 연결법인 간에 다음 요건을 갖추어 용역을 제공하는 경우에는 부당행위계산 부인을 적용하지 않는다(법인세법 시행령 제88조 제1항 제6호 다목, 같은 법 시행규칙 제42조의5).

가. 용역의 거래가격에 따른 연결납세방식을 적용받는 연결법인 간에 연결법인세액의 변동이 없을 것. 이 경우 다음 어느 하나에 해당하는 사유로 연결법인세액의 변동이 있는 경우는 변동이 없는 것으로 본다.

(1) 연결 조정항목(법인세법 제76조의14 제1항 제6호)의 연결법인별 배분

(2) 법인세 외의 세목의 손금산입

(3) 위 두 항목과 유사한 것으로서 영향이 경미하다고 기획재정부장관이 인정하는 사유[1259]

1257) 법인-388, 2012. 6. 15.
1258) 법인-1411, 2009. 12. 21.; 법인-842, 2009. 7. 22. 그러나 다른 행정해석은 사규에 따른 기준금액 내의 임차보증금은 법인이 부담하고 그 기준금액을 초과하는 임차보증금 또는 월임차료를 직원이 부담하는 것으로 구분표시하여 법인과 직원을 공동임차인으로 하는 임대차계약을 체결하여 사택을 직원에게 제공하는 경우에는 법인이 부담하는 임차보증금에 관하여 부당행위계산 부인을 적용하지 않는다고 하여 일관되지 않다. 법인-323, 2012. 5. 23. 및 법규법인 2011-535, 2011. 12. 29.
1259) 2025. 4. 1. 현재 이 사유를 규정한 행정규칙은 없다.

나. 해당 용역의 착수일 등 용역을 제공하기 시작한 날이 속하는 사업연도부터 그 용역의 제공을 완료한 날이 속하는 사업연도까지 연결납세방식을 적용하는 연결법인 간의 거래일 것

4. 해외 현지법인에 파견된 직원의 인건비 등

내국법인이 해외에 설립한 현지법인에 임직원을 파견하여 근무하게 하고 임직원에 대한 인건비 등을 지출하는 경우 해당 임직원이 사실상 내국법인의 업무에 종사하는 것으로 인정된다면 부당행위계산 부인의 대상에서 제외될 수 있다.[1260]

5. 정부 등의 허가를 얻어 낮은 이율·요율을 적용한 경우

행정해석에 따르면 채무자회생법에 따른 법정관리인이 법원의 허가를 받아 통상의 이율이나 요율보다 낮게 이자나 임대료를 받은 경우, 건설공제조합이 조합원에게 대출하는 경우의 이자율이 금융기관의 일반대출 금리보다 낮은 경우로서 정부의 승인을 받아 이자율을 정한 경우 부당행위계산 부인이 배제된다.[1261]

제9절 자산 또는 용역의 고율 이용
(법인세법 시행령 제88조 제1항 제7호)

특수관계인으로부터 금전, 그 밖의 자산 또는 용역을 높은 이율 등으로 차용하거나 제공받은 경우이다. 실제 지급한 이자 등과 시가에 의하여 산정한 이자 등과의 차액을 손금불산입한다.

다만, 연결납세방식을 적용받는 연결법인 간에 연결법인세액의 변동이 없는 등 기획재정부령(법인세법 시행규칙 제42조의5)으로 정하는 요건을 충족하여 용역을 제공하는 경우는 제외한다.

판례는 법인이 특수관계인인 대표이사에게 지급한 보수가 해당 법인과 사업규모가 유사한 동종업체 중 상위업체의 대표이사들이 지급받는 보수보다 높은 경우에는 본 호에 해당할 수 있다고 본다.[1262]

1260) 삼일인포마인, 앞의 책, 법 제52조 해설 항목.
1261) 법인세법 기본통칙 52-88…3 제3호, 제4호.

또, 정보시스템 구축 및 운영 용역 계약에 따라 지급한 인건비가 정부 고시인 '소프트웨어 사업대가의 기준'에 따라 한국소프트웨어산업협회가 공표하는 소프트웨어 기술자의 등급별 1일당 노임단가에 기초한 것이라면 용역의 시가에 해당할 수 있다고 본 판례도 있다.[1263]

제10절 파생상품거래를 통한 이익분여
(법인세법 시행령 제88조 제1항 제7호의2)

기업회계기준에 따른 통화선도, 통화선물, 통화스왑, 통화옵션 등 통화관련 파생상품에 근거한 권리를 행사하지 않거나 그 행사기간을 조정하는 등의 방법으로 이익을 분여하는 경우이다. 특수관계인 간에 유리한 상황 또는 불리한 상황에 있는 장외 매수옵션(call option) 또는 매도옵션(put option) 등과 같은 파생상품거래를 통하여 매수옵션 또는 매도옵션을 행사하지 않거나 매수옵션 또는 매도옵션의 행사기간을 조정하는 방법 등에 의하여 이익을 분여하는 경우가 이에 해당한다. 판례는 내국법인이 국외 특수관계인과 함께 파생상품에 근거한 권리를 보유하다가 그 보유비율에 상응하는 권리를 행사하지 않은 채 국외 특수관계인으로 하여금 권리의 전부를 행사할 수 있게 하는 방법으로 국외 특수관계인에게 이익을 분여하는 행위도 국제조세조정법 시행령 제4조 제1호에서 규정하고 있는 '자산의 무상이전'에 준하는 것으로 보아 본 호에 따른 부당행위계산 부인의 대상이 된다고 본다.[1264]

제11절 일정한 자본거래를 통한 이익분여
(법인세법 시행령 제88조 제1항 제8호, 제8호의2)

Ⅰ. 개관

현행 법인세법 시행령 제88조 제1항 제8호 및 제8호의2는 자본거래를 규율 대상에 포함시키고 있다. 법인세법은 1998. 12. 28. 법률 제5581호로 전부개정되었는데 동시에 법인세법

1262) 대법원 2017. 9. 21. 선고 2015두60884 판결 및 그 1심 판결인 서울행정법원 2015. 5. 22. 선고 2013구합 55147 판결 참조.
1263) 서울고등법원 2017. 6. 20. 선고 2017누36764 판결(대법원 2017. 9. 28. 자 2017두51167 판결로 심리불속행 종결).
1264) 대법원 2015. 11. 26. 선고 2014두335 판결.

시행령이 1998. 12. 31. 대통령령 제15970호로 전부개정되면서 위 규정이 신설되었다. 당시의 입법자료를 보면 위 제8호는 상증법상 자본거래시 개인 주주에 대한 증여의제과세와 균형을 맞추기 위하여 신설한 것이다.[1265] 제8호는 다시 2006. 2. 9. 대통령령 제19328호에 의하여 상증법상 자본거래시의 증여의제와의 과세형평이 제고되는 방향으로 개정되었다.[1266] 독일, 미국, 일본 모두 자본거래를 규율대상에 포함시키지 않고 있다. 즉, 자본거래를 부당행위계산 부인의 대상으로 규정하고 있는 것은 비교법적으로 매우 이례적이라고 할수 있다. 다만 현행법은 자본거래 그 자체를 과세의 대상으로 하는 것이 아니라 자본거래를이용한 주주 간의 이익분여를 과세의 대상으로 하는 것이다.

불공정합병, 불균등증자, 불균등감자 등의 자본거래를 통한 이익의 분여는 위 규정은 이익을 분여한 주주 법인의 관점에서는 미실현손실이, 이익을 분여받은 주주 법인의 관점에서는 미실현이익이 발생한다. 위 규정은 자본거래를 통해서 주주 단계에서 이익의 분여가행해진 경우 이익을 분여한 법인 주주에게 익금을 산입하기 위한 것이다. 자본거래를 통한이익의 분여는 미실현손실에 해당하여 주식을 처분할 때 손금으로 인식이 되는데 그 손금부인, 즉 익금산입의 시기를 자본거래시점으로 앞당겨 놓은 조문이다. 따라서 위 규정은 자본거래를 통해 이익을 분여한 법인 주주에 대하여 미실현손실이 발생하는 것을 전제로 하여 해당 금액을 부인하여 익금산입하는 구조로 되어 있다.

결국 위 규정은 일반적인 부당행위계산 부인의 유형과는 이질적인 것이다. 과세요건도법인세 부담의 부당한 경감이 아니라 이익의 분여를 전면에 내세우고 있다.[1267] 그렇다면증여세의 경우 재산 또는 이익의 이전이 있으면 부당성을 따지지 않고 과세를 하는 것을고려하여 자본거래를 통한 이익분여의 경우에도 부당성 요건, 특히 경제적 합리성의 결여는 요구되지 않는다고 생각할 여지가 있다. 그러나 본 호는 실정법 체계상 어디까지나 부당행위계산 부인의 유형 중 하나로 규정되어 있으므로 주주 간 이익의 분여가 있더라도 나아가 부당성 요건(특히, 경제적 합리성 결여)과 같은 부당행위계산 부인의 일반적 요건을 충족하여야 한다.[1268]

1265) 재정경제부, 「1998년 간추린 개정세법」, 재정경제부, 1999, 196면.

1266) 국세청, 「2006년 개정세법 해설」, 국세청, 2006, 245~246면.

1267) 재정경제부, 「1998년 간추린 개정세법」, 1999, 196면. 동일한 문제의식을 갖고 있는 문헌으로 김재승, "부당행위계산 부인의 적용범위와 관련된 몇 가지 쟁점에 대한 소고", 「조세법연구」 제26집 제3호, 2020, 412면.

1268) 같은 취지 대법원 2020. 12. 10. 선고 2018두34350 판결; 대법원 2004. 10. 28. 선고 2004두6280 판결; 대법원 1997. 2. 14. 선고 96누9966 판결.

Ⅱ. 불공정합병 등으로 인한 이익분여(법인세법 시행령 제88조 제1항 제8호)

1. 개관

다른 법인의 주주등인 법인이 합병(분할합병 포함), 증자, 감자에 해당하는 자본거래로 인하여 주주등(소액주주등은 제외)인 법인이 특수관계인인 다른 주주등에게 이익을 분여한 경우이다. 이익을 분여받은 특수관계인인 다른 주주등에는 법인은 물론이고 개인이 포함된다(법인세법 시행령 제88조 제1항 제8호).

자본거래로 인하여 특수관계인인 다른 주주에게 분여한 이익은 익금에 산입한다(같은 항 제8호, 제8호의2). 만일 이익을 분여받은 특수관계인인 다른 주주가 법인인 때에는 귀속자가 법인이므로 기타사외유출로 처분한다. 귀속자가 개인이고 그 개인에게 증여세가 과세되는 경우에는 기타사외유출로 처분하여야 한다(법인세법 시행령 제106조 제1항 제3호 다목, 자목).

한편 이익을 분여받은 자가 법인인 경우 법인의 수익으로 익금에 산입한다(같은 시행령 제11조 제8호).[1269]

2. 불공정합병으로 인한 이익분여

가. 요건

특수관계인인 법인 간의 합병(분할합병을 포함한다)시 주식등을 시가보다 높거나 낮게 평가하여 불공정한 비율로 합병한 경우이어야 한다. 다만, 자본시장법 제165조의4에 따라 합병(분할합병을 포함한다)하는 경우는 제외한다(법인세법 시행령 제88조 제1항 제8호 가목).

(1) 특수관계인인 법인 간의 합병

합병당사회사가 특수관계인에 해당하여야 한다. 특수관계에 있는 법인의 판정은 합병등기일이 속하는 사업연도의 직전 사업연도의 개시일(그 개시일이 서로 다른 법인이 합병한 경우에는 먼저 개시한 날을 말한다. 이하 같다)부터 합병등기일까지의 기간에 의한다. 즉 합병등기일이 속하는 사업연도의 직전 사업연도의 개시일부터 합병등기일까지의 기간 중 1회라도 특수관계에 있는 법인에 해당하는 경우에는 위의 요건을 충족한 것으로 본다.[1270] 분할합병도 여기서는 합병에 포함된다.

1269) 이 경우 자산의 취득가액을 조정하는 규정이 있다. 법인세법 시행령 제72조 제2항 제5호, 제4항 제3호, 제5항 제3호.

1270) 합병의 경우 합병비율 등 주요 의사결정 사항이 합병등기일로부터 상당히 이전 시점에 결정될 수 있다는 점을 고려한 규정이다. 삼일인포마인, 앞의 책, 법 제52조 해설 항목.

(2) 불공정합병

불공정합병이란 주식등을 시가보다 높거나 낮게 평가하여 불공정한 비율로 합병함으로 써 특수관계인인 다른 주주등에게 분여한 이익이 합병법인의 주식등의 평가가액의 30퍼센트 이상이거나 3억원[1271] 이상인 경우의 해당 합병을 가리킨다(상증법 제38조, 상증법 시행령 제28조 제3항 제1호, 제5항).

위에서 특수관계인인 다른 주주등에게 분여한 이익의 비율이란 다음의 ①에 의한 가액 중(분모)에서 ①에 의한 가액(합병 후 법인의 1주당 평가가액)에서 ②에 의한 가액(합병비율 반영한 주가 과대평가법인의 합병 전 1주당 평가가액)을 차감한 가액(분자)의 비율을 말한다.

---

① 합병 후 신설·존속하는 법인의 1주당 평가가액[1272]

구분	주권상장·코스닥상장 법인	그 외 법인
합병 후 1주당 평가가액	Min[①,②] ① 합병등기일 이후 2개월간 최종시세가액의 평균액[단, 합병(분할합병)으로 신설 또는 존속하는 법인이 보유한 상장주식의 시가는 평가기준일 현재의 거래소 최종 시세가액] ② 단순평균액 $= \dfrac{\text{합병 전 합병·피합병법인의 주식가액 합계액}}{\text{합병 후 주식수}}$	② 단순평균액

② 합병비율 반영한 주가 과대평가법인의 합병 전 1주당 평가가액

$$= \begin{matrix}\text{주가가 과대평가된} \\ \text{합병당사법인의 합병} \\ \text{전 1주당 평가가액}\end{matrix} \times \dfrac{\text{주가가 과대평가된 합병당사법인의}}{\text{합병 전 주식수}} {\Large/} \text{합병교부주식}$$

구분	주권상장·코스닥상장 법인	그 외 법인
주가 과대평가법인 합병 전 1주당 평가가액	Max[①,②] ① 다음 중 빠른 날 이전 2개월간 최종시세가액의 평균액 ㉮ 합병대차대조표 공시일 ㉯ 금융감독위원회 합병신고일 ② 비상장주식 평가방법에 의한 평가가액	합병대차대조표 공시일의 비상장주식 평가방법에 의한 평가가액

〈출처: 상속증여세 집행기준 39-28-5〉

[1271] 금액 기준을 적용할 때 해당 법인이 특수관계인인 다른 주주등에게 분여한 이익에서 특수관계인으로부터 분여받은 이익을 차감하여 계산한다. 조심 2014. 4. 23. 자 2012중5346 결정.

불공정합병인지 여부에 관한 판단시점은 합병계약 체결 당시이므로 특히 상증법상 보충적 평가방법에 의할 경우에는 그 평가기준일인 직전 결산기 재무제표를 기준으로 합병비율을 산정하면 불공정합병에 해당하지 않는다. 그 이후에 합병당사법인에 중대한 변화가 발생하더라도 합병계약상 합병비율 변경 사유에 해당하지 않는다면 합병비율을 조정할 수 없으므로 부작위에 의한 부당행위계산에 해당하지 않는다.[1273]

나. 효과

특수관계인인 다른 주주등에게 분여한 이익을 익금에 산입하는데, 특수관계인인 다른 주주등에게 분여한 이익의 산정은 다음 계산식에 의한다.[1274]

$$\text{익금산입액} = (①의\ 가액 - ②의\ 가액^*) \times \frac{\text{주가가 과대평가된 합병당사법인의}}{\text{다른 주주의 합병 후 주식수}}$$

* ①, ②는 위 상속증여세 집행기준 39−28−5에서의 ①, ②를 말함

법인주주가 합병당사법인들의 주식을 함께 보유하고 있는 경우 주가가 과소평가된 합병당사법인의 주주로서 입은 손실과 주가가 과대평가된 합병당사법인의 주주로서 얻은 이익을 통산하여 실질적으로 분여하거나 분여받은 이익이 있는지 밝힌 다음 그 결과에 따라 부

1272) 합병 과정에서 합병법인의 주식은 시가보다 높게, 피합병법인의 주식은 시가보다 낮게 평가되어 피합병법인의 주주들에게 합병신주가 적게 배정됨으로써, 피합병법인의 주주들이 특수관계에 있는 합병법인의 주주들에게 이익을 분여하였다고 보아 과세관청이 법인세법 시행령 제88조 제1항 가목을 적용하여 과세한 사안에서, 합병법인인 원고들은 합병법인이 합병 전 보유하던 피합병법인의 주식에 대하여 합병신주를 배정받아 자기주식으로 보유하게 되는 경우, 합병법인의 합병 전 주식가액에 이미 반영되어 있는 피합병법인의 주식가액이 다시 반영되는 결과 합병법인의 주식가액이 과대평가되므로, 합병법인이 합병 전 보유하던 피합병법인의 주식을 소각한 경우와 마찬가지로 그 주식가액을 합병법인의 주식가액에서 공제하여 합병에 따른 증여이익을 계산하여야 한다고 주장하였다. 그러나 대법원은 합병법인이 합병신주를 배정받아 이를 자기주식으로 상당한 기간 보유한 이상, 합병신주를 배정받지 않거나 합병신주를 배정받아 합병과 동시에 이를 소각한 경우와 동일하게 취급할 수 없고, 그러한 자기주식에도 양도성과 자산성이 있어 이를 다른 주주들이 소유한 주식과 달리 취급할 이유가 없다고 판시하였다(대법원 2021. 9. 30. 선고 2017두66244 판결). 법인세법이 자기주식을 자산으로 취급하는 이상 위와 같이 해석할 수 밖에 없다고 생각된다. 상세는 이준엽, "합병법인의 포합주식과 피합병법인의 자기주식에 대하여 합병신주가 과소배정된 경우, 피합병법인의 주주들이 합병법인 주주들에게 분여한 이익의 산정방법,「대법원 판례해설 제130호(2021년 하)」, 2022, 249면 이하.
1273) 조세심판원 2022. 9. 6. 자 2021서1493 결정.
1274) 위 대법원 2021. 9. 30. 선고 2017두66244 판결에서는 이익을 분여받은 합병법인 주주가, 동시에 피합병법인의 주주(법인)의 주주라면 자기증여 또는 자기이익분여에 해당하므로 그 부분에 관하여는 법인세나 증여세를 과세할 수 없다는 주장이 있었지만 대법원은 법인의 주주가 그 지분 범위 내에서 해당 법인의 자산에 관한 권리를 보유하더라도 그 자산 자체를 주주가 소유하는 것으로 볼 수 없다는 이유로 그 주장을 배척하였다(대법원 2021. 9. 30. 선고 2017두66244 판결). 법인세법은 법인과 주주 간의 분리원칙(Trennungsprinzip)에 입각해 있으므로 대법원 판결의 입장이 타당하다.

당행위계산 부인규정을 적용한다.[1275]

특수관계가 있는 비상장법인 간에 불공정한 비율로 합병한 경우 합병법인 주주와 피합병법인 주주가 동일법인으로서 1인 주주라면 부당행위계산 부인은 적용되지 않는다. 이익을 분여한 자와 분여받은 자 및 분여이익이 동일하기 때문이다.[1276]

3. 불균등증자로 인한 이익분여

법인의 자본(출자액을 포함한다)을 증가시키는 거래에 있어서 신주(전환사채·신주인수권부사채 또는 교환사채 등을 포함한다)를 배정받을 수 있는 권리의 전부 또는 일부를 포기하거나 신주를 시가보다 높은 가액으로 인수함으로써 이익을 분여한 경우이다. 다만, 포기한 신주(이하에서 '실권주'라고 한다)가 자본시장법 제9조 제7항의 규정에 따른 모집방법으로 배정되는 경우는 제외한다(법인세법 시행령 제88조 제1항 제8호 나목).[1277]

가. 신주를 저가발행하는 경우

신주의 인수가액이 시가(증자 후의 평가액)보다 낮은 경우에 신주인수권을 포기한 자는 신주를 인수한 자에 대하여 이익을 분여한 것으로 된다(법인세법 시행령 제88조 제1항 제8호 나목 전단).

(1) 실권주를 다시 배정하는 경우

실권주를 다시 배정할 때 신주를 배정받을 수 있는 권리의 전부 또는 일부를 포기한 주주와 특수관계에 있는 자가 실권주를 인수한 경우에는 해당 권리를 포기한 주주가 다음 계산식에 의하여 계산한 금액에 상당하는 이익을 분여한 것으로 본다(상증법 시행령 제29조 제2항 제1호). 분여한 이익의 크기와 관계없이 과세한다는 점에 유의할 필요가 있다. 다만 주권상장법인이 자본시장법 제9조 제7항에 따른 유가증권 모집방법으로 배정하는 경우는 제외한다.

1275) 대법원 2022. 12. 29. 선고 2018두59182 판결. 일방 법인의 주주로서 분여한 이익과 타방 법인의 주주로서 얻은 이익이 중첩되는 범위에서는 이른바 자기증여에 해당하기 때문이다. 위 판결은 주주로서 분여한 이익과 주주로서 얻은 이익의 각 합계액을 통산하였다. 즉, 일방 법인의 주주로서 분여한 이익의 합계액을 타방 법인의 특수관계 있는 주주 지분별로 안분하지 않았다. 주식의 포괄적 교환에 관하여 같은 취지로 판단한 것으로 서울고등법원 2015. 6. 12. 선고 2014누7598 판결(대법원 2015. 11. 17. 자 2015두3027 판결로 심리불속행 종결).

1276) 서면-2023-법인-0161, 2023. 8. 3. 위 사안에서는 합병비율 산정을 위한 가치평가 절차를 거치지 않고 무증자합병을 하였다.

1277) 상증법은 자본시장법 시행령 제11조 제3항에 따라 모집으로 간주하는 경우에도 증여세를 과세하지만 법인세법은 그 경우에도 부당행위계산 부인의 대상에서 제외하고 있다(상증법 시행령 제29조 제3항).

판례는 실권주를 다시 배정하는 과정에서 제3자가 신주를 저가 인수한 경우(제3자 배정)에는 특수관계에 있는 기존 주주들로부터 이익을 분여받은 결과가 되더라도 본조항이 적용되지 않는다고 한다.[1278] 그러나 이 경우에는 법인세법 시행령 제88조 제1항 제8호의2에 해당할 수 있다.[1279]

분여이익 = [(가) - (나)] × (다)

(가) 증자 후의 1주당 평가가액

구 분	주권상장(코스닥상장)법인	비상장법인
증자후 1주당 평가액	Min[①, ②] ① 권리락일 이후 2개월간의 최종시세가액의 평균액 ② 신주발행으로 인한 이론적 권리락 주가 $= \dfrac{(증자전\ 기업의\ 주식가치\ +\ 신주발행으로\ 인한\ 실제\ 증자대금)}{(증자전\ 발행주식총수\ +\ 증자에\ 의하여\ 증가한\ 주식수)}$ $= \dfrac{(증자전\ 1주당\ 평가액 × 증자전\ 발행주식총수) + (신주\ 1주당\ 인수가액 × 증자에\ 의하여\ 증가한\ 주식수)}{증자전\ 발행주식총수\ +\ 증자에\ 의하여\ 증가한\ 주식수}$	② 신주발행으로 인한 이론적 권리락 주가
증자전 1주당 평가액	증자에 따른 권리락일 전 2개월이 되는 날부터 권리락 전일까지 2개월간 최종시세가액의 평균액	시가 또는 보충적 평가액

(나) 신주 1주당 인수가액

(다) 배정받은 실권주수

〈출처: 상속증여세 집행기준 39−29−1〉

위 경우 익금에 산입되는 금액은 그 귀속자가 법인이면 사외유출로, 그 이외의 경우 배당, 상여 등으로 처분한다(법인세법 시행령 제106조 제1항 제3호 자목).[1280]

(2) 실권주를 다시 배정하지 않는 경우

실권주를 다시 배정하지 않을 때 신주를 배정받을 수 있는 권리의 전부 또는 일부를 포기한 주주와 특수관계에 있는 자가 실권주를 인수한 경우에는 해당 권리를 포기한 주주가 다

1278) 대법원 2012. 3. 29. 선고 2011두29779 판결. 그러나 대법원은 회사법적 관점에서 주주 배정절차에서 발생한 실권주에 관하여 주주를 모집할 경우 이는 주주 배정절차의 연장선상에 있으므로 제3자 배정에 해당하지 않는다는 입장인데(대법원 2009. 5. 29. 선고 2007도4949 판결) 그 입장과는 모순되는 면이 있다.
1279) 대법원 2020. 12. 10. 선고 2018두34350 판결.
1280) 삼일회계법인, 앞의 책, 889면.

음 계산식에 의하여 계산한 금액에 상당하는 이익을 분여한 것으로 본다. 다만 균등증자시의 증자 후의 1주당 가액에서 신주 1주당 인수가액을 차감한 금액이 균등증자시의 증자 후의 1주당 가액의 30퍼센트 이상이거나 분여된 이익이 3억원[1281] 이상인 경우에 한한다(상증법 시행령 제29조 제2항 제2호).

$$\text{분여이익} = [(\text{가}) - (\text{나})] \times (\text{다}) \times (\text{라}) \times (\text{마}) / (\text{다})$$
$$= A \times (\text{라}) \times (\text{마}) / (\text{다})$$
$$= B \times (\text{마}) / (\text{다})$$

(가) 기존주주가 모두 인수할 경우 증자 후 1주당 평가가액

구 분	주권상장(코스닥상장)법인	비상장법인
증자후 1주당 평가액	Min[①, ②] ① 권리락일 이후 2개월간의 최종시세가액의 평균액 ② 신주발행으로 인한 이론적 권리락 주가 $= \dfrac{(\text{증자전 기업의 주식가치} + \text{실권주가 없을 경우 유입될 증자대금})}{(\text{증자전 발행주식총수} + \text{실권주가 없을 경우 증가할 주식수})}$ $= \dfrac{(\text{증자전 1주당 평가액} \times \text{증자전 발행주식총수}) + (\text{신주 1주당 인수가액} \times \text{실권주가 없을 경우 증가할 주식수})}{(\text{증자전 발행주식총수} + \text{실권주가 없을 경우 증가할 주식수})}$	② 신주발행으로 인한 이론적 권리락 주가
증자전 1주당 평가액	증자에 따른 권리락일 전 2개월이 되는 날부터 권리락 전일까지 2개월간 최종시세가액의 평균액	시가 또는 보충적 평가액

(나) 신주 1주당 인수가액
(다) 실권주 총수
(라) 증자 후 신주인수자의 실제 지분율
(마) 신주인수자와 특수관계에 있는 자의 실권주수

(A) 실권주주가 상실한 이익 = [(가) - (나)] × (다)
(B) 신주인수자가 얻은 간접이익 총액 = (A) × (라)
(C) 신주인수자 간접이익 총액 중 특수관계인으로부터 얻은 이익
= (B) × (마) / (다) ⇨ 분여이익

〈출처: 상속증여세 집행기준 39-29-4〉

[1281] 이익분여법인 및 귀속자가 다수인 경우 각 이익분여법인 및 귀속자별로 이익을 구분하여 산정할 것인지 아니면 각 이익분여법인 및 귀속자가 수수한 이익을 합산할 것인지 분명하지 않다. 삼일인포마인, 앞의 책, 법 제52조 해설.

위 경우 익금산입액은 귀속자가 법인이면 기타사외유출로, 개인이면 증여세가 과세되는 경우 기타사외유출로, 그 외의 경우에는 배당, 상여 등으로 소득처분한다(법인세법 시행령 제106조 제1항 제3호 자목).

나. 신주를 고가발행하는 경우

신주의 인수가액이 시가(증자 후의 평가액)보다 높은 경우에 신주를 인수한 자는 신주인수권을 포기한 자에 대하여 이익을 분여한 것으로 된다(법인세법 시행령 제88조 제1항 제8호 나목 후단).

(1) 실권주를 다시 배정하는 경우

실권주를 다시 배정할 때 신주를 배정받을 수 있는 권리의 전부 또는 일부를 포기한 주주와 특수관계에 있는 자가 실권주를 인수한 경우에는 해당 권리를 포기한 주주에게 다음 계산식에 의하여 계산한 금액에 상당하는 이익을 분여한 것으로 본다(상증법 시행령 제29조 제2항 제3호).

$$\text{분여이익} = [(가) - (나)] \times (다) \times (라) / (다)$$
$$= (A) \times (라) / (다)$$

(가) 신주 1주당 인수가액
(나) 증자후의 1주당 평가가액

구 분	주권상장(코스닥상장)법인	비상장법인
증자후 1주당 평가액	Min[①, ②] ① 권리락일 이후 2개월간의 최종시세가액의 평균액 ② 신주발행으로 인한 이론적 주가 $= \dfrac{(증자전\ 기업의\ 주식가치\ +\ 신주발행으로\ 인한\ 실제\ 증자대금)}{(증자전\ 발행주식총수\ +\ 증자에\ 의하여\ 증가한\ 주식수)}$ $= \dfrac{(증자전\ 1주당\ 평가액 \times 증자전\ 발행주식총수) + (신주\ 1주당\ 인수가액 \times 증자에\ 의하여\ 증가한\ 주식수)}{증자전\ 발행주식총수\ +\ 증자에\ 의하여\ 증가한\ 주식수}$	② 신주발행으로 인한 이론적 권리락 주가
증자전 1주당 평가액	증자에 따른 권리락일 전 2개월이 되는 날부터 권리락 전일까지 2개월간 최종시세가액의 평균액	시가 또는 보충적 평가액

(다) 실권주 총수
(라) 특수관계인이 인수한 실권주수

(A) 실권주주가 얻은 직접적 이익 ＝ ［(가) － (나)］ × (다)

(B) 직접이익 중 특수관계인 인수분 ＝ (A) × (라) / (다) ⇨ 분여이익

〈출처: 상속증여세 집행기준 39－29－7〉

위 경우 시가초과 인수액은 익금불산입(△유보)으로 처분하고(법인세법 시행령 제72조 제4항 제3호) 동시에 익금산입액은 귀속자가 법인이면 기타사외유출로, 그 외의 경우에는 배당, 상여 등으로 처분한다(법인세법 시행령 제106조 제1항 제3호 자목).

(2) 실권주를 다시 배정하지 않는 경우

실권주를 다시 배정하지 않고 해당 신주인수를 포기한 주주와 특수관계에 있는 자가 신주를 인수한 경우에는 해당 신주인수를 포기한 주주에게 다음 계산식에 의하여 계산한 금액에 상당하는 이익을 분여한 것으로 본다(상증법 시행령 제29조 제3항 제6호).

판례는 실권주주에게 이익을 분여한 경우라 함은 신주의 고가인수로 인하여 실권주주가 보유하고 있던 주식의 1주당 가액이 상승하는 것을 의미하므로, 신주의 고가인수가 있더라도 이를 전후하여 실권주주가 보유하고 있던 주식의 1주당 가액이 모두 음수로 평가되고 단지 그 음수의 절대치가 감소한 것에 불과하다면 그 주식의 가액은 없다고 보아야 하므로 그 주식의 가액이 상승하였다고 할 수 없다는 입장이다. 따라서 이러한 경우는 신주의 고가인수로 인하여 신주 발행법인의 일반 채권자들이 이익을 분여받았음은 별론으로 하고 적어도 실권주주가 이익을 분여받았다고 할 수는 없으므로 위 규정에 의한 부당행위계산 부인의 대상이 될 수 없다고 한다.[1282]

다만, 그 금액이 3억원 이상이거나 신주 1주당 인수가액에서 균등증자시의 증자 후의 1주당 가액을 차감한 금액이 신주 1주당 인수가액의 30% 이상 차이가 있는 경우에 한한다.

1282) 대법원 2010. 11. 11. 선고 2008두8994 판결.

$$\text{분여이익} = [(가) - (나))] \times (다) \times (라) = A \times (라)$$

(가) 신주 1주당 인수가액

(나) 증자 후의 1주당 평가가액

구 분	주권상장(코스닥상장)법인	비상장법인
증자후 1주당 평가액	Min[①, ②] ① 권리락일 이후 2개월간의 최종시세가액의 평균액 ② 신주발행으로 인한 이론적 주가 $= \dfrac{(증자전 기업의 주식가치 + 실권주가 없을 경우 유입될 증자대금)}{(증자전 발행주식총수 + 실권주가 없을 경우 증가할 주식수)}$ $= \dfrac{(증자전 1주당 평가액 \times 증자전 발행주식총수) + (신주 1주당 인수가액 \times 실권주가 없을 경우 증가할 주식수)}{(증자전 발행주식총수 + 실권주가 없을 경우 증가할 주식수)}$	② 신주발행으로 인한 이론적 권리락 주가
증자전 1주당 평가액	증자에 따른 권리락일 전 2개월이 되는 날부터 권리락 전일까지 2개월간 최종시세가액의 평균액	시가 또는 보충적 평가액

(다) 실권주 총수

(라) 특수관계인의 증자지분 : $\dfrac{특수관계인의 인수 주식수}{균등증자할 경우 증자주식 총수}$

(A) 실권주주가 얻은 직접적 이익 = [(가) − (나)] × (다)

(B) 직접이익 중 특수관계인 인수분 = (A) × (라) ⇨ 분여이익

〈출처 : 상속증여세 집행기준 39-29-8〉

위 경우 법인주주의 주식 취득가액 중 시가초과분은 익금불산입(△유보)으로 처분(법인세법 시행령 제72조 제4항 제3호)하고 동시에 부당행위계산 부인에 따라 익금에 산입되는 금액은 그 귀속자가 법인이면 기타사외유출로, 개인이면 증여세가 과세되는 경우 기타사외유출로, 그 외의 경우에는 배당, 상여 등으로 소득처분한다(법인세법 시행령 제106조 제1항 제3호 자목).

4. 불균등감자로 인한 이익분여

법인의 감자시 주주등의 소유주식등의 비율에 의하지 않고 일부 주주등의 주식등을 소각함으로써 이익을 분여한 경우이다(법인세법 시행령 제88조 제1항 제8호 다목).

행정해석은 내국법인이 주주등의 소유주식등의 비율과 다르게 특수관계인인 주주로부터 소각목적으로 자기주식을 취득한 후 해당 주식을 소각하는 행위는 법인세법 시행령 제88조

제1항 제8호, 제8호의2에 해당하지 않는다고 본다.[1283] 이 해석은 자기주식취득과 소각을 하나의 감자절차로 포섭할 수 없는 경우를 대상으로 한 것이다.

이 경우에 분여한 이익은 다음 각 경우 별로 다음의 계산식에 의하여 계산한다(상증법 시행령 제29조의2 제1항, 제2호). 다만, 그 이익에 상당하는 금액이 감자한 주식등의 평가액의 30% 이상이거나 3억원 이상인 경우에 한하여 과세한다.

① 주식등을 시가보다 낮은 대가로 소각한 경우

$$\left(\begin{array}{c} 감자한\ 주식 \\ 1주당\ 평가액 \end{array} - \begin{array}{c} 주식소각시 \\ 지급한\ 1주당 \\ 금액 \end{array} \right) \times \begin{array}{c} 총 \\ 감자주식수 \end{array} \times \begin{array}{c} 대주주의 \\ 감자\ 후 \\ 지분비율 \end{array} \times \frac{대주주와\ 특수관계에\ 있는\ 자의\ 감자주식수}{총감자주식수}$$

② 주식등을 시가보다 높은 대가로 소각한 경우

$$\left(주식등의\ 소각시\ 지급한\ 1주당\ 금액 - \begin{array}{c} 감자한\ 주식등의 \\ 1주당\ 평가액 \end{array} \right) \times 해당\ 주주등의\ 감자한\ 주식등의\ 수$$

익금산입액은 그 귀속자가 법인이면 기타사외유출로, 개인이면 증여세가 과세되는 경우 기타사외유출로, 그 외의 경우에는 배당, 상여 등으로 각각 소득처분한다(법인세법 시행령 제106조 제1항 제3호 자목).

Ⅲ. 그 밖의 자본거래를 통한 이익분여(법인세법 시행령 제88조 제1항 제8호의2)

1. 의의

법인세법 시행령 제88조 제1항 제8호의2는 제8호 외의 경우로서 증자·감자, 합병(분할합병을 포함한다)·분할, 상증법 제40조 제1항에 따른 전환사채등에 의한 주식의 전환·인수·교환 등 자본거래를 통해 법인의 이익을 분여하였다고 인정되는 경우(다만, 제19조 제19호의2 각 목 외의 부분에 해당하는 주식매수선택권등 중 주식매수선택권의 행사에 따라 주식을 발행하는 경우 제외)를 부당행위계산의 한 유형으로 규정하고 있다.

1283) 서면-2022-법인-4052, 2023. 5. 24.

위 규정은 같은 항 제8호와 달리, 읽기에 따라서는 자본거래를 직접 부당행위계산 부인의 대상으로 하는 것처럼 적용될 수 있으므로 그 의미가 무엇인지 문제될 수 있다.

2. 입법의 경위

위 규정은 2007. 2. 28. 대통령령 제19891호로 신설된 것인데, 입법관련 자료에 따르면 위 개정은 '법령에 규정되지 않은 새로운 변칙행위'에 사전적으로 대처하지 못하는 문제점을 보완하기 위하여 포괄주의를 보완한 것이라고 한다.[1284]

3. 적용대상거래

가. 자본거래의 당사자법인에 대한 적용가능성

(1) 통상의 신주발행

위 규정은 자본거래의 당사자인 두 특수관계법인에 대하여 적용될 수 있을 것인지 문제가 된다. 대법원 2020. 12. 10. 선고 2018두56602 판결에서는 통상의 신주발행시 발행법인이 특수관계인인 법인 주주에게 시가보다 고가로 신주를 발행한 사안에서 과세관청이 법인세법 시행령 제88조 제1항 제8호의2를 적용한 사안이다. 대법원은 원심 판결을 수긍하면서 과세처분을 취소한 원심 판결을 확정하였다. 상세한 이유설시는 그 원심 판결인 서울고등법원 2018. 8. 22. 선고 2017누82712 판결에 기재되어 있는데 다음과 같다.

첫째, 법인세법 시행령 제88조 제1항 제8호는 주주 상호간의 이익 분여에 관한 규정임이 문언상 명백하다. 그런데 이 사건 규정은 그 첫머리에 '제8호 외의 경우로서'라고 하면서 제8호에서 규정하고 있는 유형의 합병, 증자, 감자 외에 증자·감자, 합병, 분할, 신종사채에 의한 주식전환 등 법인의 자본을 증가시키거나 감소시키는 자본거래를 포괄하여 규정하고 있는바, 그 문언상으로도 이 사건 규정은 자본거래 유형을 포괄적으로 규정함으로써 제8호를 보완하여 제8호에 규정되지 않은 새로운 유형의 행위에 대처하기 위한 것으로 보인다.

둘째, 법인세법 시행령 제89조 제6항은 같은 법 시행령 제88조 제1항 제8호 및 제8호의2의 규정에 의하여 특수관계인에게 이익을 분여한 경우 제5항의 규정에 의하여 익금에 산입할 금액의 계산에 관하여는 그 유형에 따라 상증세법 제39조 등의 규정을 준용한다고 규정하고, 상증법 제1항 제1호, 제2호 각 목은 주주 배정방식의 신주 발행과 제3자 배정방식의

신주발행의 경우의 이익의 증여에 관하여 규정하고 있다. 위와 같이 법인세법 시행령 제89조 제6항과 상증법 제39조 제1항 제1, 2호가 위 제8호와 위 제8호의2가 각 적용되는 경우를 함께 규정하고 있는 점에 비추어 보아도, 위 제8호와 위 제8호의2는 같은 취지의 조항으로 해석하는 것이 자연스럽다.

셋째, 자본거래인 신주발행의 법적 성격상 발행법인이 발행가격을 높여 신주를 발행하였다고 하여도 원칙적으로 발행법인과 신주인수인과의 관계에서 신주인수인이 발행법인에 이익을 분여한 것이라고 보기 어렵다.

넷째, 자본잠식 상태에 있거나 재무상태가 매우 악화된 법인의 경우 주식의 시가가 0원이거나 이에 근접할 정도로 하락할 수 있고, 이러한 경우 법인으로서는 그 시가보다 훨씬 높은 가액으로 주식을 발행할 수밖에 없는데, 이러한 경우 주주가 신주를 고가로 인수함으로써 신주발행법인에 이익을 분여하였다고 보고 부당행위계산 부인규정인 이 사건 규정을 적용한다면 법인으로서는 사실상 추가 자금 조달이 어려워지게 되고, 이로 인하여 계속하여 사업활동을 할 수 있는 기회를 상실하게 된다.

생각건대, 통상의 신주발행시에 발행법인이 특수관계법인 주주에게 시가보다 낮은 가액으로 신주를 발행한다고 가정하더라도 제8호의2는 적용될 수 없다. 신주발행은 발행법인의 관점에서 자본거래이므로 이익을 분여할 수 없기 때문이다. 반대로 통상의 신주발행시에 발행법인의 특수관계법인 주주가 시가보다 높은 가액으로 신주를 인수한다고 가정하더라도 역시 시가를 초과하여 수입된 금액은 자본거래로 인한 순자산증가이므로 익금에 해당할 수 없어 이익을 분여받았다고 볼 수 없다.[1285]

그러나, 발행법인의 주주인 특수관계법인이 신주를 고가로 인수한 경우 그 신주를 처분하는 거래는 손익거래이고 시가대로 처분한다고 가정하면 순자산이 감소하게 되는바, 조세회피행위에 이용될 수 있으므로 입법적 대응을 고려해 볼 필요는 있다. 일본의 하급심 판결 중에는 채무초과 상태인 완전자회사가 발행한 신주를 그 완전모회사가 인수한 사안에 관하여 주식의 액면가액을 초과하는 금액을 기부금으로 본 것들이 있으나,[1286] 입법적 조치 없이 단일한 신주발행거래를 두 개의 거래로 분해하여 과세하는 것은 허용되지 않는다고 보아야 한다.[1287]

한편 출자전환의 경우에는 다르게 볼 여지가 있다. 예를 들어 甲 법인은 자회사인 乙 법

1285) 김완석/황남석, 앞의 책, 732면; 한만수, 앞의 책, 624면.

1286) 후쿠오카 지방재판소 2001(平成 13). 1. 17. 판결(月報 48卷 6号 1560면); 도쿄지방재판소 2000(平成 12). 11. 30. 판결(月報 48卷 11号 2785면.

1287) 황남석, "단계거래원칙의 역적용에 관한 고찰", 「조세법연구」 제27집 제3호, 2021, 10면 이하.

인에 대하여 1000원의 대여금 채권을 갖고 있으며 乙 법인 주식의 시가는 0인데 발행가를 100원으로 하여 10주를 발행하는 출자전환을 하였다고 가정하여 보자. 출자전환이 아니었다면 앞서 본 바와 같이 판례는 신주발행거래 자체에 관하여는 법인세법 시행령 제88조 제1항 제8호의2를 적용할 수 없다고 본다. 그러나, 자산의 취득가액에 관한 법인세법 시행령 제72조 제2항 제4호의2는 위 경우 신주의 취득가액을 시가인 0으로 계상하도록 규정하고 있다. 따라서 甲 법인이 위 주식의 취득가액을 1000원으로 계상하였다면 시가를 초과하는 부분은 손금불산입(소득처분은 기타사외유출)하고 동시에 같은 금액을 손금산입(소득처분은 △유보)하여야 한다. 甲 법인이 추후에 위 주식을 처분하면 음의 유보부분이 추인되어 1000원의 과세소득이 발생하게 되므로 시간차는 있지만 결과적으로는 부당행위계산 부인이 적용된 것과 다르지 않게 된다.[1288] 해석론으로는 위와 같은 결론이 명확하지만 대법원 2020. 12. 10. 선고 2018두56602 판결과 비교하면, 출자전환 형식으로 신주발행이 행해졌는지 여부만이 차이가 있다. 유사한 사안에 관하여 전혀 다른 과세결과가 나오는 것은 바람직하지 않다.

(2) 차등배당

내국법인의 주주들이 모두 특수관계인인 경우 차등배당을 실시한다면 그 내국법인과 주주들 간에 부당행위계산에 해당할 것인지 문제될 수 있는데, 행정해석은 부당행위계산에 해당하지 않는다고 보았다.[1289]

나. 신주의 제3자 직접배정

판례는 신주를 저가로 제3자에게 직접배정하는 경우 문언상 법인세법 시행령 제88조 제1항 제8호 나목은 적용될 수 없지만[1290] 같은 항 제8호의2는 적용될 수 있다는 입장이다.[1291] 예를 들어 甲 법인이 기존 주주가 1명이고 발행주식수는 100주, 1주당 시가 100원이라고 가정하여 보자. 그 경우 신주 100주를 제3자 배정방식으로 발행하면서 주당 50원에 발행한다면 제3자가 신주를 인수한 후 甲 법인의 주식수는 200주, 주식가치는 1주당 75원이 될 것이다.[1292] 따라서 기존 주주가 제3자에게 1주당 25원씩 이익을 분여한 것이 된다. 위

1288) 서울행정법원 2016. 5. 12. 선고 2015구합72115 판결(확정); 강석규, 앞의 책, 750~751면.
1289) 서면-2020-법인-4854, 2020. 11. 30.
1290) 대법원 2015. 12. 23. 선고 2015두50085 판결; 대법원 2012. 3. 29. 선고 2011두29779 판결; 강석규, 앞의 책, 735면.
1291) 대법원 2020. 12. 10. 선고 2018두34350 판결. 판례에 반대하는 입장으로는 강석규, 앞의 책, 736면.
1292) 이익분여법인인 특수관계인이 복수인 경우 특수관계인 중 1인이 이익을 분여한 것으로 보아 이익분여액을 계산한다(법인세법 시행령 제89조 제6항, 상증법 제39조 제2항).

경우 신주발행법인의 기존 주주와 제3자 간에 특수관계가 존재하여야 하는 점은 분명하지만 신주발행법인과 제3자 간에 특수관계가 존재하여야 하는지 여부는 다툼의 소지가 있다. 법문상으로는 소극적으로 해석하여야 할 것이다.

다음으로 신주를 고가로 제3자에게 직접배정하는 경우에는 어떻게 보아야 할 것인가? 위 예에서 甲 법인이 신주 100주를 제3자에게 1주당 200원에 발행한다고 가정할 경우이다. 생각건대, 이 경우에도 위 제8호의2가 적용되는데 문제는 없다고 본다.

한편, 상증법 제39조 제1항 제2호 다목은 제3자 배정방식으로 발행되는 신주를 고가로 인수함으로써 그 특수관계인에게 이익이 분여된 경우 이익을 분여받은 자에게 증여세를 부과하도록 규정하고 있는데 이때 이익을 분여한 법인이 본 호에 따라 부당행위계산 부인규정을 적용받을 것을 전제로 하지 않는다는 것이 하급심 판례이다.[1293]

다. 실권주의 제3자 배정

법인이 당초 주주 배정방식으로 신주를 발행하였으나 실권주가 발생하여 그 실권주를 제3자에게 고가나 저가로 배정할 경우에는 어떻게 처리할 것인지 문제이다. 대법원은 회사법의 해석과 관련하여서는 주주 배정방식에 의하여 신주를 발행하려고 하였는데 주주가 인수를 포기하거나 청약을 하지 않아 실권되면 그 실권주는 주주 배정절차의 연장선상에서 발행된다고 보고 있다.[1294] 그 논리를 법인세법의 해석에까지 일관한다면 법인세법 시행령 제88조 제1항 제8호 나목이 적용된다고 볼 수 있을 것이다. 그러나, 대법원은 법인이 실권주를 제3자에게 저가배정한 사례에서 제3자는 기존 주주가 아니라는 점을 들어 제8호의2가 적용된다는 입장을 취하고 있다.[1295]

라. 전환주식의 고가ㆍ저가 전환

법인이 발행한 전환주식을 다른 주식으로 전환할 경우 전환되는 주식의 가액이 전환주식 발행 당시 전환주식의 가액보다 높거나 낮은 경우 주식을 교부받는 법인과 그 특수관계인 사이에서 이익의 분여가 일어날 수 있다.

1293) 서울고등법원 2020. 6. 5. 선고 2019누61078 판결(대법원 2020. 10. 15. 자 2020두42392 판결로 심리불속행 종결).
1294) 대법원 2012. 11. 15. 선고 2010다49380 판결; 대법원 2009. 5. 29. 선고 2007두4949 전원합의체 판결.
1295) 대법원 2020. 12. 10. 선고 2018두34350 판결.

마. 전환사채·신주인수권부사채·교환사채 등의 양수·인수·전환

법인세법 시행령 제88조 제1항 제8호 나목에서 부인의 대상으로 포함시키고 있는 것은 전환사채·신주인수권부사채·교환사채 등을 배정·인수받을 수 있는 권리를 포기하거나 고가로 인수하는 경우이다. 그런데 법인세법 시행령 제89조 제6항이 부당행위계산 부인에 따른 익금산입액을 계산할 때 준용하도록 하고 있는 상증법 제40조는 전환사채·신주인수권부사채·교환사채 등의 양수, 인수, 전환까지도 규율의 범위에 포함시키고 있다. 법문과 엄격해석의 원칙에 따르면 법인세법 시행령 제88조 제1항 제8호의 적용대상에는 해당하지 않을 수 있지만 같은 항 제8호의2는 적용될 수 있을 것으로 생각된다. 행정해석 중에는 내국법인이 피투자회사가 발행한 전환사채에 관하여 지분비율을 초과하여 인수한 후 전환권을 행사하여 주식으로 전환함으로써 특수관계인인 다른 법인 주주로부터 분여받은 이익이 본 호의 적용대상이라고 본 것이 있다.[1296]

바. 불공정한 주식의 포괄적 교환·이전

주식의 포괄적 교환비율(이전비율)이 불공정할 경우 특수관계인 관계에 있는 「완전모회사가 될 법인의 법인 주주」와 「완전자회사가 될 법인의 법인 주주」 상호 간에 이익을 분여할 수 있다. 이 경우 이익을 분여한 법인에 대하여 익금에 산입할 이익분여금액은 법인세법 시행령 제89조 제6항, 상증법 제42조의2, 상증법 시행령 제32조의2 제1항 제1호,[1297] 제28조에 따라 산정하고, 이익을 분여받은 법인은 법인세법 시행령 제11조 제8호에 따라 익금에 산입한다.

그러나 판례는 불공정한 주식교환이 문제된 사안에서 「완전모회사가 될 법인」과 「완전자회사가 될 법인의 법인 주주」 간에 법인세법 시행령 제88조 제1항 제1호를 적용하였다.[1298] 만일 위와 같이 과세한 후에 다시 「완전모회사가 될 법인의 법인 주주」와 「완전자회사가 될 법인의 법인 주주」 간의 이익분여에 관하여 같은 항 제8호의2를 적용할 수 있을 것인가? 경제적으로 이중과세에 해당할 수 있지만[1299] 법인 단계와 주주 단계의 경제적 이중과세는 본래 법인세법이 예정하고 있는 것이므로 이를 조정하는 규정이 없다면 해석론으로는 과세가 가능할 수 있다.

1296) 기준-2021-법무법인-0226, 2022. 2. 8.
1297) 대법원 2022. 12. 29. 선고 2019두19 판결은 개인 주주에게 증여세를 과세한 사안으로서 이익분여금액을 계산할 때 상증법 시행령 제32조의2 제1항 제2호의 적용하는 것은 위법하다고 보았다.
1298) 대법원 2014. 11. 27. 선고 2012두25248 판결.
1299) 상세는 임상엽, "자본거래와 부당행위계산의 부인", 「조세법연구」 제24집 제1호, 2018, 69면 이하.

4. 세무처리

제8호의2에 따른 그 밖의 자본거래로 인하여 특수관계인인 다른 주주에게 분여한 이익은 익금에 산입함과 동시에 기타사외유출로 처분한다.[1300] 이익을 분여받은 주주는 개인이라면 증여세의, 법인이라면 법인세의 납세의무를 각각 지게 되기 때문이다.[1301]

Ⅳ. 익금산입액의 계산

위와 같이 일정한 자본거래를 통하여 특수관계인에게 이익을 분여한 경우 익금에 산입할 금액의 계산에 관하여는 그 유형에 따라 상증법 제38조, 제39조, 제39조의2, 제39조의3, 제40조, 제42조의2와 상증법 시행령 제28조 제3항부터 제7항까지,[1302] 제29조 제2항, 제29조의2 제1항, 제2항, 제29조의3 제1항, 제30조 제5항 및 제32조의2를 준용한다. 이 경우 '대주주' 및 '특수관계인'은 이 영에 의한 '특수관계인'으로 보고, '이익' 및 '대통령령으로 정하는 이익'은 '특수관계인에게 분여한 이익'으로 본다(법인세법 시행령 제89조 제6항).

Ⅴ. 자본거래를 통한 이익분여 규정의 위헌성

다른 법인의 주주인 법인이 불공정합병·불균등증자 및 불균등감자로 인하여 특수관계

1300) 이와 관련하여 대법원은 주식의 포괄적 교환·이전으로 인하여 완전자회사가 되는 회사의 개인 주주가 얻은 이익에 관하여 증여세를 과세할 때 '재산의 고가양도에 따른 이익의 증여'에 관한 상증법 제35조 제1항 제1호, 제2항이나 '신주의 저가발행에 따른 이익의 증여'에 관한 상증법 제39조 제1항 제1호 다목을 적용할 수는 없고, '법인의 자본을 증가시키는 거래에 따른 이익의 증여'에 관한 상증법 제42조 제1항 제3호를 적용해야 한다고 판시하였다(대법원 2014. 11. 27. 선고 2012두25248 판결; 대법원 2014. 9. 26. 선고 2012두6797 판결; 대법원 2014. 4. 24. 선고 2011두23047 판결).

1301) 행정해석에 따르면, 배당을 할 때 지배주주 등(법령 제43조 제7항에 따른 지배주주 등과 그와 같은 조 제8항에 따른 특수관계 있는 주주 등)인 법인에게는 배당을 하지 않고 기타 주주 등에게만 배당을 하는 경우(차등배당)에 지배주주 등인 법인과 배당을 하는 법인간에는 부당행위계산 부인규정을 적용하지 않는다. 다만, 주주총회에서 지배주주에 대한 배당결의를 한 후 3개월이 경과할 때까지 해당 배당금을 지급하지 않음으로써 소득세법 제132조 제1항에 따라 지급한 것으로 의제되는 금액은 배당결의 후 3개월이 경과하는 날에 지배주주 등이 그 금액을 대여한 것으로 본다(법인세법 기본통칙 52-88…4). 이 경우 배당을 받지 않기로 한 법인과 차등배당에 따라 초과배당을 받은 주주가 특수관계인이라면 두 당사자간에는 법인세법 제52조에 따른 부당행위계산 부인 또는 상증법 제41조의2에 따른 증여세 과세가 문제될 수 있다.

1302) 상증법 시행령 제28조 제3항에 따라 합병에 따른 이익을 계산할 때 동일한 대주주가 합병당사법인의 주식 등을 동시에 소유하고 있는 상태에서 합병한 경우 그 대주주가 증여자와 수증자 모두에 해당함으로써 그 대주주 본인으로부터의 증여에 해당하는 금액은 같은 시행령 제28조 제3항에 따른 증여재산가액에서 제외하는데(상속증여세 기본통칙 38-28…3 ②), 법인세법을 적용할 때에도 법인주주가 이익을 분여한 자와 이익을 분여받은 자 모두에 해당할 때에는 마찬가지로 해석하여야 할 것이다.

인인 다른 주주등에게 이익을 분여한 행위가 법인세법 제52조 제1항의 부당행위계산 부인의 요건을 충족하지 않는다는 견해가 있을 수 있다. 이 견해에 따르면 현행 법인세법 시행령 제88조 제8호, 제8호의2는 조세법률주의에 위반할 소지가 있다고 볼 수 있다.

그 논거는 다음과 같다.

첫째, 다른 법인의 주주인 법인이 불공정합병·신주인수권의 포기 또는 인수·주식의 소각에 따라 특수관계인인 다른 주주등에게 '사실상' 이익을 분여하였다고 하더라도 그것이 법인세법 제52조 제1항의 '특수관계인과의 거래'에 해당하는 것은 아니므로 부당행위계산에 해당하지 않는다.

이 경우에 거래의 상대방은 합병당사법인·신주를 발행하는 법인 또는 주식을 소각하는 법인이라고 하겠다. 법인세법 시행령 제88조 제2항에서 '해당 법인과 특수관계인간의 거래'에 '특수관계인 외의 자를 통하여 이루어진 거래'를 포함한다는 규정을 두고 있긴 하나, 해당 규정은 법인세법의 위임도 없이 임의로 규정한 것이고, 또한 법인세법 제52조 제1항에 위배하는 것이므로 그 효력을 부정하여야 할 것이다.

둘째, 그 밖의 자본거래의 범위가 불명확하고, 자본거래로 인하여 익금에 산입할 금액(법인이 상대방에게 분여한 이익)의 계산에 있어서 상증법 제28조 제3항 등(상대방으로부터 분여받은 이익)을 준용하도록 하고 있는 것은 서로 상반되는 경우를 준용하도록 하는 것이기 때문에 과세요건명확주의에 위배된다는 주장도 있을 수 있다.[1303]

셋째, 자본거래로 인하여 분여한 이익을 익금에 산입하기 위하여는 부당행위계산 부인의 일반규정이라고 할 수 있는 법인세법 제52조 제1항만으로는 불충분하고 해당 자본거래에 따른 이익분여행위를 부인할 수 있는 별개의 조세회피부인규정을 두어야 한다는 주장도 있다.[1304]

사실 자본거래에 관한 부당행위계산 부인규정은 상증법상 포괄주의증여를 법인에 대하여도 동일하게 관철하기 위한 것이므로 부당행위계산 부인 고유의 적용범위에 해당하지 않는다. 우선 의제적 존재인 법인을 세법상 언제나 개인과 동등하게 취급하여야 하는지 의문이고 제도의 취지가 다른 두 제도를 부당행위계산 부인규정으로 묶어 둠으로 인한 부정합을 고려한다면 별개의 조세회피부인규정을 두는 방안을 보다 적극적으로 고려하여야 할 것이다.

1303) 최임정, "부당행위계산 부인에 관한 연구", 서울시립대경영대학원 석사학위논문, 1998, 42면.
1304) 최임정, 앞의 논문, 44면.

Ⅵ. 거래상대방에 대한 익금산입

거래상대방인 법인이 법인세법 시행령 제88조 제1항 제8호 각 목의 어느 하나 및 같은 항 제8호의2에 따른 자본거래로 인하여 특수관계인으로부터 분여받은 이익은 익금산입한다. 이 분여이익은 미실현이익으로서 본래 주식을 처분하기 전에는 과세소득으로 인식되지 않는 것이 원칙이지만 위 규정에 의하여 익금산입시기가 앞당겨진다. 법인의 증자 등으로 이익을 받은 개인 주주에게 증여세를 과세하는 것과 형평을 맞추기 위한 것이다.[1305] 관련하여, 거래상대방인 법인이 받은 이익분여액을 계산할 때 이익을 분여한 특수관계인인 다른 주주를 법인주주만으로 한정할 것인지 또는 개인주주까지 포함되는 것으로 해석하여야 할 것인지 문제된다. 법인세법 시행령 제11조 제9호가 2000. 12. 29. 개정되면서 해석상의 논란을 해소하기 위하여 종래의 '제88조 제1항 제8호의 규정에 의하여 특수관계자로부터 분여받은 이익'을 '제88조 제1항 제8호 각 목의 어느 하나 및 같은 항 제8호의2에 따른 자본거래로 인하여 특수관계인으로부터 분여받은 이익'이라고 개정한 취지[1306]에 비추어 볼 때 이익을 분여한 특수관계인인 다른 주주는 법인주주로 제한되지 않는다고 해석하는 것이 타당하다. 대법원 판례도 같은 취지이다.[1307]

제12절 그 밖의 이익분여
(법인세법 시행령 제88조 제1항 제9호)

Ⅰ. 규정의 의미와 연혁

앞서 언급한 유형의 거래에 준하는 행위 또는 계산 및 그 외에 법인의 이익을 분여하였다고 인정되는 경우이다. 제한적·열거적 규정만으로는 다양한 거래양태에 대응할 수 없기 때문에 둔 규정이다.

1305) 강석규, 앞의 책, 736면.
1306) 재정경제부, 「2000년 간추린 개정세법」, 재정경제부, 2001, 194면.
1307) 대법원 2024. 6. 13. 선고 2023두39809 판결; 서울고등법원 2011. 11. 3. 선고 2011누19828 판결(대법원 2012. 3. 29. 선고 2011두29779 판결로 확정); 서울고등법원 2010. 12. 9. 선고 2010누18934 판결(대법원 2013. 12. 26. 선고 2011두2736 판결로 확정); 서울고등법원 2012. 7. 6. 선고 2011누21449 판결(대법원 2012. 12. 13. 자 2012두19403 판결로 심리불속행 종결); 대전고등법원 2010. 11. 18. 선고 2010누960 판결(대법원 2011. 4. 14. 자 2010두29147 판결로 심리불속행 종결). 2000. 12. 29. 법인세법 시행령 제11조 제9호가 개정되기 이전의 사실관계에 관하여 국세심판소는 특수관계인인 개인 주주로부터 분여받은 이익은 적용 대상이 아니라고 보았다. 국세심판소 2003. 5. 13. 자 2002서2282 결정.

구 법인세법 시행령(1998. 12. 31. 대통령령 제15907호로 전부 개정되기 전의 것) 제46조 제2항 제9호는 '기타 출자자 등에게 법인의 이익을 분여하였다고 인정되는 것이 있을 때'라고만 규정하고 있었는데 위 구 법인세법 시행령이 전면 개정되면서 '그 밖에 제1호부터 제3호까지, 제3호의2, 제4호부터 제7호까지, 제7호의2, 제8호 및 제8호의2에 준하는 행위 또는 계산 및 그 외에 법인의 이익을 분여하였다고 인정되는 경우'로 개정되었다.[1308] 위와 같은 개정의 이유에 관하여 개정 전 제9호에 해당하는 행위를 한정적으로 본 대법원 판례를 입법적으로 번복하기 위한 것이라고 해석하는 견해도 있다.[1309]

II. 다른 유형과의 관계

여기서 법인세법 시행령 제88조 제1항 제9호의 적용대상이 되려면 같은 항 제1호부터 제8호의2까지에 준하는 행위이어야 하는지 여부가 문제될 수 있다. 우선 법문상으로도 반드시 제1호부터 제8호의2까지에 준하는 행위일 것을 요구하지 않을 뿐만 아니라 법인세법 제52조가 부당행위계산 부인의 대상을 폐쇄적으로 시행령에 위임하는 구조로 규정하고 있지 않다는 점을 고려하여 본다면 반드시 법인세법 시행령 제88조 제1항 제1호부터 제8호의2까지에 준하는 행위일 필요는 없다고 보는 입장과[1310] 반대로 제1호부터 제8호의2까지의 유형과 법적 형식면에서 동일시할 수 있을 정도로 긴밀한 유사성이 인정되는 경우로 제한된다고 보는 입장으로 나뉜다.[1311]

대법원 판결은 구 법인세법 시행령에 관하여도 제9호는 제1호부터 제8호에서 정한 거래행위에 준하는 행위일 것을 일관되게 요구하였다.[1312]

대법원 판결을 살펴보면 제9호를 적용하면서 제1호부터 제8호의2까지 중에 어느 것에 준하는 것인지 함께 판시한 것도 있고 단순히 제9호만을 적용한 것도 있어[1313] 1998. 12. 31. 전부 개정된 구 법인세법 시행령 하에서는 제1호부터 제8호의2까지에 준하지 않는 행위나 거래에 관하여도 제9호가 적용될 수 있다는 입장으로 볼 여지도 있다.[1314] 그런 해석이 법

1308) 전단을 유형적 포괄주의, 후단을 완전포괄주의로 이해하기도 한다. 강석규, 앞의 책, 753면.
1309) 김중곤, "세법상 부당행위계산 부인의 요건과 효과(상)", 97면.
1310) 같은 취지: 김중곤, "세법상 부당행위계산 부인의 요건과 효과(상)", 97~98면.
1311) 강석규, 앞의 책, 754면; 유승룡, "법인세법상 부당행위계산의 부인과 이익분여", 「청연논총」 제7집, 사법연수원, 2010, 571~572면; 임승순/김용택, 「조세법」, 제24판, 박영사, 2024, 690면; 한만수, 앞의 책, 605면. 이런 입장에서는 제9호를 유형적 포괄주의 규정으로 이해한다. 강석규, 앞의 책, 753면.
1312) 대법원 2019. 5. 30. 선고 2016두54213 판결; 대법원 2006. 11. 10. 선고 2006두125 판결; 대법원 2003. 6. 13. 선고 2001두9394 판결; 대법원 1997. 5. 28. 선고 95누18697 판결; 대법원 1992. 9. 22. 선고 91누13571 판결.
1313) 대법원 2020. 3. 26. 선고 2018두56459 판결; 대법원 2015. 9. 10. 선고 2013두6206 판결.

문에 부합하기도 한다.

관련 문제로 법인의 어떤 행위나 계산이 제1호부터 제8호의2까지에 규정된 행위나 계산 형식에 해당하지만 부당성이 부인되어 부인할 수 없다면 제9호를 적용하여 부인할 수 있는지의 문제도 제기될 수 있다. 판례는 그 경우 제9호를 적용할 수 없다고 보는 입장이고[1315] 그에 찬동하는 학설도 있다.[1316]

Ⅲ. 주요 사례

대법원이 다른 호를 언급하지 않고 제9호만을 적용한 사례로는 다음의 것들이 있다.

1. 채권의 부당한 회수 지연 또는 포기

가. 채권회수지연

대법원은 법인이 특수관계인으로부터 지급받아야 할 채권의 회수를 정당한 사유 없이 지연시키는 행위는 법인세법 시행령 제88조 제1항 제6호에 준하는 행위로서 같은 항 제9호에 해당한다고 보았다.[1317]

조세심판원은 건설시공사가 특수관계인인 건설시행사에 대한 공사미수금의 회수를 지연한 사안에서 건설시행자는 건설사업에 필요한 자금을 프로젝트파이낸싱을 통해 조달하였고 건설시행자가 금융기관으로부터 대출받은 자금은 사용목적이 제한되며 건설시공자는 위 대출자금의 상환자금이 부족하게 되면 금융기관에 대하여 자금보충의무를 지는 점을 고려하면 공사미수금의 회수를 지연하였다고 하여 경제적 합리성이 결여된 것으로 보기 어렵다고 판단하였다.[1318]

1314) 그러나 대법원 2006. 11. 10. 선고 2006두125 판결("…위 시행령 제88조 제1항이 조세의 부담을 부당하게 감소시키는 것으로 인정되는 경우에 관하여 제1호 내지 제8호에서는 개별적·구체적인 행위유형을 규정하고, 제9호에서는 '기타 제1호 내지 제8호에 준하는 행위 또는 계산 및 그 외에 법인의 이익을 분여하였다고 인정되는 경우'라고 하여 개괄적인 행위유형을 규정하고 있으므로, 제9호의 의미는 제1호 내지 제8호에서 정한 거래행위 이외에 이에 준하는 행위로서 특수관계자에게 이익분여가 인정되는 경우를 의미한다.…")은 문언상 제9호에 해당하는 행위는 제1호부터 제8호의2까지에 준하는 행위이어야 한다는 입장을 취한 것으로 보인다.
1315) 대법원 2003. 6. 13. 선고 2001두9394 판결; 대법원 1996. 5. 10. 선고 95누5301 판결.
1316) 한만수, 앞의 책, 605~606면.
1317) 대법원 2014. 8. 26. 선고 2014두4719 판결; 대법원 2010. 10. 28. 선고 2008두15541 판결.
1318) 조세심판원 2021. 12. 13. 자 2020전7787 결정. 유사한 결정례로 조세심판원 2020. 7. 16. 자 2019서0541 결정. 국세청 심사결정으로서 지방아파트 분양시장의 급격한 침체 및 부실시공에 따른 대규모 해약사태 등으로 공사미수금 채권의 회수를 지연한 데에는 부득이한 사정이 있었던 것으로 본 사례로 심사-법인 -2021-0023, 2022. 2. 23.

나. 채권 포기

한편, 특수관계인에 대한 부당한 채권의 포기는 제9호의 적용대상이 될 수 있다는 것이 판례이다.[1319]

조세심판원은 내국법인이 외국자회사에 대한 대여금을 액면가액으로 출자전환하였는데 그 시가가 액면가액보다 낮다면 그 차액은 채무의 면제 또는 포기에 해당한다고 보았다. 다만 그와 같은 출자전환에 경제적 합리성이 있다고 보아 제9호를 적용하지 않았다.[1320]

행정해석은 내국법인이 외국자회사의 경영악화로 현지 채권단과의 합의에 따라 외국자회사에 대하여 보유하고 있는 매출채권, 미수금 등을 포기한 경우 부당행위계산부인 규정을 적용하지 않는다고 한다.[1321]

2. 시가보다 높은 가격으로 거래가 예상됨에도 시가로 거래한 경우

대법원은 어떤 자산의 양도가 저가양도에 해당하지 않는 경우에도 자산의 양도를 수반하는 일련의 행위로 보아 해당 자산을 특수관계인에게 이전할 당시에 그로 인한 장래의 기대이익이 어느 정도 확정되어 있었다고 인정될 수 있는 경우에는 그 일련의 행위를 제9호에서 규정한 이익분여행위에 해당한다고 할 수 있다고 한다. 따라서 특수관계인이 아닌 자가 해당 자산을 시가보다 훨씬 높은 가격에 매수하려 한다는 사실을 알았거나 예상하면서도 특수관계인에게 해당 자산을 시가대로 양도하였다면 그 밖의 이익분여행위에 해당할 수 있다고 한다.[1322]

3. 간접적인 이익의 분여

대법원은 甲 법인이 특수관계인인 乙 법인이 실시한 유상증자에 참여하여 신주를 시가보다 높은 가액으로 인수한 후 乙 법인으로 하여금 유상증자로 받은 신주인수대금 등으로 그 채권자들에 대한 채무를 변제하게 함으로써 또 다른 특수관계인인 소외 丙이 위 乙 법인의 채권자에 대하여 부담하는 보증채무를 면하게 한 일련의 행위를 甲 법인이 소외 丙에게 보증채무 해소라는 이익을 분여한 행위로 보아 제9호에 해당하는 부당행위계산으로 보았

1319) 대법원 2020. 3. 26. 선고 2018두56459 판결; 대법원 2010. 8. 19. 선고 2007두21877 판결. 사업상 손실을 최소화하기 위하여 채권을 포기하였다면 부당행위계산에 해당하지 않는다. 조세심판원 2022. 8. 24. 자 2022구1913 결정.
1320) 조세심판원 2024. 11. 14. 자 2024중2603 결정.
1321) 사전-2019-법령해석법인-0467, 2019. 10. 24.
1322) 대법원 2003. 6. 13. 선고 2001두9394 판결.

다.[1323] 또한 대법원은 차입금을 상환하지 않고 상당한 금원을 낮은 이율의 정기예금에 예치한 후 이를 특수관계법인의 대출금에 대한 담보로 제공한 행위를 이익 분여로서 같은 제9호에 해당하는 부당행위계산으로 보았다.[1324]

4. 특수관계인들 간의 양도대금의 부당한 배분

판례는 특수관계에 있는 甲 법인, 乙 법인 및 두 법인의 대표이사로서 특수관계에 있었던 丙(개인)이 특수관계인이 아닌 丁 법인에게 甲, 乙, 丙의 각 소유토지를 일괄매매하면서 甲 법인, 乙 법인과의 매매가액은 낮게, 丙과의 매매가액은 높게 정한 사안에서 위와 같은 거래는 법인세법 시행령 제88조 제1항 제3호에 준하는 행위로서 같은 항 제9호에 규정된 '이익분여'에 해당하여 부당행위계산 부인규정이 적용된다고 판시하였다.[1325]

또한 甲 법인과 甲 법인의 이사들인 乙 등이, 甲 법인이 보유한 丙 법인 발행 주식 전부 및 丙 법인에 대한 경영권과 乙 등이 보유한 丙 법인 발행 주식 중 약 1/3에 해당하는 주식을 하나의 계약으로 일괄하여 丁에게 매도하고 위 돈을 지급받아 각자가 양도한 주식 수의 비율대로 이를 나누어 가졌는데, 과세관청이 甲 법인이 乙 등에게 분여한 이익을 익금산입하여 甲 법인의 해당 사업연도 법인세 등을 증액하는 처분을 한 사안에서, 乙 등이 받은 돈 중 그들이 양도한 주식의 한국거래소 종가를 넘는 부분이 법인세법 제52조, 같은 법 시행령 제88조 제1항 제9호가 정한 부당행위계산 부인의 대상이 된다고 보았다.[1326]

법인세법 시행령 제88조 제1항 제9호가 적용되는 경우에도 문제된 사안이 제8호, 제8호의2에 준하는 경우에는 거래상대방인 법인에 대하여 이익분여액을 익금산입하여야 할 것인지가 문제될 수 있다. 현재 이에 관하여는 엄격해석을 이유로 부정하는 견해만 주장되어 있다.[1327]

1323) 대법원 2015. 9. 10. 선고 2013두6206 판결.
1324) 대법원 2009. 5. 14. 선고 2006두11224 판결(법인세법 시행령 제88조 제1항 제4호에 해당하지 않는다고 판시한 사안); 대법원 2009. 4. 23. 선고 2006두19037 판결.
1325) 대구고등법원 2016. 1. 8. 선고 2014누6464 판결(대법원 2016. 6. 10. 자 2016두35014 판결로 심리불속행 종결).
1326) 대법원 2019. 4. 23. 선고 2016두54213 판결.
1327) 강석규, 앞의 책, 736면.

제7장 국제거래에 관한 특례

제1절 의의 및 연혁

국제조세조정법이 제정되기 전의 구 법인세법 시행령(1995. 12. 30. 대통령령 제14861호로 개정되기 전의 것) 제46조 제4항은 국제거래에서 부당행위계산 부인의 기준이 되는 시가 등의 산정방법을 정하여 국제거래에 관하여도 법인세법에 따른 부당행위계산 부인을 할 수 있도록 하였다. 여기서 국제거래는 거래당사자의 일방 또는 쌍방이 비거주자 또는 외국법인인 거래로서 유형자산 또는 무형자산의 매매·임대차, 용역의 제공, 금전의 대부·차용 기타 거래자의 손익 및 자산에 관련된 모든 거래를 말한다.

그러나 1995. 12. 6. 법률 제4981호로 제정된 국제조세조정법은 특수관계인 간의 국제거래에 관하여 국제적으로 일반화되어 통용되고 있는 기준에 따르기 위하여 국제조세조정법을 다른 법률에 우선 적용하도록 하고, 이와 아울러 법인세법 등에서 관련 규정을 모두 삭제하였다. 현행법도 국제거래에 대하여는 원칙적으로 법인세법 제52조의 규정을 적용하지 않는다(국제조세조정법 제4조 제2항). 다만 국제조세조정법에서 정한 이전가격세제의 적용 요건과 법인세법에서 정한 부당행위계산 부인의 요건이 서로 달라 이들 규정의 적용 범위에 관하여 논란의 소지가 있자, 2002. 12. 18. 법률 제6779호로 개정된 구 국제조세조정법은 제3조 제2항을 신설하여 이전가격세제를 적용하기 어려운 일정한 자산의 증여 등에 대하여는 법인세법에 따른 부당행위계산 부인규정만을 적용하도록 하였다(현행 국제조세조정법 제4조 제2항 단서, 같은 법 시행령 제4조).

제2절 적용범위

현행 국제조세조정법에 따르면 국제거래에 관하여는 국제조세조정법 제6조의 이전가격과세제도(정상가격에 의한 과세조정)에 의하여 소득금액을 조정하되, 같은 법 제4조 제2항 단서, 같은 법 시행령 제4조에 열거된, 이전가격과세제도를 적용하기 어려운 국제거래에 관하여는 법인세법 제52조의 규정을 적용하여 소득금액을 조정한다. 즉 거래당사자의 일방 또는 쌍방이 비거주자 또는 외국법인인 거래라 할지라도 자산의 증여나 채무면제 또는 업무와 관련 없는 비용의 지출 등과 같은 일부 국제거래에 대하여는 이전가격과세제도의 적용을 배제하고 국내거래와 마찬가지로 법인세법상의 조세회피행위의 부인규정, 즉 법인세법 제52조의 규정을 적용한다. 구체적으로 그 대상은 다음과 같다.

① 자산을 무상으로 이전(현저히 낮은 대가로 이전하는 경우를 제외한다)하거나 채무면제가 있는 경우

② 수익이 없는 자산을 매입하였거나 현물출자를 받았거나 그 자산에 대한 비용을 부담한 경우[1328]

③ 출연금을 대신 부담한 경우

④ 그 밖의 자본거래로서 법인세법 시행령 제88조 제1항 제8호 각 목의 어느 하나 또는 제8호의2에 해당하는 경우

판례는 국제조세조정법의 제·개정 연혁, 구 국제조세조정법 제3조 제2항의 신설 경위, 법인세법과 국제조세조정법의 상호 관계, 부당행위계산 부인의 대상과 유형을 정한 법인세법 시행령 제88조 제1항 각 호와 국제조세조정법의 적용배제 범위를 정한 국제조세조정법 시행령 제4조의 성격과 체계 등을 종합하여 보면, 특수관계인 간의 국제거래에 관하여 국제조세조정법에서 정한 이전가격세제의 적용이 어렵고 그 거래의 실질이 내국법인의 국외 특수관계인에 대한 이익의 무상이전에 해당하는 경우에는 국제조세조정법 시행령 제4조 각 호에 포함되는 것으로 해석하여야 한다는 일반론을 밝히고 있다.[1329] 이에 따라 내국법인이 국외 특수관계인과 함께 파생상품에 근거한 권리를 보유하다가 그 보유비율에 상응하는 권리를 행사하지 않은 채 국외 특수관계인으로 하여금 권리의 전부를 행사할 수 있게 하는 방법으로 국외 특수관계인에게 이익을 분여하는 행위는 국제조세조정법 시행령 제4조 제1호에서 정한 '자산의 무상이전'에 준하는 것으로서 법인세법 제52조 제1항, 법인세법 시행령 제88조 제1항 제8호의2에 따른 부당행위계산 부인의 대상이 된다.[1330]

1328) 대법원 2020. 8. 20. 선고 2017두44084 판결.
1329) 대법원 2015. 11. 26. 선고 2014두335 판결.
1330) 대법원 2015. 11. 26. 선고 2014두335 판결.

제8장 결 론

　이상에서 현행 법인세법상 부당행위계산 부인제도의 연혁, 내용, 비교법적 고찰을 마친 후 그 내용을 바탕으로 과세요건에 관한 쟁점과 과세효과에 관한 쟁점을 추출하여 해석론 및 입법론을 제시하고자 하였다.

　이상에서 알 수 있는 바와 같이 법인세법상 부당행위계산 부인제도는 연혁적으로는 일본의 동족회사행위계산 부인제도에서 비롯되었다. 일본의 일부 학자는 일본의 동족회사행위계산 부인제도는 독일의 숨은 이익처분으로부터 영향을 받았다고 보고 있으나 직접적인 영향을 발견하기 어렵고 독자적인 발전을 해 왔다고 보아도 무방할 것이라 생각한다. 우리 법인세법상 부당행위계산 부인제도는 일본의 동족회사행위계산 부인제도를 계수하였지만 상당히 독자적으로 발전하여 오히려 제도의 기능면에서는 미국세법 제482조의 특수관계인 간 거래에 관한 규율과 더 유사한 모습을 갖추게 되었다.

　저자가 부당행위계산 부인제도를 연구한 후에 이르게 된 결론은 결국 부당행위계산 부인제도의 핵심은 시가 산정이라는 것이다. 입법례를 살펴보면 독일세법은 평가법이라는 단행법을 기준으로 체계적으로 시가를 산정하고 있고, 미국세법은 정상가격방법에 입각하여 보다 유연한 체계를 갖추고 있다. 일본은 복잡한 행정해석으로 시가를 규율하고 있을 뿐만 아니라 그나마 동족회사행위계산 부인과 관련하여서는 별다른 행정해석조차 갖추고 있지 못하여 우리가 특별히 시사점을 얻을 내용은 없는 것으로 보인다. 따라서 추후 법인세법상 부당행위계산 부인제도의 시가와 관련하여서는 독일과 미국, 특히 특수관계인 간 거래를 규제 대상으로 하면서 국제거래와 국내거래를 통일적으로 규율하고 있는 미국의 입법례에 관심을 높이고 비교법적 연구를 강화하여야 하지 않을까 한다.

　마지막으로 법인세법 시행령 제88조 제1항 제8호 및 제8호의2는 비교법적으로 유례가 없는 규정으로서 우리 상증법과 균형을 맞추기 위한 것인데 일반적인 부당행위계산 부인과 비교하면 이질적인 제도임에도 부당행위계산 부인제도와 함께 규정되어 있어 제도운영을 복잡하게 하는 측면이 있다. 입법론적으로는 별도의 규정으로 분리·독립시키는 것이 제도의 성격을 명확하게 하는 데 도움이 될 것이라고 생각된다.

참고문헌

국내문헌

<단행본>

강석규, 조세법쟁론, 제8판, 삼일인포마인, 2024.

강인애, 「조세법 Ⅳ」, 조세통람사, 1993.

국세청, 「2006년 개정세법 해설」, 국세청, 2006.

___________, 「2007년 개정세법 해설」, 국세청, 2007.

권태호, 「개정 법인세법 해설」, 반도출판사, 1968.

김두천, 「법인세법의 이론과 실제」, 조세통람사, 1988.

김완석/황남석, 「법인세법론」, 제24판, 삼일인포마인, 2024.

김재승, "부당행위계산 부인의 적용범위와 관련된 몇 가지 쟁점에 대한 소고", 「조세법연
　　　　구」 제26집 제3호, 2020.

김진수/이준규, 「연결납세제도의 도입에 관한 연구」, 한국조세연구원, 2002.

김현채, 「현대세법의 기본문제(1)」, 한국사법행정학회, 1986.

백제흠, 「세법의 논점」, 박영사, 2016.

삼일회계법인, 「2025년 신고대비 법인세 조정과 신고 실무」, 제19판, 삼일인포마인, 2024.

서울행정법원 조세소송실무연구회, 「조세소송실무 2022」, 사법발전재단, 2022.

송동진, 「법인세법」, 제2판, 삼일인포마인, 2023.

이종규/최영록/조남복, 「법인세법해설」, 전면개정판, 중앙경제, 1999.

이종규, 「법인세법해설」, 삼일인포마인, 2001.

이중교, 「조세법개론」, 제2판, 삼일인포마인, 2024.

이준봉, 「법인세법강의」, 제2판, 삼일인포마인, 2024.

이창희, 「세법강의」, 제22판, 박영사, 2024.

이태로/안경봉, 「조세법강의」, 신정4판, 박영사, 2001.

임승순/김용택, 「조세법」, 제24판, 박영사, 2024.

장재식, 「조세법」, 서울대학교출판부, 1995.

재정경제부, 「1998년 간추린 개정세법」, 재정경제부, 1999.

___________, 「2000년 간추린 개정세법」, 재정경제부, 2001.

______________, 「2006년 간추린 개정세법」, 재정경제부, 2007.

전정구, 「한국조세법의 제문제」, 조세통람사, 1989.

조달영, 「법인세법정해」, (주)영화조세통람, 2003.

최명근, 「법인세법」, 세경사, 1998.

최인혁/이형민/이성현, 「연결납세제도에 관한 연구」, 한국조세재정연구원, 2021.

한만수, 「조세법강의」, 신정15판, 박영사, 2023.

<논문>

곽상민, "구 상속세 및 증여세법 시행규칙 제17조의3 제1항 제3호가 정한 최근 3년간 순
　　　손익액의 가중평균액 적용의 배제사유에 완전모회사인 비상장회사가 자회사를
　　　청산하여 모든 자산·부채를 그대로 승계하는 경우가 포함되는지 여부", 「대법
　　　원판례해설 제111호」, 법원도서관, 2017.

김범준, "추정이익에 의한 비상장주식 평가의 몇 가지 문제점과 해결 방안", 「조세법연구」
　　　제22집 제2호, 2016.

______________, "비상장 종류주식의 세법상 평가에 관한 입법 방안", 「조세법연구」 제
　　　29집 제2호, 2023.

______________, "해외 비상장주식 평가규정의 문제점과 개선 방안", 「조세학술논집」 제
　　　39집 제1호, 2023.

김수정, "상속세 및 증여세법 시행령 규정에 대한 비판적 검토", 「저스티스」 통권 제
　　　194-1호, 2023.

김영순, "민간투자사업에서 주주로부터의 후순위차입금에 대한 적정 이자율 연구", 「조
　　　세법연구」 제28집 제2호, 2022.

김완석, 「세법상 특수관계자와 관련된 문제점 및 개선방안」, 한국경제연구원, 2005.

김재승, "부당행위계산 부인의 적용범위와 관련된 몇 가지 쟁점에 대한 소고", 「조세법연
　　　구」 제26집 제3호, 2020

김중곤, "세법상 부당행위계산 부인의 요건과 효과", 「통권」 제587호, 2005.

김천웅/김원배, "연결납세제도에서 양도손익이연자산에 대한 부당행위계산부인의 문제
　　　점과 개선방안에 대한 연구", 「회계정보연구」 제29권 제2호, 2011.

김희철/김범준, "민간투자사업 시행자의 후순위차입금과 부당행위계산부인", 「대법원판
　　　례해설」 제118호(2018년 하), 법원도서관, 2019.

문연식/이계원, “세법상 시가 평가의 문제점 및 개선방안에 관한 연구”, 「세무와 회계 연구」 제11권 제3호, 2022.

오윤, “부당행위계산 부인규정상 ‘부당성’ 판단에 관한 소고”, 「조세법연구」 제22집 제1호, 2016, 107면.

윤병각, “실질과세의 원칙과 조세회피행위의 부인”, 「법과 정의(이회창선생화갑기념)」, 박영사, 1992.

이준규, 「연결납세」, 삼일인포마인, 2014, 21면, 145면; 법무법인 율촌, “연결납세제도를 이용한 절세전략”, 2010.

이준엽, “합병법인의 포합주식과 피합병법인의 자기주식에 대하여 합병신주가 과소배정된 경우, 피합병법인의 주주들이 합병법인 주주들에게 분여한 이익의 산정방법, 「대법원 판례해설 제130호(2021년 하)」, 2022.

이철송, “법인주주의 신주인수관련행위부인의 주요쟁점”, 「계간 세무사」 2014년 겨울호(통권 제143호), 2015.

임상엽, “자본거래와 부당행위계산의 부인”, 「조세법연구」 제24집 제1호, 2018.

정병문, “법인세법상 부당행위계산부인-판례를 중심으로”, 「사법논집」 제38집, 2004.

정인진, “부당행위계산의 부인”, 「조세사건의 제문제(하)」, 법원행정처, 1993.

최임정, “부당행위계산부인에 관한 연구”, 서울시립대경영대학원 석사학위논문, 1998.

최정희/황남석, “미국의 경제적 실질원칙의 발전과정에 관한 연구-그레고리 판결부터 제7701조(o)까지-”, 「조세학술논집」 제36집 제4호, 2020.

황남석, “실질과세원칙의 적용과 관련된 최근 판례의 동향 및 쟁점”, 「조세법연구」 제23집 제1호, 2017.

___________, “단계거래원칙의 역적용에 관한 고찰”, 「조세법연구」 제27집 제3호, 2021.

___________, “미국세법상 특수관계인 간 거래의 과세문제”, 「조세법연구」 제29집 제2호, 2023.

황남석/이준규, “개정된 합병세제의 해석·적용상의 문제점”, 「조세법연구」 제16집 제3호, 2010.

일본문헌

<단행본>

谷口勢津夫,「税法基本講義」第7版, 弘文堂, 2021.

広瀬正,「判例からみた税法上の諸問題」, 新日本法規出版, 1972.

吉田二郎,「法人税法講義」, 大蔵財務協会, 1954.

金子宏,「租税法」, 第24版, 弘文堂, 2021.

大淵博義,「法人税法解釈の検証と実践的展開 II」, 税務経理協会, 2014.

大蔵省,「明治大正財政史 第6巻」, 経済往来社, 1957.

大蔵財務協会 編,「改正税法のすべて(平成26年版)」, 大蔵財務協会, 2014.

渡辺淑夫,「法人税法」, 令和元年度版, 中央経済社, 2019.

渡辺徹也,「スタンダード 法人税法」第2版, 弘文堂, 2019.

明里長太郎,「税務と会社経理」, 産業経理協会出版部, 1948.

武田昌輔,「会社税務精説」, 森山書店, 1962.

______________,「DHC コンメンタール 法人税法」, 第一法規, 1979.

薄田岩宝/柴田辰平,「第一種・第二種所得税法講義」, 広島財務協会, 1925.

北野弘久,「税法学原論」, 青林書院, 1984.

山本守之,「体系法人税法」, 33訂版, 税務経理協会, 2016.

小官保,「法人税の原理」, 中央経済社, 1968.

松井静郎,「新税務会計の実務」, 中央経済社, 1954.

水野忠恒,「租税法」, 第2版, 有斐閣, 2005.

柴崎澄哉,「平成14年版 改正税法のすべて」, 大蔵財務協会, 2002.

日本税務研究センター 編,「同族会社の行為計算の否認規定の再検討」, 財経詳報, 2007.

田中勝次郎,「所得税法務義」, 嚴松堂書店, 1930.

田中勝次郎,「判例を中心としたる所得税の諸問題」, 厳松堂書店, 1940.

中里実 外(編),「租税判例百選」第7版, 有斐閣, 2021.

中尾睦他,「平成 13年版改正税法のすべて」, 大蔵財務協会, 2001.

志達定太郎,「会社所得税及営業収益税」, 第一書房, 1939.

青木孝徳 外,「改正税法のすべて(平成 18年版)」, 大蔵財務協会, 2006.

清永敬次,「租税回避の研究」, ミネルヴァ書房, 1995.

塚田十一郎,「解説改正税法」, 日本経済新聞社, 1950.

忠佐市, 「租税法要論」, 日本評論社, 1950.

片岡政一, 「税務会計」, 森山書店, 1931

______________, 「税務会計原理」, 千倉書房, 1935.

______________, 「会社税法の詳解」, 第7版, 文精社, 1943.

<논문>

高橋秀至, "法人税法上の行為計算否認規定に関する最高裁判決の整合性", 「長崎県立大学論集」52巻 1号, 2018.

高木英行, "同族会社の行為計算否認に係る「対応的調整」 規定の意義", 「福井大学教育地域科学部紀要 III」64号, 2008.

谷口勢津夫, "同族会社税制の沿革及び現状と課題", 「税研」192号, 2017.

金子尚弘, "同族会社の行為計算否認規定と対応的調整の必要性−所得税法157条の適用に係る問題を中心として−", 「立命館法政論集」10号, 2012.

今村隆, "行為計算の否認規定をめぐる紛争", 「税法学」577号, 2017.

大淵博義, "法人税法評釈の判例理論の検証とその実践的展開-同族会社の行為計算の否認規定(法法132条)を巡る論点の考察(2)", 「税経通信」63巻 13号, 2008.

______________, "租税判例研究 個人の同族会社に対する無利息貸付と利息収入認定の可否(中)(東京高裁 平成 11. 5. 31 判決)", 「月刊税務事例」32巻 6号, 2000.

大蔵財務協会, "改正税法の成立に至るまで", 「財政」第5巻 第5号, 1940.

徳地淳/林史高, "判解(ヤフー事件)", 「最高裁判所判例解説民事篇(平成 28年度)」, 法曹会, 2019.

本庄資, "組織再編成に係る行為計算否認", 「ジュリスト」1498号, 2016.

山本守之, "対応的調整における実務上の問題点", 「税理」50巻 8号, 2007.

三木義一 "所得税における同族会社の行為・計算の否認をめぐる判例等の動向", 「税理」36巻 5号, 1993.

小関健三, "パチンコ平和事件を素材にした同族会社の行為計算否認規定の検討", 「税法学」559号, 2008.

小林裕明, "法人税法上の時価概念と公正価値会計", 「岡山大学大学院社会文化科学研究科紀要」31巻, 2011.

小西砂千夫, "許容できる「二重課税」とは何か-租税原則から考える", 「税」52巻 8号,

1997.

小田信秀, "所得税における同族会社の行為計算否認を巡る諸問題", 「税務大学校論叢」
　　　33号, 1999.

水野忠恒, "組織再編と租税回避の判例(前半)",「租税研究」第804號, 2016.

日本公認会計士協会, "税務上の時価について",「租税調査会研究報告」第11号, 2004.

田中治, "同族会社の行為計算否認の見直しで脚光を浴びる対応的調整規定",「税理」50
　　　巻 8号, 2007.

井出裕子, "同族会社等の課税に係る一考察－同族会社等の行為計算否認に係る対応的調
　　　整を中心に－",「税務大学校論叢」62号, 2009.

酒井克彦, "同族会社の行為計算否認に係る対応的調整規定創設の意義",「税理」49巻 14
　　　号, 2006.

竹内綱敏, "所得税における同族会社の行為計算否認規定の今日的意義",「税法学」567号,
　　　2012.

中里実, "最近の国際課税制度の流れ",「ジュリスト」1468号, 2014.

進藤直義, "所得の割当てと内国歳入法第482条: 所得の明白な反映",「名古屋商科大学論
　　　集」, 60(1), 2015.

浅井光政, "租税法上の時価を巡る諸問題-法人税法、所得税法及び相続税法における時
　　　価の総合的検討",「税務大学校論叢」36号, 2001.

村上泰治, "同族会社の行為計算否認規定の沿革からの考察",「税務大学校論叢」第11号,
　　　1977.

村井正, "同族会社の行為計算の否認",「租税法研究」 4 号, 1977.

村井泰人, "同族会社の行為計算否認規定に関する研究—所得税の負担を不当に減少させ
　　　る結果となる行為又は計算について—",「税務大学校論叢」第55号, 2007.

太田洋, "IDCF事件控訴審判決の分析と検討",「税務弘報」63巻 5号, 2015.

八ッ尾順一, "同族会社等の行為又は計算の否認規定の改正",「納税月報」59巻 9号, 2006.

미국문헌

<단행본>

Bittker, Boris/Lokken, Lawrence, *Federal Taxation of Income, Estates and Gifts*, 2023.

Bruins, G. W. J./Einaudi, Luigi/Seligman, Edwin R. A./Stamp, Josiah, *Report on*

Double Taxation, League of Nations(Doc. E.F.S.73.F.19), 1923.

Carroll, M. B., *Taxation of Foreign and National Enterprises (Volume IV): Methods of Allocating Taxable Income*, 1933.

Lederman, Leandra/Kwon, Michelle, *Understanding Corporate Taxation*, 4th ed., 2020.

Lepard, Brian D., *Section 482 Allocations: General Principles in the Code and Regulations*(551-2nd, T.M.), 2021.

__________, *Section 482 Allocations: Specific Allocation Methods and Rules in the Code and Regulations*(552-2nd T.M.), 2022.

Mertens, Jacob, *Mertens Law of Federal Income Taxation*, 2023.

Technical Experts to the Financial Committee of the League of Nations, *Double Taxation and Tax Evasion*, League of Nations(Doc. F.212), 1925.

<논문>

Allegra, Francis M., Section 482: Mapping the Contours of the Abuse of Discretion Standard of Judicial Review, 13 *Va. Tax Rev.* 423 (1994)

Bowen, David N./Carden, Nathaniel, "Claymont Investments, Inc. v. Comr.: Transfer Pricing and Economic Substance Implications", 35 *Tax Mgmt. Int'l J.* 195 (2006).

Frank, Matt, Transfer Pricing Standard of Review: Deference Still? 172 Tax Notes Fed. 1257 (2021).

Gaffney, D, J./Davis, R. O./Smith, M. H., Taxpayers Face New Burdens in Overcoming 482 Reallocations by the Service, 93 *J. Tax'n* 112 (2000).

Gazur, Wayne M., The Forgotten Link: "Control" in Section 482, 15 *Nw. J. Int'l L. & Bus.* 1 (1994).

Gunn, Alan, Matching of Costs and Revenues as a Goal of Tax Accounting, 4 *Va. Tax Rev.* 1 (1984).

King, Shepart/Dinur, Daniel, "Tax Court Gives In on Creation-Of-Income Issue Under 482: What Decision Means", 48 *J. Tax'n* 66 (1978).

Levey, Marc M/Shapiro, Lawrence W., OECD Transfer Pricing Avoids, 'Overpapering the Best Method', 6 *J. International Taxation* 52 (1995).

Marsh, Donald, "The Taxation of Imputed Income", 58 *Pol. Sci. Q.* 514 (1943).

Shaviro, Daniel N., "An Efficiency Analysis of Realization and Recognition Rules Under the Federal Income Tax", 48 *Tax L. Rev.* 1 (1992).

Townsend, John A., Reconciling Section 482 and the Nonrecognition Provisions, 50 *Tax Law.* 701 (1997).

White, Patricia, "Realization, Recognition, Reconciliation, Rationality and the Structure of the Federal Income Tax System", 88 *Mich. L. Rev.* 2034 (1990).

독일문헌

<단행본>

Baumbach, Adolf/Hueck, Alfred, GmbHG, 22.Aufl., 2019.

Bender, Richard, Körperschaftsteuergesetz vom 16. Oktober 1934, 1935.

Birk, Dieter/Desens, Marc/Tappe, Henning, Steuerrecht, 26.Aufl., 2023.

Bott, Harald/Walter, Wolfgang, Körperschaftsteuergesetz Kommentar, 2019.

Döllerer, Georg, Verdeckte Gewinnausschuttungen und verdeckte Einlagen bei Kapitalgesellschaften, 2. Aufl. 1990.

Falterbaum, Hermann/Bolk, Wolfgang/Reiß, Wolfram/Kirchner, Thomas, Buchführung und Bilanz, 22. Aufl., 2015.

Frotscher, Marion/Drüen, Klaus-Dieter, Kommentar zum Körperschaft-, Gewerbe- und Umwandlungssteuergesetz, 2024.

Gosch, Dietmar, Entscheidungen des Bundesfinanzhofs für die Praxis der Steuerberatung 2008.

__________, *Dietmar,* KStG, 4.Aufl., 2020.

Hübschmann, Walter/Hepp, Ernst/Spitaler, Armin, AO · FGO Kommentar, Loseblatt, 2005.

Jäger, Birgit/Lang, Friedbert/Raible, Martin/Ott, Sarah, Körperschaftsteuer, 20. Aufl., 2022.

Jakobs, Horst Heinrich/Picker, Eduard/Wilhlem, Jan/Ernst, Wolfgang/ Hüttemann, Rainer/Schön, Wolfgang, Festgabe für Werner Flume zum 90. Geburtstag, 1998.

Klein, Franz, Abgabenordnung Kommentar, 12 Aufl., 2014.

Knobbe-Keuk, Brigitte, Bilanz- und Unternehmenssteuerrecht, 9. Aufl., 1993.

Kohlhepp, Ralf, Verdeckte Gewinnausschüttung im Körperschaft- und Einkommensteuerrecht, Diss., 2006.

______________, Verdeckte Gewinnausschüttung, 2008.

Köllen, Josef/Reichert, Gudrun/Vogl, Elmar/Wagner, Edmund, Körperschaftsteuer und Gewerbesteuer, 7. Aufl., 2023.

Oppenländer, Steffen, Verdeckte Gewinnausschüttungen, Diss., 2004.

Rödder, Thomas/Herlinghaus, Andreas/Neumann, Ralf, Körperschaftsteuergesetz, 2.Aufl., 2023.

Tipke, Joachim/Lang, Klaus, Steuerrecht, 24.Aufl., 2021.

<논문>

Briese, André, Unterstellte Privatnutzung eines Betriebs−Pkw durch den Gesellschafter−Geschäftsführer: Lohn oder verdeckte Gewinnausschüttung?, GmbHR 2005, 1271.

Otto, Klaus, "Aktuelle Urteile des BFH zu Direktzusagen an beherrschende Gesellschafter-Geschäftsführer", GmbHR 2014, 617.

Prokscha, Armin, "Das FG gibt klare und praxistaugliche Hinweise zur Anwendbarkeit und Anwendung der Karlsruher Tabelle" BB 2008, 1493.

Wassermeyer, Franz, Verdeckte Gewinnausschüttung: Veranlassung, Fremdvergleich und Beweisrisikoverteilung, DB 2001.

사항 색인

판례 색인

대법원 2009. 4 9. 선고 2007두26629 판결 / 7
대법원 2009. 4. 23. 선고 2006두19037 판결 / 346
대법원 2009. 5. 14. 선고 2006두11224 판결 / 346
대법원 2009. 5. 29. 선고 2007도4949 판결 / 329
대법원 2009. 5. 29. 선고 2007두4949 전원합의체 판결 / 338
대법원 2009. 10. 29. 선고 2007두16561 판결 / 314
대법원 2009. 10. 29. 선고 2008도11036 판결 / 250
대법원 2009. 12. 10. 선고 2007두15872 판결 / 279, 313
대법원 2010. 1. 14. 선고 2007두5646 판결 / 270, 314
대법원 2010. 1. 14. 선고 2009두12822 판결 / 13, 222
대법원 2010. 5. 13. 선고 2007두14978 판결 / 284
대법원 2010. 5. 27. 선고 2007두23309 판결 / 314
대법원 2010. 5. 27. 선고 2010두1484 판결 / 279, 281, 284
대법원 2010. 8. 19. 선고 2007두21877 판결 / 345
대법원 2010. 10. 28. 선고 2008두15541 판결 / 311, 314, 344
대법원 2010. 11. 11. 선고 2008두8994 판결 / 332
대법원 2011. 4. 14. 자 2010두29147 판결 / 342
대법원 2011. 5. 13. 선고 2008두1849 판결 / 256
대법원 2011. 7. 14. 선고 2008두4275 판결 / 254, 263
대법원 2011. 7. 21. 선고 2008두150 전원합의체 판결 / 210
대법원 2012. 1. 19. 선고 2008두8499 전원합의체 판결 / 4
대법원 2012. 3. 29. 선고 2011두29779 판결 / 329, 337, 342
대법원 2012. 4. 26. 선고 2010두26988 판결 / 242, 244, 254, 268, 269, 270
대법원 2012. 4. 26. 선고 2011두32300 판결 / 267
대법원 2012. 5. 24. 선고 2011두9140 판결 / 267, 268
대법원 2012. 6. 14. 선고 2011두23306 판결 / 267, 270
대법원 2012. 6. 14. 선고 2011두32300 판결 / 270
대법원 2012. 9. 27. 선고 2012두12617 판결 / 203
대법원 2012. 10. 25. 선고 2012두12006 판결 / 282
대법원 2012. 10. 25. 선고 2012두14255 판결 / 275
대법원 2012. 11. 15. 선고 2010다49380 판결 / 338
대법원 2012. 11. 29. 선고 2010두19294 판결 / 221
대법원 2012. 12. 13. 선고 2012두14712 판결 / 282
대법원 2012. 12. 13. 자 2012두19403 판결 / 342
대법원 2013. 2. 28. 자 2012두24269 판결 / 274
대법원 2013. 4. 26. 선고 2012두28407 판결 / 221
대법원 2013. 5. 24. 선고 2013두2853 판결 / 254, 270

대법원 2023. 6. 1. 선고 2019두38472 판결 / 257
대법원 2023. 6. 29. 선고 2019두56838 판결 / 262
대법원 2023. 10. 26. 선고 2023두44443 판결 / 274
대법원 2023. 12. 21. 자 2023두54006 판결 / 257, 282
대법원 2024. 4. 12. 선고 2020두54265 판결 / 258
대법원 2024. 5. 9. 자 2024두33419 판결 / 250
대법원 2024. 5. 30. 자 2024두35392 판결 / 305
대법원 2024. 6. 13. 선고 2023두39809 판결 / 342
대법원 2024. 7. 25. 선고 2022두63386 판결 / 208
대법원 2024. 8. 14. 자 2024두40578 판결 / 224
대법원 2024. 10. 8. 자 2024두46255 판결 / 208
대법원 2024. 12. 24. 자 2024두53697 판결 / 268
대법원 2025. 1. 23. 자 2024두56290 판결 / 223, 277

[고등법원]
대구고등법원 2015. 10. 23. 선고 2014누6877 판결 / 6, 295
대구고등법원 2016. 1. 8. 선고 2014누6464 판결 / 212, 346
대전고등법원 2010. 10. 21. 선고 (청주)2010누956 판결 / 203
대전고등법원 2010. 11. 18. 선고 2010누960 판결 / 342
대전고등법원 2013. 5. 16. 선고 2012누3086 판결 / 317
서울고등법원 2008. 5. 30. 선고 2007누32848 판결 / 244
서울고등법원 2010. 12. 9. 선고 2010누18934 판결 / 342
서울고등법원 2011. 11. 3. 선고 2011누19828 판결 / 342
서울고등법원 2012. 7. 6. 선고 2011누21449 판결 / 342
서울고등법원 2012. 9. 27. 선고 2012누2544 판결 / 274
서울고등법원 2012. 12. 27. 선고 2012누12268 판결 / 254, 266, 268
서울고등법원 2015. 6. 12. 선고 2014누7598 판결 / 328
서울고등법원 2016. 1. 21. 선고 2015누53437 판결 / 206
서울고등법원 2016. 12. 15. 선고 2016누57757 판결 / 246
서울고등법원 2017. 6. 20. 선고 2017누36764 판결 / 241, 323
서울고등법원 2017. 7. 20. 선고 2017누43021 판결 / 206
서울고등법원 2018. 8. 22. 선고 2017누82712 판결 / 335
서울고등법원 2018. 11. 21. 선고 2018누39043 판결 / 254, 263
서울고등법원 2019. 3. 20. 선고 2018누66199 판결 / 256, 257
서울고등법원 2019. 10. 2. 선고 2019누30920 판결 / 262
서울고등법원 2020. 6. 5. 선고 2019누61078 판결 / 338
서울고등법원 2020. 12. 3. 선고 2019누49610 판결 / 266, 270

서울고등법원 2021. 4. 30. 2020누50234 판결 / 314
서울고등법원 2022. 2. 16. 선고 2020누55505 판결 / 241, 243
서울고등법원 2022. 8. 25. 선고 2021누39982 판결 / 254, 263
서울고등법원 2022. 12. 16. 선고 2021누53186 판결 / 302
서울고등법원 2023. 9. 12. 선고 2023누37034 판결 / 257, 282
서울고등법원 2023. 12. 22. 선고 2023누53128 판결 / 250
서울고등법원 2024. 1. 30. 선고 2022누66752 판결 / 305
서울고등법원 2024. 4. 5. 선고 2022누39484 판결 / 224
서울고등법원 2024. 5. 29. 선고 (춘천)2022누1284 판결 / 208
서울고등법원 2024. 8. 28. 선고 2023누59393 · 59409 판결 / 223, 277
수원고등법원 2024. 8. 21. 선고 2023누16192 판결 / 268

[지방법원 · 행정법원]
서울행정법원 2001. 12. 26. 선고 2001구29304 판결 / 247
서울행정법원 2004. 11. 25. 선고 2003구합15591 판결 / 246
서울행정법원 2014. 3. 21. 선고 2013구합57266 판결 / 13
서울행정법원 2014. 11. 27. 선고 2014구합63756 판결 / 246
서울행정법원 2015. 5. 22. 선고 2013구합55147 판결 / 323
서울행정법원 2016. 5. 12. 선고 2015구합72115 판결(확정) / 337
의정부지방법원 2024. 11. 19. 선고 2024구합11001 판결 / 214

[헌법재판소]
헌법재판소 1995. 2. 23. 선고 93헌바24 결정 / 5
헌법재판소 1995. 11. 30. 선고 94헌바40 결정 / 5
헌법재판소 1996. 8. 29. 선고 95헌바41 결정 / 5
헌법재판소 2002. 12. 18. 선고 2002헌바27 결정 / 5
헌법재판소 2007. 1. 17. 선고 2005헌바75 · 2006헌바7 · 8(병합) 전원재판부 결정 / 319

결정례 색인

| 저 | 자 | 소 | 개 |

저자 **황 남 석**

▌저자 약력

- 서울대학교 법과대학 사법학과(법학사)
- 서울대학교 대학원 법학과(법학석사 : 상법전공)
- 서울시립대학교 세무전문대학원(세무학박사 : 조세법전공)
- 사법연수원 수료(제29기)
- 변호사
- 성신여자대학교 법학과 전임강사
- 경희대학교 법과대학 및 법학전문대학원 조교수, 부교수, 교수(현, 상법 및 세법 담당)
- 사법시험 · 행정고등고시 · 세무사 · 관세사시험위원(조세법/상법)
- 국세청 국세심사위원회 위원(전)
- 국세청 법령해석위원회 위원(현)
- 기획재정부 세제발전심의위원회 위원(현)
- 기획재정부 국세예규심사위원회 민간위원(현)
- 대법원 전문직 재판연구관(전)

▌주요 저서 · 논문

- 주식회사간의 물적분할(Ausliederung)에 관한 독일의 과세제도, 2009.
- 독일조직재편세법에 관한 고찰, 2009.
- 미국 내국세입법(Internal Revenue Code)상 법인에 대한 출자에 관한 과세 소고, 1990.
- 미국 내국세입법(Internal Revenue Code)상 회사의 인적분할에 대한 과세 연구(상), (하), 2010.
- 개정된 합병세제의 해석: 적용상의 문제점(공저), 2010.
- 법인세법상의 현물출자시 과세특례에 관한 문제점, 2011.
- 미국 회사법상의 회사분할제도에 관한 연구, 2011.
- 최근 한국 법인세제의 동향-조직재편세제를 중심으로, 2012.
- 기업회계기준의 법규성 재고, 2012.
- 상법상 배당가능이익에 의한 자기주식 취득의 쟁점, 2012.
- 세법상 준비금에 관한 고찰, 2012.
- 더블 아이리시 구조와 실질과세원칙, 2018.
- 관세법상 거래가격 산정을 위한 구매자와 판매대리인의 구별기준, 2018.
- 원천지국 과세원칙으로의 전환 필요성에 관한 고찰, 2019.
- 프랑스세법상의 조세법률주의, 2019.
- 과오납금 환급 시 국세환급금에 적용할 이자율에 관한 연구, 2020.
- 적격분할의 포괄승계요건에 관한 고찰, 2020.
- 법인이 임직원을 위해 지출한 법률비용의 손금성, 2020(공저).
- 영상물 방영권이 관세법상 재현생산권에 해당하는지 여부, 2020.
- 단계거래원칙의 역적용에 관한 고찰, 2021.
- 증권거래세의 과세근거와 그 함의, 2021.
- 조세조약상 삼각관계의 과세문제, 2022.
- 회사분할과세론, (주)한국학술정보, 2011.
- 우리 법인세법의 성립과정 연구, 마인트탭, 2017.
- 주석 국세기본법(공저), 삼일인포마인, 2023.
- 조직재편세제의 이론과 실무(공저), 상경사, 2019.
- 독일 상속세 및 증여세법(번역), 북플, 2019.
- 국제조세입문(공역), 정독, 2021.
- WTO 관세평가협정(공역), 정독, 2022.
- 회사법론, 정독, 2025.
- 법인세법론(공저), 삼일인포마인(제25판), 2025.

법인세법상 부당행위계산 부인제도 연구

2025년 4월 18일 초판 인쇄
2025년 4월 25일 초판 발행

저   자 황   남   석
발 행 인 이   희   태
발 행 처 **삼일피더블유씨솔루션**
서울특별시 용산구 한강대로 273 용산빌딩 4층
등록번호 : 1995. 6. 26 제3-633호
전   화 : (02) 3489-3100
F A X : (02) 3489-3141
I S B N : 979-11-6784-402-6 93320

저자협의
인지생략

정가 50,000원

※ '삼일인포마인'은 '삼일피더블유씨솔루션'의 단행본 브랜드입니다.
※ 파본은 교환하여 드립니다.